Maßstab 1 : 2 000 000

0   20   40   60   80   km

Niederlande

Westfriesische Inseln

Schiermonnikoog
Ameland
Terschelling
Vlieland
Texel

Den Burg
Den Helder

Harlingen (Harns)
Dokkum
Leeuwarden (Ljouwert)
Groningen
Hoogezand-Sappemeer
Winschoten
Veendam
Papenburg
Leer
Drachten
Assen
Stadskanaal
73 Hümmling
Meppen
Sneek (Snits)
Steenwijk
Hoogeveen
Emmen
Haren
Wieringerwerf
IJsselmeer
Emmeloord
Meppe
Coevorden
Hardenberg
Emlichheim
Lingen
Alkmaar
Heerhugowaard
Hoorn
Markermeer
Kampen
Zwolle
Almelo
Nordhorn
Bad Bentheim
Purmerend
Edam-Volendam
Lelystad
Raalte
Oldenzaal
Rheine
Velsen
Zaanstad
Flevoland
Epe
Deventer
Enschede
Gronau
Zandvoort
Amsterdam
Almere
Harderwijk
Apeldoorn
Greven
Haarlem
Hilversum
Anhaus
Haarlemmermeer
Coesfeld
Noordwijk
Leiden
Utrecht
Amersfoort
186 Münster
Katwijk
Alphen a/d Rijn
Ede
Doetinchem
Winterswijk
Dülmen
Scheveningen
Zoetermeer
Zeist
Veenendaal
Arnheim
Bocholt
Haltern
Den Haag ('s-Gravenhage)
Nieuwegein
Nimwegen
Kleve
Emmerich
Wesel
Recklinghausen
Delft
Gouda
Gorinchem
Oss
Goch
Xanten
Dorsten
Hoek van Holland
Rotterdam
's-Hertogenbosch
Geldern
Gelsenkirchen
Bochum
Spijkenisse
Dordrecht
Nordbrabant
Venray
Oberhausen
Duisburg
Essen
Dortmund
Haringvliet
Oosterhout
Waalwijk
Boxtel
Helmond
Krefeld
Velbert
Hagen
Breda
Roosendaal
Tilburg
Eindhoven
Weert
Viersen
Düsseldorf
Wuppertal
Middelburg
Bergen op Zoom
Turnhout
Venlo
Mönchengladbach
Neuss
Solingen
Remscheid
Vlissingen
Goes
Roermond
Grevenbroich
Leverkusen
Bergisch Gladbach
Knokke-Heist
Terneuzen
Antwerpen
Herentals
Lommel
Sittard-Geleen
Jülich
Köln
Zeebrugge
Sluis
Beveren
Lier
Weert
Kerkrade
Eschweiler
Troisdorf
Siegburg
Ostende (Oostende)
Brügge (Brugge)
Gent
Sint-Niklaas
Mechelen
Diest
Genk
Maastricht
Heerlen
Aachen
Zülpich
Düren
Bonn
Nieuwpoort
De Panne
Veurne
Diksmuide
Deinze
Dendermonde
Aalst
Hasselt
Tongeren
Herstal
Lüttich (Liège)
Eupen
Verviers
Schleiden
Bad Neuenahr-Ahrweiler
Neuwied
Andernach
Ypern (Ieper)
Roeselare
Kortrijk
Oudenaarde
Ninove
Anderlecht
Schaerbeek (Schaarbeek)
Brüssel (Bruxelles)
Ixelles (Elsene)
Löwen (Leuven)
Tienen
Seraing
Spa
Malmédy
694 Botrange
Sankt Vith
Cassel
156
Tourcoing
Mouscron
Ronse
Ath
Soignies
Halle
Waterloo
Nivelles
Fleurus
Andenne
Ciney
Baraque de Fraiture 652
698
700 Schneifel
Hohe Acht 747
Koblenz 62
Armentières
Lille
Roubaix
Tournai
Brabant
Courcelles
Namur
337
589
Prüm
700 Daun
Gerolstein
Maven
Lomme
Béthune
Orchies
Mons
La Louvière 212
Châtelet
Charleroi
Dinant
Rochefort
Marche-en-Famenne
Bastogne
Wittlich
Kröv
Cochem
Kastellaun
Liévin
Lens
Douai
Valenciennes
Maubeuge
Avesnes
Philippeville
Couvin
Chimay
Fourmies
Bitburg
Diekirch
Bernkastel-Kues
Zell
Traben-Trarbach
Arras
Cambrai
Le Cateau
Hirson
Rocroi
Neufchâteau
Wiltz
Ösling
Ettelbrück
Deutschland
818
Erbeskopf
Idar-Oberstein
Albert
Bapaume
Péronne
Guise
Vervins
Marle
Charleville-Mézières
Sedan
Arlon
Luxemburg
Grevenmacher
Trier
Hunsrück
Birkenfeld
Hermeskeil
Corbie
Saint-Quentin
Ham
Laon
Aisne
Montmédy
Stenay
Differdange
Esch-sur-Alzette
Diekirchen
Gutland
Saarburg
Merzig
Sankt Wendel
Neunkirchen
Homburg
Roye
Chauny
Tergnier
202
Vouziers
Longwy
Longuyon
Hayange
Yutz
Noyon
Oise
Soissons
Vailly
Rethel
Montfaucon 336
Villerupt
Die Denhofen
Frankreich
Picardie
Compiègne
dogent-sur-Oise
Montdidier

nach Newcastle
nach Harwich
nach Dover
nach Newcastle

Beneluxstaaten

Belgien, Niederlande, Luxemburg

Axel Wieger

Mit 143 Abbildungen
und 33 Tabellen

Die Deutsche Nationalbibliothek verzeichnet diese Publikation
in der Deutschen Nationalbibliografie;
detaillierte bibliografische Daten sind im Internet über
http://dnb.d-nb.de abrufbar.

© 2008 by WBG (Wissenschaftliche Buchgesellschaft), Darmstadt
Die Herausgabe des Werkes wurde
durch die Vereinsmitglieder der WBG ermöglicht.
Redaktion: Dr. Barbara Welzel, Göttingen
Layout, Satz und Prepress: schreiberVIS, Seeheim
Fotos: Der Autor, wenn nicht anders angegeben
Umschlagfotos: Der Autor
Gedruckt auf säurefreiem und alterungsbeständigem Papier
Printed in Germany

Besuchen Sie uns im Internet: www.wbg-darmstadt.de

ISBN 978-3-534-16488-2

Inhaltsverzeichnis

Vorwort

Nicht nur fachliche, sondern auch persönliche Gründe gaben den Anlass, ein derartiges Buch zu schreiben. Als Student hatte ich auf Exkursionen erstmals die Beneluxländer kennengelernt. Eigene wissenschaftliche Arbeiten über diesen Raum begannen 1972. Über Jahrzehnte hinweg konnte ich Wandlungsprozesse, die sich seither in der Region vollzogen haben, verfolgen. Zudem wurden die Beneluxländer immer wieder in Vorlesungen, Seminaren und auf Exkursionen von mir behandelt.

Viele Anregungen erhielt ich von Helmut Breuer, der als Hochschullehrer Generationen von Studierenden und politisch Verantwortlichen nahegelegt hat, europäisch zu denken und sich jenseits der Landesgrenzen umzuschauen und zu betätigen. Weiterhin hatte mich schon in den 1980er-Jahren Klaus Fehn davon überzeugt, dass es sehr lohnend ist, sich mit der historischen Siedlungsgeographie des Benelux-Raumes zu beschäftigen.

Meiner Frau Liesel danke ich dafür, dass sie mich als engagierte Geographin auf zahllosen privaten Exkursionen in die Beneluxländer begleitete, ein umfangreiches Bildarchiv anlegte und immer als kritische Ratgeberin zur Verfügung stand. Ersteres hat dazu geführt, dass – soweit im Gelände nachvollziehbar – fast nichts in dem Buch beschrieben wurde, was nicht durch eigene Anschauung verifiziert wurde.

Claudia Erdmann, die häufig mit mir Diskussionen über Fragen der Methodik geführt hat, danke ich für die kritische Durchsicht der Einführung. Nicola Sulke danke ich für die Hilfe bei der in der Endphase der Arbeit erforderlichen Aktualisierung von Statistiken und die Überprüfung von Text, Tabellen und Literaturverzeichnis auf formale Fehler. Hans-Joachim Ehrig gilt mein herzlicher Dank für die große Sorgfalt bei der Erstellung der Karten und die stete Bereitschaft, auf Änderungswünsche einzugehen und unterschiedliche Darstellungsarten auszuprobieren. Der Wissenschaftlichen Buchgesellschaft, Darmstadt, insbesondere ihrem Lektor Wolfram Schwieder, danke ich für Aufgeschlossenheit, Beratung und Geduld.

Aachen im Ma 2008
Axel Wieger

Einführung

Benelux – Einheit in der Vielfalt

Die Beneluxländer spiegeln zahlreiche typische europäische Entwicklungen auf engem Raum wider und haben gleichzeitig in vielen Bereichen ein bemerkenswertes und manchmal vorbildliches eigenständiges Profil entwickelt. Sie umfassen zwar lediglich eine Fläche von 74 638 km² (zum Vergleich: Das Areal von Nordrhein-Westfalen und Niedersachsen zusammengenommen beträgt 81 704 km²) und besitzen mit 27,4 Mio. Einwohnern nur einen Bevölkerungsanteil von 5,6 % innerhalb der Europäischen Union, stellen aber nicht zuletzt wegen ihrer geographischen Komplexität ein lohnendes Studienobjekt dar. Wurde der Raum als Ganzes betrachtet, wurde jahrhundertelang die Pluralform „Nederlanden" verwandt. Dies kommt auch in Buchtiteln zum Ausdruck, wie z. B. bei dem umfassenden, fünfzehnbändigen Sammelwerk „Algemene Geschiedenis der Nederlanden" (1977–1982), im Werk von Blom & Lamberts „Geschiedenis van de Nederlanden" (2001) oder in der gleichnamigen Publikation von Verhulst (1983). Das behandelte Gebiet umfasst dann die heutigen Beneluxstaaten und schließt zuweilen Regionen mit ein, die einmal zu den Niederlanden im weiteren Sinne gehörten und Nachbarstaaten angegliedert wurden. Vor der Entstehung der heutigen Staaten wird in den Darstellungen zwischen den nördlichen und den südlichen Niederlanden unterschieden, wobei als Trennlinie meist die heutige Staatsgrenze zwischen den beiden Königreichen (Niederlande und Belgien) genommen wird oder die Nordgrenze von Territorien, die sich größtenteils im heutigen Belgien ausdehnten.

Die Einwohner der Region haben mehrfach in unterschiedlichen Epochen und über unterschiedlich lange Zeiträume hinweg in einem gemeinsamen Staat gelebt. Mit der burgundischen Staatsbildung – in den Niederlanden war sie mit der Angliederung von Gelderland 1473 abgeschlossen – kamen weite Teile der Gebiete, die heute die Niederlande, Belgien und Luxemburg umfassen, unter ein gemeinsames politisches Dach, das unter den Habsburgern bis zur Abspaltung der nördlichen Niederlande in den letzten Dekaden des 16. Jh. fortbestand. In burgundischer Zeit wurde die damalige Einheit auch durch die seit 1464 regelmäßig tagende Institution der *Staten-Generaal der Nederlanden* zum Ausdruck gebracht. Die Epoche wird von Historikern als „de Bourgondische eenmaking van de Nederlanden" bezeichnet. In der Nachfolgezeit wird dieser Vereinigungsprozess in den Niederlanden durch Karl V. mit der Bildung der *„XVII Provinciën"* 1543 (dem Jahr der Angliederung Gelderlands) zum Abschluss gebracht (Verhulst 1983; Blom & Lamberts 2001). Im Vereinigten Königreich der Niederlande (Verenigd Koninkrijk der Nederlanden, 1815–1830) wurde noch einmal der am Ende gescheiterte Versuch unternommen, einen Einheitsstaat aufzubauen.

Die Bezeichnung „Benelux" wurde erstmals 1947 in einer englischen Zeitschrift von einem belgischen Wirtschaftsfachmann gebraucht (Boyer 1994). Zu dieser Zeit war die gleichnamige Wirtschaftsunion bereits mehrere Jahre in der Planung, anfangs noch getragen von den Exilregierungen. Sie spielte bei der europäischen Einigung eine Vorreiterrolle und strebte u. a. eine gemeinschaftliche Wirtschafts- und Finanzpolitik sowie einen freien Verkehr von Personen, Gütern und Dienstleistungen an. Vornehmlich aufgrund der historischen Entwicklung, aber auch wegen physisch-geographischer Gemeinsamkeiten in einzelnen Teilräumen, entstand eine Staatengruppe, für die – darin den nordischen Ländern vergleichbar – das Merkmal „Verschiedenheit in der Einheit" zutrifft. Man konnte in der Vergangenheit parallel laufende Entwicklungen, gemeinsam bewältigte Aufgaben, zuweilen ein Zusammengehörigkeitsgefühl, aber auch ausgeprägte individuelle Gestaltungsprinzipien in den einzelnen Staaten beobachten.

Dynamik und Stärken

Die Beneluxländer haben sich in den letzten Jahrzehnten stark verändert. Nimmt man die Mitte der 1970er-Jahre als Ausgangspunkt – zu dieser Zeit ist mit dem Buch von Hermann Hambloch letztmals eine regionale Geographie der Beneluxländer in Deutschland publiziert worden –, so wird dem Betrachter das Ausmaß der Neuerungen bewusst. Damals stand die heute größtenteils abgeschlossene Umformung Belgiens vom zentralistisch regierten Staat in einen Föderalstaat noch ganz am Anfang, wobei die Frage offen war, ob sie überhaupt je gelingen würde. Etliche städtebauliche Projekte, darunter Nieuwegein und Almere sowie das *Nieuw Centrum* in Den Haag, sind seither realisiert worden. Das bebaute Areal wurde zum Teil saniert und revitalisiert sowie unter starkem Freiflächenverbrauch beträchtlich erweitert. Zudem wurden neue gigantische Vorhaben des Wasserbaus, wie der Oosterscheldedamm und die Maeslantkering, verwirklicht. Grenzüberschreitende Verflechtungen sind unter den Rahmenbedingungen des freien Personen- und Warenverkehrs, aber auch im Zuge zahlreicher Interreg-Projekte intensiviert worden. Die Mobilität und der Gütertransport haben außerordentlich zugenommen, und die verkehrsgeographischen Verhältnisse haben sich in einzelnen Bereichen stark verändert. Mit den Hochgeschwindigkeitsstrecken und -zügen schuf man ein neues Verkehrssystem, von dem Belgien besonders stark profitiert, das aber auch für die Niederlande und Luxemburg Bedeutung erlangt hat. Konzepte der Raumordnung haben sich gewandelt, namentlich in den Niederlanden. Mit der Einrichtung von inzwischen 20 Nationalparks und der Ausweisung der *Ecologische Hoofdstructuur* beschritten die Niederlande neue Wege des Naturschutzes. Die demographische Struktur hat sich verändert. Ein- und Zweipersonenhaushalte haben stark zugenommen; nicht wenige Viertel in den großen Städten sind heute durch hohe Ausländeranteile geprägt. Etliche Hochtechnologie-Branchen, die heute eine Schlüsselstellung einnehmen, waren in den 1970er-Jahren noch unbekannt oder von untergeordneter Bedeutung. Andererseits vollzogen sich in Teilgebieten, wie in den zur Wallonie gehörenden Talregionen von Haine, Sambre, Maas und Vesdre sowie in Brüssel-Hauptstadt, ausgedehnte Entindustrialisierungsprozesse. Hochrangige Dienstleistungen expandierten in den Beneluxländern und prägen inzwischen ganze Stadtviertel mit ihren modernen und postmodernen Bürobauten. Luxemburg hat den Strukturwandel einer vormals einseitig auf die Schwerindustrie ausgerichteten Wirtschaft mit bemerkenswertem Geschick bewältigt. Bezogen auf die Nachbarländer konnte die Hauptstadt des Großherzogtums im Laufe der Zeit eine ausgesprochen hohe Arbeitsmarktzentralität erlangen. In etlichen Dienstleistungssektoren, darunter im Einzelhandel, fanden eine starke Konzentration und eine Angebotserweiterung statt. Nationale Großunternehmen, die in den 1970er-Jahren noch eine wesentliche Komponente der einheimischen Arbeitsmärkte bildeten, haben inzwischen in großem Umfang Arbeitsplätze ins Ausland verlagert und in den Stammländern nur noch kleine Belegschaften übrig gelassen. Die Internationalisierung der Wirtschaft hat rasche Fortschritte gemacht. Die Osterweiterung und die Zunahme der Wirtschaftsverflechtungen mit Russland bieten große Entwicklungsmöglichkeiten. Dass eine niederländische Reifenfabrik (wie im Fall Vredestein-Amtel) einmal ein Joint Venture mit einem russischen eingehen würde, hätte man vor wenigen Jahren noch für undenkbar gehalten. Die Eisen- und Stahlindustrie war in den Beneluxländern noch in den 1980er-Jahren eine Angelegenheit nationaler Unternehmen wie *ARBED*, *Cockerill* und *Hoogovens*; heute ist der gesamte Bereich im Besitz von *Mittal* und *Tata*, also in der Hand indischer Weltkonzerne.

Die nördlichen und südlichen Niederlande sind innerhalb Europas über Jahrhunderte hinweg immer wieder mit Spitzenleistungen hervorgetreten und konnten auf etlichen Gebieten eine führende Position einnehmen. Die Stadtkultur hatte sich in den südlichen Niederlanden im Hochmittelalter früh und intensiv entwickelt. Brügge war im 13. Jh. zur bedeutendsten Handelsstadt Europas diesseits der Alpen aufgestiegen, Gent hatte um die Mitte des 14. Jh. von der Einwohnerzahl her den Status einer Weltstadt im damaligen Sinne errungen und Antwerpen im 16. Jh. die Stellung einer der bedeutendsten Handelsstädte Europas erreicht. In der frühen Neuzeit lag somit in Flandern und Brabant ein Verstädterungsgrad vor wie sonst in Europa nur in Norditalien. Im 17. Jh. erlangte dann Amsterdam die Funktion einer Welthandelsstadt. Die Republik der Vereinigten Niederlande entwickelte in dieser Zeit einen modernen, global agierenden Handelskapitalismus. Die Staatsorganisation war damals anderen europäischen Ländern weit voraus und auf religiösem Gebiet war die Republik der toleranteste Staat in Europa. Die südlichen Niederlande nahmen in

Kontinentaleuropa bei der Verwirklichung der industriellen Revolution eine führende Stellung ein – mit beachtlichen Ansätzen im 18. Jh. und einem außerordentlichen Aufbauimpetus in den ersten Dekaden des 19. Jh. Wallonische Industriepioniere übten einen großen Einfluss auf die industrielle Entwicklung in Deutschland aus. Politisch waren Belgien, die Niederlande und Luxemburg fortschrittlicher als Deutschland und andere europäische Staaten, indem sie auf der Basis der Verfassungen von 1830, 1848 und 1868 auf evolutionärem Wege Schritt für Schritt eine parlamentarische Demokratie einführten. In der Zeit nach dem Zweiten Weltkrieg haben sich dann die Beneluxländer immer wieder für die europäische Einigung eingesetzt und innerhalb der Benelux-Wirtschaftsunion manches erprobt, was später in der Europäischen Union Wirklichkeit wurde. Zudem haben die Länder über Jahrhunderte hinweg wesentliche Beiträge zum europäischen Städtebau geleistet. In den Niederlanden tritt im 20. Jh. die soziale Komponente des Wohnungsbau besonders hervor. Gleichzeitig waren die Niederlande häufig vorbildhaft im Bereich der Stadtplanung und Raumordnung und haben sich auf diesen Gebieten große Kompetenzen erworben. Seit Jahrhunderten wird auf niederländische Experten für den Wasserbau im Ausland zurückgegriffen. Im Inland wurden mit der Abdämmung der Zuiderzee und der Realisierung des Deltaplanes die weltweit größten Projekte dieser Art verwirklicht. Ganz allgemein gesprochen haben die Beneluxländer immer wieder demonstriert, wie man ein beschränktes naturräumliches Potenzial durch intensives, innovationsorientiertes Wirtschaften kompensieren kann. Im Agrarsektor ist die Sonderkulturwirtschaft in Flandern und in den Niederlanden durch große Effizienz gekennzeichnet. Auch beim Getreidebau erreicht die Produktivität Spitzenwerte. Obwohl die Beneluxländer nur 2 % der landwirtschaftlichen Nutzfläche in der EU besitzen, erbringen sie 8 % der Bruttowertschöpfung der Landwirtschaft.

Die Beneluxländer werden von zwei Agglomerationsbändern mit dynamischer Wirtschaft und starker Verkehrsintensität gequert. Das eine ist unter der Bezeichnung „Blaue Banane" bekannt geworden und zieht sich vom Londoner Raum bis nach Norditalien, das andere verläuft annähernd senkrecht dazu von Berlin über Hamburg bis in die Ile-de-France hinein und wird gelegentlich als „Gelbe Banane" bezeichnet. Belgien und Luxemburg und weite Teile der Niederlande liegen im Überschneidungsbereich beider Korridore und somit in einem Gebiet hoher Lagegunst. Hier werden in Teilgebieten in einem durch Wissensorientierung und Kreativität geprägten Milieu, ausgesprochen hohe Wirtschaftsleistungen erzielt. Gemessen am Bruttoinlandsprodukt pro Kopf ist Luxemburg der reichste Staat der Welt. Geht man im europäischen Vergleich auf die NUTS-2-Ebene und betrachtet das BIP pro Kopf berechnet nach Kaufkraftstandards, so ergibt sich für Luxemburg 2004 ein Indexwert von 251 bei einem Mittel von 100 für die 27 späteren EU-Staaten. Darin wird es nur noch von Inner London mit einer Ziffer von 303 übertroffen. An dritter Stelle in der EU steht die Region Brüssel-Hauptstadt mit 248. Die Provinz Utrecht ist mit dem immer noch sehr hohen Wert von 158 an zehnter Stelle vertreten. Ebenfalls auffallend hoch sind die Ziffern für die Provinzen Groningen (153,7), Noord-Holland (153,7) und Antwerpen (144,5). In dem Überschneidungsbereich der oben erwähnten Wachstumskorridore findet man die stärkste Konzentration von umschlagsstarken Häfen in Europa. Rotterdam ist der größte Hafen des Kontinents und war bis vor einigen Jahren der größte der Welt. Bei der Luftfracht bewältigen die Beneluxstaaten 26 % des Aufkommens in der EU. Der belgisch-niederländische Korridor der chemischen Industrie von Gent bis hinauf nach Delfzijl gehört zu den bedeutendsten der Welt. Gleichzeitig stehen die niederländischen Chemiegiganten Akzo und DSM sowie das belgische Unternehmen Solvay auf der Weltrangliste weit oben. Belgien hat sich bislang als einer der wichtigsten Standorte der Kfz-Industrie in Europa behaupten können. In etlichen Bereichen der Schlüsseltechnologieindustrien nehmen die Beneluxländer eine respektable Position ein. Luft- und Raumfahrttechnik sowie Medizintechnik in der Provinz Lüttich, Biotechnologie in Flandern sowie Elektronik und Halbleitertechnik in der Region Eindhoven stellen Beispiele dafür dar und sind zu Begriffen für eine moderne, forschungsorientierte Industrie geworden. Einige Städte des Benelux-Raumes besitzen eine herausragende internationale Position. Bei dem von Taylor (2002, 2003) errechneten Index für *global network connectivities* kommt Amsterdam im weltweiten Vergleich auf Platz 12, Brüssel bei Anwendung derselben Methode (Derudder & Taylor 2003) auf Platz 15. Bei anderen Versuchen, eine Rangordnung von *„global cities"* zu bestimmen, erreichen die beiden Metropolen eine ähnlich hohe Position. Brüssel nimmt seine internationale Bedeutung nicht nur als Sitz von EU-Institutionen wahr, sondern als einer der wichtigsten Standorte für Zentralen von Nichtregierungsorganisationen weltweit. Luxemburg, das ebenfalls EU-Einrichtungen beherbergt und sich als bedeutendes Finanzzentrum positioniert hat, steht beim Volumen der Investmentfonds augenblicklich an zweiter Stelle unter den Staaten der Erde. Den Haag hat zwar keinen so ausgeprägten privaten Dienstleistungssektor, gilt aber als *„legal capital of the world"*.

Die außenwirtschaftlichen Verflechtungen der Beneluxländer sind ausgesprochen intensiv. Die Niederlande traten im Jahre 2005 als wichtigstes Herkunftsland ausländischer Direktinvestitionen unter allen Staaten der Erde auf. 2005 betrug die Summe der Ein- und Ausfuhren von Waren für die Niederlande 123,4 %, für Belgien 176,1 % und für Luxemburg 111,6 % des Bruttoinlandsproduktes, womit der an sich schon beachtliche Wert von 62,5 % für Deutschland noch weit übertroffen wurde. Besonders eindrucksvoll – selbst bei Berücksichtigung der Teilmontage importierter Güter – wird die Wirtschaftskraft dadurch demonstriert, dass das König-

reich der Niederlande mit nur 16,4 Mio. Einwohnern bei den Ausfuhren von Gütern in der Weltrangliste an der sechsten und Belgien mit 10,6 Mio. an der zehnten Stelle steht. Die Wirtschaft der Beneluxländer ist sehr eng mit der Deutschlands verflochten, dies spätestens seit dem Beginn der Industrialisierung. Für alle drei Länder ist heute beim Export Deutschland der wichtigste Handelspartner. Beim Import steht für Luxemburg Belgien an erster und Deutschland an zweiter Stelle, für die Niederlande nimmt Deutschland den ersten Rang ein und für Belgien (vor den Niederlanden) den zweiten. Als Absatzmarkt für deutsche Produkte, aber auch als Bezugsquelle für importierte Waren sind die Niederlande und Belgien (mit Rang 5 und 6 beim Export sowie 2 und 7 beim Import) in Relation zu ihrer geringen Größe weit überrepräsentiert. Belgien und die Niederlande erbringen für die deutsche Wirtschaft in großem Umfang lebenswichtige Verkehrsdienstleistungen. Insbesondere der Umschlag in den Seehäfen von Rotterdam, Antwerpen und Amsterdam ist stark auf das deutsche Hinterland bezogen (Daten des CBS, der BCL, des Dt. Stat. Bundesamtes, von Statbel, Statec und Eurostat, der World Bank und der UNCTAD). Die exemplarisch aufgezeigten Entwicklungsprozesse und Merkmale lassen für den Geographen die Notwendigkeit erkennen, sich mit diesen Ländern eingehend zu befassen, und zwar nicht nur im Rahmen von Einzeluntersuchungen, sondern auch im Sinne einer ganzheitlichen Betrachtung.

Regionale Dimensionen und Disparitäten

Die Methoden länderkundlicher Darstellung mussten sich im Laufe der letzten Jahrzehnte ändern. Als H. J. Keuning 1955 sein viel beachtetes und 1998 noch einmal unverändert aufgelegtes Buch „Mozaïek der functies, Proeve van een regionale landbeschrijving van Nederland op historisch- en economisch-geografische grondslag" veröffentlichte, ging er noch von in sich geschlossenen historisch-geografischen Landschaftseinheiten aus, die auch mental und kulturell als solche in Erscheinung traten. Sehr eindrucksvoll haben dann Knippenberg & de Pater (1997) in ihrem Buch „De eenwording van Nederland" für die Zeit von 1800 bis 1980 gezeigt, wie durch die Ausbreitung grundlegender Innovationen eine stets engere Verknüpfung zwischen den Teillandschaften erfolgte, eine regionale Maßstabsvergrößerung stattfand und die Individualität derartiger Regionen aufgelöst wurde. Dies bedeutet natürlich nicht, dass es keine regionalen Disparitäten gäbe. Bei der Bevölkerungs- und Wirtschaftsstruktur, dem unterschiedlichen Verstädterungsgrad sowie bei der naturräumlichen Gliederung sind sie sogar sehr deutlich ausgeprägt. Als Beispiel sei nur darauf hingewiesen, dass die Spannweite beim Bruttoinlandsprodukt pro Kopf, berechnet nach Kaufkraftstandards, im Jahr 2004 zwischen 53 978 € in Luxemburg und 17 546 € in der entindustrialisierten belgischen Provinz Hennegau lag. In gebündelter Form werden die regionalen Disparitäten in vielen Teilsektoren vor Augen geführt, u.a. in den Karten der Nationalatlanten (in den Niederlanden aktualisiert ins Netz gestellt) sowie der nationalen Schulatlanten, des „Economic Atlas of Belgium", des „Bevolkingsatlas van Nederland" und des jüngst erschienenen Atlas „De Bosatlas van Nederland". In verschiedenen Abhandlungen wurden die Niederlande in den Norden (mit den Provinzen Groningen, Friesland und Drenthe), den Osten (mit Overijssel und Gelderland), den Westen (mit Utrecht, Noord-Holland, Zuid-Holland und Flevoland), den Südwesten (mit Zeeland) und den Süden (mit Noord-Brabant und Limburg) eingeteilt. Es kann dies aber nicht mehr als brauchbares Gliederungsprinzip für eine landeskundliche Darstellung genommen werden, da die Verflechtungen mit den jeweils anderen Regionen die eigenständigen Konturen verwischt haben. In dem Buch über die regionale Geographie der Niederlande und den westlichen und südwestlichen Teil des Staates von de Pater et al.(1989) weisen die Autoren zu Recht darauf hin, dass es sich bei dieser Einteilung mehr um „mentale matrijzen" (mentale Muster) handele. Die historisch gewachsene niederländische Identität besitzt allgemein einen eher homogenen Charakter, wiewohl es Ausnahmen gibt: In Friesland z.B. ist die anerkannte Amtssprache Friesisch immer noch ein individuelles kulturelles Merkmal. Die Homogenität ist durch die lange Zusammengehörigkeit in einem Staat und eine ausgewogene politische Regionalstruktur bedingt, bei der die Provinzen zwar einiges selbstständig regeln können, die Zentralregierung aber trotzdem eine starke Position besitzt. In Belgien bestehen wegen der sprachlichen Verschiedenheit und der nach und nach auf vielen Gebieten erreichten Autonomie der flämischen und wallonischen Region und der Region Brüssel-Hauptstadt größere Kontraste.

Methodische Vorgehensweise

Welche Prinzipien ergeben sich aus dem bisher Erörterten für den Aufbau des Textes in diesem Buch? Es erschien nicht sinnvoll, die Beneluxstaaten trotz der Öffnung der Grenzen stets als Einheit zu behandeln. Obwohl die Staaten von jeher gegenüber Einflüssen von außen offen waren, hat jeder für sich doch sein eigenes Profil entwickelt. Man nehme nur als Beispiel, dass 1984 „Lëtzebuergesch" als offizielle Nationalsprache und damit als wichtiges Identitätsmerkmal in Luxemburg anerkannt wurde. Räumliches Staatshandeln hat sich ungeachtet des Einflusses der EU doch im Wesentlichen unter einer jeweils verschiedenartigen nationalen Gesetzgebung und Politik abgespielt, wenn es auch Konvergenzen gibt, z.B. zwischen der Raumordnung in Flandern und den Niederlanden. Andererseits sollten nicht drei separate Länderkunden entstehen, was ungeachtet individueller Konturschärfe den Verflechtungen und Gemeinsamkeiten der Staaten nicht gerecht geworden wäre. Somit wurde folgender Weg beschritten: Abgesehen von der Behandlung der Benelux-Wirtschaftsunion und zum Teil auch des Naturraumes werden innerhalb der einzelnen Gebiete der allgemeinen Geographie die Länder separat behandelt. Damit wird einerseits innerhalb einer Sparte der Vergleich zwischen den Ausprägungen in den Ländern erleichtert und andererseits ein Ordnungsprinzip zugrunde gelegt, das ein ständiges Hin- und Herspringen über die Landesgrenzen hinweg vermeidet. Bewusst sind nicht alle Länder nach ein und demselben Gliederungsschema abgehandelt worden, da jedes Land über unterschiedliche spezifische Kompetenzbereiche verfügt. So bot es sich z.B. an, für die Niederlande viel intensiver auf die Stadtplanung einzugehen als für Belgien und Luxemburg. Auch werden die amtlichen Statistiken in den drei Staaten mit unterschiedlichen Methoden erhoben und präsentiert, sodass man bei einer separaten Betrachtung oft die spezifischen Vorzüge der jeweiligen Erhebungen eines Landes ausnutzen kann.

Sollte man nicht Flandern, die Region Brüssel-Hauptstadt und die Wallonie getrennt voneinander behandeln? Bei einigen Vergleichen ist dies tatsächlich angebracht, aber wenn man es zum allgemeinen Prinzip erheben würde, zöge man eine schärfere Trennlinie, als es belgische Geographen tun. In dem Sammelwerk „Géographie de la Belgique"/„Geografie van België" von Denis (1992) behandeln Spezialisten für die jeweiligen Teilgebiete der Geographie in ihrem Bereich stets Belgien als Ganzes. Auch im „Atlas de Belgique"/„Atlas van België" (1976–99) sowie in dem anthropogeographischen Sammelband „België ruimtelijk doorgelicht" von Mérenne-Schoumaker et al. (1997) und in dem von Antrop et al. (2006) herausgegebenen Werk „België in kaart. De evolutie van het landschap in drie eeuwen cartografie" (2006) geschieht dies. Zudem existieren in Belgien intensive verkehrs- und wirtschaftsgeographische Verflechtungen über Regions- und Sprachgrenzen hinweg. Die überragende Metropole Brüssel übt im Bereich der Dienstleistungs- und Arbeitsmarktzentralität einen großen Einfluss sowohl auf Flandern als auch auf Wallonien aus. Außerdem stammen etliche bis heute raumwirksam gebliebene Weichenstellungen aus einer Zeit, als Belgien noch ein zentralistischer Staat war.

Belgien und Luxemburg, bei genauerem Hinsehen aber auch die Niederlande, sind naturräumlich klein gekammert. Daher erwies es sich als unumgänglich, das Mosaik der Naturräume im Einzelnen zu beschreiben. Viele anthropogeographische Strukturen sind durch naturräumliche Faktoren beeinflusst. Dies gilt für die agrarische und forstwirtschaftliche Nutzung, die Kulturlandschaftserschließung, das traditionelle Siedlungsgefüge, das Verkehrswesen, den Tourismus und sogar für regionale Unterschiede der Mortalitätsrate im 19. Jh. sowie für religionsgeographische Verbreitungsmuster vergangener Epochen. Auch haben Naturräume in der Vergangenheit beträchtliche Barrieren gebildet, insbesondere die Ardennen und die großen niederländischen Flussniederungsgebiete. In der niederländischen Geographie werden in zusammenfassenden Darstellungen Physische Geographie und Kulturgeographie häufig miteinander verknüpft. Beispiele dafür sind das Buch „Landschappelijk Nederland" des Geomorphologen Berendsen (1997), in dem nach der Behandlung der naturräumlichen Merkmale einzelner Regionen stets auf die Folgen für die Kulturlandschaftsentwicklung eingegangen wird, und das Werk „Levend land. De geografie van het Nederlandse landschap" des Geomorphologen Zonneveld (1993), in dem naturräumliche und kulturlandschaftliche Faktoren annähernd gleichgewichtig behandelt werden.

Dem Bedürfnis, das Spezialistentum von Detailuntersuchungen von Zeit zu Zeit durch ganzheitliche Betrachtungen zu ergänzen, entsprechen einige der schon genannten länderkundlichen Werke. Darüber hinaus gibt es Darstellungen, die für ein Teilgebiet der Allgemeinen Geographie eine synthetische Betrachtung vornehmen. Dazu gehören das genannte Buch von Berendsen sowie „De Nederlandse agrosector" von Maas (1994), „De Nederlandse Industrie" von Atzema & Wever (1994), „Het Nederlandse landschap. Een historisch-geografische benadering" von Barends et al. (2005) sowie die Publikation „De belgische stad van vandaag: waarheen?" von Preudhomme & Viaene-Awouters (1985). In Luxemburg konnte sich glücklicherweise vor Kurzem die Geographie auch als Universitätsfach etablieren, aber für die Zeit davor sind geographische Untersuchungen rar, es sei denn, sie beschäftigten sich mit einem räumlich weiter gefassten Gebiet wie der Großregion SarLorLux. Allerdings liegt eine bis heute lesenswerte Landeskunde des Großherzogtums unter Verwendung der damals neuesten Luftbilder und Karten vor, nämlich das Buch „Luxemburg in Karte und Luftbild" von Schmit & Wiese (1980).

Um geographische Entwicklungen und Zusammenhänge zu erkennen, haben bei der Vorbereitung des Manuskripts statistische Analysen eine große Rolle gespielt. Sie wurden durch die gut ausgestatteten Bibliotheken der nationalen statistischen Ämter mit gedruckten Statistiken und CDs und v. a. durch die im Internet kostenlos verfügbaren Daten erleichtert. Sie sind reichhaltig bei den luxemburgischen und belgischen Ämtern und seit einiger Zeit auch bei Eurostat verfügbar und geradezu vorbildlich präsentiert in den Niederlanden. In den Niederlanden werden in zunehmendem Maße auch historische Statistiken ins Internet gestellt. Die vielen herangezogenen Einzelstatistiken konnten nicht mit ihrem jeweiligen Titel aufgeführt werden. Dies erfolgte nur in Ausnahmefällen bei schwer auffindbaren Daten. Ansonsten genügt der Verweis auf das jeweilige statistische Amt, das auf der Portalseite ein Sachgruppenverzeichnis präsentiert. Andere Internetrecherchen haben ebenfalls eine große Rolle gespielt, z. B. bei der Auswertung von staatlichen Dokumenten, Publikationen von Wirtschaftsinstitutionen oder Unternehmenspräsentationen. Alle Titel im Einzelnen im Literaturverzeichnis aufzuführen war aus Platzgründen nicht möglich und auch nicht erforderlich; stattdessen ist im Text die Adresse der jeweiligen Portalseite angegeben. Ebenfalls aus Platzgründen und angesichts der in den letzten Jahrzehnten erfolgten Expansion von geographischen Veröffentlichungen ließ es sich nicht verwirklichen, die von mir erstellte Bibliographie über die Beneluxländer vollständig ins Literaturverzeichnis zu setzen. Unter anderem weisen viele Aufsätze in den wichtigen Zeitschriften *Geografie, Tijdschrift voor Economische en Sociale Geografie, Belgeo, Aardrijkskunde* und *Bulletin de la Société géographique de Liège* einen Bezug zu den hier behandelten Themen auf, ohne dass sie im Einzelnen zitiert werden konnten. Von wenigen Ausnahmen abgesehen enthält das ca. 400 Titel umfassende Literaturverzeichnis nur die Arbeiten, welche im Text für die jeweiligen Argumentationsketten herangezogen wurden. Niederländische, deutsche und französische Bezeichnungen für Orte, Provinzen und Regionen werden im Text nebeneinander verwendet.

Der Naturraum

|Abb. 1| *Hochmoor im Nationalpark De Groote Peel (Provinz Limburg und Noord-Brabant): eines der wenigen Relikte ehemals ausgedehnter Hochmoore in den Niederlanden*

Überblick

■ Die Beneluxländer weisen auf engem Raum eine ausgesprochene Vielfalt von Naturräumen auf. Im variskisch gefalteten Grundgebirge ist das gesamte Erdaltertum vertreten, wobei für Belgien die dazugehörigen ausgedehnten Fußzonen vor dem Ardennenmassiv charakteristisch sind. Das mesozoische Deckgebirge ist im Schichtstufenland des Südens und nördlich der Ardennenfußzonen bis nach Südlimburg hinein landschaftsbestimmend. Für Mittelbelgien sind weitläufige Gebiete mit tertiären Sanden und Sandsteinen kennzeichnend.

■ Weite Teile der mittleren Niederlande werden durch glaziale Akkumulationsformen der Saale-Kaltzeit – darunter Grund- und Stauchendmoränen – bestimmt. Die Kulturlandschaftserschließung der belgischen Polder und v. a. des westlichen und nördlichen Teils der Niederlande ist nur durch intensive Eingriffe des Menschen in den Naturhaushalt ermöglicht worden. Hierzu gehört auch die Trockenlegung von Binnenseen und der in den Niederlanden einst riesigen Moorgebiete.

■ Die Böden sind in den Ardennen, im Ösling und in den ausgedehnten belgischen und niederländischen Decksandgebieten überwiegend nährstoffarm. Eine im Durchschnitt mittelmäßige, wenn auch stärker variierende Qualität wird im Deckgebirge, in den Ardennenfußzonen, in Flussniederungen und in ehemaligen Moorgebieten erreicht. Die weitläufigen Bereiche mit Lössablagerungen in Mittelbelgien, der kleine Bezirk der Limburger Börde in den Niederlanden sowie die Marschen weisen vielerorts hochwertige Böden auf.

■ Die klimaräumliche Differenzierung in den Beneluxländern wird vorrangig durch die Reliefverhältnisse und erst an zweiter Stelle durch einen zonalen und meridionalen Wandel gesteuert. Außerhalb der Mittelgebirge, der Stauchendmoränengebiete, des Kempenlandes und der Dünen fällt die Waldarmut auf, am stärksten in den Poldern und den ehemaligen Hoch- und Niedermoorgebieten. Durch die Ausweisung der „Ökologischen Hauptstruktur", u. a. mit 20 Nationalparks, betonen die Niederlande den hohen Stellenwert des Naturschutzes.

Gliederung der Großregionen und ihre Merkmale

Die Mittelgebirgsräume der Benelux-Staaten

Belgien und Luxemburg haben im Süden noch Anteil an der ausgedehnten Schichtstufenlandschaft des Pariser Beckens (Abb. 2). Dies trifft für das südlich der Ardennen in der Provinz Luxemburg gelegene Belgisch-Lothringen (Lorraine Belge oder Bas-Luxembourg) und das Luxemburgische Gutland (Bon Pays) zu. Die mesozoischen Schichten umfassen in Belgisch-Lothringen und im Gutland die Trias und den Jura, hiervon lediglich Lias und Dogger. Die älteste Schicht, der Buntsandstein, liegt im Norden dem Grundgebirge am nächsten. Es kommen Konglomerate, Sandsteine, Mergel, Kalkmergel, Kalksandsteine, Kalke, Dolomite, Schiefer, tonige Sandsteine und eisenhaltige Sandsteine vor. Innerhalb des Doggers findet man oolithische Eisenerze, die mit der lokalen Bezeichnung „minette", einer Diminutivform von „mine", bedacht worden sind. Diese phosphorhaltigen Erze wurden nach der Erfindung des Thomas-Verfahrens (1877) – ein Windfrischverfahren zur Stahlerzeugung, bei dem phosphorhaltiges Roheisen verblasen wird – in Lothringen und im Süden von Luxemburg in großem Umfang, in kleineren Mengen auch in Belgien in der Region von Halanzy, nahe der französischen Grenze, abgebaut. Der Minette-Bergbau, der heute erloschen ist, bildete eine Grundlage der Schwerindustrie in Lothringen und Luxemburg sowie in der Region von Athus in Belgien.

Die Region wird von einigen markanten Schichtstufen durchzogen. In Belgien werden sie als „Côtes Lorraines" bezeichnet. Dort sind die Stufenstirnen nach Norden hin exponiert, wie auch teilweise in Luxemburg, wobei sie dort im Osten in eine Nord-Süd-Richtung umbiegen. Die ausgedehnten, von Dellen durchzogenen Dachflächen weisen eine leichte Neigung nach Süden oder Südwesten auf. Die Höhen liegen zum großen Teil zwischen 200 und 400 m; in Belgisch-Lothringen werden bei Arlon, an der Wasserscheide zwischen Rhein und Maas, sogar 465 m erreicht, im Gutland – nördlich von Luxemburg – 441 m.

Das luxemburgische Moseltal ist vornehmlich als Kastental ausgeprägt, dessen Sohle ca. 150–200 m unter den Dachflächen des Gutlandes liegt. Dolomite des Muschelkalks, Mergel des Keupers sowie Kalke und Mergel aus dem Lias bilden dort die Bereiche, in denen der Weinbau verbreitet ist. Die Täler von Sauer und Schwarzer Enz haben sich tief in den Luxemburger Sandstein eingeschnitten. Steile Felshänge und -überhänge, Schluchten und Klüfte kennzeichnen diesen Bereich, für den sich die Bezeichnung „Luxemburger Schweiz" eingebürgert hat (Ministère des Travaux Publics, Service Géologique 1974; Atlas de Belgique 1950–1972, 1976–1999; Schmit & Wiese 1980; Maréchal 1988; Maréchal 1992a, b; de Moor & Pissart 1992; Maréchal & Ameryckx 1992). Das Relief der Dachflächen erleichtert zwar die städtische Bebauung, aber dies wurde im Allgemeinen nur bei jüngeren Siedlungsprojekten – wie im Schwerindustrierevier oder im Bereich des Kirchbergplateaus von Luxemburg-Stadt – ausgenutzt. Ansonsten bildeten im Gutland die größeren Täler die Grundlagen der städtischen Entwicklung, während die Dachflächen ländlich geprägt waren. Insbesondere im Alzettetal und im Sauertal reihen sich perlschnurartig kleine mittelalterliche Städte auf.

Belgisch-Lothringen und das Gutland (s. Abb. 2) bieten für die Agrarwirtschaft im Durchschnitt bes-

|Abb. 2| *Naturräume der Beneluxländer*

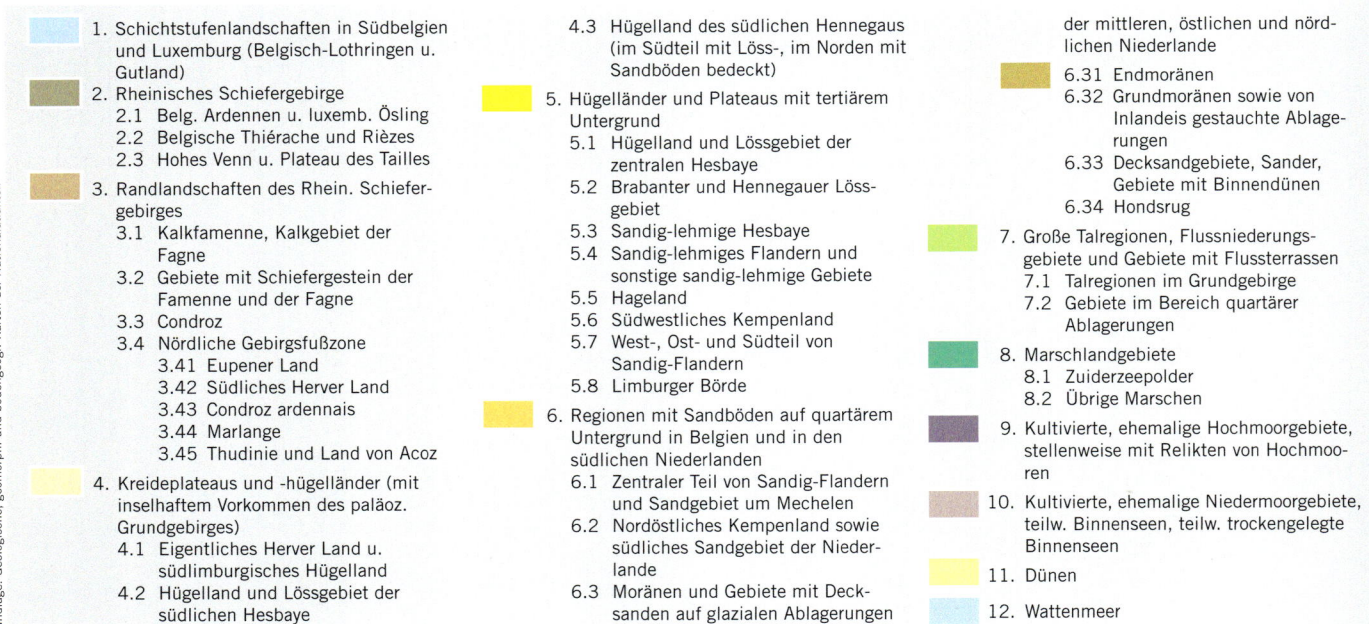

1. Schichtstufenlandschaften in Südbelgien und Luxemburg (Belgisch-Lothringen u. Gutland)
2. Rheinisches Schiefergebirge
  2.1 Belg. Ardennen u. luxemb. Ösling
  2.2 Belgische Thiérache und Rièzes
  2.3 Hohes Venn u. Plateau des Tailles
3. Randlandschaften des Rhein. Schiefergebirges
  3.1 Kalkfamenne, Kalkgebiet der Fagne
  3.2 Gebiete mit Schiefergestein der Famenne und der Fagne
  3.3 Condroz
  3.4 Nördliche Gebirgsfußzone
    3.41 Eupener Land
    3.42 Südliches Herver Land
    3.43 Condroz ardennais
    3.44 Marlange
    3.45 Thudinie und Land von Acoz
4. Kreideplateaus und -hügelländer (mit inselhaftem Vorkommen des paläoz. Grundgebirges)
  4.1 Eigentliches Herver Land u. südlimburgisches Hügelland
  4.2 Hügelland und Lössgebiet der südlichen Hesbaye

  4.3 Hügelland des südlichen Hennegaus (im Südteil mit Löss-, im Norden mit Sandböden bedeckt)
5. Hügelländer und Plateaus mit tertiärem Untergrund
  5.1 Hügelland und Lössgebiet der zentralen Hesbaye
  5.2 Brabanter und Hennegauer Lössgebiet
  5.3 Sandig-lehmige Hesbaye
  5.4 Sandig-lehmiges Flandern und sonstige sandig-lehmige Gebiete
  5.5 Hageland
  5.6 Südwestliches Kempenland
  5.7 West-, Ost- und Südteil von Sandig-Flandern
  5.8 Limburger Börde
6. Regionen mit Sandböden auf quartärem Untergrund in Belgien und in den südlichen Niederlanden
  6.1 Zentraler Teil von Sandig-Flandern und Sandgebiet um Mechelen
  6.2 Nordöstliches Kempenland sowie südliches Sandgebiet der Niederlande
  6.3 Moränen und Gebiete mit Decksanden auf glazialen Ablagerungen

der mittleren, östlichen und nördlichen Niederlande
  6.31 Endmoränen
  6.32 Grundmoränen sowie von Inlandeis gestauchte Ablagerungen
  6.33 Decksandgebiete, Sander, Gebiete mit Binnendünen
  6.34 Hondsrug
7. Große Talregionen, Flussniederungsgebiete und Gebiete mit Flussterrassen
  7.1 Talregionen im Grundgebirge
  7.2 Gebiete im Bereich quartärer Ablagerungen
8. Marschlandgebiete
  8.1 Zuiderzeepolder
  8.2 Übrige Marschen
9. Kultivierte, ehemalige Hochmoorgebiete, stellenweise mit Relikten von Hochmooren
10. Kultivierte, ehemalige Niedermoorgebiete, teilw. Binnenseen, teilw. trockengelegte Binnenseen
11. Dünen
12. Wattenmeer

Grundlage: Geologische, geomorph. und bodengeogr. Karten der Nationalatlanten

sere Bedingungen als das Ösling und die Ardennen, und zwar nicht zuletzt wegen der relativen Klimagunst in den tieferen Lagen und der geringen Reliefierung der ausgedehnten Dachflächen der Schichtstufen. Von den Bodenverhältnissen her präsentiert sich das Gebiet allerdings keineswegs überall als „gutes Land". Vielmehr weisen die Böden aufgrund der lithologischen Verhältnisse eine große Diversität auf. Nährstoffarm sind die Verwitterungsböden des Sandsteins, die nicht selten Podsole darstellen. Fruchtbar sind hingegen bei ausreichender Tiefgründigkeit die Verwitterungsböden des Kalksteins und des Dolomits (Schmit & Wiese 1980; Maréchal 1988).

Belgisch-Lothringen und das Gutland sind vom belgischen Kernraum durch das Massiv von Ardennen und Ösling getrennt, das eine bedeutende verkehrsgeographische Barriere darstellt. Die Bahnlinien von Namur und Lüttich nach Luxemburg müssen sich von 80 bzw. 60 m auf über 500 m in den Ardennen hochwinden und wieder auf 290 m hinabsteigen, die Autobahn von Lüttich nach Arlon und Luxemburg führt auf annähernd 650 m hinauf. Die Verkehrsanbindung an Lothringen und die Champagne gestaltet sich hingegen einfacher.

Das Grundgebirge, das zum Westflügel des Rheinischen Schiefergebirges gehört, nimmt in Belgien und Luxemburg einen weiten Raum ein. Die ältesten Gesteine sind dem Kambrium und dem Silur zuzuordnen und sind zum einen im Nordos-

ten, im Bereich des Hohen Venns (Hautes Fagnes), verbreitet, zum anderen im Südwesten. Beide Bereiche betrachten die belgischen Geographen als Teilräume der Ardennen. Die Ardennen außerhalb die-

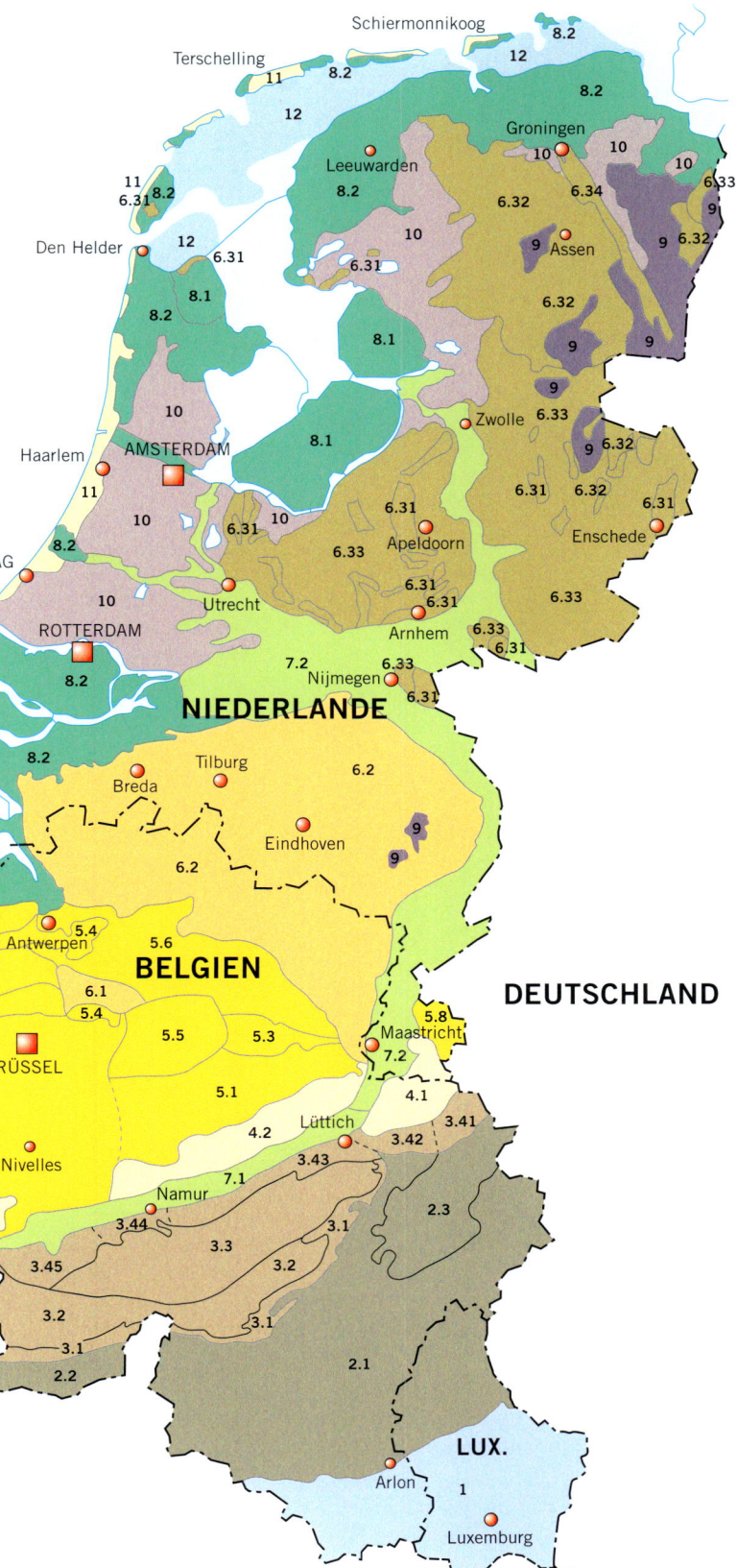

|Abb. 3| *Das Warchetal im Hohen Venn. Der Fluss hat sich hier tief in die kambrischen Schichten eingeschnitten.*

ser beiden Gebiete und das Ösling in Luxemburg, das sich nach Norden an das Gutland anschließt und bis zu den Landesgrenzen reicht, werden von unterdevonischen Schichten gebildet. Nach Nordwesten hin schließt sich noch eine bis zu 50 km breite, niedriger als die Ardennen gelegene Fußzone an, die in einem schmalen Streifen über die Maas und die Sambre hinausreicht. Hier finden sich – abgesehen von einem schmalen unterdevonischen Band im Ardenne condrusienne (Condroz ardennais) – mittel- und oberdevonische sowie karbonische Schichten. Südlich von Maas und Sambre bauen sie neben dieser genannten Region die Landschaften Condroz und Famenne auf. Weiter östlich treten sie im Südsaum des Herver Landes sowie inselhaft auch an anderen Stellen dieser Region zutage und ziehen sich als schmale Bänder bis in den Bereich des Eupener Landes und der in Deutschland gelegenen Venn-Fußfläche hinein. In einem langen, schmalen Streifen stehen karbonische Schichten noch nördlich der Haine an.

Das paläozoische Schichtpaket wurde gegen Ende des Oberkarbons von der variskischen Faltung erfasst und zu einem Faltengebirge geformt. Die Falten streichen größtenteils Südost-Nordwest bis Westsüdwest-Ostnordost. Diese variskische Streichrichtung ist in einzelnen Geländeformen noch zu erkennen, z. B. beim Verlauf des Vennsattels oder der lang gestreckten Rücken und Mulden des Condroz. Das mächtige Faltengebirge war spätestens in der untersten Trias zu einem Gebirgsrumpf abgetragen worden und wurde vermutlich auch im Tertiär noch weiter eingeebnet. Gegen Ende des Tertiärs und im Quartär wurde das Rheinische Schiefergebirge dann stark herausgehoben. Dies bedingte eine kräftige Einschneidung der Flüsse (Abb. 3); die Hänge der Haupttäler wurden versteilt. Durch diese beiden Vorgänge – die Einrumpfung des alten Faltengebirges einerseits und die intensive rückschreitende Linearerosion andererseits – erklärt sich der jedem Wanderer geläufige auffallende Kontrast zwischen dem Flachrelief in den höheren Teilen des Gebirgs-

landes und dem Steilrelief vieler Talhänge. Diese unterschiedliche Reliefgestaltung hat die Landnutzung und die Siedlungsformen erheblich beeinflusst. Namentlich im zentralen Teil der Ardennen dehnen sich weit gespannte, wenig zerschnittene Fastebenen in Höhen zwischen 400 und 600 m aus. Einzelne tief eingeschnittene größere Täler tragen zum landschaftlichen Reiz der Region bei.

In vielen Haupttälern, die im Zuge der Gebirgshebung wohl zunächst den Charakter von Kerbtälern angenommen hatten, hat sich wieder eine breitere Talsohle ausgebildet. Dort finden sich u. a. sehr junge Ablagerungen, z. B. Bodenmaterial, das in oder nach der hochmittelalterlichen Rodungsperiode von den steileren Hängen abgespült wurde. Das Gefälle der Talhänge wird an verschiedenen Stellen durch kleinere, ebene Flächen unterbrochen, die Reste von Flussterrassen aus dem Pleistozän darstellen. Sie liegen in unterschiedlicher Höhe über dem heutigen Talboden, bilden bei genügender Ausdehnung meist brauchbare Standorte für die landwirtschaftliche Nutzung und sind als Siedlungsplätze nicht selten besser geeignet als die Alluvialaue. Besonders ausgedehnte Terrassen, die allerdings teilweise mit wenig ertragreichen Tonböden bedeckt sind, findet man in der Schieferfamenne.

Der Sattel des Hohen Venns erreicht in Belgien eine Höhe von 694 m. Das Massiv ist aus Tonsteinen, Phylliten und Quarziten aufgebaut und mit wenig ertragreichen Verwitterungsböden bedeckt.

1. Dünen- oder Flugsand

2. Sonstige Sandböden

    2.1 Sand und leichter Sandlehm des südl. Kempenlandes

    2.2 Sand und Kies im östlichen Kempenland

3. Alte Marschböden und Böden im Bereich trockengelegter Binnenseen

4. Junge Marschböden

5. Niedermoorböden

6. Hochmoorböden und Böden in Hochmoorkolonisationsgebieten

7. Lehmböden einer Deckschicht (< 1 m) über Moorgebiet

8. Böden in Flussniederungen und Bachtälern

9. Lehmiger Sand/Sandlehm

10. Löss und Verwitterungsböden von Kreidekalken

11. Löss über tertiärem Sand

12. Löss über Kreidekalken

13. Löss über Ton, Sandstein und Schiefer

14. Lehmböden mit Beimengungen von Sandstein, Schiefer und Dolomit des Maas- und Sambretals

15. Lehmböden mit Beimengungen von Schiefer und Dolomit, inselhaft Löss

16. Lehmböden mit Beimengungen von Schiefer

Quellen: De Grote Bosatlas 2003; de Maeyer 2004; Atlas du Luxembourg 1971

Staunasse Tonböden, hohe Niederschläge und Hunderte von Hohlformen, die Auftauarnarben von Eiskörpern der letzten Kaltzeit darstellen, haben Hochmoore entstehen lassen. Abgesehen von einigen Naturschutzgebieten sind die Moore künstlich entwässert und überwiegend aufgeforstet. Ausgedehnte anmoorige Bereiche entstanden auch auf Hochflächen der Ardennen außerhalb der Hautes Fagnes, insbesondere auf dem Plateau des Tailles und östlich von Saint-Hubert. Die kambrischen und silurischen Gesteinsschichten im Südwesten liegen niedriger als die des Hohen Venns und sinken an der Oberfläche von 500 m im Osten auf unter 300 m im Westen ab.

Das Gebirge der unterdevonischen Bereiche der Ardennen und des Ösling wird durch geschieferte und sandige Tonsteine, Sandsteine, Grauwacken und stellenweise eingeschaltete Quarzite bestimmt. Es erreicht in Belgien seine größte Höhe mit 690 m östlich von Büllingen an der deutschen Grenze; im Ösling steigt es auf über 567 m an. Westlich der Maas, in der Landschaft Thiérache belge et Rièzes, bleiben die unterdevonischen, kambrischen und silurischen Schichten der Ardennen unterhalb eines Niveaus von 400 m, im äußersten Westen sogar von 300 m. Nordöstlich einer Linie von Saint-Hubert nach Libramont-Chevigny liegen ausgedehnte

Rumpfflächen oberhalb eines Niveaus von 500 m, auf dem Plateau des Tailles und östlich von Büllingen oberhalb von 600 m. Die sauren Verwitterungsböden der Ardennen und des Ösling (Abb. 4) mit ei-

|Abb. 4| *Die Böden der Beneluxländer*

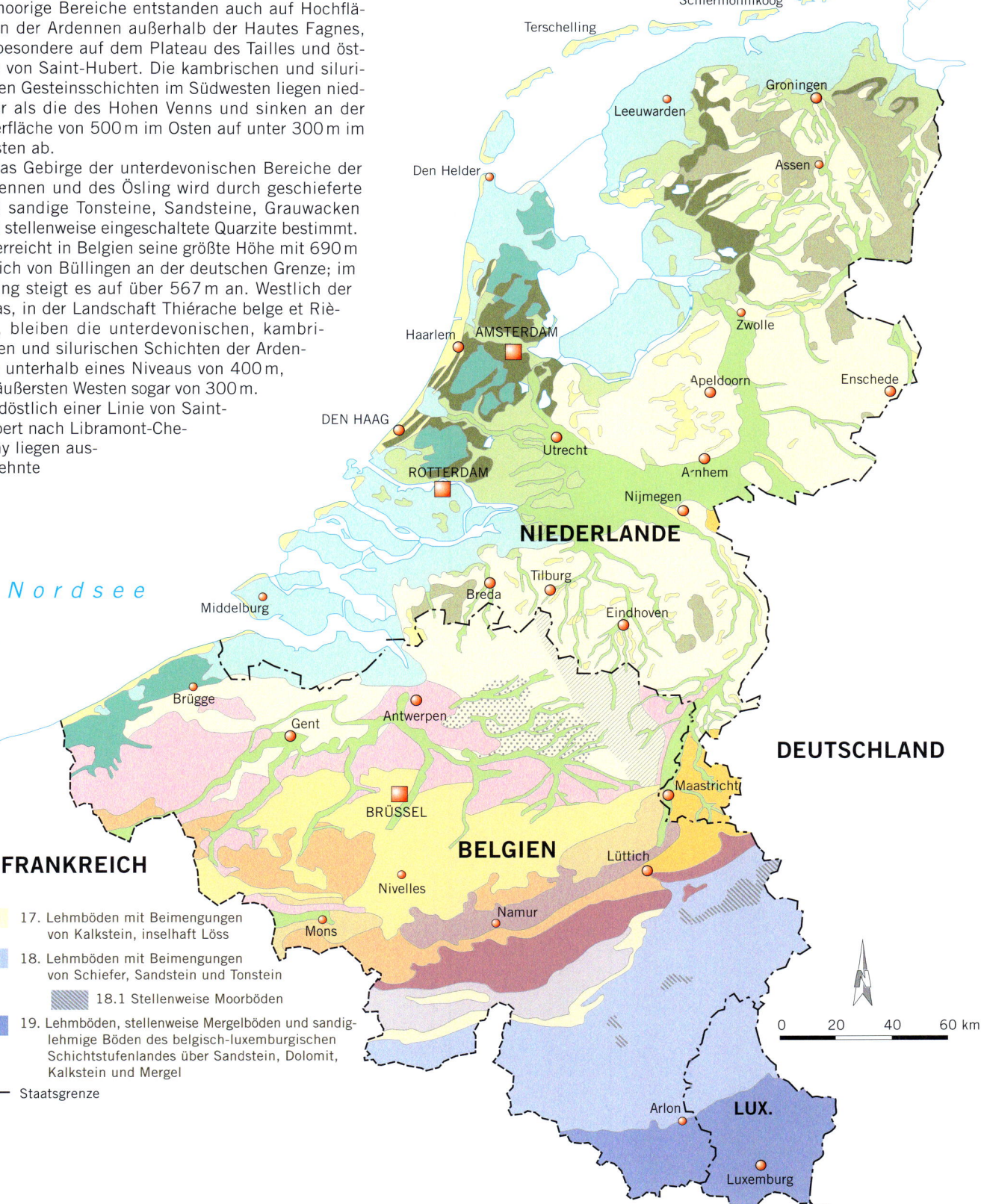

17. Lehmböden mit Beimengungen von Kalkstein, inselhaft Löss

18. Lehmböden mit Beimengungen von Schiefer, Sandstein und Tonstein

18.1 Stellenweise Moorböden

19. Lehmböden, stellenweise Mergelböden und sandig-lehmige Böden des belgisch-luxemburgischen Schichtstufenlandes über Sandstein, Dolomit, Kalkstein und Mergel

Staatsgrenze

|Abb. 5| *Maastal oberhalb von Namur. Aufschluss der gefalteten, variskisch streichenden Schichten der Dolomite des Dinantien (Karbon) und der Sandsteine des Famennien (Oberdevon), aus denen sich die Mulden und Sättel des Condroz zusammensetzen.*

nem recht hohen Anteil an Gesteinsstücken besitzen für die landwirtschaftliche Nutzung nur eine mäßige Qualität. Etwas besser dafür geeignet sind steinarme Lehme, die auf einzelnen Hochflächen auftreten, und – wenn sie ausreichend drainiert sind – die Alluvialböden. Im Westen der niedrig gelegenen Thiérache sind fruchtbare, allerdings feuchte Lehmböden verbreitet. Insgesamt stellen weite Teile der Ardennen und des Ösling aufgrund der klimatischen, geomorphologischen und bodengeographischen Bedingungen in Bezug auf die landwirtschaftliche Nutzung benachteiligte Räume dar.

Im Eupener Land und im Süden des Herver Landes treten die mitteldevonischen, oberdevonischen und karbonischen Schichten nur als schmale, variskisch streichende Bänder an die Oberfläche. Dennoch besaßen sie eine beträchtliche Bedeutung für die frühere lokale Steinbruchindustrie. Die mitteldevonischen bis karbonischen Schichten des Condroz und der Famenne liegen in der großen Geosysnklinale von Dinant. Sie wird durch die unterdevonischen Emsschichten begrenzt, die die Geosynklinale hufeisenförmig in umlaufendem Streichen umschließt. Das Hufeisen ist nach Westen, zum Pariser Becken hin, geöffnet. Der Nordteil des Hufeisens wird als Condroz ardennais oder Ardenne condrusienne bezeichnet, der Bereich westlich der Maas als Marlange. Die beiden ersten Begriffe bringen zum Ausdruck, dass die Region geologisch den Ardennen, von der Höhenlage her aber dem Condroz zuzuordnen ist.

Im Condroz lässt sich eine Abfolge von variskisch streichenden geologischen und gleichzeitig geomorphologischen Mulden und Sätteln beobachten. In den Mulden sind Schichten des Dinantien (Karbon)

erhalten (Abb. 5). Sie sind aus Kalk- und Dolomitbänken aufgebaut und weisen nicht selten Dolinen auf, gelegentlich auch Höhlen. Die Sättel bestehen überwiegend aus Psammiten (Sandsteinen mit hohem Glimmeranteil) des oberen Famennien (Oberdevon). Die Kalk- und Dolomitschichten – Letztere dominieren – bilden gleichförmige, wenig zerschnittene, leicht gewellte Fastebenen, die in einem Niveau zwischen 240 und 280 m entwickelt sind und von weit gespannten Trockentälern durchzogen werden. Die Psammitenschichten liegen deutlich höher als die Kalkschichten in ihrer Umgebung (im Extremfall 340 m hoch) und erscheinen als lang gestreckte Rücken. Sie weisen an den Flanken eine wesentlich höhere Reliefenergie auf als die Kalkstein- und Dolomitgebiete.

Die Gesteine aus Dolomit, in Wallonien „petit granit" und im deutschen Sprachraum „Blaustein" genannt, die zu Marmor metamorphisierten Dolomite („marbre noir de Dinant") und die Psammiten wurden früher in großem Umfang abgebaut. Einen Höhepunkt erreichte die im unteren Ourthe- und Amblèvetal und auf den benachbarten Hochflächen sowie im Hoyouxtal verbreitete Steinbruchindustrie vor dem Ersten Weltkrieg. Ende der 1950er- und Anfang der 1960er-Jahre, als in den Niederlanden der Deltaplan realisiert wurde, erlebte sie noch einmal einen Aufschwung und ist seitdem sehr stark zurückgegangen. Im Ourthe- und Amblèvetal hat die Steinbruchindustrie ganze Hänge – von der Talsohle bis zur Taloberkante – abgetragen.

Im Condroz sind die Böden mit Verwitterungsbestandteilen des Kalksteins meist fruchtbarer als die Verwitterungsböden der Psammiten. Hauptsächlich in den tiefer gelegenen Kalkgebieten, stellenweise auch im Bereich der Psammiten, haben sich inselhaft auch Lösslehme erhalten, die einen vorzüglichen Ackerboden darstellen. Insgesamt sind die Kalkmulden des Condroz für die ackerbauliche Nutzung gut geeignet. Aufgrund der guten Böden und der früheren Schwierigkeiten der Wasserversorgung wurden sie im Allgemeinen siedlungsfrei gehalten. Die Lehmböden der Ardenne condrusienne sind hingegen steinarm, allerdings feucht und deshalb eher für die Grünlandnutzung geeignet.

Der Dolomit der Dinantienschichten stellt ein vorzügliches Speichergestein für das Grundwasser dar. An Quellaustritten in den Tälern, z. B. dem Néblontal, sind etliche Wassersammelstellen angelegt worden, wobei die Städte des Maastales und sogar Brüssel Wasser aus dem Condroz erhalten. Wo im Hennegau die Dender ein isoliertes Vorkommen der Dinantienschichten anschneidet, wird Wasser für die Versorgung von Gent in Sammelbecken erfasst.

Die Famenne ist aus mittel- und oberdevonischen Gesteinsschichten aufgebaut. Man kann sie in zwei Hauptgebiete einteilen: die Schieferfamenne und die zwischen dieser und den Ardennen gelegene Kalkfamenne. In der letztgenannten Region sind Kalke des mitteldevonischen Givetien stark vertreten. Karsterscheinungen sind hier deutlicher ausgeprägt als im Dinantien des Condroz. Insbesondere haben sich zahlreiche Tropfsteinhöhlen gebildet. Fluss- und Bachschwinden kommen häufig vor; der lokale Ausdruck für diese Schlucklöcher, *chantoir*, ist vielerorts in den topographischen Karten verzeichnet. In der schiefrigen Fazies der Famenne-Schichten, die im Westen eine Nord-Süd-Erstreckung von fast 25 km erreichen, sind weite Ausraumzonen mit breiten Alluviallauen entstanden – so in den entsprechenden, unterschiedlich langen Talabschnitten von Ourthe, Lesse, Maas, Blanche, Hermeton und Sambre.

In der morphologisch vielgestaltigen Famenne liegen Verebnungsflächen bzw. Reste davon in verschiedenen Niveaus zwischen 140 und 320 m. Die Böden der Schieferfamenne weisen im Durchschnitt eine wesentlich geringere Wertigkeit auf als die des Condroz. Bereiche außerhalb der Alluviallauen sind für die ackerbauliche Nutzung nur wenig geeignet. Die Qualität der Verwitterungsböden des Kalksteins in der Kalkfamenne ist hingegen höher einzustufen. In einigen Bezirken, z. B. im Gerny südwestlich von Marche-en-Famenne, haben sich inselhaft fruchtbare Lösslehme erhalten.

Beträchtliche Bedeutung besaßen noch im 19. Jh. Eisenerzlagerstätten in den Dolomitschichten des Condroz und in den Kalksteinschichten der Famenne. Das Eisen wurde in der Region selbst, in den Ardennen sowie im Sambre- und Maastal weiterverarbeitet. Vereinzelt sind die Höhenrücken des Condroz aus flözführendem Karbon aufgebaut, wobei in den französischen Statistiken eine Kohleförderung um 1800 verzeichnet ist. Innerhalb der Kalkstein- und Dolomitschichten nahe der deutschen Grenze haben sich reichhaltige Lagerstätten von Blei und Galmei (karbonatische und silikatische, schwefelfreie Zinkerze) ausgebildet, die insbesondere in der Umgebung von La Calamine und Plombières teilweise bis ins 20. Jh. hinein abgebaut wurden und für die traditionsreiche Buntmetallindustrie des Lütticher Raumes von einigem Wert waren (Wieger 1976, 1992a).

Nördlich der Ardenne condrusienne kommen in einem lang gestreckten Streifen noch einmal paläozoische Schichten an die Oberfläche. Hier sind insbesondere die Schichten des Dinantien und das flözführende Karbon zu nennen. Maas und Sambre haben sich tief darin eingeschnitten. Mit ihrer Westsüdwest-Ostnordost-Richtung folgen sie in diesem Bereich nicht der allgemeinen Geländeabdachung, sondern verlaufen über weite Strecken parallel zum Gebirgsrand, waren also schon vor der tertiären Heraushebung angelegt.

Stellenweise ist das flözführende Karbon durch die fluviatile Erosion freigelegt, so im Maastal bei Lüttich. Hier konnte sich der Steinkohlenbergbau aufgrund der leicht zugänglichen Lagerstätten in oberflächennahen Bereichen schon seit dem 13. Jh. entwickeln. Ein lang gestrecktes Steinkohlebecken durchzieht im Bereich von Maas, Sambre und Haine von Westen nach Osten die Wallonie. Es beginnt östlich von Lüttich und erstreckt sich (mit einer Unterbrechung zwischen Flémalle und Namur) über den Raum Charleroi, das Centre und die Borinage bis nach Frankreich hinein (Schreiber 1980). Bis in die zweite Hälfte des 20. Jh. war die Kohleförderung in dieser Region ökonomisch von außerordentlicher Bedeutung, doch seit Beginn der 1980er-Jahre ist der wallonische Steinkohlenbergbau erloschen. Wo die Maas das Dinantien angeschnitten hat, wurden stellenweise große Steinbrüche angelegt, die wie im Condroz den Blaustein liefern. Er wurde in den Städten des Maastals häufig als Baustein verwandt.

Innerhalb des Ösling, der Ardennen und Vorardennen bevorzugen die städtischen Siedlungen die Tallage; Bastogne und Ciney gehören zu den Ausnahmen. In den beiden ersten Regionen sind die Siedlungen nicht zuletzt wegen der Verkehrsabgelegenheit klein geblieben. Im nördlichen Teil der Vorardennen hingegen sind Huy, Namur, Verviers und insbesondere die Städte der Lütticher Agglomeration (v. a. Lüttich, Herstal und Seraing) aus der Enge der Täler hinausgewachsen und breiten sich mit ihren Vororten und Gewerbeparks auch auf den benachbarten Plateaus aus. In diesem Teil des Gebirgslandes ist in den engen Tälern der Siedlungstyp der Industriegasse häufiger anzutreffen: so im mittleren Wesertal im Raum Verviers-Pepinster und ansatzweise in Eupen, im unteren Ourthe- und Wesertal unweit von Lüttich, im Hoyouxtal südlich von Huy, im Sambretal im Raum Charleroi und insbesondere im Maastal im Abschnitt von Engis, Seraing, Lüttich, Herstal und Oupeye. In der Lütticher Agglomeration mündet die im regen- und schneereichen Hohen Venn entspringende Weser in die Ourthe, die aus den mit Niederschlägen reich bedachten Ardennen kommt. Die Ourthe wiederum fließt in die Maas, die abschnittsweise dieses Gebirge durchquert, sodass die

Überschwemmumgsgefahr beträchtlich ist. Im Lütticher Stadtgebiet, am Fuß der Zitadelle, ist die sich vor einem Steilhang ausbreitende, dicht bebaute Alluvialaue an der engsten Stelle nur 350 m breit. Ausgedehnte Hangabschnitte besitzen eine Neigung von mehr als 20 %. Die Bahn von Lüttich nach Brüssel muss eine solch steile Strecke überwinden, um vom 60 m hoch gelegenen Maastal auf das 160 m hohe Plateau der Hesbaye hinaufzukommen. Die Bahn Köln–Brüssel führt im Abschnitt zwischen Aachen und Köln größtenteils durch das Grundgebirge, verläuft durch das enge, gewundene Wesertal und durchquert etliche Tunnel. Diese Strecke musste bis 2008 auch der seit 1997 eingesetzte Hochgeschwindigkeitszug Thalys nehmen. Die 2008 eröffnete Neubaustrecke von Lüttich bis zur deutschen Grenze führt hingegen über das Plateau des Herver Landes. Wegen der baulichen Enge im Maastal ist die vom Plateau des Haspengaus kommende Lütticher Stadtautobahn auf Stelzen gesetzt und über der Bahnlinie errichtet worden. Im Schwerindustriegebiet des Maastales oberhalb von Lüttich beträgt die Distanz zwischen Fluss und Steilhang teilweise weniger als 600 m und selten mehr als 1 km. Dies zwang zu einer außerordentlichen baulichen Verdichtung und einer engen Verzahnung von Wohn- und Industrieanlagen, die erst in jüngerer Zeit durch Flächensanierungen etwas aufgelockert wurde. Die industriell bedingte Schadstoffbelastung der Luft wird im Schwerindustriegebiet des Maas- und Sambretales, aber auch in benachbarten Industriegassen, durch die topographischen Verhältnisse noch gesteigert. In die klimatologische Literatur (z. B. das frühere Lehrbuch von Blüthgen) ist die Rauchvergiftungskatastrophe bei Huy im Dezember 1930 eingegangen, bei der 63 Menschen umkamen (Maréchal 1988; Maréchal 1992a, b; de Moor & Pissart 1992; Maréchal & Ameryckx 1992; Wieger 1976, 1992a).

Das ältere Deckgebirge im Anschluss an den nordwestlichen Teil des Rheinischen Schiefergebirges wird durch die Schichten der Oberkreide gebildet. Die belgischen und niederländischen Kreidegebiete sind hauptsächlich aus Kalk- und Mergelsteinen aufgebaut. Besonders gut aufgeschlossen sind sie in den großen für Zementwerke angelegten Steinbrüchen von Lixhe und Haccourt (im Maastal nördlich von Lüttich unweit der niederländischen Grenze) sowie am Pietersberg südlich von Maastricht, weiterhin am Durchbruch für den Albertkanal westlich von Lanaye. Diese Schichten bauen das Herver Land sowie (in den Niederlanden) das Limburger Hügelland auf. Sie bilden weiterhin den Untergrund des Südteiles der Limburger Börde und des sog. trockenen Haspengaus (Hesbaye sèche) und kommen noch einmal in der Borinage, nördlich und südlich der Haine, an die Oberfläche. In Südlimburg, im Westen des Herver Landes und am Ostsaum der Hesbaye sind die Kreideschichten schon inselhaft mit pleistozänen Hauptterrassenschottern bedeckt. In den tiefer eingeschnittenen Tälern des Herver Landes kommt stellenweise das karbonische Grundgebirge zum Vorschein. Das mäßig bewegte Relief des Herver Kreidelandes liegt größtenteils auf einem Niveau zwischen 200 und 300 m, weite Teile des Limburger Kalk- und Mergellandes zwischen 100 und 200 m; lediglich am Ostsaum steigt es bis über 250 m an. Unter den Deckschichten liegt stellenweise produktives Karbon. Somit ist der (heute erloschene) Lütticher Bergbau bis in den Westteil des Herver Landes vorgedrungen. Die Limburger Kreidetafel ist durch das inselhafte Auftreten von Löss gekennzeichnet. Auch im Herver Land kommen Lösslehme stellenweise vor. Die Böden des Herver Landes sind für den Ackerbau durchaus geeignet, doch hat man sich dort – teils aus einer langen Tradition heraus, teils aus betriebsstrukturellen Gründen – auf die Grünlandwirtschaft spezialisiert (Wieger 1992a).

Die Lösslehmgebiete Mittelbelgiens und Südlimburgs (Niederlande)

Nördlich von Sambre und Maas können naturräumliche Trennlinien wegen breiter Übergangssäume nicht immer eindeutig gezogen werden. Weiterhin koinzidieren nicht immer morphologische, geologische und bodengeographische Merkmale. Die Naturräume Haspengau (Hesbaye), Brabanter Plateau und Hennegauer Plateau besitzen mehr Gemeinsames als Trennendes. Sie nehmen außerhalb der tiefer eingeschnittenen Flüsse den Charakter weit gespannter, leicht gewellter, von Trockentälern durchzogener Plateaus an – und zwar innerhalb der Tertiärschichten, im trockenen Haspengau innerhalb der Kreideschichten. In den Tertiärschichten kommen Sande vor (insbesondere östlich der Senne), Tone (überwiegend im Westteil) und gelegentlich auch Sand- und Kalksandsteine. Vereinzelt treten in Mittelbelgien auch noch paläozoische Schichten auf. Denn stellenweise wird das Relief durch das Einschneiden der zum Einzugsbereich der Schelde gehörenden Flüsse und Bäche belebt, und diese haben sich streckenweise so stark eingetieft, dass sie das paläozoische Grundgebirge erreichen. Unweit von Tournai z. B. hat die Schelde das Dinantien freigelegt. In diesem Bereich werden seit dem Mittelalter große Steinbrüche betrieben. Der Blaustein konnte scheldeabwärts transportiert werden und fand u. a. beim Bau der großen gotischen Kirchen und der Tuchhalle in Gent Verwendung.

Das Limburger Lössgebiet ist geologisch und lithologisch nicht einheitlich gestaltet. Im Süden bilden die schon genannten Kreideschichten den Untergrund. Weiterhin treten im Osten tertiäre Sande an die Oberfläche, insbesondere im Gebiet des Heringsbosch und in der Brunssumer Heide. Diese Bereiche bilden dann kleine Isolate mit Sandböden innerhalb der Börde. Mittel- und Hauptterrassen der Maas machen den Kernbereich der Limburger Börde aus. Unter den Deckschichten der Limburger Börde liegen flözführende Karbonschichten, auf denen der Steinkohlenbergbau Südlimburgs basierte, der 1974 sein Ende fand (Schreiber 1980; Breuer 1984).

Die Plateaus der Hesbaye und von Brabant liegen im Durchschnitt – bei einer in etwa von Süden nach

Norden verlaufenden Abdachung – zwischen 200 und 100 m. Der Hennegau erstreckt sich – von einigen höheren Isolaten abgesehen – zwischen 50 und 100 m. Im Haut Pays, das zwischen dem Synklinaltal der Haine und der französischen Grenze liegt und das durch paläozoische und kreidezeitliche Ablagerungen gekennzeichnet ist, steigt das Gelände bis auf 212 m an. Die Höhe der Limburger Börde beträgt hingegen nur 60 – 140 m. Gemeinsam ist den Regionen ein herausragendes bodengeographisches Merkmal, nämlich die weite Verbreitung hochwertiger Lösslehme, die zu den fruchtbarsten Böden in Europa gehören.

Innerhalb Belgiens erstrecken sich die Lösslehme in einem bis zu 75 km breiten Streifen von der französischen bis zur niederländischen Grenze. Am größten ist die Geschlossenheit der Lösslehmdecke im Haspengau, wobei im trockenen Teil der Region über den Kreideschichten die besten bodengeographischen Voraussetzungen vorliegen. Auch südlich der Sambre, in der Thudinie, kommen die Böden in einem geschlossenen Gebiet noch vor. Auf dem Brabanter Plateau wird die Lösslehmdecke im Vergleich zu den übrigen beiden Regionen am häufigsten von Böden geringerer Qualität, insbesondere von sandig-lehmigen Böden, unterbrochen. Im Hennegau sind feuchte Lösslehmböden weiter verbreitet als in den übrigen Regionen. Namentlich das Brabanter Plateau, der Haspengau und der Hennegau weisen ausgedehnte Bereiche auf, die sich vorzüglich für den Anbau von Weizen, Gerste und Zuckerrüben eignen. Die Lösslehmdecke zieht sich in den Bereich von Südlimburg hinein, wo analoge Eignungsbedingungen vorliegen. In Südlimburg liegt das Hauptareal des Löss zwischen zwei von Westen nach Osten verlaufenden Linien, von denen die südliche durch Valkenburg und die nördliche durch Sittard verläuft. Südlich der Valkenburger Linie ist der Löss nur noch inselhaft anzutreffen.

Nördlich von Maas und Sambre fungiert das Relief nur noch in geringem Maße als Steuerungsfaktor für Siedlung, Verkehr und Landnutzung, obwohl es gelegentlich Abhängigkeiten gibt. Einige flächenmäßig geringfügig ausgedehnte hängige Partien z. B. sind Standorte für kleine Waldareale und lockern das Landschaftsbild auf. Oberhalb der Mündung der Samme in die Senette westlich von Nivelles wird im Bereich des Kanals von Charleroi nach Brüssel (vgl. Abb. 137) durch die 1968 in Betrieb genommene „Schiefe Ebene von Ronquières" (Plan incliné de Ronquières) ein Höhenunterschied von 67,5 m überwunden. Auch die Kreideschichten, durch die der Canal du Centre streckenweise verläuft, sind so stark reliefiert, dass durch das gigantische, 2002 in Betrieb genommene Schiffshebewerk von Strépy-Thieu ein Höhenunterschied von 73 m bewältigt werden muss. Die Senne, die durch Brüssel fließt, hat sich immerhin so stark in das nördliche Brabanter Plateau eingeschnitten, dass man in Brüssel zwischen einer Ober- und Unterstadt unterscheiden kann. In der in Brabant gelegenen Planstadt Louvain-la-Neuve hat man das Relief für eine originelle Konstruktion ausgenutzt, indem im Zentrum ein tief eingeschnittenes Nebental der Dyle mit einer großen Betonplatte, die etliche Gebäude trägt, überspannt wurde.

Die belgische Hügelzone mit sandig-lehmigen Böden

An die Lösslehmgebiete schließt sich nach Norden hin eine breite, in West-Ost-Richtung verlaufende Übergangszone mit sandig-lehmigen Böden an. Sie liegt im Bereich der tertiären Sande, Tone, Kalksandsteine und Sandsteine. Die Sand- und Kalksandsteine dieser Region und auch der übrigen Tertiärgebiete wurden bei etlichen Bauwerken verwendet, insbesondere die sog. Lede-Sandsteine und der Brüsseler Sandstein. Das berühmte gotische Leuvener Rathaus mit seiner fein gemeißelten Fassade zeigt die leichte Bearbeitbarkeit des rasch verwitternden Steins.

Das Relief wird stellenweise durch Schichtstufen und Zeugenberge belebt. Im Hageland werden häufig die steileren Hänge durch die Waldbedeckung hervorgehoben. Der hügelige Charakter der Region kommt auch in Bezeichnungen wie „Vlaamse Heuvels" und „Heuvelland" zum Ausdruck. Außer in einigen tiefer eingeschnittenen Tälern liegen im sandig-lehmigen Haspengau und im Hageland die Höhen innerhalb einer Spanne von 50 bis 100 m. Innerhalb der „Vlaamse Heuvels" übersteigt eine von Westen nach Osten laufende Hügelkette eine Höhe von mehr als 100 m und erreicht mit dem Pottelberg (zwischen Schelde und Dender) 159 m.

Im sandig-lehmigen Haspengau dehnen sich Böden von guter, im Hageland und im sandig-lehmigen Flandern von mittlerer Qualität aus. Inselhaft kommen diese Böden, ebenfalls über tertiären Schichten, noch im Süden des Land van Waas sowie in einem von Nete und Schelde bogenförmig umschlossenen Bereich südlich von Antwerpen vor. Aufgrund der im Durchschnitt im Vergleich zum Lösslehmgebiet geringeren Bodenqualität besitzt hier der Ackerbau keine solche Dominanz wie in der Lösslehmregion. Dafür gewinnt das Grünland an Bedeutung, zudem im Hageland sowie im sandig-lehmigen Haspengau der Obstanbau. Die Entwässerung des gesamten Gebietes erfolgt durch die Schelde, lediglich in der Westecke durch die IJzer. Damit ist es zum flandrischen Tiefland und zur Küstenregion, insbesondere zum Raum Antwerpen hin, geöffnet (de Moor & Pissart 1992; de Smedt 1992; Maréchal 1988; Maréchal & Ameryckx 1992; Maréchal 1992a, b; Nationaal Geografisch Instituut 1992).

Die belgischen Sandgebiete und ihre Nutzung

Das sandige Flandern (Zandig Vlaanderen) dehnt sich zum einen im Bereich tertiärer Ablagerungen aus, dies insbesondere im Houtland südlich von Brügge, im Südwestteil des Genter Landes und im Bereich des Waaslandes, zum anderen im großen flandrischen Tal. Im Tertiärgebiet liegen ausgedehnte Regionen auf Niveaus zwischen 20 und 30 m. Zwischen Torhout und Ichtegem werden 51 m erreicht. Das flandrische Tal besteht aus fluvio-periglazialen Ablagerungen der Weichsel-Kaltzeit und wird von Bändern alluvialer Ablagerungen, insbesondere von den Flüssen Leie, Schelde, Zenne, Dijle, Durme und Rupel durchzogen. Es beginnt ca. 15 km östlich von Mechelen, dehnt sich nach Westen hin ca. 10 km jenseits von Gent aus und reicht von dieser Stadt aus ca. 20 km nach Norden. Es wird von einem Oval tertiärer Ablagerungen umgeben, das nach Norden, zu den Poldern hin, geöffnet ist. Die Höhen bewegen sich hier nur noch zwischen 5 und 10 m; in einzelnen Bereichen werden 5 m unterschritten.

Die Böden der Region außerhalb der Alluvialauen sind aus weichseleiszeitlichen Decksanden hervorgegangen. Sie werden als sandige, in einzelnen Bereichen auch als sandige bis sandig-lehmige Böden eingestuft. Die Brauchbarkeit für die landwirtschaftliche Nutzung variiert: Die sog. *natte zandgronden* (nassen Sandböden) werden noch als geeignet eingestuft, einige sandige und lehmig-sandige Böden mit Sand- und Tonsubstrat werden als mäßig geeignet bewertet und kleinere Areale von Sandböden mit Tonsubstrat als wenig geeignet. Im Durchschnitt liegt eine höhere Bodenqualität vor als im östlich anschließenden Sandgebiet des Kempenlandes, aber eine geringere als im Bereich des sandig-lehmigen Flandern (de Moor & Pissart 1992; de Smedt 1992; Maréchal 1988; Maréchal & Ameryckx 1992; Maréchal 1992 a, b; Nationaal Geografisch Instituut 1992).

Innerhalb der Region und in den angrenzenden Gebieten weist die Verteilung der bedeutenden mittelalterlichen Städte von Flandern und Brabant eine bemerkenswerte Beziehung zu den Gegebenheiten des Untergrundes auf, indem die meisten von ihnen im Bereich der tertiären Ablagerungen oder an deren äußerstem Rand angelegt wurden. Dies trifft u. a. für Antwerpen, Sint-Niklaas, Lier, Leuven, Brüssel, Aalst, Kortrijk, Ieper, Gent und Brügge zu. Gent ist im Grenzbereich zweier naturräumlicher Eignungsbezirke entstanden: Die Siedlung in der Umgebung der frühmittelalterlichen Abtei St. Pieters breitete sich auf einem von Schelde und Leie mit steilen Erosionsflanken versehenen isolierten Tertiärhügel aus, das mittelalterliche Handelsviertel hingegen in der aus jungquartären und alluvialen Ablagerungen gebildeten Ebene des flandrischen Tales. Die Altstadt von Brügge liegt zwar noch im Bereich der tertiären Ablagerungen, aber in einer für Schifffahrt und Kanalbau geeigneten Niederung, während das hochwassersichere, sich südlich unmittelbar anschließende Tertiärhügelland gemieden wurde. Wichtige Leitlinien für mittelalterliche Stadtgründungen in Flandern und Brabant bildeten bei dem damals unentwickelten Straßennetz die wegen des geringen Gefälles und nicht zu unregelmäßiger Wasserführung leidlich gut befahrbaren Flüsse IJzer, Leie, Schelde, Dender, Senne, Dijle, Nete und Demer. Das zu den Poldern hin geöffnete flandrische Tal eignet sich vorzüglich zur Anlage von Kanälen. So ist es kein Zufall, dass sich Gent mit seinen Verbindungen in Richtung Brügge, Kortrijk, Tournai, Antwerpen und Terneuzen zu einem Knotenpunkt für Wasserstraßen entwickelt hat.

Das belgische Kempenland hat im Süden Anteil an tertiären Sedimenten, im Osten an der Hauptterrasse der Maas und im Nordwesten an altpleistozänen, wahrscheinlich in einem Küstengebiet entstandenen Ablagerungen. Unter den tertiären Sedimenten sind einige weiße, sehr reine Quarzsande vertreten, z. B. die von Mol, die in der Glasindustrie Verwendung finden, weiterhin kleine Braunkohlelagerstätten, die während des Zweiten Weltkrieges vorübergehend genutzt wurden (Maréchal 1992a, b). Unter den Deckschichten des Kempenlandes liegt flözführendes Karbon, das im 20. Jh. bergbaulich erschlossen wurde. Zwischen 1917 und 1939 nahmen in der Region sieben Steinkohlezechen ihre Förderung auf (Schreiber 1980). Inzwischen wurden sämtliche Schächte stillgelegt.

Die pleistozänen Sedimente des Kempenlandes setzen sich im südlichen Sandgebiet der Niederlande fort. Hier kommen noch ausgedehnte fluvio-periglaziale Ablagerungen der weichseleiszeitlichen Twente-Formation hinzu, die zum überwiegenden Teil in der zentralen Grabensenke des Gebietes (Centrale Slenk) zu finden sind. Das südliche Sandgebiet der Niederlande reicht im Norden bis zum Maastal, im Nordwesten bis zu den Marschen des Maas-Schelde-Ästuars und findet – stellenweise unterbrochen durch Regionen mit Lehmböden rechts der Maas – im Osten in den Sandgebieten des Niederrheinischen Tieflandes seine Fortsetzung. Ein gemeinsames Kennzeichen der Region im belgischen und niederländischen Teil bilden die weichseleiszeitlichen Decksande, die ein leicht gewelltes Relief hervorgebracht haben. Eine Mächtigkeit von mehr als 15 m, stellenweise von 45 m, erreichen sie in der Centrale Slenk. Dünen können in der gesamten Region beobachtet werden. Es treten – häufig zu Dünen zusammengewehte – Flugsande auf, deren Entstehung anthropogen bedingt und auf Landnutzungspraktiken vergangener Jahrhunderte zurückzuführen ist, insbesondere auf Überweidung, Abbrennen der Vegetation und Plaggenhieb (Berendsen 1997). Das Decksandrelief hat stellenweise den Abfluss der Bäche im Oberlauf behindert, sodass sich zunächst Nieder- und später Hochmoore gebildet haben. Der um 1960 eingestellte Torfabbau war durch den Bau verschiedener Kanäle im 19. Jh. gefördert worden.

Die höchsten Teile der Sandregion liegen im Bereich des „Kempisch Plateau", durch das innerhalb des Hauptterrassengebietes die Wasserscheide zwischen Maas und Schelde von Lanaken nach Nordnordwesten bis Lommel verläuft. Hier werden stellenweise über 90, im äußersten Fall 104 m erreicht, während das Gebiet „Lage Kempen" unter die 20-m-Isohypse absinkt. Die im 19. Jh. gebauten Wasserstraßen Zuid-Willemsvaart und der Kanal Herentals – Bocholt wurden im Bogen um das Plateau herumgeführt. Der im 19. Jh. fertiggestellte Kanal von

Dessel nach Schoten (bei Antwerpen) vermeidet weitgehend die Querung von Tälern und wurde deshalb halbkreisförmig, der Wasserscheide zwischen Schelde und Maas bzw. Dintel folgend, geführt. Beim zwischen 1930 und 1940 gebauten Albertkanal (Breuer 1969) hingegen hatte man sich weniger an die naturräumlichen Bedingungen angepasst und sich eine möglichst kurze Verbindung zwischen Lüttich, Genk und Antwerpen auf nationalem Territorium zum Ziel gesetzt. So hat man die Kreidetafel der südlichen Hesbaye durchbrochen, die Wasserstraße ein Stück durch das Kempisch Plateau geführt und sie etliche Täler queren lassen, die meist in NO-SW-Richtung verlaufen und zu den Flüssen Demer, Dijle, Rupel und Schelde hin ausgerichtet sind.

Die niederländischen Sand- und Moorgebiete

Im niederländischen Teil des Sandgebietes wird im Südosten nahe der Grenze zu Belgien noch eine Höhe von 40 m NAP erreicht (oder 40 + 2,32 m bezogen auf den Oostender Pegel); nach Nordwesten hin sinkt sie auf 2,5 m NAP ab. Der 25 bis 36 m hoch gelegene, von SO nach NW streichende Halbhorst der Peel überragt das westlich anschließende Gebiet um 10 bis 15 m. Die im 19. Jh. gebauten Schifffahrtskanäle des südlichen Sandgebietes (Zuid-Willemsvaart, Wilhelminakanaal, Noordervaart, Kanaal Wessem-Nederweert) nutzen die tiefer gelegenen Bereiche und werden so durch das Relief nur wenig behindert, sodass sie über weite Strecken ohne nennenswerten technischen Aufwand geradlinig geführt werden konnten.

Kennzeichnend für die Region sind Sandböden und sandig-kiesige Böden. Nur inselhaft, insbesondere westlich von Eindhoven und im NO und SW von Tilburg, treten auch kleine Lössgebiete auf. Weiterhin weist der oben genannte Mittelterrassenbereich des belgischen Maaslandes und der sich in den Niederlanden anschließenden Regionen neben sandigen auch sandig-lehmige und lehmige Böden auf. Für einzelne Niederungen sind (teilweise gleyifizierte) Alluvialböden charakteristisch. Vor allem im Peelgebiet kommen in größerem Umfang Hochmoorböden vor. Die Sandböden gelten als sehr sauer und nährstoffarm, sind im A-Horizont stark ausgewaschen und weisen nicht selten Ortssteinbildungen auf. Vor allem im Süden des kempenländischen Plateaus besitzen sie eine sehr geringe Eignung für die agrarische Nutzung. Die Sandböden trocknen rasch aus, sodass einzelne Bereiche künstlich bewässert werden, wobei das Wasser seit dem 19. Jh (Breuer 1969) einzelnen Schifffahrtskanälen entnommen wird. In früheren Jahrhunderten hat man versucht, die Qualität der Böden in den ackerbaulich genutzten Teilen der Flur durch die auch in Norddeutschland ehemals verbreitete Plaggendüngung zu verbessern; einzelne Äcker wurden dadurch im Laufe der Jahrhunderte um 80 bis 100 cm erhöht. Die Gebiete, in denen das Abstechen der „Grasplaggen" und „Heideplaggen" erfolgte, waren der Winderosion ausgesetzt, sodass sich Flugsanddecken bildeten. Die niederländische Bodenklassifi-

kation unterscheidet für das südliche Sandgebiet zwischen Podsolen und Böden mit einer etwas dickeren Humussschicht, die v. a. in den Niederungen und den Bereichen ehemaliger Plaggendüngung vorkommen. Letztere werden als „oude bouwlandgronden" (alte Ackerböden) eingestuft (Stichting voor Bodemkartering 1987). Gelegentlich wird für die etwas dunkleren, humusreicheren Böden innerhalb des Sandgebietes auch die Bezeichnung „eerdgronden" (wörtlich: erdige Böden) verwandt. Der Armut der Böden entsprechend hat es in der Region große atlantische Heidegebiete gegeben, deren maximale Ausdehnung im 18. und 19. Jh. erreicht wurde. In Relikten sind sie erhalten geblieben. Die Bodenqualität variiert zwar, oft auf engem Raum, aber in weiten Teilen der Region ist sie als gering anzusehen. Ungeachtet der Nährstoffarmut der Böden sind aber auch ausgedehnte Teile der Region agrarisch genutzt. Gerade in den Niederlanden kann man bei den Standorten für die Landwirtschaft nicht allzu wählerisch sein; immerhin bedecken Sand- und Moorböden 56 % der Landfläche des Staates (Zonneveld 1991).

Das mittelniederländische Sandgebiet ist durch glaziale Ablagerungen geprägt. Es endet im Norden am Zuiderzeegebiet und wird hufeisenförmig von Flussauen umschlossen: im Westen von denen der IJssel, im Süden vom Neder-Rijn und im Westen von der Vecht (östlich der Vecht liegt vor dem Moränengebiet noch ein kleiner Streifen des westlichen Moorgebietes). Stauchendmoränen stellen ein auffälliges Landschaftselement der Region dar. Sie sind während des Drenthe-Stadiums der Saale-Kaltzeit entstanden. Sie enthalten grobsandige und steinige fluviale Ablagerungen von Rhein und Maas, aber auch Material skandinavischer Herkunft. Der größte Stauchmoränenwall erstreckt sich von Hattem bis Arnhem und erreicht am Zijpenberg eine Höhe von 110 m. Im Süden treffen wir auf niederländischem Gebiet noch zwei isolierte Endmoränenbereiche an: zwischen Oude IJssel und Waal den Stauchwall von Montferland und zwischen Waal und Maas die Stauchendmoräne von Nijmegen. Kleine Moränenreste (Grundmoräne und gestauchtes Material) findet man noch an der Küste in Nordholland (nördlich des Wieringermeerpolders) und auf der Insel Texel. Im Westteil des niederländischen Sandgebietes umschließen die Stauchendmoränen hufeisenförmig das Gelderse Vallei, das ebenso wie das IJsseltal ein glaziales Becken mit Ablagerungen von der Drenthe-Formation der Saale-Kaltzeit bis zur Twente-Formation der Weichseleiszeit darstellt. Das Becken ist mit Geschiebelehmen, glaziofluvialen und -lakustrischen Ablagerungen, Brackwasserablagerungen und im oberen Bereich mit weichseleiszeitlichen fluvio-periglazialen Sedimenten angefüllt. Die nur wenig reliefierte Oberfläche wird vornehmlich von weichseleiszeitlichen Decksanden gebildet. Das Gebiet des Gelderse Vallei ist durch eine Vielzahl kleiner parabelförmiger Decksandrücken gekennzeichnet. Fluvio-periglaziale Ablagerungen mit einer dünnen Decksandschicht treten auch im Be-

|Abb. 6| *Nationalpark De Sallandse Heuvelrug (Provinz Overijssel). Die Landschaft ist durch Stauchendmoränen, durch Wälder und Gebiete mit atlantischer Heide geprägt.*

reich zwischen dem östlichen großen Endmoränenzug und dem IJsseltal auf. Weitere Landschaftselemente des Gebietes stellen Sander, Akkumulationsebenen von Schmelzwässern, Kamesterrassen, Flugsande, Binnendünen und Deflationswannen dar. Die Bodenverhältnisse ähneln denen des südlichen Sandgebietes. Hinzu kommen lediglich einige Niedermoorbereiche nordwestlich von Wageningen (Stichting voor Bodemkartering 1987; Rijks Geologische Dienst 1985; Zagwijn 1991).

Die Endmoränen und Sander stellen sehr ungünstige Eignungsbezirke für die landwirtschaftliche Nutzung dar. Hier und in einigen angrenzenden Bereichen finden wir die größten zusammenhängenden Waldgebiete der Niederlande und mehrere Nationalparks (Abb. 6). Von Amersfoort abgesehen, das im Eemtal bzw. Gelderse Vallei liegt, bevorzugen die größeren Städte der Region (wie Hilversum, Zeist, Arnhem, Nijmegen und Apeldoorn) eine Randlage unweit oder z. T. noch innerhalb des äußeren Endmoränenbereiches und in den das Sandgebiet umgebenden Talauen oder in deren unmittelbarer Nähe. Nijmegen hat für die mittelalterliche Befestigungsanlage einen steilen Moränenhang in unmittelbarer Nähe der wichtigen Wasserstraße der Waal ausgenutzt. Ausgedehnte bewaldete Flächen auf den Endmoränen grenzen an diese Städte an. Gehobene Wohnviertel sind bevorzugt in derartigen Waldbereichen zu finden.

Das östliche Sandgebiet wird im Westen durch die Niederungen der Oude IJssel und der IJssel begrenzt, deren Lauf durch ein glaziales Becken vorgezeichnet wird, im Norden durch ein von der Vechte durchflossenes Urstromtal (niederländisch: Vecht und nicht zu verwechseln mit der Vecht bei Utrecht) sowie im Westen und Süden durch die deutsch-niederländische Grenze. Die Region weist viele Ähnlichkeiten mit dem mittelniederländischen Sandgebiet auf. Allerdings sind hier die Stauchendmoränen kleiner und weniger hoch; sie erreichen maximal 85 m, und zwar bei Oldenzaal. Weiterhin findet man

hier Grundmoränenablagerungen der Drenthe-Zeit (Zonneveld 1991). Bei Almelo sind Oser erhalten geblieben. Im Osten liegen tertiäre Tone und mesozoisches Gestein in geringer Tiefe. Bei Hengelo wird Steinsalz aus der Trias gewonnen. Neben den Moränen gestalten ausgedehnte fluvio-periglaziale Ablagerungen der Twente-Formation die Oberfläche. Wie auch im mittelniederländischen Sandgebiet kommen Moorgebiete vor, weiterhin Flugsande. Letztere besitzen eine vergleichsweise geringe Ausdehnung und werden hauptsächlich nahe des Vechtetales angetroffen. Dünen sind ebenfalls vertreten. Für die Bodenbildung sind außerhalb der kleinen Talauen und der Moore die Decksande bestimmend, aus denen oftmals Podsole hervorgegangen sind (Stichting voor Bodemkartering 1987; Rijks Geologische Dienst 1985; Zagwijn 1991). Das außerhalb der Endmoränenzüge nur mäßig bewegte Relief erreicht bei Winterswijk im Südosten eine Höhe von über 40 m und sinkt im Salland bis auf 2 m ab. Die agrarisch geprägte Region enthält Waldinseln, ist aber insgesamt wesentlich waldärmer als das mittelniederländische Sandgebiet. Bei der Standortwahl der Städte Zwolle, Deventer, Zutphen und Doetinchem hat man der Lage in der Talaue nahe der IJssel bzw. der Oude IJssel den Vorzug gegenüber den hochwassersicheren Platten des östlich anschließenden Gebietes gegeben. Das Relief ist für den Kanalbau wenig hinderlich, sodass die abseits der großen Talauen gelegenen Städte Almelo, Hengelo und Enschede problemlos über künstliche Wasserstraßen mit der IJssel verbunden werden konnten. Der von Enschede ausgehende Twentekanal nutzt in seinem unteren Teil die Talniederung der Berkel.

Das nördliche Sand- und Moorgebiet dehnt sich nördlich der Vechte aus, wird im Westen durch das Zuiderzeegebiet und im Norden durch die Marschen von Friesland und Groningen begrenzt und findet im Osten in den Geest- und Moorgebieten des Emslandes seine Fortsetzung. Das Gebiet enthält einen Geestkern, in dem die Grundmoränen der Niederlande ihre größte Ausdehnung aufweisen. Dieser ist von ehemaligen und teilweise schon seit Langem kultivierten Moorgebieten umgeben und stellenweise auch von ihnen durchsetzt. Im Osten sind große Hochmoorgebiete kolonisiert worden, während im Westen vornehmlich frühere Niedermoorbereiche anzutreffen sind. Neben den drenthezeitlichen Grundmoränen mit ihren Geschiebelehmen unter den Decksanden kommen auch Endmoränenwälle vor, die wohl vom Eis überfahren wurden und nur noch eine Höhe von höchstens 25 m erreichen. Das Tal der Hunze im Ostteil der Region ist ebenso wie das der Vecht als Urstromtal aufzufassen. Der sich im Osten des Gebietes in Richtung SSW-NNO von Groningen bis Schoonebeek erstreckende Hondsrug enthält Ablagerungen der Elster- und Saale-Kaltzeit, weist bei Emmen und Annen glaziale Stauchungserscheinungen auf und ist nach Osten hin tektonisch begrenzt. Zu den Besonderheiten gehören im Norden in geringer Tiefe kalkreiche glazio-lakustrische Ablagerungen (*potklei*) der Elster-Kaltzeit sowie Reste von Pingos (Aufwölbungen der periglazialen Landoberfläche über einem oberflächennahen Eiskern). Wie auch in den anderen Sandgebieten beobachtet man durch schädigende menschliche Eingriffe entstandene Flugsanddecken. Im Sandbereich überwiegen die Podsole.

Moore haben sich im Grundmoränenbereich und östlich davon v. a. an Wasserscheiden und in Tälern ausgebildet. Einen riesigen, über 200 000 ha umfassenden Hochmoorkomplex bildete das Bourtanger Moor, dessen Fläche zu einem Drittel auf deutschem Gebiet lag. Auf niederländischem Gebiet begann es östlich des Hondsrug und erstreckte sich über eine Entfernung von 58 km von Groningen bis Schoonebeek. Auf niederländischer Seite wurde frühzeitig mit der Kultivierung des Moores begonnen und im Laufe der Zeit der Torf größtenteils abgebaut. Bei steigendem, nicht mehr durch lokalen Torfabbau zu befriedigenden Brennstoffbedarf in den holländischen Städten, aber auch für den industriellen Gebrauch in Ziegeleien, Brauereien, Salzsiedereien, Kalkbrennereien usw., begann im 16. Jh. der von großen Unternehmen systematisch betriebene Torfabbau im Norden der Niederlande. Der bloßen Rohstoffgewinnung folgten im 17. und 18. Jh. agrarische Kultivierungsarbeiten und die Anlage von Fehnkolonien mit Moorhufensiedlungen. Das Moorgebiet von Südostdrenthe wurde erst ab 1860 systematisch kultiviert. Eine weit verbreitete Kultivierungsmethode bestand darin, die obere Schicht („bolster") abzugraben und beiseitezulegen, dann Torf zu stechen und abzutransportieren und schließlich die obere Lage auf die freigelegte Decksandschicht aufzutragen. Darüber breitete man Sand aus und vermischte dann durch Pflügen die Schichten. Durch die Moorkultivierung und den Torfabbau sind auf weiten Flächen die mit Decksand überzogenen fluvio-periglazialen Ablagerungen der Twente-Formation an die Oberfläche gekommen.

Lineare Elemente kennzeichnen die Kulturlandschaft: die streckenweise schnurgeraden Kanäle und Nebenkanäle und die Moorhufensiedlungen, von denen einige heute stark verstädtert sind. Etliche kleinere Entwässerungskanäle durchziehen auch das Geestgebiet mit seinen mehr isolierten ehemaligen Moorvorkommen. Verschiedene Entwässerungskanäle laufen in der Umgebung der Stadt Groningen zusammen, die eine führende Rolle im Torfhandel gespielt hat. Einen regelrechten Knotenpunkt kleiner Wasserläufe bildet die frühere Festungsstadt Coevorden im Süden des Sandgebietes. Groningen, die größte Stadt der Region, ist durch eine auch in Norddeutschland häufiger anzutreffende Geestrandlage gekennzeichnet.

Das Moorgebiet im Westen der Region bestand und besteht in seinen Restgebieten vornehmlich aus Niedermoor (Hollandveen), das unmittelbar auf dem Decksand der Twente-Formation aufliegt und durch holozänen Meeresspiegelanstieg mit darauf folgendem steigendem Grundwasserspiegel entstanden ist. Ausgedehnte kultivierte Bereiche liegen hier schon unter dem Meeresspiegel, sodass Entwässerungswasser künstlich abgepumpt werden muss. Kultivierungsarbeiten in tief gelegenen Moorgebieten dauerten bis 1970 an (Berendsen 1997; de Gans 1981; Maarleveld et al. 1974; Stichting voor Bodemkartering 1987; Rijks Geologische Dienst 1985; Zagwijn 1991). In der hochmittelalterlichen Rodungsperiode wurden bereits Moorgebiete im „Hollands-Utrechtse veengebied" für die Landnutzung erschlossen. Vor allem aber wurde seit dem 14. Jh. in der Region in großem Umfang Torf abgegraben: sei es um Agrarland zu gewinnen sei es um Salz aus von Meerwasser durchtränktem Torf zu extrahieren, was vom Frühmittelalter bis zum 16. Jh. eine gängige Praxis war, sei es um Torf abzugraben, der als Brennmaterial genutzt wurde. Torf war jahrhundertelang die wichtigste Energiequelle der Niederlande. Die Belieferung der holländischen Städte mit dem reichhaltig vorhandenen „bruine goud" (braunen Gold) bildete während des „Gouden Eeuw" im 17. Jh. eine Voraussetzung für ihren Wohlstand (Beenakker 1994). In den Abgrabungsbereichen des Torfs entstanden lang gestreckte, mit Wasser gefüllte Rinnen (*trekgaten*) mit dazwischen liegenden schmalen Riedeln (*legakkers*). Wenn Letztere auch noch abgegraben wurden oder durch Wellenschlag und bei Überflutungen entfernt wurden, bildeten sich Seen, die sich durch den Einfluss von Wind und Wasser stetig vergrößerten. Vor allem zwischen 1600 und 1900 (vgl. das Kapitel „Die Bedeutung des Wasserbaus in den Niederlanden") wurden viele Seen (*plassen*) trockengelegt (Beenakker 1994). Die nach dem Zweiten Weltkrieg noch übrig gebliebenen Seen hat man v. a. für die Naherholung der Städte der Randstad (s. Abb. 58) oder auch als Naturschutzgebiete erhalten.

Die Bodenverhältnisse in der ausgesprochen waldarmen Region sind recht unterschiedlich. Bereiche ehemaliger Bruchwälder, in die nach der Rodung und Entwässerung Aushub aus den Gräben aufgebracht wurde, können recht fruchtbar sein. Gebiete verlandeter Niedermoore und solche mit *meermolm*

|Abb. 7| *Marschland an der Oosterschelde (Provinz Zeeland). Im Vordergrund Halophyten auf ehemaligem Außendeichsland. Das Ökotop wird durch künstliche Salzwasserzufuhr erhalten. Im Hintergrund ist der bewaldete Küstendünengürtel zu sehen*

stellen beliebte Standorte für Unterglaskulturen dar. Unter *meermolm* versteht man Ablagerungen, die am Ostufer von „plassen" erodiert, mit der Unterströmung zum Westufer transportiert und dort sedimentiert wurden (Berendsen 1997). Insgesamt werden die Böden der Region als mäßig nährstoffreich und in einzelnen Unterbezirken als nährstoffreich eingestuft (van der Maarel & Dauvellier 1978). Die Städte der Randstad westlich der Vecht und des Markermeer liegen entweder in der Nähe der Moorgebiete oder – wie im Fall von Amsterdam und der nördlichen Bezirke von Rotterdam – auf aufgeschütteten Bereichen über den Torfschichten. Der Untergrund von Amsterdam besteht aus einer Aufhöhungsschicht mit Bauschutt und Erde von mehreren Metern und einer ebenfalls mehrere Meter mächtigen Torfschicht des Hollandveen (Dijkmans 1995).

Das belgische und das südwestliche niederländische Marschengebiet

Eine geologisch junge Region stellen die teils durch den küstenparallelen Dünengürtel, teils durch Deiche geschützten Marschen dar, die in Belgien mit dem Begriff „*polders*", in den Niederlanden mit dem des „*zeekleigebied*" bezeichnet werden (Abb. 7). Wie keine andere Naturlandschaft in Belgien und den Niederlanden wurden sie durch ein Ineinandergreifen von anthropogenen und physisch-geographischen Faktoren geprägt und waren bis in die Neuzeit hinein grundlegenden Veränderungen unterworfen. Die belgisch-niederländische Grenze durchschneidet westlich der Schelde diesen Bereich. Die Marschen südlich der Küstenlinie von De Panne bis Knokke-Heist bilden ein großes zusammenhängendes Gebiet. Nordöstlich davon sind sie

stark zergliedert, zunächst vom Scheldeästuar, dann von ehemaligen Meeresbuchten sowie Ästuaren und schließlich durch das weitverzweigte Strommündungsgebiet von Rhein und Maas.

Die Abfolge der holozänen Schichten der Region wurde im Wesentlichen durch Meeresspiegelschwankungen bestimmt. Auf eine Basistorfschicht wurden im Gefolge von Meerestransgressionen die Calaisschichten abgelagert. Nach dem Rückzug des Meeres bildete sich eine mächtige Torfschicht, die im Zuge der für die Gestaltung der Region entscheidenden Dünkirchen-Transgressionen zu einem beträchtlichen Teil wieder entfernt wurde (Abb. 8). Die Dünkirchen-I-Transgression dauerte vom 6. bis zum 2. Jh. v. Chr. Neuerdings wird noch eine Dünkirchen-0-Transgression in Betracht gezogen, die um 1000 v. Chr. begann. Die besonders weitreichende und „Zandig Vlaanderen" noch berührende Dünkirchen-II-Transgression fällt in die Zeit vom 3. bis zum 8. Jh. n. Chr. Ihr folgt die kurz nach 1000 einsetzende Dünkirchen-III-A-Transgression, die über das IJzer-Mündungsgebiet sowie einen Bereich zwischen der früheren Insel Kadzand und den Dünen von Knokke landeinwärts vordrang, urkundlich erwähnt ist und gebietsweise einen zunächst defensiven Deichbau in Gang setzte. Die Dünkirchen-III-B-Transgression, die um 1134 begann, führte zu einigen Einbrüchen katastrophalen Charakters in einzelnen Deichen und erweiterte die (heute verlandete) Meeresbucht des Zwin. Diese reichte bis Damme, dem mittelalterlichen Vorhafen von Brügge. Die Ablagerungen der Scheldepolder gehen ebenfalls auf diese Transgression zurück. Im südwestlichen niederländischen Marschgebiet werden beinahe ganz Seeländisch-Flandern, Nordbeveland, der Westen und Osten von Südbeveland, Teile von Duiveland, Tholen, Sint Philipsland, Overflakkee, Nordwest-Brabant und große Teile von Putten durch die Dünkirchen-III-Transgressionen geprägt. Bis auf unbedeutende Reste gibt es vor der belgischen und der südwestniederländischen Küste kein Watt mehr.

Die Poldergebiete der Region bilden keine geographische Einheit, da die Eindeichung und die Wiedereroberung überfluteter Bereiche in verschiedenen Epochen erfolgte. In Belgien unterscheidet man zwischen den alten Poldern, die im 8. und 9. Jh. besiedelt wurden, den mittleren Poldern, die man im 11. und 12. Jh. in Kultur nahm, und den neuen Poldern, die im Mittelalter nach dem 12. Jh. entstanden. Hinzu kommen noch die Polder des 17. und 18. Jh. (Maréchal & Ameryckx 1992; Maréchal 1992a, b). In den Niederlanden bezeichnet man Marschlandgebiete, die im Zuge der Dünkirchen-III-Transgressionen entstanden und nach 1200 eingedeicht wurden, als „nieuwland", die übrigen als „oudland" (Rijks Geologische Dienst 1985).

Gegen Ende des 11. Jh. begann man im Bereich des heutigen Belgien mit großen Deichbauten von offensivem Charakter zur Neulandgewinnung (defensive Deichbauten gab es schon vorher), wobei im Laufe des Mittelalters ausgedehnte Polder im Mündungsgebiet der IJzer, im Bereich des Zwin und in Seeländisch-Flandern sowie kleinere Polder im Bereich des Scheldeästuars geschaffen wurden (Verhulst 1966; Gottschalk 1983, 1984). Schon im 12. Jh. wurden im Rhein-Maas-Schelde-Mündungsgebiet Walcheren, ein kleineres Stück von Nord- und Südbeveland, Schouwen, kleine Bereiche von Duiveland, Teile von Goeree und Oostvoorne und ein Bezirk von Tholen erschlossen. Ungeachtet derartiger Anstrengungen blieb der Küstenbereich im Mittelalter ein unsicherer Siedlungsraum. Als Folge von Überflutungen und durch die Verlagerung von Dünen mussten immer wieder städtische und ländliche Siedlungen aufgegeben werden, u. a. das alte Oostende, das nach 1394 weiter landeinwärts verlegt wurde (Gottschalk 1983, 1984; Mertens 1980; Buntinx 1968; Farasyn 1965).

Bedeutende Veränderungen im Küstengebiet vollzogen sich im 15. und 16. Jh. Einerseits versandeten Meeresbuchten wie Vloer und Zwin (zum Schaden von Brügge) sowie Teile der Oosterschelde (zum Nachteil von Bergen op Zoom), andererseits wurden Wasserrinnen breiter und tiefer, wie das Zwarte Gat, die Wierlingen, die Westerschelde (zum Nutzen von Antwerpen) und das Biervlietse Gat. Der Verlauf der Küstenlinie wurde ausgeglichener. Die Inseln Wulpen und Koezand verschwanden im 15. Jh., das „Verdronken Land van Saeftinghe" südlich des Scheldeästuars 1584. Die Insel Kadzand hingegen wurde dadurch auf natürliche Weise dem Festland angegliedert. Der Dünengürtel verlagerte sich landeinwärts (Gottschalk 1983, 1984; Guns 1973).

Zu den wasserbautechnischen Maßnahmen der Frühneuzeit gehörte die Trockenlegung großer Binnenseen, die durch den mittelalterlichen Torfabbau

entstanden waren. Die Kultivierungsarbeiten im 3500 ha großen und ins heutige Frankreich hineinreichenden Gebiet „De Moeren" (südwestlich von Veurne) fanden 1646 aufgrund strategischer Überflutungen ein brüskes Ende, wurden zwischen 1746 und 1779 wieder aufgegriffen und 1827 vollendet (Bruneel 1983; Ostyn 1982). Neulandgewinnungen erlangten in Belgien nach 1827 keine Bedeutung mehr, während sie in den Niederlanden, ebenso wie umfangreiche Küstenschutzmaßnahmen, bis in die Gegenwart andauern. Der heute ausgeglichene Küstenverlauf westlich der Schelde beruht – insbesondere im Bereich des Zwin – zum einen auf natürlichen Verlandungserscheinungen, v. a. aber auf Eindeichungsmaßnahmen, mit deren Hilfe man das während der Dünkirchen-III-Transgressionen verloren gegangene Land zurückeroberte. Im Bereich der IJzer war dies um 1300 abgeschlossen, im Gebiet des Zwin hatte es zwar schon im Mittelalter umfangreiche Eindeichungsmaßnahmen gegeben, aber die endgültige Einpolderung wurde erst 1736 mit der Schaffung des Zoute Polder beendet (Verhulst 1966). Weitere Informationen zu den Einpolderungen und wasserbaulichen Leistungen sind im Kapitel „Die Bedeutung des Wasserbaus in den Niederlanden" zu finden.

Mit den Poldern besitzt Belgien neben den Lösslehmgebieten einen zweiten zusammenhängenden Bereich mit sehr guten Böden. Für die Niederlande stellen die Poldergebiete (einschließlich der Polder im Bereich ehemaliger trockengelegter Seen) die einzigen Regionen mit ausgedehntem Vorkommen nährstoffreicher Böden dar, wenn man vom kleinen

|Abb. 8| *Die Genese der flandrischen Küstenebene*

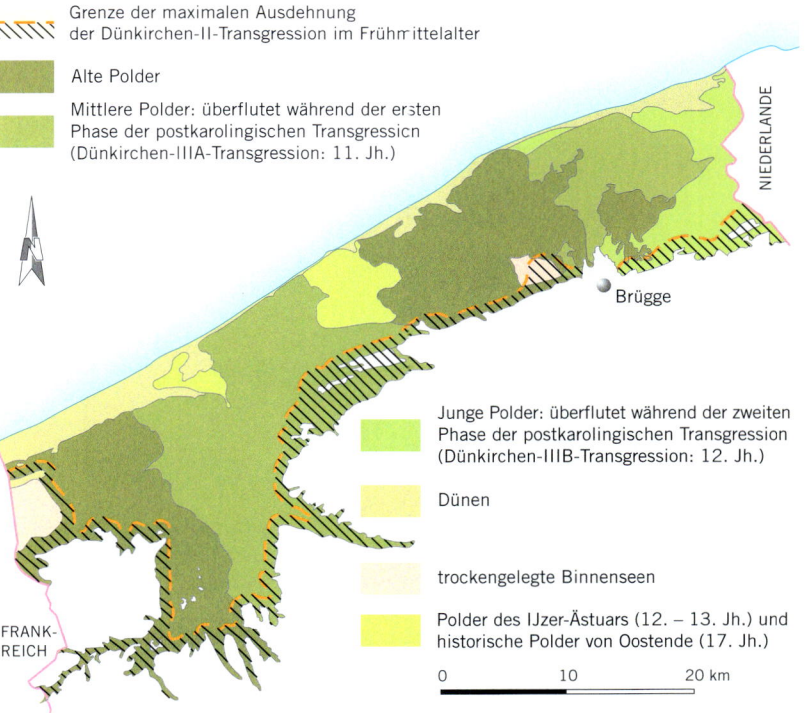

Grenze der maximalen Ausdehnung der Dünkirchen-II-Transgression im Frühmittelalter

Alte Polder

Mittlere Polder: überflutet während der ersten Phase der postkarolingischen Transgression (Dünkirchen-IIIA-Transgression: 11. Jh.)

Junge Polder: überflutet während der zweiten Phase der postkarolingischen Transgression (Dünkirchen-IIIB-Transgression: 12. Jh.)

Dünen

trockengelegte Binnenseen

Polder des IJzer-Ästuars (12. – 13. Jh.) und historische Polder von Oostende (17. Jh.)

NIEDERLANDE

Brügge

FRANKREICH

Quelle: Verhulst 1966

0   10   20 km

Gebiet der Limburger Börde absieht. Die tonigen Böden (*kleigronden* und *lichtere kleigronden*) erlauben bei adäquater künstlicher Drainage einen ertragreichen Ackerbau. Die ebenfalls fruchtbaren tonigen Böden mit Torfsubstrat werden überwiegend grünlandwirtschaftlich genutzt (Atlas de Belgique, 11, 1971, VIII, 10; Atlas de Belgique 1988, IX,2, 1997; Stichting voor Bodemkartering 1987). In Belgien können die Polder durch die Schwerkraft entwässert werden; in den südwestlichen Poldergebieten der Niederlande hingegen liegen einige alte Marschlandgebiete so tief, dass ein Abpumpen des Wassers erforderlich ist.

Insbesondere die Polder, aber auch das große flandrische Tal, eignen sich vorzüglich für die Anlage von Schifffahrtskanälen. In Belgien ist nirgendwo sonst das Netz von Schifffahrtskanälen so engmaschig angelegt wie in diesem Gebiet. Aufgrund der geringen Reliefenergie benötigt man außer bei den ins Meer oder ins Scheldeästuar einmündenden Kanälen kaum Schleusen. Somit konnte man schon im Mittelalter bei noch gering entwickelter Technik eine Wasserstraßenverbindung zwischen Gent und dem Brügger Vorhafen Damme schaffen: den 1251 bis 1269 gebauten, in Gent noch als Reststück erhaltenen Lievekanal (Vanneste 1985). Heute durchziehen 17 für den Gütertransport angelegte Kanäle das oben genannte Gebiet. In den südwestlichen Poldergebieten der Niederlande erleichterten es die günstigen geomorphologischen Bedingungen der Marschlandregion, die großen natürlichen Wasserstraßen des Rhein-Maas-Schelde-Mündungsbereiches durch Kanäle zu ergänzen und miteinander zu verbinden.

Das Flussniederungsgebiet und die flussnahen Terrassenbereiche in Belgien und den Niederlanden

Das Flussniederungsgebiet besteht aus einem zentralen Teil, der Betuwe, und drei schmalen, lang gestreckten Bereichen, dem Maastal südlich von Nijmegen, dem IJsseltal und einem in Richtung Utrecht weisenden, von der Vecht durchflossenen Zipfel nordwestlich des Neder-Rijn. Das Niederungsgebiet der Betuwe, das zwischen 's-Hertogenbosch und Nijmegen eine Breite von ca. 20 km aufweist und im Westen an die Region der Marschen grenzt, wird von der Maas sowie den Rheinarmen Waal und Neder-Rijn durchflossen. Das Niederungsgebiet wird durch holozäne Flussablagerungen (Betuwe-Formation) bestimmt. Lediglich südlich der Betuwe, in dem Nord-Süd gerichteten Maasabschnitt sowie in einem Bereich östlich der IJssel und südlich des Twentekanals kommen würmeiszeitliche Niederterrassenablagerungen hinzu (Formation von Kreftenheye), die in dem hier behandelten naturräumliche Einheit mit einbezogen wurden. Ebenso mit einbegriffen wurden einige Mittelterrassenbereiche (Formation von Veghel), sofern sie nicht mit Sandböden, sondern mit sandig-lehmigen, lehmigen oder lehmig-tonigen Böden (s. u.) bedeckt sind. In Belgien werden der Mittelterrassenbereich und die Maasaue zwischen Kempenland und niederlän-

discher Grenze als Maasland bezeichnet. Stellenweise treten in den Niederlanden auf den Flussterrassen Dünenablagerungen der Weichsel-Kaltzeit auf (Rijks Geologische Dienst 1985). Da die Niederterrasse in Fließrichtung eine stärkere Neigung aufweist als die Betuwe-Formation, taucht sie unter den jüngeren Sedimenten ab (Berendsen 1997). Es bestehen beträchtliche Reliefunterschiede zum angrenzenden Endmoränengebiet. Während dieses in den höchsten Teilen 100 m überschreitet, liegen die tieferen Bereiche der Betuwe unterhalb der 10-m-Isohypse. Die holozäne Alluvialaue weist leichte Reliefunterschiede auf. Sie ist durch ehemalige Uferwälle, höhere Platten, Niederungen und Mäanderrinnen gekennzeichnet.

Die Böden der Region werden als mäßig nährstoffreich eingestuft (van der Maarel & Dauvellier 1978). Die Böden auf den Terrassen sind im Allgemeinen kalkarm. In den Alluvialauen treten sowohl kalkreiche als auch kalkarme bzw. kalklose Böden auf. Teils kommen stärker lehmige Böden (*lichte klei*), teils stärker tonige Böden (*zware klei*) vor (Stichting voor Bodemkartering 1987). Man beachte hierbei, dass in den Niederlanden die Definition der Bodenart von der in Deutschland und in Belgien verwandten Methode abweicht. Was in Belgien bei sinkendem Tonanteil als „Lehm" oder „leemgrond" oder „sol limoneux" bezeichnet wird, wird in den Niederlanden, auch noch bei einem Anteil der Tonfraktion zwischen 35 und 25 % (Zonneveld 1991), unter „klei" eingeordnet.

Die höher gelegenen Teile der Alluvialaue werden vielfach ackerbaulich und in zunehmendem Maße auch für den Obstanbau genutzt, die niedrig gelegenen Bereiche, die *kommen*, grünlandwirtschaftlich. Aufgrund des sinkenden Grundwasserspiegels werden Letztere seit einiger Zeit stellenweise auch in die ackerbauliche Nutzung einbezogen. Ein beliebter Standort für Gartenbauflächen sind *„overslagen"*, also sandige Ablagerungen über Ton, die bei Deichdurchbrüchen entstanden. Wegen der Überschwemmungsgefahr bei beschädigten Deichen liegen etliche Dörfer der Region auf künstlichen Erhöhungen, den sog. *woerden, plaatsen* oder *terpen* (Berendsen 1997).

Das weit gespreizte Stromgeflecht, das sich nach Westen hin in den Bereich der Marschen fortsetzt, bildet innerhalb der Niederlande von der deutschen Grenze bis zum Meer eine bedeutende verkehrsgeographische Barriere. Wie bedeutsam die Trennwirkung in der Vergangenheit gewesen ist, möge an einem Beispiel erläutert werden. Während der Auseinandersetzungen der nördlichen Niederlande mit Spanien im Achtzigjährigen Krieg (1568 – 1648) konnte das Gebiet nördlich des Rheins erheblich besser vor dem Zugriff des Gegners geschützt werden als die im Süden liegenden Generalitätslande. So konnte sich nördlich dieser Trennlinie der Protestantismus ausbreiten, während der südliche Teil der Niederlande überwiegend katholisch geblieben ist (Knippenberg 1992). In jüngster Zeit wurde die Trennwirkung durch den wegen zahlreicher Brücken kostspieligen Autobahnbau abgemildert. Doch für den lokalen Landverkehr bildet das Stromgebiet nach wie vor ein beträchtliches Hindernis. Die bündelnde Wirkung für den Landverkehr ist nicht allzu groß. Die bedeutenden West-Ost-Verbindungen der Niederlande verlaufen zumeist außerhalb dieses Bereiches.

Das nördliche niederländische Marschlandgebiet und das Zuiderzee-Gebiet

Die im nördlichen Marschengebiet vorgefundenen holozänen Sedimente bzw. die Abfolge der Schichten gleichen denen der Polder im Süden. Im Unterschied zu den bislang besprochenen Küstenabschnitten ist den Poldern des nördlichen Marschlandgebietes ein breiter, bis zu den Westfriesischen Inseln reichender Wattengürtel vorgelagert (Rijks Geologische Dienst 1985). Um die Zeitenwende verlief die Küste im Bereich der Provinzen Friesland und Groningen einige Kilometer südlich der heutigen und zeigte eine ausgeglichene, wenig gekrümmte, kaum eingebuchtete Form. Dies änderte sich im Gefolge der Dünkirchen-II-Transgression, die z.B. im 3.Jh. n.Chr. den zu Beginn des Mittelalters wieder versandeten Hunzebusen schuf, v.a. aber durch die mittelalterlichen und frühneuzeitlichen Transgressionen. Es entstanden große Meereseinbrüche und Meerbusen. Die nach 1400 stark verlandete Middelzee reichte über Leeuwarden hinaus nach Süden und hatte im Frühmittelalter eine Verbindung zur Zuiderzee. Die Lauwerszee – mit ihrer größten Ausdehnung im 12.Jh. – drang mit einem Arm bis in den Bereich der heutigen Stadt Groningen vor; etwas weiter östlich reichte der Fivelbusen fast 20 km landeinwärts. Eine besonders große Fläche bedeckte der Dollard (im Deutschen: Dollart), der seine maximale Ausdehnung im 15. und 16.Jh. erreichte. Relikte der Meereseinbrüche bilden heute das Lauwersmeer und der im Vergleich zur frühen Neuzeit stark verkleinerte Dollard. Das Seengebiet der Friese Meren verdankt seine Entstehung, die auf den Zeitraum von 1100 bis 1200 n.Chr. zu datieren ist, auch den marinen Transgressionen – mit der Ausnahme des Workumermeer, das sich als Folge des Torfabbaus bildete (Berendsen 1997).

Die Bodenverhältnisse sind dieselben wie in den südwestlichen Poldergebieten. Auch hier dehnen sich in einer fast waldlosen Landschaft in den Bereichen mit jüngeren, kalkreichen Marschböden große Ackerflächen aus, während das Grünland vornehmlich auf älteren, kalkarmen Böden angetroffen wird (Stichting voor Bodemkartering 1987; Berendsen 1997). Ganz anders als im Rhein-Maas-Schelde-Delta ermutigten die Lagebedingungen der nordniederländischen Küstenregion nur wenig zur Anlage von Häfen. Harlingen, Delfzijl Eemshaven und Scheveningen gehören zu den Ausnahmen.

Die holozäne Entwicklung im Zuiderzee-Gebiet erfolgte zunächst so wie im westniederländischen Moorgebiet. Diesen Bereich bedeckten im mittleren Subboreal (um 1900 v.Chr.) ausgedehnte Moorflä-

chen. Im frühen Subatlantikum (300 v.Chr. bis zur Zeitenwende) erfolgten Meereseinbrüche, die einen beträchtlichen Teil des Torfes entfernten. Durch Verlandung wurden die Buchten wieder vom Meer abgeschnitten. Es entstand ein großer See, das „meer Flevo", der sich im Mittelalter durch Erosion an den Ufern noch ausweitete. Nach 1250 kam es wieder zu einer Verbindung mit dem offenen Meer. Von 1500 an wurde das Wasser salzig; es bildete sich die Zuiderzee. Als großer Meerbusen reichte sie über 80 km weit ins Landesinnere hinein und übte eine Trennwirkung namentlich zwischen Nordholland und Friesland aus. Im Zuge eines gigantischen wasserbautechnischen Projektes sind Teile der Zuiderzee im 20.Jh. trockengelegt worden. Nirgendwo sonst an der Nordseeküste wurden dem Meer jemals so große zusammenhängende Flächen abgerungen (mehr Informationen finden sich im Kapitel „Die Bedeutung des Wasserbaus in den Niederlanden"). Die jungen Böden, die aus kalkreichem Tonsand, sandigem Ton und Ton bestehen, sind durchweg sehr fruchtbar und erlauben neben der Grünlandwirtschaft einen ausgedehnten Ackerbau (Stichting voor Bodemkartering 1987; Rijks Geologische Dienst 1985; Zonneveld 1991; van Duin & de Kaste 1997; Berendsen 1997).

Die Küstendünen

Parallel zur belgischen und niederländischen Küste verläuft ein Dünengürtel, der teils einige hundert Meter, teils mehrere Kilometer breit ist. Nördlich von Den Helder verlässt er das Festland und wechselt auf die Westfriesischen Inseln über. Er bildet ein Teilstück eines Dünenstreifens, der in Nordfrankreich östlich von Calais beginnt und sich bis zur Nordspitze von Jütland hinaufzieht. In Belgien erreichen die Dünen mit dem Hoge Blekker 31 m, in den Niederlanden, nördlich von Bergen, sind die Dünen bis zu 54 m hoch und auf Vlieland bis zu 45 m. Man unterscheidet alte Dünen, in Belgien auch Prä-Dünkirchen-Dünen genannt, die größtenteils mehrere Jahrhunderte vor der Zeitenwende entstanden sind, von den jungen Dünen, die sich von ca. 1000 bis 1600 n.Chr, gebildet haben (de Moor & Pissart 1992; Berendsen 1997). Die Dünen erfüllen für die dahinter liegenden Polder und ehemaligen Moorgebiete eine wesentliche Schutzfunktion. Namentlich in den Provinzen Süd- und Nordholland bilden sie wichtige Waldstandorte in einer ansonsten ausgesprochen waldarmen Provinz. Die Dünen tragen sehr zur Attraktivität zahlreicher küstennaher Fremdenverkehrsorte bei. Sie stellen zudem weiterhin ideale Biotope für seltene Pflanzen dar. 70% der niederländischen Orchideenflora kommen in den Dünen vor. Das Süßwasserreservoir unter den jungen Dünen wird seit dem 19.Jh. zur Wasserversorgung der Randstad herangezogen. Bei Wassenaar, Haarlem und Castricum wird in einem großen Gebiet Flusswasser zur Ergänzung des Reservoirs infiltriert (Berendsen 1997).

Seit dem 17.Jh. haben Sandabgrabungen in den alten Dünen stark zugenommen, u.a. zur Aufhöhung von Baugrund in den Städten, z. B. in Amsterdam. Durch das Abgraben der binnenwärts gelegenen Dünen kamen aber auch kalkreiche Ablagerungen wieder an die Oberfläche. Diese Bereiche stellen mit leicht zu bearbeitenden Böden, uniformer Korngröße und günstigem Wasserhaushalt einen ausgezeichneten Standort für Blumenzwiebeln dar. Auf diese Weise entwickelte sich das Dünengebiet zwischen Katwijk und Haarlem zum Zentrum der niederländischen Blumenzwiebelzucht.

In den Dünengebieten hat in den letzten Jahrzehnten ein starker Landschaftsverbrauch stattgefunden. In Belgien sind nur noch an wenigen Stellen, z. B. im Naturreservat von Westhoek, Dünenlandschaften unberührt geblieben. Ansonsten sind die Dünengebiete entlang der gesamten belgischen Küste von De Panne über Oostende bis Knokke stark durch städtische und fremdenverkehrsbedingte Bebauung geprägt. Auch in den Niederlanden weisen die Dünengebiete eine ausgedehnte städtische und gewerbliche Bebauung auf. Dies gilt v. a. für die nur noch teilweise erhaltenen Dünengebiete im Europoort und im Hafen von IJmuiden sowie u. a. für Den Haag, Katwijk und Haarlem.

Die klimatischen und vegetationsgeographischen Verhältnisse

Temperaturverteilung

In den Beneluxländern vollzieht sich ein Übergang von einem ozeanischen Klima mit geringer Jahresschwankung der Temperatur und mäßig warmen Sommern zu subozeanischen Klimaten mit einer größeren Jahresamplitude der Temperatur bei mäßig kalten Wintern und mäßig warmen Sommern. Zwei Beispiele mögen dies demonstrieren. In De Kooy, in einem küstennahen Polder unweit von Den Helder gelegen, reicht die Spanne für den Mittelwert des kältesten und des wärmsten Monats (Februar und August) von 3,0 bis 16,9 °C, während sie in Luxemburg-Stadt von 0,5 °C im Januar bis 17,5 °C im Juli reicht (Abb. 9 und 10). Weiterhin ist ein ausgeprägter hypsometrisch bedingter Wandel bei den Temperaturverhältnissen zu beobachten, wobei in den höchsten Lagen des Ardennenmassivs im äußersten Fall die mittleren Januar-Temperaturen unterhalb des Gefrierpunktes und die Juli-Werte unter 15 °C bleiben. Die Temperatursummen innerhalb der klimatischen Vegetationszeit sind im Norden der Niederlande kleiner als im Süden. Dies bewirkt, dass das Land von einer wichtigen polaren Anbaugrenze durchzogen wird, und zwar für den Körnermais. Sie verläuft in etwa in West-Ost-Richtung durch die großen Flussniederungsgebiete von Rhein und Maas im mittleren Teil der Niederlande und setzt sich von dort in den norddeutschen Raum hinein fort. Sie stimmt ungefähr mit der Juli-Isotherme von 17 °C überein. Zusätzlich ist nördlich davon der Anbau von Steinobst, das höhere Wärmeansprüche als das in den Niederlanden auch noch in der Nordhälfte verbreitete Kernobst stellt, kaum noch von Belang. Außerhalb der Mittelgebirge und abgesehen von innerstädtischen Wärmeinseln beobachtet man ansonsten eine geringe räumliche Differenzierung der Temperatur. Erwartungsgemäß weisen hier die Januar-Isothermen eine meridionale und die Juli-Isothermen eine zonale Ausrichtung auf.

Geschützte Talregionen innerhalb des mittelbelgischen Tertiärhügellandes sowie in den Mittelgebirgsräumen zeichnen sich im Bereich der tieferen Hanglagen durch eine beträchtliche thermische Gunst aus. Mit einer mittleren Julitemperatur von 18,5 °C erreicht die 58 m hoch im Maastal gelegene Station von Lüttich-Monsin den höchsten Wert unter den 139 belgischen Temperatur-Messstellen. So ist es nachvollziehbar, dass die berühmte Ferraris-Karte (1771–78) an den Hängen oberhalb dieses Standortes einen ausgedehnten Weinanbau verzeichnet. In den Lexika des Geographen P. van der Maelen wird in den 1830er-Jahren der Weinbau für Rochefort im Lommetal (im Grenzbereich zwischen Kalk- und Schieferfamenne), für Huy im Maastal und für das untere Hoyouxtal bei Marchin erwähnt. In Relikten hat er sich bis in die ersten Jahrzehnte des 20. Jh. hinein gehalten. In Borgloon, das im Tertiärhügelland des nördlichen Haspengaus inmitten eines florierenden Anbaugebietes von Stein- und Kernobst liegt, wird seit einiger Zeit wieder erfolgreich Weinbau betrieben. Die nächste Klimastation, Gorsem bei Sint-Truiden, belegt mit einem Juli-Mittelwert von 17,5 °C eine relative thermische Gunst, doch dürfte der spezifische Standort wärmer sein.

Der klimatische Kontrast zwischen den Hochflächen der Ardennen und dem Süden von Belgisch-Lothringen wurde im 19. Jh. – die Verhältnisse überzeichnend – dadurch zum Ausdruck gebracht, dass jene Region „La Sibérie belge" und die letztgenannte „La Provence belge" genannt wurde (Hoyois 1949–53). Den angedeuteten Klimagegensatz belegen u. a. die folgenden Beobachtungen: Juli-Temperaturen, die lediglich zwischen 14 und 15 °C liegen, verzeichnen die Stationen von Baraque Michel (673 m) und Hockai (570 m), beide im Hohen Venn gelegen, sowie Saint-Hubert (556 m). Schneereichtum und erhebliches Frostrisiko (s. u.) gehören ebenfalls zu den Charakteristika. Neben Gouvy (458 m) sind es die einzigen belgischen Messstellen, die ein Januar-Mittel unter 0 °C aufweisen. Das ganz im Süden von Belgisch-Lothringen gelegene Virton (240 m) hingegen besitzt eine Juli-Temperatur von 17 °C und eine Januar-Temperatur von 1 °C. Weiterhin besitzt „la Provence belge" im Süden die höchste Globalstrahlung des Landes. Lässt man die Stationen an der Küste außer Acht, so ergeben sich in Belgien für 45 Stationen bei den Variablen „Höhe in m über dem Meeresspiegel" (x) und „Januar-Temperaturen in °C, bezogen auf den Zeitraum von 1961–1990" (y) der sehr hohe Korrelationskoeffi-

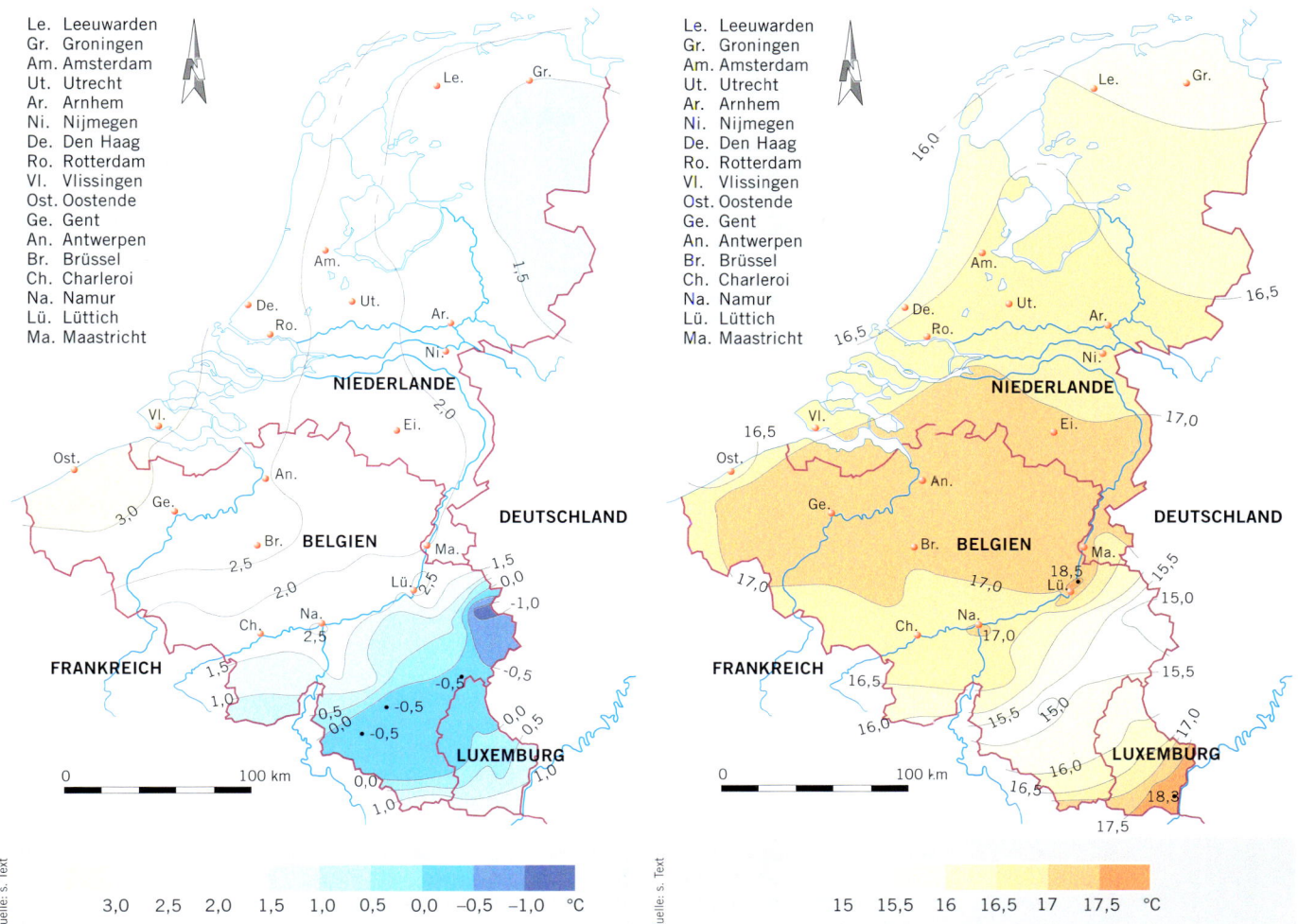

Le. Leeuwarden
Gr. Groningen
Am. Amsterdam
Ut. Utrecht
Ar. Arnhem
Ni. Nijmegen
De. Den Haag
Ro. Rotterdam
Vl. Vlissingen
Ost. Oostende
Ge. Gent
An. Antwerpen
Br. Brüssel
Ch. Charleroi
Na. Namur
Lü. Lüttich
Ma. Maastricht

Quelle: s. Text

|Abb. 9| *Mittlere Januar-Temperaturen (1961–1990)*

|Abb. 10| *Mittlere Juli-Temperaturen (1961–1990)*

zient von 0,96 und die Regressionsgleichung y = 2,728 – 0,006 x sowie bei den Juli-Temperaturen ein Korrelationskoeffizient von 0,9 und die Beziehung y = 17,558 – 0,005 x. Der niedrigere Korrelationskoeffizient im Juli mag damit zusammenhängen, dass der advektive Einfluss im Sommer etwas bedeutsamer als im Winter ist. Größere Residuen (Abweichungen der tatsächlichen Daten von den geschätzten Werten auf der Regressionsgeraden) sind bei den Juli-Temperaturen v. a. in den Regionen unterhalb des 100-m-Niveaus zu beobachten. Bei den Januar-Temperaturen sind sie oberhalb von 300 m belanglos.

In Luxemburg mit einem weitmaschigen Netz älterer Stationen, die mindestens 30 Jahre lang die Temperaturen aufgezeichnet haben, beobachtet man bereits eine beachtliche Jahresschwankung. Die Temperaturspanne liegt durchweg bei 16 bis 17 °C.

Die Temperaturgunst in einzelnen Tälern ist ausgeprägt, insbesondere an den Hängen des Moseltales. Diese werden in ausgedehntem Maße für den Weinbau genutzt. Der Weinbauort Remich erreicht eine mittlere Juli-Temperatur von 18,3 °C. Für die Hochflächen des Ösling oberhalb des 400-m-Ni-

veaus existieren Temperaturaufzeichnungen leider erst seit dem Beginn der 1990er-Jahre, die in Relation zu den langjährigen belgischen Werten in vergleichbarer Lage höher ausfallen. Legt man hingegen die vorhin genannte Regressionsgleichung zugrunde, so errechnet man für jene Bereiche Juli-Temperaturen von unter 16 °C und Januar-Werte in der Nähe des Gefrierpunktes. Die in der klimatischen Vegetationszeit vergleichsweise niedrigen Temperatursummen der Hochflächen der Ardennen und des Ösling haben mit zum starken Rückgang bzw. dem Verschwinden des dortigen Ackerbaus beigetragen.

Kennzeichnend für die Niederlande sind die geringen regionalen Unterschiede der mittleren Jahrestemperatur. Die Werte für 1971–2000 liegen in Zeeland, im äußersten Südwesten, dem Gebiet mit der höchsten Ozeanität und der längsten Sonnenscheindauer, bei 10,4 °C, im äußersten Nordosten, in einem Bereich mit der geringsten Ozeanität und der kürzesten Sonnenscheindauer in den Niederlanden, bei 9,0 °C. Bei den Monatsmitteln verschiebt sich das Gebiet mit der höchsten Durchschnittstemperatur im Laufe des Jahres allmählich von Südwesten nach Südosten und wieder zurück. In den meisten Monaten bleibt der Nordosten der kälteste Teil des Landes. Vor allem in den Herbstmonaten ist im Küstengebiet der thermische Einfluss des vergleichsweise warmen Meerwassers deutlich ausgeprägt. Günstige thermische Verhältnisse in den Sommermonaten mit Juli-Temperaturen über 17 °C liegen im Jekertal oberhalb von Maastricht im Kreidemergel-Hügelland von Südlimburg unweit der belgischen Grenze vor. Hier wird in einigen bevorzugten Lagen erfolgreich Weinbau praktiziert.

Sonnenscheindauer

Erwartungsgemäß nimmt man wegen der häufigen Auflockerung der Wolkendecke in einem schmalen Küstenstreifen Belgiens und der Niederlande eine wesentlich höhere jährliche Sonnenscheindauer wahr als in weiten Teilen des Binnenlandes. Sie liegt in jener Region zwischen 1650 und 1700 Stunden, während in weiten Teilen Mittelbelgiens weniger als 1500 und im Osten der Niederlande zwischen 1400 und 1450 Stunden gemessen werden. Nur im Süden von Belgisch-Lothringen werden wieder Werte erreicht, die mit denen an der Küste vergleichbar sind. Am größten ist der Kontrast zwischen den beiden erstgenannten Gebietstypen in den Monaten Mai bis August, wenn im Binnenland häufiger Konvektionsniederschläge auftreten. Bei der Globalstrahlung werden in den Küstenstreifen 375 000–380 000 Joule/cm^2 erreicht, während sie im Osten der Niederlande und im Polygon Brüssel, Hasselt, Lüttich, Namur und Mons unter 350 000 Joule/cm^2 bleibt. Im vergleichsweise sonnigen Südsaum Belgiens werden unweit der französischen Grenze 400 000 Joule/cm^2 überschritten. Einen beträchtlichen strahlungsklimatisch bedingten Standortvorteil gegenüber den Produktionsgebieten im Osten der Niederlande und denen Mittelbelgiens weisen die küstennah gelegenen Gewächshäuser im Westland zwischen Den Haag und Rotterdam auf, in dem die größte „Glashausstadt" der Welt entstanden ist. Deutliche regionale Gegensätze zeigen sich bei der mittleren Zahl der Frosttage im Jahr. Sie liegt in einem Streifen nahe der belgischen und niederländischen Küste zwischen 25 und 45 und übertrifft in den höheren Lagen der Ardennen den Wert 120. Letzteres fügt den schon genannten Ungunstfaktoren für den Ackerbau in diesem Gebirgsraum eine weitere Komponente hinzu.

Frost- und Schneetage

In den Niederlanden gibt es keine Region, in der die Zahl der Tage mit einer Minimumtemperatur von <0 °C mehr als 70 beträgt, ein beträchtlicher Vorteil für einen Staat, der umfangreiche Verkehrsdienstleistungen erbringt und in Mitteleuropa wesentliche Funktionen als Distributionsland (*distributieland*) wahrnimmt. Günstig im Sinne einer Minimierung von Risiken für den Verkehr wirkt es sich aus, dass sich die mittlere Anzahl von Tagen mit wenigstens einer Stunde Schnee lediglich zwischen 20 an der Küste und 31 im Südosten des Landes bewegt. Für den größten Flughafen der Beneluxstaaten, Schiphol

bei Amsterdam, ergibt sich ein klimageographischer Lagevorteil daraus, dass es im Durchschnitt nur dreimal im Jahr zur Eisbildung kommt und lediglich an 26 Tagen im Jahr eine Stunde oder länger eine Schneedecke existiert.

Ähnliche Verhältnisse bzw. leicht größere Risiken beobachtet man in Belgien nördlich von Maas und Sambre. Hier werden nur in kleinen Regionen 70 Frosttage im Jahr überschritten. Lediglich die über weite Strecken am Südrand des Herver Landes verlaufende Autobahn zwischen Aachen und Lüttich durchquert einen Bereich mit 80 Frosttagen. Von den großen Transitstrecken sind nur die Verbindungen Lüttich–Luxemburg und Namur–Luxemburg (als Teilabschnitte europäischer Achsen in Richtung Lothringen) aufgrund der Trassenführung über die Ardennen hinweg erheblichen Frost-, Schnee- und Nebelrisiken ausgesetzt. In den höchsten Teilen des Ardennenmassivs werden mehr als 60 Schneetage im Jahr registriert. Hier hat sich ein bescheidener Wintertourismus entfalten können, der allerdings wegen der Klimaerwärmung eine Rückentwicklung in Kauf nehmen muss.

Windverhältnisse an den Küsten

In einem schmalen Streifen an der niederländischen Küste sowie in Teilabschnitten der Uferzone des IJsselmeers werden im Jahresdurchschnitt in 10 m Höhe über dem Erdboden Windgeschwindigkeiten von mehr als 6,5 m/s gemessen, im Abschnitt vom Nieuwe Waterweg bis Den Helder und auf den Inseln Texel, Vlieland und Terschelling sogar im Bereich zwischen 7 und 7,5 m/s. Im Winter erreichen die Mittelwerte in Nordholland sogar über 8 m/s, was darum dem Wert 5 auf der Beaufort-Skala entspricht. Landeinwärts nimmt die Windgeschwindigkeit sehr rasch ab. Schon 20 km von der Küste entfernt liegen die Jahresmittelwerte nur noch zwischen 4,5 und 5 m/s. Für die effektive Nutzung der Windenergie und die Minimierung von Transportverlusten ist es ein positiver Standortfaktor, dass die genannten festländischen Bereiche mit hohem Windaufkommen in der Nachbarschaft der großen Ballungszentren der Randstad liegen.

Analog gestalten sich die Windverhältnisse im küstennahen Bereich Belgiens. In Oostende beträgt die mittlere jährliche Windgeschwindigkeit in 10 m Höhe über dem Erdboden 6,2 m/s, in Zelzate, Beitem und Wevelgem nur noch 4,0 bis 4,3 m/s.

Niederschläge

Die Niederschläge weisen außerhalb der Mittelgebirgsräume eine geringe regionale Differenzierung auf (Abb. 11), wobei einige Stationen in tief eingeschnittenen Gebirgstälern Belgiens bei dem notwendigen Generalisierungsgrad der vorliegenden Niederschlagskarte nicht einbezogen werden konnten, da die Werte erheblich niedriger liegen als die der benachbarten Plateaus. So werden z. B. im Maastal bei Namur nur 742 mm, in Lüttich 780 mm und in Maizeret 715 mm gemessen, während auf den Hochflächen in der Nähe bereits 850 mm übertroffen werden.

Niedrige Werte beobachtet man im Südwesten Flanderns in einem Übergangsgebiet zu relativ trockenen Regionen in Nordfrankreich. In den Niederlanden nehmen die Niederschläge an den Stauchendmoränen der Veluwe sowie im Bereich des sich in Richtung SSW–NNO von Groningen bis Schoonebeek erstreckenden Hondsrug mit seinen Moränenablagerungen und glazialen Stauchungserscheinungen deutlich zu. In einem schmalen Küstenstreifen registriert man nur 550 bis 575 Stunden mit Niederschlägen im Jahr (mit den schon genannten strahlungsklimatologischen Auswirkungen), während der Osten der Provinz Overijssel sowie der Süden von Südholland und der Westen von Nordbrabant mit 700 bis 725 Tagen die höchsten Werte erreichen.

Im limburgischen Heuvelland, im Herver Land, im Condroz sowie in den Kalksteingebieten der südlichen Famenne und der Fagne nehmen die Niederschläge merklich zu. Davon ausgespart ist die Depression der Schieferzone der Famenne und der Fagne. Sehr hohe Niederschlagswerte werden im NO und SW des Ardennenmassivs erreicht. Baraque Michel im Hohen Venn verzeichnet von allen Messstationen der Beneluxländer mit 1351 mm den höchsten Wert.

Die Osthälfte Luxemburgs liegt im Regenschatten des westlich aufragenden Gebirgslandes. Vor allem in Richtung auf das Moseltal reduzieren sich die Niederschlagswerte.

Für 126 Niederschlagsstationen Belgiens errechnen sich für die Variablen „Höhe über dem Meeresspiegel" (x) und „mittlerer Jahresniederschlag für den Zeitraum von 1961 bis 1990" (y) ein Korrelationskoeffizient von 0,85 und die Regressionsgleichung $y = 755{,}871 + 0{,}812 x$. Auffallend sind insbesondere nach oben hin gerichtete Abweichungen von der Schätzung im SW des Ardennenmassivs. Chiny z. B. liegt nur 298 m hoch, weist aber eine Niederschlagshöhe von 1290,7 mm auf; Bièvre in 400 m Höhe erreicht 1264,9 mm. Namentlich bei vorherrschenden Südwestwinden ergeben sich hier schon in einem vergleichsweise niedrigen Niveau kräftige Steigungsniederschläge.

Die Niederschläge in den Beneluxländern sind relativ gleichmäßig über das Jahr hinweg verteilt. Bei den meisten Stationen liegt das Maximum im November und das Minimum im April, in einigen wenigen Fällen im Dezember bzw. im Februar. Bei küstenfernen Stationen werden gelegentlich die Höchstwerte im Juni oder Juli gemessen, während im November ein sekundäres Maximum registriert wird.

Schadstoffausstoß

Belgien, die Niederlande und das Gutland Luxemburgs weisen regional einen dichten Besatz von Industriebetrieben mit einem hohen Schadstoffausstoß auf. Die Schwefeldioxyd-(SO_2-)Emissionen sind zwar im Vergleich zu den abgelassenen Mengen in den 1970er-Jahren erheblich zurückgegangen, aber einzelne Gebiete weisen noch immer eine hohe Konzentration auf. Dazu gehören in den Niederlanden der Chemiekorridor von Zeeland und Südholland sowie Teile von Nordbrabant. Gerade für die letztgenannte Region spielt wahrscheinlich der Luftmassentransport aus belgischen Industriegebieten – wie die Vlaamse Ruit (mit Gent und Antwerpen) und die kempenländische Industrieachse – eine beträchtliche Rolle. Die Provinz Limburg mit eigenen emissionsreichen Betrieben in Geleen und im Raum Roermond dürfte zusätzlich unter Schadstofftransporten aus dem Lütticher Raum zu leiden haben. Die gemittelte jährliche Konzentration von SO_2 bleibt in den genannten niederländischen Regionen

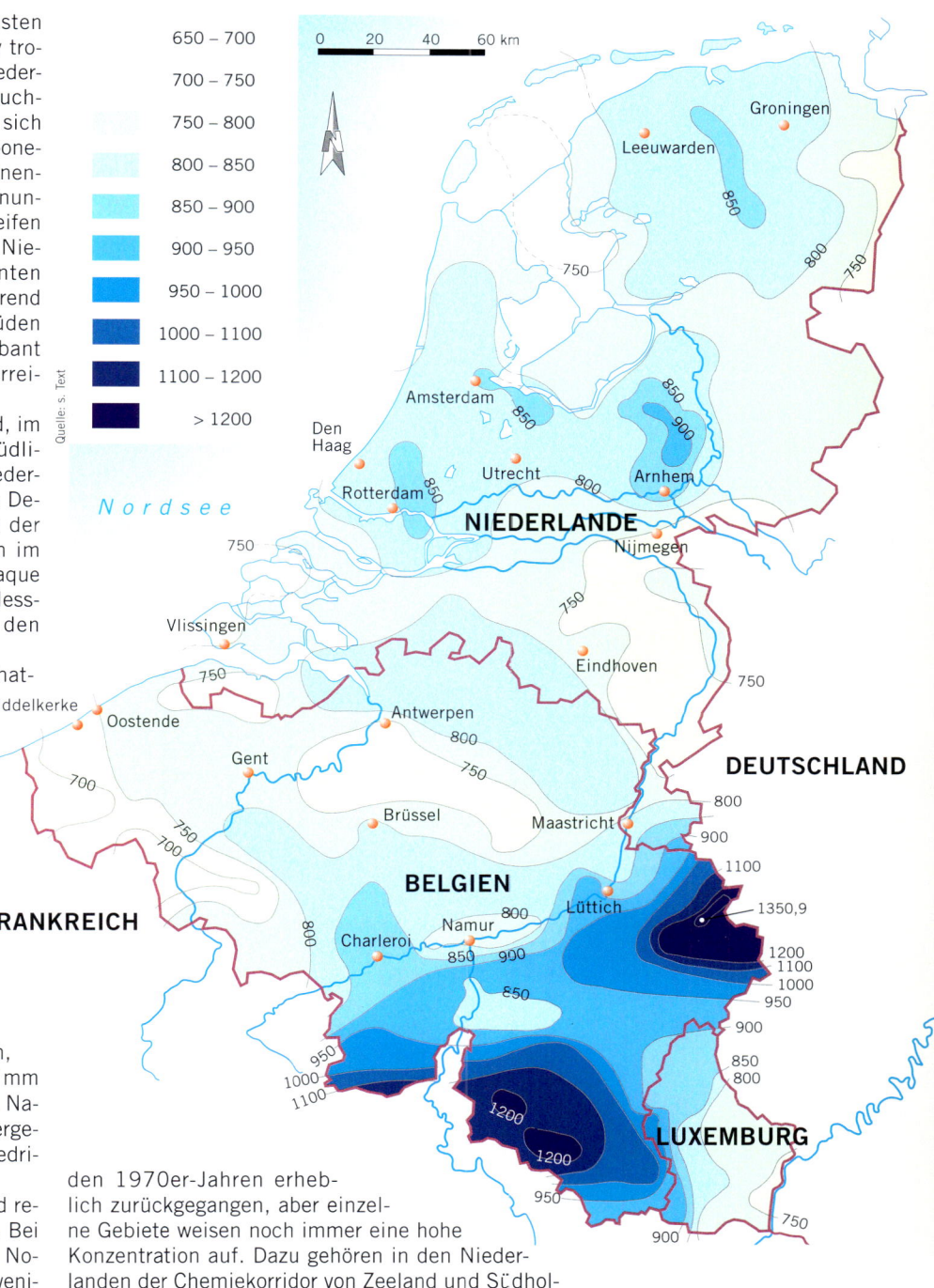

| 650 – 700 |
| 700 – 750 |
| 750 – 800 |
| 800 – 850 |
| 850 – 900 |
| 900 – 950 |
| 950 – 1000 |
| 1000 – 1100 |
| 1100 – 1200 |
| > 1200 |

Quelle: s. Text

0   20   40   60 km

Nordsee

NIEDERLANDE

Groningen
Leeuwarden
Amsterdam
Den Haag
Utrecht
Arnhem
Rotterdam
Nijmegen
Vlissingen
Eindhoven
Middelkerke
Oostende
Antwerpen
Gent
Brüssel
Maastricht
Namur
Lüttich 1350,9
Charleroi

DEUTSCHLAND
BELGIEN
FRANKREICH
LUXEMBURG

|Abb. 11| *Mittlere Jahresniederschläge in mm (1961–1990)*

unterhalb des Wertes von 20 Mikrogramm/m^3, während zu Ende der 1970er-Jahre in Rotterdam und Umgebung und in den seeländischen Industriegebieten, aber auch im Raum Amsterdam, ein Wert von 40 Mikrogramm/m^3 überschritten wurde.

In Belgien werden die maximalen Emissionen heute im Industrieraum von Beerse und Turnhout (nördliches Kempenland) sowie im Lütticher Raum mit Werten zwischen 21 und 25 Mikrogramm/m^3 (dargestellt für Flächen von 2 km^2) erreicht. Im Antwerpener Raum ergeben sich Jahresmittel zwischen 16 und 20 Mikrogramm/m^3. Im früher stark belasteten Hennegauer Industriegebiet ist die traditionelle Industrie so stark zurückgegangen, dass es nicht mehr mit übermäßig hohen Werten in Erscheinung tritt. Beim CO_2-Austoß hingegen ist ein Ballungsraum dieser Größenordnung nach wie vor überrepräsentiert. Wegen der geplanten Stilllegung von Anlagen der Schwerindustrie im Lütticher Raum, dessen Tallage insbesondere bei Antizyklonalwetterlagen den Luftmassenaustausch sehr erschwert, und wegen geringfügiger Aktivitäten bei industriellen Neugründungen ist dort in Zukunft mit einer Reduzierung der Belastung mit SO_2 zu rechnen.

(Grundlage für die Klimakarten sind: Für die Niederlande De Grote Bosatlas, für Belgien Messdaten des Königlichen Meteorologischen Instituts und für Luxemburg Statistiken des Centre de Recherche Public. Weitere Informationsquellen, soweit nicht im Text genannt: Heijboer & Nellestijn 2002; Alexandre et al. 1992; Lippmann 2006; de Maeyer 2004; Charlier et al. 2004.)

Vegetation der Beneluxländer

Florengebiete

Die Vegetation der Beneluxländer besitzt einen ausgeprägten Übergangscharakter. Es wechseln sich die Einflüsse unterschiedlicher Vegetationsgebiete ab, und in weiten Regionen überlagern sie sich. Neben den atlantischen und mitteleuropäischen sind boreale, submediterrane, atlantisch-mediterrane und subpontische Elemente vertreten.

Einen breiten Raum nimmt das atlantische Florengebiet mit Arten, deren Vorkommen an das ozeanische Klima mit mäßig warmen Sommern gebunden ist, ein. Von Nordfrankreich her kommend durchzieht es in einem 160–250 km breiten Streifen Belgien, die Niederlande, dann (schmaler werdend) Norddeutschland und das westliche Dänemark und endet schließlich im südlichen Norwegen. Im Atlas de Belgique (1950–72) wird dieser Bereich als boreo-atlantischer Sektor bezeichnet, an den sich nach Süden hin der wärmere franko-atlantische Sektor anschließt. Innerhalb des genannten Streifens kann noch eine thermisch bedingte Differenzierung beobachtet werden. Durch Mittelbelgien verläuft die nördliche Grenze des Hauptverbreitungsgebietes von Arten wie dem Hasenglöckchen (*Scilla non scripta*), das im Frühjahr in lichten Wäldern durch den charakteristischen blauen Blütenteppich auffällt, oder wie der atlantisch-mediterra-

nen schwarzen Schmerwurz (*Tamus communis*). Zur Küste hin treten in den Waldgesellschaften zunehmend immergrüne Gehölzpflanzen auf, wie die Stechpalme (*Ilex aquifolium*), die nicht nur in Wäldern, sondern auch in Hecken von Bocage-Landschaften zu finden ist, und der Efeu (*Hedera helix*). Es gibt ausgedehnte Übergangszonen zu den Bereichen, die durch mitteleuropäische und mitteleuropäisch-montane Elemente bestimmt werden. Letztere sind v. a. südlich des Sambre-Maas-Vesdre-Gebietes zu finden. Hier spielen neben den mitteleuropäischen Arten in Teilräumen auch atlantische Elemente eine Rolle, darunter in den Regionen Rièzes und Thiérache und in den nordöstlichen Ardennen. Der letztgenannte Bereich ist in besonderem Maße durch Interferenzerscheinungen gekennzeichnet, indem hier mitteleuropäische, atlantische und boreale Arten zu finden sind. Luxemburg, die südlichen Ardennen und Belgisch-Lothringen werden nicht mehr dem atlantischen Florengebiet zugeordnet, wenn auch einzelne Arten aus diesem Bezirk dort noch vertreten sind.

Elemente der borealen Vegetation als Relikte der letzten Kaltzeit und kühler Phasen der Postglazialzeit findet man in zwei räumlich voneinander getrennten Verbreitungsgebieten, und zwar in einem Bezirk, der von den nördlichen Niederlanden bis ins belgische Kempenland reicht, sowie in den höheren Lagen der Ardennen und des Ösling. Häufig kommen die borealen Arten in anmoorigen Bereichen vor, in den Ardennen und im Ösling auch in Waldgebieten. Charakteristisch hierfür sind z. B. die Preiselbeere (*Vaccinium Vitis-Icha*), die Heidelbeere (*Vaccinium myrtillus*), die Moorbirke (*Betula pubescens*) und verschiedene *Sphagnum*-Moose.

Andererseits treten in thermisch begünstigten, niederschlagsärmeren Tälern der Mittelgebirgsräume nördlich und südlich von Ardennen und Ösling Xerophyten des submediterranen und luvseitig auch des subpontischen Florengebietes auf. Nördlich der Ardennen kommen die submediterranen Elemente auf Standorten mit mesozoischen Kalken und Kalkmergeln, auf karbonischen Dolomiten im Vesdre- und Maastal sowie im Condroz und auf mitteldevonischen Kalken der südlichen Famenne und der südlichen Fagne vor. In der Krautschicht sind die submediterranen Arten Bestandteile von schützenswerten Trockenrasengesellschaften entweder auf günstig exponierten, stark geneigten Felshängen oder an Standorten, die durch sporadische Weidenutzung offen gehalten werden, wobei das Mikroklima den Reliktpflanzen einen Vorteil gegenüber den mitteleuropäischen und atlantischen Arten bietet. Kennzeichnend sind verschiedene Orchideengewächse. Stellenweise sind thermophile Orchideen auch in den Küstendünengebieten zu finden. In Belgisch-Lothringen sind submediterrane und subpontische Florenelemente auf jurassischen Kalken, in Luxemburg zusätzlich auf triassischen Kalken verbreitet. Auch Dolomit und Kalkmergel kommen im Großherzogtum als Standorte in Betracht, aber auch günstig exponierte Stellen mit Sandsteinen und Schiefern.

Für trockene und warme Bezirke im Kalkstein wird in Luxemburg der natürliche Waldtyp „basophiler Buchenwald mit Orchideen" ausgewiesen, für klimatisch bevorzugte Tallagen im Ösling der „xero-thermophile Eichenwald der besonnten Hänge", für die Kalkfamenne die Assoziation „kalk- und wärmeliebender Eichen-Hainbuchen-Wald", die allerdings häufig durch ortsfremde Bestände mit der Österreichischen Schwarzkiefer ersetzt wurde. Bekannte Vertreter des subpontischen Florenelementes sind die Echte Küchenschelle (*Pulsatilla vulgaris*), die Waldanemone (*Anemone sylvestris*) und die Kalkaster (*Aster amellus*). Regional eng begrenzt, aber charakteristisch sind im Raum La Calamine Vorkommen von Galmei-Rasen mit Pflanzen wie z. B. *Viola lutea*, eine Art des subalpinen Florengebietes, die auf Böden, die Blei und Zink enthalten, als Reliktpflanze bestehen konnte. Bezeichnend ist weiterhin das Auftreten von Pflanzen, die aus überseeischen Florengebieten in Häfen kamen und ausgewildert sind. In den Niederlanden heißen sie *adventieven* oder (nach einem Kai in Deventer) *pothoofdplanten*. Ein Beispiel ist die Mitte des 19. Jh. aus Nordamerika eingeschleppte Wasserpest (*Helodea canadiensis*) (Atlas de Belgique 1950–72 / Phytogéographie Blatt 19a u. 19b; Atlas du Luxembourg 1971, 207/0, Végétation; Zonneveld 1991).

Frühere Naturlandschaften

Für die Niederlande sind aufschlussreiche Rekonstruktionen der Naturlandschaften in römischer Zeit kartographisch festgehalten (Zonneveld 1991; Atlas van Nederland 1987; vgl. Abb. 12). In ausgedehnten Teilen der westlichen Niederlande – mehr als ein Drittel der heutigen Landoberfläche des Staates einnehmend – hatten sich Hoch- und Niedermoore, zeitweise überflutete marine Sedimente, Wattareale und große offene Wasserflächen ausgebreitet. Westlich einer gedachten Linie vom Scheldeästuar an der belgischen Grenze bis Delfzijl waren dies – neben Dünen und fluvialen Ablagerungen im Rhein-Maas-Delta – die konstituierenden Landschaftselemente. Ähnliches muss für die Bereiche der heutigen belgischen Polder gegolten haben (Verhulst 1966). Damit wiesen diese Gebiete einen ganz anderen Pflanzenbestand auf, als man ihn unter den gegenwärtigen Bedingungen auf den seit Langem eingedeichten und künstlich entwässerten Arealen als potenzielle natürliche Vegetation zu erwarten hätte. Die damalige Vegetation dieser Gebiete muss sich (außerhalb einiger schon angelegter Weideflächen) aus Quellern und anderen Halophyten, Schilf-, Seggen- und Binsenbeständen, Torfmoosen und Bruchwäldern zusammengesetzt haben.

Die potenzielle natürliche Vegetation besteht unter der Annahme des Erhaltes der Polder und der künstlichen Drainage – abgesehen vom Außendeichsland und Teilen des Küstendünengürtels – aus Laubwaldgesellschaften. Auch die atlantische Heide mit den charakteristischen Arten *Erica tetralix* und *Calluna vulgaris*, die in Naturreservaten des belgischen Kempenlandes und in einigen niederländischen Na-

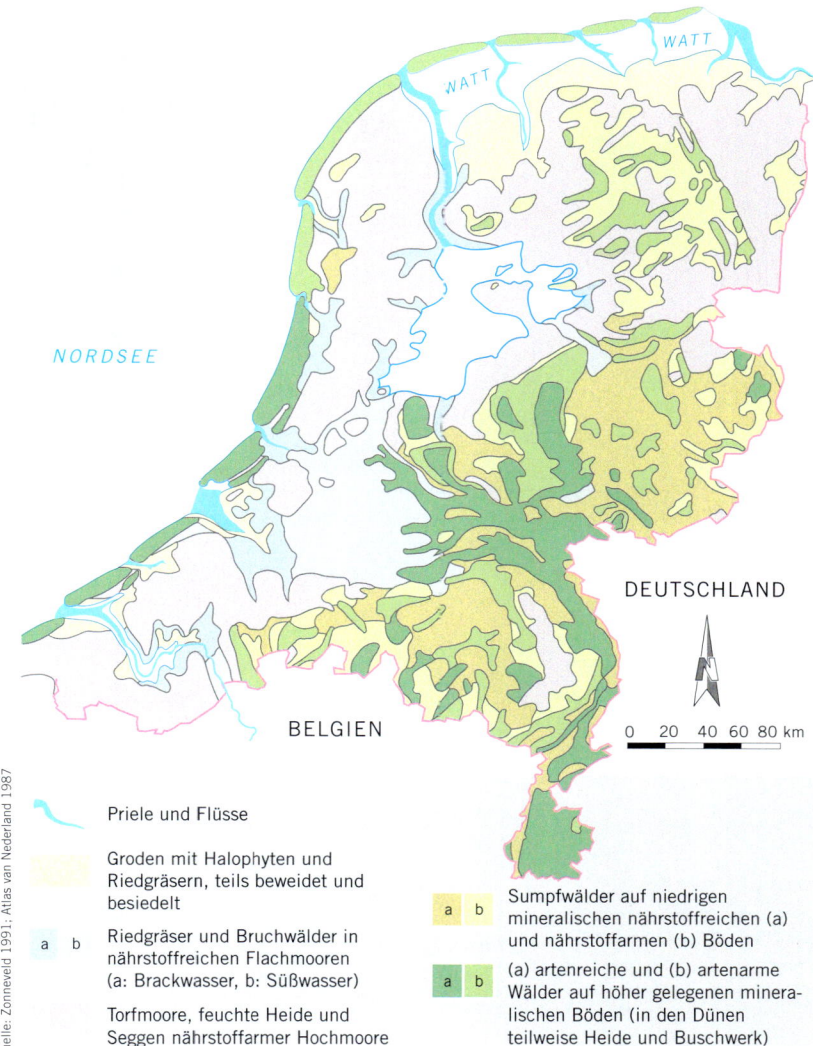

Quelle: Zonneveld 1991; Atlas van Nederland 1987

NORDSEE

DEUTSCHLAND

BELGIEN

0 20 40 60 80 km

~~~ Priele und Flüsse

Groden mit Halophyten und Riedgräsern, teils beweidet und besiedelt

a b Riedgräser und Bruchwälder in nährstoffreichen Flachmooren (a: Brackwasser, b: Süßwasser)

Torfmoore, feuchte Heide und Seggen nährstoffarmer Hochmoore

a b Sumpfwälder auf niedrigen mineralischen nährstoffreichen (a) und nährstoffarmen (b) Böden

a b (a) artenreiche und (b) artenarme Wälder auf höher gelegenen mineralischen Böden (in den Dünen teilweise Heide und Buschwerk)

tionalparks stellenweise geschützt wird, würde sich wieder bewalden, wenn man sie nicht künstlich offen hielte. Außerhalb der Gebiete mit oberflächennahen Grundwasserständen würden Eichen-Hainbuchen-Wälder und Eichen-Buchen-Wälder dominieren. In den Ardennen und im Ösling hingegen, je nach Exposition und Niederschlagsmenge variierend, wird oberhalb von ca. 400–500 m die Eiche durch die Rotbuche abgelöst (Atlas du Luxembourg 1971; Hambloch 1977; Atlas van Nederland 1987; Froment et al. 1992). Die Buche ist in der Postglazialzeit erst spät nach Norden vorgedrungen. In den Niederlanden sind Pollen von *Fagus*-Arten erst zu Ende des Subboreals um 1000 v. Chr. und dann in größerem Umfang im Subatlantikum identifiziert worden, während Eichenpollen schon im Boreal vor 6000 v. Chr. auftauchen (Zonneveld 1991, S. 132).

Die natürlichen Waldtypen sind nach dem Nährstoffgehalt der Böden an den jeweiligen Standorten zu differenzieren. In der luxemburgischen Klassifikation geschieht dies durch die Zusätze „acidophi-

|Abb. 12| *Die Vegetation der Niederlande zu Beginn der Römerzeit*

le", „neutrophile" und „basophile". Bei sehr geringer Bodenfruchtbarkeit bildet die Pflanzengesellschaft des Eichen-Birken-Waldes die natürliche Vegetation. Sie tritt in Teilen der Sandgebiete der Niederlande, im Kempenland, in Sandig-Flandern, auf Böden des luxemburgischen Lias-Sandsteins (Schmithüsen 1940) und gelegentlich auch in den Küstendünen auf. Für die ausgedehnten Alluviallauen mit ihrem oberflächennahen Grundwasserstand und ihren Gley-Böden – so im breiten Niederungsgebiet von Maas, Waal, Lek und Neder-Rijn, an der unteren Schelde und an der IJssel – sind bei der natürlichen Vegetation der Eschen-Ulmen-Wald, der Pappel-Ulmen-Wald und der Weidenwald charakteristisch. In sehr feuchten Bereichen, wie im Biesbos, kommt die Erle hinzu. Für die ehemaligen Niedermoorgebiete im Ostteil von Nord- und Südholland sowie im Süden von Friesland und Groningen werden der Erlenbruchwald und der Erlen-Eschen-Wald als kennzeichnend angesehen, für Feuchtgebiete in Utrecht und Overijssel auch der Birken-Erlen-Bruchwald und für die Marschen der Eschen-Ulmen-Wald.

Anthropogene Veränderung der ursprünglichen Bewaldung

Die Waldzusammensetzung wurde durch den menschlichen Einfluss stark verändert. Dort, wo die klimatischen Verhältnisse es zuließen, wurde seit dem Mittelalter vielerorts die Buche durch die Eiche verdrängt, weil diese für die Niederwaldwirtschaft und die Waldweide besser geeignet war und die Bestände für die Gewinnung der Gerberlohe aus der Baumrinde genutzt werden konnten. Bei einer Übernutzung degenerierten Eichenwälder zu Eichen-Birken-Wäldern und schließlich zu Atlantischen Heiden (Zonneveld 1991). Ein Extremfall der Schädigung trat ein, wenn die Pflanzen des Heidelandes abgestochen wurden, um Material für die Plaggendüngung zu erhalten, die sich bis weit ins 19. Jh. hinein gehalten hat. Dies führte dazu, dass von den vegetationsfrei gewordenen Flächen Sand verweht wurde und an anderer Stelle als Flugsand (*stuifzand*) abgelagert wurde. Exemplarisch für etliche Sandgebiete der Niederlande und des Kempenlandes werden im Nationalpark Hoge Veluwe dem Besucher die (heute z. T. rekonstruierten) Stadien der Degeneration eindrucksvoll vor Augen geführt.

Die Ferraris-Karte des 18. Jh. zeigt für das Kempenland, die Ardennen und das Ösling ausgedehnte Heidegebiete und einen wesentlich geringeren Waldanteil als er heute vorzufinden ist. Die Entwaldung im Schiefergebirge hing sowohl mit dem Flächenbedarf für die Landwirtschaft als auch mit der Holzkohlegewinnung für die traditionelle Eisenhüttenindustrie zusammen. Aus den seit 1834 erscheinenden Land- und Forstwirtschaftszählungen für Belgien ist ersichtlich, dass das Minimum der Waldfläche mit 434 596 ha im Jahre 1866 erreicht war. Heute beträgt das Areal über 600 000 ha.

Die „Topografische Kaart van de Veluwe en de Veluwezoom" von M. J. de Man aus dem Jahre 1807 zeigt für das Gebiet mit dem heute größten zusammenhängenden Forstbestand der Niederlande überwiegend eine offene Landschaft mit nur kleinen Waldinseln. 1833 umfasste die Waldfläche der Niederlande nur noch 169 000 ha; davon bestanden 117 000 ha aus Niederwald. Das heutige Waldareal ist fast doppelt so groß. Kennzeichnend für die Niederlande waren beachtliche große Flächen mit *grienden*, d. h. mit Salweiden, deren Reisige man als Flechtwerk beim Deichbau gebrauchte. Die Statistik von 1833 führte 2000 ha davon auf, die von 1927 immerhin 13 000 ha. Noch in den 1960er-Jahren waren derartige Bestände verbreitet (Zonneveld 1991, S. 226). Die Wälder befanden sich bis weit ins 19. Jh. hinein wegen der Niederwaldwirtschaft und der Nutzung als Weide in einem schlechten Zustand. Für die heutige Euregio Maas-Rhein belegt Nilson (2006) die Feststellung, dass die bodengefährdende Landnutzung und die Waldzusammensetzung ihr „Pessimum" um die Mitte des 19. Jh. erreicht hatten, eine Erkenntnis, die sehr wahrscheinlich auch auf benachbarte Regionen übertragbar ist.

Aus den Begleittexten zur Ferraris-Karte geht hervor, dass im 18. Jh. der Nadelwald im Bereich des heutigen Belgien und in Luxemburg sehr selten war und nur stellenweise in Nordflandern, in Brabant und im Kempenland zu finden war (Tulipe 1959). Die niederländische Statistik verzeichnete für 1833 einen Nadelwaldanteil von 18 % (Zonneveld 1991, S. 226). Seit dem 19. Jh. pflanzte man in größerem Umfang Nadelhölzer an, die heute mehr als die Hälfte der Fläche der Beneluxländer einnehmen. In den Ardennen und im Ösling ist gegenwärtig die Fichte weit verbreitet. Ausgedehnte Heideflächen und künstlich drainierte ehemalige Hochmoorgebiete hat man damit aufgeforstet. Im Kempenland und in den niederländischen Sandgebieten hat man so vielerorts Heideareale entweder in Agrarflächen oder in Kiefernforste umgewandelt. Die an edaphische Trockenheit angepasste Kiefer ist vielerorts auch in Kalksteingebieten angepflanzt worden. Die heutige Forstwirtschaft in den wallonischen Mittelgebirgen ist, insbesondere wenn sie privat betrieben wird, in manchen Bereichen rückständig und legt nicht selten große Kahlschläge an, die ganze Talhänge einnehmen. Bei den darauf folgenden jungen Aufforstungen sieht man häufig nach wie vor reine Fichtenbestände.

Größere Laubwaldanteile beobachtet man auf den Sandsteinrücken des Condroz, in Belgisch-Lothringen sowie im Gutland, im südlimburgischen Heuvelland, in den Grundmoränengebieten in Drenthe, hier u. a. im Hondsrug, in Flevoland, im Meerdaalbos südlich von Leuven und insbesondere im Forêt de Soignes/Zoniënbos südlich von Brüssel. Zu den exotischen Baumarten gehören nicht nur Nadelhölzer, sondern auch die Pappelart *Populus euramericana*. In der flämischen Region nehmen heute verschiedene Pappelarten 30 % des Laubwaldareals ein (Agentschap voor Natuur en Bos, www.bosengroen.be). Auch die ausgedehnten Bestände der Buchenart *Fagus silvatica* im Forêt de Soignes/Zoniënbos, die

z. T. älter als 200 Jahre sind, entsprechen nicht der natürlichen Waldvegetation, bei der die Eiche dominieren müsste, sondern sie sind durch Anpflanzungen ortsfremder Bäume entstanden, mit denen man in der Zeit der Österreichischen Niederlande begonnen hatte (Bruxelles Environnement – IBGE 2002).

Heutige Waldbestände in den Beneluxländern

Von den Beneluxländern besitzt Luxemburg mit 35 % den höchsten Waldanteil an der Landfläche (vgl. Abb. 13; Statec). Die steileren Partien des Ösling (weniger die Rumpfflächen) stellen die wichtigsten Verbreitungsgebiete dar, aber auch an Schichtstufen und an Talhängen des Gutlandes kommen ausgedehnte Waldungen vor.

Belgien verfügt über einen Waldanteil von 24 % bzw. die flämische Region von 11 % (mit einem Rückgang zwischen 1990 und 2000 um 4 % wegen ausufernder Siedlungsentwicklung), die Wallonie von 30 % (Statbel; http://asp.vlaanderen.be; environnement.wallonie.be). Die bedeutendsten Standorte finden sich im Bereich des Steilreliefs der Ardennen. Ausgedehnte Waldflächen erstrecken sich in den Sandregionen des Kempenlandes mit ihren armen Böden. Waldareale

|Abb. 13| *Waldverbreitung in den Naturräumen der Beneluxländer*

Erklärung der Ziffern:
s. Karte der Naturräume
(Abb. 2)

——— Staatsgrenze

0 20 40 60 80 100 km

Quelle: Karte der Naturräume: topogr. Karten; Charlier et al.: Le grand Atlas 2004; De Grote Bosatlas 2007

treten weiterhin häufiger im Schichtstufenland von Belgisch-Lothringen, im Condroz, in der Fagne, in der Famenne, im Ardenne condrusienne und an den kleinen Schichtstufen des Hagelandes auf. In den Sand- und Sandlehmgebieten der Provinzen West- und Ostflandern sind nur noch kleine Waldinseln erhalten. Das Houtland in Sandig-Flandern wird zusätzlich durch Hecken belebt und tritt (ebenso wie in Wallonien das Herver Land) als Bocage-Landschaft in Erscheinung. In den belgischen Naturreservaten Westhoek und Oosthoek sowie östlich und westlich von Koksijde existieren kleine Waldareale auch auf Küstendünen.

Das Herver Land mit seiner hoch spezialisierten Grünlandwirtschaft ist auch in Bereichen mit stärkerer Reliefierung – anders als das geomorphologisch und bodengeographisch ähnlich strukturierte südlimburgische Heuvelland – ausgesprochen waldarm. Bereits im Bild der Ferraris-Karte tritt es so in Erscheinung. Die nordbelgischen Marschen und die mittelbelgischen Lehmplateaus sind kaum bewaldet und bedürften eigentlich einer landschaftlichen Anreicherung mit Gehölzen. Ausnahmen bilden der Meerdaalbos und der 4500 ha große, jahrhundertelang als herzogliches Jagdrevier genutzte Forêt de Soignes/Zoniënbos (Zoniënwoud).

Die Rodung von Waldbeständen und die landwirtschaftliche Inkulturnahme bedeutete lange Zeit die Entstehung einer größeren Biodiversität, z. B. bei den Pflanzengesellschaften auf Mähwiesen oder Ackerrainen. Im Laufe des 20. Jh. und verstärkt nach dem Zweiten Weltkrieg hat die Vielfalt durch die Anlagen von Grünland mit nur einer Grasart, den Einsatz von Herbiziden sowie durch die Reduzierung von Ackerrainen und Hecken abgenommen. Vanhecke et al. (1981) haben in einer aufschlussreichen Dokumentation 60 um 1900 entstandene Bilder von mittel- und nordbelgischen Agrarlandschaften des Botanikers und Naturschützers J. Massart mit dem Zustand der 1980er-Jahre an denselben Standorten verglichen. Dabei wurde ein Verschwinden vieler wertvoller linearer und punktueller Biotope festgestellt. Derartige Beobachtungen lassen sich auf andere Regionen übertragen, z. B. auf das Herver Land, in dem die herkömmlichen Obstwiesen stark zurückgegangen sind und sich die traditionelle Bocage-Landschaft auflöst, da die Weißdorn- und Hainbuchenhecken vielerorts nicht mehr gepflegt und nach dem Absterben nicht mehr ersetzt werden.

In den Niederlanden beträgt der Waldanteil an der Landfläche 10 % (CBS). Dies entspricht dem Wert für Großbritannien. Ausgedehnte Waldgebiete in den Niederlanden sind heute in den Bereichen der saaleeiszeitlichen Stauchendmoränen mit ihrem bewegten Relief und ihren nährstoffarmen Böden zu finden, insbesondere in denen, die das Gelderse Vallei hufeisenförmig umschließen, aber auch im Moränengebiet südlich von Nijmegen. Vielerorts sind in diese Waldregionen – meist Kiefernforste – Villenviertel der benachbarten Städte vorgedrungen. Größere Waldgebiete dehnen sich weiterhin auf der Endmoräne des Sallandse Heuvelrug, in den Grund-

moränenbereichen, in den Decksandgebieten und im südlimburgischen Heuvelland aus. Auch in den landeinwärts gelegenen Streifen der jungen Küstendünen hat man Waldungen angelegt, insbesondere in Nordholland. In den flevoländischen Poldern, namentlich in Ost- und Südflevoland, hat man die Ausweisung von Waldarealen in der Landschaftsplanung für die neu erschlossenen Gebiete einbezogen. Ansonsten aber sind die Marschen ausgesprochen waldarm. Dies gilt auch für die ehemaligen Niedermoorgebiete sowie für den Bereich des früheren Bourtanger Moores.

Nationalparks und Naturschutzgebiete

Die Waldregionen, die noch in beträchtlicher Ausdehnung existierenden Feuchtgebiete der Niederlande und weitere Naturmonumente bilden das Rückgrat des im *Structuurschema Groene Ruimte* und in der *Nota Ruimte* (2006) ausgewiesenen Gefügemusters, das als *„Ecologische Hoofdstructuur"* bezeichnet wird. Hierbei werden der Erhalt, die Wiederherstellung und die Entwicklung wertvoller naturnaher Gebiete und die Anlage von Korridoren im Sinne eines Biotopenverbundes (*„ecologische verbindingszones"*; *„groene verbindingswegen"*) angestrebt. Die Zielsetzungen und Verbesserungen im Rahmen dieses Konzeptes müssen für die trockenen Gebiete bis 2018 verwirklicht sein, wobei das betroffene Areal dann 728 500 ha (22 % des Landareals) umfassen wird (www.natuurbehher.nu; www2.vrom.nl/notaruimte). Neben den 370 geschützten *natuurgebieden* (www.natuurmonumenten.nl) haben die Niederlande seit 1989 insgesamt 20 Nationalparks eingerichtet (vgl. Abb. 14 sowie das Kapitel „Fremdenverkehr in den Beneluxstaaten"), eine bemerkenswerte Errungenschaft.

Dahingegen hat die flämische Region in Belgien erst 2006 den ersten Nationalpark eröffnet, und zwar Hoge Kempen mit 5750 ha. Die Wallonie und Luxemburg besitzen keinen Nationalpark. Die großen Areale der Naturparks (*„regionale landschappen"*, *„parcs naturels"*) in Flandern, Wallonien und Luxemburg dienen mehr der regionalen Außendarstellung und der kartographischen Schönfärberei als einem wirkungsvollen Naturschutz. Die strenger geschützten *„natuurreservaten"* der flämischen Region umfassen 317,6 km², d. h. 2,3 % der Gesamtfläche (http://aps.vlaanderen.be), die *„réserves naturelles domaniales"* (bzw. *„agréees"*) und die *„réserves forestières"* in der Wallonie 95,3 km², d. h. 0,6 % des Areals der Region (http://environnement.wallonie.be). Die *„zones protégées d'intérêt national"* in Luxemburg nehmen 33,7 km² ein, d. h. 1,3 % der Landesfläche (www.environnement.public.lu).

Die Zahlen für Belgien und Luxemburg sind ein Indikator – nicht der einzige – für den bislang geringen Stellenwert der Naturschutzpolitik in den beiden Staaten. Immerhin sind nach längeren politischen Auseinandersetzungen die luxemburgischen Gemeinden dazu verpflichtet worden, bis 2009 ein Biotopenkataster zu erstellen, das evtl. die Möglichkeit eröffnet, weitere Bezirke unter Schutz zu stellen.

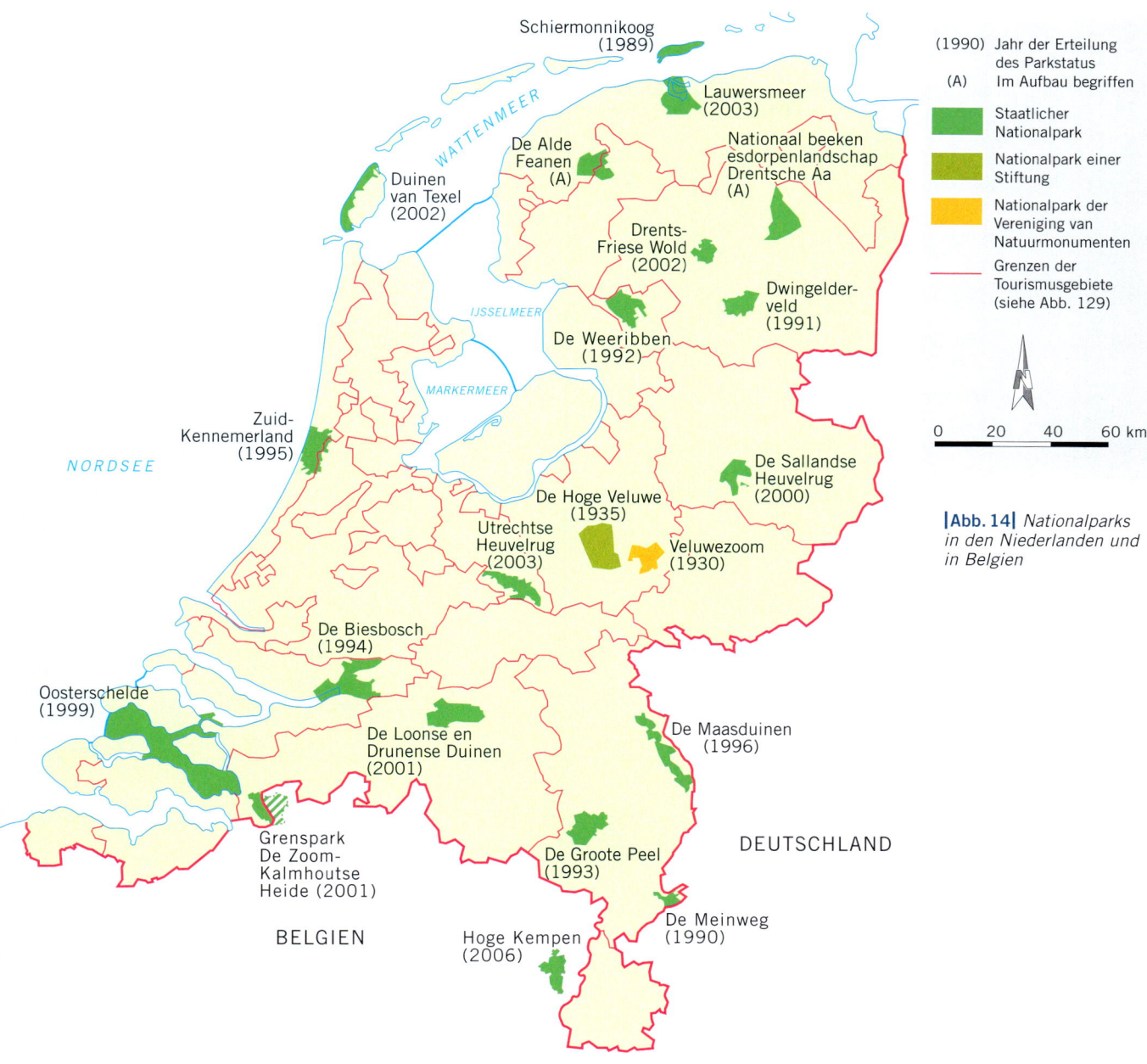

Schiermonnikoog
(1989)

Lauwersmeer
(2003)

De Alde
Feanen
(A)

Nationaal beeken
esdorpenlandschap
Drentsche Aa
(A)

Duinen
van Texel
(2002)

Drents-
Friese Wold
(2002)

Dwingelder-
veld
(1991)

De Weeribben
(1992)

Zuid-
Kennemerland
(1995)

De Sallandse
Heuvelrug
(2000)

De Hoge Veluwe
(1935)

Utrechtse
Heuvelrug
(2003)

Veluwezoom
(1930)

De Biesbosch
(1994)

Oosterschelde
(1999)

De Maasduinen
(1996)

De Loonse en
Drunense Duinen
(2001)

DEUTSCHLAND

Grenspark
De Zoom-
Kalmhoutse
Heide (2001)

De Groote Peel
(1993)

De Meinweg
(1990)

BELGIEN

Hoge Kempen
(2006)

NORDSEE

WATTENMEER

IJSSELMEER

MARKERMEER

(1990) Jahr der Erteilung
des Parkstatus
(A) Im Aufbau begriffen

Staatlicher
Nationalpark

Nationalpark einer
Stiftung

Nationalpark der
Vereniging van
Natuurmonumenten

Grenzen der
Tourismusgebiete
(siehe Abb. 129)

0   20   40   60 km

|Abb. 14| *Nationalparks
in den Niederlanden und
in Belgien*

   Abgesehen von geschützten Hochmoorgebieten in den Ardennen (darunter Les Hautes Fagnes, Fagne de la Poleur und Plateau des Tailles), dem Etang de Virelles (bei Chimay) mit seinen ausgedehnten Schilfbeständen sowie von einigen nach der Ramsar-Konvention ausgewiesen Gebieten in Flandern (da-runter der Nordteil der Kalmthoutse Heide, Het Zwin sowie De Blankaart südlich von Diksmuide) sind in Belgien – ebenso wie in Luxemburg – naturnahe Feuchtbiotope von ausgesprochen geringer Bedeutung.

Die Bedeutung des Wasserbaus in den Niederlanden

|Abb. 15| *Sturmflutsperr-werk für den* Nieuwe Wa-terweg *(Maeslantkering). Ist der Rotterdamer Raum bei einer schweren Sturm-flut gefährdet, können von beiden Ufern aus zwei bo-genförmige Wehre in den 275 m breiten* Nieuwe Wa-terweg *hineingedreht wer-den. Der* Nieuwe Waterweg *ist die Lebensader des Rotterdamer Hafens.*

Überblick

■ Die Niederlande sind seit Jahrhunderten in besonderer Weise innovativ bei Techniken des Wasser-baus und der Neulandgewinnung.

■ Neben dem existenziell wichtigen Küstenschutz und dem im verkehrsgeographischen Teil behan-delten Kanalbau umfassten die wasserbautechnischen Maßnahmen die Drainage ehemals ausge-dehnter Nieder- und Hochmoore, die Trockenlegung von Binnenseen und Poldern und die Lenkung des Abflussregimes von Flüssen. In der Neuzeit nahm von 1798 bis in die Gegenwart die *Rijks-waterstaat* bei den wasserbautechnischen Projekten eine Schlüsselstellung ein.

■ Das gigantische Vorhaben der Abdämmung der ehemaligen Zuiderzee wurde mit dem weltweit größ-ten Landgewinnungsprojekt verbunden.

■ Mit dem Deltaplan im Maas-Schelde-Mündungsgebiet wurde das größte Vorhaben zur Abdämmung von Ästuaren und Meeresbuchten verwirklicht, das es je in der Welt gab. Außerordentliche Leis-tungen wurden insbesondere beim Bau der Sturmflutwehre im Oosterscheldedamm und bei der Er-richtung des Sturmflutwehrs im Nieuwe Waterweg vollbracht.

■ In den kommenden Jahren werden Großprojekte zum Hochwasserschutz in Flussniederungsgebie-ten im Vordergrund stehen.

Landgewinnung und Landverlust seit dem Hochmittelalter

Ein Viertel der Landfläche der Niederlande liegt unter dem Normalen Amsterdamer Pegel, Ohne den Schutz von Deichen und Dünen wären etwa 65 % der Landfläche (Laag Nederland) von periodischen Überflutungen betroffen. Weite Teile der niederländischen Kulturlandschaft konnten nur durch aufwendige Wasserschutz- und Entwässerungsmaßnahmen erschlossen werden. Betrachtet man eine Karte der vermuteten naturräumlichen Einheiten der Niederlande um das Jahr 800, so fällt die ausgesprochen große Ausdehnung der Hoch- und Flachmoore auf. Die Erschließung der Moorgebiete dauerte bis ins 19. Jh. hinein an. Zwischen 800 und 1250 wurde in den Niederlanden der größte Teil der hinter der Küste liegenden Moorgebiete urbar gemacht (van de Ven 2003).

Im Hoch- und Spätmittelalter ist der Mensch in den Niederlanden – ungeachtet großer Leistungen bei der Kultivierung (Barends et al. 2005) – nicht in allen Landesteilen als Sieger im Kampf gegen das Wasser hervorgegangen (vgl. Abb. 16). So hat sich das Scheldedelta zwischen 800 und 1250 in Inseln und Meeresarme aufgelöst. Zudem haben sich große Binnenseen gebildet, der Almere-See hat sich zur Zuiderzee ausgeweitet und die Landfläche im Norden Hollands hat sich verkleinert. Im Bereich der heutigen Provinz Friesland entstanden die Meeresbuchten Het Bildt und Lauwerszee (Schroor 1993). Eine kartographische Rekonstruktion für das Jahr 1500 (Meijer 1996) zeigt weitere Landverluste. Das Meer im Rhein-Maas-Mündungsgebiet war bis zum Ostrand des Biesbosch vorgedrungen und der Dollard hatte sich gebildet. Es verschwanden Landflächen zwischen Noord-Holland, Texel und Vlieland sowie an der friesischen Küste zwischen Lauwerszee und der heutigen Grenze zur Provinz Flevoland. Terschelling und Ameland verkleinerten sich (Schroor 1993). Auch im Mündungsgebiet der Schelde ging bis 1500 sowie im 16. Jh. Land verloren. Diese Landverluste sind zu einem beträchtlichen Teil auf menschliche Einflüsse zurückzuführen Durch die Moorkultivierung sank das Niveau der Landoberfläche, sodass sie einer zunehmenden Gefahr der Überflutung ausgesetzt war. Weiterhin entstanden durch großflächigen Torfabbau bis in den Bereich unterhalb des Grundwasserspiegels hinein Binnenseen (*plassen*), die sich bei Sturm durch den Wellenschlag vergrößerten. Durch den Deichbau bedingte Verengungen in Meeresarmen und Ästuaren führten dort zu einem Anstieg des Hochwasserspiegels (van de Ven 2003).

Die Errichtung von Deichen in Friesland ist schon für das 10. Jh. nachweisbar. Erste große Gemeinschaftsprojekte, die eine Organisation oberhalb der lokalen Ebene voraussetzten, sind für das 11. Jh. verbürgt. In dieser Zeit erstellte man einen Ringdeich um die Landschaft Westergo (im Westen der heutigen Provinz Friesland). Von dieser Basis ausge-

hend wurden zwischen 1100 und 1300 phasenweise die ausgedehnten Meeresbuchten Marneslenk und Middelzee trockengelegt (Schroor 1993). Um 1250 war der Westfriese Omringdijk im Gebiet der heutigen Provinz Noord-Holland fertiggestellt (van de Ven 2003). Nach der Sturmflut von 1134 ging man im Scheldedelta vom lokal zum regional organisierten defensiven Deichbau über. Verheerend müssen in den Niederlanden die Überschwemmungskatastrophen von 1207/08, 1375, 1421, 1424, 1530 und 1532 gewesen sein. Durch Sturmfluten verloren gegangenes Land musste v. a. im Bereich der Scheldemündung, im Gebiet der Mündung von Rhein und Maas, im Bereich der Lauwerszee und im Gebiet des Dollard zurückgewonnen werden (van de Ven 2003). Im Bereich der Maas-Rhein-Mündung war man nach der Sankt-Elisabeths-Flut von 1421 besonders gefordert, als das Wasser bis zum heutigen Biesboschgebiet vorgedrungen war (Meijer 1996).

|Abb. 16| *Landgewinn und -verlust in den Niederlanden zwischen 800 und 1850*

Quelle: Atlas van Nederland 2001

Legende:
- ┈┈┈ Grenze zwischen Land und Wasser (800)
- ━━━ dem Wasser zugekehrte Deiche (1350)
- ─── Heutige Küstenlinie, Uferlinie im Schelde-Maas-Delta und Flüsse
- Verloren gegangen zwischen 800 und 1850; nicht wiedergewonnen vor 1850
- Verloren gegangen zwischen 800 und 1850; wiedergewonnen vor 1850
- Landgewinn im Vergleich zum Zustand um 800
- Wasserfläche sowohl 800 als auch 1850

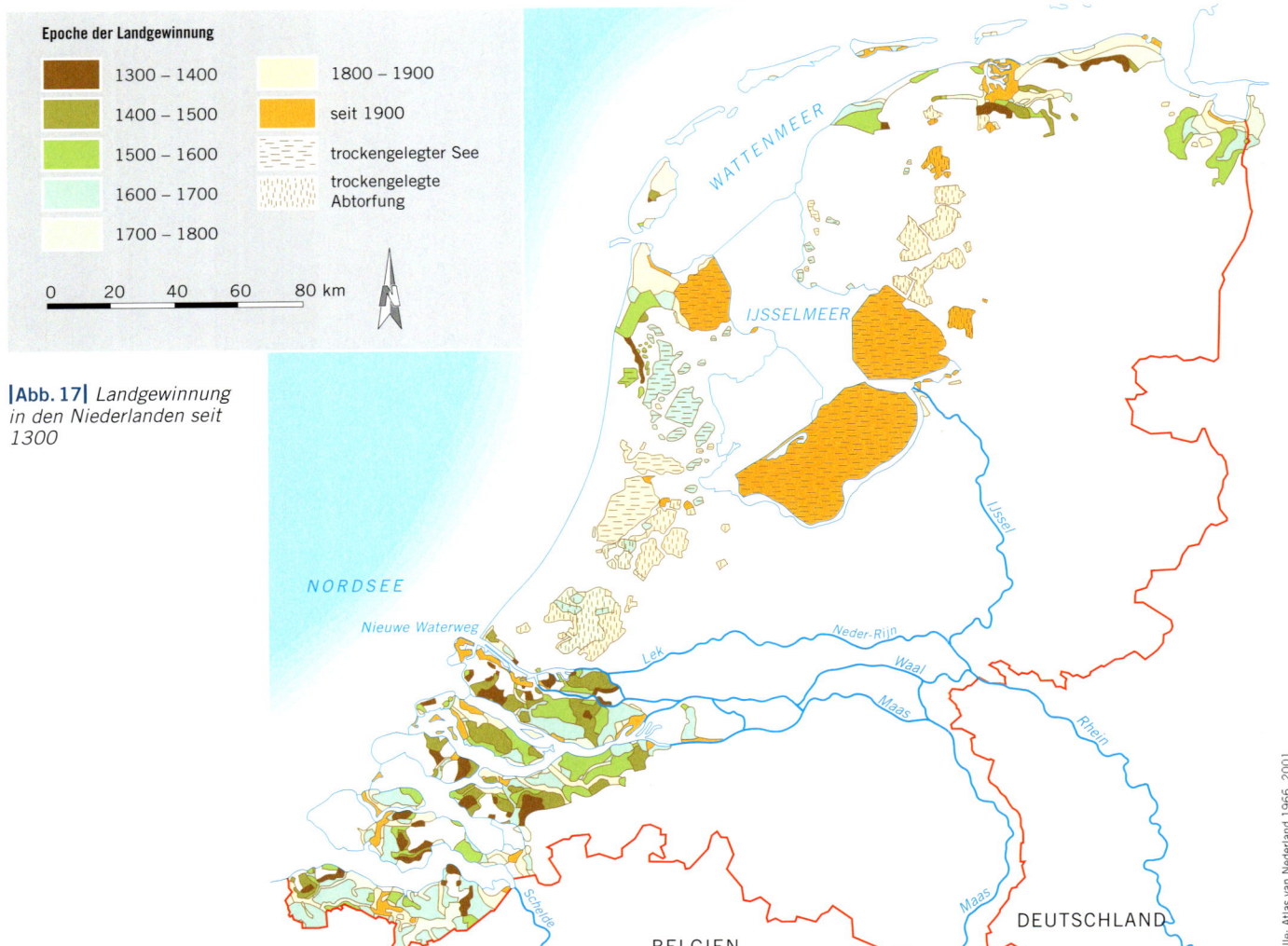

Epoche der Landgewinnung

- 1300 – 1400
- 1400 – 1500
- 1500 – 1600
- 1600 – 1700
- 1700 – 1800
- 1800 – 1900
- seit 1900
- trockengelegter See
- trockengelegte Abtorfung

0   20   40   60   80 km

|Abb. 17| *Landgewinnung in den Niederlanden seit 1300*

WATTENMEER

IJSSELMEER

NORDSEE

Nieuwe Waterweg

Lek

Neder-Rijn

Waal

Maas

IJssel

Rhein

Maas

Schelde

BELGIEN

DEUTSCHLAND

Quelle: Atlas van Nederland 1966, 2001

Am Dollard entstand 1597 der erste Polder. Weiterhin wurde an der Wattenmeerküste außerhalb der Meeresbuchten in schmalen Streifen seit dem Mittelalter neues Land eingedeicht. In allen genannten Gebieten setzten sich die Einpolderungen bis in das 20. Jh. hinein fort (Abb. 17).

In ausgedehnten Gebieten von Laag Nederland musste man sich jahrhundertelang damit abfinden, dass Land in den Wintermonaten regelmäßig von Süßwasser überschwemmt wurde. Erst die leistungsfähigen Pumpwerke des 19. und 20. Jh. konnten Abhilfe schaffen. In der frühen Neuzeit stellte sich mit einiger Dringlichkeit die Aufgabe der Trockenlegung von Binnenseen, die teils natürlich, teils durch ausgedehnten Torfabbau entstanden waren. Einen großen Aufschwung nahmen diese Kultivierungsmaßnahmen im 17. Jh., denn während des „Gouden Eeuw" stand in den Niederlanden wegen der Ausbeutung der Kolonien und der herausragenden Bedeutung des internationalen Handels viel anlagesuchendes Kapital zur Verfügung, das in derartige Projekte hineingesteckt werden konnte. Zwischen

1600 und 1800 wurden in den Niederlanden mehr als 100 Seen mit einer Gesamtfläche von 60 000 ha entwässert und in Kulturland umgewandelt:

- Die *droogmakerijen* (Trockenlegungen) begannen in Holland 1533 mit der Kultivierung des früheren Achtermeer südlich von Alkmaar (van de Ven 2003).
- In Friesland wurden sie seit 1620 durchgeführt und fanden dort v. a. in einem küstennahen Streifen unweit der heutigen Zuiderzee statt (Schroor 1993).
- Zwischen 1612 und 1635 wurden u. a. die Binnenseen Beemster, Purmer, Wijde Wormer, Heerhugowaard, Schermer, Horstmeer, Bijlmer, Watergraafsmeer und Naardermeer entwässert.
- Im 18. Jh. konnten etliche durch Abtorfung entstandene Binnenseen v. a. in Südholland trockengelegt werden.
- Auch im 19. Jh. wurden große Projekte der Entwässerung von Seen in Angriff genommen, insbesondere zwischen Amsterdam und Rotterdam. 1839 waren dort der Zuidplaspolder, 1852 das Haarlemmermeer und 1873 der Prins Alexander-

polder, insgesamt 24 700 ha, trockengelegt (van de Ven 2003).

Niedermoorgebiete im westlichen Teil der Niederlande wurden seit der hochmittelalterlichen Rodungsperiode urbar gemacht, während das systematische Abtorfen von Mooren weiter im Landesinneren und die Erschließung der Hochmoore durch eigens zu diesem Zwecke gegründete Konsortien eine jüngere Erscheinung darstellt. Das erste Projekt dieser Art wurde 1546 im Süden des Gelderse Vallei (in einem Niedermoorbereich) durchgeführt, woraus die Siedlung Veenendaal hervorging. Bald danach wurden „veencompagnieen" in Friesland, Groningen und Drenthe tätig. Heerenveen in einem Hochmoor in Friesland eröffnete 1551 den Reigen. Im 17. Jh. erlangten die Hochmoorkolonisation und der damit verbundene Kanalbau im Nordosten der Niederlande eine große Bedeutung, namentlich östlich und südöstlich der Stadt Groningen (Stol 1992; Barends et al. 2005). Der erste große Hauptkanal in der Provinz Groningen war das Winschoterdiep, mit dessen Anlage man 1612 begann und an dem 1621 die Fehnkolonie Sappemeer entstand (Berendsen 1997). Auf Veranlassung der Stadt Groningen begann 1766 die Anlage des Stadskanaal. Im 19. Jh. wird das Kanalnetz in den Provinzen Groningen und Drenthe erweitert. Der 1876 fertiggestellte Eemskanaal von Groningen nach Delfzijl bot eine Alternative zu dem schwierigen Transport von Torf über das Reitdiep (Stol 1992; van de Ven 2003). Im Grenzgebiet von Noord-Brabant und Limburg sind seit 1853 Hochmoore nach verschiedenen Kanalbauten in großem Umfang erschlossen worden, namentlich im Gebiet De Peel (Bossenbroek et al. 1996).

Schutz- und Regulierungsmaßnahmen in den Flussgebieten

Über Jahrhunderte hinweg reichen die Bemühungen, sich in den Flussniederungen vor Überschwemmungen zu schützen. Deiche an den Flüssen Lek, Hollandse IJssel, Merwede, Oude Maas, Neder-Rijn und Maas sind schon für die Zeit vor 1250 verbürgt. Doch Flussüberschwemmungen sind in den Niederlanden bis heute ein Problem. In weiten Teilen der Flussniederungen bestand 1995 für die Bewohner eine Wahrscheinlichkeit von 6 %, zu Lebzeiten mit einer Überflutung konfrontiert zu werden (Bosch & van der Ham 1998).

Wasserbautechnische Regulierungsmaßnahmen in Flussgebieten wurden v. a. seit der Mitte des 19. Jh. in größerem Umfang durchgeführt. Es wurde erkannt, dass das morphologische und hydrologische Gefüge des Biesbosch-Bereiches einen zügigen Wasserabfluss stark behinderte. Daraufhin wurden von 1850 an viele *killen* (kleine Flussarme) abgeschlossen, der Kanal von Sint Andries durch eine Schleuse abgeriegelt, der Abfluss der Beneden Merwede verbessert und die Nieuwe Merwede angelegt. Eine beträchtliche Rolle spielte die Umsetzung der in den 1830er-Jahren entwickelten Theorie der „Normalbreite" eines Flusses. Sie versucht, jene Flussbreite zu errechnen, bei der ein optimaler Abfluss ohne unerwünschte Stauwirkungen stattfindet. Aufwendig gestaltete sich die „Normalisierung" der Waal. Dort wurde nach 1875 versucht, durch Buhnen die Normalbreite herzustellen. Derartiges wurde zwischen 1850 und 1897 auch am Neder-Rijn und am Lek durchgeführt (Bosch & van der Ham 1998; van de Ven & Driessen 1995).

Änderungen des Abflusssystems der Maas

Ein für die damalige Zeit gigantisches Projekt bildete die nach 1860/61 vorgenommene Trennung von Maas und Waal oberhalb des Zusammenflusses von Nieuwe Merwede und Amer, das 1904 abgeschlossen war. Nach der Anlage der Bergse Maas (s. Abb. 18) floss das gesamte Maas-Wasser unmittelbar ins Hollands Diep und in den westlich anschlie-

Quelle: Bosch & van der Ham 1998

Abflussrichtung bei Schließung der Schleusen am Haringvliet und des Sperrwerks von Driel („Wasserkräne" der Niederlande; bei niedrigem/hohem Wasserstand in den Flüssen geschlossen/geöffnet)

0 20 40 60 80 100 km

|Abb. 18| *Regulierte Verteilung des Wasserabflusses von Rhein und Maas in den Niederlanden*

|Abb. 19| *Sperrwerk bei Driel am Neder-Rijn. Das halbkreisförmige Schütz dieser Visierschleuse kann entlang der gebogenen Laufschiene bewegt werden. Im Bild ist das Visier heruntergeklappt. Dies bedeutet, dass das Wasser im Neder-Rijn zurückgestaut wird und durch die IJssel abfließt.*

ßenden Haringvliet (Borger 1996; Bosch & van der Ham 1998). Nach der Fertigstellung des Haringvlietdam (1971) wurde das Abflusssystem geändert: Die Schleusen in diesem Damm sind so eingestellt, dass sie bei Ebbe einen Teil des Wassers aus der Waal hinauslassen, während der übrige Teil über den Noord und die Nieuwe Maas sowie über die Oude Maas in den Nieuwe Waterweg fließt und Salzwasser in diesem Schifffahrtsweg zurückdrängt. Das Maas-Wasser wird heute sowohl über den Haringvliet in die Nordsee als auch über Spui und Dordse Kil in die Oude Maas und dann ebenfalls in den Nieuwe Waterweg geleitet (vgl. Abb. 18, rote Pfeile)

Durch das 1915 verabschiedete *Wet op de Maaskanalisatie* (Gesetz zur Maas-Kanalisation) entstanden zudem zwischen 1920 und 1934 Stauwehre bei Linne, Roermond, Belfeld, Sambeek, Grave, Borgharen und Lith. Sie bringen heute zusätzlichen Nutzen bei der Gewinnung von Hydroenergie, die ansonsten in den Niederlanden kaum eine Rolle spielt. Der Lauf der Maas wurde um 23 km verkürzt. Die Maaskanalisierung kam 1982 mit der Abschneidung eines Mäanderbogens bei Boxmeer (südlich von Nijmegen) zum Abschluss (Borger 1996; Bosch & van der Ham 1998).

Die Regulierung des Rheinwassers

Im Zuge der Kanalisierung des Neder-Rijn wurde bei Driel ein großes Wehr mit doppelten, halbkreisförmigen Schützen, die nach Art eines Visiers heruntergelassen werden können, gebaut (s. Abb. 18 und Abb. 19). Nach der Fertigstellung des Projektes im Jahre 1970 ist es möglich, bei Bedarf Rheinwasser in die IJssel umzuleiten, um dort die Fahrwasserverhältnisse und die Süßwasserzufuhr zum IJsselmeer zu verbessern, was v. a. bei niedrigen Wasser

ständen wichtig ist. In diesem Fall strömt Wasser, das sonst über den Neder-Rijn abgeflossen wäre, auch in die Waal. Durch zwei weitere Stauwehre kann für die Schifffahrt das Wasser im Neder-Rijn und Lek auf einer ausreichenden Höhe gehalten werden (Bosch & van der Ham 1998).

Weitere Schutzmaßnahmen an niederländischen Flüssen

In den 1960er- und 1970er-Jahren gab es erhebliche Widerstände gegen die Deichverstärkungen an Flüssen, und einzelne Aktionsgruppen konnten sich mit ihrer ablehnenden Haltung politisch durchsetzen. Dies erklärt die Größe des Schadens bei den Überschwemmungen und Deichbrüchen von 1993 und 1995. Im letztgenannten Jahr mussten fast 250 000 Menschen evakuiert werden. Auf das erste Ereignis reagierte Gelderland am schnellsten, und zwar 1994 mit dem *Gelderse Rivieren Project* (Borger 1996). Nach dem Hochwasser von 1995 wurde dann der *Deltaplan Grote Rivieren* aufgestellt. In zwei Bauphasen beseitigte man an etlichen Stellen bis zum Jahre 2000 Schwachstellen an den Deichen. 1996 wurde das Wasserschutzgesetz (*Wet op de Waterkering*) verabschiedet, in dem die Zielvorstellung zum Ausdruck gebracht wurde, die Wahrscheinlichkeit für eine Überflutung der Winterdeiche der Flüsse auf 1 : 250 zu senken.

Zwei große Projekte sind vor Kurzem spruchreif geworden, das *Maaswerken Project* für den Flussabschnitt von Maastricht bis Roosteren und das mit Deichrückverlegungen verbundene Projekt *Ruimte voor de Rivier* (Raum für den Fluss):

■ Im ersten Fall ist das Teilprojekt *Zandmaas/Maasroute* 2002, das Vorhaben *Grensmaas* 2006/2007 gebilligt worden. Das im Kapitel „Verkehrsdienst-leistungen" behandelte Konzept für die *Maasroute* sieht eine Verbesserung der Fahrwasserverhältnisse vor. Die anderen beiden Vorhaben (Zandmaas und Grensmaas) setzen sich zum Ziel, Hochwasserschutz, Kiesgewinnung und Naturentwicklung zu integrieren, wobei die vorausschauende Planung bis zum Jahre 2022 geht.

- In Zusammenarbeit mit der flämischen Region soll ein 2500 ha großer, naturnaher „*rivierpark*" geschaffen werden. Am 25.1.2007 erschien die von beiden Kammern gebilligte *Planologische Kernbeslissing Ruimte voor de Rivier*, ein eindrucksvolles Dokument für den Willen, das große in den Niederlanden verfügbare wasserbautechnische Können für den künftigen Hochwasserschutz einzusetzen. Es umfasst Projekte für den Pannerdensch Kanaal sowie für die Flüsse Boven-Rijn/Waal, Neder-Rijn, Lek, IJssel, Merwede, Bergse Maas, Amer und für das Rhein-Maas-Mündungsgebiet. Je nach den variierenden geographischen Bedingungen an den einzelnen Flussabschnitten sind unterschiedliche Maßnamen vorgesehen. Dazu gehören – ebenso wie bei den *Maaswerken* – die Deichverstärkung, die Verbesserung der Kaimauern, die Anlage von Fundamenten für mobile Schutzwände, die Sommerbettvertiefung, die Absenkung des Überschwemmungsraumes, die Deichrückverlegung (Entpolderung), die Schaffung von Retentionsgebieten, das Absenken verschiedener, nach 1875 angelegter Buhnen, die Beseitigung von Hindernissen (z.B. durch Versetzung von Brückenfundamenten) und der Bau von Bypassrinnen. Dadurch ist im Rhein-Waal-Gebiet ein Absenken des durchschnittlichen Hochwasserpegels um 70 cm vorgesehen. Die Projekte sollen bis 2015 umgesetzt werden (www.denieuwegrensmaas.nl; www.demaaswerken.nl; www.ruimtevoorde rivier.nl).

Das Zuiderzee-Projekt und der Deltaplan

Im 20. Jh. wurden in den Niederlanden zwei gigantische wasserbautechnische Projekte durchgeführt: ein Vorhaben defensiven Charakters, der Deltaplan, und ein Unternehmen mit einer defensiven und offensiven Zielsetzung, nämlich die Abdämmung der früheren Zuiderzee und die Gewinnung von neuem Land in einer Größenordnung von 166 000 ha. Daneben sind einige andere Maßnahmen zum Küstenschutz und zur Landgewinnung verwirklicht worden:

- Die frühere Lauwerszee in Friesland wurde 1969 durch einen Deich abgeschlossen, wobei ein Süßwassersee von 2100 ha (Lauwersmeer) und drainiertes Land von 7200 ha entstanden.
- In den 1930er-Jahren wurde zudem Land an der Wattenmeerküste gewonnen, wobei man, ähnlich wie an der deutschen Nordseeküste, die Aufschlickung durch Lahnungen und Erddämme erreicht hat. Zwischen Zwarte Haan und Holwert (an dem Abschnitt der friesischen Küste, der den Inseln Terschelling und Ameland gegenüberliegt) kam auf diese Weise eine Fläche von 4000 ha zustande. Pläne, dieses neu gewonnene Land einzudeichen, waren Ende der Siebziger- und zu Anfang der Achtzigerjahre verworfen worden; lediglich für 850 ha wurde dies genehmigt (van Duin & de Kaste 1997; Schroor 1993).
- Zu den neueren verwirklichten Projektes gehörten die Landgewinnung am Braakman in Zeeuws Vlaanderen (1952), am Zuid Sloe östlich von Vlissingen (1962) und der Bau der Maasvlakte (1971) westlich von Rotterdam (Bosch & van der Ham 1998).

Die Abdämmung der Zuiderzee: der Abschlussdeich des IJsselmeers

Der erste Plan zur Abdämmung der früheren Zuiderzee wurde 1667 von Hendric Stevin publiziert. Technisch realisierbare Pläne wurden dann im 19. Jh. entworfen. Der wichtigste stammte von Cornelis Lely (1854 – 1929), einem Wasserbauingenieur, der mehrere Jahre als *Minister van Waterstad, Handel en Nijverheid* tätig war, und wurde 1891 vorgelegt. Von Lely gingen die entscheidenden Initiativen für das Projekt aus, wobei die spätere Durchführung sich in wesentlichen Zügen an seine Vorstellungen anlehnte. Zwei Ereignisse trugen damals dazu bei, den Entschluss zur Abdämmung und Neulandgewinnung herbeizuführen: die Nahrungsmittelknappheit während des Ersten Weltkrieges und die Sturmflut von 1916, die in der Umgebung der Zuiderzee große Schäden anrichtete. Ein weiteres Argument, das v.a. von der 1922 eingesetzten *Commissie Lovink* betont wurde, war die Schaffung eines großen Süßwasserreservoirs. Weiterhin bildete die Zuiderzee ein großes Hindernis für den Landverkehr zwischen Noord-Holland und Friesland. Für den Seeschifffahrtsverkehr nach Amsterdam war es nicht mehr notwendig, die Meeresbucht offen zu halten, da seit 1876 der Nordseekanal benutzt werden konnte. 1918 wurde das Gesetz zur Abschließung und Trockenlegung der Zuiderzee verabschiedet, und Minister Lely richtete einen eigenen *Dienst der Zuiderzeewerken* ein, der bis 1935 tätig war.

Zunächst wurde Noord-Holland mit der damaligen Insel Wieringen durch einen 2,5 km langen Deich verbunden, der das Amsteldiep abschloss, eine Maßnahme, die zwischen 1920 und 1925 durchgeführt wurde. Vom dadurch entstandenen Amstelmeer wurde zur Entwässerung der küstenparallele Balgzandkanaal nach Den Helder gebaut. Von 1926 bis 1927 erstellte man einen 40 ha großen Versuchspolder bei Andijk. Hier konnten für einen neu geschaffenen Polder geeignete Methoden der Entwässerung, Entsalzung, Bodenverbesserung, der Düngung und des Pflügens sowie die Eignung von Kulturpflan-

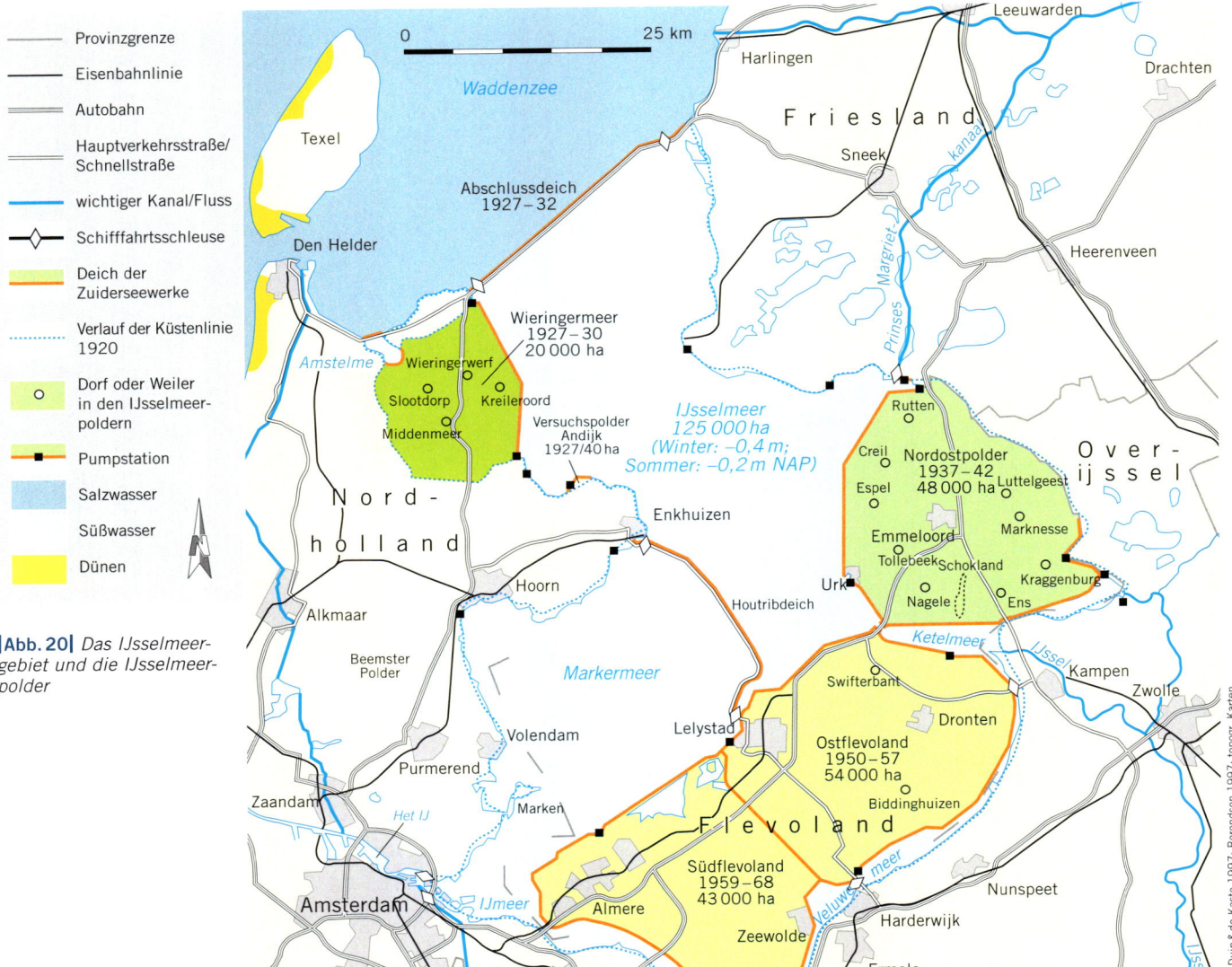

Provinzgrenze

Eisenbahnlinie

Autobahn

Hauptverkehrsstraße/
Schnellstraße

wichtiger Kanal/Fluss

Schifffahrtsschleuse

Deich der
Zuiderseewerke

Verlauf der Küstenlinie
1920

Dorf oder Weiler
in den IJsselmeer-
poldern

Pumpstation

Salzwasser

Süßwasser

Dünen

|Abb. 20| *Das IJsselmeer-
gebiet und die IJsselmeerpolder*

Quelle: van Duin & de Kaste 1997; Berendsen 1997; topogr. Karten

zen getestet werden. Die Landgewinnung in großem Rahmen begann mit dem 20 000 ha umfassenden Wieringermeerpolder (vgl. Abb. 20). Der Deichbau hierfür erfolgte zwischen 1927 und 1929. Der Bereich war von drei Seiten von Land umgeben, sodass nur im Osten ein seewärtiger Deich gebaut zu werden brauchte. Das Entwässerungssystem besteht aus unterirdischen Drainageröhren, weiterhin aus den *sloten*, d. h. Gräben, die das Drainagewasser aufnehmen, den *tochten*, größeren Vorflutern, in die die *sloten* einmünden, und schließlich den *vaarten*, die das Wasser zu den Pumpstationen transportieren. Etwa im Bereich der Mitte des heutigen Deiches wurde die Bauinsel Oude Zeug errichtet. Dort hat sich bis heute ein kleiner Hafen erhalten, der unter anderem dem Umschlag von Zuckerrüben aus dem Polder dient, die mit dem Binnenschiff zur Fabrik nach Groningen transportiert werden. 1930 fiel der

Polder trocken, aber erst fünf Jahre später war der neue Polderboden für die Landwirtschaft geeignet. 1935 zogen die ersten Pächter in die Höfe ein; 1941 war der gesamte Polder in Kultur genommen. Im April 1945 wurde der Polder abermals überflutet, weil deutsche Truppen in einer sinnlosen Zerstörungsaktion den Deich an zwei Stellen gesprengt hatten. Die im Durchschnitt 20 ha großen Parzellen der landwirtschaftlichen Betriebe (etliche Höfe erhielten zwei oder mehr davon) liegen mit der vorderen, 250 m breiten Schmalseite zur Straße, mit der Rückseite an einem Entwässerungskanal und sind an der Längsseite von Sammelgräben begrenzt. Verschiedene Parzellen sind auch größer zugeschnitten und 500 m breit bei variierender Länge. Der Polder liegt unter dem Amsterdamer Pegel (NAP), in einem Niveau zwischen −1,0 und −5,3 m und bildet eine auffallend waldarme, hochwertige Ackerbauregion.

1927 wurde mit dem schwierigsten Teil des Projektes, dem Bau des 29,5 km langen Abschlussdeiches von Den Oever auf der früheren Insel Wieringen nach Zurich in Friesland begonnen. Glazialer Geschiebelehm, der in ausreichender Menge gewonnen werden konnte, erwies sich für den Deichbau als besonders geeignet und wurde in großem Umfang vornehmlich an der dem Wattenmeer zugekehrten Seite verwandt, während für den übrigen Teil Sand benutzt wurde. Natur- und Backsteine sowie Ton tragen an der Oberfläche zur Befestigung bei. Beim Bau mussten große technische Probleme gelöst werden, nicht zuletzt weil mit fortschreitender Deichlänge das Wasser der Gezeiten immer heftiger durch die verbliebenen Öffnungen strömte und den Grund tief ausspülte. Weiterhin wurde errechnet, dass bei einzelnen Sturmfluten im Wattenmeer aufgrund der Absperrung und der damit verbundenen Änderung der Gezeitenströme der Wasserstand an der Küste stärker steigen würde, sodass eine Deicherhöhung im angrenzenden Altland geboten war. Die Strömungsverhältnisse wurden u. a. im *Waterloopkundig Laboratorium* der Technischen Hochschule in Delft simuliert. Die letzte Lücke in dem Abschlussdeich (Abb. 21) wurde am 28. Mai 1932 geschlossen – und die Zuiderzee wurde zu einem Süßwassersee, dem IJsselmeer. Die Küstenlinie der Niederlande verkürzte sich um 250 km. Nach den Sturmfluten von 1953 und 1954 wurde der Damm verstärkt und stellenweise von 7,5 m auf 10 m über NAP erhöht. Mit dem Dammbau kam die traditionelle Fischerei der Zuiderzee, in der es einen reichen Bestand an Heringen und Sardinen gab, zum Erliegen. Der Fischfang im Süßwasser bot nur einen unvollkommenen Ersatz dafür.

Der Wasserstand des IJsselmeers wird so reguliert, dass die Oberfläche im Sommer in einem Niveau von –0,2 m NAP und im Winter von –0,4 m NAP liegt, Werte, die schon C. Lely vorgeschlagen hatte. Der höhere Pegelstand im Sommer soll die Wasserlieferung an das umgebende Land sicherstellen, der niedrigere im Winter es ermöglichen, dass viel Wasser aufgefangen werden kann. Da sich die Wasseroberfläche des IJsselmeers weit unterhalb des früheren Flutniveaus ausdehnt, ist nach der Abriegelung an verschiedenen Stellen der friesischen Küste einst periodisch überschwemmtes Außendeichsland trockengefallen, und zwar zwischen Hindeloopen und der Stelle, an der der Damm Friesland erreicht.

Der Abfuhr von überschüssigem Wasser aus dem IJsselmeer ins Wattenmeer dienen 25 Schleusen: die zehn Lorentzsluizen auf der friesländischen Seite und die 15 Stevinsluizen bei Wieringen. Daneben gibt es Schleusen für den Schiffsverkehr. Die wichtigste Route für Frachtschiffe im Bereich des IJsselmeers verläuft vom Hafen Amsterdam parallel zum Ufer von Süd- und Ostflevoland, wobei die Schiffe die Houtribsluizen (bei Lelystad) im Houtribdeich, der das Markermeer und das IJsselmeer voneinander trennt, passieren müssen. Vor dem Nordostpolder teilt sich die Route: Auf dem nördlichen Fahrweg gelangen die Schiffe in den Prinses Margrietkanaal, auf dem südlichen in die IJssel.

Mit dem Deichbau um den 48 000 ha großen, heute in einem Niveau zwischen –0,5 und –4,5 m NAP liegenden Noordoostpolder war 1937 begonnen

|Abb. 21| *Abschlussdeich für das IJsselmeer (Blick nach Nordosten). Das kühne Bauwerk, das 1932 vollendet war, besitzt eine Länge von 29,5 km.*

worden; 1940 war der Deich fertiggestellt. 1942 fiel der Polder trocken. In den Polder wurden die Insel Urk mit dem gleichnamigen Fischerort sowie die seit 1859 unbewohnte Insel Schokland mit einbezogen. Der Polder wurde im Nordosten unmittelbar an das Altland angeschlossen. Durch das Gefälle des Grundwasserniveaus vom Altland zu den Poldern kam es wegen des sich daran anpassenden Grundwasserstromes zu einem starken Austrocknen im Nordwesten von Overijssel. Aus dieser Erfahrung zog man den Schluss, dass die künftigen Polder durch Wasserrinnen vom Altland abzutrennen seien. Wie auch später in den Poldern von Ost- und Südflevoland wurde in der Anfangsphase Rietgras vom Flugzeug aus eingesät, das dem Boden viel Wasser durch Transpiration entzog. Im Wesentlichen war für den Nordoostpolder wiederum eine agrarische Nutzung vorgesehen.

Obwohl die Polder von Oostelijk und Zuidelijk Flevoland getrennt voneinander angelegt wurden, bilden sie heute hydrologisch eine Einheit. Beide entwässern zu zwei Hauptkanälen, der 6,2 m unter dem NAP gelegenen Lage Vaart und der 5,2 m unter dem NAP gelegenen Hoge Vaart. Beide Kanäle durchschneiden den heute im Landesinneren verlaufenden Knardijk, der vor der Einpolderung von Zuidelijk Flevoland den östlichen Teil zum IJsselmeer hin abschirmte. An diesen Kanälen sind Wehre eingebaut, die im (unwahrscheinlichen) Fall einer Flutkatastrophe geschlossen werden können, sodass dann beide Polder getrennt wären.

Die Bauarbeiten begannen 1950 mit der Anlage eines Ringdeiches um den Polder Ostflevoland, der 1956 fertiggestellt wurde. 1957 fiel der 54000 ha große Polder trocken. Aufgrund der genannten Erfahrungen beim Nordoostpolder ließ man einen später auch Südflevoland umfassenden Ringsee bestehen. Das Höhenniveau variiert zwischen 0,5 m und 4,8 m unter NAP. Es ist hier und in noch stärkerem Maße beim benachbarten Polder Südflevoland mit beträchtlichen zukünftigen Bodenabsenkungen zu rechnen. Aus diesem Grund müssen Gebäude auf tief in den Boden gerammten Pfählen errichtet werden. Die Deicharbeiten für den Polder Südflevoland begannen 1959 und waren 1967 abgeschlossen. 1968 war der 44000 ha große Polder, der zwischen 2,2 m und 4,8 m unter NAP liegt, trocken gepumpt. Entwässert werden beide Polder zum Markermeer, zum IJsselmeer, zum Ketelmeer und zum Veluwemeer.

Ähnlich wie in den anderen IJsselmeerpoldern dehnen sich dort vorzügliche Böden für die ackerbauliche Nutzung aus. Wie auch beim Wieringermeer-Polder dauerte es fünf Jahre, bis sich das trockengelegte Land für eine normale landwirtschaftliche Nutzung eignete. Die Urbarmachung erfolgte sukzessiv. Im Gegensatz zu den älteren Poldern wurde eine nicht agrarische Nutzung stärker in den Vordergrund gestellt. In Ostflevoland wurden nur 70 % der Fläche als Agrarland ausgewiesen. Die Durchschnittsparzelle für die Agrarnutzung misst 300 × 1000 m und in Bereichen mit einem dichten Netz von Entwässerungsgräben 200 × 600 m. Wie

auch in den anderen IJsselmeerpoldern werden die rückwärtigen Schmalseiten der Parzellen durch *tochten*, die vorderen durch die Straße und die Längsseiten durch *sloten* begrenzt. Im Polder Südflevoland wurden weniger als 50 % der Fläche für die agrarische Nutzung ausgewiesen. Die Parzellen der Landwirtschaftsgebiete messen 500 × 1200 m, gelegentlich sogar 500 × 1800 m, aber auch Flurstücke von 800 × 500 oder 400 × 1000 m kommen vor. Bei beiden Poldern wurde einer integrierten Landschaftsplanung unter Einbeziehung von Naturschutzgebieten großes Gewicht beigemessen.

Für einen möglichen Polder im heutigen Markermeer – den Polder Markerwaard – wurden bereits verschiedene Pläne ausgearbeitet. Als Teil davon wurde 1975 der Deich von Lelystad nach Enkhuizen (Houtribdijk bzw. Markerwaarddijk) fertiggestellt, über den die N 302 verläuft und der das (zur Bildung von Brackwasser neigende) Markermeer vom IJsselmeer trennt. Der Polder hätte eine Entlastungsfunktion für die dicht besiedelte westliche Randstad ausüben können, doch hat die Regierung Ende 1990 ihre 1985 getroffene Entscheidung für die Einpolderung zurückgezogen. In der *Nota Ruimte* 2006 wird definitiv die Trockenlegung abgelehnt.

2007 lebten in den IJsselmeerpoldern, d. h. in der Gemeinde Wieringermeer und in der 1986 gegründeten Provinz Flevoland (bestehend aus dem Nordostpolder und den flevoländischen Poldern) 390 000 Menschen (Buhlmann 1975; van de Ven 2003; Stol 1993; de Koning et al. 1996; Bosch & van der Ham 1998; van Duin & de Kaste 1997; www.verkeeren waterstaat.nl; www.markermeerijmeer.nl; CBS).

Der Deltaplan

Die Verwirklichung des Deltaplanes bildet das zweite gigantische Wasserbauprojekt der Niederlande im 20. Jh. Es dient dem Schutz weiter Teile der Provinz Zeeland, insbesondere der Inseln und Halbinseln, sowie nach Norden und Osten hin anschließender Polderbereiche. Erste ernsthafte Pläne für den Abschluss von Ästuaren durch Dämme entstanden in den 1930er-Jahren. Technische Erfahrungen für das große Projekt gewann man u. a. bei den Reparaturen nach der Zerstörung von Deichen auf Walcheren im Jahre 1944 durch die Alliierten, als erstmals erfolgreich mit Senkkästen gearbeitet wurde, sowie beim Abschluss des Brielse Meer (1950) bei Rotterdam und des Braakman (1952) westlich von Terneuzen. Als geistiger Vater des Deltaplans gilt der Wasserbauingenieur Johan van Veen, der in den 1930er-Jahren Pläne für den Abschluss von Meeresbuchten entworfen hatte und 1953 Sekretär und später Leiter der Deltakommission wurde. Den entscheidenden Anstoß für das Projekt gab die Sturmflut vom 1. Februar 1953. Sie führte zu einer der größten historisch dokumentierten Überschwemmungskatastrophen der Niederlande. Nur mit größter Mühe konnte ein noch schlimmeres Unglück verhindert werden, als sich das Wasser in der Hollandse IJssel, die östlich von Rotterdam in die

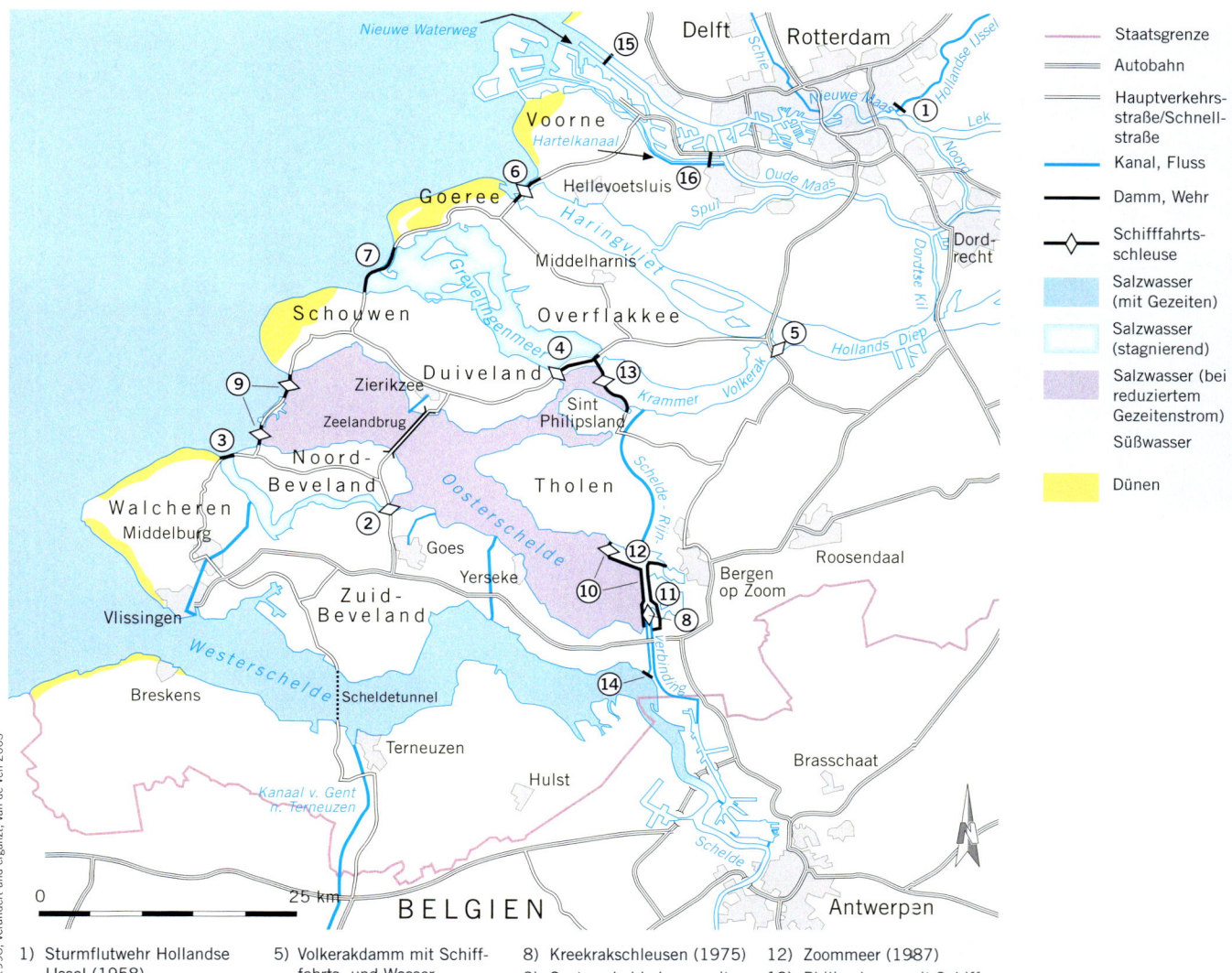

Quelle: Bosch & van der Ham 1998, verändert und ergänzt; van de Ven 2003

1) Sturmflutwehr Hollandse IJssel (1958)
2) Zandkreeksdamm m. Schifffahrtsschleuse (1960)
3) Veerse-Gatdamm (1961)
4) Grevelingerdamm m. Schifffahrtsschleuse (1965)

5) Volkerakdamm mit Schifffahrts- und Wasser- einlassschleusen (1970)
6) Haringvlietdamm mit Ent- wässerungs- und Schifffahrtsschleusen (1971)
7) Brouwersdamm mit Durch- lassschleuse (1972)

8) Kreekrakschleusen (1975)
9) Oosterscheldedamm mit Sturmflutwehren und Schifffahrtsschleusen (1986)
10) Oesterdamm mit Schifffahrtsschleuse (1987)
11) Markizaat mit Markizaats- damm (1987)

12) Zoommeer (1987)
13) Philipsdamm mit Schifffahrtsschleusen (1987)
14) Bathse Entwässerungs- schleuse (1987)
15) Sturmflutwehr Nieuwe Waterweg (1997)
16) Hartelwehr (1997)

|Abb. 22| *Das Deltaprojekt*

Nieuwe Maas mündet, aufgestaut hatte und die Deiche zu brechen drohten. Verständlicherweise war die erste Maßnahme des Deltaprojektes der Bau eines Sturmflutwehres an eben jener Mündung der Hollandse IJssel in die Nieuwe Maas, das 1958 fertiggestellt war. Im Februar 1953 war eine Deltakommission gegründet worden. Sie diskutierte zunächst, ob man es bei einer Erhöhung der Deiche belassen oder die Ästuare (mit Ausnahme der Westerschelde) abdämmen sollte. Man entschied sich für die zweite Lösung, bei der schließlich von Walcheren bis Voorne eine ausgeglichene Küstenlinie geschaffen wurde. Am 8. Mai 1958 wurde das *Deltawet* verabschiedet. 1960 legte die Kommission als „Deltahoogte", also als Höhe, bis zu der ein

Schutz vor Überflutung gewährleistet werden sollte, ein Hochwasserniveau von 5 m über NAP bei Hoek van Holland fest, dessen Risiko einer Überschreitung mit einer Wahrscheinlichkeit von 1:10 000 angegeben wurde.

Das im Deltaplan ausgearbeitete System besteht aus Hauptdämmen in Küstennähe und Sekundärdämmen (Abb. 22).

■ Die Abdämmungsarbeiten begannen an relativ schmalen Stellen des Zandkreek und des Veerse Gat. Hier konnte man bei einer noch vergleichsweise leicht zu bewältigenden Aufgabe hinsichtlich der Konstruktion, der Baumaterialien und der eingesetzten Baugeräte Erfahrungen sammeln, die man später bei den großen Dammbauten nut-

|Abb. 23| *Schleusen am Abschlussdamm der Oosterschelde mit Betonpfeilern, hydraulischen Zylindern und beweglichen Schützen. Geschlossen werden die Sperrwerke nur bei Sturmflut. Normalerweise strömt Salzwasser im Wechsel der Gezeiten zwischen der Oosterschelde und der Nordsee hin und her.*

zen konnte. Die Dämme wurden 1960 und 1961 fertiggestellt. Der abgeschlossene Bereich behielt seinen Salzwassercharakter.

- Von 1957 bis 1971 wurde am 4,5 km langen Damm des Haringvliet und den zugehörigen 17 Spülschleusen gebaut. Letztere erhielten ein großes Durchströmungsprofil, da ein Durchlass für das Wasser aus der Waal und der Maas geschaffen werden musste. Der Haringvliet wandelte sich zu einem Süßwassersee. Der Gezeitenhub im Ästuar wurde belanglos. Von 2010 an will man am Haringvliet zunächst für eine fünfjährige Erprobungsphase bei Flut die Schleusentore einen Spalt breit öffnen, um in stärkerem Maße naturnahe Verhältnisse herzustellen. Damit wird westlich einer Linie Middelharnis–Spui-Mündung wieder Salzwasser entstehen. Es ist darüber diskutiert worden, später – vielleicht – eine weitere Öffnung vorzunehmen, sodass der Biesbosch-Bereich wieder zum größten Süßwassergezeitengebiet Europas würde.
- Die Arbeiten für den 6,5 km langen Brouwersdam, der das Grevelingenmeer abschließt, begannen 1962. Eine Durchlassschleuse, die die Einleitung von Salzwasser ermöglicht, nahm 1978 ihren Betrieb auf. Das Grevelingenmeer enthält Salzwasser, weist aber keinen nennenswerten Gezeitenhub auf.

- Zudem gehören zu dem Großprojekt die Abriegelung der Oosterschelde mit einem gigantischen Sturmflutwehr und das Sperrwerk im Nieuwe Waterweg westlich von Rotterdam, die *Maeslantkering*.
- Weitere Schutzmaßnahmen im Rahmen des Deltaplanes sind das Projekt *Europoortkering* (einschließlich des Sturmflutwehrs Hartelkering) und die Erhöhung des Brielse Maasdijk.
- Ebenfalls dem Deltaplan zugerechnet werden Schutzbauten im Dünenbereich der Region Voorne und Westland.

Die Abriegelung der Oosterschelde

Zur Abriegelung der Oosterschelde war zunächst ebenfalls ein Damm vorgesehen, der bis 1978 vollendet werden sollte. Seit 1967 wurden mehrere Arbeitshäfen und -inseln dafür gebaut und Stützpfeiler für die Seilbahn errichtet. Nachdem 1973 ein Damm von etwa 5 km fertiggestellt war, wurden die Arbeiten gestoppt. Verschiedene Interessengruppen hatten sich dafür eingesetzt, die Oosterschelde als Salzwasserbecken unter dem Einfluss der Gezeiten zu erhalten. Man führte Argumente des Naturschutzes an und sah die Muschelfischerei und -zucht sowie die Austernzucht in Yerseke gefährdet. Mitte 1976 billigte das Parlament den Bau eines riesigen Sturmflutwehrs, also ein System innerhalb des Abschlussdammes, bei dem die Oosterschelde normalerweise offen bleibt und das bei Sturmflut eine Absperrung ermöglicht (Abb. 23). Wesentlich höhere Baukosten im Vergleich zum alten Projekt und das Risiko einer jahrelangen Verzögerung der Fertigstellung und einer stärkeren Versalzung für angrenzende seeländische Polder wurden in Kauf genommen. Das geänderte Projekt machte verschiedene Folgemaßnahmen erforderlich:

■ Die Anlage des Philipsdam, der die Ästuare Krammer und Volkerak vor dem Eindringen von Salzwasser aus der Oosterschelde bewahrt,
■ den Bau des Oesterdam, der die Schelde-Rijnverbindung vor der Wirkung der Gezeiten schützt,
■ die Errichtung der Markizaatskade, die die Versalzungsgefahr für West-Brabant mindern soll, sowie
■ die Verstärkung von Deichen für die Übergangszeit bis zur Fertigstellung des Flutwehres.

Weiterhin musste zur Ableitung des Süßwassers östlich des Oesterdam und der Markizaatskade in die Westerschelde parallel zum Schelde-Rijnverbindung der Bathse Spuikanaal gebaut werden.

Die Errichtung des Sturmflutwehrs in der – an der Stelle des Bauwerks – 8 km breiten und bis zu 40 m tiefen Oosterscheldemündung ist eine außerordentliche Ingenieurleistung. Die Erstellung des Fundaments erforderte einen großen Aufwand. Ein 200 m breiter Streifen Meeresboden in der Oosterscheldemündung wurde annähernd tischeben gemacht. Es erfolgten eine Absenkung von Block- und Gründungsmatten, die auf einem Spezialschiff auf Spulen aufgerollt waren, der Austausch von Lehmboden gegen Sandboden, die Anlage einer Schutzschicht aus Kies gegen die Erosion und die Verdichtung des Sandes mit einem eigens dafür gebauten, mit Stahlvibratoren ausgerüsteten Schiff. Es wurden zwischen Betonpfeilern 62 bewegliche Schütze aus Stahlplatten und Stahlträgern angebracht, die bei einer Sturmflut geschlossen werden können. Sie werden mit je zwei Hydraulikzylindern gehoben oder gesenkt. Sobald ein Hochwasserstand von mehr als 3,25 m über NAP vorhergesagt wird oder wenn nach einem Unglücksfall vom Meer her schadstoffbelastes Wasser einzudringen droht, werden die Tore geschlossen. Sind die Schütze geöffnet, kann genügend Wasser in die Oosterschelde hineinströmen, um bei Yerseke einen Tidenhub von 3,20 m zu gewährleisten. Am 4. Oktober 1986 übergab Königin Beatrix das Sturmflutwehr offiziell seiner Bestimmung. Seit 2002 wurden die Oosterschelde und ihre Randbereiche zu einem 37 000 ha großen Nationalpark ausgewiesen. Zu den Maßnahmen im Rahmen des Deltaplanes gehört weiterhin der bessere Schutz der Polder an der Westerschelde durch Deichverstärkungen. Eine Nebenwirkung des Deltaplanes bestand darin, dass Zeeland aufgrund neuer Straßenverbindungen über die Dämme sowie über die Seelandbrücke aus der früheren verkehrsgeographischen Isolation herausgeholt werden konnte (Buhlmann 1981; Antonisse 1986; Bosch & van der Ham 1998; van de Ven 2003; www.rijkswaterstaat.nl; www.npoosterschelde.nl; www.deltawerken.com).

Das Sturmflutwehr im Nieuwe Waterweg

Das letzte Großprojekt im Rahmen des Deltaplanes war das Sturmflutwehr im Nieuwe Waterweg westlich von Rotterdam, die *Maeslantkering*. Es wurde 1997 seiner Bestimmung übergeben. Das Wehr für den Nieuwe Waterweg besteht aus zwei halbrunden, 22 m hohen und 210 m langen drehbaren Stahltoren. Sie sind durch je zwei 240 m lange sog. Fachwerkarme, die wie liegende Gittermasten aussehen, mit einem (beim Ausfahren) horizontal und (beim Absinken) vertikal beweglichen Kugelscharnier am Ufer verbunden und ruhen normalerweise in einem Parkdock auf dem Lande. Wenn für Rotterdam ein Wasserstand von mindestens 3,20 m vorhergesagt wird, werden die Tore geschlossen. Es wird dann Wasser in die Docks gepumpt. Hat es dann das Niveau des Nieuwe Waterweg erreicht, werden die Tore in die Wasserstraße hinausgefahren. Die konvexe Seite des Halbrunds ist zur See hin gekehrt. Es wird Wasser in die Hohlräume der Tore gelassen, sodass die Konstruktion langsam auf eine Schwelle am Grund absinkt (Koppe 1999; www.deltawerken.com; www.verkeerenwaterstaat.nl).

Politisch-geographische Entwicklungen und Strukturen früher und heute

|Abb. 24| *Der Binnenhof von Den Haag. Das zentrale Gebäude war ab 1291 Residenz der Grafen von Holland. Seit 1585 ist der Binnenhof Sitz der Staten-Generaal (Versammlung der ständischen Vertreter der Provinzen) der Republik der Vereinigten Niederlande. Im Flügel zur Linken befinden sich der Sitzungssaal der Ersten Kammer sowie Büroräume der Regierung.*

Überblick

■ Das Gebiet, das heute Belgien und Luxemburg umfasst, war von der burgundischen Staatsbildung im 14. Jh. bis ins 19. Jh. hinein durch politische Fremdbestimmung gekennzeichnet. Die Niederlande hingegen konnten lange vorher ihre Eigenständigkeit erreichen. Einen Meilenstein auf dem Wege dorthin bildete die Utrechter Union von 1579. Heute ist Belgien ein Föderalstaat mit weitgehender Autonomie der Regionen; die Niederlande sind ein dezentralisierter Einheitsstaat.

■ Die Kolonialgeschichte hat in Belgien und in den Niederlanden bis heute ihre Spuren hinterlassen. Der durch die Ausbeutung der Kolonien entstandene Reichtum spiegelt sich in etlichen Bauwerken, die in der Kolonialzeit errichtet wurden, wider. Die ungewöhnlich starke Ausprägung der Buntmetallindustrie in Belgien hing eng mit den kolonialen Beziehungen zusammen. Die heutige ethnische Zusammensetzung der ausländischen Bevölkerung wird namentlich in den Niederlanden zu einem beträchtlichen Teil durch die Einwanderung aus den ehemaligen Kolonien bestimmt.

■ Die Beneluxländer haben nach dem Zweiten Weltkrieg immer wieder eine Vorreiterrolle für die europäische Einigung gespielt. Schon die Benelux-Wirtschaftsunion nahm vieles vorweg, was später innerhalb der Europäischen Union Wirklichkeit wurde. In den *Euregios* und in der Großregion *Saar-LorLux* wurden zahlreiche wegweisende Kooperationsprojekte über die Grenzen hinweg erfolgreich durchgeführt.

Die geschichtliche Entwicklung der Territorien

Belgien und Luxemburg sind junge Staaten. Belgien existiert seit 1831, Luxemburg erlangte erst 1867 seine volle staatliche Souveränität. Die heutigen Niederlande sind hingegen deutlich älter und aus dem Aufstand gegen die spanische Herrschaft im 16. Jh. hervorgegangen. Aus welchen Territorien sich die Staaten entwickelt haben, inwieweit die Staaten durch die Territorialgeschichte miteinander verbunden sind und inwieweit sich dies heute noch auswirkt, wird im Folgenden beleuchtet.

Die Anfänge der Bildung einer niederländischen Identität (niederländisch im weiteren Sinne, d.h. das Gebiet der drei heutigen Staaten umfassend), die sich von der Frankreichs und Deutschlands abhebt, reichen in das Hochmittelalter zurück. Nach der Teilung des Karolingerreiches und im Zuge des Verfalls der karolingischen Teilreiche bildeten sich auf dem Gebiet der Niederlande Grafschaften, Herzogtümer und geistliche Territorien aus. Ihre Bezeichnungen leben z.T. in heutigen Provinznamen fort (z.B. bei den Provinzen Nord- und Südholland, die aus der ehemaligen Grafschaft Holland hervorgingen; Blok et al. 1981). Am frühesten hatte sich (westlich der Schelde, des Grenzflusses zwischen dem Westfränkischen Reich und Lotharingen) die Grafschaft Flandern verselbstständigt. Ihr Aufstieg beginnt gegen Ende des 9. Jh. Das Territorium Flanderns wurde weit ins heutige Frankreich hinein ausgedehnt und umfasste schließlich auch Gebiete östlich der Schelde. Die Grafschaft erlangte im Hochmittelalter eine beträchtliche politische und eine außerordentliche wirtschaftliche Bedeutung. Vielleicht hängt es mit der lange Zeit führenden Rolle der Region zusammen, dass der flämische Landesteil des heutigen Belgien häufig als Flandern bezeichnet wird, obwohl zu ihm noch Bereiche des früheren Herzogtums Brabant und der 1366 dem Fürstbistum Lüttich angegliederten ehemaligen Grafschaft Loon gehören.

Das Herzogtum Brabant entwickelte sich seit dem Beginn des 12. Jh. (Verhulst 1983, S. 34) aus einem Kernraum um Leuven und Brüssel und dehnte sich schließlich nach Norden bis zum Mündungsbereich der Maas hin aus. Das Herzogtum Luxemburg umfasste nicht nur den Bereich der gleichnamigen heutigen belgischen Provinz und des Staates Luxemburg, sondern auch Gebiete in Deutschland und Frankreich. Das Gebiet der Stammlande des 1288 zu Brabant gekommenen Herzogtums Limburg lag (abgesehen von den Territorien „Overmaas") außerhalb der Grenzen der gleichnamigen heutigen belgischen und niederländischen Provinzen und enthielt das Herver Land und kleine Teile der Vorardennen. An das Herzogtum erinnert noch das ehemalige Residenzstädtchen Limburg, heute eine dörfliche Siedlung. Zu den Territorien, die gegen Ende des Hochmittelalters in den südlichen Niederlanden bestanden, gehörten weiterhin die Grafschaft Namur mit der gleichnamigen Hauptstadt, die Grafschaft Hennegau (Hainaut) mit dem Hauptort Mons, das von etlichen Enklaven durchsetzte und nach Norden sich in die heutigen Niederlande ausdehnende Fürstbistum Lüttich (Principauté de Liège), die beiden kleinen geistlichen Territorien von Cambrai und von Stavelot-Malmédy sowie der kleine Bezirk von Tournai und Umgebung (Tournésis). In den nördlichen Niederlanden entstand die Grafschaft Holland gegen Ende des 11. Jh. Sie expandierte in der zweiten Hälfte des 13. Jh. stark und brachte Zeeland, einen Teil des Fürstbistums Utrecht und Westfriesland in ihren Besitz. Die anderen konstituierenden Territorien der nördlichen Niederlande waren das genannte Fürstbistum Utrecht, Geldern, das erst im 14. Jh. politisch bedeutsam und 1399 zum Herzogtum erhoben wird, sowie die nordöstlichen Bauernrepubliken Friesland, Ommelanden und Drenthe. Theoretisch gehörten die Territorien zum Deutschen Reich (mit Ausnahme der flandrischen Gebietsteile westlich der Schelde, die erst durch die Grenzziehung von 1493 mit einbezogen wurden), aber faktisch genossen sie zu Ende des Hochmittelalters eine nahezu vollständige Autonomie (Genicot et al. 1962; Blok et al. 1981; Jansen et al.1982; Arner et al. 1997; Blom & Lamberts 2001; Demoulin & Kupper 2004).

Im Zuge der Bildung des Staates Burgund (1363–1477) wurde ein großer Teil der genannten Fürstentümer, Herzogtümer und Grafschaften zu einem umfassenden Territorium zusammengefügt. Mit Ausnahme von Friesland und des Oberstiftes Utrecht kamen die Regionen, die später Belgien, Luxemburg und die Niederlande bildeten, unter ein gemeinsames Dach. Damit begann gleichzeitig eine Epoche der politischen Fremdbestimmung, die für die nördlichen Niederlande bis zum Ende des 16. Jh., für den Bereich der späteren Staaten Belgien und Luxemburg bis ins 19. Jh. hinein andauerte. In burgundischer Zeit nahm Brüssel durch die Hofhaltung Philipps des Guten (1419–1467) erstmals Hauptstadtfunktionen wahr (Vanhamme 1978), die über die für Brabant hinausgingen. Weiterhin wurde erstmals in Ansätzen ein niederländisches Identitätsbewusstsein sichtbar, indem seit 1464 die Generalstaaten der Niederlande (*Staten-Generaal der Nederlanden*), die sich aus Vertretern aller niederländischen Territorien unter burgundischer Herrschaft zusammensetzten, regelmäßig tagten (Genicot et al. 1962; Jongkees et al. 1980; Verhulst 1983; Lademacher 1993; Trausch 2003; Demoulin & Kupper 2004).

Nach der Auflösung des burgundischen Staates erlangten die niederländischen Territorien ihre Selbstständigkeit nicht wieder. Mit der Regentschaft von Maximilian von Österreich (1482–1493) kamen sie in den Besitz der Habsburger. Lediglich das Fürstbistum Lüttich schert aus dem niederländischen Staatenverband aus und ist bis 1789 eigenständig. Unter Karl V. (1515–1555) wird ein zusammenhängendes Gebiet der Niederlande, das Territorium der 17 Provinzen, geschaffen. Dieses reicht nach Norden über die burgundischen Grenzen hinaus, indem Friesland, Overijssel, Drenthe, Groningen und das Fürstbistum Utrecht erobert werden. Damit wird die Nordostgrenze der Niederlande zum Deutschen Reich definitiv festgelegt. Brüssel wird Hauptstadt der Niederlande (Martens 1976). In dieser Zeit kommt die Bezeichnung „belgique" (anders als im heutigen Sprachgebrauch zunächst als Eigenschaftswort) auf, da man im Französischen aus „Pays-Bas" kein Adjektiv bilden konnte und sich dann unter dem Einfluss der Humanisten auf die lateinischen Begriffe „Belgae" sowie „Belgica prima" und „Belgica secunda" besann. Das Wort wurde vorübergehend zur Kennzeichnung des gesamten niederländischen Gebietes verwandt: „Etats Belgiques Unis" entsprach dem Begriff „Vereinigde Nederlandse Staten" (Verhulst 1983; Denis 1992).

|Abb. 25| *Ehemaliges „Groot Kapittelhuis" in Utrecht, heute Aula der 1636 gegründeten Universität. Es stammt aus dem 15. Jh. und liegt in der Nähe des Utrechter Doms. Im Kapitelsaal wurde 1579 der Vertrag für die Utrechter Union unterzeichnet.*

Der während der Herrschaft Philipps II. (1555–1598) begonnene Aufstand der Niederlande gegen Spanien endete mit der Spaltung des Staatsgebietes. Die Utrechter Union von 1579, die im „Groot Kapittelhuis" (Abb. 25) vertraglich vereinbart wurde und neben einigen Städten in den südlichen Niederlanden die sieben nördlichen Provinzen Holland, Zeeland, Utrecht, Geldern, Overijssel, Friesland und Groningen vereinigte, bildete den Kern der sich 1588 konstituierenden Republik der Vereinigten Niederlande, die Unionsakte ihr Grundgesetz. Aus dem Aufstand der Niederlande gegen Spanien wurde ein Krieg der Vereinigten Provinzen (s. Abb. 26) gegen das Land: der Achtzigjährige Krieg (1568–1648). Das gemeinschaftliche niederländische Nationalbewusstsein wurde zeitweise durch eine feindselige Einstellung dem Norden gegenüber abgelöst. Dieser eroberte Gebiete im Süden, die überwiegend katholischen Generalitätslande, die ihm dann im Frieden von Münster (1648) zugesprochen wurden: Nordbrabant, Seeländisch-Flandern und einen (1661 noch um einige Kleinterritorien erweiterten) Teilbereich der heutigen niederländischen Provinz Limburg mit der Stadt Maastricht. Zu den Generalitätslanden gehörte weiterhin die Provinz Drenthe, die noch nicht in der Utrechter Union vertreten war. Seeländisch-Flandern griff über das linke Scheldeufer hinaus (Verhulst 1983; Lademacher 1993). Dies brachte für die verbleibenden Spanischen Niederlande die Nebenwirkung mit sich, dass die Republik im Norden die Zufahrt nach Antwerpen, zum Zwin und zum Kanal Sas van Gent blockieren konnte (van Wettere-Verhasselt 1966). Die Umrisse des heutigen Staatsgebietes der Niederlande nahmen in der ersten Hälfte des 17. Jh. schon deutlich ihre Gestalt an. Lediglich der Bereich der heutigen Provinz Limburg bildete noch einen Flickenteppich von Enklaven und Kleinterritorien (Niessen 1950). Von der Küste bis zu einer Region westlich von Kleve stimmte die deutsch-niederländische Grenze von 1648 weitgehend mit der heutigen überein (Arner et al. 1997). Den Haag erhielt Hauptstadtfunktion, indem dort seit 1588 die Generalstände der Republik ihren festen Sitz hatten. Die föderalistisch aufgebaute Republik der Vereinigten Niederlande erlebte im 17. Jh. eine Blütezeit und stieg vorübergehend zu einer europäischen Großmacht auf. Eine wirtschaftlich, politisch und kulturell herausragende Stellung nahm hierbei die Provinz Holland ein. Dadurch ist es zu erklären, dass in etlichen Sprachen der Name der Provinz zur Kennzeichnung des gesamten niederländischen Staates verwandt wird (Lademacher 1993).

Die Spanischen Niederlande wurden zwischen 1621 und 1713 um ein Drittel ihres Territoriums verkleinert. Zum Verlust der Generalitätslande kommen der von Obergeldern, das 1713 Preußen angegliedert wurde, und die Abtretung großer Teile der von Frankreich unter Ludwig XIV. eroberten Gebiete im Süden. Mit dem Friedensvertrag von Utrecht (1713) wurden der Westteil Flanderns und das ganze Artois, der Westteil des Hennegaus, Cambrai und Umgebung sowie ein Teil von Luxemburg endgültig an den Nachbarn abgetreten, womit im Wesentlichen der heutige Verlauf der Grenze Belgiens und Luxemburgs zu Frankreich festgelegt war. Ferner kamen die südlichen Niederlande an Österreich (Österreichische Niederlande), blieben also im Zustand politischer Fremdbestimmung. Unter Joseph II. wurden mit der Republik der Vereinigten Niederlande kleinere Gebietsveränderungen im Bereich der heutigen Provinz Limburg vorgenommen (Genicot et al. 1962; van Wettere-Verhasselt 1966; Arner et al. 1997).

Das Ende des „Ancien Régime" in den südlichen Niederlanden kündigte sich 1789 mit der Brabanter Revolution gegen Joseph II. und den Revolutionen von 1789 im Fürstbistum Lüttich sowie im Territorium der Reichsabtei Stavelot-Malmédy an (Dumont 2000; Demoulin & Kupper 2004; Hansotte 1952). 1792, dann nach einem Rückschlag endgültig im Jahre 1794 besetzten französische Truppen die südlichen Niederlande und zogen längs der Maas nach Norden. 1795 wurden auch die nördlichen Niederlande unter französische Kontrolle gebracht. In den ehemals österreichischen Niederlanden sowie in den geistlichen Territorien wurden die Grenzen und Institutionen des „Ancien Régime" hinweggefegt. Im Norden entstand zunächst als Satellitenstaat Frankreichs die sog. „Bataafse Republiek" (1795–1806). Zwischen 1806 und 1810 bestand das „Koninkrijk Holland" mit Louis Napoléon, dem Bruder Bonapartes, an der Spitze. Von 1810 bis 1813 wurde der Norden dem Kaiserreich Frankreich einverleibt. 1813 zogen sich die französischen Truppen zurück. Die frühere Republik wandelte sich zu einer konstitutionellen Monarchie. 1815 wurde Willem I. als König der Niederlande und Großherzog von Luxemburg durch den Wiener Kongress anerkannt. Auf Initiative der Großmächte, insbesondere Englands, wurde ein zusammenhängendes Gebiet, welches das heutige Luxemburg, Belgien (ohne die deutschsprachigen Ostkantone) und die Niederlande umschließt, zu einem Pufferstaat, der ein Gegengewicht zu Frankreich bilden sollte, zusammengefasst. Im Zuge dieser Staatenbildung gelangten vom früheren Herzogtum Luxemburg im Osten ausgedehnte Regionen an Preußen (vgl. Abb. 27), ebenso wie Gebiete der ehemaligen Reichsabtei von Stavelot-Malmédy und des Fürstbistums Lüttich, insgesamt fünf Kantone des Département Ourthe der französischen Zeit (Eupen, Malmédy, Sankt Vith, Schleiden und Kronenburg) sowie der Ostteil des Kantons Aubel. Als Kuriosum entstand 1816 in einer Region mit begehrten Galmeivorkommen das kleine Gebiet „Neutral-Moresnet" (südwestlich von Aachen), ein Kondominium Preußens und der Niederlande, das viel später – 1920 – Belgien angegliedert wurde. Dieser Pufferstaat, das neue „Vereinigd

Koninkrijk der Nederlanden", war aus strategischen Überlegungen einer europäischen Gleichgewichtspolitik heraus geschaffen worden. Diesen wurde eine ideelle Komponente untergeschoben, indem an die burgundische Staatsidee und die Tradition der 17 Provinzen unter Karl V. angeknüpft wurde. Der neue Staat fiel aber aufgrund religiöser, ökonomischer und politischer Gegensätze 15 Jahre nach der Gründung im Gefolge der belgischen Revolution von 1830 wieder auseinander. 1831 wurde das Grundgesetz

Quellen: Hayt et al. 2001; Lademacher 1993

Republik der Vereinigten Provinzen

Generalitätsland (1648 der Republik angegliedert)

Spanische Niederlande

Geistliche Territorien

—— Territorialgrenze

—— Heutige Staatsgrenze

0   20   40   60   80 km

|Abb. 26| *Die Republik der Vereinigten Provinzen und die Spanischen Niederlande (1648)*

des Königreichs Belgien verkündet. Es sorgte nach französischem Vorbild für eine zentralistische Staatsstruktur. Sie wurde nach 1970 grundlegend geändert, um den Ansprüchen der einzelnen Bevölkerungs- und Sprachgruppen besser gerecht werden zu können. Im Königreich der Niederlande erhielten die Provinzen ein größeres politisches Gewicht als in Belgien. Dass sich Flandern trotz der sprachlichen Gemeinsamkeit mit der niederländischen Bevölkerung einem zentralistisch organisierten Belgien angliedern ließ, hing auch damit zusammen, dass zur Zeit der Staatsgründung das Französische die Verkehrssprache der flämischen Oberschicht war (van Wettere-Verhasselt 1966; Verhulst 1983; Lademacher 1993; Blom & Lamberts 2001).

Die endgültige Demarkation der belgisch-niederländischen Grenze war das Resultat langer und schwieriger Verhandlungen. 1839 wurde mit dem Vertrag von London den Niederlanden Seeländisch-Flandern zugesprochen, weiterhin Limburg östlich der Maas sowie Maastricht und ein davor liegendes Glacis. Die erstgenannte Abgrenzung ermöglichte den Niederlanden vorläufig wieder die Kontrolle der Scheldemündung – 1863 kaufte ihnen Belgien dann die Zollrechte ab – und führte zur hoheitlichen Zweiteilung des Kanals von Gent nach Terneuzen. Die Schaffung einer belgischen und niederländischen Provinz Limburg bildete eine Separationsmaßnahme, die gewiss nicht im Sinne der Mehrheit der dort ansässigen Bevölkerung war. Letzteres gilt auch für die 1839 erfolgte Teilung Luxemburgs in eine gleichnamige belgische Provinz im Westen und das restliche Großherzogtum. Hinsichtlich der Verwaltung wurde Luxemburg in den 1840er-Jahren fast vollständig autonom und erlangte 1867 endgültig die Selbstständigkeit, indem es

auf der ständigen Großmächtekonferenz in London zum unabhängigen, neutralen Staat erklärt wurde. Territorial umfasst das Großherzogtum eine Restfläche, welche die drei luxemburgischen Teilungen mit Gebietsabtretungen an Frankreich 1659, an Preußen 1815 und an Belgien 1839 übrig gelassen haben. 1842 trat Luxemburg dem Deutschen Zollverein bei. Es verließ ihn 1918 und orientierte sich dann wirtschaftlich zunehmend an Belgien, was 1921 zur belgisch-luxemburgischen Zoll- und Wirtschaftsunion führte.

|Abb. 27| *Das Königreich der Niederlande (1815–1830)*

Quelle: Hayt et al. 2001

|Abb. 28| *Regierungsviertel in Luxemburg an der Place Clairefontaine mit dem Denkmal der Großherzogin Charlotte (1896–1985).*

Der gegenwärtige Verlauf der deutsch-belgischen Grenze wurde nach dem Ersten Weltkrieg fixiert. Danach wurden lediglich noch kleine Modifikationen festgeschrieben, v. a. im deutsch-belgischen Grenzvertrag von 1956. Mit dem 1919 unterzeichneten Vertrag von Versailles wurden die vorher zu Deutschland gehörenden Kreise Eupen, Malmédy und Sankt Vith, ein Waldgebiet des Kreises Monschau und kleine Flächen der Kreise Aachen und Prüm sowie (1920) die Vennbahn an Belgien abgetreten. Neutral-Moresnet wird in die belgische Gemeinde Kelmis (La Calamine) umgewandelt. Nach dem Zweiten Weltkrieg beharrten die Niederlande zunächst auf der Auftragsverwaltung für den Selfkant (Drostamt Tüddern), eine ehemals deutsche und heute zum Kreis Heinsberg (Nordrhein-Westfalen) gehörende Region. 1963 wurde dieses Gebiet an die Bundesrepublik Deutschland zurückgegeben. Ein Kuriosum bildet Baarle-Hertog (südöstlich von Breda und nördlich von Turnhout), ein zu Belgien gehörender Bezirk in den Niederlanden, der auf eine im 12. Jh.

entstandene Enklave des Herzogs von Brabant zurückgeht (van Wettere-Verhasselt 1966; Schmit & Wiese 1984, Breuer et al. 1989; Trausch 2003).

Insgesamt haftet der Grenzziehung viel Willkürliches und Zufälliges an. Nur in Ausnahmefällen folgen die Grenzen physisch-geographischen Trennlinien. Vielfach queren sie Wasserver- und -entsorgungsgebiete. In verschiedenen Abschnitten durchschneiden sie wirtschaftsräumliche Einheiten. Sie orientieren sich auch nicht an konfessionellen Grenzen. Über weite Strecken stimmen die Staatsgrenzen nicht mit Sprachgrenzen überein. Die Grenzen durchtrennen weiterhin große europäische Güterverkehrsachsen. Sie decken sich längst nicht mehr mit zentralörtlichen Einzugsbereichen, weder bei der Arbeitsmarkt- noch bei der Dienstleistungszentralität. So ist es nur konsequent, wenn im Zuge der fortschreitenden europäischen Integration versucht wird, die Trennwirkung der Staatsgrenzen auf ein administrativ unumgängliches Minimum zu reduzieren.

Die heutigen Gebietskörperschaften

Niederlande

Die Niederlande bilden einen dezentralisierten Einheitsstaat, der sich aus dem Reich, den Provinzen (Abb. 29) und den Gemeinden zusammensetzt. Anders als die Bundesländer in Deutschland haben die Provinzen nach der niederländischen Verfassung,

dem *grondwet*, keine Staatsqualität. Die Provinzen betreiben regional eine eigene Politik, insbesondere in den Bereichen Transport, Raumordnung sowie Wasser und Umwelt, doch kennt man im niederländischen System nicht den für Deutschland typischen Länderpartikularismus. Das Provinzparlament (*Pro-*

an und wird für sechs Jahre von der Krone auf Empfehlung des Kommissars der Königin ernannt. Dieses Prozedere wird möglicherweise in den nächsten Jahren durch ein demokratisches Wahlverfahren abgelöst. Daneben gibt es Kooperationsverbände mehrerer Gemeinden, von denen Beispiele im Kapitel „Die Siedlungen"/„Regionale Schwerpunkte der Verstädterung und polyzentrische Raumstrukturen" angeführt werden. Wenn es die Siedlungsentwicklung oder eine Veränderung der funktionalen Struktur ratsam erscheinen lassen, werden kurzfristig kommunale Neuordnungen oder Fusionen bei einzelnen Gemeinden vorgenommen. Eine niederländische Besonderheit stellen die Wasserverbände (*waterschappen*) dar, öffentliche Körperschaften mit gewählten Vertretern und einer eigenen Gesetzgebungskompetenz. Das Grundgesetz erkennt sie als selbstständige Gebietsorgane an. Zehn Jahrhunderte lang haben diese Wasserverbände politische und verwaltungsmäßige Strukturveränderungen überlebt (van Deth & Vis 1995; Görtzen 2007).

Belgien

Belgien, ursprünglich als zentralistischer Staat konzipiert, wurde seit den 1970er-Jahren in einen Föderalstaat umgewandelt. Diese höchst bemerkenswerte Umstrukturierung wird im Kapitel „Einblicke" näher behandelt. Unterhalb der nationalen Ebene bilden die drei Regionen – Wallonie, Brüssel-Hauptstadt und Flandern – heute die wichtigsten Gebietskörperschaften. Hinzu kommen die flämische, die frankophone und die deutschsprachige Gemeinschaft. Daneben existieren die Provinzen mit eingeschränkten, jedoch nicht genau festgelegten Befugnissen. Sie stammen noch aus der Zeit, als Belgien ein Einheitsstaat war, sodass sich die Frage nach der Daseinsberechtigung im neuen Staatsgefüge stellt. Der Provinzialrat (*Conseil provincial / provincieraad*) wird für sechs Jahre direkt von der Bevölkerung gewählt, der Gouverneur einer Provinz hingegen vom König ernannt und abberufen. Als vergleichsweise unbedeutende administrative Einheiten fungieren noch die *arrondissementen / arrondissements*. Die belgische Gemeindestruktur ähnelt der niederländischen. Auch hier wird der/die Bürgermeister/-in formal von der Krone für die Amtszeit von sechs Jahren ernannt, er/sie kommt aber aus den Reihen des Gemeinderates. Zudem wurden in Belgien häufig interkommunale Zweckverbände gebildet (Görtzen 2007).

Luxemburg

In Luxemburg bildet die Gemeinde die einzige Anwendung des Prinzips der territorialen Dezentralisierung. Der Kanton existiert zwar noch als statistische Einheit, ist administrativ aber unbedeutend. In den Gemeinden wird der/die Bürgermeister/-in ebenfalls nicht gewählt, sondern vom Großherzog ernannt und abberufen. Vergleichbar mit Belgien existieren die drei Ebenen *conseil communal*, *collège des bourgmestre et échevins* (Schöffen) und *bourgmestre* (www.gouvernement.lu).

Quellen: De Grote Bosatlas 2007; Charlier et al. 2004: Le Grand Atlas

|Abb. 29| *Die heutigen Verwaltungseinheiten der Beneluxstaaten*

vinciale Staten) wird für vier Jahre direkt gewählt. Die Exekutive bildet der Provinzialausschuss (*Gedeputeerde Staten*). Die Mitglieder sind für vier Jahre tätig und stammen aus den Reihen des Parlaments. Vorsitzender des Parlaments ist der *Commissaris van den Koningin*, der für sechs Jahre von der Regierung in Den Haag benannt wird. Eine höhere Regierungsinstanz kann an Provinzen oder Gemeinden Aufgaben im Rahmen des Prinzips der Mitverwaltung (*medebewind*) übertragen. In den Niederlanden gibt es seit 1851 ein einheitliches Gesetz für die Gemeinden – im Gegensatz zu Deutschland mit seinen konkurrierenden Gemeindeverfassungen. Der Gemeinderat (*gemeenteraad*) wird alle vier Jahre gewählt. Der Rat ernennt die Beigeordneten (*wethouders*), die nicht gleichzeitig Ratsmitglieder sind. Auch der/die Bürgermeister/-in gehört nicht dem Rat

Auswirkungen der früheren kolonialen Aktivitäten

Sowohl das belgische als auch das niederländische Wirtschaftsleben sind erheblich durch koloniale Aktivitäten beeinflusst: Die Niederlande besaßen Kolonien in Asien, Amerika und Afrika, Belgien nur in Afrika.

Niederlande

Die wichtigste niederländische Kolonie war *Nederlandsch-Indië*, das heutige Indonesien. Der niederländische Kolonialismus hatte sich während des 17. Jh. rasch entwickelt – 1602 wurde die *Verenigde Oostindische Compagnie* (VOC) gegründet. Der Umschlag von Gewürzen der Molukken, Reis aus Java, Sandelholz von Timor, Pfeffer von Sumatra und Borneo, von Zimt aus Ceylon, Kupfer aus Japan, indischen Tuchen, chinesischen Seiden und Porzellan sowie persischen Edelsteinen begründete den Kolonialwarenhandel mit den blühenden niederländischen Hafenstädten, insbesondere mit Amsterdam. Er bildete eine der Voraussetzungen für den Aufstieg der Stadt zu einem der bedeutendsten Handelszentren Europas im „Goldenen Zeitalter" („Gouden Eeuw") des 17. Jh. *Pakhuizen* (Lagerhäuser) aus dieser Zeit sind in verschiedenen niederländischen Städten als heute denkmalgeschützte Monumente erhalten geblieben ebenso wie prächtige Häuser von Kaufleuten und Verwaltungsbauten der Handelsgesellschaften (Abb. 30). Die älteste Industriegasse der Niederlande, die Zaanstreek nördlich von Amsterdam (de Pater et al. 1989), in der noch heute tropische Produkte, z. B. Kakao und Palmöl, aufbereitet werden, geht auf die Verarbeitung von Kolonialwaren sowie den Schiffsbau und die Schiffsausrüstung für die Handelsflotte jener Zeit zurück. Das koloniale Wirtschaftssystem wurde durch den Handel mit dem atlantischen Raum ergänzt, für den die *Westindische Compagnie* (WIC, zuständig für die Niederländischen Antillen und Surinam) 1621 das Monopol erhielt (Gaastra 1980; Israel 1995; Blom & Lamberts 2001). Dem Handel folgte der Ausbau flächenhaften Kolonialbesitzes mit dem Ziel der Produktion tropischer Exportgüter. Seit dem Ende des 19. Jh. wurde der Kolonialbesitz mit den Interessen der niederländischen Erdölwirtschaft verknüpft. Von 1893 an wurden die Erdölfelder in Nordsumatra, ab 1901 in Ostsumatra, ab 1900 in Ostkalimantan, ab 1938 in Südkalimantan und von 1940 an in der Provinz Riau (Sumatra) ausgebeutet (Uhlig 1988, S. 568/69). Auch die Niederländischen Antillen waren (und sind) in die Erdölwirtschaft einbezogen. 1915 erfolgte die Gründung der *Curaçao Oil Company* (später: *C. Petroleum Industrie Maatschappij*) und in den 1920er-Jahren auf Aruba der *Arend Oil Company* (Goslinga 1979). Der größtenteils auf Kosten der einheimischen Bevölkerung in den Kolonien erwirtschaftete Beitrag zum niederländischen Nationaleinkommen war beträchtlich; der von Niederländisch-Indien wurde noch 1938 mit 7,6 % angegeben (Baudet & Wijers 1976, S. 888).

|Abb. 30| *Haus der „Verenigde Oostindische Compagnie" (VOC) in Delft (erbaut 1631)*

Nach blutigen Auseinandersetzungen und unter dem Druck der USA und der Vereinten Nationen erlangte Indonesien 1949 die Unabhängigkeit. Die indonesische Regierung zerschnitt die wirtschaftlichen, technologischen und finanziellen Bande zu den Niederlanden. Ende 1957 und im Laufe des folgenden Jahres wurden 50 000 noch in Indonesien tätige Niederländer des Landes verwiesen. Die niederländischen Unternehmen wurden nationalisiert. 1960 wurden die diplomatischen Beziehungen vorübergehend abgebrochen (Drooglever 1982; Blom & Lamberts 2001). Bevölkerungsgeographische Konsequenzen aus der Kolonialzeit ergaben sich durch eine beträchtliche Rückwanderung – 1930 lebten noch über 200 000 Niederländer in Niederländisch-Indien (van der Wal 1979, S. 393) –

und durch eine Zuwanderung von Indonesiern. Probleme gab es zeitweilig mit einem Teil der Südmolukker, die von den Niederlanden aus für eine unabhängige Republik kämpften und in Einzelfällen vor gewaltsamen Aktionen nicht zurückscheuten. Im Jahr 2007 wurden in den Niederlanden 126 048 Menschen gezählt, die in Indonesien geboren sind, und 263 892 Einwohner, von denen wenigstens ein Elternteil aus dem asiatischen Land stammt (CBS).

Die gegenwärtigen Handelsbeziehungen zwischen Indonesien und den Niederlanden gestalten sich nicht besonders intensiv; die rigorose Trennung nach dem Kolonialkrieg wirkt bis heute nach. Eine auffallende Bevorzugung der Niederlande erkennt man lediglich bei den Palmölexporten. 2,1 % der indonesischen Exporte (bezogen auf alle Warengruppen) gingen 2006 in die Niederlande und 0,75 % der Importe des Inselstaates kamen aus dem Königreich (www.bps.go.id). Nur 0,6 % aller niederländischen Einfuhren wurden 2006 aus Indonesien bezogen und lediglich 0,1 % der Ausfuhren finden den Weg dorthin (CBS).

Ausländer und niederländische Staatsbürger im Königreich der Niederlande, die ein malaiisches, chinesisches oder indisches Aussehen haben, müssen nicht unbedingt in Asien geboren sein oder Eltern haben, die von dort stammen: Es sind nämlich etliche Migranten indonesischer, chinesischer und indischer Abstammung aus Surinam in die Niederlande eingewandert, Nachfahren von Arbeitskräften, die nach der Aufhebung der Sklaverei in die Kolonie in Südamerika geholt worden waren (Hoefte 1990). Die Abwanderung aus Surinam nahm kurz vor der Unabhängigkeit (1975) stark zu, da man – nicht ohne Grund – für die Zeit danach ethnische Konflikte, eine Verschlechterung der inneren Sicherheit und ökonomische Probleme befürchtete (Buddingh 1999). Die Niederländischen Antillen mit den Inseln Aruba, Bonaire, Curaçao, Saba, Sint Maarten und Sint Eustatius bilden einen autonomen Teil des Königreiches der Niederlande, wobei Aruba mit einem eigenen Gouverneur und Parlament einen Sonderstatus besitzt. Aruba, Bonaire und Curaçao bilden bevorzugte tropische Reiseziele der Niederländer. Im Jahre 2007 lebten in den Niederlanden 78 907 Personen, die auf den Niederländischen Antillen geboren sind, und 51 058 Menschen, von denen mindestens ein Elternteil aus dieser Region gebürtig ist; die entsprechenden Zahlen für Surinam beliefen sich auf 186 025 bzw. 147 479 (CBS).

Belgien

Anfangs war der Kongo eine private Kolonie des belgischen Königs Leopold II. Die von Deutschland und Frankreich einberufene internationale Berliner Kongokonferenz von 1884/85 bestätigte Leopold II. die Herrschaft über den „Freistaat Kongo". Nach 1890 gründete Leopold eine große Krondomäne und verdrängte Handelsgesellschaften in der Kolonie vom Markt. Nach 1895 wurden große Gewinne bei der Kautschukproduktion erwirtschaftet. Einkünfte aus der Kolonie wurden zu einem beträchtlichen Teil in Belgien bei Bau- und Verschönerungsprojekten angelegt. Nach 1900 wurde die monopolistische Ausbeutungspraxis Leopolds zunehmend im eigenen Land und im Ausland, v. a. in Großbritannien, kritisiert. 1908 musste Leopold II. die Kongokolonie an den belgischen Staat abtreten, übte aber auch danach einen beträchtlichen Einfluss auf die Kolonialpolitik aus.

Die Entdeckung der Kupfervorkommen im ehemaligen Katanga (Shaba) erfolgte 1892. Sie führte 1894 zu einer Teilung der Kupferzone in ein englisches und belgisches Interessengebiet. 1906 nahm die *Société Générale de Belgique* an der Gründung von Minenunternehmen und Eisenbahngesellschaften teil, u. a. der *Union Minière du Haut-Katanga*, und erlangte in den 1920er-Jahren eine große Bedeutung für die Wirtschaftsentwicklung der Kolonien. Umfangreiche Investitionen wurden getätigt, wobei der Bergbau den ersten Rang einnimmt. Die kolonialen Aktivitäten stimulierten zu dieser Zeit bereits bestehende Wirtschaftszweige in Belgien. Sie wirkten sich insbesondere auf die traditionsreiche Buntmetallindustrie, auf die kautschukverarbeitende Industrie sowie auf die Antwerpener Diamantenindustrie aus. Letztere wurde aus dem Diamantenbecken von Kasai durch die Gesellschaft *Forminière* mit Rohmaterialien beliefert. In den 1920er-Jahren gründete die *Société Générale Métallurgique* (Hoboken bei Antwerpen) drei Fabriken im Kempenland für die Verarbeitung von Metallen aus dem Kongo. Umgekehrt lieferte Belgien Material für die Eisenbahn *Chemin de Fer du Bas-Congo au Katanga*. Seit 1911 betätigt sich *Lever Brothers*, später *Unilever*, im Kongo, ein britisch-niederländisches Großunternehmen, das Konzessionen für die Palmölherstellung erhält. Der Aufbau einer Baumwollindustrie im Kongo zwischen den Weltkriegen erfolgte durch die von der *Société Générale* mit getragene *Cotonco* (Vellut 1979; Wils 1978; Dumont 2000; Blom & Lamberts 2001).

Während des Zweiten Weltkrieges leistete der Bergbau im Kongo einen wesentlichen Beitrag zur Versorgung der US-amerikanischen Industrie mit rüstungswichtigen Rohstoffen, insbesondere mit Zinn, Kobalt und Kupfer. Noch während des Zweiten Weltkrieges und dann verstärkt in der Nachkriegszeit bis zur Mitte der 1950er-Jahre erlangten Uranlieferungen aus dem Kongo in die USA eine beträchtliche Bedeutung. Die Zusammenarbeit des amerikanischen Militärs mit dem belgischen Kolonialismus war für die Nuklearstrategie der USA sehr wichtig (Mollin 1996). In den 1950er-Jahren wurden dann im Kongo umfangreiche Investitionen getätigt. Neben den schon genannten Rohstoffen werden Tantalit, Wolfram, Zink und Mangan gefördert. Erstmals entsteht durch die Gründung der Zinkfabrik in Kolwezi eine Konkurrenz zur einheimischen Buntmetallindustrie.

1960 wird die Kolonie abrupt als Republik Kongo-Kinshasa in die Unabhängigkeit entlassen (Vellut 1982). Die ökonomischen Folgen wurden in Belgien mittel- bis langfristig als nicht so gravierend empfunden, zumal ökonomische Verflechtungen mit der ehemaligen Kolonie bestehen blieben (Vandewalle

1982). 38,3 % der Exporte des damaligen Staates Zaïre (der heutigen Demokratischen Republik Kongo) gingen 2005 nach Belgien, und 15,9 % seiner Importe kamen von dort (www.fco.gov.uk). Die Verbindungen zur Kolonie und dem daraus hervorgegangenen Staat zeigen sich auch in Bereichen außerhalb des Wirtschaftslebens. Die intensive Tropenforschung unterschiedlicher Wissenschaften in Belgien bezog und bezieht sich zu einem großen Teil auf die zentralafrikanische Region. Von 1950 an kamen jährlich Tausende von Einwanderern aus der Kolonie und dem nachfolgenden Staat nach Belgien. 2006 lebten 21 066 Menscher aus dem Kongo in Belgien (Statbel) und auch an den belgischen Universitäten ist der Anteil schwarzafrikanischer Studierender auffallend hoch.

Die Benelux-Wirtschaftsunion und die Beneluxstaaten als Vorreiter für die Europäische Union

Die Auflösung des Vereinigten Königreiches der Niederlande im Jahre 1830 und die darauf folgenden Grenzziehungen haben zu einer Zerschneidung von Regionen geführt, die besser einen einheitlichen Wirtschaftsraum gebildet hätten. Die ökonomische Kooperation der drei nach 1830 entstandenen Einzelstaaten war zunächst gering (Boekema 1994). Nach dem Ersten Weltkrieg schlossen sich Belgien und Luxemburg zu einer Zoll- und Währungsunion zusammen, wobei die *Union économique belgo-luxembourgeoise* 1921 vertraglich fixiert wurde und 1922 in Kraft trat. Vor allem Luxemburg besaß ein großes Interesse an einem derartigen Zusammenschluss, nachdem der Zollverein mit Deutschland nach dem Ersten Weltkrieg aufgelöst worden war und Frankreich eine seinerzeit in Luxemburg populäre Entente abgelehnt hatte. In einem Protokoll von 1963 wurde der Vertrag zwischen Belgien und Luxemburg noch einmal bekräftigt. Das Kernstück der Kooperation bildete der Währungsverbund, wobei die Nationalbank von Belgien als Zentralbank eingesetzt wurde. Zwar wurde in beiden Ländern unterschiedliches Geld ausgegeben, aber beide Währungen wurden bis zur Einführung des Euro als Zahlungsmittel im jeweilig anderen Land akzeptiert (Meerhaege 1987; Blom & Lamberts 2001). Es wurde hier im Kleinen vorweggenommen, was später innerhalb der EU mit der Einführung der Euro-Währung Wirklichkeit wurde.

Die Idee der wirtschaftlichen Integration der Beneluxländer entstand noch während des Zweiten Weltkrieges und wurde von den Exilregierungen konkretisiert. Im Oktober 1943 wurde eine Währungsübereinkunft erzielt und 1944 ein Beschluss für eine Zollunion gefasst, die 1948 in Kraft trat. Die Integrationsbemühungen der Beneluxländer zielten in der Folgezeit auf eine gemeinschaftliche Wirtschafts- und Währungspolitik, einen freien Verkehr von Personen, Gütern, Kapital und Dienstleistungen und eine Vereinheitlichung der Rechts- und Sozialpolitik. Etliche Leitvorstellungen wurden hierbei von den Regierungsvertretern der Beneluxstaaten konzipiert, die später innerhalb der Europäischen Wirtschaftsgemeinschaft, der Europäischen Gemeinschaft und der Europäischen Union zum Tragen gekommen sind. Gleichzeitig bildeten in den 1950er-Jahren Initiativen der Beneluxländer wichtige Meilensteine auf dem Weg zur europäischen Integration. Von beträchtlicher Bedeutung war der Vorstoß der Beneluxländer unter der Leitung des belgischen Außenministers Paul-Henri Spaak für eine europäische Wirtschaftsgemeinschaft auf der Konferenz in Messina im Jahre 1955, dem ein entsprechendes Memorandum zur Schaffung eines gemeinsamen Marktes vorangegangen war (Boekema 1994; Röttinger & Weyringer 1996; Wielenga 2008).

In den Fünfzigerjahren liefen zwei Vorgänge parallel: die verstärkte Integration der Benelux änder und die Bemühungen zur Schaffung einer europäischen Gemeinschaft. 1958 wurde der Vertrag über die Benelux-Wirtschaftsunion abgeschlossen (*Benelux Economische Unie / Union économique Benelux*), also erst nach den Römischen Verträgen von 1957 (der Gründung der EWG). Das Abkommen trat 1960 in Kraft. Somit wurde eine Wirtschaftsunior innerhalb der Europäischen Wirtschaftsgemeinschaft gebildet, was in den Römischen Verträgen auch zugestanden worden war. In der Einleitung des Unionsvertrages wurde als Zielsetzung angegeben, dass die wirtschaftlichen Bande der drei Länder durch die oben erwähnten Liberalisierungsbemühungen enger werden sollten. Es wurde eine koordinierte Amtsführung auf wirtschaftlichem, finanziellem und sozialem Gebiet angestrebt. Es sollte eine gemeinsame Handelspolitik mit Drittstaaten erfolgen mit dem Ziel, den Warenaustausch zu verstärken (Schermers 1961). Schon in den 1960er-Jahren wurden verschiedene grenzüberschreitende Projekte – damals allerdings noch durch bilaterale Verträge – in die Wege geleitet (Suykens 1994). Die höchste Instanz der Benelux-Wirtschaftsunion bildet das Ministerkom tee, in das jede Regierung mindestens drei Vertreter entsendet. Der Rat der Wirtschaftsunion führt dessen Beschlüsse aus. Der Generalsekretär der Benelux-Wirtschaftsunion ist gemäß dem Gründungsvertrag Niederländer und leitet das Generalsekretariat in Brüssel. Das Benelux-Abkommen ist vorläufig bis 2010 befristet, kann aber, evtl. in modifizierter Form, fortgeschrieben werden. Nachgedacht wird in diesem Zusammenhang über die Möglichkeit einer besonderen Partnerschaft oder Assoziierung zwischen der Benelux-Wirtschaftsunion und Nordrhein-Westfalen.

Im wirtschafts- und finanzpolitischen Sektor hat die Benelux-Wirtschaftsunion den größten Teil ihrer Aufgaben an EU-Institutionen abgegeben. Aus der

Sicht der Benelux-Wirtschaftsunion sprechen folgende Gründe für ihre Beibehaltung:

- Im vereinten Europa werden nach wie vor überschaubare Teilregionen zusammenarbeiten und viele Probleme bei grenzüberschreitenden Beziehungen und Aktivitäten gemeinsam lösen müssen. So gibt es aufgrund der unterschiedlichen Gesetzgebungen in den Ländern viele Probleme, wie z. B. bei Grenzpendlern, bei Schulbesuch jenseits der Grenze oder bei grenzüberschreitenden Aktivitäten von Polizei und Rettungsdiensten.
- Weiterhin können die Beneluxstaaten gemeinsam einen größeren Einfluss innerhalb der EU ausüben, als es den Einzelstaaten möglich wäre.
- Der Vorsprung beim europäischen Integrationsprozess, den die Beneluxstaaten häufig hatten, könnte konsolidiert werden und sich unter Umständen noch vergrößern.
- Die Beneluxländer könnten als Laboratorium für Europa dienen und Integrationsmaßnahmen zunächst in kleinerem Rahmen ausprobieren (Boekema 1994).

Die Benelux-Wirtschaftsunion war in den letzten Jahren bei verschiedenen Vorhaben beteiligt, die grenzüberschreitende Verflechtungen betreffen. Sie wirkte u. a. bei der Ausgestaltung des grenzüberschreitenden Parks De Zoom-Kalmthoutse Heide, an einem Projekt zum Schutz von grenzüberschreitenden Tälern und Flüssen in den deutsch-belgischen und deutsch-luxemburgischen Naturparks, bei einem Plan zu einer verbesserten Zusammenarbeit zwischen Seehäfen, Städten und Teilregionen im Rhein-Schelde-Delta (www.rsdelta.eu), beim Kooperationsvorhaben innerhalb des Städtenetzes Maastricht, Heerlen, Aachen, Lüttich, Genk, Hasselt (MHAL-Projekt), bei der Freiraumplanung in der grenzüberschreitenden ländlichen Region zwischen Aachen, Lüttich und Maastricht (Dreiländerpark) sowie bei verschiedenen Verkehrsprojekten mit. Sie nahm sich der Probleme von Grenzpendlern an, organisierte Übereinkünfte von Industrie- und Handelskammern zur grenzüberschreitenden Zusammenarbeit und befasste sich mit dem Gesundheitswesen in den drei Staaten. Sie leistete weiterhin einen maßgeblichen Beitrag zur Ausarbeitung der Schengener Abkommen von 1985 und 1990 für die schrittweise Abschaffung von Personenkontrollen.

1969 gründete die Benelux-Wirtschaftsunion eine spezielle Kommission für Raumordnung. 1982 wurde mit ihrer Unterstützung eine regionalplanerische Strukturskizze für den Bereich der Westerschelde fertiggestellt. 1986 wurde mit der *Première Esquisse de Structure globale Benelux* (*Eerste Benelux Globale Structuurschets*) erstmals in Europa ein Raumordnungskonzept für das gesamte Gebiet mehrerer Staaten vorgelegt. Eine zweite Strukturskizze wurde im Jahre 2000 gutgeheißen. Von Wichtigkeit ist weiterhin die Benelux-Übereinkunft von 1991, die die rechtlichen Bedingungen für die grenzüberschreitende Zusammenarbeit von Gebietskörperschaften festlegt (Broschüren der Benelux-Wirtschaftsunion und www.benelux.be).

Die Beneluxländer waren stets an der Schaffung der grundlegenden europäischen Institutionen beteiligt und im Kreis der ersten Mitgliedsländer vertreten. Dies zeigte sich u. a.

- bei der Unterzeichnung des Brüsseler Vertrags zur wirtschaftlichen sozialen und kulturellen Zusammenarbeit zwischen dem Vereinigten Königreich, Frankreich und den Benelux-Staaten 1948,
- beim Pariser Vertrag über die Europäische Gemeinschaft für Kohle und Stahl (EGKS) zwischen den Benelux-Staaten, Deutschland, Frankreich und Italien 1951,
- bei der Unterzeichnung der Römischen Verträge zur Gründung der Europäischen Wirtschaftsgemeinschaft (EWG) und der Europäischen Atomgemeinschaft (Euratom) durch die Benelux-Staaten, Deutschland, Frankreich und Italien 1957,
- bei der Gründung der europäischen Organisation zur Flugsicherung, Eurocontrol, durch die Benelux-Länder, Deutschland, Frankreich und Großbritannien 1960,
- bei der Unterzeichnung des Schengener Abkommens durch die Benelux-Staaten, Deutschland und Frankreich 1990 und
- beim Eintritt in die dritte Stufe der Europäischen Wirtschafts- und Währungsunion am 1. 1. 1999.

Führende belgische, luxemburgische und niederländische Politiker haben sich große Verdienste um die europäische Einigung erworben. Erinnert sei z. B. an die Karlspreisträger Paul-Henri Spaak und Leo Tindemans, an Jean Rey, Gaston Thorn, Christian Pierre Werner, Sicco Leendert Mansholt und Pieter Dankert (Röttinger & Weyringer 1996; Weidenfeld & Wessels 2007; Blom & Lamberts 2001). Natürlich hat ein kleines Land wie Luxemburg ein vitales Interesse an einem Fortschreiten des Einigungsprozesses, und mancher belgische Politiker mag die Gelegenheit genutzt haben, dem heimischen Streit zwischen Wallonen und Flamen durch die Entwicklung europäischer Visionen zeitweise entfliehen zu können. Aber dies ändert nichts daran, dass der Beitrag der Beneluxländer zur europäischen Integration beachtlich ist. Allerdings hat bei Politikern und in Teilen der Bevölkerung, namentlich in den Niederlanden, in jüngster Zeit eine reservierte Haltung gegenüber europäischen Institutionen an Boden gewonnen.

Frühzeitig haben die Beneluxländer und die Nachbarstaaten grenzüberschreitende Regionen gegründet. Sie haben zwar kaum eigene Befugnisse – wenn man von der Einbeziehung in die seit 1991 laufenden Vergabeverfahren von Interreg-Mitteln absieht –, stellen aber eine Aufforderung zu grenzüberschreitender Zusammenarbeit dar und besitzen einen Symbolcharakter für die Zusammengehörigkeit über die Landesgrenzen hinweg. Das erste Gebiet dieser Art in Europa hieß einfach *Euregio* und wurde bereits 1958 beiderseits der deutsch-niederländischen Grenze mit Gronau als Verwaltungssitz eingerichtet. Heute durchzieht ein ununterbrochenes Band von Euregios den deutsch-niederländischen Grenzraum; neben der genannten sind dies die Euregios *Ems-*

Dollart, *Rhein-Waal*, *Rhein-Maas-Nord* und *Maas-Rhein*. Letztere ist besonders vielgestaltig, indem sie den Süden der niederländischen Provinz Limburg, die gleichnamige belgisch-flämische Provinz, die wallonische Provinz Lüttich, einschließlich der Deutschsprachigen Gemeinschaft, sowie die Stadt Aachen und die Kreise Aachen, Düren, Euskirchen und Heinsberg umfasst. An der belgisch-niederländischen Grenze wurden des Weiteren die Euregios *Scheldemond* sowie *Benelux Middengebied* eingerichtet. Verschiedene Kooperationsprojekte, insbesondere in den Bereichen Verkehr, Umwelt und Wirtschaft, führt die *Rijn-Schelde-Samernwerkingsorganisatie* durch, an der das Königreich der Niederlande, die Flämische Gemeinschaft, Küstenprovinzen, Städte und Gemeinden (darunter Rotterdam, Antwerpen, Brügge, Gent, Oostende und Breda), Handelskammern, Naturschutzverbände, Seehäfen und die Benelux-Wirtschaftsunion beteiligt sind. Beiderseits der belgisch-französischen Grenze verläuft ein ununterbrochenes Band von Ziel-3-Gebieten, in dem mit Interreg-Mitteln ein Programm „Frankreich-Wallonien-Flandern" – im Wesentlichen zur Wirtschaftsförderung – abgewickelt wird (Internet-Auftritte der Regionen).

Vielfältige Kooperationsprojekte gibt es in der *Großregion Saarland–Lothringen–Luxemburg–Rheinland-Pfalz–Wallonien*. Sie ist aus einer „Allianz der Peripherien" hervorgegangen, und zwar im 1969 erstmals so benannten Montandreick *SaarLorLux*. Im allgemeinen Sprachgebrauch wird häufiger der Begriff *Großregion SaarLorLux* verwendet, wobei hiermit das genannte erweiterte Gebiet gemeint ist. Einen gewissen Bekanntheitswert besitzen die jährlich durchgeführten „Gipfel" – der erste fand 1995 im luxemburgischen Bad Mondorf statt –, an denen der Premierminister des Großherzogtums, die Ministerpräsidenten von Rheinland-Pfalz und des Saarlandes, der wallonischen Region, der französischen und deutschsprachigen Gemeinschaft, der Präfekt der Region Lothringen, der Präsident des Regionalrats Lothringen und die Präsidenten der Generalräte der Départements Meurthe-et-Moselle und Moselle teilnehmen. Die Großregion hebt sich europaweit durch ihre einzigartige Dichte an grenzüberschreitend tätigen Institutionen ab. Die Großregion enthält zusätzlich die *EuRegio SaarLorLuxRhein* mit Sitz in Luxemburg. Wichtig für Kooperationsprojekte sind rechtliche Rahmenbedingungen für grenzüberschreitende Zweckverbände. Hierzu gehören das Anholter Abkommen von 1991 zwischen der Bundesrepublik Deutschland, Nordrhein-Westfalen, Niedersachsen und den Niederlanden, das Abkommen zwischen dem Land Nordrhein-Westfalen, dem Land Rheinland-Pfalz, der Wallonischen Region und der Deutschsprachigen Gemeinschaft Belgiens von 1995 und das Karlsruher Übereinkommen von 1996 zwischen Frankreich, Deutschland, Luxemburg und der Schweiz. Der 1998 unter den Bedingungen des Anholter Abkommens gegründete Zweckverband Eurode (*Openbaar lichaam Eurode Kerkrade/Herzogenrath*) zwischen den beiden genannten Mittelzentren ist die erste öffentlich-rechtliche grenzüberschreitende kommunale Institution in Europa (Wieger 1997; Schulz 1998; Groß et al. 2006; Görtzen 2007). Namentlich seit der Bildung der Gemeinschaftsinitiative *Interreg* im Jahre 1991, die finanzielle Mittel für grenzüberschreitende Vorhaben bereitstellt, ist eine Vielzahl von Projekten realisiert worden. Meist waren sie nicht spektakulär und spielten sich in einem kleinen Rahmen ab, aber sie haben vielfach bewiesen, dass ein derartiges Zusammenwirken Vorteile bringt. Das Spektrum der Vorhaben ist ausgesprochen breit und umfasst u. a. gemeinsame Forschungsprojekte, grenzüberschreitende Gewerbeparks, Verbesserungen im Verkehrswesen, die Abwasserwirtschaft, den Gewässerschutz, geoökologische Basispläne, den Fremdenverkehr, Hilfen für Grenzpendler sowie das Sozia- und Bildungswesen.

Bevölkerungsgeographische Entwicklungen und Strukturen

|Abb. 31| *Das Matogne-Viertel in der Region Brüssel-Hauptstadt (Gemeinde Ixelles). Dort sind etliche Geschäfte vornehmlich auf die afrikanische Kundschaft ausgerichtet.*

Überblick

■ Die Bevölkerung der Niederlande und Belgiens hat sich im Laufe des 19. Jh. annähernd verdoppelt, während Luxemburg ein wesentlich schwächeres Bevölkerungswachstum und eine im Vergleich zu den beiden anderen Staaten hohe Auswanderungsquote aufwies. Flandern war in der ersten Hälfte des 19. Jh. derart überbevölkert, dass sich schwere Ernährungskrisen einstellten. Die Mortalitätsrate im 19. Jh. wies in den drei Staaten geprägte zeitliche Schwankungen und regionale Disparitäten auf.

■ Ungeachtet rascher Verstädterung mit außerordentlicher Bevölkerungsverdichtung in den Kernstädten stellten sich bei der Bevölkerungsverteilung im 19. Jh. keine übermäßigen zentral-peripheren Gegensätze ein. Auch heute zeigt die Bevölkerungsverteilung eher ein ausgewogenes räumliches Gefüge. Die Binnenwanderung in den Beneluxländern ist heute schwach ausgeprägt, während das Pendlertum eine große Bedeutung erlangt hat. Vor allem Luxemburg übt eine große Anziehungskraft auf ausländische Arbeitskräfte aus, die als Grenzpendler ins Land kommen.

■ Flandern und Wallonien weisen spezifische bevölkerungsgeographische Merkmale auf. So setzte der demographische Übergang in Wallonien wesentlich früher ein als in Flandern. Zudem erreicht die mittlere Lebenserwartung in Flandern heute einen höheren Wert als in Wallonien. Das Wanderungsvolumen zwischen flämischen und wallonischen Bezirken ist ausgesprochen gering.

■ Die Bevölkerung der Beneluxstaaten ist durch hohe Ausländeranteile gekennzeichnet. In einzelnen Großstädten gibt es ghettoartige Bezirke mit Ausländerquoten von über 70 %. In den Niederlanden blickt die Zuwanderung aus dem Ausland auf eine jahrhundertelange Tradition zurück. Die Ausländergruppen unterscheiden sich in ihrer Fähigkeit und Bereitschaft zur Integration stark voneinander.

Niederlande

Die Bevölkerungsentwicklung seit dem Mittelalter

Der niederländische Raum zählt seit dem Mittelalter stets zu den am dichtesten besiedelten Regionen Europas. Eine besonders hohe Bevölkerungsdichte wurde in den südlichen Niederlanden im Laufe des Hoch- und Spätmittelalters und in der frühen Neuzeit in Brabant und Flandern, in den nördlichen Niederlanden in der Provinz Holland erreicht. Die südlichen Niederlande (das heutige Belgien und Luxemburg) haben gegenüber den nördlichen Niederlanden (dem gegenwärtigen Königreich der Niederlande) seit dem Mittelalter (mit der Ausnahme der ersten Hälfte des 17. Jh.) hinsichtlich der Bevölkerungszahl fast immer einen Vorsprung besessen, der kurz nach 1930 eingebüßt wurde (Tab. 1). 1850 besaß der Süden 4,7 Mio. Einwohner, der Norden 3,1 Mio.; 1950 betrugen die Zahlen 8,9 und 10 Mio. In beiden Gebieten waren die folgenden demographischen Prozesse zu beobachten: ein starker Anstieg der Bevölkerung bis zum Ende des Hochmittelalters, darauf folgend ein Rückgang bis etwa zur Mitte des 15. Jh., ein erneutes Anwachsen bis zum Ende des 17. Jh., eine relative Stagnation bis ca. 1730 und schließlich ein Anstieg bis zur Zeit der französischen Besatzung. Im 19. Jh. folgten ein sehr starkes Wachstum und der demographische Übergang mit der Entwicklung hin zu niedrigen Geburten- und Sterberaten. Abweichungen vom sonst in Europa üblichen Entwicklungsverlauf sind v. a. im 18. Jh. feststellbar, als die nördlichen Niederlande bei ökonomischer Stagnation nur ein geringes Bevölkerungswachstum zu verzeichnen hatten, sowie ab dem späten 19. Jh., als bei kräftiger Wirtschaftsentwicklung hier die Bevölkerungszahl weiterhin stetig zunahm (Erbe 1993).

Bis in die zweite Hälfte des 19. Jh. hinein war die Sterberate im Bereich des heutigen Königreiches der Niederlande im Durchschnitt hoch und wies, wie auch sonst in Europa, starke Schwankungen auf (Abb. 32). Im 20. Jh. fallen die hohen Sterberaten in den Jahren 1918 und 1945 sowie das starke Ansteigen der Geburtenraten in den Nachkriegsjahren auf (Mulder 1951, Bd. 2; Hofstee 1981). Bezeichnend sind regionale Unterschiede der Sterberate in der Mitte des 19. Jh. Bei kleinen Gemeinden spielt Zufälliges mit, aber es ist trotzdem auffallend, wie hoch sie in den Provinzen Nord- und Südholland sowie in Zeeland ist. Hier lag sie in etlichen Gemeinden in der Zeit von 1841–1860 bei über 4 %, während in ausgedehnten ländlichen Gebieten im Süden von Nordbrabant, in Drenthe und im Süden Frieslands weniger als 2 % registriert wurden (Hofstee 1981, S. 82, 64, 65; Nederlands Interdisciplinair Demografisch Instituut 2003, S. 102). Hier kommen die Probleme der Versorgung mit einwandfreiem Trinkwasser in den Niederungen der Marschen und den ehemaligen Niedermoorgebieten zum Ausdruck. In Bezirken mit ausgedehnten offenen Süßwasserflächen war zudem die Malaria endemisch.

Einen stetigen Bevölkerungsanstieg vom Ende des 18. Jh. bis in die Gegenwart hinein kennzeichnet die demographische Entwicklung der Niederlande (Abb. 33). Einem nur schwachen Anstieg von 1795 bis 1815 von 2,1 auf 2,2 Mio. folgt ein starkes Wachstum im weiteren Verlauf des 19. Jh. (www.volkstellingen.nl). Bis 1899 ist die Bevölkerung auf 5,1 Mio. angestiegen. Das beträchtliche Wachstum setzt sich im 20. Jh. fort und wird namentlich seit den Sechzigerjahren durch einen zunehmenden Außenwanderungsüberschuss unterstützt. 2001 wurde die Zahl von 16 Mio. überschritten.

Ein demographisches Kennmerkmal der Niederlande ist die über einen langen Zeitraum hinweg vergleichsweise hohe Geburtenrate. Von 1832 bis zur Gegenwart liegt sie höher als in Belgien (Hofstee 1981, S. 77; CBS; INS/NIS/Statbel) Bis 1885 bleibt die Geburtenrate auf einem hohen Niveau und schwankt von 1806 an bis dahin um einen Wert von 35 ‰. Danach geht sie langsam und kontinuierlich zurück (abgesehen von dem starken Anstieg unmittelbar nach der Beendigung des Ersten und Zweiten Weltkrieges). Noch im Zeitraum von 1961 bis 1965 liegt sie mit 21 ‰ auf dem Niveau der Jahre 1936 bis 1940. Danach wird ein steiles Abfallen bemerkbar, aber der 1976 erreichte Wert von

Jahr	Norden	Süden
1350	1,2	1,6
1450	0,8	1,1
1500	0,9	1,0
1600	1,5	1,4
1650	1,9	1,7
1700	1,9	2,0
1750	2,0	2,7
1800	2,2	3,2

Quelle: Erbe 1993, S. 19

|Tab. 1| *Die Bevölkerung in den Niederlanden von 1350 bis 1800 (Schätzwerte in Mio.)*

|Abb. 32| *Geburten- und Sterberate in den Niederlanden 1804–2006*

|Abb. 33| *Bevölkerung der Niederlande 1795–2007*

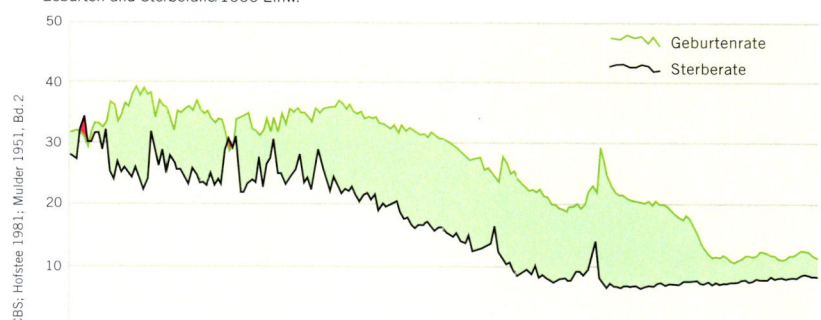

Geburten und Sterbefälle/1000 Einw.

Quelle: CBS; Hofstee 1981; Mulder 1951, Bd. 2

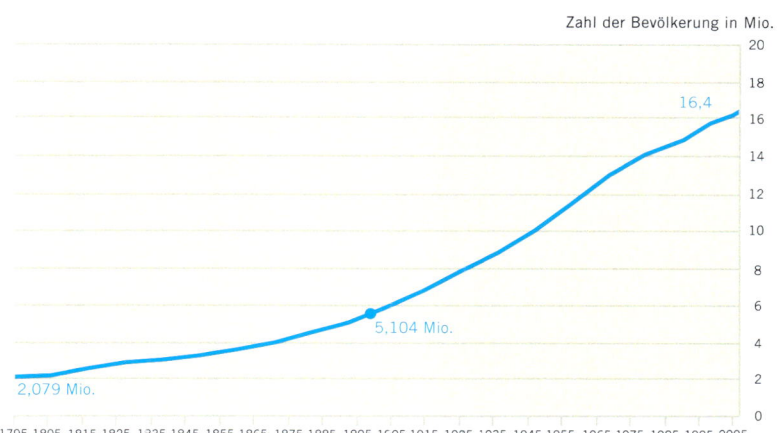

Zahl der Bevölkerung in Mio.

Quelle: CBS; Hofstee 1981

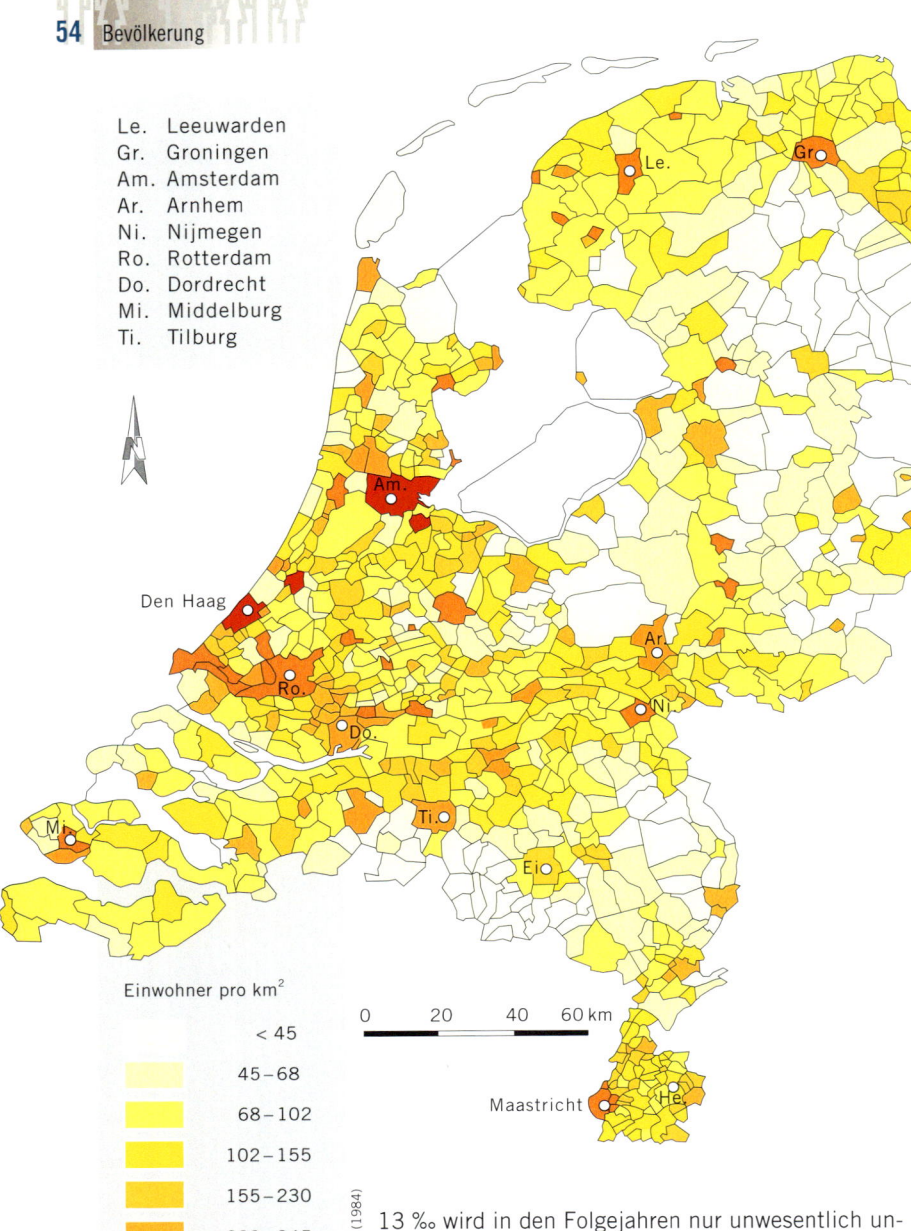

Le. Leeuwarden
Gr. Groningen
Am. Amsterdam
Ar. Arnhem
Ni. Nijmegen
Ro. Rotterdam
Do. Dordrecht
Mi. Middelburg
Ti. Tilburg

Einwohner pro km²

	< 45
	45 – 68
	68 – 102
	102 – 155
	155 – 230
	230 – 345
	345 – 520
	520 – 780
	780 – 1170

0   20   40   60 km

Quelle: Atlas van Nederland (1984)

|Abb. 34| *Die Bevölke-rungsdichte der nieder-ländischen Gemeinden (1880)*

13 ‰ wird in den Folgejahren nur unwesentlich un-terschritten, teils auch übertroffen. Der steigende Anteil von Ausländern hat mit dazu beigetragen, die Geburtenrate über ein Vierteljahrhundert hinweg an-nähernd konstant zu halten. 2006 lag sie allerdings nur noch bei 11,3 ‰ (Hofstee 1981 S. 65; Mulder 1951, Bd. 2, S. 392–393; CBS). Anders als Deutsch-land verzeichnen die Niederlande bis in die Gegen-wart hinein einen leichten, wenn auch zurückgehen-den Geburtenüberschuss. Wie auch in anderen hoch entwickelten Industrieländern ist in den Niederlan-den zwar eine Überalterung der Bevölkerung festzu-stellen, doch gehört der Quotient zwischen der Zahl der Personen ab 65 Jahren und der zwischen 15 und 64 Jahren mit 0,21 im Jahre 2005 zu den niedrigsten in den Ländern der EU. Erwartungsge-mäß werden bei der mittleren Lebenserwartung mit die höchsten Werte in Europa erreicht. 2004 betrug sie 76,4 Jahre bei der männlichen und 81,1 Jahre bei der weiblichen Bevölkerung.

Konfessionen in den Niederlanden

Bei der konfessionellen Aufteilung kann vom Beginn des 19. Jh. bis in die Gegen-wart hinein eine klare räumliche Trennung beobachtet werden, indem im Süden von Zeeuws-Vlaanderen, in Limburg, in weiten Teilen von Noord-Brabant und in einigen Enklaven der überwiegende Teil der Bevölke-rung katholisch geblieben ist. 1947 betrugen die Anteile für Limburg 94,5 % und für Nord-brabant 89,4 %, im Jahre 1986 immerhin noch 72,1 % bzw. 57,8 %. Die Verbreitungskar-te für 1986 lässt eine ausgeprägte Persistenz erkennen, indem sie immer noch die Frontlinie des *Twaalfjarig Bestand* (1609–1621), süd-lich derer Spanien seinen Einfluss geltend machen konnte, widerspiegelt (Knippenberg 1992, S. 18, 174 u. 184). Im Laufe der 1950er-Jahre hat in den Niederlanden die Zahl der Ka-tholiken die der Protestanten überholt. 2004 be-stand bei der Bevölkerung, die 18 Jahre oder älter war, die folgende Aufteilung: Katholiken 30 %, Her-vormd 12 %, Gereformeerd 6 % (im 19. Jh. hatte sich die Reformierte Kirche in die liberale „Neder-lands Hervormde Kerk" und die streng calvinistische „Gereformeerde Kerk" aufgespalten), sonstige Reli-gionsgemeinschaften 11 %, Konfessionslose 41 %. 2004 lebten in den Niederlanden insgesamt 901 000 Moslems, von denen fast 328 000 tür-kischer und 296 000 marokkanischer Herkunft wa-ren. Die Zahl der Hindus betrug 98 000. Fast 85 % von ihnen sind surinamesischer und 10 % indischer Abstammung. Gegenwärtig beläuft sich die Zahl der Juden auf 20 000–25 000, 1940 waren es noch 140 000 (www.esnoga.com).

Bevölkerungsverteilung

Schon 1795 waren die Niederlande mit 64 Einwoh-nern/km² im europäischen Vergleich ein dicht be-völkertes Land. 2007 besitzen die Niederlande mit 484 Einwohnern/km² im Vergleich mit anderen Flä-chenstaaten (nach Bangladesch und Taiwan) den dritthöchsten Dichtewert der Erde. Betrachtet man die Bevölkerungsdichte der Gemeinden der Nieder-lande in zeitlichen Querschnitten seit 1880 (CBS; Atlas van Nederland 2003/2005), so fällt die regio-nal stark unterschiedliche Zunahme der Dichtewerte auf. Eine außergewöhnlich hohe Verdichtung vollzog sich in der Randstad, während man in den Provin-zen Friesland, Groningen, Overijssel, Drenthe, Zee-land und in Zuid-Holland zwischen Grevelingen und Haringvliet heute noch größere zusammenhängende Gebiete mit vergleichsweise geringer Bevölkerungs-dichte vorfindet. Vom einstigen, 1880 noch deutlich wahrnehmbaren Band dünner Besiedlung der Sand-gebiete im Süden von Noord-Brabant (Abb. 34) un-weit der belgischen Grenze sind nur noch Relikte übrig geblieben. Dasselbe gilt für die frühere Berg-bauregion in Südlimburg. Mit dem Bemühen einer stärkeren Industrialisierung der Provinz Zeeland im Zuge von Regionalförderungsmaßnahmen seit den 1960er-Jahren sind im Viereck Terneuzen–Vlissingen–Middelburg–Goes Verdichtungsprozesse in Gang gesetzt worden. Mit bedingt durch das jüngere Konzept der kompakten Stadt, die von der Planung gewollte Verbindung von City- und Wohnfunktion sowie durch eine Konzentration bei älteren Wohnbauten erreichen heutzutage einzelne Stadtgemeinden sehr hohe Dichtewerte (Abb. 35). Den Haag und die Nachbargemeinde Voorburg kommen auf 6500 bzw. 6100 Einwohner/km², Leiden auf 5300, Haarlem auf 5000, Amsterdam auf 4500, Gouda auf 4200 und die *new town* Zoetermeer auf 3100, während z. B. alle Ruhrgebietsstädte unter 3000 liegen.

Bei der Rangordnung der Provinzen hinsichtlich der Bevölkerungsdichte (Tab. 2) haben sich von 1830 bis 2006 nur geringfügige Verschiebungen ergeben; der Rang-Korrelationskoeffizient für die Werte dieser beiden Jahre beträgt immerhin 0,81. Zuid-Holland, Noord-Holland und Utrecht haben ihre führende Stellung innerhalb der Niederlande behalten, während die von jeher ländlich-kleinstädtisch geprägte Provinz Drenthe auf dem letzten Platz geblieben ist. Overijssel ist in der Rangskala wegen der Industrialisierung in der Twente-Region beträchtlich aufgestiegen.

Bei der Verteilung der Bevölkerung auf die Provinzen in Relation zu ihrer flächenmäßigen Ausdehnung beobachtet man 1830 zwar eine ungleichgewichtige Struktur, aber die Abweichung von einer gleichmäßigen Verteilung ist nicht besonders groß. Dies zeigen die Lorenzkurve und der Gini-Koeffizient von nur 0,23 (Abb. 36). Im Zuge der Verstädterung im Laufe des 19. Jh. wird die Bevölkerungsverteilung etwas ungleichmäßiger. Der Gini-Koeffizient steigt bis 1899 auf 0,29. Dies bringt zum Ausdruck, dass zunehmende zentral-periphere Unterschiede auch auf der Provinzebene feststellbar sind, diese aber aufgrund einer eher po-

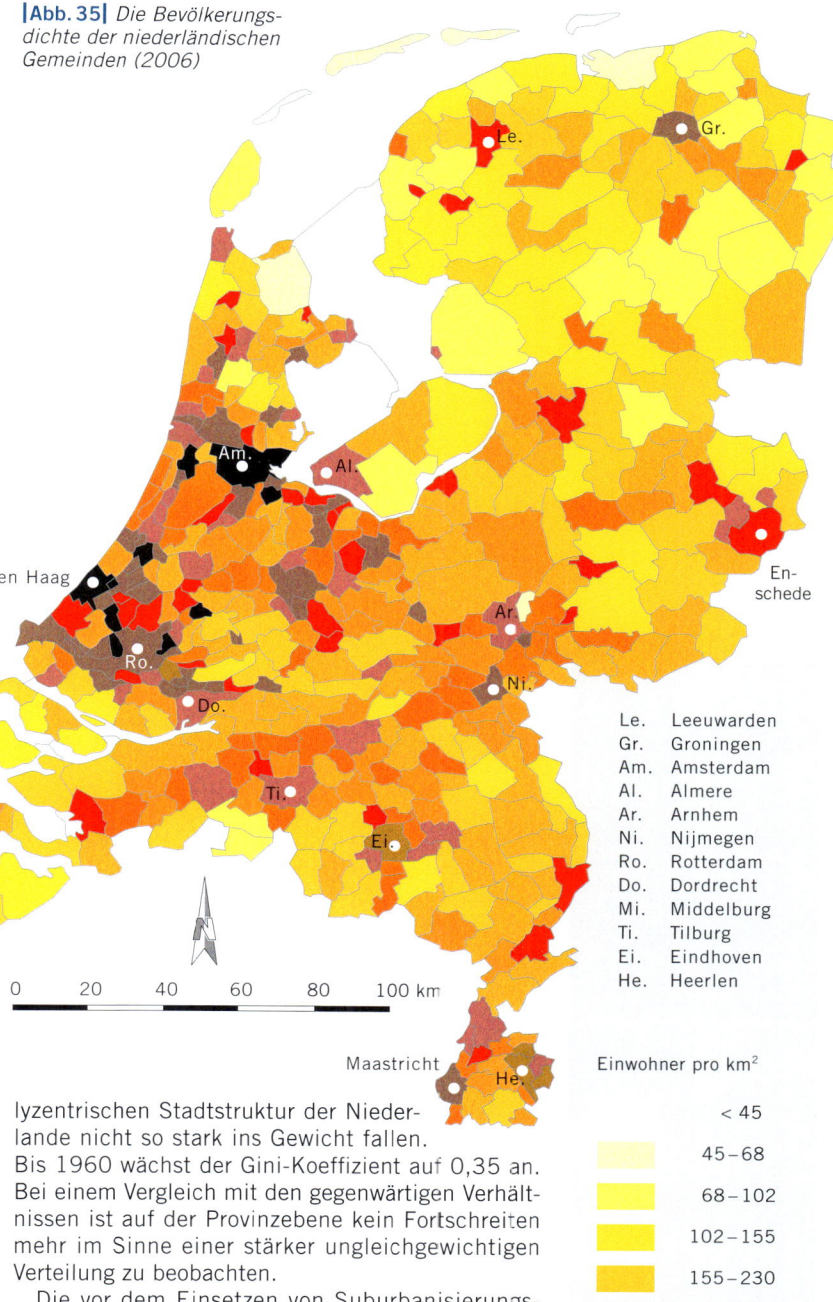

|Abb. 35| *Die Bevölkerungsdichte der niederländischen Gemeinden (2006)*

Le. Leeuwarden
Gr. Groningen
Am. Amsterdam
Al. Almere
Ar. Arnhem
Ni. Nijmegen
Ro. Rotterdam
Do. Dordrecht
Mi. Middelburg
Ti. Tilburg
Ei. Eindhoven
He. Heerlen

Den Haag

En-schede

Maastricht

0 20 40 60 80 100 km

Einwohner pro km²

< 45
45–68
68–102
102–155
155–230
230–345
345–520
520–780
780–1170
1170–1760
1760–2650
2650–4000
> 4000

lyzentrischen Stadtstruktur der Niederlande nicht so stark ins Gewicht fallen.
Bis 1960 wächst der Gini-Koeffizient auf 0,35 an. Bei einem Vergleich mit den gegenwärtigen Verhältnissen ist auf der Provinzebene kein Fortschreiten mehr im Sinne einer stärker ungleichgewichtigen Verteilung zu beobachten.

Die vor dem Einsetzen von Suburbanisierungs- und Rurbanisierungsprozessen zunehmende Konzentration der Bevölkerung in urbanen Agglomerationen kann anhand von statistischen Indikatoren gut verfolgt werden. 1830 lebte 16,8 % der Bevölkerung in Gemeinden, die jeweils mehr als 1 % der Einwohnerzahl des Reiches enthielten, 1909 waren es schon 27 %. Von 1830 bis 1909 stieg die Bevölkerung von Amsterdam von 202 364 auf 566 131 an, die von Rotterdam noch steiler, und zwar von 72 294 auf 417 989, die von Den Haag von 56 105 auf 271 280 (Mulder 1951, Bd. 2, S. 186). Von 1889 bis 1940, einer Epoche, in der die beiden sog. industriellen Revolutionen der Niederlande lie-

Provinz	1830	1899	1960	2006
Zuid-Holland	158	380	899	1229
Noord-Holland	166	347	736	976
Utrecht	97	182	493	852
Limburg	84	128	402	526
Noord-Brabant	68	108	292	491
Gelderland	61	111	250	397
Overijssel	53	100	232	335
Groningen	67	127	202	246
Flevoland				261
Zeeland	83	121	158	213
Friesland	63	103	144	192
Drenthe	24	56	117	183

|Tab. 2| *Die Bevölkerungsdichte der niederländischen Provinzen, 1830–2006 (Einwohner/km²)*

|Abb. 36| *Lorenzkurven der Bevölkerungsverteilung in den niederländischen Provinzen (1830–2007)*

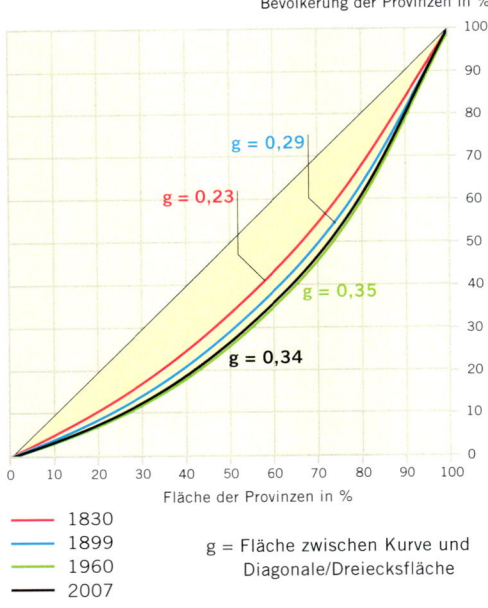

Bevölkerung der Provinzen in %

g = 0,29

g = 0,23

g = 0,35

g = 0,34

Fläche der Provinzen in %

— 1830
— 1899
— 1960
— 2007

g = Fläche zwischen Kurve und Diagonale/Dreiecksfläche

Datengrundlage: CBS

gen, fällt der Aufstieg junger Industrieorte auf – mit einer Zunahme der Einwohnerzahlen in Eindhoven von 4565 auf 113 126, in Heerlen von 5350 auf 50 498 und in Enschede von 15 229 auf 91 498. Enschede war schon vorher durch die Textilindustrie gewachsen und hatte 1830 nur 3253 Einwohner besessen.

Im Zuge der Urbanisierungsprozesse erreichte Amsterdam eine ausgesprochen hohe Bevölkerungsdichte. Sie belief sich 1899 auf 11 000 Einwohner/km². Die Zahl der niederländischen Gemeinden nahm von 1840 bis 1899 nur unwesentlich ab (von 1216 auf 1121). Währenddessen haben sich die Verteilung der Bevölkerung auf diese Distrikte und die Bevölkerungsdichte wesentlich geändert. 1840 lebte 14 % der niederländischen Bevölkerung in Gemeinden mit mehr als 100 000 Einwohnern und 44 % noch in Gemeinden mit 5000 oder weniger Einwohnern. Bis 1899 war der erstgenannte Anteil bereits auf 22 % gestiegen, der zweite auf 34 % gesunken (www.volkstellingen.nl). Bis 1939 hatte sich die Zahl der Gemeinden wiederum nur leicht reduziert (auf 1054). Der Anteil der Bevölkerung in Gemeinden mit 5000 Einwohnern und weniger betrug zu dieser Zeit nur noch 18,2 %, der in der höchsten Kategorie 27,9 %. Amsterdam, Rotterdam und Den Haag, die drei größten Städte des Landes, waren weiter gewachsen und zählten 1940 jeweils 800 594, 619 686 und 504 262 Einwohner (Mulder 1951, Bd. 2, S. 422).

Wegen der Gemeindefusionen sind für die letzten Jahrzehnte langfristige Vergleiche teilweise schwierig, aber es ist doch bezeichnend für die Umkehr der vom Beginn des 19. Jh. bis in die 1950er-Jahre hinein andauernden Konzentrationsvorgänge, dass Amsterdam, Rotterdam und Den Haag 2001 weniger Einwohner zählten als vor dem Zweiten Welt-

krieg. Von 1950 bis 1960 war die Bevölkerung in den drei großen Städten noch kräftig angestiegen, aber dann erfolgte aufgrund von Suburbanisierungs- und Rurbanisierungsprozesse und des Wachstums von Entlastungspolen eine deutliche Umkehr. Es ist aber im Laufe der 1980er-Jahre gelungen, diese Entwicklung anzuhalten und sie wieder in die andere Richtung zu lenken. Unter dem Planungskonzept der kompakten Stadt haben binnenstädtischer sozialer Wohnungsbau und Stadterneuerung dazu beigetragen sowie eine verstärkte Nachfrage nach Wohnraum durch den Zuzug von Ausländern.

Der Wandel von einer Konzentration zu einer stärkeren regionalen Verteilung der Bevölkerung ist offenkundig. Die führende Rolle der Provinzen Nord- und Südholland ist zwar noch vorhanden, aber nicht mehr so deutlich ausgeprägt wie im Zeitraum von 1920 bis 1960. Ihr Anteil an der niederländischen Bevölkerung betrug 43 % im Jahre 1920 und 42 % im Jahre 1960 und sank bis 2006 auf 37 %. Eindrucksvoller ist der relative demographische Bedeutungsverlust der vier größten niederländischen Gemeinden Amsterdam, Rotterdam, Den Haag und Utrecht. 1960 lebten dort 22 % der niederländischen Bevölkerung und 2006 trotz leichter Vergrößerung der Gesamtfläche der Gemeinden 13 % (bei einem Absinken der Einwohnerzahl von 2,5 auf 2,1 Mio.). Typisch für die Verstädterung nach dem Zweiten Weltkrieg ist der rapide Aufstieg einiger Entlastungspole. Zoetermeer (Südholland), 1960 noch halb dörflich mit 10 000 Einwohnern, zählt 116 979 Menschen im Jahre 2006; in den „ex nihilo" entstandenen Planstädten Lelystad und Almere leben 71 447 bzw. 178 466 Personen (2006).

Binnenwanderung in den Niederlanden
Die Binnenwanderung in den Niederlanden seit dem Ende des Zweiten Weltkrieges zeigt keine so stark ausgeprägten zentral-peripheren Gegensätze, wie sie in anderen Ländern oft sichtbar werden, dafür aber zwar ein beträchtliches Wanderungsvolumen zwischen den Provinzen, im Vergleich dazu jedoch geringe Wanderungssalden, d. h. eine niedrige Wanderungseffektivität. Etwas deutlicher traten zentral-periphere Gegensätze hervor, als in der Zeit vom Ende des Zweiten Weltkrieges bis zum Ende der Sechzigerjahre ländliche Gemeinden in Zeeland, in einem zusammenhängenden Gebiet im Norden Frieslands, im Norden und Osten Groningens und in einigen wenigen Fällen auch in Drenthe und Nordholland eine Abnahme der Bevölkerung aufgrund der Abwanderung zu verzeichnen hatten (Atlas van Nederland 1968, IX-1). In der Zeit von 1880 bis 1979 waren v. a. kleinere Gemeinden in Zeeland, Friesland und Groningen sowie im Norden von Drenthe, aber auch im zentral gelegenen Flussniederungsgebiet zwischen Waal und Lek für eine Abwanderung anfällig (Atlas van Nederland 1984). Auf der Ebene der Provinzen fällt im Jahre 2006 ein größerer positiver Wanderungssaldo in Relation zum Wanderungsvolumen (32 454 Personen) bei Flevoland (mit dem Wachstumspol Almere) auf (Tab. 3), wobei

die stärkste Zuwanderung aus der Provinz Nordholland erfolgte. Eine etwas größere Unausgewogenheit findet man auch bei Südholland mit 143 539 Ab- und 136 492 Zuwanderungen bei vergleichsweise großer Zahl von Fortzügen nach Nordholland, Utrecht, Gelderland und Nordbrabant. In Relation zur Gesamtbevölkerung ist der Saldo für Südholland aber gering. Nordholland besitzt einen positiven Saldo von 1326 bei größerer Abwanderung nach Südholland, Flevoland und Utrecht. Diese Abwanderung spiegelt Überlaufeffekte sehr dicht besiedelter Regionen wider. Insgesamt weist das Migrationsmuster der Niederlande auf eine ausgewogene Raumstruktur hin.

Internationale Wanderung

Die Ansiedlung von Ausländern in den Niederlanden blickt auf eine lange Tradition zurück. Für europäische Einwanderer waren die Niederlande im 17. Jh. während des „Gouden Eeuw" sehr attraktiv. Nicht nur Glaubensflüchtlinge ließen sich in den Niederlanden nieder, sondern auch viele Migranten, die durch die Wirtschaftskraft des Landes, namentlich der großen Städte, angezogen wurden. An dem außerordentlichen Städtewachstum – die Bevölkerungszahl stieg in Amsterdam, Leiden, Haarlem, Rotterdam, Delft und Den Haag zwischen 1635 und 1672 von insgesamt 274 000 auf 421 000 an – hatten ausländische Migranten einen beträchtlichen Anteil. Protestantische Deutsche, sephardische und aschkenasische Juden (Abb. 37), Hugenotten, Skandinavier sowie protestantische Flamen und Wallonen bildeten wichtige Einwanderergruppen (Israel 1995, S. 621–626). Mit „sephardisch" werden in Spanien und Portugal geborene Juden bezeichnet. 1492 wurden die Juden aus Spanien vertrieben; viele flüchteten nach Portugal. Etliche Nachfahren kamen seit dem Ende des 16. Jh. nach Amsterdam. Aschkenasische Juden wanderten im 17. Jh. aus Mittel- und Osteuropa in die Niederlande ein (www. esnoga.com; www.saudades.org).

In der langen Stagnationsphase, die auf das „Gouden Eeuw" folgte, verminderte sich die demographische Bedeutung der Einwanderung beträchtlich. Von 1815 bis 1850 lässt sich ein Wanderungsgewinn von 130 000 bei der Außenwanderung berechnen, namentlich weil aufgrund des vergleichsweise hohen Lohnniveaus deutsche und in geringerem Maße auch belgische Arbeitskräfte von den Niederlanden angezogen wurden (Hofstee 1981, S. 89). Die Einwanderung blieb auch noch nach dem industriellen Aufschwung ab ca. 1870 ein untergeordneter Faktor. Die Volkszählung von 1899 gibt lediglich 52 989 Ausländer (1 % der Bevölkerung) an; 60 % waren Deutsche, von denen ein Drittel in der Provinz Limburg lebte (www.volkstellingen. nl). Die Auswanderung in überseeische Gebiete fiel – anders als in Deutschland, Skandinavien, Großbritannien und Irland – zahlenmäßig kaum ins Gewicht. Von 1865 bis zum Zweiten Weltkrieg nahm das jährliche Wanderungsvolumen bezogen auf die Kolonien stetig zu und erreichte am Ende der Epo-

Provinz	Ab-wande-rung	Zu-wande-rung	Bevölke-rung (in Tausend)	Netto-wande-rungs-rate (‰)	Zielprovinz Nr. 1 der Abwanderung
Groningen	30 518	30 598	574,0	+0,14	Drenthe
Friesland	27 414	26 958	642,2	−0,71	Groningen
Drenthe	18 320	19 449	484,5	+2,3	Groningen
Overijssel	36 842	37 065	1113,5	+0,2	Gelderland
Flevoland	15 593	16 861	370,7	+3,4	Noord-Holland
Gelderland	79 269	78 953	1975,7	−0,16	Utrecht
Utrecht	57 087	61 894	1180,0	+4,1	Noord-Holland
Noord-Holland	109 098	111 234	2606,6	+0,8	Zuid-Holland
Zuid-Holland	143 539	136 492	3458,9	−2,0	Noord-Holland
Zeeland	13 635	13 950	380,2	+0,8	Zuid-Holland
Noord-Brabant	86 137	85 073	2415,9	−0,4	Zuid-Holland
Limburg	41 853	40 778	1131,9	−0,9	Noord-Brabant

Quelle: CBS

|Tab. 3| *Summe der Ab- und Zuwanderung, Bevölkerung, Nettowanderungsrate und wichtigste Zielgebiete der Migranten, bezogen auf die niederländischen Provinzen (2006)*

che ca. 30 000, wobei der Wanderungssaldo – bei einem kleinen Wanderungsgewinn innerhalb der gesamten Periode – teils negativ, teils positiv ausfiel (Hofstee 1981, S. 91). Beträchtlich war vor dem Ersten Weltkrieg die Anziehungskraft des Ruhrgebietes. 1910 wurden dort ca. 100 000 niederländische Arbeitskräfte, vornehmlich aus dem Osten des Landes, gezählt (Knippenberg & de Pater 1997,

|Abb. 37| *Portugees Israë-litische Synagoge in Amsterdam, 1675 von sephardischen Juden eingeweiht. Hier finden auch heute noch Gottesdienste statt. Amsterdam hat über die Jahrhunderte hinweg immer wieder Flüchtlinge aufgenommen. Im 17. Jh. war Amsterdam die erste Stadt in Europa, in der die jüdische Bevölkerung nicht in einem abgeschlossenen Ghetto wohnen musste.*

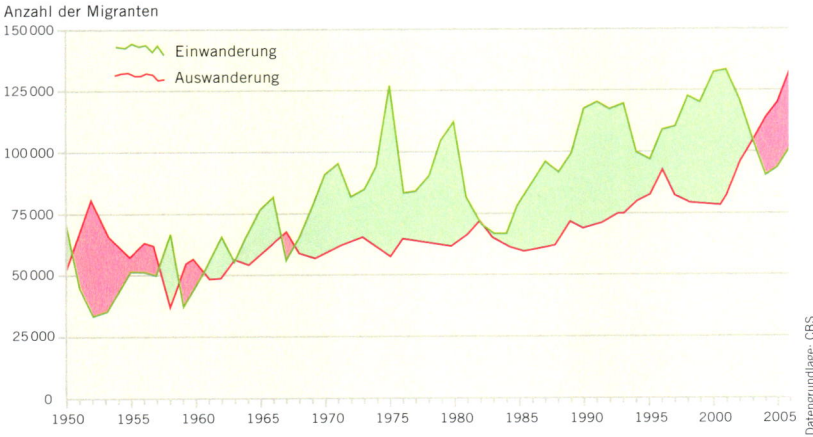

Anzahl der Migranten

Datengrundlage: CBS

|Abb. 38| *Die Außenwanderung der Niederlande (1950–2006)*

S. 84). 1930 lebten in Nord- und Südamerika, in Südafrika und in Australien 160 000 Menschen, die in den Niederlanden geboren waren, in Europa außerhalb der Niederlande mindestens 176 000 (Mulder 1951, Bd. 2, S. 403). Insgesamt wird der Wanderungsverlust der Niederlande in der Zeit von 1840 bis 1940 auf 250 000 geschätzt (Mulder 1951, Bd. 2, S. 402), eine geringe Zahl angesichts einer Bevölkerungszunahme von 6 Millionen innerhalb dieser hundert Jahre.

Die Zeit nach dem Zweiten Weltkrieg ist durch ein großes Wanderungsvolumen geprägt. Unter den schwierigen ökonomischen Bedingungen der Nachkriegsjahre nimmt die Auswanderung nach Kanada, in die USA, nach Australien, Neuseeland und Südafrika einen beträchtlichen Umfang an. Die Außenwanderungsbilanz wird über längere Zeit negativ (Abb. 38). Zwischen 1950 und 1959 stand eine Einwanderung von 486 000 einer Auswanderung von 621 000 Personen gegenüber. Mit 52 000 Emigranten wurde 1952 der Höhepunkt der Auswanderung erreicht. Die Remigration bei dieser überseeischen Wanderungsbewegung war beträchtlich, doch bleibt für die Zeit von 1946 bis 1975 bezüglich der fünf genannten Regionen ein negativer Saldo von etwa 400 000. Zum beträchtlichen Umfang der Wanderungsbilanz tragen namentlich in den Fünfzigerjahren die Repatriierung der Niederländer aus der 1949 aufgegebenen Kolonie Niederländisch-Indien bei sowie die parallel dazu stattfindende Zuwanderung von Indonesiern. Bezüglich der Region errechnet sich für den Zeitraum von 1945 bis 1975 ein Wanderungsgewinn von 273 000 (Hofstee 1981, S. 92, 93). Seit dem Beginn der 1970er-Jahre wird die Einwanderung aus Indonesien unbedeutend. Surinam und die Niederländischen Antillen sind von den 1950er-Jahren bis heute ein wichtiges Herkunftsgebiet von Einwanderern. Der Höhepunkt der Einwanderung aus Surinam wurde mit 39 000 Migranten 1975 – im Jahr der Unabhängigkeit – erreicht (Hofstee 1981, S. 93), als nicht zu Unrecht die Befürchtung politischer Instabilität groß war. Auch nach der Unabhängigkeit war wegen ökonomischer und politischer Turbulenzen die Abwanderung be-

trächtlich. Sie bewirkte in Surinam sogar eine Verminderung der Einwohnerzahl zwischen 1972 und 1980 von 380 000 auf 355 000 (Buddingh 1999, S. 301).

Die „Allochtonen" in den Niederlanden

In den 1960er-Jahren gewannen Gastarbeiterwanderungen an Bedeutung mit Herkunftsgebieten in Südeuropa, in der Türkei und in Marokko. Nach dem Anwerbestopp von 1973 wurde die Zuwanderung v. a. durch den Familiennachzug bestimmt. Die beschriebene Einwanderung hat in den Niederlanden ein diversifiziertes ethnisches Mosaik entstehen lassen. Durch die amtliche Statistik über die *allochtonen* wird es zum größten Teil erfasst. Die Bezeichnung *allochtoon* wird den Wörtern *vreemdeling* (Fremder) oder *buitenlander* (Ausländer) vorgezogen, weil diese einen diskriminierenden Beigeschmack haben könnten. *Allochtoon* im Sinne der niederländischen Statistik ist eine Person, die in den Niederlanden wohnt, in das gemeindliche Personenregister aufgenommen ist und von der mindestens ein Elternteil im Ausland geboren wurde. Asylbewerber und Flüchtlinge werden gesondert erfasst. Die „Allochtonen" machen 2006 einen Anteil von 19,3 % der niederländischen Bevölkerung aus. Von den rund 3,1 Mio. Allochtonen stammen 1,3 Mio. aus Europa. Die bedeutendsten Herkunftsländer sind Indonesien, Deutschland, die Türkei, Surinam, Marokko sowie die Niederländischen Antillen und Aruba (Tab. 4). Es bestehen große regionale Unterschiede bei der Verbreitung der Allochtonen. In einzelnen ländlich oder kleinstädtisch geprägten Gemeinden findet man noch Anteile von unter 5 %. Im Norden der Niederlande weisen Groningen und Hoogezand-Sappemeer größere Werte auf, in Overijssel die Industrieregion Almelo-Hengelo-Enschede sowie Deventer und Zutphen. Auffallend hohe Anteile bestehen in Grenzgemeinden von Zeeland und Noord-Brabant. Dies hängt vornehmlich damit zusammen,

Land	Anzahl der Zugewanderten
Indonesien	389 940
Deutschland	381 186
Türkei	368 600
Surinam	333 504
Marokko	329 493
Niederländische Antillen u. Aruba	129 965
Belgien	112 224
Großbritannien	75 686
Polen	51 339
China	45 298
Summe der Zugewanderten aus den oben genannten Ländern	2 217 235
Alle Herkunftsländer	**3 170 406**

|Tab. 4| *Die zehn wichtigsten Herkunftsländer der in den Niederlanden lebenden Ausländer (2007)*

Quelle: CBS

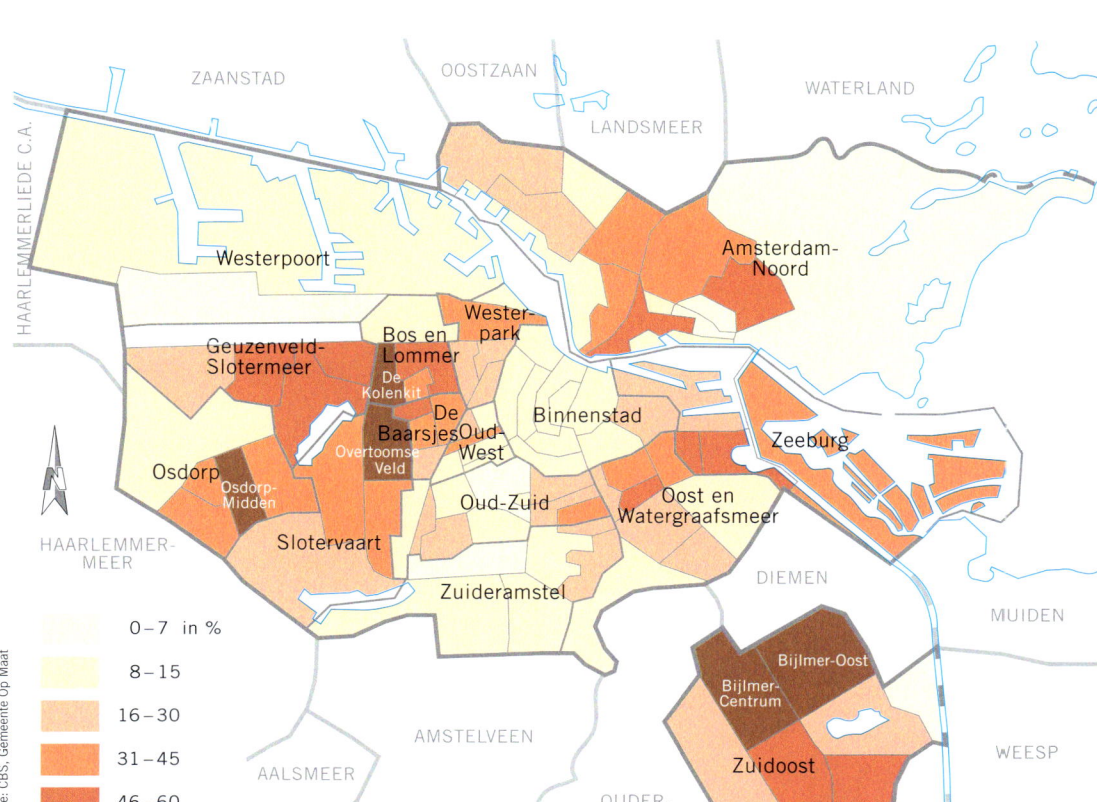

Datengrundlage: CBS, Gemeente Op Maat

|Abb. 39| *Anteil der nicht westlichen Allochtonen in den* buurten *(Vierteln) von Amsterdam, 2005*

dass Flamen in den Niederlanden geheiratet haben oder dort mit einem niederländischen Partner zusammenwohnen. Sehr hohe Quoten weisen auch verschiedene grenznahe Gemeinden in Limburg auf, v. a. Vaals, Kerkrade, Landgraf, Bussum und Heerlen. Etliche Deutsche, die im Aachener Raum oder im Kreis Heinsberg arbeiten, haben sich wegen der lange Zeit relativ günstigen Wohnverhältnisse in diesen und anderen grenznahen niederländischen Gemeinden niedergelassen. Daneben haben aber auch Niederländer in grenznahen Ortschaften in Belgien (insbesondere in Essen, Meerle, Poppel und Lommel) und in Deutschland (namentlich in Selfkant, Kranenburg, Bad Bentheim und Bunde) ihren Wohnstandort gewählt (van Houtum & Gielis 2006). Vergleichsweise hohe Anteile von Allochtonen verzeichnet das nordbrabantische Städteband. Vor allem aber findet man Konzentrationen in der Randstad, insbesondere in Rotterdam, Schiedam, Den Haag, Wassenaar, Amsterdam, Diemen, Amstelveen, Almere und Utrecht. 30 % der Allochtonen leben in den vier größten Städten der Niederlande, aber nur 13 % der Gesamtbevölkerung der Niederlande wohnen dort. Für die *niet-westerse allochtonen* (die nicht aus Europa und nicht aus einem außereuropäischen Industrieland sowie nicht aus Indonesien stammen) beträgt die Quote sogar 39,3 %. Die niederländischen Städte mit den höchsten Anteilen von nicht westlichen Allochtonen sind Rotterdam, Amsterdam, Den

Haag, Almere, Schiedam, Diemen, Utrecht, Lelystad, Arnhem und Dordrecht. In allen der vier großen Städte der Randstad existieren „wijken" (Wohnbezirke), in denen die Anteile der nicht westlichen Allochtonen zwischen 60 und 70 % liegen. In Ausnahmefällen werden noch höherere Werte erreicht, so in Spangen (Rotterdam) mit 80 %, in De Kolenkit und in Bijlmer-Centrum (Amsterdam; Abb. 39) mit 79 bzw. 80 % sowie in Schildersbuurt und Transvaalkwartier (Den Haag) mit >80 %. Insgesamt beträgt 2007 der Anteil der nicht westlichen Allochtonen in Amsterdam 35 %, in Rotterdam 36 %, in Den Haag 33 % und in Utrecht 21 %. Einzelne Quartiere mit besonders hohen Anteilen von nicht westlichen Allochtonen repräsentieren ein Stück Dritte Welt inmitten eines sonst wohlhabenden städtischen Umfeldes.

Bei den nicht westlichen Allochtonen sind bestimmte regionale Präferenzen je nach ethnischer Zugehörigkeit zu erkennen. 72 % der Surinamesen lebten 2007 in Gemeinden mit mehr als 100 000 Einwohnern, desgleichen 66 % der Marokkaner, 62 % der Allochtonen der Antillen und 60 % der Türken. Surinamesen sind in den neuen Planstädten Zoetermeer und Almere auffallend stark vertreten und bilden mehr als 40 % der genannten Gruppe. Viele Surinamesen sind in den letzten Jahren von Amsterdam nach Almere verzogen, das insgesamt einen Anteil von 26 % an nicht westlichen Allochtonen aufweist. Türken sind stark in den vier großen Städten vertreten. Ihr Anteil unter den nicht westlichen Allochtonen ist in den industriell geprägten Städten Zaanstad (nördlich von Amsterdam) mit 47 % und außerhalb der Randstad in Enschede mit 40 % auffallend hoch. Amsterdam ist für die Marokkaner die Gemeinde, in der sie absolut die größte Bevölkerungszahl, nämlich 65 462, besitzen. Ihr relativer Anteil unter den nicht westlichen Allochtonen ist mit über 40 % in Utrecht am größten. In jüngerer Zeit sind sie verstärkt von Amsterdam nach Almere abgewandert. Allochtone von den Antillen und von Aruba sind besonders häufig im Raum Rotterdam und Den Haag anzutreffen.

Die berufliche Integration der nicht westlichen Allochtonen ist nur unvollkommen gelungen. Zwar profitierten sie auch von der starken Reduzierung der Arbeitslosigkeit in den 1990er-Jahren – bei den nicht westlichen Allochtonen sank die Arbeitslosenquote zwischen 1996 und 2006 von über 20 % auf 15,5 % –, aber damit liegt sie immer noch weit über dem Landesdurchschnitt von 6,8 %. Bei den vier großen Gruppen nicht westlicher Allochtonen ist die Arbeitslosigkeit unter den Marokkanern am größten und unter den Surinamesen am geringsten. Überrepräsentiert im Vergleich zum nationalen Durchschnitt sind bei den Arbeitnehmern Türken in der Industrie, während Marokkaner und Surinamesen nicht weit vom Mittel entfernt sind; Arbeitnehmer von den Antillen liegen darunter. Stark überrepräsentiert sind die vier großen Gruppen und die übrigen nicht westlichen Allochtonen in der Sparte *zakelijke dienstverlening* (geschäftliche Dienstleistungen), Marokkaner und die sonstigen nicht westlichen Allochtonen außerhalb der vier Hauptgruppen auch im Bereich *horeca* (Hotels, Restaurants und Cafés). Im Gesundheitswesen sind marokkanische und türkische Arbeitnehmer stark unterrepräsentiert. Die Erwerbsquote der weiblichen Bevölkerung zwischen 15 und 65 Jahren betrug 2005 bei Türken und Marokkanern nur 31 bzw. 27 %.

Aus der *Inspectie van het Onderwijs* (Inspektion des Unterrichtswesens) für das Schuljahr 2002/03 geht hervor, dass unter den Absolventen der höheren Schulen nicht westliche Allochtone schwach vertreten sind. Dies gilt insbesondere für Türken und Marokkaner. 7,3 % der marokkanischen Abschlusskandidaten eines Jahrganges im Schulwesen wurden im Bereich *Havo* (*Hoger algemeen voortgezet onderwijs*; allgemeinbildende Sekundarschulen der Oberstufe, meist zur Vorbereitung für eine Ausbildung an einer Fachhochschule) registriert und nur 3,6 % im Sektor *Vwo* (*Voorbereidend wetenschappelijk onderwijs* – vorbereitender wissenschaftlicher Unterricht für den Besuch einer Universität – mit den Schultypen *gymnasium, atheneum* und *lyceum*). Für die Türken betrugen die Anteile 7,6 und 3,8 %. Die Quoten für die Autochtonen (Einheimischen) hingegen beliefen sich auf 11,39 % und 15,4 %. Unter den eingeschriebenen Studenten an Hochschulen (2005/06) waren nur 1,6 % Marokkaner und 1,6 % Türken zu finden. Fortschritte bei türkischen und marokkanischen Schülern der zweiten Generation werden oftmals durch Familien, deren Eltern wenig integriert sind, gehemmt, weil ein Elternteil aus dem Ausland einheiratete und erst seit einiger Zeit in den Niederlanden lebt (Dagevos et al. 2003). Insgesamt ist im Sinne der niederländischen Tradition der Toleranz ein auskömmliches Miteinander der unterschiedlichen Bevölkerungsgruppen Bestandteil des normalen Alltagslebens, doch kann man nicht die Augen davor verschließen, dass es in den letzten Jahren auch schwere Konflikte mit militanten Minderheiten gegeben hat (Dossiers des Hauses der Niederlande, Münster, www.niederlandenet.de; Daten des CBS, soweit nicht anders im Text vermerkt).

Belgien

Bevölkerungsentwicklung seit der frühen Neuzeit
Belgien gehört mit einer Bevölkerungsdichte von 346,7 Einwohnern/km² (2007) nach den Niederlanden und Malta zu den am dichtesten besiedelten Gebieten Europas. Flandern und Brabant fallen bereits in den Zählungen der frühen Neuzeit durch ungewöhnlich hohe Dichtewerte für die damaligen Verhältnisse auf. In der zweiten Hälfte des 15. Jh. besaß Flandern eine geschätzte Bevölkerungsdichte von 78 Einwohnern/km², Brabant von 40 Einwohnern/km² (Blockmans et al. 1980, S. 46). Anders als in den nördlichen Niederlanden fand im 18. Jh. im Süden ein kräftiges Bevölkerungswachstum statt. Erbe (1993, S. 19) gibt für die südlichen Niederlande eine geschätzte Bevölkerungszahl von 2 Mio. für das Jahr 1700 und von 3,2 Mio. für das Jahr 1800 an. 1831 wurde in Belgien eine Bevölkerungsdichte von 128,5 Einwohnern/km² erreicht, ein für die damalige Zeit ausgesprochen hoher Wert. Die Zeit vom Ende des 18. Jh. bis zum Beginn des Ersten Weltkrieges stellte eine Epoche eines außerordentlichen Bevölkerungswachstums dar, die in der Geschichte der Region einmalig gewesen ist. 1784 lebten schätzungsweise 2,5 Mio. Menschen im Gebiet des heutigen Belgien, 1815 ca. 3,25 Mio. (Debuisson et al. 2000, S. 9). 1910 zählte Belgien 7,424 Mio. Einwohner. Als Folge des Ersten Weltkrieges und der Pandemie der Spanischen Grippe von 1918 ging die Bevölkerung bis 1920 leicht zurück, und zwar auf 7,406 Mio. (Abb. 40). Im Zeitraum von 1921 bis 1930 wurde letztmals mit einem Wert von über 0,8 % eine in der Größenordnung des 19. Jh. liegende jährliche Wachstumsrate verzeichnet.

In der ersten Hälfte des 19. Jh. ging das Bevölkerungswachstum in Flandern über die agrarische Tragfähigkeit der Region hinaus. Die Ernährungskrisen zwischen 1845 und 1856 (Debuisson et al. 2000, S. 13) dokumentierten dies. Im 19. Jh. sowie

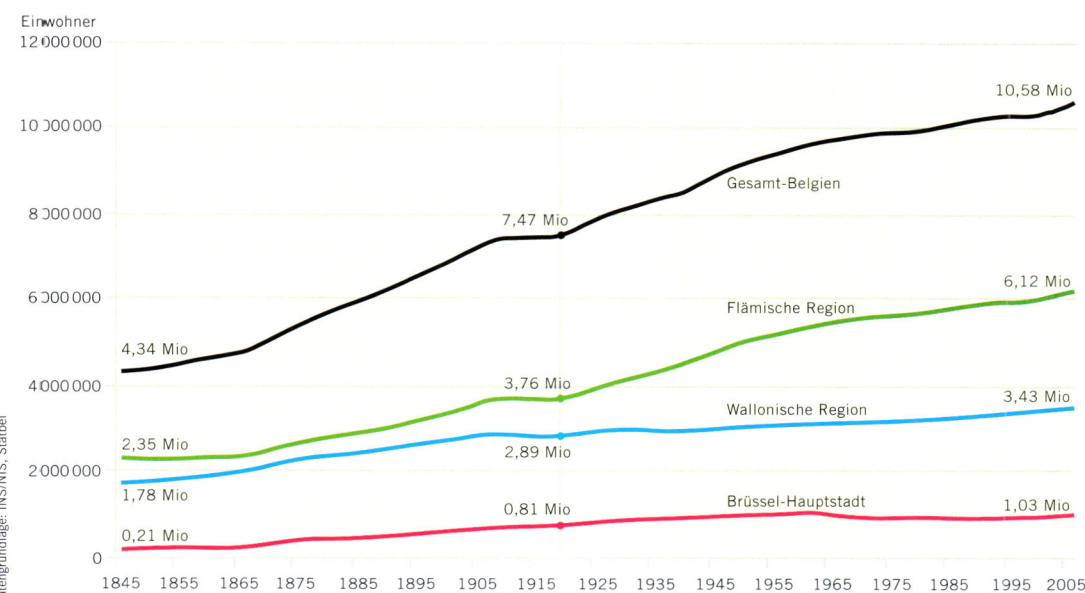

Datengrundlage: INS/NIS, Statbel

|Abb. 40| *Die belgische Bevölkerung von 1846 bis 2007*

von 1900 bis 1914 zeigten sich bei der rohen Sterberate signifikante regionale Unterschiede: Die Quote war in dieser Zeit in Flandern stets höher als in Wallonien, was ein ökonomisches und soziales Entwicklungsgefälle widerspiegelte. Seit 1920 beobachtet man ein umgekehrtes Verhältnis. Bei der mittleren Lebenserwartung der männlichen Bevölkerung ist der heutige Vorsprung Flanderns besonders auffällig. Im Jahre 2003 betrug sie 76,9 Jahre in Flandern, 74,0 Jahre in Wallonien und 75,8 Jahre in der Region Brüssel-Hauptstadt. Der niedrige Wert Walloniens ist wahrscheinlich noch ein Erbe der früheren Montanindustrie. Die Lebenserwartung für das Königreich insgesamt liegt bei 75,9 Jahren für die männliche und 81,7 Jahren für die weibliche Bevölkerung.

Bei der Geburtenrate zeigten sich in der Vergangenheit charakteristische Divergenzen zwischen der Entwicklung in Flandern und in der Wallonie. Seit der Mitte des 19. Jh. übertraf – nach einem schwankenden Verlauf in den Dekaden davor – die Geburtenrate Flanderns die der Wallonie (seit 1882 auch die von Brüssel-Hauptstadt) und stieg bis zum Ende des Jh. kräftig an (Abb. 41). Ab 1872 gingen in Brüssel-Hauptstadt und in Wallonien die Geburtenraten stetig zurück, während sie in Flandern noch bis zur Jahrhundertwende auf einem hohen Niveau blieben. Erst 1970 waren die Quoten wieder angeglichen. Inzwischen bestehen leichte Divergenzen im inversen Sinne. Die Unterschiede zwischen Flandern und Wallonien in der zweiten Hälfte des 19. und in den ersten Dekaden des 20. Jh. hingen damit zusammen, dass Wallonien in dieser Epoche stärker urbanisiert und industrialisiert war als Flandern und dass in den Industriezentren jener Region die Kirche früher an Einfluss verlor. Die für 2005 regist-

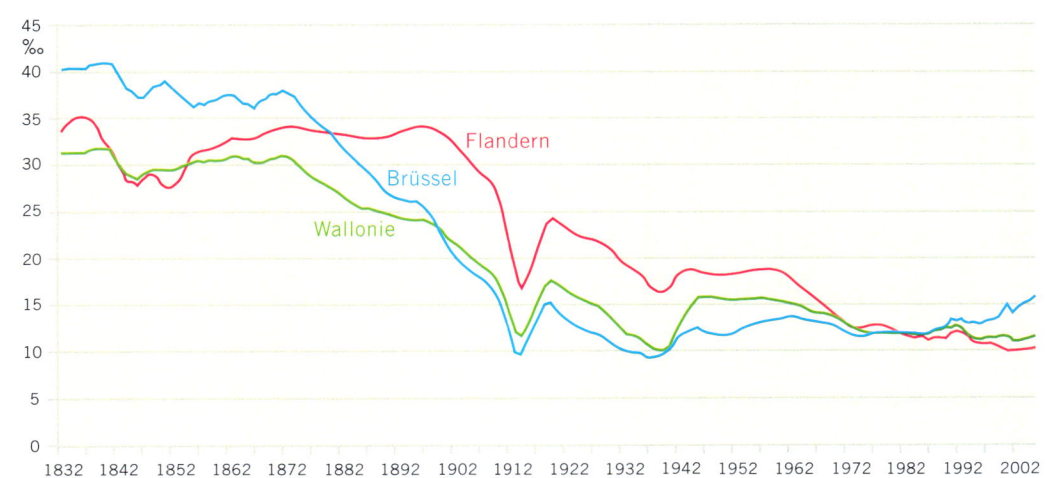

Datengrundlage: INS/NIS, Statbel

|Abb. 41| *Die Entwicklung der Geburtenrate der drei Regionen Belgiens von 1832 bis 2006*

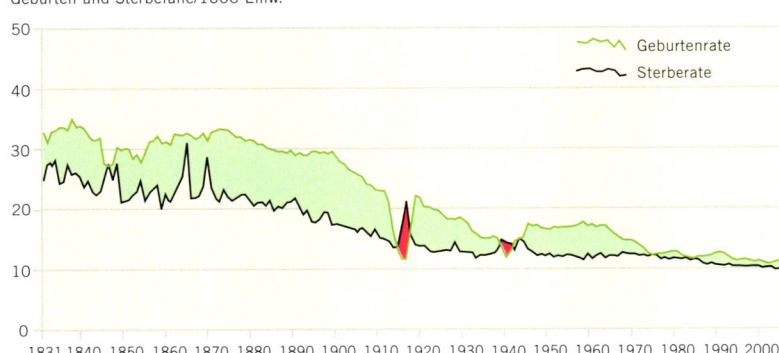

Geburten und Sterbefälle/1000 Einw.

Datengrundlage: INS/NIS, Statbel

Quelle: Debuisson et al. 2000

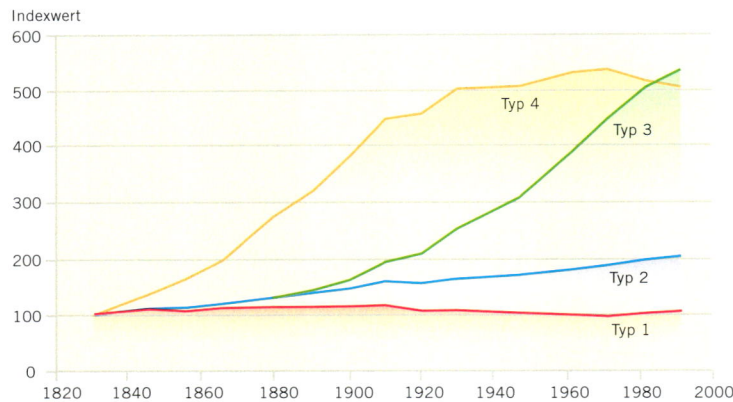

Indexwert

|Abb. 43| *Entwicklung der Bevölkerung der vier Typen von Gemeinden von 1831 bis 1991 (1831: Indexwert 100)*

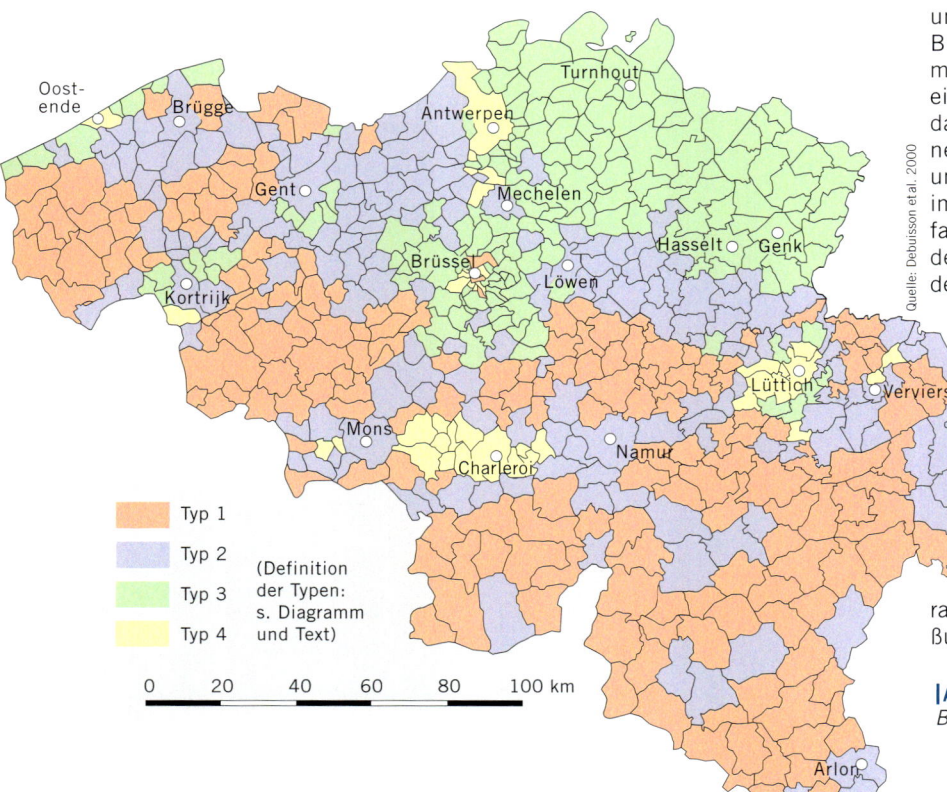

Typ 1
Typ 2
Typ 3
Typ 4

(Definition der Typen: s. Diagramm und Text)

0 20 40 60 80 100 km

|Abb. 42| *Geburten- und Sterberate in Belgien 1831–2006*

rierte Geburtenrate Belgiens (11,2‰) liegt – anders als in Deutschland – noch leicht über der rohen Sterberate (Abb. 42).

Die Bevölkerungsanteile in den drei Regionen des Königreiches haben sich seit seiner Gründung beträchtlich verschoben (Tab. 5). Hierbei sind bei den Wallonen Befürchtungen aufgekommen, innerhalb des Staates majorisiert zu werden. Ihr Bevölkerungsanteil war von 1831 bis 1866 von 39,7 % auf 43 % angestiegen. 2007 lag er nur noch bei 32,5 %, während der Flanderns 57,8 % betrug. Sehr an Bedeutung gewonnen hat – parallel zum Aufstieg der Industrie in zahlreichen Sparten und dem Aufstieg von einer provinziellen *villette* zur Metropole (Vanhamme 1978) – im Laufe des 19. Jh. die Hauptstadtregion. Ihr Anteil an der Gesamtbevölkerung des Königreiches stieg zwischen 1831 und 1900 von 3,7 % auf 9,4 %.

Interessant ist auch die Typisierung der belgischen Gemeinden nach charakteristischen Verläufen der Bevölkerungsentwicklung zwischen 1831 und 1991 (Debuisson et al. 2000). Zur ersten Gruppe (Typ 1; vgl. Abb. 43) gehören 190 Gemeinden (bezogen auf die Grenzziehung von 1991), deren Entwicklungskurve bei einem in der Summe sehr schwachen Wachstum im 19. Jh. und einer Stagnation und zeitweiligen Regression im 20. Jh. flach verläuft. Die Flächenausdehnung dieses Typs innerhalb des Königreichs ist beachtlich (Abb. 44). Die zweite Gruppe (Typ 2) umfasst 81 Gemeinden mit einem in der Summe linearen Wachstum und einer Verdoppelung der Bevölkerungszahl zwischen 1831 und 1991. Zu dieser Gruppe gehören u. a. Gent, Brügge, Kortrijk, Namur und Mons. Die 176 Gemeinden der dritten Gruppe (Typ 3) haben seit 1831 ein besonders starkes Wachstum erfahren. Ein Teil davon liegt an der Peripherie großer Agglomerationen, insbesondere von Brüssel, Antwerpen, Gent und Lüttich. Sie bilden bevorzugte Zielgemeinden im Rahmen von Suburbanisierungsprozessen. Auffallend ist die große zusammenhängende Fläche für den Typ 3 im Nordosten Belgiens. Dies hängt mit der von Antwerpen ausgehenden Siedlungserweiterung zusammen sowie mit der intensiven Industrialisierung des einst dünn besiedelten Kempenlandes seit dem Ende des 19. Jh. Zur vierten Gruppe (Typ 4) gehören 42 Gemeinden von städtischem Charakter, darunter solche der alten wallonischen Schwerindustriereviere. Deren Bevölkerungszahl war bis zum Ende des Ersten Weltkrieges rasch angestiegen. Danach verlangsamte sich das Wachstum nicht zuletzt wegen des frühen Übergangs zu niedrigen Geburtenraten. In den letzten Jahrzehnten führten die Schließung der Steinkohlenbergwerke, die Entindustriali-

Quelle: Debuisson et al. 2000

|Abb. 44| *Typologie der belgischen Gemeinden nach der Bevölkerungsentwicklung zwischen 1831 und 1991*

Jahr	Bevölkerungszahl				Bevölkerungsanteil (%)		
	Belgien	Brüssel-Hauptstadt	Flandern	Wallonien	Brüssel-Hauptstadt	Flandern	Wallonien
1831	3 786 556	140 322	2 142 006	1 504 228	3,7	56,6	39,7
1866	4 827 834	309 321	2 443 231	2 075 282	6,4	50,6	43,0
1900	6 693 546	626 075	3 325 314	2 742 157	9,4	49,7	40,9
1930	8 092 004	892 183	4 138 973	3 060 848	11,0	51,2	37,8
1970	9 650 944	1 075 136	5 416 583	3 159 225	11,1	56,2	32,7
2007	10 584 534	1 031 215	6 117 440	3 435 879	9,7	57,8	32,5

|Tab. 5| *Bevölkerungsentwicklung Belgiens und seiner Regionen*

Quelle: DEBUISSON et al. 2000; STATBEL

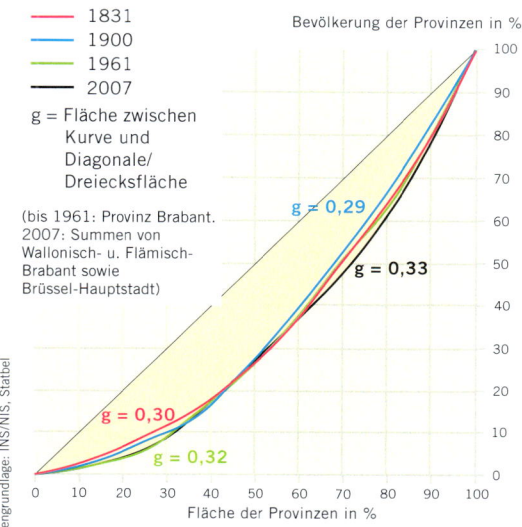

Datengrundlage: INS/NIS, Statbel

|Abb. 45| *Lorenzkurven der Bevölkerungsverteilung in den belgischen Provinzen (1831–2007)*

Josse-ten-Noode, Saint-Gilles, Koekelberg, Schaerbeek, Molenbeek-Saint-Jean und Etterbeek. Außerhalb jenes Bezirkes weisen die Gemeinden Saint-Nicolas im Lütticher Schwerindustriegebiet mit 3313 und Mortsel, eine Vorstadt Antwerpens, deren Industrieentwicklung gegen Ende des 19. Jh. begann (Hasquin 1980), mit 3132 Einwohnern/km² die höchsten Dichtewerte auf. Gering ist die Bevölkerungsdichte im vergleichsweise jungen Industrierevier des Kempenlandes, in dessen Hauptort Genk nur ein Wert von 729 Einwohnern/km² vorliegt.

Binnenwanderung

Es ist ein bezeichnendes Phänomen der Binnenwanderung in Belgien, dass Umzüge von Flandern nach Wallonien und vice versa eine zahlenmäßig geringe Bedeutung besitzen. Vor allem ist es erstaunlich, dass so wenig Migranten

sierungsprozesse sowie lokal das wenig attraktive Wohnumfeld zu Abwanderungen und einer Verminderung der Bevölkerungszahl. Weitere ehemals stärker industriell geprägte Gemeinden reihen sich in diese Gruppe ein.

Bevölkerungsverteilung

Auf der Ebene der Provinzen ist die Bevölkerungsverteilung nicht durch übermäßige Kontraste geprägt. Dies zeigen die Lorenzkurven und die niedrigen Gini-Koeffizienten (Abb. 45). Seit 1831 ist die Verteilung nur geringfügig ungleichgewichtiger geworden. Hierin ähnelt Belgien den Niederlanden. Die Karte der Bevölkerungsdichte Belgiens (Abb. 46) zeigt einen deutlichen Nord-Süd-Gegensatz. Südlich des Städtebandes Mons–Charleroi–Namur–Lüttich–Verviers liegt eine ausgedehnte Region mit geringer Bevölkerungsdichte. Hoch im Vergleich mit anderen urbanen Agglomerationen ist nach wie vor die Bevölkerungsdichte von Brüssel-Hauptstadt mit 6389 Einwohnern/km² (2007). Spitzenwerte zwischen 13 000 und 22 000 Einwohnern/km² werden in den alten Industriegemeinden dieser Region mit heute hohem Ausländeranteil erreicht, und zwar in Saint-

Einwohner pro km²

	< 45
	45–68
	68–102
	102–155
	155–230
	230–345
	345–520
	520–780
	780–1170
	1170–1760
	1760–2650
	2650–4000
	> 4000

Grenze zwischen Belgien und Luxemburg

|Abb. 46| *Die Bevölkerungsdichte der belgischen und luxemburgischen Gemeinden (2002)*

Zielregion	Herkunftsregion		
	Brüssel-Hauptstadt	Arrondissement der Flämischen Region	Arrondissement der Wallonischen Region
Brüssel-Hauptstadt	–	10 603 (9,6 %)	10 448 (13,5 %)
Anderes Arrondissement der Flämischen Region	16 808 (53,9 %)	92 167 (83,4 %)	670 (7,3 %)
Anderes Arrondissement der Wallonischen Region	14 382 (46,1 %)	7 684 (7,0 %)	61 200 (79,2 %)
Summe	**31 190** **(100 %)**	**110 454** **(100 %)**	**77 318** **(100 %)**

Tab. 6: *Binnenwanderung zwischen den Arrondissements der belgischen Regionen (2003)*

Quelle: Statbel

aus der Wallonie nach Flandern kommen, obwohl der flämische Arbeitsmarkt mehr Chancen bietet als der wallonische. Das Gefälle zwischen den beiden Regionen ist in dieser Hinsicht hoch. Nach den Berichten des nationalen Arbeitsamtes (*Office National de l'Emploi / Rijksdienst voor Arbeidsvoorziening*) bewegten sich die jährlichen Arbeitslosenquoten im Zeitraum von 1993 bis 2002 in Flandern zwischen 4,8 % und 9,4 % und in Wallonien zwischen 16,2 % und 23,3 %. 2005 betrugen die Anteile 5,5 % und 11,9 %. Die Migrationsbewegungen von Flandern in die Wallonie und die in umgekehrter Richtung haben seit der Mitte der 1950er-Jahre deutlich abgenommen. Verbesserte Möglichkeiten des Pendelns mögen dazu beigetragen haben, aber es zeigt sich hieran auch der starke Einfluss sprachlicher Hemmnisfaktoren. Im Jahre 2003 verblieben von den Migranten, die von einem flämischen Arrondissement in ein anderes in Belgien verzogen, 83,4 % in Flandern, 9,6 % gingen in die Hauptstadtregion und nur 7 % nach Wallonien. 79,2 % der Migranten der Wallonie wählten Arrondissements dieser Region als Zielgebiet, 13,5 % Brüssel-Hauptstadt und nur 7,3 % Bezirke in Flandern (Tab. 6). Die Wanderungsbewegung von Wallonien nach Flandern wird zu 42 % durch den Zuzug in den flämischen Teil des suburbanen Rings von Brüssel bestimmt. Die Migration von Flandern in die Wallonie ist zu 31,4 % auf das an Brüssel-Hauptstadt angrenzende Arrondissement Nivelles gerichtet. Die Abwanderung in ein anderes Sprachgebiet ist in diesem Bereich nicht so problembehaftet, weil es in diesem suburbanen Ring Gemeinden mit Spracherleichterungen für die jeweils andere Gruppe gibt.

Nur 0,4 % der Migranten aus Wallonien verzogen 2003 in das wirtschaftlich hoch entwickelte Arrondissement Antwerpen und nur 0,7 % der Abwanderer aus Flandern wählten das Arrondissement Lüttich mit dem bedeutendsten Oberzentrum der Wallonie als Zielgebiet. Zwischen beiden Bezirken bestand ein außergewöhnlich geringes Wanderungsvolumen. Nur 25 Menschen verzogen 2003 vom Arrondissement Antwerpen (mit 949 0008 Einwoh-

nern) in das von Lüttich (mit 588 000 Einwohnern); 34 wählten den umgekehrten Weg.

Die Region Brüssel-Hauptstadt zeichnet sich durch ein hohes Wanderungsvolumen in Relation zur Bevölkerung aus. Es liegt bei der Wanderung in Bezug auf die übrigen belgischen Landesteile und das Ausland im Bereich von 22 %. Für die in Tabelle 6 dargestellten Werte der Binnenwanderung beträgt das Wanderungsvolumen 5,3 %. Die Wanderungsbilanz war seit 1964 jahrzehntelang negativ und hat sich erst in jüngerer Zeit wieder positiv entwickelt. Die Abwanderung in die angrenzenden Arrondissements ist beachtlich. Sie erreichte 2003 die Zahl 19 000, was 61 % der gesamten Abwanderung aus Brüssel-Hauptstadt entspricht. Der Brüsseler Raum stellt zwar eine überragende Wirtschaftsmetropole dar, aber die Wanderungsbilanz je 1000 Einwohner zwischen Brüssel-Hauptstadt, den Arrondissements Halle-Vilvoorde, Leuven und Nivelles auf der einen und dem restlichen Landesteil auf der anderen Seite ist zahlenmäßig unbedeutend. Die einseitig ausgerichtete Sogwirkung der Hauptstadtregion und einiger Industriezentren auf weite Teile des Landes, wie sie für das 19. Jh. so charakteristisch war, ist verschwunden. Arrondissements mit auffallend hohen negativen Migrationssalden findet man heute nicht mehr. Seit dem Beginn der 1960er-Jahre hat sich insgesamt die Mobilität bei der Migration stark vermindert. Dies gilt sowohl für die Wanderungen zwischen den Arrondissements als auch für die zwischen den Gemeinden. Dies hängt mit Verbesserungen des Verkehrssystems zusammen, die das Pendeln erleichtern, evtl. auch mit einer teilweise geringer gewordenen Motivation, einen neuen Arbeitsplatz in weiter Entfernung vom bisherigen Wohnort zu suchen (Eggerickx et al. 2000; Statbel).

Internationale Wanderung
Belgien war im 19. Jh. meistenteils ein Auswanderungsland, doch spielte die Wanderungsbilanz für die Bevölkerungsentwicklung eine marginale Rolle. Die meisten Emigranten ließen sich in Frankreich nieder, insbesondere in Paris sowie in den Départements Nord und Pas-de-Calais. Nach der in Frankreich geführten Statistik wurde das Maximum der dort ansässigen belgischen Bevölkerung 1886 mit einer Zahl von 480 000 Personen erreicht (Debuisson et al. 2000, S. 19).

Ausländer in Belgien wurden erstmals 1890 statistisch erfasst. Damals stammten 96 % der im Königreich lebenden Ausländer aus Frankreich, den Niederlanden, Deutschland, Luxemburg und Großbritannien. Nach dem Ersten Weltkrieg kamen erstmals in größerer Zahl Einwanderer aus anderen Ländern nach Belgien, und zwar Polen, Tschechen, Russen, Einwanderer aus dem Balkan, Ungarn und Italiener. Sie waren meist als Arbeitskräfte für die Steinkohlenbergwerke angeworben worden, nicht zuletzt im damals neuen kempenländischen Revier der flämischen Provinz Limburg. Eine starke Einwanderung von Italienern hielt bis zum Ende der 1950er-Jahre an. 1961 stellten sie 44 % der Ausländer. Sie arbeiteten zunächst vornehmlich in der Schwerindustrie, z. T. auch in der Steinbruchindustrie im Maastal und im Condroz, kamen danach aber in etlichen anderen Wirtschaftszweigen unter. Eine starke Zuwanderung aus dem Ausland erfolgte während der „goldenen" 1960er-Jahre (Abb. 47), in denen Belgien eine Wirtschaftsblüte erlebte. Die Zahl der Ausländer stieg von 453 486 im Jahre 1961 auf 696 282 im Jahre 1970 an (de Smet & Vlassenbroeck 1992). In dieser Zeit erlangte die Einwanderung von Türken und Marokkanern eine große Bedeutung. Nach dem Ende der Wachstumsphase wurde 1974 ein Anwerbestopp für Gastarbeiter verhängt. Danach wird die Einwanderung stark durch Familienzusammenführung bestimmt sowie – namentlich seit 1989 – durch den Zustrom von Asylanten (Debuisson et al. 2000). Hinzu kommen Mitarbeiter in leitender Funktion von ausländischen Unternehmen und Institutionen sowie Staatsbürger der Nachbarländer, die ihren Wohnort in grenznahen belgischen Regionen wählen. 2007 lag der Ausländeranteil in Belgien bei 9,8 %. Italiener, Franzosen und Niederländer bilden die führenden Gruppen (vgl. Tab. 7).

Bei den Ausländeranteilen und der Verteilung der Ausländergruppen bestehen beträchtliche regionale Unterschiede. In Flandern betrug der Ausländeranteil 2007 lediglich 6,2 %. Die Region besaß früher in geringerem Umfang traditionelle Industriezweige, für die in den 1950er- und 1960er-Jahren vornehmlich ungelernte Gastarbeiter angeworben wurden. In Wallonien hingegen lag die Quote 2007 bei 9,9 % und in Brüssel-Hauptstadt bei 30,4 %.

Ausländer in Brüssel-Hauptstadt

Die 313 229 Personen umfassende ausländische Bevölkerung der Hauptstadtregion (2007; einschließlich der anerkannten Asylanten) ist hinsichtlich der beruflichen Stellung und der ethnischen Zugehörigkeit sehr heterogen zusammengesetzt. In Anbetracht der europäischen Institutionen, der zahlreichen Dachverbände, der internationalen Organisationen

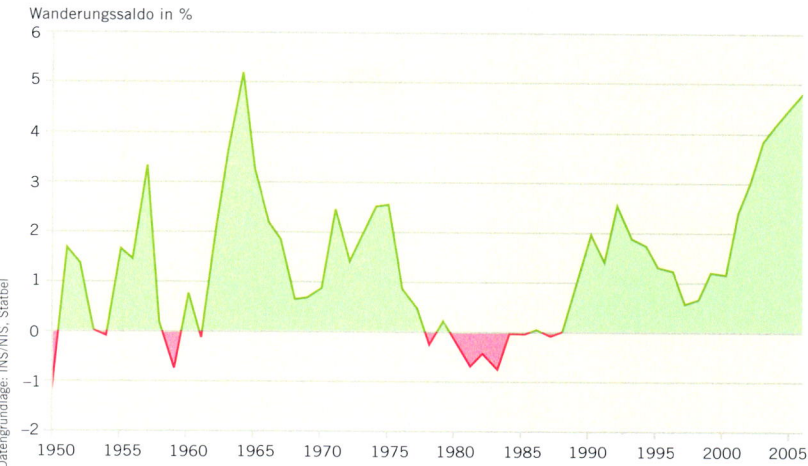

Wanderungssaldo in %

Datengrundlage: INS/NIS, Statbel

|Abb. 47| *Wanderungssaldo Belgiens (1950–2006)*

und des NATO-Hauptquartiers ist die hohe Zahl von Personen aus dem europäischen Ausland verständlich ebenso wie die beachtliche Präsenz von Nordamerikanern. Allerdings spielen nicht nur diese Tätigkeitsfelder beim Aufenthalt der europäischen Ausländer eine Rolle. Als Brüssel in den 1960er-Jahren ein bedeutenderer Industriestandort war als heute, sind zahlreiche südeuropäische Arbeiter in die Agglomeration gekommen. Von allen Ausländern der Hauptstadtregion bilden die Franzosen mit einer Zahl von 45 853 (2007) die mit Abstand größte Gruppe. Sie sind in der ethnisch besonders heterogen strukturierten Gemeinde Brüssel zahlenmäßig stark vertreten (werden hier allerdings von den Marokkanern übertroffen), bilden aber auch in den wohlhabenderen Teilbezirken von Ixelles, der reichen Gemeinde Uccle sowie in Anderghem, Etterbeek, Ganshoren, Watermael-Boitsfort, Woluwe-Saint-Lambert und Woluwe-Saint-Pierre die stärkste Ausländergruppe.

Die zweitstärkste Ausländergruppe in der Region Brüssel-Hauptstadt ist mit fast 40 000 (2007) die marokkanische. Dort repräsentieren die Marokkaner in den Gemeinden Brüssel-Stadt, Anderlecht, Forest, Jette, Koekelberg, Molenbeek St.-Jean, St.-Josse-ten-Noode und Schaerbeek die stärkste ausländische Gruppe. Hoch ist mit ca. 10 000 auch die Zahl der Kongolesen in der Hauptstadtregion; die türkische Bevölkerungsgruppe umfasst dort 11 000 Menschen. Angehörige dieser Gruppen sind in größerer Zahl in oft unansehnlichen, teilweise sogar stark heruntergekommenen Wohngebieten der Gemeinde Brüssel sowie in alten Arbeitervierteln von Anderlecht, Molenbeek-Saint-Jean, Saint-Gilles und Schaerbeek untergebracht. Der zentrumsnahe Brüsseler Teilbezirk von Ixelles (Matonge-Viertel) mit seinen armseligen, meist auf schwarzafrikanische Kundschaft ausgerichteten Ladenlokalen (s. Abb. 31) in der Chaussée de Wavre wirkt wie ein Stück Dritte Welt. Er liegt unweit der exklusiven Geschäftsmeile in der Rue de Namur und in der Nachbarschaft des Europaviertels (vgl. Abb. 77). Die Kontraste bringen die Fragmentierung der Stadt deutlich zum Ausdruck.

Land	Anzahl der Zugewanderten
Italien	171 053
Frankreich	130 267
Niederlande	123 320
Marokko	79 830
Spanien	43 036
Türkei	41 812
Deutschland	38 867
Portugal	29 867
Großbritannien	25 931
Griechenland	15 539
Summe der Zugewanderten aus den oben genannten Ländern	699 522
Alle Herkunftsländer	1 031 780

|Tab. 7| *Die zehn wichtigsten Herkunftsländer der in Belgien lebenden Ausländer (2007)*

Quelle: Statbel

Ausländer außerhalb von Brüssel-Hauptstadt

Außerhalb von Brüssel-Hauptstadt existieren im suburbanen Ring der Region, in Antwerpen, im ehemaligen Steinkohlerevier des Kempenlandes, in Gemeinden der alten wallonischen Schwerindustriegebiete, d. h. im Centre, im Borinage, im Raum Charleroi und in der Lütticher Region, sowie in Gemeinden an und in der Nähe zu Frankreich, Luxemburg, Deutschland und den Niederlanden höhere Ausländeranteile.

In Antwerpen waren im Jahr 2007 76 000 Ausländer (16 % der Bevölkerung) registriert, wobei die Marokkaner mit 12 000 die größte Gruppe bilden. Der in der Nähe des Hauptbahnhofs gelegene Stadtteil Borgerhout mit seinem hohen Anteil von Marokkanern (im Volksmund Borgerokko genannt) weist ein orientalisches Ambiente auf. Die ethnische Heterogenität in Antwerpen ist jedoch insgesamt sehr groß. Einzelne Wohnbezirke und Straßen sind deutlich durch spezifische Bevölkerungsgruppen geprägt, z. B. die Van Wesenbeke Straat, die eine kleine Chinatown darstellt; in Antwerpen lebten nach der offiziellen Statistik im Jahr 2007 1294 Chinesen. In den Vierteln „Centraal station", „stadspark" und „Belgiëlei" konzentriert sich die jüdische Bevölkerung der Stadt. Deren Zahl wird vom *Centrum Religiestudie & Interlevensbeschouwelijke Dialoog* der Universität Leuven mit 15 000 angegeben (www. kuleuven.be/icrid). In Brüssel leben zwar mehr Juden (rd. 18 000), aber in Antwerpen fallen sie eher auf, da die Mehrzahl von ihnen einer streng orthodoxen Gemeinschaft angehört.

Grenznahe Gebiete

An der französischen Grenze sind insbesondere die Gemeinden Comines-Warneton nahe des Ballungsgebietes Tourcoing–Roubaix–Lille und Mouscron in unmittelbarer Nachbarschaft von Tourcoing sowie – ebenfalls nicht weit davon entfernt – Tournai durch hohe Zahlen von ansässigen Personen aus dem Nachbarland gekennzeichnet. Eine größere Zahl von Luxemburgern wohnt in den belgischen Gemeinden Messancy und Aubagne in der Nähe des Schwerindustriegebietes des Großherzogtums sowie im grenznah gelegenen Arlon. Einen beliebten Wohnstandort für Beschäftigte im Aachener Raum bilden die Gemeinden Raeren, La Calamine, Plombières und Eupen.

Schwerpunkte bei der räumlichen Verteilung der Ausländer

Von allen ausländischen Gruppen sind mit 171 053 Personen (2007) die Italiener am stärksten vertreten. Auffallend viele Italiener (72,1 %) leben in Wallonien, was noch die früheren Nachfragestrukturen für Arbeitskräfte in den alten Industrierevieren nachzeichnet. In Flandern nimmt das Arrondissement Hasselt, in dem das kempenländische Kohlerevier liegt, die Spitzenstellung bei den Italienern ein.

Die größte nicht europäische Bevölkerungsgruppe in Belgien bilden die Marokkaner. Sie sind räumlich stark konzentriert: 52,2 % lebten 2007 in der Region Brüssel-Hauptstadt und im Arrondissement Halle-Vilvoorde, weitere 28,1 % in den Arrondissements Verviers (mit dem gleichnamigen ehemaligen Schurwollverarbeitungszentrum), Antwerpen, Charleroi und Lüttich. Eine beachtliche Minderheit bilden sie in der Stadt Mechelen.

Auch bei den Türken beobachtet man deutliche regionale Schwerpunkte. 58,7 % wohnten 2007 in Brüssel-Hauptstadt und in den soeben genannten Arrondissements. Hinzu kommen als weitere wichtige Wohngebiete Gent – die dortige Baumwollindustrie, die inzwischen weitgehend verschwunden ist, benötigte viele unqualifizierte Arbeitskräfte – und das ehemalige kempenländische Kohlenrevier. In den zugehörigen Arrondissements Gent und Hasselt leben 21 % der Türken.

Das Erbe der Kolonialzeit spiegelt die hohe Zahl von Ausländern wider, für die in der belgischen Statistik das Herkunftsland Kongo angegeben wird. 2007 lebten von den 21 667 Personen dieser Gruppe 47 % in Brüssel-Hauptstadt und weitere 10 % im Arrondissement Lüttich (Daten, soweit nicht gesondert vermerkt: Statbel).

Luxemburg

Bevölkerungsentwicklung seit dem 19. Jahrhundert

Die Region des heutigen Großherzogtums Luxemburg verzeichnete im 19. Jh. ein wesentlich geringeres Bevölkerungswachstum als es in Belgien und in den Niederlanden zu beobachten war. Von 1839 bis 1900 war die Einwohnerzahl des Großherzogtums lediglich von 175 223 auf 234 674, d. h. um 34 % angestiegen (vgl. Abb. 48) (Service central… 1973). Zum Vergleich: In Belgien betrug der Zuwachs 77 % zwischen 1831 und 1900, in den Niederlanden 78 % zwischen 1840 und 1900. Jenes langsame, in etwa dem der belgischen Provinz Luxemburg entsprechende Wachstum spiegelt die damals sehr beschränkte wirtschaftliche Dynamik des vergleichsweise armen Landes wider. Zu den limitierten Möglichkeiten der Landwirtschaft kam noch das Problem hinzu, dass Luxemburg-Stadt bis zur Aufhebung der Festungsfunktion im Jahre 1867 (Reichert & Eberle 2005, S. 191) durch die Militärpräsenz in seiner ökonomischen Entwicklung stark behindert wurde. Mit dem Aufkommen der Schwerindustrie nach 1860 verbesserten sich die Arbeitsmöglichkeiten für die Bevölkerung.

Im Gegensatz zu Belgien und den Niederlanden fiel in Luxemburg im 19. Jh. die Emigration stark ins Gewicht. Die Auswanderungsrate betrug zwischen 1841 und 1851 etwa 6 %, zwischen 1851 und 1861

|Abb. 48| *Die luxemburgische Bevölkerung von 1821 bis 2007*

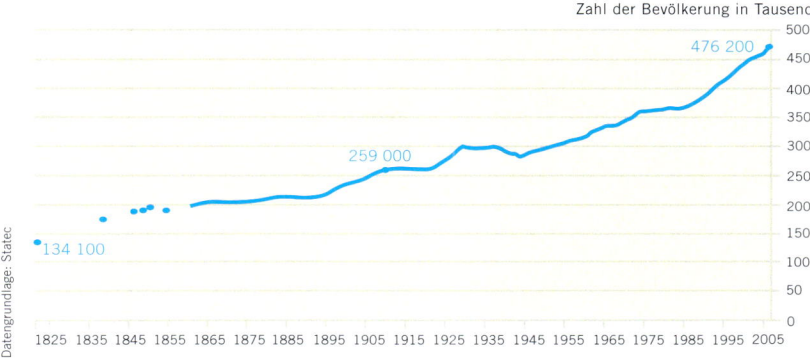

ca. 11 %, zwischen 1861 und 1871 ca. 13 % und zwischen 1881 und 1891 etwa 9 %. Insgesamt dürften zwischen 1841 und 1891 rund 84 200 Personen ausgewandert sein (Abschätzung mit Daten des Service Central … 1973). Ohne diese Emigration hätte Luxemburg aufgrund des natürlichen Wachstums eine mit Belgien und den Niederlanden vergleichbare Bevölkerungszunahme gehabt. Als sich gegen Ende des 19. Jh. die Industrie in Luxemburg-Stadt und v. a. in der Minetteregion etabliert und ausgeweitet hatte, änderte sich die Wanderungsbilanz signifikant. Zwischen 1891 und 1901 ergab sich ein Wanderungsgewinn von 5000 Personen. In dieser Zeit erfolgte bereits eine Zuwanderung von Gastarbeitern in die Schwerindustrieregion. Luxemburg-Stadt blieb zwar nur ein Mittelzentrum, aber die Bevölkerung stieg zwischen 1851 und 1900 von 21 754 auf 39 488 an (Statistiken auch im Folgenden: Statec).

Wie auch in Belgien und in den Niederlanden liegt die Geburtenrate in Luxemburg (mit 11,7‰ im Jahre 2005) höher als die Sterberate (vgl. Abb. 49). Die mittlere Lebenserwartung in Luxemburg gleicht dem belgischen und niederländischen Durchschnitt. Mit einem Anteil der über 65-Jährigen von 14 % (Niederlande: 14,5 %, Belgien: 17,2 %) ist keine so starke Überalterung gegeben wie in Deutschland (mit einem Wert von 19,8 %).

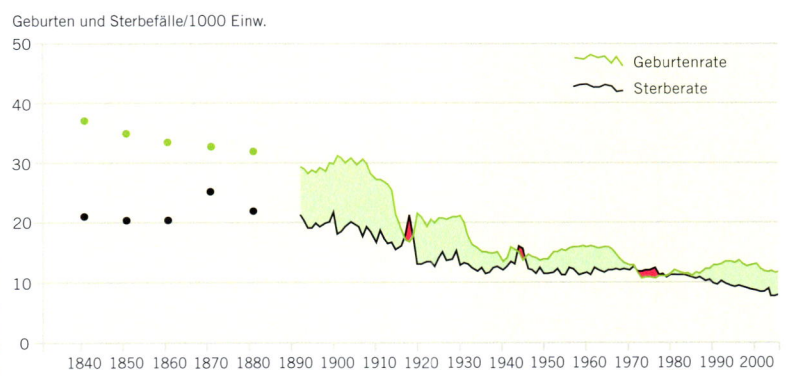

Bevölkerungsverteilung

Parallel zur Zunahme der Bevölkerung in der Landeshauptstadt und im Minettegebiet wurde deren regionale Verteilung erheblich ungleichgewichtiger. Bezogen auf die Bevölkerung der 12 Kantone Luxemburgs betrug 1821 der Gini-Koeffizient lediglich 0,19, während er 1900 den Wert von 0,31 erreicht hatte (Abb. 50). Danach vergrößerten sich die regionalen Disparitäten noch, da ausländische Einwanderer die wirtschaftsstarken Stadt- und Industrieregionen bevorzugten und die ländlichen Distrikte eine starke Abwanderung verzeichneten. 1960 belief sich der Gini-Koeffizient auf 0,5. Im Jahre 2005 ergab sich derselbe Wert, da die Abwanderung aus ländlichen Siedlungen zurückging und schließlich aufhörte.

1821 und 1851 lebten 27 % der Bevölkerung in den Kantonen Esch-sur-Alzette und Luxembourg, 1900 bereits 44 % und 1960 sogar 63 %; im Jahre 2005 waren es 59 %. Die Karte der Bevölkerungsdichte zeigt eine einfache Struktur mit einer Konzentration in der Landeshauptstadt und einigen benachbarten Gemeinden sowie im Industrierevier des Südens und mit auffallend niedrigen Werten im Bereich des Ösling.

Binnenwanderung

Länger als ein Jahrhundert stellte die Bevölkerungsabnahme aufgrund von Abwanderungen in zahlreichen Gemeinden Luxemburgs ein beträchtliches demographisches Problem dar. 1900 verzeichneten 88 von 126 Gemeinden eine Reduzierung der Einwohnerzahl im Vergleich zu 1851, im Jahre 1970 waren es immer noch 78 von 126 (bezogen jeweils auf die Gemeindegrenzen von 1970). Fast das gesamte Ösling ist in der letztgenannten Epoche durch einen Bevölkerungsverlust der Gemeinden gekennzeichnet. Seit den 1970er-Jahren ist eine Entwick-

|Abb. 49| *Geburten- und Sterberate in Luxemburg 1841–2006*

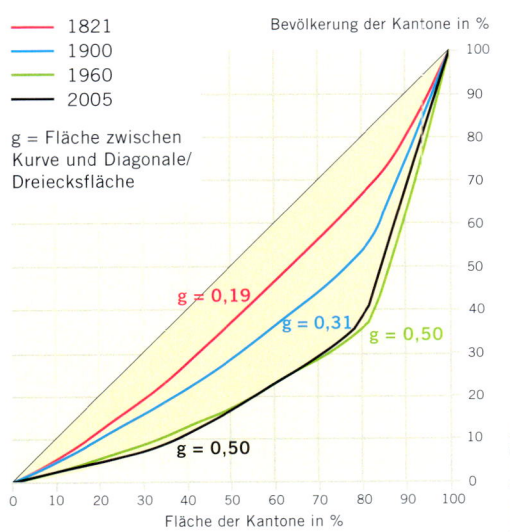

|Abb. 50| *Lorenzkurven der Bevölkerungsverteilung in den luxemburgischen Kantonen (1821–2005)*

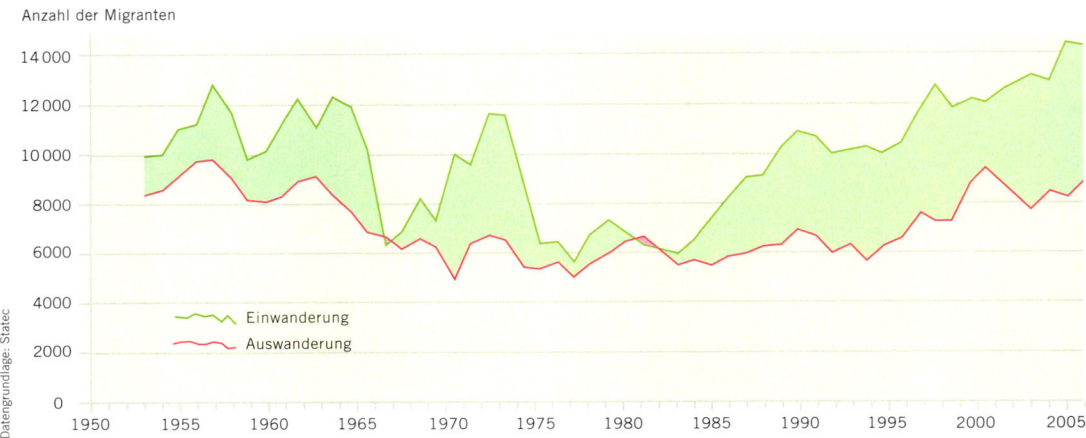

Datengrundlage: Statec

|Abb. 51| *Die Außen-
wanderung Luxemburgs
(1953–2006)*

Anzahl der Migranten

— Einwanderung
— Auswanderung

lung zu einer stärker ausgewogenen räumlich-demographischen Struktur zu beobachten. Von 1971 bis 1982 waren nur noch 29, von 1982 bis 1990 lediglich 14 Gemeinden von einer Bevölkerungsabnahme betroffen. Von 1991 bis 2001 verzeichnete unter den nunmehr 118 Gemeinden nur noch Vianden einen Rückgang der Einwohnerzahl; zwischen 2001 und 2005 registrierte man in acht Gemeinden eine geringfügige Regression (Population par commune, verschiedene Jg.). Ähnlich wie im Süden Belgiens haben Suburbanisierungs- und Rurbanisierungsprozesse sowie verbesserte verkehrsgeographische Voraussetzungen für Berufspendler zu dieser Stabilisierung beigetragen.

Außenwanderung und Arbeitsmarkt

Die luxemburgische Wirtschaft hatte bereits früh damit begonnen, sich auf ausländische Arbeitskräfte zu stützen. Zwischen 1875 und 1880 war im Zuge der Industrialisierung die Zahl der Ausländer sprunghaft angestiegen, und zwar von 5895 auf 12 543. Im Jahre 1900 wurden bereits 28 998 Ausländer in Luxemburg gezählt, was einem Anteil von 12 % der Bevölkerung entsprach. Deutsche bildeten mit 14 931 die am stärksten vertretene Gruppe, Italiener standen mit 7432 an zweiter Stelle. 47 % der Industriearbeiter waren im Jahr 1913 Ausländer; im Bergbau sowie in der Eisen- und Stahlindustrie betrug der Anteil sogar 60 %. Die Präsenz der ausländischen Bevölkerung erreichte 1930 mit 55 831 (21,7 % der Bevölkerung) den ersten Höhepunkt.

Nach dem Zweiten Weltkrieg ging die Bedeutung der deutschen Bevölkerungsgruppe begreiflicherweise stark zurück. Lag ihr Anteil an der ausländischen Bevölkerung 1935 noch bei 43,8 %, so war er bis 1970 auf 12,4 % gesunken. In der Nachkriegszeit erreichten zunächst die Italiener die zahlenmäßig führende Rolle unter den Ausländern. Ihren maximalen Anteil an der ausländischen Bevölkerung erreichten sie 1969 mit einem Wert von 44 %. Seit den 1950er-Jahren registriert die Statistik Zuwanderer aus Portugal und seit 1966 auch aus Spanien. Heute stellen die Portugiesen das größte Kontingent der Ausländer; an zweiter Stellen stehen die Franzo-

sen (vgl. Tab. 8). Von wenigen Ausnahmen abgesehen, war seit 1953 die Einwanderung nach Luxemburg größer als die Auswanderung, wobei Erstere in einzelnen Jahren sogar den Wert 12 000 überschritt (Abb. 51). Kurzfristig machte sich nach 1974 die Stahlkrise bemerkbar, aber nach dem gelungenen ökonomischen Strukturwandel ging die Einwanderungskurve steil nach oben. Erhöhte Lebenshaltungskosten in Luxemburg und verbesserte Möglichkeiten des Grenzpendelns werden in Zukunft möglicherweise den positiven Wanderungssaldo schmälern.

Ähnlich wie in Brüssel ist die erwerbstätige ausländische Bevölkerung Luxemburgs durch eine große Spannweite des Qualifikationsniveaus gekennzeichnet. Ausländische Beschäftigte besitzen eine außergewöhnlich große Bedeutung für den luxemburgischen Arbeitsmarkt. 2006 waren im monatlichen Durchschnitt 296 607 Arbeitnehmer, 19 900 Selbstständige sowie zusätzlich 8800 Bedienstete internationaler Institutionen im Großherzogtum Luxemburg tätig. Die Zahl der ausländischen Arbeitskräfte – teils in Luxemburg ansässig, teils Grenzpendler – belief sich auf 199 100 (2005), d. h., 64,8 % der Arbeitsplätze in Luxemburg wurden von Ausländern eingenommen. Den größten Anteil ausländischer Arbeitskräfte stellten die Franzosen mit 69 000. Darunter waren 62 000 Grenzpendler, was eine beträchtliche Entlastung für den Arbeitsmarkt der lothringischen Krisenregion bedeutet. Die zweitgrößte Gruppe wurde von den Portugiesen mit 37 900, die drittstärkste von den Belgiern mit 36 100 Arbeitskräften gebildet. Belgier und Deutsche, die in Luxemburg arbeiten, sind überwiegend Grenzpendler.

Das grenzüberschreitende Pendeln bildet ein bezeichnendes Merkmal des luxemburgischen Arbeitsmarktes. Im Jahre 2006 wurden im monatlichen Durchschnitt 122 349 Grenzpendler mit einem Arbeitsplatz in Luxemburg gezählt. Es besteht ein beträchtliches ökonomisches Gefälle zu den Regionen jenseits der Grenze. Die Wirtschaftskraft Luxemburgs spiegelt sich auch in den seit Jahren im Vergleich zu Deutschland, Frankreich und Belgien geringen Arbeitslosenquoten wider. Von Januar 2005 bis Juni 2007 lagen sie im monatlichen Mittel bei 4,4 %.

Herkunftsland	Ausländische Bevölkerung (in 1000)
Portugal	73,7
Frankreich	25,2
Italien	19,1
Belgien	16,5
Deutschland	11,3
Großbritannien	4,9
Niederlande	3,8
Sonstige EU	16,5
Andere Staaten	27,3
Ausländer insgesamt:	**198,3**

|Tab. 8| *Die ausländische Bevölkerung in Luxemburg nach Herkunftsgebieten (2007)*

Quelle: STATEC

Die Siedlungen

Überblick

■ Die Beneluxländer weisen auf engem Raum eine Vielzahl von Siedlungstypen aus unterschiedlichen Epochen auf, die ein Spiegelbild europäischer Siedlungsentwicklung darstellen und wesentliche Entwicklungsphasen der europäischen Kulturlandschaft dokumentieren. Die Länder verfügen über ein wertvolles Erbe, nämlich den in vielen Städten und ländlichen Siedlungen immer noch vorhandenen Reichtum an historischer Bausubstanz. Trotz aller Suburbanisierungs- und Uniformisierungsprozesse haben zahlreiche dörfliche Siedlungen noch Reste ihrer historisch begründeten Individualität bewahrt.

■ Der niederländische Städtebau erlebte v. a. im 17. und 20. Jh. Höhepunkte, während in Belgien seit dem Mittelalter über Jahrhunderte hinweg eindrucksvolle Monumente und Erscheinungsformen der Stadtgestaltung beobachtet werden können. Die Niederlande haben im 20. Jh. im Bereich der Stadtplanung und des staatlich gelenkten Wohnungswesens Vorbildliches geleistet. Dies umfasst die Stadtsanierung, den sozialen Wohnungsbau, die Planung neuer Wohnviertel und neuer Städte, die Revitalisierung ehemaliger Hafengebiete und die Umsetzung des Konzepts der kompakten Stadt.

■ In Belgien beobachtet man häufiger die negativen Folgen fehlender durchgreifender Planung und zu großer Willfährigkeit gegenüber privatem Spekulantentum. Dennoch gibt es auch hier eindrucksvolle Neubau- und Sanierungsprojekte. In Luxemburg spiegeln die gepflegten Ortschaften wider, dass das Großherzogtum das höchste Bruttoinlandsprodukt pro Kopf unter allen Staaten der Welt besitzt. Die Landeshauptstadt zeigt das ambivalente Bild einer historischen Kleinstadt und eines hochrangigen internationalen Zentrums.

|Abb. 52| *Die Rapenburg, eine Straße entlang einer Gracht in Leiden, ist eines der vielen innenstädtischen Ensembles, die dank des hohen Stellenwertes der erhaltenden Stadtsanierung und des Denkmalschutzes in den Niederlanden in einem guten Zustand bewahrt worden sind. Die beiden Gebäude mit dem Tympanon und das Haus rechts davon zeigen die typische Bauweise der großen Bürgerhäuser aus dem „Gouden Eeuw" des 17. Jh.*

Stadtentwicklung, Stadtgefüge, Stadtplanung und Wohnungswesen in den Niederlanden

Vom weitmaschigen Städtenetz zur hochgradigen Urbanisierung

Das Städtewesen der heutigen Niederlande geht zwar auf die römische Zeit zurück, doch muss diese Region mit Ausnahme von Südlimburg eher ein Außenposten gewesen sein. Dort war v. a. Maastricht eine bedeutende römische Siedlung (Panhuysen 1996). Außerhalb Südlimburgs gab es in den nördlichen Niederlanden in linearer Anordnung einige römische Kastelle, Wohnsiedlungen und Handelsplätze entlang der Reichsgrenze an der Waal, am Neder-Rijn, am Lek und am Oude Rijn. Dazu gehörten Nijmegen und Dordrecht, die einzigen Ortschaften römischen Ursprungs außerhalb Südlimburgs, die später zu Städten wurden (van Doorselaer 1981; Blok 1981).

Die Karte der Naturlandschaften um 800 weist in den damaligen nördlichen Niederlanden noch größere Moorgebiete als die für die spätrömische Zeit aus (van de Ven 2003), sodass die retardierte Siedlungsentwicklung im Vergleich zu den südlichen Niederlanden, den Regionen, die später Belgien und Luxemburg bildeten, erklärlich ist. Betrachtet man für die Zeit vom 9. Jh. bis zur Mitte des 14. Jh. eine Sequenz von Karten der Verbreitung der Städte in den nördlichen und südlichen Niederlanden (van Uytven 1982), so fällt die weitaus höhere Stadtdichte und eine früher einsetzende urbane Entfaltung in der letztgenannten Region auf. Zu Beginn des Spätmittelalters gab es in den nördlichen Niederlanden keine Stadt in der Größe, die Brügge, Gent oder Antwerpen damals schon besaßen. Weiterhin war im Mittelalter der in der Neuzeit charakteristische Bedeutungsüberschuss der Städte der Grafschaft bzw. der Provinz Holland noch nicht ausgeprägt. Dordrecht war in jener Zeit die größte Stadt der Grafschaft Holland, wurde aber um 1400 von Utrecht und Deventer übertroffen. Kennzeichnend für das mittelalterliche und frühneuzeitliche Verbreitungsmuster der nordniederländischen urbanen Zentren war die Aufreihung der Hansestädte Doesburg, Zutphen, Deventer, Hattem, Zwolle und Kampen an und in der Nähe der IJssel. Groningen entwickelte sich in dieser Zeit ebenfalls zu einer wichtigen Hansestadt (Zeiler 1997; Huijsman-Visser 1993; van Uytven 1982). Im Zuge der Verdichtung des Städtenetzes gingen in Friesland im Hochmittelalter aus einzelnen Dörfern Markt- und Handelszentren hervor und erhielten Stadtrechte. Die *„elf steden“* Frieslands (Dokkum, Leeuwarden, Franeker, Harlingen, Bolsward, Sneek, IJlst, Workum, Hindeloopen, Stavoren und Sloten) haben hier ihre Ursprünge. Sie haben ein reiches und sehenswertes architektonisches Erbe aus unterschiedlichen Epochen bis in die Gegenwart hinein bewahren können, aber sie stellen heute – mit Ausnahme von Leuwaarden – nur kleine Zentren dar (Schroor 1993). Noord-Brabant war im Hochmittelalter und in der frühen Neuzeit wenig urbanisiert und besaß mit 's-Hertogenbosch nur an der nördlichen Peripherie ein ansehnliches städtisches Zentrum.

In der frühen Neuzeit gehörten die nördlichen Niederlande zwar bereits zu den am stärksten verstädterten Regionen Europas, aber ein Abstand zu den südlichen Niederlanden bestand noch immer (vgl. Abb. 53). In der erstgenannten Region lagen viele mittelgroße Städte. Leiden war um das Jahr 1500 mit ca. 14 000 Einwohnern die größte davon. Dahingegen erreichte Antwerpen 1560 eine Bevölkerungszahl von 85 000, während die nunmehr größte Stadt der nördlichen Niederlande, Amsterdam, auf 27 000 kam (vgl. Tab. 9; Israel 1995, S. 113, 114). Nach dem Aufstand der Niederlande, der Abspaltung des nördlichen Teiles und der Gründung der Republik der Vereinigten Niederlande erfolgte bei der Stadtentwicklung eine wesentliche Umorientierung. Der Bedeutungsverlust Antwerpens, die Zuwanderung aus den südlichen Niederlanden, aus Deutschland und anderen europäischen Ländern, die günstigen ökonomischen Bedingungen der Republik, namentlich in den ersten sechs Dekaden des 17. Jh., und der starke Bevölkerungsanstieg (von ca. 0,9 Mio. um 1500 auf 1,5 Mio. im Jahre 1600 und schließlich auf 1,85 Mio. 1650) führten dazu, dass der Norden den Süden überflügelte. Amsterdam lief Antwerpen den Rang ab und stieg zum Welthandelszentrum auf. Um 1600 lebte knapp ein Viertel der Einwohner der Republik in Städten mit mehr als 10 000 Einwohnern, 1650 sogar 32 % (Tab. 10). Es vollzog sich in einzelnen Zentren ein

Stadt	1300	1400	1500	1560
Amsterdam	1000	3000	12 000	27 000
Haarlem	2000	7000	11 500	14 000
Leiden	3000	5000	14 000	14 000
Delft	2000	6500	10 500	14 000
Dordrecht	5000	8000	11 500	10 500
Gouda	1000	3000	7000	9000
Rotterdam		3000	5000	8000
Enkhuizen		2000	3500	8000
Utrecht	5500	9000	15 000	26 000
Groningen	4000	5000	7500	12 500
Deventer	4000	10 000	8000	10 500
Zwolle		10 000	7000	10 000
Kampen	3500	12 000	10 000	8000
Nijmegen	3000	6000	8000	11 000
Gent	50 000		40 000	45 000
Antwerpen	10 000		45 000	85 000
Brügge	35 000	20 000	30 000	35 000

|Tab. 9| *Bevölkerungsschätzungen für ausgewählte Städte von 1300 bis 1560*

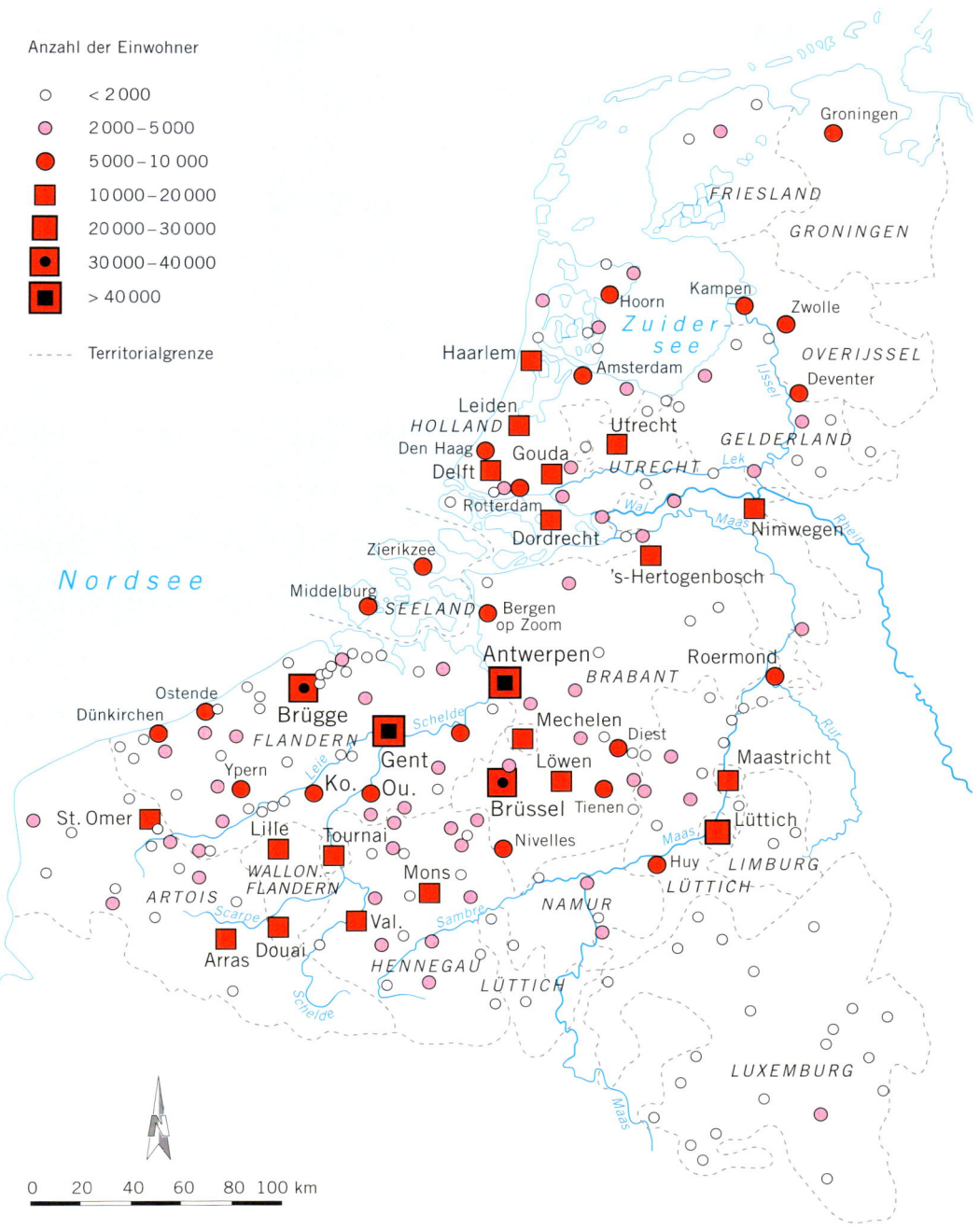

Anzahl der Einwohner

○   < 2 000

●   2 000 – 5 000

●   5 000 – 10 000

■   10 000 – 20 000

■   20 000 – 30 000

■   30 000 – 40 000

■   > 40 000

----   Territorialgrenze

|Abb. 53| *Städte der Niederlande zu Ende des 15. Jh.*

	1375	1475	1500	1550	1600	1650	1700	1750	1800
Bevölkerungszahlen in den nördlichen Niederlanden (a)	1200	900	900	1200	1500	1900	1900	2000	2200
Bevölkerungszahlen in Städten mit mehr als 10 000 Einwohnern (b)	20	98	120	182	365	600	640	570	580
b/a ≅ 100 %	2	11	13	15	24	32	34	29	26

|Tab. 10| *Die Bevölkerung in den Städten der nördlichen Niederlande mit mehr als 10 000 Einwohnern, 1375 – 1800 (in Tausend)*

Quellen: Prevenier 1983; Israel 1995

Quellen: Erbe 1993, S. 19; North 1997, S. 44; Israel 1995, S. 115

|Abb. 54| *Bauten aus dem „Goldenen Zeitalter" des 17. Jh. an der Herengracht in Amsterdam. Das rot-weiße Gebäude ist das Haus Bartolotti (1617), das sich mit der gekrümmten Fassade einem Bogen der Gracht anpasst. Zahlreiche Gebäude aus dem 17. Jh., die den Reichtum der Epoche bezeugen, sind in Amsterdam erhalten geblieben. Die Herengracht ist eine prestigeträchtige Adresse, wobei die Gebäude teils von Wohnungen, teils von Räumlichkeiten für den quartären Sektor eingenommen werden.*

|Abb. 55| *Landsitz an der Vecht nördlich von Utrecht. Dabei handelt es sich um keine Adelsresidenz, sondern um einen der vielen Landsitze, die im 17. Jh. wohlhabende Bürger aus den nahe gelegenen großen Städten bauen ließen.*

außerordentliches städtisches Wachstum. Um die Mitte des 17. Jh. war die Grafschaft Holland die am dichtesten besiedelte und am stärksten urbanisierte Region Mittel- und Westeuropas (North 1997; Israel 1995; Erbe 1993).

Das „Gouden Eeuw", eine Blütezeit des niederländischen Städtebaus

Das „Gouden Eeuw", in dem die Republik der Vereinigten Niederlande eine Drehscheibe der Weltwirtschaft war, von den Kolonien und vom Seehandel profitierte und ein modernes verarbeitendes Gewerbe besaß, hat das Bild etlicher Städte, namentlich derjenigen, die mit der maritimen Wirtschaft verflochten oder bedeutende Zentren des verarbeitenden Gewerbes waren, nachhaltig geprägt. Vielerorts entstanden prächtige, reich verzierte und in innerstädtischer Enge aneinandergebaute Bürgerhäuser, die heute insbesondere in Amsterdam, Dordrecht, Alkmaar, Utrecht, Leiden, Haarlem, Groningen, Middelburg, Amersfoort, Enkhuizen, Den Haag, Zierikzee, Delft, Deventer, Zutphen, Zwolle, Harlingen, Leeuwarden oder Breda als architektonisch wertvolle Bestandteile des urbanen Gefüges erhalten geblieben sind (Abb. 54). Das goldene Zeitalter bürgerlicher Architektur blieb nicht auf die Städte beschränkt, sondern zeigte seine Ausstrahlung auch in den ländlichen Raum hinein. Am eindrucksvollsten ausgeprägt ist dies an und in der Nähe der Vecht unterhalb von Utrecht, wo zwischen Breukelen und Loenen große, schlossähnliche Landsitze und Sommerresidenzen reicher Handelsherren aus den be-

nachbarten Städten gebaut wurden, die bis heute ein prägendes Merkmal der dortigen Siedlungsstruktur bilden (Abb. 55).

Vor allem beim Vordringen in feuchte Niederungsgebiete erforderte die Stadtanlage ein umfangreiches Maß an Planung. Außerhalb der Sandgebiete und des Limburger Hügellandes bildet die Verbindung von Wasserbautechnik und Städtebau ein herausragendes Merkmal der niederländischen Urbanität. Dieses Prinzip wurde auch in ausländische Städte übertragen, z. B. ins schwedische Göteborg, nach Kristiansand, Fredericia, Kopenhagen-Christianshaven und St. Petersburg. Im 20. Jh. wurde es sogar an den Kanälen der Innenstadt von San Antonio in Texas angewandt. Häuserzeilen entlang von Grachten tragen in den Niederlanden vielfach zum Reiz des Stadtbildes bei, unter den größeren Ortschaften namentlich in Amsterdam, Utrecht, Haarlem, Leiden und Groningen. Selbst im modernen Städtebau spielt das Bauprinzip eine Rolle, was man u. a. in Almere, in der Waterstad von Rotterdam, in Nieuwegein bei Utrecht oder in den Neubaugebieten am früheren IJhaven in Amsterdam beobachten kann.

In besonderer Weise prägt der nach funktionalen Gesichtspunkten erstellte Grachtenplan von Amsterdam das historische Stadtbild. Der innerste Grachtenring, der Singel, stammt aus dem 15. Jh., die übrigen Grachten wurden in der Zeit von 1585 bis zum Ende des 17. Jh. angelegt (Kistemaker 1993). Die Bautätigkeit erfolgte in einer Zeit außerordentlich starken Bevölkerungswachstums, als Amsterdam zu einem Welthandelszentrum aufstieg. Die

Distributionsfunktion mit großer Bedeutung des Re-Exports eingeführter Waren wurde durch ein stark diversifiziertes und auf die Hafen- und Schifffahrtsaktivitäten bezogenes verarbeitendes Gewerbe sowie durch das auch heute noch bedeutsame Druckerei- und Verlagswesen ergänzt. Allein zwischen 1570 und 1622 war die Bevölkerung Amsterdams von 30 000 auf 105 000 Einwohner angewachsen. 1672 war die Zahl von 200 000 erreicht (Israel 1995, S. 328, 621; Boyer 1999). Der große technisch-planerische Aufwand, der für die Stadtanlage erforderlich war, ist daran erkennbar, dass für die Fundamente der Bauten über 12 m lange Pfähle durch Torf-, Ton- und Lehmschichten bis in die pleistozänen Sandablagerungen hineingetrieben werden mussten. Die Prachtentfaltung der bürgerlichen Architektur des 17. Jh. ist heute bei der Betrachtung der Grachtenhäuser noch nachvollziehbar. Kennzeichnend sind die vielfältige und originelle Gestaltung der Giebel und Fassaden und die aufwendigen Portalverzierungen. Außerordentliche Dimensionen erreichte das 1665 fertiggestellte Rathaus am Dam (heute das Koninklijk Paleis). Noch heute erhaltene Wahrzeichen einer für die Verhältnisse des 17. Jh. vergleichsweise fortgeschrittenen religiösen Toleranz bilden die Hoog Duitse Synagoge (erstellt im Jahre 1670), die Portugees Israëlitische Synagoge (1675; s. Abb. 37), die Oude Lutherse Kerk (1633) sowie die Ronde Lutherse Kerk (1668–71). Juden aus verschiedenen Teilen Europas, u. a. aus Portugal und Spanien, waren zugewandert und wurden erstmals in einer europäischen Stadt nicht in einem Ghetto untergebracht. Die ethnische und religiöse Diversität in der Stadt – auch türkische und armenische Zuwanderer hatten sich angesiedelt – war beachtlich. Auf die koloniale Vergangenheit verweisen die Häuser der beiden großen Handelsgesellschaften, das Oostindisch Huis (1605/1633) und das Westindisch Huis (1615) (Kemme 1996; Janse 1994; Israel 1995; Boyer 1999).

Auch andere Städte entwickelten im 17. Jh. bei starkem Bevölkerungswachstum ein ausgeprägtes urbanes Profil. Bürgerliche Prestigebauten, Universitäts- und Bibliotheksgebäude, Bauten für karitative Zwecke, die Stadtwaage, Torhäuser, Markthallen, ornamentale Eingänge und neue Kirchen – in ihrer Fassaden- und Innenraumgestaltung schlichter gehalten als die im Zuge der Gegenreformation entstandenen Barockkirchen der südlichen Niederlande – legen Zeugnis davon ab. Bezeichnend sind in verschiedenen Städten die „Waalse Kerken", die einstmals protestantischen Flüchtlingen und Zuwanderern, die im 16. und 17. Jh. aus Wallonien gekommen waren, zur Verfügung gestellt wurden. Zwischen 1574 und 1688 sind 68 derartige Gotteshäuser gegründet worden (Knippenberg 1992, S. 42). Unter anderem in Maastricht, Haarlem, Leiden, Delft, Den Haag und Utrecht sind sie erhalten geblieben. Zum Teil werden in ihnen noch heute Gottesdienste in französischer Sprache abgehalten. Vom Ende des 16. Jh. an zeichneten sich dann ungeachtet der führenden Stellung Amsterdams An-

sätze zu einer polyzentrischen Struktur ab. Nicht die reiche Handelsstadt, sondern das südlich von ihr gelegene Den Haag wurde zur Hauptstadt der Republik erhoben, das zum Zeitpunkt der Übernahme der Funktion weder eine Stadtmauer noch Stadtrechte besaß (Boyer 1999). 1588 erhielten die Generalstände in Den Haag ihren festen Sitz (Lademacher 1993).

Stagnation im 18. Jahrhundert und starke Kontraste in den expandierenden Städten des 19. Jahrhundert

Das 18. Jh., insbesondere die Zeit nach 1720, war durch eine starke wirtschaftliche Regression gekennzeichnet, wenn auch Amsterdam mindestens bis 1750 seine Stellung als weltweit bedeutendster Finanzplatz (Boyer 1999) beibehalten konnte und zu diesem Zeitpunkt die viertgrößte Stadt in Europa war (Musterd & de Pater 1994, S. 17). Amsterdam, Rotterdam und Den Haag verzeichneten bei der Bevölkerungszahl zwar keine nennenswerten Verluste bzw. leichte Zuwächse, aber in etlichen anderen Städten, z. B. in Leiden, Haarlem, Middelburg, Delft, Gouda, Enkhuizen und Zaandam, ging sie in erheblichem Umfang zurück (Tab. 11).

Anders als in den südlichen Niederlanden, also dem heutigen Belgien und Luxemburg, üben Bauten des 18. Jh. in den heutigen Niederlanden keine stark prägende Wirkung mehr auf das Bild der historischen Stadtkerne aus – abgesehen von Amsterdam, wo sie an den Grachten mit eindrucksvollen Exemplaren vertreten sind, von Den Haag, einer Stadt, in der sich trotz der ökonomischen Regression der Republik viel Reichtum akkumuliert hatte (Boyer 1999), und von Maastricht.

Die Industrie der Niederlande hat sich im Laufe des 19. Jh. – verglichen mit anderen europäischen Staaten – zeitverzögert entfaltet. Von daher hat sich in dieser Zeit der Typ einer Industriestadt, die sich aus einer dörflichen Siedlung heraus entwickelt hat, selten ausgeprägt. Beispiele dafür sind die ehemaligen Textilstädte Tilburg und Hengelo. Seit dem Beginn des 20. Jh. haben sich Dörfer zu den Bergbaustädten Geleen, Brunssum, Kerkrade und Heerlen entwickelt. Neu gegründet wurde in den 1920er-

Stadt	1688	1720	1732	1749	1795	1815
Amsterdam	200 000	220 000	220 000	200 000	200 000	180 000
Leiden	70 000	65 000	60 000	36 000	31 000	28 500
Rotterdam	50 000	45 000	45 000	44 000	57 500	59 000
Haarlem	50 000	45 000	40 000	26 000	21 000	17 500
Den Haag	30 000	–	38 000	–	–	38 000
Middelburg	30 000	–	–	25 000	20 146	13 000
Delft	24 000	20 000	20 000	13 910	14 500	12 850
Gouda	–	–	20 000	–	11 700	–
Enkhuizen	14 000	–	10 400	–	6800	5200
Zaandam	20 000	–	–	12 500	10 000	8974

Tab. 11 *Die geschätzte Bevölkerungsentwicklung in ausgewählten Städten der nördlichen Niederlande von 1688 bis 1815*

Quelle: Israel 1995, S. 1007

Jahren das durch die Stahlindustrie geprägte IJmuiden. Meist vollzog sich das industrielle Wachstum und die damit verbundene Siedlungsausweitung in Städten, die schon vor dem Industriezeitalter als solche existierten und nicht selten bereits eine bedeutende Handelsfunktion wahrgenommen hatten. Ungewöhnlich stark wurde Eindhoven – heute mit 210 000 Einwohnern die größte niederländische Stadt außerhalb der Randstad – industriell überprägt. Der Ort zählte 1830 als Marktflecken 3000 und 1953 insgesamt 148 000 Einwohner, wobei er mit Dörfern des Umlandes, in denen sich im Laufe des 19. Jh. ebenfalls Industrie angesiedelt hatte, zusammengewachsen war (Keuning 1955, 1998, S. 128).

Das Wachstum der niederländischen Bevölkerung vollzog sich in der ersten Hälfte des 19. Jh. mit einem Anstieg von 2,2 auf 3,3 Mio. noch langsam. Von Ausnahmen in Arnhem und Utrecht um 1830 abgesehen (van der Cammen & de Klerk 1999, 2006) wurden in einer Zeit ökonomischer Stagnation keine Stadterweiterungen vorgenommen, sondern es fand allenfalls eine Erhöhung der Bevölkerungsdichte in den bestehenden Wohnquartieren statt. Änderungen erfolgten in der zweiten Hälfte des 19. Jh. mit einer stärker werdenden Industrialisierung und einem erheblich größeren Bevölkerungswachstum, wobei das Land 1900 eine Zahl von 5,1 Mio. Einwohnern erreichte. Der schon vor 1800 beachtliche Urbanisierungsgrad erhöhte sich weiter. 1850 lebten in den Niederlanden 36 % der Einwohner in Städten mit über 5000 Einwohnern, 1910 waren es 53 % (Erbe 1993, S. 19 u. 23). Das Wachstum der Städte erfolgte regional ungleichgewichtig – bei auffallender Intensität im Westen des Landes. 1900 lebten in Amsterdam, Rotterdam, Utrecht und Den Haag 22 % der Bevölkerung der Niederlande. Gleichzeitig kam es in dieser Region zu einer auffallenden Verminderung der Einwohnerdifferenz zwischen Amsterdam und Rotterdam: Die Einwohnerzahl von Rotterdam belief sich 1840 auf 37 % der von Amsterdam und 1920 auf 80 %, wobei die Einwohnerzahl in Amsterdam von 211 000 auf 647 000 anstieg. Für das Aufholen Rotterdams waren v.a. der Ausbau des Nieuwe Waterweg und des Hafens sowie die damit verknüpfte Entwicklung hafengebundener Industrie entscheidend (Musterd & de Pater 1994, S. 17).

Wie anderswo in Mitteleuropa auch, spiegelten namentlich die großen Städte starke soziale Kontraste wider und zeigten ein ambivalentes Bild. Auf der einen Seite bereicherten große, in historisierenden Stilen errichtete Bauten eines oft neuen Funktionstyps, wie Kaufhäuser, überdachte Passagen, Museen, Theater und Konzerthallen, Bahnhofshallen, Hauptpostgebäude, Bankgebäude, die Börse u.a. das Stadtbild. Repräsentative Straßen wurden als architektonisches Gestaltungselement eingesetzt und öffentliche Parks geschaffen, oft mit ansprechenden Villenvierteln in der Nähe. Auf der anderen Seite entstanden in den großen Städten Wohngebiete mit hoher Bebauungsdichte, eintönigen Häuserzeilen in schlecht durchlüfteten sowie licht- und grünflächenarmen Quartieren, die nicht selten noch heute Problemviertel darstellen. Es gab in der zweiten Hälfte des 19. Jh. wohl schon gemeinnützige Wohnungsbaugesellschaften, doch haben sie in dieser Epoche nur 1 % der Wohnungen erstellt. Einzelne Industrieunternehmer wurden im Wohnungsbau tätig. Zum Beispiel errichtete das Textilunternehmen Salomonson in Nijverdal (westlich von Almelo) ein *industriedorp* und 1884 ließ der Unternehmer van der Marken das *tuindorp* Agnetapark in Delft bauen. Mit dem *Gemeentewet* (Gemeinderecht) von 1851 schaltete sich der Staat in den Städtebau ein, erließ aber nur einige Vorschriften für den Minimalstandard von Wohnungen (van der Cammen & de Klerk 1999). Das 19. Jh. war, anders als das 17. und das 20., ungeachtet einiger gelungener Einzelbauten keine respektable Epoche des niederländischen Städtebaus.

Das 20. Jahrhundert – eine Epoche der urbanen Expansion, der Stadtplanung und des öffentlich geförderten Wohnungswesens

Als Meilenstein der Entwicklung des öffentlichen Wohnungswesens in den Niederlanden gilt das *Woningwet* (Wohnungsbaugesetz) von 1901, durch das nach zaghaften vorangegangenen Versuchen erstmals eine umfassende Grundlage für das staatliche Engagement auf diesem Sektor geschaffen wurde. Hierbei wollte man dem schrankenlosen Liberalismus des 19. Jh. und der größtenteils unkontrollierten privaten Spekulation in diesem Bereich mit allen ihren Missbräuchen gegensteuern. Das Gesetz gab den Behörden das rechtliche Instrumentarium zur Unbewohnbarkeitserklärung, zur Enteignung, zum Abriss von Häusern mit schlechten Wohnungen und zum Bau von Sozialwohnungen. Es sah bei der Verbesserung und beim Neubau von Wohnungen eine finanzielle Unterstützung durch das Reich vor. Es wurde die Möglichkeit geschaffen, *toegelaten instellingen* (zugelassene Einrichtungen) in Form von Wohnungsbaugesellschaften zu gründen, die als private Initiatoren Subventionen erhalten konnten. Sie schlossen sich nach dem Ersten Weltkrieg unter dem Dachverband des *Nationale Woningrad* zusammen. 1924 wurde mit einer Zahl von 1350 gemeinnützigen *woningscorporaties* das Maximum erreicht; bis zum Ende des Jahrhunderts ist die Zahl durch Fusionen auf ca. 700 gesunken (Dijkstra & de Weijer 1998; Froessler 1995; Ouwehand 2001). Gegen Ende des 20. Jh. wurden in den Niederlanden 36 % des gesamten Wohnungsbestandes durch Wohnungsbaugesellschaften verwaltet (Ouwehand 2001, S. 18), ein Anteil, der in dieser Höhe in Europa einmalig sein dürfte. Das *woningwet* verpflichtete Gemeinden mit mehr als 10 000 Einwohnern, Erweiterungspläne für neue Stadtviertel (*uitbreidingsplannen*) vorzulegen. Sie umfassten anfangs nur eine Darstellung von Straßen, Grachten und Plätzen, wurden aber nach 1921 durch Eintragungen zur vorgesehenen Flächennutzung ergänzt und sind die Vorläufer der heutigen *bestemmingsplannen* (Bauleitpläne). In den Zwanzigerjahren kamen auch die ersten übergemeindlichen Regionalpläne, die *streekplannen* (Regionalpläne) auf. Wegweisend war der Erweiterungsplan für Amsterdam-Zuid von H. P. Berlage, der 1917 vom Stadtrat gebilligt und in den folgenden 20 Jahren ausgeführt wurde (Ibelings 1995).

Noch vor dem Ersten Weltkrieg und dann in größerem Umfang in den Zwanzigerjahren gewann die britische Gartenstadtidee im Sinne von E. Howard und R. Unwin in den Niederlanden an Boden. Dies kam in der Gründung etlicher *tuindorpen* (Gartendörfer) in der Stadt oder am Stadtrand zum Ausdruck. Das erste entstand 1911 in Hengelo. Die Wohnviertel Heyplaat und Vreewijk in Rotterdam, Geitenkamp in Arnhem, Knutteldorp in Deventer, Pathmos in Enschede und verschiedene Viertel in Amsterdam-Noord und Watergraafsmeer sind weitere Beispiele dafür. Zudem ist das vor dem Ersten Weltkrieg entstandene Philipsdorp in Eindhoven in diesem Stil errichtet. In Hilversum wurden ausgedehnte Gartenstadt-Viertel unter Willem Marinus Dudok, einem der bekanntesten Architekten seiner Epoche, gebaut. Auch in Apeldoorn wurde das Konzept in größerem Umfang angewandt (Burger 1996; van der Cammen & de Klerk 1999). Bergarbeitersiedlungen in Südlimburg sind ebenfalls in Form von *tuindorpen* erstellt worden. Der soziale Wohnungsbau begann dort 1906 (Priemus 2001, S. 8) mit dem Bergarbeiterviertel De Hopel in Kerkrade. Mit dem 1939 gebilligten Plan für 11 000 Wohnungen in Slotermeer (Amsterdam) wurde dann der Schritt vom *tuindorp* zur *tuinstad* vollzogen. Slotermeer mit ein- bis viergeschossigen Häusern und ausgedehnten Grünanlagen wurde in der Nachkriegszeit zum Vorbild für etliche Wohnquartiere (van der Cammen & de Klerk 1999). Neue Techniken zur Rationalisierung und Verbilligung des Bauens, wie Betonguss, Verwendung vorgefertigter Bauelemente und von Betonblöcken, wurden im 1922–1924 entstandenen „*Betondorp*" in Amsterdam angewandt (van der Cammen & de Klerk 2006, S. 132). Die erste Galeriewohnanlage der Niederlande entstand mit dem von 1932–34 gebauten neunstöckigen Bergpolderflat in Rotterdam (Kemme 1996; Ibelings 1995). Nach 1900 kam peu à peu die Stadtflucht stärker in Mode. Für wohlhabende Bürger aus Städten der Randstad bildeten Ortschaften an der Vecht, im Gooi, im Utrechtse Heuvelrug und im Dünengebiet bei Haarlem bevorzugte Standorte für exklusive *villadorpen* (Musterd & de Pater 1994).

In den Jahren von 1945 bis 1960 herrschte in den Niederlanden, anfangs mitbedingt durch gravierende Kriegsschäden, u.a. in Rotterdam, Enschede, Middelburg, Eindhoven, Nijmegen, Venlo, Groningen und Arnhem ein ausgeprägter Wohnungsmangel. Mit dem *Woonruimtewet* (Wohnraumgesetz) von 1947 wurde den Gemeinden die Möglichkeit gegeben, Wohnraum zuzuteilen. Weiterhin wurde eine Mieterschutz- und Subventionspolitik in die Wege geleitet. 1950 wurde das *Huurwet* (Mietgesetz; 1979 ersetzt durch das *Huurprijzenwet Woonruimte*) verabschiedet, das die Mietpreisfestsetzung regelte. Mit umfangreichen Bauprogrammen, oft unter dem Vorrang der Quantität vor der Qualität und bei

nicht immer sorgsam abwägender Standortwahl, wurde in den 1950er-Jahren gegen die Wohnungsnot, den damaligen „volksvijand nummer één" (Volksfeind Nr. 1) gekämpft. Nach 1960 nimmt das Engagement des Staates im Bereich des Wohnungs- und Städtebauwesenswesens noch zu. Zu einzelnen Gesetzen gibt es Parallelen in Deutschland, z. B. entspricht dem *Wet op Stadsvernieuwing* von 1976 (später: *Wet op de stads- en dorpsvernieuwing* von 1985) das deutsche Städtebauförderungsgesetz von 1971 und dem *Wet op de Ruimtelijke Ordening* (1965) das deutsche Raumordnungsgesetz von 1965. Der Mieterschutz wird ins Bürgerliche Gesetzbuch aufgenommen (Dijkstra & de Weijer 1998; Wallagh 1994).

Die Wohnungsfrage wird in den Niederlanden häufig öffentlich thematisiert. Das Wohnungswesen enthält mehr soziale Komponenten als in vielen anderen Ländern. Es entstand die jahrzehntelange Praxis, dass das Wohnungsbauministerium eine stark steuernde Funktion ausübte. In der *Nota Volkshuisvesting in de jaren negentig* (Note zum öffentlichen Wohnungswesen in den 1990er-Jahren) von 1989 wurde eine Änderung der bisherigen Wohnungsbaupolitik vorgeschlagen, die in nachfolgenden Gesetzen und Verordnungen ihren Niederschlag fand: Eine Dezentralisierung mit mehr Verantwortung und Befugnissen der Gemeinden und Wohnungsbaugesellschaften, neuerdings z. T. der Provinzen, eine stärkere Betonung des freien Wohnungsmarktes, ein stärker zielgerichteter Bezug von Subventionen auf bedürftige Gruppen, eine Vermeidung von Fehlbelegungen bei Sozialwohnungen und eine Erhöhung des Anteils der Eigentümerwohnungen, der 2006 bei 53,7 % lag (CBS), wurde angestrebt (Dijkstra & de Weijer 1998). Und in der Tat lässt sich eine deutliche Verschiebung erkennen: 1980–84 waren nur 13 % der neu erstellten Wohnungen dem freien Sektor zuzuordnen, 1990–94 waren es bereits 42 % (van der Cammen & de Klerk 1999). Zwischen 1995 und 2005 betrug der Anteil der Sozialwohnungen an den neu erstellten Wohnungen 30 % (www.vrom.nl).

Kennzeichnend für die niederländischen Wohnviertel ist der hohe Anteil von Einfamilienhäusern. Sie machten 2002 bei einem Gesamtbestand von 6,9 Mio. Wohnungen einen Anteil von 63,5 % aus. Einfamilienhäuser wurden vielfach auch im sozialen Wohnungsbau erstellt. Aufgrund des starken staatlichen Engagements gehörten 2002 nur 20 % aller Wohnungen der Niederlande zum freien Mietwohnungsmarkt (CBS). Insgesamt ist man einem Stück sozialer Gerechtigkeit nahegekommen, indem für weite Teile der Bevölkerung bezahlbares Wohnen in einem ansprechenden Wohnumfeld möglich geworden ist. Da die Ansprüche an die Ausstattung nicht zu hoch geschraubt waren und standardisierte Bauverfahren angewandt wurden, war die Erstellung der Wohnungen verglichen mit deutschen Verhältnissen im Durchschnitt erheblich preisgünstiger. In der *Vierde Nota over de Ruimtelijke Ordening* (1988) werden fünf anzustrebende Basiswerte für das Wohn umfeld herausgestellt: die Abwesenheit von ver- wahrlosten Gebäuden und Arealen, eine saubere Umwelt, Sicherheit, keine unfreiwillige Isolation von Bevölkerungsgruppen und räumliche Vielgestaltig- keit. Auf der Basis der *Vierde Nota Extra (Vinex)* von 1993 – seit Kurzem durch die *Nota Ruimte* von 2006 mit einer Aufgabendelegierung an die Ge- meinden modifiziert – wurden im Zuge einer Zusam- menarbeit von Reich, Provinzen und Stadtverwal- tungen Expansionsgebiete für Siedlungen, sog. *Vinex- locaties*, festgelegt. Ein Drittel der Neubauten wird innerhalb der bestehenden Städte realisiert. Zwi- schen 1995 und 2005 ist der Bau von 635 000 Wohnungen in Angriff genommen worden. Im Zuge der Aktualisierung von *Vinex* (mit dem Nachfolge- programmm *Vinac*) ist bis 2010 der Bau von weite- ren 170 000 Wohnungen vorgesehen (www.vrom.nl). Kennzeichnend für die Städte der Niederlande ist die geschlossene Planung von Neubauvierteln, was der individuellen Gestaltung durch Bauherren wenig Raum lässt. So sind zum Teil uniforme Viertel ent- standen, zum Teil auch eigenwillig konzipierte Anla- gen, wie der Großwohnkomplex im Bereich Havix- horst (Bezirk Ridderveld) in Alphen aan den Rijn, bei dem eine Arena nachgeahmt wird, das Viertel Kasbah in Hengelo mit Wohnungen auf Pfählen, die Pfahlwohnungen in Helmond, das futuristische Vier- tel Kattenbroek in Amersfoort oder Teile der Plan- städte Almere und Lelystad.

Nur fünf Gemeinden der Niederlande besitzen mehr als 200 000 Einwohner und keine mehr als 800 000, sodass überschaubare Größenordnungen für Planung, Verwaltung und Bürgerbeteiligung ge- geben sind. Dies wird dadurch verstärkt, dass es in großen Städten Teilgemeinderäte *(stadsdeelraden)* bzw. eine eigene Stadtteilverwaltung *(stadsdeel- bestuur)* gibt, die u. a. Bebauungspläne verabschie- den können. In einzelnen Städten sind auch Refe- renda der Bevölkerung über Stadtprojekte durchge- führt worden, z. B. in Groningen, wo die Bürger über verschiedene zur Wahl gestellte Entwürfe für das neue Rathaus im Bereich des innerstädtischen *„Waagstraat complex"* abstimmten. Überschaubar- keit soll auch durch die Gliederung der Stadt in „wij- ken" und „buurten" (Stadtbezirke und Unterbezirke) hergestellt werden, die in neueren Vierteln teilweise auch optisch als Einheiten, z. B. durch eine sie um- schließende Grünanlage in Erscheinung treten.

Stadtsanierungen in den Niederlanden sind nicht selten zum Vorbild für derartige Maßnahmen in an- deren Ländern geworden. Die erste integrale Stadt- sanierung, die eine Synthese zwischen notwendiger Entkernung und erhaltender Erneuerung darstellte, wurde erfolgreich im Stokstraatkwartier in Maast- richt durchgeführt (Schreiber 1981), einem vor dem Krieg heruntergekommenen Problemviertel, das nach einem 1953 verabschiedeten Sanierungsplan zu einem mustergültig gestalteten Stadtteil mit res- taurierter historischer Bausubstanz, mit Geschäften für hochwertige Waren und mit attraktiven Wohnun- gen umgewandelt wurde. In den 1950er- und 1960er-Jahren standen ansonsten noch Konzepte

von Flächen- oder Kahlschlagsanierungen im Vorder- grund. Das zwischen 1971 und 1976 entstandene Kattenburgviertel in Amsterdam bildet das letzte Beispiel einer Erneuerung dieser Art. Eine Wende wurde nach einer beispiellosen Protestaktion bei der Sanierung des Amsterdamer Nieuwmarktviertels er- reicht (Ibelings 1995). Seit dem Beginn der 1970er- Jahre wird bei der Stadtsanierung das Prinzip *bou- wen voor de buurt* propagiert (Kreukels 1999; van Kempen & Priemus 1999). Hierbei wird angestrebt, den Bewohnern des Sanierungsgebietes bezahlba- ren und verbesserten Wohnraum zur Verfügung zu stellen und sie bei der Gestaltung der Sanierung zu beteiligen. Der Basisplan „Stadsvernieuwing" (Stadterneuerung) der Stadt Deventer von 1972 ge- hört zu den ersten Projekten, die diese Einstellung widerspiegeln. Wie dringlich Maßnahmen zur Ver- besserung von Wohngebieten in großen Agglomerati- onen waren, zeigte sich daran, dass Utrecht, Den Haag, Rotterdam und Amsterdam zwischen 1965 und 1975 einen Verlust von über 350 000 Einwoh- nern aufzuweisen hatten (van der Cammen & de Klerk 1999, S. 183). Mit dem *Wet op de stads- en dorpsvernieuwing* und dem gleichnamigen Be- schluss von 1985 wurde die Stadt- und Dorfsanie- rung dezentralisiert und eine integrale Erneuerung unterstützt. Den Provinzen und v. a. den Gemeinden wurden mehr Befugnisse übertragen (Dijkstra & de Weijer 1998). Besonders ausgedehnte Areale für eine Revitalisierung standen in den ehemaligen Ha- fengebieten von Amsterdam (Abb. 56) und Rotter- dam sowie im ehemaligen Binnenhafen von Den Haag (Laakhaven) zur Verfügung, weiterhin auf etli- chen älteren Industriestandorten, z. B. auf dem Ce- ramique-Gelände in Maastricht, einem großen in- nenstadtnahen Terrain einer aufgelassenen Kera- mikfabrik, das in kurzer Zeit zu einem Viertel mit Wohnungen, Büros, Geschäften und kulturellen Ein- richtungen umgestaltet wurde. Bezirke mit einer Kumulation von sozialen Problemen sind zwar erhal- ten geblieben, aber insgesamt ist eine soziale Segre- gation nach Stadtvierteln in den Niederlanden eher schwach ausgeprägt, wobei „achterstandsbuurten" (rückständige Bezirke) im extremen Sinne selten vor- kommen (van Kempen 1995; van Kempen & Priemus 1999). Von ungefähr 4000 „wijken" in den Nieder- landen sah das Wohnungsbauministerium im Jahr 2000 15 % als problembehaftet an (Ministerie van Volkshuisvesting… 2000).

1985 – 1991 wurden Maßnahmen unter dem *PCG-beleid* *(probleemcumulatiegebieden-beleid;* deutsch: Projektmanagement für Problemkumulati- onsgebiete) durchgeführt. Dies bildete einen Vorläu- fer der späteren Politik der „sozialen Erneuerung". Diese ist konzipiert in der *Nota Sociale Vernieuwing: opdracht en handreiking* von 1990. Hierbei wird die bauliche Sanierung mit Sozialarbeit sowie mit akti- vierender Arbeitsmarktpolitik und mit Ausbildungs- projekten verbunden (Froessler 1995). Die *Vijfde Nota ruimtelijke ordening* von 2001 betont die Not- wendigkeit einer Funktionsmischung von Wohnen und Arbeiten (Ministerie van Volkshuisvesting…

|Abb. 56| *Entrepotdok in Amsterdam. Zwischen 1985 und 1988 erfolgte die Umwandlung von 84 ehemaligen, in der Zeit von 1708 und 1829 gebauten „pakhuizen" (Lagerhäusern) in Wohnungen. Die Revitalisierung von ehemaligem Hafengelände ist v. a. in Amsterdam und Rotterdam in großem Umfang erfolgreich durchgeführt worden und gegenwärtig noch im Gange.*

2001). Insgesamt ist es positiv zu bewerten, dass man in den Innenstädten und Geschäftszentren der Niederlande großen Wert auf die zusätzliche Wohnfunktion legt. City-Bildung um den Preis der Verdrängung der Wohnbevölkerung lehnen die Stadtplaner ab. In den Niederlanden werden heute sowohl die Erhaltung und Pflege des reichen baulichen Erbes als auch die Entwicklung neuer zukunftsweisender Bauformen und Stadtviertel betont. Als Beispiel von vielen sei Amersfoort genannt, wo unweit des vorzüglich restaurierten historischen Stadtkernes das viel beachtete postmoderne Viertel Kattenbroek entstand. Seit den 1970er-Jahren werden historisch gewachsene Siedlungsstrukturen nur noch selten für die Errichtung von Neubauten geopfert.

Um bei der unausweichlichen Suburbanisierung, die ihren Höhepunkt zwischen 1968 und 1975 erreichte, kein vollkommen disperses Siedlungsgefüge zu erhalten, wurde in den Sechzigerjahren das Konzept der „groiekernen" (Wachstumskerne) entwickelt. Bekräftigt wurde das Prinzip der *„gebundelte deconcentratie"* in der *Tweede Nota over de Ruimtelijke Ordening in Nederland* (1966) (Ministerie van Volkshuisvesting … 2001; Ostendorf & Musterd 1996). Hierbei war vorgesehen, die Siedlungstätigkeit auf Entlastungspole zu konzentrieren, die über zentralörtliche Einrichtungen verfügten oder damit ausgestattet wurden, verbunden mit der Hoffnung auf eine eigenständige Wirtschafts- und Arbeitsplatzentwicklung. Teils wurden hierfür bestehende alte Kleinstädte wie Alkmaar oder Hoorn ausgesucht, teils Städte aus Dörfern entwickelt – wie in Zoetermeer, Haarlemmermeer und Nieuwegein – und teils neue Städte „ex nihilo" gegründet wie Lelystad und Almere. Teils liegen die Wachstumspole in einer be-

trächtlichen Distanz von den Zentren, die sie entlasten sollen, wie Zoetermeer, das mit Den Haag verflochten ist, Lelystad, Almere und Purmerend, die im Einflussbereich von Amsterdam liegen, oder Hellevoetsluis südlich von Rotterdam. Teils gehen sie aber auch ohne Unterbrechung in das benachbarte Oberzentrum über und bilden einen Teil einer kontinuierlichen Siedlungsagglomeration wie im Fall von Nieuwegein und Utrecht sowie von Capelle aan den IJssel und Rotterdam. Außerhalb der Randstad wurden nur zwei „groiekernen" ausgewiesen, und zwar Helmond (östlich von Eindhoven) sowie Duiven und Westervoort in der Nachbarschaft von Arnhem (van der Cammen & de Klerk 1999). Zwischen 1970 und 1985 erfuhren die „groiekernen" eine Bevölkerungszunahme von 450 000, was einem Wachstum von 38 % entspricht, während die Einwohnerzahl der Niederlande um 12 % anstieg (Musterd & de Pater 1994, S. 147). Ein starkes städtisches Wachstum erfuhr das vor dem Zweiten Weltkrieg noch dörfliche Emmen in der Provinz Drenthe (Keuning 1955, 1998), eine Gemeinde, die im Zuge einer gezielten regionalen Wirtschaftsförderung in Periphergebieten als Industrialisierungskern ausgewiesen wurde und 2007 knapp über 100 000 Einwohner besaß (CBS). Die dort in den 1960er-Jahren entstandenen familienfreundlichen Wohnviertel Emmermeer, Angelslo und Emmerhout gelten als städtebaulich mustergültig (van der Cammen & de Klerk 2006, S. 205 – 207).

Neuere, seit dem Ende der Achtzigerjahre propagierte raumplanerische Konzepte wollen den Trend der Suburbanisierung abbremsen, plädieren mehr für innerstädtisches Wohnen und das Prinzip der „compacte stad" (Ostendorf & Musterd 1996; Minis-

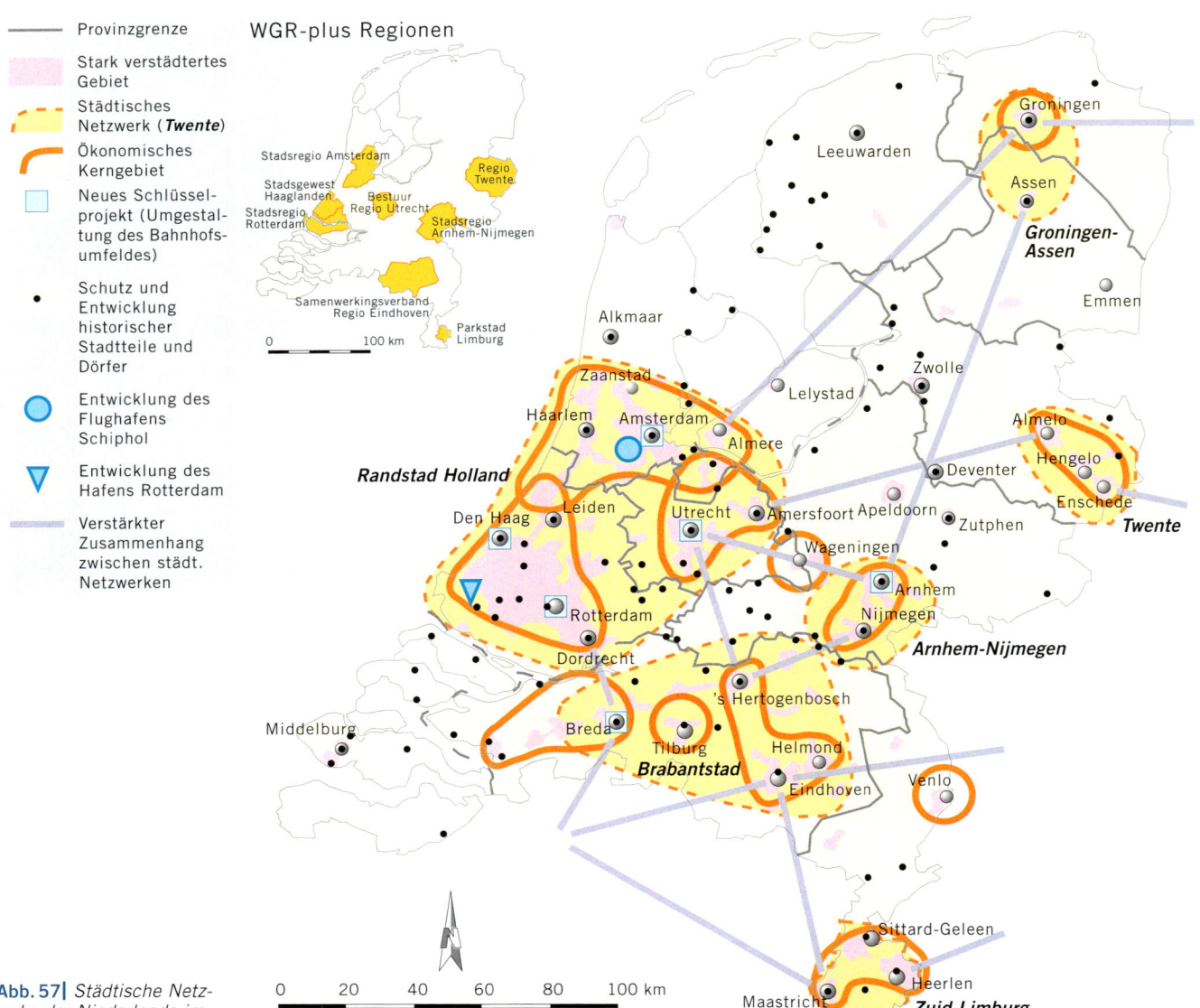

WGR-plus Regionen

Provinzgrenze

Stark verstädtertes Gebiet

Städtisches Netzwerk (*Twente*)

Ökonomisches Kerngebiet

Neues Schlüsselprojekt (Umgestaltung des Bahnhofsumfeldes)

Schutz und Entwicklung historischer Stadtteile und Dörfer

Entwicklung des Flughafens Schiphol

Entwicklung des Hafens Rotterdam

Verstärkter Zusammenhang zwischen städt. Netzwerken

Stadsregio Amsterdam
Stadsgewest Haaglanden
Bestuur Regio Utrecht
Stadsregio Rotterdam
Regio Twente
Stadsregio Arnhem-Nijmegen
Samenwerkingsverband Regio Eindhoven
Parkstad Limburg

0   100 km

|Abb. 57| *Städtische Netzwerke der Niederlande im System der Raumordnung*

terie van Volkshuisvesting… 2001). Es gibt bemerkenswerte innenstadtnahe Wohnungsbauprojekte: Großvorhaben in alten Hafengebieten von Amsterdam und Rotterdam, das Projekt IJburg in Amsterdam sowie das Vorhaben Zuidas fallen darunter. Ein anderes Beispiel ist das in einem ehemaligen Gartenbaugebiet seit 1993 neu erstellte Quartier Nieuw-Sloten im Südwesten von Amsterdam (Groenendijk & Vollaard 1996a). Das Konzept der kompakten Stadt bewirkte, dass man in etlichen Zentren noch verfügbares internes Baupotenzial mobilisiert hat, es stößt allerdings angesichts der schon bestehenden sehr hohen Einwohnerdichte einzelner Städte an seine Grenzen. In den Niederlanden haben kleine und mittelgroße Gemeinden als bevorzugte Wohnstandorte ein besonders Gewicht erlangt. 2007 lebte ein Bevölkerungsanteil von 66 % in Gemeinden mit 10 000 bis 100 000 Einwohnern (CBS).

Regionale Schwerpunkte der Verstädterung und polyzentrische Raumstrukturen

Die bedeutendste städtische Agglomeration der Niederlande stellt bei einer insgesamt multinodalen Urbanisierung die Randstad dar, was wörtlich mit „Ringstadt" zu übersetzen ist. Die städtischen Siedlungen umgeben ringförmig das „groene hart" mit ausgedehnten, durch Hauptverkehrsachsen allerdings stark zerschnittene Freiflächen, unterbrochen durch die Städte Alphen aan den Rijn und Gouda. Die niederländischen Planer möchten diesen Freiraum nach Möglichkeit erhalten. Zur Randstad gehören die großen Städte Amsterdam, Rotterdam, Utrecht und Den Haag sowie die daran anschließenden Gemeinden, d. h. die mittelgroßen Städte Haarlem, Leiden, Delft, Dordrecht, Amersfoort und Hilversum, etliche kleine Städte wie Alkmaar, Hoorn oder Gouda sowie die jungen Entlastungspole Haarlemmermeer, Nieuwegein und Zoetermeer. Im Allgemeinen wird die stark auf Amsterdam bezogene junge Planstadt Almere in Flevoland mit einbegriffen. Die Randstad umfasst, so wie sie in Abb. 57 und 58 abgegrenzt ist, 122 Gemeinden mit insgesamt 6,4 Mio. Einwohnern. Immerhin zwölf Gemeinden besitzen mehr als 100 000 Einwohner (Tab. 12) und acht *stadsgewesten* (Agglomerationen mehrerer Gemeinden) mehr als 270 000 (Tab. 13). An die Randstad schließt sich die Zandstad genannte Region an. Sie enthält die städtischen Netzwerke BrabantStad und Arnhem-Nijmegen. Gelegentlich wird auch von der *„halfwegzone"* in Midden-Nederland gesprochen, also der Region zwischen Randstad und dem äußersten Norden und Süden der Niederlande. Die Randstad bleibt zwar hinsichtlich der Einwohnerzahl und ihrer zentralörtlichen Funktionen hinter London und Paris zurück, gehört aber dennoch zu den großen europäischen Metropolen – ebenso wie der „Flämische Diamant" in Belgien. Die Zandstad enthält Oberzentren und große Mittelzentren, wobei Breda, 's-Hertogenbosch, Tilburg, Eindhoven, Nijmegen und Arnhem die bedeutendsten Städte sind. Eindhoven ist das überragende Wirtschaftszentrum der Zandstad. Randstad und Zandstad bilden den zentralen niederländischen urbanen Ring (Priemus 1998). Außerhalb dieses Rings nehmen v. a. Apeldoorn, Enschede, Emmen, Groningen, Maastricht, Zwolle und Heerlen eine bedeutende Position ein. Groningen, Enschede und Maastricht sind in zunehmendem Maße Ausgangspunkte grenzüberschreitender Verflechtungen. Letzteres ist besonders stark in Maastricht ausgeprägt mit seiner Einbindung in die MHAL-Region, also das Städtenetz Maastricht, Heerlen, Hasselt-Genk, Aachen und Lüttich. Enschede kann man als Teil eines Städtekorridors auffassen, zu dem noch die Orte Hengelo und Almelo gehören. Die Agglomeration wird als Teil eines Münster und Osnabrück umfassenden grenzüberschreitenden Städtenetzes definiert. Arnhem und Nijmegen sind innerhalb des Städtenetzes ANKE (eine Abkürzung der vier Städtenamen) mit Kleve und Emmerich verknüpft. Die frühere Bergbaustadt Heerlen bildet mit Brunssum, Landgraaf und Kerkrade eine zusammenhängende Agglomeration und eine konturlose Stadtregion, die nach kurzer Unterbrechung durch einen Teil der Limburger Börde in die Siedlungsachse Stein–Geleen–Sittard übergeht. Groningen besitzt in der gleichnamigen Provinz eine herausragende, konkurrenzlose oberzentrale Funktion. Durch die Suburbanisierungsprozesse waren die Städte weit über die Grenzen der ursprünglichen Kerngemeinden hinausgewachsen. Von daher ist die Angabe der Einwohnerzahl für größere Einheiten zweckmäßig. Das CBS stellt sie für *stadsgewesten* zusammen. Sie umfassen mehrere Gemeinden, in denen sich eine zusammenhängende urbane Agglomeration ausgebildet hat. In den *stadsgewesten* Amsterdam und Rotterdam ist die Bevölkerungszahl fast doppelt so hoch wie die der Gemeinde (Tab. 12 und Tab. 13). Auch bei Utrecht und Den Haag ist der Abstand auffallend groß, aber auch bei kleineren

Zentren, wie z. B. Leiden. Im ehemaligen südlimburgischen Kohlerevier ist aufgrund der diffusen Siedlungsentwicklung das *stadsgewest* von Heerlen größer als das des Oberzentrums Maastricht, das auf niederländischem Gebiet nur geringe Expansionsmöglichkeiten besitzt.

In der *Vijfde Nota ruimtelijke ordening* (2001) wird die Bedeutung von Netzwerken herausgestellt. Sie werden als Verbundsysteme mehrerer Städte definiert, die eng aufeinander bezogen sind. Für jedes der städtischen Netzwerke (vgl. Abb. 57) sollen spezifische Kompetenzbereiche entwickelt und gefördert werden. Ein bemerkenswertes Experiment bildet die 1999 erfolgte Gründung des „samenwerkingsverband" Parkstad Limburg, an dem die Gemeinden Heerlen, Kerkrade, Landgraaf, Brunssum, Simpelveld, Voerendaal und Onderbanken beteiligt sind. Kooperiert wird u. a. in den Bereichen Versogungsdienstleistungen, Wirtschaft, Raumordnung sowie Wohnungs- und Sozialwesen. Als WGR-plus-Region (nach dem *Wet gemeenschappelijke regeling*) hat die Parkstad 2006 einen Regio-Rat erhalten, dem die Gemeinden einzelne Planungsbefugnisse übertragen haben. Vorangegangen waren die Gründungen von WGR-plus-Regionen in den Ballungsgebieten von Amsterdam, Utrecht, Arnhem-Nijmegen, Rotterdam, Den Haag (Stadsgewest Haaglanden), Twente und Eindhoven (Görtzen 2007; www.stadsregios.nl). Die Parkstad Limburg und die neu gegründete Städteregion Aachen stellen geeignete Partner für eine grenzüberschreitende Kooperation dar.

Die Randstad, eine Region städtebaulicher Innovationen und ein planerisches Experimentierfeld

Die Randstad (Abb. 58) wird als eine Planungsregion betrachtet, besitzt aber keine eigene administrative Funktion. Als Einheit wird die Randstad v. a. in den nationalen Raumordnungsplänen behandelt, während spezifische Pläne allein für die Randstad nur selten erstellt wurden. 1958 erschien das visionäre Planungskonzept *„Ontwikkelingsschema Westen des Lands 1980"* (van der Cammen & de Klerk 2006, S. 221–224), und erst 32 Jahre später wurde mit der *„Interprovinciale Verstedelijkingsvisie*

Gemeinde	Einwohner (2007)
Amsterdam	742 884
Rotterdam	584 058
Den Haag	473 941
Utrecht	288 401
Almere	180 924
Haarlem	146 960
Zaanstad	141 402
Amersfoort	139 054
Haarlemmermeer	138 255
Dordrecht	118 541
Zoetermeer	118 024
Leiden	117 485

Tab. 12 *Die Gemeinden der Randstad mit mehr als 100 000 Einwohnern*

Quelle: CBS

Stadsgewest	Einwohner	Stadsgewest	Einwohner
Amsterdam	1 471 468	Tilburg	289 569
Rotterdam	1 170 954	Dordrecht	279 302
Den Haag	991 991	Nijmegen	278 595
Utrecht	585 223	Amersfoort	271 378
Haarlem	406 162	Heerlen	256 164
Eindhoven	405 239	Apeldoorn	212 063
Arnhem	348 395	's-Hertogenbosch	188 808
Groningen	343 163	Maastricht	181 137
Leiden	332 882	Zwolle	170 819
Breda	311 659	Leeuwarden	159 848
Enschede	310 327	Geleen/Sittard	152 741

Tab. 13 *Die Bevölkerung in den niederländischen Stadsgewesten (2007)*

Quelle: CBS

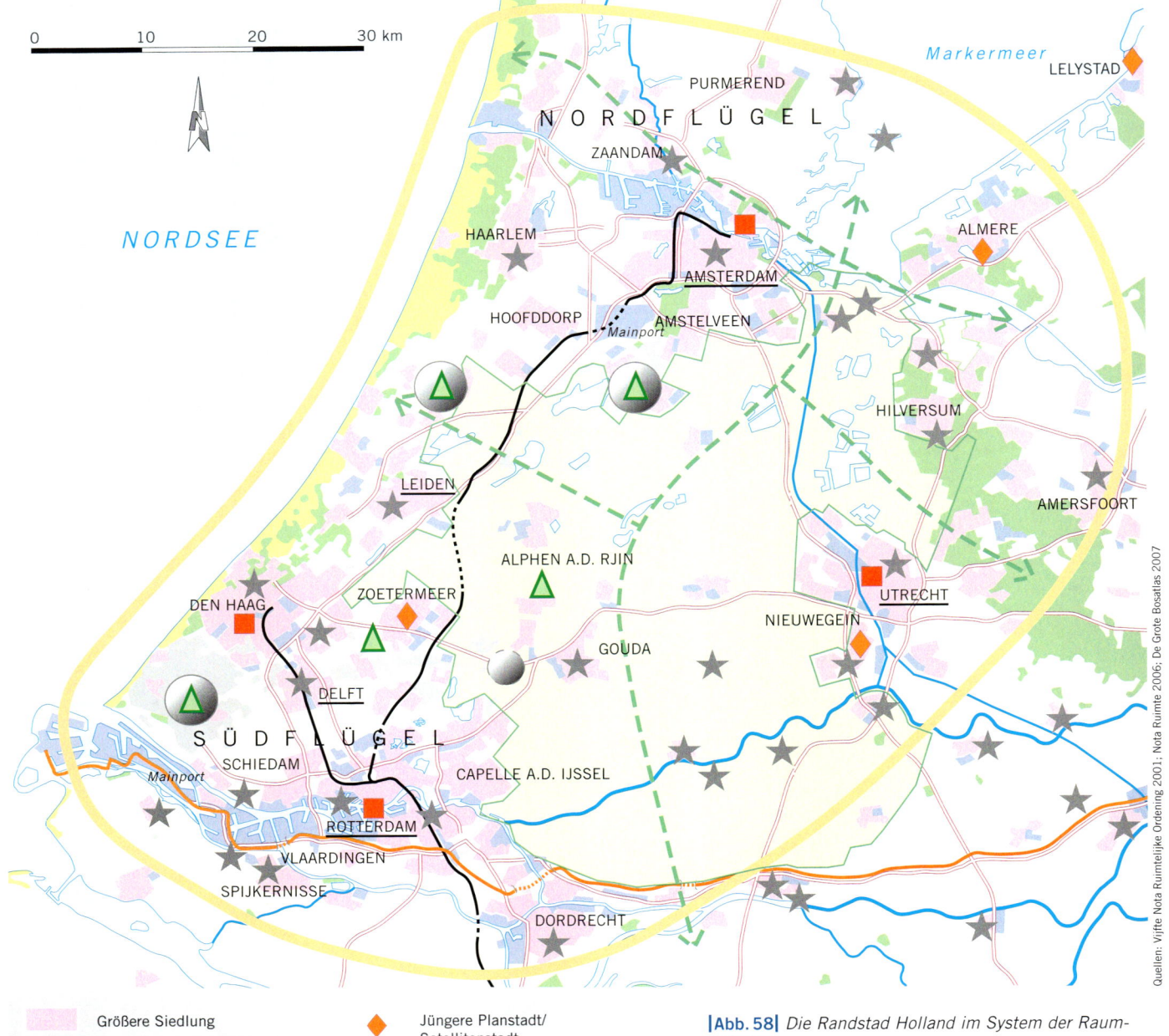

Quellen: Vijfte Nota Ruimtelijke Ordening 2001; Nota Ruimte 2006; De Grote Bosatlas 2007

Legende:

	Größere Siedlung
	Hafen und Industriegelände
	Glashauskulturen
	Wald
	Dünen
	Gewässer
▬▬▬	Hochgeschwindigkeitsstrecke HSL-Zuid
▬▬▬	Autobahn
▬▬▬	Betuweroute
▬▬▬	Randstad
	Groene hart

◆	Jüngere Planstadt/ Satellitenstadt
△	„greenport" (Zentrum für Sonderkulturen)
★	Schutz und Entwicklung historischer Stadtteile und Dörfer
◗	Verbesserung der Glashaus- und Blumenzwiebelzentren
◗	Neue Glashausprojekte
‹‑‑›	Korridore für den Biotopenverband
■	Städtische Entwicklung mit neuen Schlüsselprojekten
DELFT	Hochschulstandort

|Abb. 58| *Die Randstad Holland im System der Raum-ordnung*

Randstad" wieder eine Perspektive allein für diese Region erstellt. Im Jahre 2000 erschien schließlich die programmatische Studie *„Condities voor een groene Deltametropool"* (Ministerie van Volkshuisvesting... 2001) und im Jahre 2000 wurde die *Vereniging Deltametropool* gegründet. Sie setzt sich zum Ziel, die Kräfte in der Randstad zu bündeln und die Region als Metropolraum in Europa konkurrenzfähig zu machen (www.deltametropool.nl). Daneben gibt es noch separate Entwicklungskonzepte für den Nord- und Südflügel der Randstad.

Unter den europäischen Metropolen nimmt die Randstad eine einzigartige Stellung ein, indem sie sich aus unterschiedlichen Städten mit eigenständi-

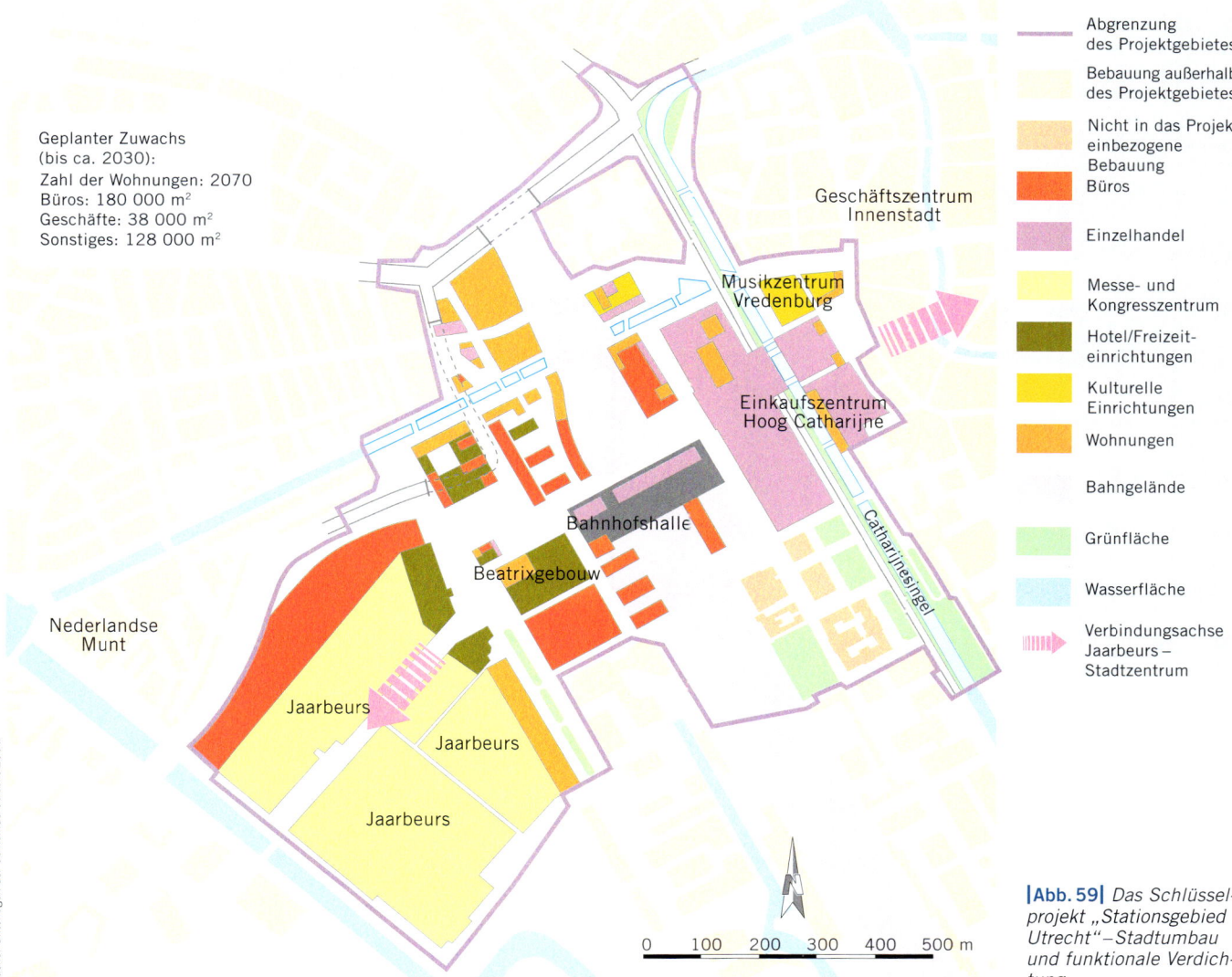

Geplanter Zuwachs
(bis ca. 2030):
Zahl der Wohnungen: 2070
Büros: 180 000 m²
Geschäfte: 38 000 m²
Sonstiges: 128 000 m²

Geschäftszentrum
Innenstadt

Musikzentrum
Vredenburg

Einkaufszentrum
Hoog Catharijne

Catharijnesingel

Bahnhofshalle

Beatrixgebouw

Nederlandse
Munt

Jaarbeurs

Jaarbeurs

Jaarbeurs

Abgrenzung
des Projektgebietes

Bebauung außerhalb
des Projektgebietes

Nicht in das Projekt
einbezogene
Bebauung

Büros

Einzelhandel

Messe- und
Kongresszentrum

Hotel/Freizeit-
einrichtungen

Kulturelle
Einrichtungen

Wohnungen

Bahngelände

Grünfläche

Wasserfläche

Verbindungsachse
Jaarbeurs –
Stadtzentrum

Quelle: Unterlagen der Gemeinde Utrecht 2005

0   100   200   300   400   500 m

|Abb. 59| *Das Schlüssel-
projekt „Stationsgebied
Utrecht"–Stadtumbau
und funktionale Verdich-
tung*

ger historischer Entwicklung, Verwaltung, Struktur
und Funktion zusammensetzt. Das Siedlungsgefüge
der Randstad verdeutlicht die Verschiedenartigkeit
der dortigen Stadtplanung und -entwicklung. Einen
baulich weitgehend geschlossenen historischen
Stadtkern (mit starker Betonung von Bauwerken aus
dem „Gouden Eeuw") besitzen Haarlem, Delft, Gouda, Amersfoort, Leiden, Utrecht und Amsterdam
sowie verschiedene kleine Städte, z. B. Alkmaar, Vo-
lendam, Enkhuizen und Edam.

Utrecht
In Utrecht wurden zwischen 1966 und 1973 große
Neubauprojekte an der Peripherie der Innenstadt
verwirklicht, wie der Kongress- und Hotelkomplex
um die *Jaarbeurs*, das mit dem Hauptbahnhof verbundene Geschäftszentrum *Hoog Catharijne* und
das Musikzentrum *Vredenburg* (Buiter 1993). Für
den Bereich Utrecht wurden bei stetiger Bemühung
um städtische Erneuerung bereits wieder ein Mas-

terplan und ein Addendum entworfen, und zwar
im Rahmen des Projektes „Stationsgebied" (vgl.
Abb. 59). Es sieht im Zuge einer 2008 beginnenden
Bautätigkeit eine bessere Verbindung des Kongress-
zentrums mit der Innenstadt vor, die Neugestaltung
des Bahnhofs und seines Umfeldes mit dem Ziel
der Verstärkung der auch jetzt schon beachtlichen
Funktion als *„openbaare vervoerstation"* (Station für
öffentlichen Verkehr), die Modernisierung von *Hoog
Catherijne*, neue Dienstleistungs- und Freizeitange-
bote im Messegelände, die Vergrößerung des Musik-
zentrums sowie den Straßenrückbau. Zudem sind
im Sinne des Konzeptes der kompakten Stadt die
Errichtung von weiteren Wohnungen, Büros und Geschäften geplant.

In Utrecht und der angrenzenden Gemeinde Vleu-
ten-De Meern wird westlich der Stadt seit der Aufstellung eines Masterplanes im Jahre 1995 und
dem Baubeginn 1997 das Großbauprojekt „Leid-
sche Rijn Utrecht" durchgeführt. Dieses ist durch

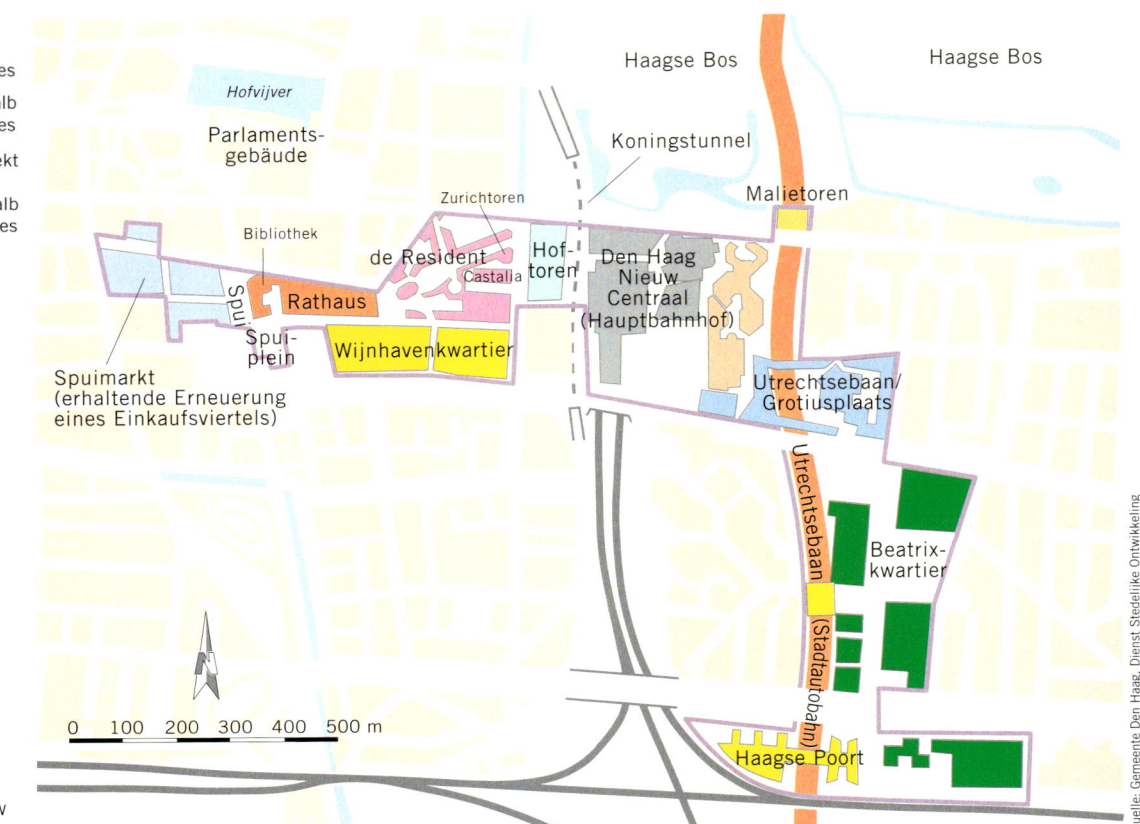

Abgrenzung
des Projektgebietes

Bebauung außerhalb
des Projektgebietes

Nicht in das Projekt
einbezogene
Bebauung innerhalb
des Projektgebietes

Eisenbahnlinie

Wasserfläche

0 100 200 300 400 500 m

|Abb. 60| *Den Haag* Nieuw
Centrum

die für die Niederlande typische integrale und weit vorausschauende städtebauliche Planung – sie reicht bis zum Jahre 2015 –, durch das Konzept der kompakten Stadt – das bebaute Gelände schließt sich unmittelbar an das zusammenhängende Stadtgebiet von Utrecht an – sowie durch das Prinzip der Funktionsmischung gekennzeichnet. Ins Auge gefasst wird der Bau von 30 000 Wohnungen (Quelle: Unterlagen der Gemeinde Utrecht).

Den Haag

Die Innenstadt von Den Haag (oder 's-Gravenhage) hat ein reiches Erbe von historischen Bauwerken bewahrt, bildet aber – abgesehen von der Lindenallee Lange Voorhout (das Vorbild für Unter den Linden in Berlin) – kein geschlossenes altstädtisches Ensemble. Ungeachtet der Hauptstadtfunktion wirkte Den Haag bis in die 1980er-Jahre hinein provinziell und hatte überdies, namentlich zwischen 1960 und 1985, eine starke Abwanderung der Bevölkerung und v. a. in den 1970er-Jahren einen starken Verlust an Arbeitsplätzen zu verzeichnen (de Pater 1996). Seit dem Beginn der Neunzigerjahre versucht man, der bis dahin „verschlafenen" Stadt neue städtebauliche Impulse zu geben. Seitdem ist für die Innenstadt das Vordringen der Hochhausarchitektur der Post- und Supermoderne, die z. T. kontrovers beurteilt wird, im Zuge einer sehr regen Bautätigkeit kennzeichnend, und zwar vornehmlich im Bereich zwischen der Stadtautobahn (Utrechtse

Baan) und dem demnächst neu gebauten Hauptbahnhof sowie der von dort zum Spuiplein führenden Achse (Abb. 60). Der Bauboom bezieht sich auf Sozialwohnungen sowie Luxusappartements, Theater und Saalbauten, das neue Rathaus, die Zentralbibliothek, Bauten für Ministerien und Organisationen und – im Sinne einer zukunftsweisenden City-Bildung – für Zentralen großer Unternehmen, für Banken und Versicherungen sowie andere Betriebe des tertiären und quartären Sektors. Innerhalb weniger Jahre wurde die innerstädtische Silhouette radikal verändert. Ein Kernstück des *Nieuw Centrum* bildet der Komplex *De Resident* mit neu geschaffenen Wahrzeichen und Blickfängen der Hochhausarchitektur. Um die Trennwirkung der Stadtautobahn abzumildern, wurden originale Bauten entworfen, die diese Schnellstraße überbrücken. Weitere prestigeträchtige Hochhausbauten, die die Skyline im Zentrum bestimmen, sind der 29-stöckige *Hoftoren* und der *CS-kwadran*t am neu konzipierten Hauptbahnhof, dessen Bau das Startsignal zu dem für die nächsten Jahre anvisierten Großprojekt *Hoog Hage* geben soll. Ein weiteres Büroviertel ist im nahe gelegenen *Beatrixkwartier* entstanden. Beim Entwurf für die Doppeltürme des *Castalia*-Hochhauses (Abb. 61) hat sich der Architekt zwar im Stilvorrat niederländischer Bürgerhäuser des 16. und 17. Jh. bedient, aber ansonsten wird in den neuen Bürohochhausvierteln ein regionaler Stil aufgegeben, die Planung nicht selten ausländischen und internati-

Rotterdam

Für den tertiären und quartären Sektor ist auch in der Innenstadt von Rotterdam viel Raum geschaffen worden; sie hat wie Den Haag ebenfalls eine Hochhaussilhouette erhalten. In Rotterdam wurde bei dem barbarischen Bombenangriff vom 14.5.1940 die Innenstadt zerstört. Nach dem Zweiten Weltkrieg entschied man sich dafür, nur einige wenige historische Einzelbauwerke neu aufzubauen oder zu restaurieren, ansonsten aber die Innenstadt vollkommen neu zu gestalten. Lediglich Delfshaven besitzt noch ein historisches Stadtbild. Die Innenstadt erhielt mit der zwischen 1951 und 1953 entstandenen und zwischen 1962 und 1966 ausgedehnten Einkaufsstraße Lijnbaan (Groenendijk & Vollard 1996b; Abb. 62) die erste Fußgängerzone der Niederlande, ein Prototyp, der mit Abwandlungen auch für andere Innenstädte des Königreiches und des Auslandes eine Vorbildfunktion erfüllte. In den Fünfziger- und Sechzigerjahren nahm die Innenstadt Rotterdams einen nüchternen, funktionalen Charakter an. Städtebaulich und ökonomisch wurde sie v. a. seit den Achtzigerjahren durch die Hochhausarchitektur im Weena-Gebiet und am Kruisplein belebt sowie entlang der Achse Hofplein–Coolsingel–Schiedamsedijk mit einer Verlängerung zum Wilhelminaplein und zur Wilhelminakade, aber auch durch die teils auf

Oben im Text beginnend: onal tätigen Architekten übertragen und die Gestaltungsweise der Zentren der „global cities" nachgeahmt.

|Abb. 61| *Das Viertel „De Resident" im* Nieuw Centrum *von Den Haag, ein in unmittelbarer Nähe zur Altstadt entstandenes Hochhausviertel. In der linken Bildhälfte ist der „Zurichtoren", benannt nach dem dort untergebrachten Züricher Versicherungskonzern, zu sehen (Architekt: Cesar Pelli, USA). Im Hintergrund überragt das 108 m hohe „Castalia"-Gebäude, in dem sich das Gesundheitsministerium befindet, die Wohnhäuser im Vordergrund. Die Gebäudespitzen haben leichte Anklänge an die traditionelle niederländische Giebelarchitektur (Architekt: Michael Graves, USA).*

|Abb. 62| *Das Stadtzentrum von Rotterdam und das Revitalisierungsgebiet Kop van Zuid*

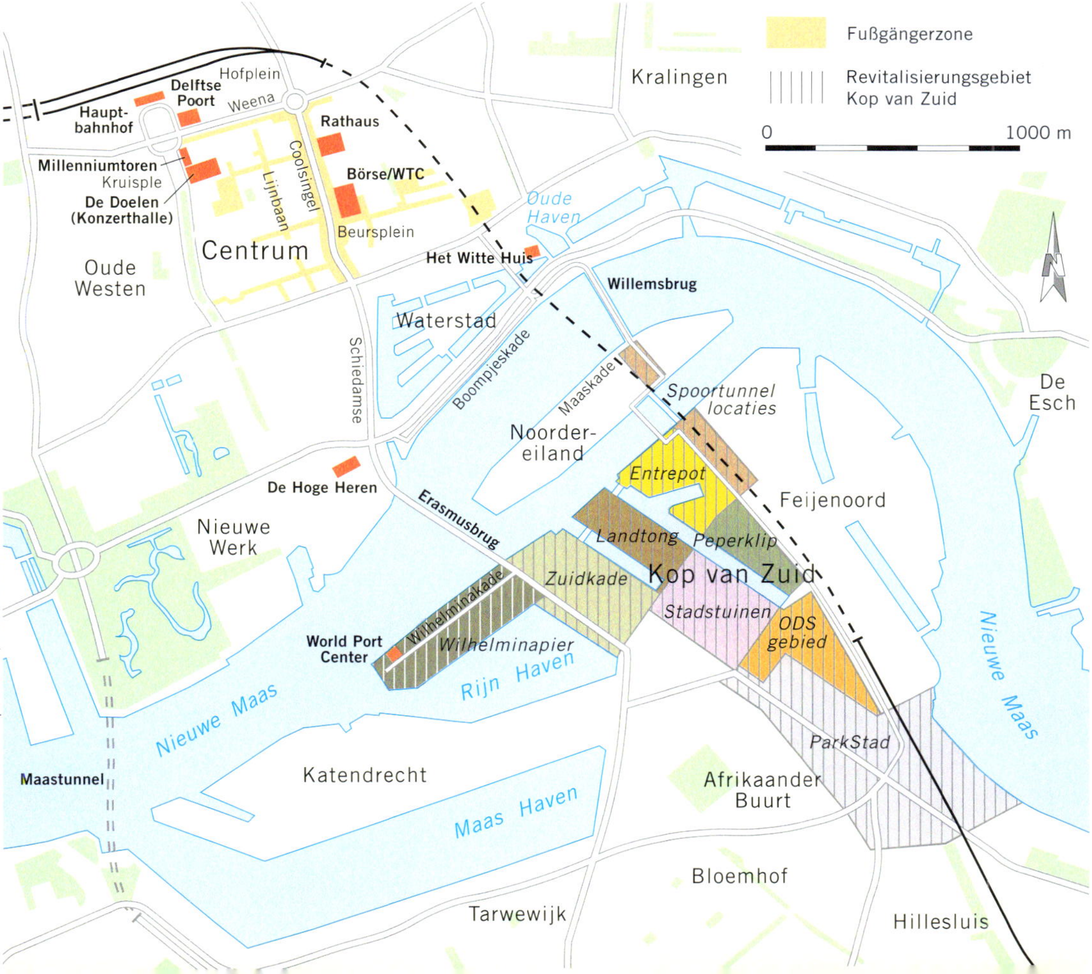

|Abb. 63| *Silhouette des Zentrums von Rotterdam von der Erasmusbrug aus gesehen. Nordufer der Nieuwe Maas. Wohn- und Bürotürme sowie touristische Einrichtungen an und in der Nähe der Boompjeskade im Revitalisierungsgebiet Waterstad aus den 1980er- und 1990er-Jahren. Im Hintergrund Hochhäuser im Büroviertel an der Weena und am Kruisplein: links der 124 m hohe Millenniumtoren, sodann das 164 m hohe Gebouw Delftse Poort, mit dem Emblem (N) der Versicherung Nationale-Nederlanden. Rechts im Bild Het Witte Huis (1898) am Oude Haven, seinerzeit eines der ersten Bürohochhäuser in Europa und einer der wenigen Bauten in Rotterdam, die das Bombardement von 1940 überstanden haben. Vorn rechts ein Teilstück des Noordereiland.*

den Fremdenverkehr, teils auf die Schaffung zentral gelegener Wohnviertel und die Erstellung von Bürogebäuden abgehobene Gestaltung der Waterstad am Nordufer der Nieuwe Maas (Groenendijk & Vollard 1996b). Die zwischen 1978 und 1984 unweit des Oude Haven in der Innenstadt entstandenen Kubus- oder Pfahlwohnungen zeigen eine bemühte Originalität. Völlig neu gestaltet wurde die Uferzone an der Nieuwe Maas im Bereich zwischen Willemsbrug und Erasmusbrug mit Wohn- und Bürobauten sowie einer Flusspromenade (Abb. 63). Neue städtebauliche Akzente wurden zusätzlich auf dem gegenüberliegenden Noordereiland durch eine gründliche Renovierung älterer Wohnungsbausubstanz gesetzt. Die restaurierten Fassaden an der dortigen Maaskade bilden das Gegenstück zu den Neubauten der Boompjeskade. Am Fuß der Erasmusbrücke wurden an der Nieuwe Maas auch Wohntürme (De Hoge Heren), z. T. mit möblierten Luxuswohnungen für zeitweilig in Rotterdam tätige leitende Angestellte, errichtet.

Eine große Chance für eine vollständige Neubebauung ausgedehnter kernstädtischer Viertel eröffnete sich in Rotterdam durch das Freiwerden alter Hafenbezirke. In einem in der Nähe des Stadtzentrums liegenden und mit ihm durch die neu gebaute Erasmusbrücke verbundenen Bereich südlich der Nieuwe Maas wurde und wird das Anfang der 1990er-Jahre begonnene Großprojekt *Kop van Zuid* umgesetzt. Hierbei sind Büroflächen für öffentliche Institutionen und private Unternehmen, Bildungsstätten, touristische Einrichtungen und Wohnungen geschaffen worden bzw. für die zukünftige, mindestens bis 2010 reichende Bauphase vorgesehen. Das Teilgebiet Wilhelminapier wird als zukünftiges „Manhattan aan de Maas" angepriesen (Unterlagen des Informationszentrums Kop van Zuid).

Amsterdam

In Amsterdam haben die Städtebauer eine strikte räumliche Trennung zwischen historisch gewachsener Kernstadt, die 7000 denkmalsgeschützte Mo-

numente besitzt, und neu gestalteten Bürohochhauskomplexen vorgenommen. Ein erster Ansatz für eine integrale Planung für die Innenstadt wurde mit der 1955 herausgebrachten *Nota Binnenstad* geschaffen (Wallagh 1994). Die bauliche Geschlossenheit der Innenstadt wird durch die *Stopera* unterbrochen, einen multifunktionalen Komplex, in dem das Rathaus und das Opernhaus untergebracht sind. Als Dienstleistungsmetropole profiliert sich die Stadt im Kernbereich, obwohl er von Verlagerungsprozessen betroffen war (van Duren 1995), u. a. durch etliche Büros des quartären Sektors an und in der Nähe der Herengracht, außerhalb davon durch den Rembrandttoren, der südöstlich des Stadtzentrums 1994 fertiggestellt wurde, und v. a. durch das große, architektonisch vielgestaltige, von Grünanlagen durchzogene und aus einem schlüssigen Planungskonzept hervorgegangene Büroviertel in Amsterdam-Zuidoost zwischen dem *Academisch Medisch Centrum* und dem ausgedehnten Sportkomplex mit der *Amsterdam-ArenA* unweit des Flughafens Schiphol (Abb. 64). Der Masterplan *Zuidas*, der ein vierstufiges Konzept für den Süden Amsterdams entlang eines in Richtung SW-NO verlaufenden Korridors beiderseits an der A10 und der parallel dazu verlaufenden Hauptbahnstrecke bis zum Jahre 2022 entwirft, sieht im Süden der Stadt große Chancen für die Schaffung weiterer Büroflächen in Ergänzung zum bereits existierenden Bestand. Der Bereich wird in der Absicht gestaltet, die Marktposition Amsterdams auf dem europäischen Büromarkt zu verbessern.

Für den Bereich der ehemaligen IJ-Häfen unweit des Stadtzentrums ist ein einfallsreiches städtebauliches Projekt (*Oostelijk Havengebied*) am Südufer des IJ sowie auf Inseln und Halbinseln entwickelt worden. Ende der 1980er-Jahre wurde es in die Wege geleitet. Hierbei dominiert der Wohnungsbau; teils sind es mehrstöckige große Appartementhäuser, teils schmale Grachtenhäuser, wie auf Javaeiland; auch Einfamilienhäuser, insbesondere in Borneo-Sporenburg, wurden bei dichter Bebauung zugelassen. Im Bereich von Java-eiland und Borneo-Sporenburg sind 70 % der neu erstellten Wohnungen für den freien Markt bestimmt, ein ungewöhnlich hoher Anteil für niederländische Verhältnisse. Am südlichen IJ-Ufer hat man zusätzlich das beträchtliche Potenzial für innenstadtnahe Büros sowie für kulturelle und touristische Einrichtungen östlich des Hauptbahnhofs genutzt. Dazu gehören eine jüngst fertiggestellte Konzerthalle und ein neues Kreuzfahrtterminal. An die maritime Tradition wird durch die Umgestaltung restaurierter ehemaliger Lagerhäuser (*pakhuizen*) zu Büro- und Wohnbauten angeknüpft (Dienst Ruimtelijke Ordening Amsterdam, www.dro.amsterdam.nl). An einer Stelle wird bei einem 1996/97 beschlossenen, beachtenswerten Projekt die Landgewinnung zum Zweck der Siedlungstätigkeit im Sinne der „*compacte stad*" durchgeführt, und zwar im Viertel IJburg. Hierbei werden im IJmeer zentrumsnah und in der Nachbarschaft des *Oostelijk Havengebied* verschiedene Inseln neu geschaffen und die schon bestehende Insel Zeeburgereiland neu erschlossen. Das Gebiet umfasst eine Fläche von 450 ha, auf der bis zum Jahre 2012 insgesamt 18 000 Wohnungen für ca. 45 000 Menschen entstehen sollen. Einzelne Wohnbereiche werden auf schwimmenden Plattformen angelegt. Auf dem Centrumeiland soll das größte Geschäftszentrum des neuen Viertels entstehen (Quelle: Dienst Ruimtelijke Ordening Amsterdam). Mit dem Bau des neuen Stadtteils ist 1998 begonnen worden. Die Entwürfe wurden zunächst nach dem Konzept der

Vinex-wijken der 1990er-Jahre erstellt. Für die Anlage mit hoher baulicher Verdichtung hat man sich den Wahlspruch „*buiten wonen in de stad*" zu eigen gemacht: Einerseits liegt das neue Viertel stadtnah, andererseits sollen die offenen Wasserflächen das Gefühl von Weite vermitteln. Unterschiedliche Wohnungsangebote sollen für soziale Vielfalt sorgen. Da die „Schlafstadt" eine Schreckensvision der niederländischen Planer ist, bemüht man sich darum, im Viertel Arbeitsmöglichkeiten und zentralörtliche Einrichtungen zu schaffen (Lupi 2007).

Problemviertel in den Städten der Randstad

Wie in allen großen Metropolregionen haben sich auch in der Randstad Problemviertel (*probleemcumulatiegebieden*) gebildet. Aufgrund etlicher Sozialprogramme und der geringen Arbeitslosigkeit sind sozialpathologische Erscheinungen nicht so stark ausgeprägt wie in vielen Ballungsgebieten anderer Länder, obwohl staatliche Aktivitäten zur Lösung verschiedenster sozialer Probleme auch in den Niederlanden die Grenzen ihrer Möglichkeiten erkennen ließen. Ausgedehnte Rotlichtviertel in Amsterdam sind kaum zu übersehen, ebenso wenig wie die Quartiere der Drogenszene; allerdings sind sie in keiner Weise repräsentativ für das Gesamtbild der Stadt. Weitere soziale Brennpunkte findet man in den großen Städten, unter anderem in Den Haag mit den problembelasteten Quartieren Schilderswijk, Stationsbuurt und Transvaalkwartier, in der misslungenen, zwischen 1962 und 1973 entstandenen

|Abb. 64| *Flächennutzung, markante Gebäude und Gebäudekomplexe in Amsterdam*

Hafen- und Industriegebiet

Büros/ Dienstleistungen

Entwicklungsprojekt IJburg

Revitalisierungsbezirk „Oostelijke Havengebied"

Flughafen Schiphol mit Start- und Landebahn

Gewächshäuser

Sonstige bebaute Fläche

Freifläche

Stadtgrenze

Autobahn

Autobahn mit Bahnlinie im Mittelstreifen

Eisenbahnlinie

0   5 km

Quelle: Dienst Ruimtelijke Ordening Amsterdam

|Abb. 65| *Problemviertel Bijlmermeer (Bijlmer) im Südosten von Amsterdam. Obwohl dort die meisten der Wohnmaschinen der 1960er-Jahre abgerissen und durch Neubauten ersetzt worden sind, hat das Viertel seinen ghettoartigen Charakter behalten. Der Anteil nicht westlicher Ausländer beträgt im Bezirk Bijlmer-Centrum 80 %.*

Großwohnsiedlung von Bijlmermeer in Amsterdam, in Zaandam (z. B. in Poelenburg) und in Rotterdam (z. B. in Feijenoord und Oleanderbuurt).

In den 1960er-Jahren kamen kurzfristig Großwohnanlagen mit Hochhäusern im Sinne der Vorstellungen der von Le Corbusier initiierten „Congrès Internationaux d'Architecture Moderne" (CIAM) in Mode. Der Höhepunkt wurde 1967 erreicht, als 75 % des Wohnungsbaus sich auf Häuser mit sechs und mehr Geschossen bezog. Die meisten Wohnhochhäuser der Niederlande wurden zwischen 1964 und 1974 gebaut (Ministerie van Volkshuisvesting … 2001; van der Cammen & de Klerk 1999, 2006). Die Nachteile der „Wohnmaschinen" im Sinne der Ideologie von Le Corbusier wurden schnell offenkundig, sodass man in den Bauprogrammen wieder rasch davon Abstand nahm. Bezeichnend für die gewandelte Einstellung, verbunden mit dem Vorwurf der Enthumanisierung des Wohnens, waren z. B. die heftigen Proteste gegen die Pläne für eine derartige Bauform bei einem Sanierungsprojekt in Schilderswijk (Den Haag), die bewirkten, dass das Vorhaben geändert wurde (de Pater 1996).

In der Epoche der „Wohnmaschinen" entstand in Amsterdam-Zuidoost zwischen 1962 und 1973 die Großsiedlung Bijlmermeer (Bijlmer) mit hohen Galeriewohngebäuden, deren Grundriss wabenförmig angelegt wurde. Teils wurde sie schon während der Bauphase stark kritisiert. Etliche Familien, die es sich leisten konnten, bevorzugten von vornherein andere Wohngebiete oder zogen nach kurzer Zeit wieder fort. Die meisten Wohnbauten kamen stark herunter (Ibelings 1995; Groenendijk & Vollard 1996a). Die Wohnbevölkerung von Amsterdam-Zuidoost wird durch eine hohe Quote von Immigranten gekennzeichnet. 2005 betrug der Anteil nicht westlicher Allochtoner dort 62 %, der im Unterbezirk Bijlmer-Centrum 80 %. Die Arbeitslosigkeit in Amsterdam-Zuidoost lag im Jahre 2000, zur Zeit des Beschäftigungsoptimums in den Niederlanden,

bei 14 %, während sie sich im Landesdurchschnitt auf 3 % belief. 2006 betrugen die Quoten 8,2 bzw. 3,5 % (CBS). 1992 musste in einem so jungen Quartier bereits ein *Projectbureau Vernieuwing Bijlmer* etabliert werden (Quelle: Unterlagen der Gemeinde Amsterdam). Der größere Teil der Wohnmaschinen in Bijlmermeer wurde in den letzten Jahren wieder abgerissen und durch neue ersetzt (Abb. 65). Ein wenig aufgewertet wurde das ghettoartig wirkende Viertel durch den randlich gelegenen neuen Einzelhandels- und Bürokomplex *Amsterdamse Poort*. Im März 2007 wurde Bijlmer offiziell zu einem der insgesamt 40 niederländischen „probleemwijken" erklärt.

Viel Kritik erfuhr auch das in den 1960er-Jahren erstellte und als zu unpersönlich beurteilte Wohnhochhausviertel Ommoord im Norden von Rotterdam. Weitere Beispiele für Großwohnanlagen aus dieser Zeit sind Schalkwijk-Zuid (im Raum Haarlem) und das 2007 ebenfalls als *probleemwijk* eingestufte Viertel Overvecht in Utrecht.

Neue Städte in und an der Peripherie der Randstad

Die drei bedeutendsten *groiekernen* außerhalb von Flevoland sind Zoetermeer, Haarlemmermeer und Nieuwegein.

Zoetermeer hatte zu Beginn der 1960er-Jahre 10 000 Einwohner. Ein rascher Wandel fand statt, als Zoetermeer 1963 als *groiekern* ausgewiesen wurde, um eine Entlastungsfunktion für Den Haag – zum Teil auch für Rotterdam – wahrzunehmen. 1966 wurde mit dem Neubau begonnen, und zwar im Viertel Palenstein, in dem die Hochhausbauweise betont wurde. Das stärkste Wachstum der *„nieuwe stad"* fand Ende der 1960er- und in den 1970er-Jahren statt, als jährlich ca. 6000 Menschen zuwanderten. Die neue Stadt brachte es bis zum Jahre 2007 auf 118 024 Einwohner. 2002 lagen 60 % der Wohnungen in Einfamilienhäusern (CBS), die vielfach im sozialen Wohnungsbau erstellt wurden. Der Ort bildet eine Art Schaufenster für städtebauliche Auffassungen der letzten 40 Jahre in den Niederlanden. In den ältesten Vierteln, Palenstein und Driemanspolder, dominiert der uniforme Wohnhochhausbau. Im Meerzicht-Viertel wurden nach Baugebieten variierende Typen einheitlicher Einfamilienhäuser erstellt. In den 1970er-Jahren wurde der individuellen Gestaltung viel Raum gegeben, z. B. in Buytenwegh und De Leyens. Das Viertel Seghwaert mit seinen langen Zeilen einfacher Reihenhaussiedlungen zeigt die beschränkten Möglichkeiten des öffentlichen Wohnungswesens in den 1980er-Jahren. Rokkeveen bringt die „neue Sachlichkeit" der 1990er-Jahre zum Ausdruck und deutet eine vorsichtige Rückkehr zum mehrgeschossigen Wohnungsbau an. Vorbildlich ist die nach Den Haag führende Ringbahnlinie. Sie bedient in kurzem Zeittakt die meisten Viertel der Stadt, in der es fünfzehn Bahnstationen gibt. Zoetermeer konnte nicht zuletzt wegen seiner günstigen Lage innerhalb der Randstad ein eigenständiges Wirtschaftsgefüge aufbauen. Das Verhältnis zwischen den 40 707 Arbeitsplätzen (2007) und den in Zoetermeer wohnenden Erwerbstätigen beträgt 0,74. Zoetermeer weist sowohl hohe Ein- als auch Auspendlerraten auf (www.zoetermeer.nl: Feiten & Cijfers, Geschichte; Atzema & Spit 1997).

Haarlemmermeer, eine Gemeinde südwestlich von Amsterdam, die 1950 weniger als 40 000 und 2006 insgesamt 138 308 Einwohner in 24 Ortschaften zählte – die größte davon ist Hoofddorp mit einem Bevölkerungswachstum von 9816 auf 70 030 zwischen 1970 und 2007 –, ist nicht nur hinsichtlich der Migration, sondern auch bei den Unternehmensgründungen in Suburbanisierungsprozesse einbezogen worden. Dank des Flughafens Schiphol und der Existenz von über 300 Industriebetrieben und 5200 anderen Arbeitsstätten war in dieser Gemeinde 2004 die Zahl der Arbeitsplätze (125 550) wesentlich höher als die der Bevölkerung zwischen 15 und 64 Jahren (90 932) (CBS, Gemeente op maat, 2007).

Nieuwegein war als Entlastungspol für Utrecht konzipiert worden. Die Stadt entstand 1971 auf dem Gebiet der aufgelösten Gemeinden Jutphaas und Vreeswijk, die einen dörflichen Charakter besaßen. Die Einwohnerzahl stieg zwischen 1971 und 2007 von 13 000 auf 61 000. Die Planung der von Grünzonen und Grachten durchzogenen, geschickt verkehrsberuhigten Wohnviertel, deren Bebauung an kleine Grundstücksflächen angepasst ist, wurde z. T. von der Gartenstadtidee im Sinne von E. Howard und R. Unwin inspiriert (Abb. 66). In der Anfangsphase vermisste man in Nieuwegein ein ausgeprägtes Stadtzentrum. Ein erster Schritt bei der Entwicklung innerstädtischer Funktionen war 1985 dann die Eröffnung des seinerzeit fortschrittlichen Einkaufszentrums *Cityplaza*, das den größten Teil des Einzelhandels im Kernbereich der Stadt beherbergt. Ein besonders attraktiver urbaner Mittelpunkt ist dieser Bezirk aber immer noch nicht. Der umfassende, bis 2020 konzipierte Entwicklungsplan *„De nieuwe binnenstad"*, der seit 2007 umgesetzt wird (www.binnenstad.nieuwegein.nl), soll Verbesserungen bewirken.

Eine große Chance, neue stadtplanerische Konzepte umzusetzen, eröffnete sich nach der Schaffung der jüngeren IJsselmeerpolder. In Ost- und Südflevoland entstanden mit Lelystad und Almere größere Zentren, wobei die zugehörige Gemeinde des erstgenannten Ortes, dessen Grundstein 1966 gelegt wurde, bis 2007 auf immerhin 72 252 Einwohner gekommen ist, die des zweitgenannten, 1975 gegründeten sogar auf 180 924 (CBS; Unterlagen der Gemeinden). Lelystad, die Hauptstadt der Provinz Flevoland, wurde nach den folgenden Planungsprinzipien gestaltet: Die Wohnviertel mit ihrem unregelmäßigen Straßengrundriss und vielen Sackgassen sind so weit wie möglich verkehrsberuhigt. Von jedem Viertel aus kann man auf Radwegen in das Stadtzentrum gelangen, ohne eine Hauptverkehrsstraße benutzen zu müssen. Die Wohnviertel bilden in sich abgeschlossene *buurten* und *wijken*. Grünstreifen trennen meist die Wohngebiete von den Hauptverkehrsstraßen. Die *buurten* besitzen kleine zentralörtliche Einrichtungen und in Einzelfällen ein

buurthuis (Gemeinschaftshaus). Naherholungsgebiete beginnen unmittelbar am Stadtrand, aber auch die Siedlung selbst ist von Grünanlagen durchzogen, die bis zum Stadtzentrum vordringen. Im Bereich einer zentralen Symmetrieachse, die die Stadt von Norden nach Süden durchzieht, liegen die wichtigsten zentralörtlichen Einrichtungen sowie der Bahnhof, an dem sich im Sinne eines durchorganisierten gebrochenen Verkehrs gleichzeitig alle Buslinien treffen. Gewerbe- und Wohngebiete sind räumlich voneinander getrennt.

Analoge Planungsvorstellungen wurden in Almere verwirklicht. Im Gegensatz zu Lelystad ist Almere aber als mehrkernige Stadt konzipiert worden mit den räumlich voneinander abgesetzten Stadtteilen Almere-Haven, Almere-Buiten und Almere-Stad, die durch weitere (Almere-Hout, Almere-Poort und Almere-Pampus) ergänzt werden sollen. Almere-Stad besitzt ein großes Zentrum mit einer diversifizierten Einzelhandelsstruktur, die durch die Wohnfunktion

ergänzt wird; die beiden übrigen Stadtteile besitzen Subzentren. Unterhalb des Zentrums von Almere-Stad wurden ausgedehnte Tiefgaragen angelegt; Auto- und Fußgängerverkehr sind im Zentrum räumlich weitgehend voneinander getrennt. Kennzeichnend für die Innenstadt ist eine Reihe von Plätzen und Binnenhöfen. Nach Süden hin wird die Innenstadt durch die *waterfront* am Weerwater abgeschlossen, wo *uitgaansfuncties* (Möglichkeiten zum Ausgehen) geschaffen wurden. Die Straßenzüge der Wohnviertel sind meist einheitlich konzipiert – auch in Bereichen mit Einfamilienhäusern gibt es kaum individuelle Entwürfe – mit Ausnahme einzelner ins Blickfeld gestellter Objekte experimenteller Architektur. In einzelnen Vierteln wurden Kleinhäuser errichtet, die nur winzige Gartengrundstücke besitzen. Kennzeichnend ist der hohe Anteil von Wohnungen in Einfamilienhäusern, der 2002 nach den damaligen Angaben der Gemeinde bei 77 % lag. 2007 betrug der Anteil des Wohnungseigentums

|Abb. 66| Waterwoningen *im neuen Wohnviertel Doorslag in Nieuwegein. Die Gestaltung verschiedener Wohnbezirke in Nieuwegein, einem als Entlastungspol für Utrecht ausgewiesenen* groiekern, *orientierte sich an der Gartenstadtidee.*

63 %; die private Vermietung machte lediglich 8 % aus und die Vermietung durch Wohnbaugesellschaften 29 % (Gemeente Almere, Sociale Atlas 2007, Woniggegevens). Exklusive Wohnlagen befinden sich an den Noorderplassen und in Almere-Hout, einem im Aufbau begriffenen Viertel im Südosten der Gemeinde am Rand eines ausgedehnten Grüngürtels. Die Stadtplanung stellt sich sowohl bei der Konzeption neuer Wohnviertel als auch der Erweiterung der zentralörtlichen Funktionen auf ein weiteres Bevölkerungswachstum ein. In Almere wurden mehr Arbeitsplätze geschaffen als in Lelystad, was mit der größeren Nähe zum Kernbereich der Randstad zusammenhängen mag, doch ist auch hier der Auspendleranteil hoch. Von den 80 700 Erwerbstätigen in Almere arbeiteten 2004 nur 37 700 in der Gemeinde, während 43 000 auspendelten. Die Gesamtzahl der Arbeitsplätze (für eine Beschäftigung von mehr als zwölf Stunden pro Woche) belief sich 2006 auf 56 278. Eine derartige Diskrepanz zwischen der Zahl der Erwerbstätigen und der Arbeitsplätze ist für eine Stadt dieser Größenordnung ungewöhnlich. Dies gilt in geringerem Maße auch für Lelystad mit 27 176 Arbeitsplätzen (2006) bei einer erwerbstätigen Bevölkerung von 33 200 (Gemeente Almere, Sociale Atlas van Almere; Provincie Flevoland, Economie en Arbeidsmarkt Flevoland). Man hat somit eine rege Siedlungstätigkeit in Gang gesetzt, ohne dass die ökonomische Entwicklung damit Schritt halten konnte. Aufgrund dieses Defizits wurde Flevoland von 1994 bis 1999 als Ziel-1-Fördergebiet der Europäischen Union ausgewiesen und bis 2005 innerhalb dieses Rahmens noch als Region mit Übergangsunterstützung behandelt.

Die Niederlande haben im Laufe des 20. Jh. große Kompetenzen im Bereich der Stadtplanung erworben und sind dabei gegenüber Anregungen aus dem Ausland offen geblieben. Die Planung war durchaus nicht immer geradlinig und konsequent. Vieles wurde konzipiert und wieder verworfen. Planungstheorie und Gestaltungspraxis wichen oft voneinander ab. Trotzdem wurden insgesamt präsentable Ergebnisse erzielt. In jüngerer Zeit werden jedoch ökonomische Aspekte gegenüber den sozialen stärker in den Vordergrund gestellt. Der soziale Wohnungsbau verliert an Bedeutung, womit ein Grundprinzip der niederländischen Wohnungswirtschaft berührt wird. Da bislang heruntergekommene oder trostlose Problemviertel in niederländischen Städten räumlich eng begrenzte Ausnahmeerscheinungen darstellen und man die anerkennenswerte Leistung vollbracht hat, in einem äußerst dicht besiedelten Land die Städte wie sonst selten in der Welt bürgerfreundlich zu gestalten und die Bevölkerung zu vertretbaren Preisen mit qualitativ akzeptablem Wohnraum zu versorgen, stellt sich die Frage, wie weit man die eigenen Errungenschaften demontiert, wenn man sich – dem Zeitgeist folgend – fortan stärker an den Zielvorstellungen von Deregulierung und Liberalisierung orientieren sollte.

Das Städtewesen in Belgien und in Luxemburg

Die Stadtentwicklung bis zum Beginn des Industriezeitalters

Wie auch in den nördlichen Niederlanden, geht das Städtewesen in den ehemaligen südlichen Niederlanden, dem Bereich der heutigen Staaten Belgien und Luxemburg, auf die römische Zeit zurück (Doorselaer 1981; Verhulst 1996). Es hat eine Reihe von *vici* gegeben, nicht ländliche Siedlungen, die zum Teil eine beträchtliche Ausdehnung erreichten, ohne den Rechtsstatus einer Stadt zu besitzen. Nur Tongeren (*Atuatuca Tungrorum*) hatte die Rechtstellung einer *colonia*, also einer Stadt, erlangt. Tongeren, an der Fernhandelsstraße von Köln nach Bavai (in Nordfrankreich) gelegen, muss in römischer Zeit eine bedeutende Stadt gewesen sein. Die Flächenausdehnung innerhalb der 4,5 km langen Stadtmauer des 2. Jh. war annähernd doppelt so groß wie die innerhalb der hochmittelalterlichen Mauern (Baillien 1979). Arlon (*Orolaunum*), Namur (*Namurucum*) und Tournai (*Turnacum*) waren große *vici* von städtischem Charakter. Wegen fehlender oder gering entwickelter Straßenbautechnik im Vergleich zur Römerzeit mussten sich die Zentren des Früh- und Hochmittelalters, aus denen im Laufe der Zeit Städte hervorgingen, zur Entwicklung ihrer Handelsfunktion stärker an den Wasserwegen orientieren. So wurden das Maastal sowie das Leie- und Scheldebecken zu bedeutenden Entwicklungsachsen. Brügge kam jahrhundertelang die Nähe der Meeresbucht des Zwin zugute, bis diese im Spätmittelalter versandete (van der Haegen et al. 1992). In Flandern ist verschiedentlich die Lage in einem Grenzbereich charakteristisch, z. B. in Gent, indem ein Teil der Siedlung auf einem höher gelegenen Riedel aus tertiären Sanden errichtet und die Hafen- und Handelsfunktion in Flussniederungen mit alluvialen Ablagerungen wahrgenommen wurde. Während Flandern und Brabant am Ende des Hochmittelalters einen hohen Verstädterungsgrad erreicht hatten, kam die Stadtentwicklung südlich der Maas und der Sambre (einschließlich des heute luxemburgischen Raumes) nicht über ein weitmaschiges Netz kleiner Marktflecken und Burgsiedlungen hinaus (van Uytven 1982).

Die Genese der Städte aus ihren Anfängen heraus weist verschiedene gemeinsame Charakteristika auf: Den altstädtischen Kern bildeten entweder ein befestigter Bischofssitz (Lüttich, Tournai), ein befestigtes Stift oder Kloster (Nivelles, Gembloux) oder ein befestigter Sitz eines weltlichen Herrn, wie in Huy, Namur, Leuven und Brüssel sowie in allen flandrischen Städten. Als zweiter Nukleus kam die Kaufmanns- oder Marktsiedlung hinzu. Die Kernstücke wurden im Laufe der Zeit, nicht zuletzt durch die Anlage von Stadtbefestigungen, zu einer Einheit verschmolzen. Im Hochmittelalter erfolgte in den südlichen Niederlanden im Bereich des Maastales und in Mittel- und Nordbelgien bis zur Grenze der Po der hin eine intensive Entwicklung des Städtewesens und eine außergewöhnliche Verdichtung des Städtenetzes. Eine solche wurde außer in Norditalien sonst nirgendwo in Europa erreicht. Es bildeten sich Großstädte aus, die in ihrer Bedeutung die damaligen Zentren der nördlichen Niederlande weit übertrafen. Teils wurden die Städte durch die Ausdehnung ländlicher Zentralorte allmählich größer, teils wurden landesherrliche Planstädte angelegt, insbesondere im 12. Jh. in der Grafschaft Flandern. Nieuwpoort mit seinem regelmäßigen Straßengrundriss, Damme oder im heutigen Frankreich Dünkirchen sind Beispiele dafür. Turnhout und das heute niederländische 's-Hertogenbosch in Brabant sowie Ath im Hennegau sind ebenfalls im 12. Jh. als landesherrliche Planstädte entstanden (Bonenfant 1952; van Uytven 1982).

Zahlenangaben für die Bevölkerung im Mittelalter beruhen nur auf unsicheren Schätzungen. Um 1300 hatte Brügge vermutlich 35 000 und Antwerpen 10 000 Einwohner; in den damals größten Städten der nördlichen Niederlande, in Utrecht und Dordrecht, lebten zu dieser Zeit ca. 5500 bzw. 5000 Menschen (Israel 1995, S. 114). Als Vergleichsmaßstab möge die Definition von Genicot (1973a) dienen, nach der für mittelalterliche Verhältnisse Städte mit mehr als 10 000 Einwohnern als Großstädte und mit mehr als 50 000 Einwohnern als Weltstädte zu gelten hatten. Möglicherweise wohnten 1356 in Gent mehr als 60 000 Menschen, in Ypern um die Mitte des 13. Jh. 40 000, um 1300 in Leuven 14 000, in Lüttich und Tournai mehr als 10 000 und in Brüssel 1374 etwa 20 000 (Genicot 1973 a, b; Prevenier 1983).

Bevölkerungswachstum, größere Mobilität der ländlichen Bevölkerung, Verbesserung der Versorgungslage durch agrarwirtschaftliche Fortschritte sowie die Belebung des Handels und der gewerblichen Funktion bildeten die Grundlage für das Aufblühen der Städte im Hochmittelalter. Bei den exportorientierten Gewerbezweigen kam der Feintuchindustrie eine Schlüsselstellung zu. Im Maasraum erlangte neben der Tuchherstellung das Metallgewerbe, insbesondere die Messingverarbeitung, eine große Bedeutung (Joris 1972; van Houtte 1982; Jansen 1982; Verhulst 1996). Weit gespannte Handelsbeziehungen haben alle großen Städte der südlichen Niederlande unterhalten. Dabei hat sich Brügge mit seinen mannigfachen auswärtigen Verbindungen, mit seinen Konsulaten und fremdländischen Kaufmannskolonien in besonderem Maße hervorgetan. Im 13. Jh. war die Stadt zur bedeutendsten Handelsstadt Europas diesseits der Alpen aufgestiegen und erreichte als solche den Zenit ihrer Entwicklung in der ersten Hälfte des 14. Jh. Damme übte beim maritimen Verkehr die Funktion eines Vorhafens für Brügge aus (van Houtte 1982).

Um 1300 war die große mittelalterliche Ausbauphase abgeschlossen. Das 14. und 15. Jh. war eine

Epoche schwerer Krisen (Blom & Lamberts 2001), was aber nicht den weiteren Aufstieg einzelner Städte behinderte; so verlagerten sich die Schwerpunkte der städtischen Entwicklung mehr und mehr nach Brabant. Leuven, Brüssel, Mechelen und Antwerpen erlangten hier eine große Bedeutung. Ende des 15. Jh. war in Flandern und Brabant ein ungewöhnlich hoher Verstädterungsgrad von 36 bzw. 31 % erreicht (Prevenier 1983). Ein anderer Beleg für eine rasche Verstädterung ist folgender: 1374 lebten schätzungsweise 27 % der Bevölkerung Brabants in Ortschaften mit über 5000 Einwohnern, 1565 hingegen 47 % (Klep 1976, S. 156). Dies war durch die wachsende Anziehungskraft Antwerpens im 15. und 16. Jh. und die zunehmende Attraktivität von Brüssel, v.a. im 16. Jh., mit bedingt. Für das Ende des 15. Jh. kann man sich eine ungefähre Vorstellung von der Größenordnung der Städte der südlichen Niederlande verschaffen. Die kartographische Darstellung (vgl. Abb. 53) zeigt ein charakteristisches räumliches Verteilungsmuster, in dem südlich von Maas und Sambre die Städte klein geblieben sind. Die meisten haben weniger als 2000 Einwohner, Luxemburg liegt in der Größenordnung von 2000 bis 5000 Einwohnern (Prevenier 1983; Israel 1995).

Antwerpen (Abb. 68) stieg im 16. Jh. zu einem Zentrum des internationalen Entrepôthandels, zum

|Abb. 67| *Gracht an der Groenenrei in Brügge — rechts ein Gebäude aus dem 18. Jh., im Hintergrund der für große südniederländische Städte charakteristische Glockenturm, der Belfried (niederländisch: Belfort). Die einstige Welthandelsstadt wurde zu Ende des 19. Jh. in einem seinerzeit sehr bekannten symbolistisch ausgerichteten Roman von Georges Rodenbach als „Brügge, die Tote" („Bruges la Morte") bezeichnet. Heute ist sie ein lebendiges, internationales Touristenzentrum.*

|Abb. 68| *Zunft- und Gil-*
dehäuser am Grote Markt
in Antwerpen aus dem 16.
und 17. Jh. Die Bauten im
Stil der Renaissance und
des Barock weisen verein-
zelt Elemente der Gotik
auf. Glocken- und Voluten-
giebel sind an Vorbilder
von Kirchenbauten der
Renaissance in Italien an-
gelehnt.

wichtigsten Geldmarkt der Niederlande und zu einer der bedeutendsten Metropolen Europas auf. Dies wurde durch den modernen Handelskapitalismus, eine vergleichsweise liberale Wirtschaftsverfassung (Voet 1973) und naturgeographische Veränderungen im Küstenbereich (Versandung von Vloer und Zwin zum Schaden des Konkurrenten Brügge sowie der Oosterschelde zum Nachteil von Bergen op Zoom, Verbreiterung und Vertiefung der Westerschelde) begünstigt (Gottschalk 1955; Guns 1973). Die Stadt erlebte ein außerordentliches Bevölkerungswachstum und eine boomartige Bautätigkeit. 1527 lebten dort 50 000 Menschen, 1568 hatten dort fast 90 000 Menschen ihren Hauptwohnsitz (Voet 1973).

Brüssel gewann durch die burgundische Hofhaltung und danach durch die 1515 unter Karl V. endgültig festgelegte Hauptstadtfunktion sowie durch ein reges Gewerbeleben, nicht zuletzt im Bereich der Herstellung vielfältiger Luxusgüter, an Bedeutung. Die Hofhaltung hatte schon im 15. Jh. prägend auf die Stadtstruktur eingewirkt. 1526 zählte Brüssel schätzungsweise 40 000 Einwohner (Martens 1976, S. 136 ff.; Verniers 1965, S. 190 ff.), 1560 sogar 50 000 (Israel 1995, S. 114). Schwer lasteten im ausgehenden 16. Jh. die Auseinandersetzungen mit Spanien auf den Städten der südlichen Niederlande. Infolge der kriegerischen Auseinandersetzungen und der Verfolgung der Protestanten verloren gegen Ende des 16. Jh. die meisten Städte im Bereich des heutigen Belgien ca. 20–40 % ihrer Bevölkerung, Mechelen 50 %, Antwerpen mehr als die Hälfte. Die Stadt zählte 1589 nur noch 42 000 Einwohner (Mols, Bd. 2, 1955, S. 522). Zehntausende von Abwanderern gingen in die nördlichen Niederlande und ließen sich in Amsterdam, Haarlem, Leiden oder in anderen Städten nieder. 1622 bestand die Bevölkerung in Amsterdam zu schätzungsweise 32 %, in Haarlem zu 51 % und in Lei-

den zu 67 % aus südniederländischen Zuwanderern (Knippenberg 1992, S. 19). Lebten in den südlichen Niederlanden 1550 ca. 360 000, in den nördlichen Niederlanden 182 000 Menschen in Städten mit mehr als 10 000 Einwohnern, so hatte sich das Verhältnis 1600 umgedreht und die Zahlen betrugen 250 000 bzw. 365 000 Einwohner (Israel 1995, S. 115). Antwerpen musste seine Funktion als internationale Handelsmetropole an Amsterdam abtreten. Nachdem die großen Textilstädte bereits einen Bedeutungsverlust erlitten hatten, ging mit dem Abstieg Antwerpens die Epoche zu Ende, in der die südniederländischen Städte im europäischen Städtesystem eine herausragende Rolle gespielt hatten. Viele Baudenkmäler aus der früheren Blütezeit legen in den belgischen Städten, insbesondere in Antwerpen, Brügge, Gent (Abb. 69), Lier, Leuven und Mechelen, noch heute Zeugnis davon ab. Eine besondere Bedeutung kommt hierbei dem prächtig entwickelten profanen Hallenbau der Gotik und der Renaissance zu.

Das Städtenetz bis zum Beginn des Industriezeitalters ist im Wesentlichen im Hochmittelalter festgelegt worden. Oostende wurde zwar im 15. Jh. als Planstadt mit schachbrettartigem Straßennetz gebaut (Plans en Relief... 1965), doch wurde die schon im Hochmittelalter existierende Siedlung nach der Sturmflut von 1394 lediglich weiter landeinwärts verlegt. Nur in Ausnahmefällen gab es noch Neugründungen. Als Festungsstädte wurden 1546 Mariembourg und 1554 Philippeville errichtet (Genicot 1976, S. 11), 1605 die Pilger- und Festungsstadt Scherpenheuvel (Ennen 1972, S. 1072/73) sowie die 1666–76 erbaute, ummauerte Garnisonsstadt Charleroi. Von diesen Festungsstädten empfing nur Charleroi wesentliche Entwicklungsimpulse, seit dem Ende des 17. Jh. als Hauptort eines Eisenindustrie- und Kohlereviers, im 18. Jh. zusätzlich durch die Glasindustrie (Hasquin 1971). Ins Extrem gesteigert wurde der Festungsbau in Luxemburg, dem „Gibraltar des Nordens". Die Ausbauten wurden jeweils unter anderer Fremdherrschaft vom 17. bis zum 19. Jh. durchgeführt (Schmit & Wiese 1980; Reichert & Eberle 2005).

Dank der Hauptstadtfunktion und des vielfältigen Gewerbelebens hat sich Brüssel in der frühen Neuzeit zur bedeutendsten Stadt der südlichen Niederlande entwickelt. Sie zählte im Jahr 1784 74 427 Einwohner (Moureaux 1971, S. 129). An zweiter Stelle stand Lüttich, ein bedeutendes Zentrum der Metallverarbeitung, das 1790 mit seinen schon damals ausgedehnten, sich in enger Tallage bandartig ausbreitenden Vororten 55 600 Einwohner zählte (Hélin 1963, S. 190). Luxemburg, in seiner ökonomischen Entwicklung durch die militärischen Funktionen stark behindert, kam bis 1784 nur auf eine Zahl von 8500 Bewohnern (Moureaux 1971). Mit Ausnahme von Brüssel sind die großen flandrischen und Brabanter Städte bezüglich ihrer Einwohnerzahl bis zum Ende des 18. Jh. nicht über die Dimensionen ihrer mittelalterlichen Blütezeit hinausgekommen.

Veränderungen vom Beginn des Industriezeitalters bis zum Ersten Weltkrieg

Von 1831 bis 1910 wuchs die Bevölkerung Belgiens von 3 785 814 auf 7 423 784 Einwohner an, die des Großherzogtums Luxemburg zwischen 1839 und 1910 von 175 223 auf 259 027 Einwohner. In Belgien bildet der Verstädterungsprozess ein herausragendes Merkmal der siedlungsgeographischen Entwicklung des 19. Jh. 1831 lebten 28,5 % der Bevölkerung in Gemeinden mit mehr als 5000 Einwohnern. 1910 war der Wert für Belgien auf 56,4 % (!) angestiegen, in der Provinz Antwerpen auf 74,8 %. Insgesamt 4 183 589 Menschen zählte man nun in Orten mit mehr als 5000 Einwohnern. Im Arrondissement Antwerpen nahm in den Gemeinden, die 1910 mehr als 5000 Einwohner besaßen, seit 1831 die Bevölkerung um 352 % zu, im Arrondissement Brüssel um 376 %, im Arrondissement Charleroi um 439 %, im Arrondissement Lüttich um 299 %. In den genannten Bezirken wohnten 11 % der belgischen Bevölkerung im Jahre 1831, im Jahre 1910 waren es 28 % (INS; Statec).

In den tief ins Grundgebirge eingeschnittenen Tälern nehmen seit dem 19. Jh. die Ballungsräume der Provinz Lüttich die charakteristische Form von Industriegassen an, und zwar im Maastal oberhalb und unterhalb von Lüttich (in einer Länge von heute mehr als 20 km), im unteren Ourthetal, im unteren und mittleren Vesdretal sowie im unteren Hoyouxtal. Ergänzend kommen Bergbauorte auf dem Plateau des Haspengaus und des Herver Landes hinzu. Im Schwerindustriegebiet des Haine-Sambre-Beckens hatte sich kein mit Lüttich vergleichbares Oberzentrum herausgebildet. Die aus der Zeit vor der industriellen Revolution stammenden Städte Mons und Charleroi besaßen 1910 weniger als 30 000 Einwohner. Ansonsten weiteten sich in diesem Revier dörfliche Siedlungen in der Nähe der Bergwerke und

Fabriken zu monofunktionalen Industrieorten aus. Analoges geschah nach 1865 in der luxemburgischen Minetteregion, in der zu diesem Zeitpunkt noch keine der Ortschaften mehr als 2500 Einwohner besaß (INS; Trausch 1975, S. 113). Im Buntmetall- und Chemierevier des nördlichen Kempenlandes, das zu Ende des 19. Jh. industrialisiert wurde, wirkten kleine Industrieorte wie Overpelt, Balen, Kaulille, Olen, Rotem und Beerse mit Einwohnerzahlen zwischen 900 und 7000 im Jahre 1910 noch als Fremdkörper in der ländlichen Umgebung.

Im Brüsseler Ballungsgebiet entwickelten sich kleine Siedlungen, die zu Anfang des 19. Jh. räumlich von der Metropole getrennt waren, zu ansehnlichen Vorstädten. Von 1831 bis 1910 stieg die Einwohnerzahl in Anderlecht von 3510 auf 64 137 an, in Schaerbeek von 1953 auf 82 480. Auch im Antwerpener Raum machte die Vorortentwicklung rasche Fortschritte. In Berchem vergrößert sich die Bevölkerungszahl im genannten Zeitraum von 2733

|Abb. 69| *Die Türme von Gent, Prestigeobjekte einer Weltstadt nach den Maßstäben des ausgehenden Hoch- und des frühen Spätmittelalters: am linken Bildrand die St.-Niklaaskerk, erbaut aus Dolomit, der wahrscheinlich von den Steinbrüchen bei Tournai über die Schelde hierhin transportiert wurde, rechts daneben der Belfried an der Tuchhalle. Im Hintergrund ist der Turm der St.-Baafskathedraal zu sehen, die aus dem Sandstein der mittelbelgischen Tertiärhügelgebiete erbaut wurde.*

|Abb. 70| *Wohnviertel in Watermael-Boitsfort (Brüssel), das in den 1920er-Jahren erbaut wurde. Damals ließen sich die Architekten der „nationalen Gesellschaft für preisgünstige Wohnungen" von den Gartenstadt-Ideen der Briten Ebenezer Howard und Raymond Unwin leiten.*

auf 30 274. An der 65 km langen belgischen Küste bildete sich als Folge von Hafenbauten und zunehmendem Fremdenverkehr eine bandartige Siedlungszone aus. Von 1831 bis 1910 stieg die Bevölkerungszahl in den 17 Küstengemeinden (ohne Berücksichtigung des Ortes Zeebrugge, der zur Gemeinde Brügge gehört) von 27 341 auf 85 714 an (INS). Parallel zum Städtewachstum erfahren ausgedehnte ländliche Bezirke einen Bedeutungsrückgang.

Welche Wandlungen des Stadtgefüges sich angesichts des Bevölkerungswachstums und der tiefgreifenden ökonomischen Veränderungen des 19. Jh. ergaben, wird im Folgenden beleuchtet. Nur wenige Arbeitersiedlungen wurden sorgfältig geplant und gut ausgestattet, wie z. B. Grand-Hornu (im Zentrum des Kohlebeckens von Mons). In diesem zwischen 1816 und 1835 gebauten Ensemble entstand in der Nähe der Zeche eine Einheit von Wohnen und Arbeiten mit sozialen Einrichtungen, Verwaltungsgebäuden, Werkstätten, einer Bergwerksmaschinenfabrik und vierhundert geräumigen Arbeiterhäusern (s. Abb. 107). Ein großer Teil dieses Komplexes ist bis heute erhalten geblieben (Robert 2002; Wieger 2007). In der Regel vollzog sich in den Industrieorten oder den Industrievierteln ein unorganisches Wachstum mit charakteristischer Verzahnung von Industrie- und Wohngebieten. Bis in die zweite Hälfte des 19. Jh. hinein waren Arbeiterfamilien in den Städten und Industrieorten überwiegend in Kleinhäusern untergebracht, die ihnen in den meisten Fällen nicht selbst gehörten. Eine bedrückende Enge und Wohnungsnot sowie gänzlich unzulängliche hygienische Bedingungen kennzeichneten in der ersten Hälfte des 19. Jh. die Arbeiterviertel in den großen alten Städten. 1846 verfügten 42 % der Haushalte in Lüttich nur über ein Zimmer (Doutrelepont 1977, S. 528), in der Brüsseler Innenstadt 45 %, in Antwerpen 35 % und in Gent 32 % (Krings 1984, S. 61). Überwiegend wurden Kleinhäuser an schmalen Wohngängen in Hinterhöfen aufgereiht. Es vermehrten sich die kleinen Sackgassen (*steegjes, ruelles, impasses*) und die Hinterhofsiedlungen (*beluiken*) (Smets 1977; de Saint Moulin 1969; Steen-

sels 1977). Erst 1889 wurde ein Gesetz zur Förderung des Arbeiterwohnungsbaus verabschiedet (Krings 1984). Genauso wie im Königreich der Niederlande boten die großen Städte Belgiens im 19. Jh. ein ambivalentes Bild mit großen Kontrasten zwischen Prestigebauten und Armutsvierteln. Auf das reiche historische bauliche Erbe wurde in einzelnen Städten wenig Rücksicht genommen. Die Gesetze zur Zonenenteignung von 1858 und 1867 (Krings 1984) schufen die Voraussetzung dafür, flächenhaft Wohnviertel abzureißen, wovon in den großen Städten, insbesondere in Brüssel, lebhaft Gebrauch gemacht wurde.

Vor dem Ersten Weltkrieg nahmen bezüglich der Einwohnerzahl sieben Ballungsgebiete eine dominierende Stellung ein: die Agglomerationen Brüssel (755 031 Einwohner im Jahre 1910), Antwerpen (464 323), Lüttich (398 841), Gent (217 192), Charleroi (198 211), La Louvière (101 058) und die Borinage-Industrieorte in der Region von Mons (200 000). Bescheiden erscheint demgegenüber mit 45 169 die Einwohnerzahl Luxemburgs (innerhalb der heutigen Stadtgrenzen) im Jahre 1910 (INS; Nottrot 1985, S. 12). Gegen Ende des 19. und zu Anfang des 20. Jh. erreichte die außerordentliche Bevölkerungskonzentration in den innerstädtischen Bereichen innerhalb der ehemaligen Stadtmauern ihren Höhepunkt. Besonders stark überbevölkert war die Brüsseler Innenstadt mit 38 000 Einwohnern/km^2 im Jahre 1890. Für die Innenstädte ergaben sich die folgenden Maxima der Einwohnerzahlen: Brüssel 159 400 (1890), Antwerpen 89 000 (1900), Gent 123 000 (1910), Leuven 42 000 (1910), Mechelen 35 600 (1890) (Krings 1984, S. 100). Mit dem Ausbau des Tram- und Vorortsbahnnetzes konnte die städtische Siedlungsdichte aufgelockert werden. Dank des gestiegenen durchschnittlichen Reallohnes der Industriebeschäftigten in der zweiten Hälfte des 19. Jh. (van der Wee 1972, S. 203) und des Wohnungsbaugesetzes von 1889 gab es einige Verbesserungen bei der Ausstattung der Arbeiterwohnungen. Insgesamt aber konnte bis zum Ersten Weltkrieg das Problem der durch starkes Bevölkerungswachstum bedingten städtischen Wohnungsnot nicht befriedigend gelöst werden (Smets 1977; Steensels 1977; Doutrelepont 1977). Die kurze Ausbauphase von ca. 1920 bis zum Beginn der Weltwirtschaftskrise im Jahre 1929 konnte es ebenfalls nicht beseitigen; es blieb als Aufgabe bis in die Zeit nach dem Zweiten Weltkrieg bestehen.

Die Stadtentwicklung seit dem Ersten Weltkrieg und die gegenwärtige Stadtstruktur

Belgien

Der Erste Weltkrieg brachte in einzelnen Landesteilen Belgiens, insbesondere in Westflandern, schwere Zerstörungen mit sich. Aber auch die Innenstadt von Leuven war betroffen, da sie von der deutschen Garnison in Brand gesteckt wurde. 5 % der Häuser in Belgien galten nach dem Krieg als unbewohnbar, was die ohnehin vorhandene Wohnungsnot spürbar verstärkte (Baudhuin 1961, S. 98, 99; Smets 1977, S. 99). Auch im Zweiten Weltkrieg wurde viel zerstört, u.a. in Tournai, Leuven, Lüttich, in den Ardennen und im Ösling. Zwei siedlungsgeographische Entwicklungen der Zwischenkriegszeit sind bemerkenswert: die Urbanisierung des Kempenlandes (die sich nach 1945 intensivierte) und die Errichtung von Gartenstadtvierteln. Zudem entstanden im zentralen Teil des limburgischen Kempenlandes monostrukturelle Bergbausiedlungen. Genk, der Hauptort des Bergbaugebietes, vergrößerte zwischen 1910 und 1947 seine Einwohnerzahl von 3402 auf 33858 (INS).

In den 1920er-Jahren waren die Architekten der 1919 gegründeten Nationalen Gesellschaft für preisgünstige Wohnungen, die in der Folgezeit als Trägerin des sozialen Wohnungsbaus in Belgien fungierte, stark von der englischen Gartenstadtidee beeinflusst. Erstmals wurde in größerem Umfang auch für einkommensschwächere Haushalte ein ansprechendes städtisches Wohnumfeld, oft mit ausgedehnten Grünflächen, geschaffen. Die größten Vorortsiedlungen, die nach diesem Prinzip gestaltet wurden, entstanden im damals noch suburbanen Ring von Brüssel. In Logis-Floréal wurden in den Zwanzigerjahren mehr als 1000 Wohnungen erstellt, in Watermael-Boitsfort (Abb. 70) 1600. Weitere Gartenstadtviertel im Brüsseler Raum wurden in Berchem-Sainte-Agathe, Moortebeek und Kapelleveld gebaut (Smets 1977; Puttemans 1974). Viertel wie Logis-Floréal sind bis heute attraktive Wohnstandorte der Brüsseler Agglomeration geblieben, während sich das einstige Gartenstadtviertel La Roue in Anderlecht zu einem sozialen Problembezirk entwickelt hat. Bemerkenswerte Projekte in der Wallonie waren die Cité Carena und die Cité de la Baille im Raum Charleroi und die Cité du Plateau du Tribouillet in Lüttich (Sporck 1983, S. 439). Auch im Bereich kleinerer Zentren wurden im sozialen Wohnungsbau Gartenvororte errichtet, z.B. in Winterslag, Ypern, Comines, Menen, Roeselare, Zelzate, Veurne und Verviers. Der Baustil der Gartenstadtviertel lehnte sich teils an traditionelle Bauweisen der ländlichen Umgebung an, teils wurden kubistische Vorstellungen verwirklicht wie in Zelzate (Klein-Russland). Aufgrund der niedrigen Grundstückspreise im Bereich der unfruchtbaren Sandböden des Kempenlandes konnten in den dortigen Bergarbeitervierteln Ein- und Mehrfamilienhaussiedlungen mit großen Gärten angelegt werden, die mit ihrer aufgelockerten Bauweise in beträchtlichem Gegensatz zur Eintönigkeit und Enge der meisten Arbeitersiedlungen des 19. Jh. in den wallonischen Kohlerevieren stehen. Bedingt durch die Weltwirtschaftskrise kam Ende der Zwanzigerjahre der Bau von Gartenstadtvierteln zum Erliegen (Smets 1977; Puttemans 1974).

Nach dem Zweiten Weltkrieg wurden modernistische Konzepte verwirklicht, wie sie auf den „Congrès Internationaux d'Architecture Moderne" vertreten worden waren, die u.a. anderem in Brüssel (1930) und Athen (1933) stattgefunden hatten. Hochhausviertel mit „Wohnmaschinen" im Sinne von Le Corbusier entstanden an der Peripherie großer Städte oder sogar – wie in Leuven – als Fremdkörper in der Altstadt innerhalb des ehemaligen mittelalterlichen Mauerringes. Zu den in den 1950er-Jahren begonnenen und in den 1960er-Jahren fortgesetzten Projekten dieser Art gehören das Neermeersen-Viertel von Gent (1959–1965), die Vorstadt Kiel (seit 1950) in der Antwerpener Agglomeration, die Cité Modèle (1956–69) auf dem Plateau von Heysel im Brüsseler Raum, die Bebauung der Plaine de Droixhe (1951–70) im Lütticher Maastal und St.-Maartensdaal (1957–66) in Leuven (Puttemans 1974; Bekaert & Strauven 1971; Vanneste 1985). Wenn auch die Wohnhochhäuser der 1950er- und 1960er-Jahre im Stadtbild der großen Agglomerationen auffallen, so sollte doch betont werden, dass 2001 nur 4,2% der Wohnungen in Belgien in Häusern mit zehn oder mehr Wohneinheiten lagen (Statbel). Da sich fast alle Annahmen, die dem Leitbild des Wohnmaschinen- und Großwohnanlagenbaus zugrunde lagen, als falsch oder ungeeignet erwiesen haben, Probleme zu lösen und diese Wohnform auch kaum der Mentalität der Mehrheit der Belgier entsprechen dürfte, ist man – ebenso wie in den Niederlanden – in der Folgezeit von derartigen Konzepten wieder abgerückt.

In den Fünfziger- und Sechzigerjahren hat man in etlichen belgischen Städten auf die Erhaltung historisch wertvoller Bausubstanz wenig Wert gelegt. Flächenhafter Abriss war insbesondere in den Innenstädten von Lüttich (Abb. 71) und Brüssel allgemein üblich. Erst allmählich setzte sich das Prinzip der erhaltenden Erneuerung durch, und zwar vornehmlich in den Städten des flämischen Landesteiles und nur sehr zögernd in Brüssel und in der Wallonie.

|Abb. 71| *Die Place St. Lambert, städtischer Mittelpunkt von Lüttich und jahrzehntelang ein Sanierungsfall. Links ist ein Teil des ehemaligen Palastes des Fürstbischofs zu sehen, im Hintergrund der alte Marktplatz, umgeben von Bauten aus dem 18. Jh. Die Stelen auf der Place St. Lambert erinnern an die in den Wirren der französischen Besetzung zu Ende des 18. Jh. an dieser Stelle zerstörte Kathedrale. Ganz im Hintergrund überragt das Hochhaus der „cité administrative" die Altstadt, eine Bausünde der 1960er-Jahre.*

Innenstädte von Gent und Brügge in jahrzehntelanger Arbeit erhaltend saniert, wobei großer Wert auf den Denkmalsschutz gelegt wurde, dies auch bei Gebäuden des 19. Jh., in Gent einschließlich einiger alter Kattunfabriken und – wenn nicht zu stark heruntergekommen – typischer Ensembles wie *beluiken* und *steegjes*. Die Umnutzung von altem Hafengelände und dessen Revitalisierung ist v. a. in der Nähe der Innenstadt von Antwerpen an den vor 1830 entstandenen Hafenbecken Bonapartedok und Willemdok eine wichtige Aufgabe, doch ist man bislang über selektive Sanierungs- und Neubauprojekte in einem ansonsten noch desolaten Umfeld nicht hinausgekommen. Die erste Fußgängerzone Belgiens ist 1963 in Kortrijk entstanden (van der Haegen et al. 1992, S. 469). Man war danach aber mit deren Anlage, v. a. bei Straßen und Plätzen von besonderer architektonischer und historischer Bedeutung, noch sehr zurückhaltend. Erst in den 1990er-Jahren wurde hierbei in einzelnen Städten, z. B. in Gent, ein zumindest annehmbarer, wenn auch nicht idealer Zustand erreicht.

Seit der Errichtung der Gartenstadtviertel in den 1920er-Jahren entstand in den 1970er-Jahren mit dem Aufbau der höchst bemerkenswerten Planstadt Louvain-la-Neuve (Abb. 73) zum ersten Mal wieder ein neues urbanes Ensemble von hohem städtebaulichem Rang in Belgien. Louvain-la-Neuve ist die erste *ville nouvelle* auf belgischem Territorium nach der Gründung von Charleroi im Jahre 1666 (Brulard & Wilmet 1985). Das Projekt zeigt allerdings exemplarisch, mit welchen Kosten der Konflikt zwischen Wallonen und Flamen verbunden ist. Seine emotionale Zuspitzung an der katholischen Universität Leuven während der 1960er-Jahre, die darin gipfelte, dass die Universität Leuven 1970 in zwei Körperschaften – die *Katholieke Universiteit Leuven* und die *Université Catholique de Louvain* – getrennt wurde, hatte den Anlass zur Gründung der Planstadt gegeben. Die offizielle Grundsteinlegung für die Planstadt erfolgte 1971. Sie wurde auf dem Plateau von Lauzelle in einer hügeligen Region des Brabanter Lösslehmgebietes errichtet, je 30 km vom Zentrum Brüssels und Leuvens entfernt. Sie gehört zur

|Abb. 72| *Der Große Beginenhof in Leuven. Mit der zwischen 1964 und 1971 durchgeführten Sanierung wurde in Belgien eine Wende zur erhaltenden Stadterneuerung hin eingeleitet, die sich allerdings zunächst nur zögerlich vollzog.*

Erst 1978 wurde ein Gesetz verabschiedet, das über die Maßnahmen des Denkmalsschutzes hinaus auf eine erhaltende Sanierung von Altbaukomplexen in Städten und Dörfern abzielt. Für die Ausführungsbestimmungen sind die Regionen zuständig, die die Stadt- und Dorferneuerung unterschiedlich handhaben. Am meisten Verständnis bringt man dafür im flämischen Landesteil auf, wobei hier zusätzlich eine größere Finanzkraft gegeben ist als in Wallonien. Richtungsweisend bei Projekten zur erhaltenden Stadterneuerung waren die Bemühungen der *Stichting Marcus Gerards* in Brügge (1965), die vorzügliche Sanierung des großen Beginenhofes in Leuven (1963–71; Abb. 72) unter der Leitung des Stadtplaners und Architekten F. Lemaire und der in Antwerpen unter dem Schöffen für Städtebau und Raumordnung, H. B. Cools, entstandene Strukturplan von 1977. In einem Viertel im Norden der Innenstadt von Mechelen (Klein Begijnhof-Heembeemd) wurde seit 1971 die Möglichkeit einer sozialorientierten Stadterneuerung erprobt (Krings 1984). In eindrucksvoller Weise wurden auch die

|Abb. 73| *Im Zentrum von Louvain-la-Neuve. Die Planstadt verbindet traditionelle Elemente des Städtebaus mit modernen Konzepten. Um eine strikte Trennung der Verkehrsarten erreichen zu können, wurde das Zentrum auf einer riesigen Betonplatte errichtet, die das Angon-Malaise-Tal im Brabanter Hügelland überspannt. Raum für den motorisierten Verkehr wurde unterhalb der Platte geschaffen.*

Gemeinde Ottignies-Louvain-la-Neuve, die 2007 insgesamt 30 188 Einwohner zählte. Die Konzeption der *ville nouvelle* versteht sich in mancher Hinsicht als Alternative zum Städtebau der Fünfziger- und Sechzigerjahre und weist Parallelen zu den Planungsprinzipien neuer Städte in den Niederlanden auf. Wie dort wurde eine weitgehende Trennung der Verkehrsarten durchgeführt: Ausgedehnte Fußgängerzonen durchziehen die Geschäfts- und Wohnviertel. Die Wohnbebauung erreicht eine hohe Dichte, obwohl man dabei auf die Hochhausbauweise verzichtete. Erholungs- und Wohngebiete liegen nahe beieinander, Grünflächen reichen bis an den Rand des Stadtzentrums. Das Stadtbild wird durch Plätze, gekrümmte Straßen und Gassen (in bewusster Anknüpfung an jahrhundertelange städtebauliche Traditionen), den Wechsel der Baumaterialien und eine originelle Fassadengestaltung belebt. Der Bodenspekulation begegnete man durch die Vergabe der Grundstücke im Erbpachtsystem (*emphytéose*), das auf ein Gesetz aus dem Jahre 1824 zurückgeht. Eigentümerin des Bodens in der Stadt und in der Umgebung bleibt die Universität, sodass eine langfristige Grundstücksplanung möglich ist. Um das Stadtzentrum vollständig als Fußgängerbereich gestalten zu können, führte man eine aufwändige Konstruktion durch, indem das Agnon-Malaise-Tal mit einer 40 000 m² großen Betonplatte überspannt wurde. Das Zentrum ist von den Wohnvierteln aus über autofreie Wege zu erreichen. An der Peripherie liegt der *Parc Scientifique,* dessen Einrichtung ein großer Erfolg war. Trotz der anerkennenswerten Planungsprinzipien konnte in Louvain-la-Neuve eine gewisse Sterilität und Unfertigkeit noch nicht überwunden werden.

Das Verschwinden scharfer Konturen der Städte in Relation zu ihrem mehr ländlich geprägten Umland erschwert die Abgrenzung statistischer Bezirke, auf die man die Einwohnerzahlen beziehen kann. In der belgischen Geographie wird der Begriff der „morphologischen Agglomeration" verwendet. Diese umfasst den Bereich einer annähernd kontinuierlichen Bebauung und wird für statistische Angaben gemeindescharf abgegrenzt (Mérenne-Schoumaker et al. 1997). Auf dieser Basis können sechs große Agglomerationen mit Einwohnerzahlen zwischen 187 000 und 1,4 Mio. (2005), nämlich Brüssel, Antwerpen, Lüttich, Charleroi, Gent und Mons, identifiziert werden (vgl. Tab. 14) sowie elf mittelgroße städtische Agglomerationen mit Einwohnerzahlen zwischen 67 000 und 131 000, und zwar Hasselt-Genk, La Louvière, Brügge, Kortrijk, Namur, Leuven, Oostende, Verviers, Mechelen, Sint-Niklaas und Tournai (vgl. Abb. 74). Während von 1981 bis 2005 die Zahl der belgischen Bevölkerung um 500 000 zunahm (auf 10,5 Mio.), ging in den sechs großen Agglomerationen die Einwohnerzahl um 100 000 zurück. In den mittelgroßen städtischen Agglomerationen ergab sich insgesamt nur ein unbedeutender Anstieg von

Agglomeration	1981	2005
Brüssel	1 354 506	1 353 098
Antwerpen	685 323	664 243
Lüttich	512 230	474 076
Charleroi	308 939	287 788
Gent	267 569	262 324
Mons	200 386	187 107
Summe	**3 328 953**	**3 228 636**

Quelle: INS; Statbel. Def. d. Agglomerationen nach B. Mérenne-Schoumaker et al. 1997, S. 14, Karte 1.6

|Tab. 14| *Die Bevölkerung in den sechs größten städtischen Agglomerationen in Belgien*

ca. 6000. Dies bedeutet, dass zwischen 1981 und 2005 die stärker ländlichen und kleinstädtischen Distrikte einen Zuwachs von fast 600 000 Menschen zu verzeichnen hatten. Mit der Niederlassung in diesen Bezirken setzt sich eine Entwicklung fort, die seit den 1950er-Jahren zu beobachten ist (Vandermotten & Vanderwattyne 1985), wobei der kernstädtische Bereich, aus dem man abwandert, sich im Laufe der Jahre beständig vergrößert hat.

Die genannten Vorgänge waren von einer starken flächenhaften Ausdehnung der Bebauung begleitet, insbesondere in Nord- und Mittelbelgien. Die Suburbanisierungs- und Rurbanisierungsprozesse wurden nicht durch die Raumordnung in geordnete Bahnen gelenkt. Prinzipien einer dezentralen Konzentration wurden nur in Ausnahmefällen, wie beim Bau der Planstadt Louvain-la-Neuve, umgesetzt. Die Sektorenpläne, bis vor Kurzem das wichtigste Instrumentarium der Raumordnung, waren wenig geeignet, eine

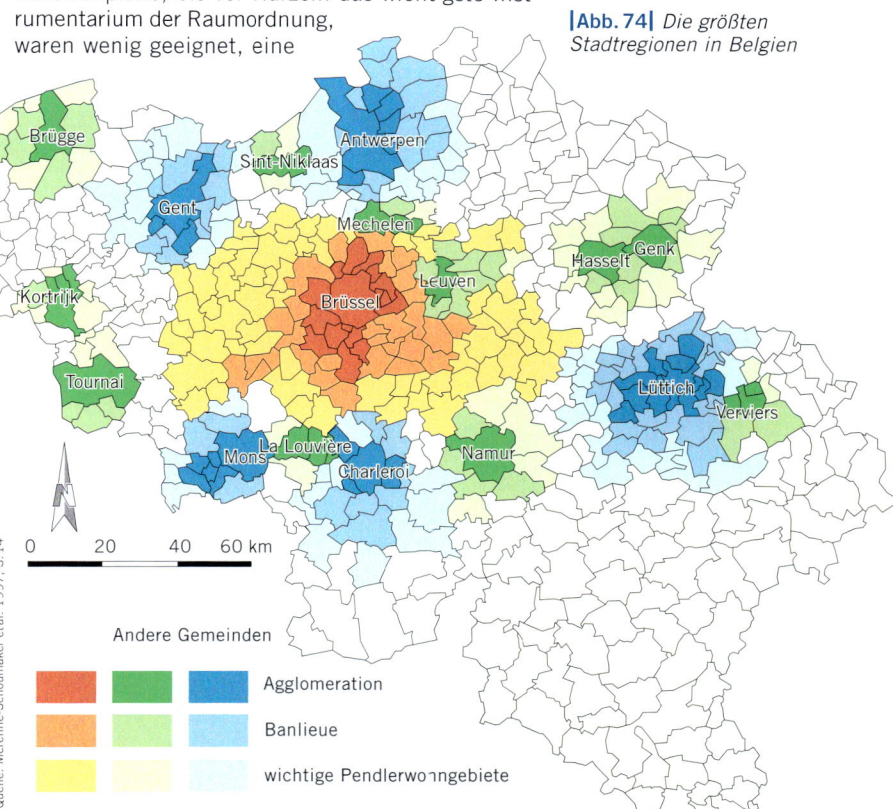

|Abb. 74| *Die größten Stadtregionen in Belgien*

Quelle: Mérenne-Schoumaker et al. 1997, S. 14

diffuse Siedlungsausbreitung zu verhindern. Betrachtet man Belgien im Satellitenbild, so erkennt man außerhalb einiger Entwicklungsachsen deutlich die Regellosigkeit des Siedlungsmusters. Die Fläche für Wohnbauten in Belgien hat von 1980 bis 2002 eine Zunahme von 1526 auf 2289 km² erfahren, d. h. von 5 % auf 7,5 % der Gesamtfläche (Statbel). Hierin spiegeln sich die gestiegenen Wohnansprüche wider, denn diesem Zuwachs um 50 % steht lediglich eine Bevölkerungszunahme von 4 % gegenüber. Bemerkenswert hoch ist der Anteil der Wohnungen in Einfamilienhäusern. Er betrug 2001 in Belgien 75 %. Dies erklärt die vergleichsweise geringe Bevölkerungsdichte vieler Gemeinden. 69 % der belgischen Bevölkerung wohnt in Gemeinden mit einem Dichtewert von weniger als 1000 Einwohnern/km². Weit verbreitet sind oft kilometerlange Zeilen von Reihenhäusern entlang von Ausfallstraßen, eine Topologie, die im Vergleich zur Haufensiedlung ein System weiter Wege zu zentralörtlichen Einrichtungen schafft. Die Wohnhäuser in Belgien weisen wegen liberaler Bauvorschriften in stärkerem Maße individuelle Gestaltungsmerkmale auf als in den meist einheitlich geplanten Wohnbezirken in den Niederlanden. Der Anteil der Eigentümerwohnungen beläuft sich auf 74 %. Anders als in den Niederlanden ist die Bedeutung des sozialen Wohnungsbaus gering. Nur 7 % des Wohnungsbestandes gehört in diese Kategorie (Statbel).

Ungeachtet der Erhaltung einzelner attraktiver Wohnviertel in innerstädtischen Bereichen und verschiedener Projekte der Gentrification hat sich in den größeren Stadtregionen doch eine „Amerikanisierung" in dem Sinne vollzogen, dass die Mittel- und Oberschicht die suburbanen und ländlichen Bereiche mit ihren Einfamilienhaussiedlungen bevorzugt, während in einzelnen innerstädtischen Bezirken Problemviertel mit einem hohen Anteil an benachteiligten und beruflich unzulänglich qualifizierten ausländischen Bevölkerung entstanden. Dies ist deutlich in Brüssel, Antwerpen und Lüttich ausgeprägt, in kleineren Distrikten aber auch in Gent und Mechelen zu beobachten.

Bei einer Rangordnung nach zentralörtlichen Funktionen nimmt Brüssel eine herausragende Stellung ein. Dies gilt nicht nur für die Hochwertigkeit der Dienstleistungen, sondern auch in quantitativer Hinsicht. Trotz der methodischen Problematik bei der Bestimmung eines auf die Gesamtheit der Dienstleistungsfunktionen bezogenen Einzugsbereiches sei darauf hingewiesen, dass bei einem diesbezüglichen Abgrenzungsversuch von Sporck & Goosens (1985) das Einflussgebiet von Brüssel in einem 30–50 km breiten Korridor (zwischen den Einzugsbereichen von Lüttich und Charleroi) über die Ardennen hinweg bis zur luxemburgischen Grenze in Belgisch-Lothringen reicht. Antwerpen, das kulturelle Zentrum Flanderns, Lüttich und Gent fun-

|Abb. 75| *Bouillon im Semoistal (Belgische Ardennen), eine der vielen aus Burgsiedlungen hervorgegangenen Kleinstädte, wie man sie in den Tälern der Ardennen und Vorardennen, im Ösling und im Schichtstufenland des Südens vorfindet.*

gieren als weitere Oberzentren. Bezogen auf die Wallonie besitzt Lüttich eine Randlage, sodass die Bevorzugung Namurs bei der Wahl zur Hauptstadt der Region seine Berechtigung hat. Die Agglomeration von Charleroi ist von der Einwohnerzahl her zwar fast genauso groß wie die von Gent, doch reichen die Ausstattungsmerkmale der industriell geprägten Ortschaft noch nicht für die Einstufung als vollwertiges Oberzentrum aus. Als gut ausgestattete Regionalstädte (Mittelzentren mit Teilfunktionen eines Oberzentrums) präsentieren sich (neben Charleroi) Brügge, das Städtepaar Hasselt-Genk, Kortrijk, Namur, Oostende, Leuven, Mechelen, Mons und Tournai. Nördlich der Maas-Sambre-Furche existiert ein dichtes Netz von Mittelzentren, sodass an den meisten Wohnstandorten bei entsprechender Mobilität eine Wahlmöglichkeit zwischen zwei oder mehreren Orten besteht, in denen man eine Dienstleitung in Anspruch nehmen will. Weitmaschig ist hingegen das Netz der Mittelzentren südlich davon sowie im Westhoek. Verschiedene zentralörtliche Verflechtungen bestehen über die Landesgrenzen hinweg. Dies gilt insbesondere für das nur 15 km von der Grenze der Region Wallonien entfernte französische Oberzentrum Lille, für das an die Grenze der flämischen Region heranreichende niederländische Oberzentrum Maastricht, für das deutsche Oberzentrum Aachen in Relation zum Osten der Provinz Lüttich sowie für Luxemburg-Stadt mit wesentlichen Teilfunktionen eines Oberzentrums. Zudem haben die Orte von Belgisch-Lothringen, durch die Ardennen räumlich vom übrigen Belgien getrennt, eine geringere Distanz zur Hauptstadt des Nachbarlandes als zu Namur, dem nächstgelegenen belgischen Zentrum einer vergleichbaren Größenordnung, und die niederländische Stadt Eindhoven ist vom Nordrand der belgischen Provinz Limburg besser zu erreichen als Antwerpen, das nächstgelegene flämische Oberzentrum. Das von 1991 bis 1993 durchgeführte, viel beachtete MHAL-Projekt sollte einen Anstoß für eine intensivierte Kooperation innerhalb des grenzüberschreitenden Städtenetzes Maastricht, Hasselt, Genk, Heerlen, Aachen und Lüttich geben. Auch das überwiegend frankophone Mittelzentrum Mouscron geht mit seiner Bebauung nahtlos in die französische Agglomeration Tourcoing-Roubaix-Lille über, und der einstige belgische Schwerindustrieort Athus bildet mit dem luxemburgischen Industriedorf Rodange und der französischen Industrieagglomeration von Mont-St.-Martin/Longwy einen fast kontinuierlichen Siedlungsbereich.

Luxemburg

In Luxemburg lassen sich drei Kategorien von städtischen Siedlungen erkennen:

■ An erster Stelle steht Luxemburg-Stadt, das wesentliche Teilfunktionen eines Oberzentrums wahrnimmt. Die Siedlungsagglomeration dehnt sich sternförmig in die Nachbargemeinden aus. In Luxemburg-Stadt und den angrenzenden neun Gemeinden, deren Einwohnerzahl in den letzten zwanzig Jahren stärker gewachsen ist als die

der Kerngemeinde, wohnen 125 000 Menschen (2003), also 28 % der Bevölkerung des Staates.

■ Die zweite Kategorie umfasst die Siedlungen in der Schwerindustrieregion im Süden unweit der französischen Grenze. Es ist dies eine unzusammenhängende Siedlungslandschaft, bestehend aus Kleinstädten und Industriedörfern. In den acht Gemeinden dieser Region leben 107 712 Menschen, d. h., 51 % der luxemburgischen Bevölkerung haben ihren Wohnsitz in einer der beiden Siedlungsregionen. Esch-sur-Alzette (mit 24 018 Einwohnern) ist der Hauptort des Bezirks und aus einer vor dem Aufkommen der Schwerindustrie unbedeutenden Kleinstadt hervorgegangen, die 1851 nur 1500, im Jahre 1920 aber schon 20 700 Einwohner zählte (Schmit & Wiese 1980, S. 92). Esch-sur-Alzette nimmt die Funktionen eines Mittelzentrums wahr, hat erfolgreiche Anstrengungen zur Aufwertung der Innenstadt unternommen und versucht sogar, am Tourismus zu partizipieren. Dazu wurden u. a. im Bereich der Fußgängerzone gründerzeitliche Häuser vorzüglich restauriert. Eine weitere Aufwertung erfährt der Raum Esch-sur-Alzette durch einige Gebäude der neu gegründeten Luxemburger Universität.

■ Außerhalb dieser beiden urbanen Regionen findet man in Luxemburg nur Kleinstädte. Die größte Ortschaft bildet das im Grenzbereich zwischen Ösling und Gutland liegende Städtepaar Ettelbrück-Diekirch mit 13 337 Einwohnern, das mittelzentrale Funktionen wahrnimmt. Wiltz übt allenfalls Teilfunktionen eines Mittelzentrums aus. Ansonsten gibt es nur Grundzentren und azentrale Siedlungen. Mersch besitzt 7000 Einwohner; alle anderen Gemeinden bleiben unter dem Wert von 5000. Die meisten Kleinstädte sind – ebenso wie in den belgischen Ardennen (Abb. 75) – aus mittelalterlichen Burgorten hervorgegangen (Schmit & Wiese 1980). Im Allgemeinen stellen sie attraktive Ziele für den Fremdenverkehr dar. Ähnlich wie in den Ardennen ist die Ausstattung des Ösling mit Zentralorten etwas unbefriedigend.

Angesichts der Dominanz des kleinstädtischen und dörflichen Siedlungsgefüges verwundert es nicht, dass der Anteil der Eigentumswohnungen hoch ist. Er beträgt im Landesdurchschnitt 64 % und außerhalb von Luxemburg-Stadt 72 %. Freiflächen wurden durch die Bebauung stark beansprucht; der Anteil der Fläche von Wohnbauten am Gesamtareal des Staates beträgt 8,1 %, der von Industrie- und Gewerbeflächen 2,7 % und der von Verkehrsflächen 3,9 % (Statec).

Stadtplanerische Probleme in Brüssel

In Brüssel hat man, von kleinen geschützten und touristisch frequentierten Bezirken, wie z. B. an der Grand-Place und an der Place Royale, abgesehen, vielerorts gedankenlos die historische Innenstadt, aber auch jüngere wertvolle Baudenkmäler, wie Jugendstilgebäude, zerstört, vornehmlich um Bürobauten zu errichten, die man auch an anderer Stelle – insbesondere an der Peripherie (die von Privatunternehmen heute ohnehin bevorzugt wird) oder in revitalisierten ehemaligen Industrie- und Hafengebieten – unter Schonung des überkommenen Kulturerbes hätte erstellen können. Anders als z. B. in Gent oder Brügge, ist in Brüssel (auch aufgrund von innerstädtischen Bauaktivitäten und Umgestaltungsmaßnahmen in der zweiter Hälfte des 19. Jh.) nur wenig von der einst reichen Bausubstanz des 18. Jh. oder früherer Jahrhunderte übrig geblieben, abgesehen von der Grand-Place, der Place Royal, der Umgebung des Parc de Bruxelles, der Place du Grand Sablon und einiger denkmalgeschützter Einzelbauten. Eine im Vergleich zu den kleineren Städten größere ökonomische Dynamik in der Hauptstadt, v. a. aber Versäumnisse der Stadtplanung haben den Verlust alter Bausubstanz bewirkt. Noch in den 1980er-Jahren hat man zahlreiche Bauten aus dem 19. und früheren Jahrhunderten abgerissen. In jüngerer Zeit versucht man jedoch noch einiges zu retten, wie etwa beim Sanierungsprojekt der Rue de la Montagne nahe dem Zentralbahnhof und an der Place des Martyrs. Auch im Quartier Dansaert Saint-Géry wurde ein kleineres Projekt der Gentrification vorgenommen. Um die Place Ste-Cathérine und im Bereich des alten Fischmarktes am früheren Innenstadthafen und des alten Getreidemarktes sind historische Stadtbezirke zwar nicht optimal restauriert, aber doch noch halbwegs intakt geblieben.

Keine große Metropole Europas hatte Mitte der 1990er-Jahre eine so große Bürofläche pro Kopf der Bevölkerung aufzuweisen wie Brüssel (Vandermotten 1995). Bürobauten prägen stark das Stadtbild. Groß und heterogen ist die Gruppe der Nachfrager nach Büroraum in der Agglomeration. Dazu gehören seit 1958 die EWG, später die EG und die EU, wobei nach der Ost-Erweiterung der Bedarf noch gestiegen ist. Zusätzlich hat die Benelux-Wirtschaftsunion ihren Sitz in Brüssel. Die Büros der Lobbyisten und verschiedener Dachverbände sowie von Dienstleistern für die EU sind zahlreich. Hinzu kommen das Hauptquartier der NATO sowie der große Raumbedarf der inländischen staatlichen Institutionen. Zu den nationalen Einrichtungen gesellen sich die Dienststellen der flämischen Region und Gemeinschaft, der frankophonen Gemeinschaft und der Region Brüssel-Hauptstadt sowie die 19 Gemeindeverwaltungen. Berechnet nach der Zahl der Sekretariate ist Brüssel der bedeutendste Standort von Nichtregierungsorganisationen der Welt (Wiese 2001, S. 16). Zudem ist der Hauptsitz der meisten führenden belgischen Unternehmen, einschließlich der Banken und Versicherungen, in Brüssel angesiedelt. Die Agglomeration ist bei ausländischen Investoren sehr beliebt. So ist es nicht verwunderlich, dass verschiedene Immobilienagenturen für das Jahr 2004 die Bürofläche in der Region Brüssel-Hauptstadt mit Werten zwischen 10,7 und 11,74 Mio. m² angeben (Brück et al. 2005, S. 85). Leider hat es innerhalb der Region für die Errichtung von Bürobauten keine konsequente Standortplanung gegeben. In der Anfangsphase konzentrierte sie sich hauptsächlich auf die Innerstadt und deren Rand-

bezirke. Teils wurde eine lineare Bebauung vorgenommen, wie an der Avenue Louise, teils eine Anordnung in großen Blocks, wie im Europaviertel (Abb. 76 u. 77). Heute hingegen bevorzugen private Unternehmen zunehmend die Peripherie der Agglomeration, wobei Angebote außerhalb der Region Brüssel-Hauptstadt, z. B. in Waterloo, zunehmen. Umstrukturierungen und Fusionen privater Unternehmen haben zu einer größeren Mobilität auf dem Büromarkt geführt. So werden häufiger alte Standorte aufgegeben, wobei sich für leer stehende Gebäude der Begriff *„friche administrative"* (Verwaltungsbrache) gebildet hat (Recollecte 1995). Wie üblich in diesem Marktsegment wechselten Boom- und Stagnationsphasen einander ab. In der Stagnationsphase der 1980er-Jahre wurde stellenweise, insbesondere im Nordbahnhofsviertel, nach dem Prinzip verfahren, die Wohngegend schon einmal zu zerstören, mit der Option, bei steigender Nachfrage das Viertel irgendwann neu zu bebauen.

Bei der Bürohausbebauung der Sechziger- und Siebzigerjahre wurde auf ästhetische Gesichtspunkte wenig Wert gelegt, was besonders im Entwicklungsband von der Banque Nationale zur Place Ch. Rogier auffällt. Einzelne Hochhäuser nahe dem Nordbahnhof werden schon wieder abgerissen. Die einst klare städtebauliche Linie der großen Boulevards des 19. Jh. wird stellenweise durch neue Hochhausbauten unterbrochen, was v. a. in der Nähe der Place de Brouckère störend wirkt. Mit der Errichtung des modernen Geschäfts- und Verwaltungskomplexes Centre Monnaie gleich neben dem neoklassizistischen Théâtre Royal de la Monnaie aus der ersten Hälfte des 19. Jh. wurden Prinzipien einer urbanen Ensemblewirkung beiseite geschoben. Das einst städtebaulich bemerkenswerte, neoklassizistisch gestaltete Leopoldsviertel östlich der Innenstadt (vgl. Abb. 77), das seit 1838 als gehobenes Viertel „extra muros" entstanden war (Burniat 1992), wurde durch Bürobauten fast völlig umgestaltet. Heute ist es besser als *Espace Bruxelles-Europe* bekannt. Nur noch an wenigen Stellen, wie am Square Frère-Orban oder in der Rue d'Arlon nahe der Place du Luxembourg, lassen sich die Gestaltungsmerkmale des alten Viertels noch erkennen. Bislang intakt geblieben ist das nördlich davon im Bereich um den Square Ambiorix und den Square Marie-Louise zwischen dem Ende des 19. Jh. und den 1930er-Jahren entstandene Wohnviertel mit etlichen Jugendstilhäusern, wobei sich die Frage stellt, ob es unter den gegebenen Machtverhältnissen und Interessen gelingt, es zu erhalten.

Das ehemalige Leopoldsviertel wird sowohl durch private als auch durch öffentliche Bürobauten geprägt. Teils handelt es sich um große Solitärbauten, teils fügen sich die Gebäude in eine Fluchtlinie ein. Letzteres ist im mittleren Abschnitt der Rue de la Loi mit einer langen und geschlossenen Bürohauszeile zu beobachten. Ersteres gilt insbesondere für den in den letzten Jahren stark ausgeweiteten Komplex des *Quartier Européen* (Europaviertel). Die Entwicklung begann mit dem zwischen 1963 und 1968 gebauten *Palais Berlaymont* für die Europäische

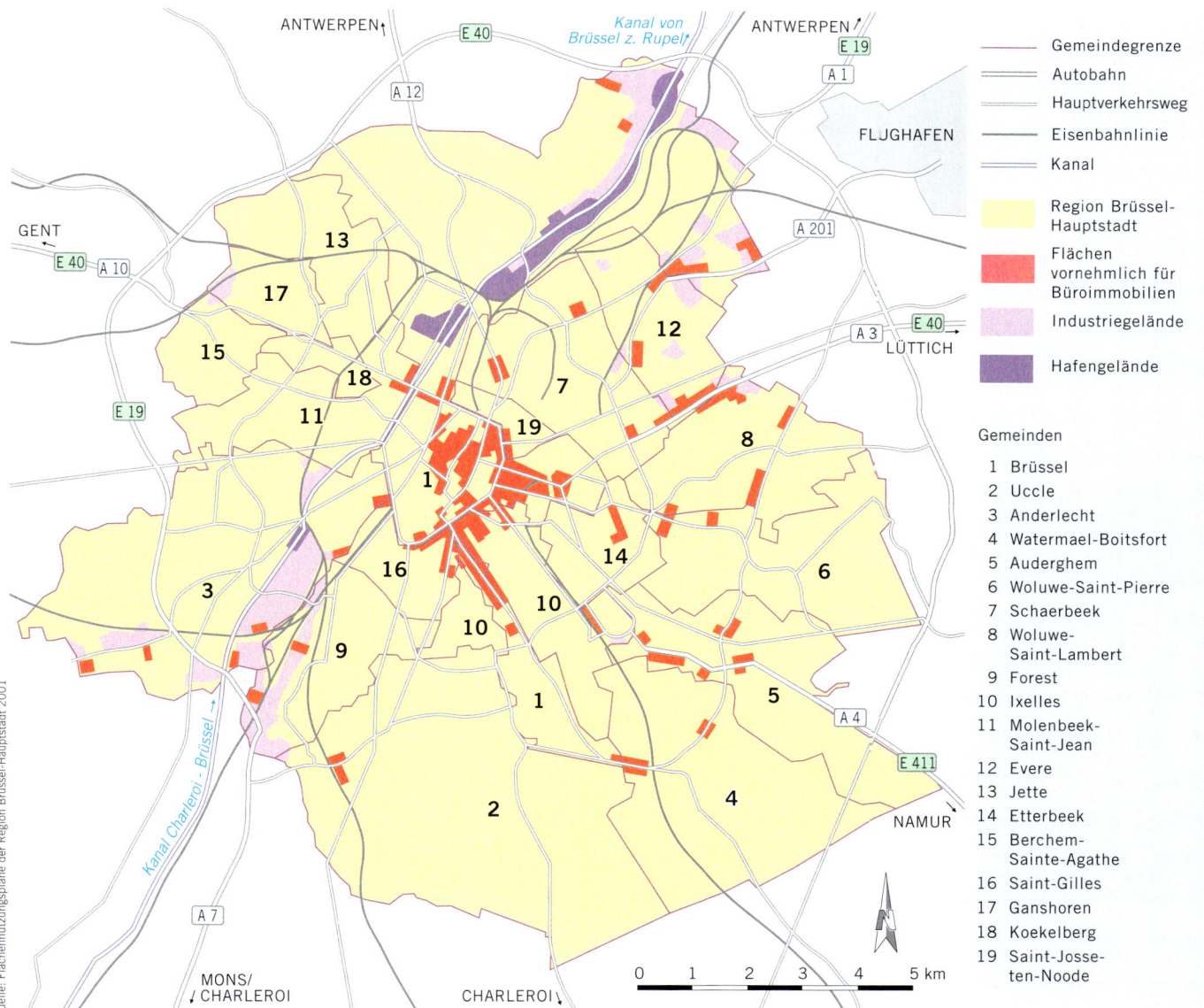

ANTWERPEN ↑ E 40 Kanal von Brüssel z. Rupel ↘ ANTWERPEN ↗ E 19 A 1

A 12

FLUGHAFEN

GENT
E 40 A 10

A 201

13

17

12

A 3 E 40 LÜTTICH →

15

18

7

11

19

8

1

16

14

6

3

9

10

10

1

5

A 4

2

4

NAMUR

E 411

A 7

0 1 2 3 4 5 km

MONS/CHARLEROI CHARLEROI ↘

Quelle: Flächennutzungspläne der Region Brüssel-Hauptstadt 2001

Kanal Charleroi - Brüssel →

	Gemeindegrenze
	Autobahn
	Hauptverkehrsweg
	Eisenbahnlinie
	Kanal
	Region Brüssel-Hauptstadt
	Flächen vornehmlich für Büroimmobilien
	Industriegelände
	Hafengelände

Gemeinden

1 Brüssel
2 Uccle
3 Anderlecht
4 Watermael-Boitsfort
5 Auderghem
6 Woluwe-Saint-Pierre
7 Schaerbeek
8 Woluwe-Saint-Lambert
9 Forest
10 Ixelles
11 Molenbeek-Saint-Jean
12 Evere
13 Jette
14 Etterbeek
15 Berchem-Sainte-Agathe
16 Saint-Gilles
17 Ganshoren
18 Koekelberg
19 Saint-Josse-ten-Noode

Kommission am *Rond Point Schuman*. Ebenfalls Dienststellen der Kommission sind im benachbarten Gebäude *Charlemagne* untergebracht. Neu hinzugekommen sind der groß dimensionierte Bau für den Ministerrat in unmittelbarer Nähe, der 1995 bezogen wurde, sowie das zwischen 1991 und 1998 errichtete neue Gebäude für das Europäische Parlament, dessen hohe Glaskuppel einen Blickfang bildet. Der gigantische Baukörper steht in großem Kontrast zu den benachbarten Relikten des Leopoldviertels um die Place du Luxembourg im Westen und den älteren Bauten im Parc Léopold oder östlich davon. Die Errichtung des Parlamentsgebäudes hat man zum Anlass genommen, den benachbarten Luxemburger Bahnhof stillzulegen und zwischen 1999 und 2001 in unmittelbarer Nähe eine völlig neue Station (Gare du Quartier Léopold) zu bauen, an der Intercity-Züge nach Luxemburg hal-

ten. Das Kongresszentrum *Espace Léopold* wurde 1996 eingeweiht. Mit dem *Ardenne-Atrium* (Bauzeit: 1996–2000) wurden in diesem Viertel weitere Büroräume für das Europäische Parlament geschaffen. Es sieht so aus, als würden sich Bauspekulatoren neue Aufträge erhoffen, denn in der Nachbarschaft hat man einst stattliche Wohngebäude verfallen lassen oder sie stehen bereits leer.

Das Wachstum des Brüsseler Bürogebäudemarktes begann Anfang der 1960er-Jahre (Vandermotten 1995). Der außerordentlich hohe Büroflächenbedarf in Brüssel rief Baupromotoren auf den Plan, teils aus dem Ausland, die mit den anlagesuchenden Geldern ihrer Kunden Hochhäuser und Bürotürme (z. T. auch Geschäftspassagen wie *City 2*) erstellen ließen. Sie sind das Resultat ungehemmter und kaum koordinierter Aktivitäten, passen sich nicht an ältere Orientierungsbauten an und beachten nicht

|Abb. 76| *Flächen mit industrieller und gewerblicher Nutzung in Brüssel-Hauptstadt*

die Sichtbeziehungen. In verschiedenen Fällen fallen die neuen Gebäude aus den Fluchten und werden zu unabhängigen Objekten, die den städtischen Raum eher destrukturieren. Anfang der Siebzigerjahre nahmen dann britische Baupromotoren die führende Rolle bei der Erstellung von Bürobauten ein. Das Gesetz von 1953 zur Beseitigung heruntergekommener Wohnungen (taudis/krotwoningen) sowie Artikel 25 des Raumordnungs- und Städtebaugesetzes von 1962 erleichterten die notwendige Grundstücksbeschaffung. Nach Art. 25 konnte einem Eigentümer, der Immobilien zusammengekauft hatte, die Ausführung von Baumaßnahmen gestattet werden, wenn er mehr als die Hälfte der benötigten Fläche in seinen Besitz gebracht hat; der Rest wurde auf dem Enteignungswege beschafft (Krings 1984; Martens 1976; Borchert 1986). Die Veränderung der Innenstadt war von einer „Amerikanisierung" in dem Sinne begleitet, dass die Zwischennutzung innerstädtischer Wohnhäuser, die man aufgrund des erwarteten Abbruchs nicht mehr sanieren wollte, sich oft jahrelang dahinschleppte oder dass über Jahre hinweg mitten in der Stadt ausgedehnte Brachflächen ungenutzt liegen blieben. Es war dies besonders – mit einem Tiefpunkt in den Achtzigerjahren – im Nordbahnhofsviertel ausgeprägt, in dem das Ende der Sechzigerjahre begonnene Projekt „Manhattan in Brüssel" in einer langen Zeitspanne realisiert wurde und dessentwegen 15 000 Bewohner das angestammte Wohnquartier verlassen mussten. Verschwommenes laisser-faire unter Verzicht auf planungsrechtlich abgesichertes Durchgreifen und Gestalten, verbunden mit großer Willfährigkeit gegenüber privaten Spekulatoren, hatten die beschriebenen, in der Planungsliteratur zuweilen als „bruxellisation" bezeichneten Vorgänge (Dessouroux 2008, S. 114) ermöglicht. Heute sind die Brachflächen der Achtzigerjahre im Bereich des Nordbahnhofsviertels stark reduziert, existieren an der Peripherie dieses Viertels aber immer noch. An die Stelle des früheren Viertels sind heute die in den großen Metropolen üblichen, prestigeträchtigen Bürohochhäuser getreten, die die Architektur der „global cities" nachahmen. Repräsentativ, für die Öffentlichkeit allerdings eher abweisend, ist die Hauptachse des neuen Viertels, der Boulevard du Roi Albert II, mit Bauten für das World Trade Center, das Wirtschafts- und Innenministerium, das Ministerium der Flämischen Gemeinschaft und verschiedene Privatunternehmen. Die Repräsentativität der neuen Entwicklungsachse endet abrupt an einem altstädtischen Bezirk innerhalb des sog. Pentagon, also des Bereiches innerhalb der früheren Stadtbefestigung, mit stark heruntergekommener und verfallender Wohnsubstanz. Über dreißig Jahre nach dem Beginn des Projektes wirken das Nordbahnhofsviertel und seine Umgebung immer noch unfertig.

In kleinerem Maßstab wiederholen sich heute die Probleme des städtischen Verfalls aufgrund spekulativer Optionen für künftige Bürobauten am Brüsseler Südbahnhof. Kaum war 1989 die Umweltverträglichkeitsprüfung für den Südbahnhof als Tha-

lys-, TGV- und Eurostarstation abgeschlossen, als spekulative Aufkäufe von Immobilien beiderseits der Bahnlinie begannen. Am Südbahnhof wurde u. a. der neue Verwaltungssitz des Nationalen Amtes für Soziale Sicherheit errichtet sowie seit dem Beginn des Jahres 2002 das Gebäude für das Projekt Eurostation, das 100 000 m² für Büros, den Handel und öffentliche Einrichtungen bereitstellte. Die ersten Gebäude für Versicherungen sind ebenfalls dort bezogen worden. Die noch übrig gebliebenen Wohngebiete südöstlich des Südbahnhofs befinden sich mit ihren Leerständen und der verfallenden Bausubstanz in einem beklagenswerten Zustand. Eine Chance für eine städtebauliche Erneuerung und für die Schaffung neuer Wohn- und Bürobauten ergibt sich daraus, dass insbesondere entlang der Brüsseler Kanalzone im Zuge von Entindustrialisierungsprozessen ausgedehnte ehemalige Gewerbe- und Verkehrsflächen brachliegen oder nur noch teilweise genutzt werden. Hier sind erste Ansätze einer Neugestaltung erkennbar, v. a. am Béco-Kai, am Kanal von Charleroi nach Brüssel (s. Abb. 76), wo ein ausgedehnter Bürokomplex der KBC-Bank entstanden ist.

Bislang ist es nur punktuell gelungen – z. B. bei einigen eher im Sinne einer „Gentrification" als einer Sanierung geschaffenen neuen Wohnanlagen unweit des Zentralbahnhofs oder im Îlot Saint-Géry, in der Innenstadt innerhalb des Pentagon, also dem früheren Bereich innerhalb der Stadtmauern, sowie in den angrenzenden altstädtischen Quartieren –, ein befriedigendes Wohnumfeld zu schaffen. Ansonsten kennzeichnen auffallend viele Leerstände das Gebiet sowie häufige Sanierungsbedürftigkeit noch genutzter Wohnanlagen. Da diese Zustände schon seit Jahrzehnten zu beobachten sind, ohne dass sich eine nennenswerte Verbesserung eingestellt hat, ist ein Hinweis auf den zu geringen Stellenwert konsequenter Stadtplanung und Raumordnung gegeben. Der Kontrast zur Innenstadtgestaltung niederländischer Großstädte ist auffallend.

Wer es sich leisten kann, zieht in der Region Brüssel-Hauptstadt an die Peripherie, nicht selten auch schon in Wohnorte jenseits der Grenzen der Region. Aufgrund dieser Entwicklung und der Verdrängung der Bevölkerung durch die Umnutzung früherer Wohnquartiere ist deren Einwohnerzahl beträchtlich zurückgegangen. Das Maximum war 1967 mit 1 081 000 Einwohnern erreicht. 1995 betrug die Zahl 952 000; bis 2007 hat sie wohl wieder zugenommen, und zwar auf 1 031 215. Angesichts der großen Bedeutung der Einkommensteuer für die öffentlichen Haushalte der Region und der Gemeinden hat die Abwanderung durchaus nachteilige finanzielle Konsequenzen, wobei das Problem durch die beträchtliche Zunahme der Sozialhilfeempfänger in Brüssel-Hauptstadt (um 123 % zwischen 1990 und 1999, was weit über dem belgischen Durchschnitt von 67 % liegt) verstärkt wird. Aufgrund der Einkommensunterschiede wird für die öffentlichen Haushalte der 19 Gemeinden von Brüssel-Hauptstadt ein horizontaler Finanzausgleich durchgeführt (Région de Bruxelles-Capitale 2001). Problemge-

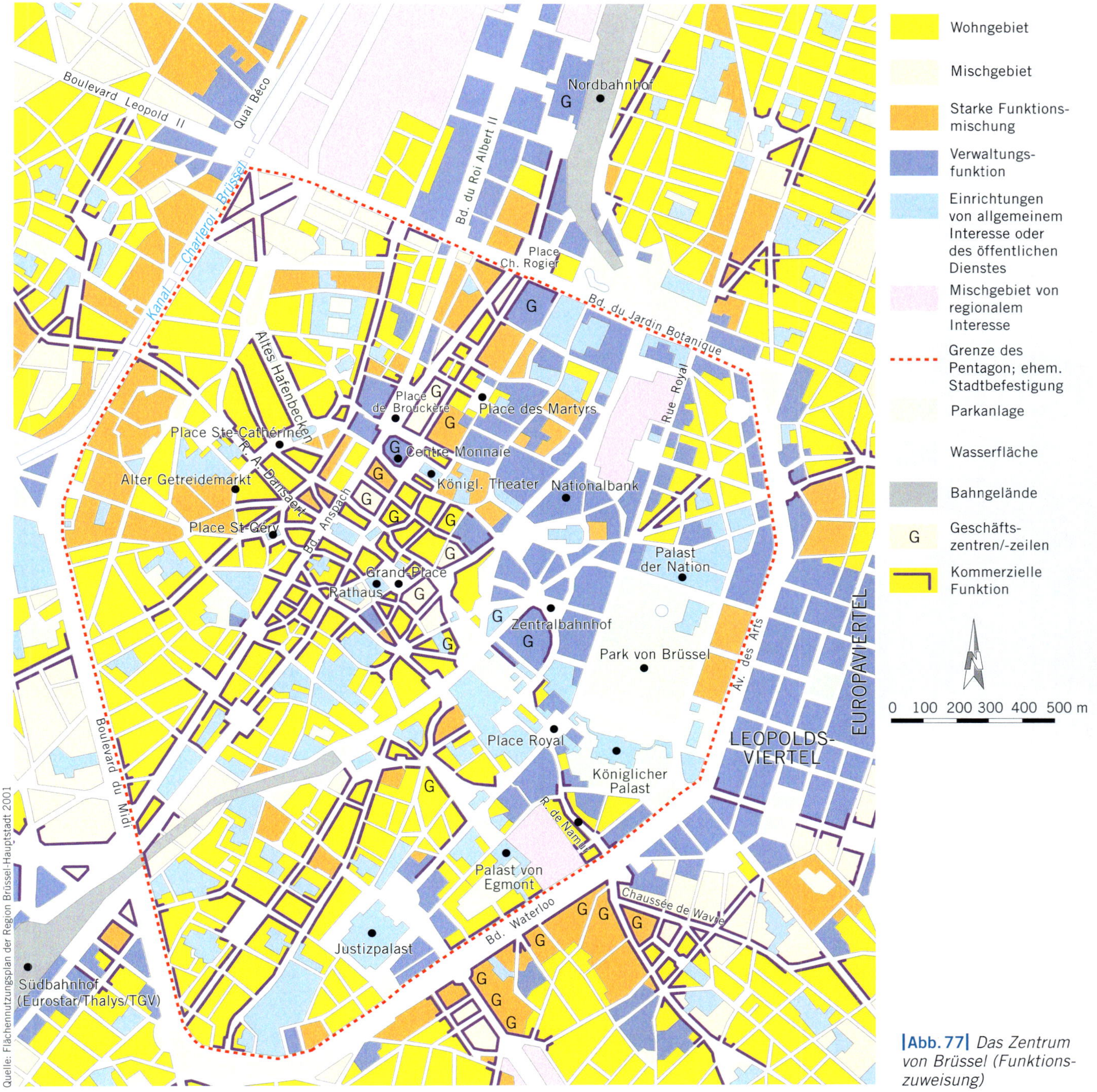

Wohngebiet

Mischgebiet

Starke Funktions-
mischung

Verwaltungs-
funktion

Einrichtungen
von allgemeinem
Interesse oder
des öffentlichen
Dienstes

Mischgebiet von
regionalem
Interesse

Grenze des
Pentagon; ehem.
Stadtbefestigung

Parkanlage

Wasserfläche

Bahngelände

G Geschäfts-
zentren/-zeilen

Kommerzielle
Funktion

0 100 200 300 400 500 m

|Abb. 77| *Das Zentrum
von Brüssel (Funktions-
zuweisung)*

Nordbahnhof

Boulevard Leopold II

Quai Béco

Kanal Charleroi–Brüssel

Bd. du Roi Albert II

Place
Ch. Rogier

Bd. du Jardin Botanique

Altes Hafenbecken

Place
de Brouckère

Place des Martyrs

Rue Royal

Place Ste-Catherine

R. A. Dansaert

Centre Monnaie

Alter Getreidemarkt

Königl. Theater

Nationalbank

Place St-Gery

Bd. Anspach

Grand Place

Rathaus

Palast
der Nation

EUROPAVIERTEL

Zentralbahnhof

Av. des Arts

Park von Brüssel

Boulevard du Midi

LEOPOLDS-
VIERTEL

Place Royal

Königlicher
Palast

Palast von
Egmont

R. de Namur

Chaussée de Wavre

Justizpalast

Bd. Waterloo

Südbahnhof
(Eurostar/Thalys/TGV)

Quelle: Flächennutzungsplan der Region Brüssel-Hauptstadt 2001

biete finden sich insbesondere entlang der Zone am
Kanal Charleroi-Brüssel sowie innerhalb des Penta-
gon und in den daran angrenzenden Bezirken. Die
Begrenzung des Pentagon wird durch die großen
Ringstraßen Boulevard Waterloo, du Midi, du Jardin
Botanique und die Avenue des Arts nachgezeichnet
(Abb. 77). Für die einkommensstärkeren Haushalte
weist Brüssel ein attraktives Wohnungsangebot auf.
Ein ansehnliches Wohnumfeld besteht v. a. in aus-
gedehnten Vierteln im Süden und Südosten der Re-

gion. Wohnviertel in der Nähe des Forêt de Soigne
sind prestigereiche Standorte. Naheliegenderweise
ergibt sich eine Segregation beim Wohnverhalten
der ausländischen Bevölkerung, indem die Beschäftigten bei internationalen Institutionen und Unternehmen und ihre Familien diese Bezirke bevorzugen
(Kesteloot 2000). Für die einkommensschwachen
Haushalte ist die Situation auf dem Wohnungsmarkt
nach wie vor wenig befriedigend (van Houtte et al.
2005). Der regionale Entwicklungsplan von 2001

|Abb. 78| *Der Boulevard Royal in Luxemburg, wichtigster Bankenstandort in Luxemburg, ungeachtet dessen, dass auch an der Peripherie der Stadt neue Bankgebäude entstanden sind. Das ältere Gebäude auf dem Bild beherbergt eine Niederlassung der Banque Nationale de Paris.*

erwähnte 15 000 bis 25 000 Menschen auf den Wartelisten für Sozialwohnungen, während auf der anderen Seite mehr als 30 000 Wohnungen leer standen. Sozialwohnungen machen nur ca. 8,1 % des Wohnungsbestandes aus und sind nicht selten unzulänglich ausgestattet (Région de Bruxelles-Capitale 2001).

Vor der Regionalisierung, also vor 1989, bestand bei der städtebaulichen Entwicklung von Brüssel-Hauptstadt ein besonders großes *laisser-faire*. Für die Planung der Hauptstadtregion waren die Nationalregierung und in beschränktem Umfang 19 auf ihre Unabhängigkeit pochende Gemeinden zuständig. Erst 1979 wurde überhaupt ein Sektorenplan mit einer Nutzungsfestlegung der Flächen verabschiedet, der aber recht allgemein gehalten war und teilweise auch nicht beachtet wurde. Mit der Vollendung der Regionalisierung im Jahre 1993 bekam die Region Brüssel-Hauptstadt die Chance, eine durchgreifende Planung sowie den Denkmalsschutz selbst in die Hand zu nehmen. Es wurde 2001 ein detaillierter Flächennutzungsplan für die Region verabschiedet. Im gleichen Jahr wurde ein umfangreicher regionaler Entwicklungsplan (*Plan Régional de Développement/Gewestelijk Ontwikkelingsplan*) mit Entwicklungskonzepten u. a. für die Verkehrsberuhigung, die Stadtsanierung und eine bessere Erhaltung des baulichen Erbes veröffentlicht (Région

de Bruxelles-Capitale 2001). Ein Planungsproblem besteht darin, dass die Agglomeration längst über die Grenzen der Region Brüssel-Hauptstadt hinausgewachsen ist und dass Siedlungs-, Verkehrs- und Wirtschaftsräume, die funktional eng mit Brüssel verflochten sind, entweder in der flämischen oder in der wallonischen Region liegen.

Luxemburg-Stadt: Neu- und Umgestaltung im Zuge der Internationalisierung

Luxemburg hat in den letzten Jahrzehnten wesentliche stadtgeographische Veränderungen erfahren. Sie beziehen sich zum einen auf Umgestaltungsvorgänge in der Stadt selbst (Abb. 78) sowie auf ein seit der Mitte der 1960er-Jahre völlig neu entstandenes, von der Kernstadt durch das Alzettetal räumlich getrenntes Viertel auf dem 320 bis 350 m hoch und nordöstlich der Altstadt gelegenen Kirchbergplateau (Abb. 79). Sie belegen eindrucksvoll die Tertiärisierung – oder gemäß J. Nottrot (1985) die Quartärisierung – der Wirtschaft Luxemburgs.

Die meisten Büros für Banken und andere Finanzdienstleistungen entstanden am Boulevard Royal, an dem auch Gebäude von Behörden liegen, oder in der näheren Umgebung, z. B. am Boulevard Prince Henri. Eine moderne Hochhausbebauung veränderte den Boulevard Royal seit dem Ende der Sechzigerjahre (Schmit & Wiese 1980). Die Straße geht jenseits der

Europa-Viertel Nord

Europa-Viertel Süd

Parkviertel (Quartier du Park)

Kiemviertel (Quartier du Kiem)

Grünewaldviertel (Quartier du Grünewald)

Europäische Einrichtungen

Schulen- und Forschungseinrichtungen

Banken, Versicherungen, sonstige Unternehmen

Wohnviertel, sonstige Gebäude

geplante Gebäude

Wald

——— Eisenbahnlinie   ——— Autobahn

——— Sonstige Straße

① Philharmonie   ⑤ Kongresszentrum
② Nationalbibliothek   ⑥ Olympia-Schwimmbad
③ Musée d'Art Moderne   ⑦ Sportzentrum
④ Festungsmuseum   ⑧ Multiplex-Kino (Utopolis)

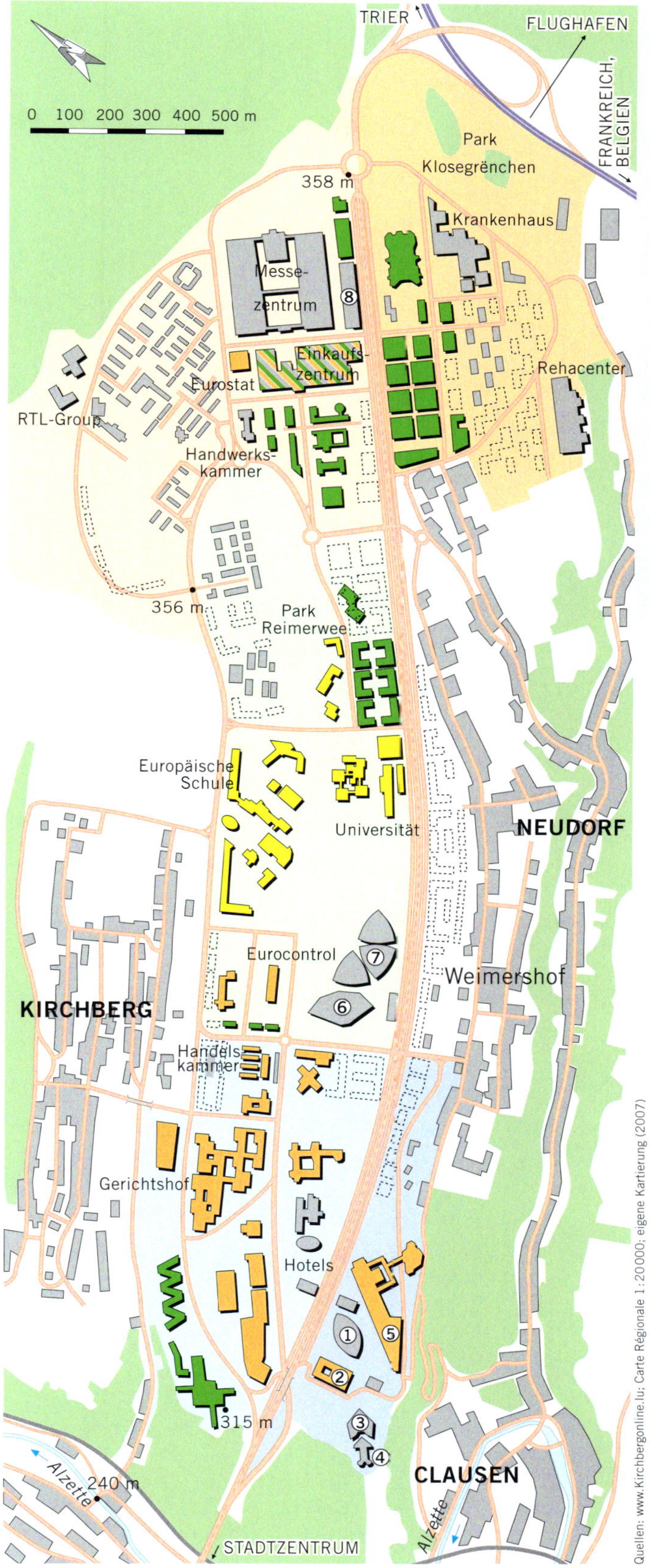

Alzette in die zum Hauptbahnhof führende Entwicklungsachse an der Avenue de la Liberté über, an der
seit dem Beginn des 20. Jh. Verwaltungsgebäude,
wie das das damaligen ARBED-Konzerns oder das
der Staatssparkasse, entstanden waren. Die Errichtung der Bankgebäude an der Ringstraße des Boulevard Royal setzte den Abbruch älterer Bausubstanz
aus der Gründerzeit voraus, was nach der Neufestle-
gung der Bauhöhe im Bautenreglement der Gemeinde von 1967 erleichtert wurde. Die *Société de Grandes Réalisations Immobilières à Luxembourg* errichtete von 1960 bis 1978 zwölf Hochhäuser am
Boulevard Royal. Es sind aber auch ältere Villen und
repräsentative mehrstöckige Häuser bestehen geblieben und beherbergen heute Firmen des Finanzsektors, Unternehmensberater sowie Anwaltskanzleien
und Arztpraxen. Die große Nachfrage nach Büroräu-
men wird in Anbetracht dessen, dass es 2007 insgesamt 156 Banken und ca. 90 Versicherungen in Luxemburg gab, verständlich. Die auffallende räumliche Konzentration, die an die Bahnhofstraße in
Zürich erinnert, ist dadurch bedingt, dass die Finanzinstitute in hohem Maße auf Fühlungsvorteile angewiesen sind. Der Bereich am und um den Boulevard
Royal zeigt Ansätze zur Citybildung, die durch Ge-
bäudeüberhöhung, großzügigeren Grundstückszu-
schnitt und moderne Sacharchitektur gekennzeichnet ist. Nachdem der verfügbare Platz am Boulevard
Royal aufgebraucht war, siedelten sich weitere Büros
von Banken in Vororten, wie Limpertsberg, auf dem
Plateau Bourbon, an der Peripherie (Schmit 2001)
und neuerdings bevorzugt auf dem Kirchbergplateau
an (Abb. 79).

Luxemburg erfuhr durch den Zuzug europäischer
Behörden einen starken Bedeutungszuwachs. 1958
hatte Luxemburg sich vertraglich verpflichtet, als

|Abb. 79|
*Das Kirch-
bergplateau*

TRIER
FLUGHAFEN
FRANKREICH, BELGIEN
0 100 200 300 400 500 m
358 m
Park Klosegrënchen
Krankenhaus
Messe- zentrum
⑧
Einkaufs- zentrum
Eurostat
Rehacenter
RTL-Group
Handwerks- kammer
356 m
Park Reimerwee
Europäische Schule
Universität
NEUDORF
Eurocontrol ⑦
⑥
Weimershof
KIRCHBERG
Handels- kammer
Gerichtshof
Hotels
① ⑤
②
315 m
③
④ CLAUSEN
Alzette
240 m
STADTZENTRUM
Alzette

Quellen: www.Kirchbergonline.lu; Carte Régionale 1:20000; eigene Kartierung (2007)

|Abb. 80| *Ober- und Unterstadt von Luxemburg. Die Oberstadt liegt auf dem Bockfelsen, einem Mäandersporn der Alzette, im Mittelgrund befindet sich ein Teil der Bockkasematten, ein Anziehungspunkt für Touristen. In der Unterstadt ist das Viertel Grund ein beliebter Wohnstandort für portugiesische Einwanderer und deren Nachfahren. Von den 1980er-Jahren an wurde die Unterstadt vorzüglich saniert. Im Hintergrund sind Hochhäuser des südwestlichen Teiles des Kirchbergplateaus im Europaviertel zu sehen.*

Standort europäischer Institutionen zu fungieren. Anfangs wurden für europäische Institutionen Büroräume in der Innenstadt zur Verfügung gestellt. Da dies keine Dauerlösung sein konnte, wurde seit den 1960er-Jahren das Kirchbergplateau erschlossen (Nottrot 1985, 1998). 1961 wurde der *Fonds d'Urbanisation et d'Aménagement du Plateau de Kirchberg* gegründet. Der erste Bau, der auf dem Kirchbergplateau verwirklicht wurde, war das *Bâtiment Tour*, im Volksmund „d'Héichhaus" genannt, das 1966 mit seinen 22 Etagen in Betrieb genommen wurde und Anfang der Siebzigerjahre mit dem für das Generalsekretariat des Europaparlamentes erbauten *Bâtiment Robert Schuman* ein architektonisches Gegenüber erhielt (Nottrot 1998). Seither herrscht dort bis heute eine rege Bautätigkeit. Im Zuge einer so langen Entwicklungsphase haben sich die urbanistischen Konzepte geändert. Die ursprüngliche Zuweisung als monofunktionales Europaviertel mit durch Schnellstraßen erreichbaren Solitärgebäuden oder als ausschließliches Areal für Eurokraten wurde seit 1982 zugunsten der Entwicklung eines neuen, multifunktionalen Quartiers der Stadt Luxemburg ersetzt.

Der Zuzug der europäischen Institutionen war von einer regen Wohnungsbautätigkeit begleitet, insbesondere in den das Plateau flankierenden Ortsteilen Kirchberg und Neudorf-Weimershof sowie im Quartier du Kiem. Zusätzlich wurden verschiedene Gemeinden stark urbanisiert, darunter Hesperange, Strassen, Mamer, Kopstal, Walferdange und Nie-

deranven. Bedingt durch die zusätzliche Nachfrage auch von Beschäftigten in anderen rasch wachsenden Dienstleistungsbereichen, insbesondere des Finanzsektors, besteht auf dem Wohnungsmarkt eine angespannte Lage. Das Grenzgefälle bei den Grundstückspreisen ist auffallend hoch. 2000 lag der Preis für Wohnbaugrundstücke an der Peripherie der Stadt Luxemburg bei 370 – 500 €/m², in Arlon in Belgien bei 44 €/m², im Raum Bastogne und Neufchâteau in Belgien sogar nur bei 9,50 € (Schmit 2001, S. 33). So ist es verständlich, dass etliche Beschäftigte sich im Ausland niederlassen und zur Arbeit nach Luxemburg pendeln.

Der Kirchbergbezirk mit seiner Längsachse von 3,4 km gliedert sich in unterschiedliche funktionale Bereiche (Abb. 79). Im Südwesten, im Quartier Européen Sud und Nord, dehnt sich ein großer geschlossener Komplex mit Bauten für europäische Institutionen aus, ergänzt durch ein Kongress- und Konferenzzentrum, Luxushotels und das Gebäude der Handelskammer. Die bisherige Einseitigkeit der Funktionen wird neuerdings durch die *Salle Philharmonique de Luxembourg*, das Museum für moderne Kunst (*Musée d'Art Moderne Grand-Duc Jean*), das Festungsmuseum und die Nationalbibliothek aufgelockert. Der mittlere Teil des Kirchbergplateaus (Quartier du Parc) wird durch das *Centre National Sportif et Culturel*, die Europaschule, Forschungszentren und seit Kurzem auch durch den Campus Kirchberg der neuen Universität bestimmt. Weiterhin wurden ausgedehnte Grünflächen angelegt.

Funktional am stärksten differenziert ist der zuletzt bebaute Bereich im Nordosten mit dem Quartier du Kiem und dem Quartier du Grünewald. Im ersten der beiden Viertel überwiegt im Sinne einer Funktionsmischung die Wohnbebauung. Im zweiten wurden u. a. eine Klinik, ein Pflegeheim, Verwaltungsgebäude, Wohnhäuser und ein Sandarboretum mit einem Wasserschutz- und -retentionsgebiet erstellt. Im nordöstlichen Bereich haben verschiedene in- und ausländische Banken Gebäude errichten lassen, die architektonisch originell gestaltet sind. Auffallend in Szene gesetzt ist der prestigeträchtige Baukörper der Fortis Bank in einer großen, Wasserflächen mit einschließenden privaten Parkanlage. Zusätzlich sind im nordöstlichen Teil des Kirchbergplateaus das Stadtteilzentrum mit einer von der französischen Kette Auchan betriebenen Einkaufspassage, ein Gebäude für die Handwerkskammer, ein Multiplex-Kino, das Messe-, Kongress- und Konferenzzentrum von *Luxexpo* sowie diverse Bürobauten erstellt worden. Weiterhin hat *Eurostat* dort Quartier bezogen. Am Außenboulevard des Quartier du Kiem ist die *RTL-Group* untergebracht. Im Zuge eines geänderten urbanistischen Konzeptes ist die frühere Autobahn, die in Längsrichtung das Plateau zerschnitt, zur städtischen Straße mit zahlreichen Querverbindungen zurückgebaut worden. Zahlreiche Neubauprojekte sind noch im Gange oder in der Planung. Der Komplex zeigt bei den urbanistischen Konzepten einen über das Lokale und Nationale hinausreichenden Charakter, indem etliche Gebäude von ausländischen Architekten entworfen wurden.

In der Luxemburger Innenstadt sind große Anstrengungen unternommen worden, um das historische bauliche Erbe, soweit es Kriege um die Festung und Pulverexplosionen überdauert hat, zu bewahren und zu restaurieren. Der planmäßige Grundriss der Oberstadt geht auf das 16. Jh. zurück (Schmit & Wiese 1980). Verwaltungseinrichtungen des Staates sind zwar räumlich weiter gestreut, aber der Schwerpunkt liegt in der Altstadt unweit der Kathedrale und in dem südlich daran anschließenden Bereich. Hier sind zusätzlich zentrale kulturelle, soziale und religiöse Einrichtungen zu finden. Sowohl Ministerien als auch verschiedene andere Einrichtungen dieses Viertels (Sitz des Staatspräsidenten, Staatsrat, protestantisches Konsistorium, erzbischöfliches Ordinariat, Stadtsitz der großherzoglichen Familie, Abgeordnetenkammer, Staatsarchiv, Justizpalast, Stadthaus) sind in Gebäuden des 16. bis 19. Jh. untergebracht. In jüngerer Zeit sind auch in der Unterstadt, insbesondere in den Stadtteilen Grund und Pfaffenthal, Restaurierungs- und Sanierungsmaßnahmen durchgeführt worden. Zudem gewinnt Luxemburg durch Grünanlagen, Terrassen und Gärten in den tief eingeschnittenen Tälern vor Pétrusse und Alzette, die durch Lehrpfade erschlossen werden, an Attraktivität. Die Luxemburger Altstadt und Festung gehören seit 1994 zum Weltkulturerbe der UNESCO (Abb. 80). Modern konzipierte Museen erhöhen die Anziehungskraft von Ober- und Unterstadt. Zwischen dem Regierungsviertel und dem Boulevard Royal dehnt sich das zentrale Einkaufsviertel der Stadt mit der Hauptachse der Grand Rue aus. Bemerkenswert groß ist dort das Angebot an hochwertigen Gütern, was die gestiegene Kaufkraft im Zuge der Entwicklung des quartären Sektors widerspiegelt.

Ländliche Siedlungen und Urbanisierungsprozesse

Ländiche Siedlungen in den Niederlanden

Ländliche Siedlungen in den Niederlanden verlieren in zunehmendem Maße regionalspezifische Merkmale. Sie sind nur noch in untergeordnetem Maße bäuerlich geprägt und dienen als Wohnort für eine berufs- und versorgungsmäßig auf städtische Agglomerationen ausgerichtete Bevölkerung. Ländliche Siedlungen als Fremdenverkehrsorte sind in den Niederlanden außerhalb der Küstenzone bzw. der Westfriesischen Inseln und des Hügellandes im Süden der Provinz Limburg selten anzutreffen. Urbanisierungsprozesse im ländlichen Raum waren angesichts eines kräftigen Bevölkerungswachstums in hoch verdichteten Räumen in den letzten Jahrzehnten stark ausgeprägt, wenn auch mit regionalen Unterschieden. Zahlreiche Dörfer in den Niederlanden haben sich seit dem Zweiten Weltkrieg zu Kleinstädten entwickelt. Historische siedlungsgeographische Merkmale wurden dabei nicht völlig verwischt: Vielerorts hat man alte Dorfkerne erhalten oder sogar als *beschermde dorpsgezichten* unter Denkmalschutz gestellt (Polano 1997). Daran anschließend ist vielerorts eine Wohnbebauung entstanden, die zwar nicht selten ansprechend gestaltet ist, aber überall in den Niederlanden annähernd gleichartig aussieht. Traditionelle Siedlungsstrukturen schimmern hin und wieder durch und lockern die Uniformität auf.

In der *Tweede Nota over de Ruimtelijke Ordening in Nederland* (1966) wurde der Stadtentwicklung in der Raumordnung höchste Priorität eingeräumt. Der ländliche Raum wurde nur noch als Gebiet für die städtische Ausbreitung, als Auffanggebiet für die aus der Stadt abwandernde Bevölkerung und als Transportkorridor für Personen und Güter zwischen den städtischen Zentren angesehen. In der *Derde Nota over de Ruimtelijke Ordening* (1983) erhielten Stadt und Land auf dem Papier eine gleichwertige Position. Die *Vierde Nota over de Ruimtelijke Ordening* (1988) beachtet die ländlichen Gebiete hingegen nur wenig (Esser 1991; van Schendelen 1997). Die *Vijfde Nota over de Ruimtelijke Ordening* (2001) setzt sich das Ziel der „*leefbarheid op het platteland*" (Lebensqualität auf dem Lande) und der adäquaten Ausstattung ländlicher Gebiete mit Versorgungseinrichtungen. Sie weist auf die verminderten

|Abb. 81| *Wurt Hogebeintum in den Marschen Frieslands. Wohnhügel, ursprünglich zum Schutz vor Überflutungen. Nach ausreichendem Schutz der Marschen durch Deiche und im Zuge einer Expansion bäuerlicher Betriebe wurden häufig große Höfe von den Wurten in die Poldergebiete hinein verlagert. Es verblieben überwiegend nicht landwirtschaftliche Siedlungsteile, seit einigen Jahren finden im Zuge von Rurbanisierungsvorgängen auch Aufsiedlungen statt. Im 19. Jh. hat man vielerorts Teile der Wurten abgegraben und das Erdreich zur Bodenverbesserung auf den Feldern ausgebreitet.*

Kontraste zwischen Stadt und Land hin, möchte aber die ländliche Siedlung nicht als diminutives Abbild der Stadt sehen, sondern betont das Prinzip *„verscheidenheid maakt kwaliteit"* (Vielfalt erzeugt Qualität). Noch bestehende Unterschiede im Siedlungsbild von Stadt und Land sollen erhalten bleiben oder wenn möglich wieder verstärkt werden. Der ländliche Raum ist nach den Vorstellungen der Planer vor baulicher Verarmung, Zerschneidung, Uniformierung und Verlärmung zu schützen. Die eigenständige kulturhistorische Identität soll erkennbar bleiben. Es wird in der *Nota* eine kleine Auswahl erhaltenswerter Siedlungsformen angeführt, und zwar Eschdörfer, Wallgrachtenhöfe, Fehnkolonien und Wurtendörfer (Abb. 81 und 82; Ministerie van Volkshuisvesting … 2001). Mit der Ablösung des *Ruilverkavelingswet* (Flurbereinigungsgesetz) von 1954 durch das *Landinrichtingswet* (Gesetz zur Neuordnung des ländlichen Raumes) von 1985 wurde die gesetzliche Grundlage dafür geschaffen, dass Flurbereinigungen sich als integrale Neuordnung des ländlichen Raumes unter Einbeziehung der ländlichen Siedlungen verstehen (van den Bergh 2004).

Ungeachtet dessen, dass bäuerliche Anwesen in ländlichen Siedlungen nur noch einen kleinen Teil des Hausbestandes ausmachen, treten einzelne regionaltypische Hofformen als siedlungsgeographische Monumente in Erscheinung:

- In Südlimburg die großen Vierseit- und Vierkanthöfe,
- in der Twente-Region die den niedersächsischen Hallenhäusern vergleichbaren Anwesen,
- in den Poldern der Provinz Groningen die stattlichen, hin und wieder noch von Grachten umgebenen Einzelhöfe mit dem geräumigen Wohnteil und einem Wirtschaftsgebäude unter einem Dach,
- die ähnlich gebauten, ansehnlichen Bauernhöfe in den Hufensiedlungen der Hochmoorkolonisationsgebiete von Drenthe und Groningen,
- in Friesland die originellen „Kopf-Hals-Rumpf-Höfe" (mit dem Wohnhaus als „Kopf", der Verbindung von Wohn- und Wirtschaftsteil als „Hals" und der Scheune und den Stallungen als „Rumpf") (Abb. 83),
- in den älteren IJsselmeerpoldern geräumige und sich an traditionellen Bauformen orientierende Anwesen,
- in den Poldern von Süd- und Ostflevoland die funktional gestalteten Neubauten auf ausgedehnten, gleichförmig geschnittenen und regelmäßig angeordneten Rechtecksparzellen,
- in den seeländischen Poldern mittelgroße, oft traufständig erschlossene Höfe mit sich berührendem und hintereinandergebautem Wohn- und Wirtschaftsteil und
- in den Flussniederungen die geräumigen Höfe mit tangierendem Wohn- und Wirtschaftsteil und Firstlinien, die im rechten Winkel zueinander verlaufen.

Immer wieder sind kleine Höfe eingestreut. Im Limburger Hügelland sind kleine Quereinhöfe und Hakenhöfe verbreitet, in Noord-Brabant die kleindimensionierten Bauernstellen (häufig mit aneinandergebautem, traufseitig erschlossenem Wohn- und Wirtschaftsteil, aber mit unterschiedlichen Firsthöhen), in Nord- und Südholland die vielen Sonderkulturbetriebe sowie die kleinen Hallenhäuser im Südwesten der Region.

Traditionelle Grundrisse ländlicher Siedlungen (Abb. 84) lassen sich in großmaßstäbigen topographischen Karten und Luftbildern noch identifizieren. Kleinere Dörfer sind heute am häufigsten in Friesland zu finden. Die Mittelzentren haben dort in weniger starkem Maße Suburbanisierungsvorgänge induziert als anderenorts die Großstädte. Zahlreiche Dörfer sind dort noch nicht über die Umrisse eines 1×1 km großen Quadrates hinausgewachsen. Etliche Dörfer lassen in Friesland, ebenso wie im benachbarten Groningen und in der heute zu Noord-Holland gehörigen Region West-Friesland, ihre einstige Anlage als Wurtensiedlung erkennen. Sie heißen in Friesland *terpen*, in Groningen *wierden* und in den mittleren Niederlanden *woerden*, *wuurden*, *worden* oder *werden*. Vor allem im 19. Jh. wurden Wohnhügel ganz oder teilweise abgegraben, da man das Bodenmaterial zur Düngung gebrauchen konnte. Wurtensiedlungen sind nicht nur in den küstennahen Marschlandgebieten, sondern auch in den großen Flussniederungen der mittleren Niederlande angelegt worden (Berendsen 1997; Zonneveld 1991; Atlas van Nederland 1964).

Weit verbreitet sind in den niederländischen Sandgebieten Eschdörfer („esdorpen"), unregelmäßige, mäßig dichte Haufensiedlungen, die in unterschiedlichen formalen Varianten vorkommen. Bis zum Verschwinden der Heidegebiete, meist im Laufe des 19. Jh., war die zugehörige Flur seit der mittelalterlichen Erschließung durch die Dreiteilung in Ackerland, Grünland und Heideland bestimmt. Ein Ackerlandkomplex wird als „es" oder – wie in Noord-Brabant – als „akker" bezeichnet. Er hatte eine nicht hofanschließende Langstreifenflur, oft mit Gemengelage, die heute durch Flurbereinigungen stark verändert ist. Etliche Eschdörfer besitzen oder besaßen einen Dorfanger, einen sog. *brink*, und werden als *brinkdorpen* bezeichnet (Berendsen 1997; Zonneveld 1991). Viele *brinken* sind im Laufe der Zeit ganz oder teilweise bebaut worden. Wo sie noch als Frei- und Grünfläche erhalten sind, tragen sie zum Reiz des Ortsbildes bei. Ergänzt wird das Gefügemuster der Haufensiedlungen durch Einzelhöfe, vornehmlich in Landschaften mit *kampen*, also in Regionen mit unregelmäßigen, oft von Hecken oder Wällen umgebenen Blockparzellen in ackerbaulich oder grünlandwirtschaftlich genutzten Arealen. Auffallend sind Streusiedlungen und Einzelhofsiedlungen im niedrig gelegenen Decksandgebiet des Gelderse Vallei sowie in Sandgebieten von Noord-Brabant. Außerhalb der Eschdörfer sind vielerorts nach der Kultivierung von Heidegebieten und der Aufgabe von Allmendland *buitenplaatsen* für eine ärmere Bevölkerungsschicht entstanden, auffallend häufig in

|Abb. 82| *Fehnkolonie und Moorhufensiedlung Stadskanaal, die im 19. Jh. im ehemaligen Bourtanger Moor am gleichnamigen, 1766 begonnenen Kanal angelegt wurde. Der Kanal führt nach Groningen, seinerzeit der wichtigste Umschlagsplatz für Torf in den nördlichen Niederlanden. Heute ist Stadskanaal ein Mittelzentrum.*

Twente, wo sich im 18. und 19. Jh. die Möglichkeit ergab, für Textilfabrikanten im Verlagssystem zu arbeiten (Berendsen 1997). Eindrucksvoll präsentiert sich bei den Flurformen der Gegensatz zwischen den großen Blockparzellen in den Marschen und den kleinen Flurstücken der angrenzenden Sandgebiete.

Zudem ist die ursprüngliche Struktur der ländlichen Moorhufensiedlung vielerorts noch wahrnehmbar, auch wenn sich daraus eine Stadt mit zusätzlicher flächenhafter Bebauung entwickelt hat. Die sich kilometerweit entlang des Musselkanaal und des Stadskanaal dahinziehenden gleichnamigen Orte im Bourtanger Moor südöstlich von Groningen sowie das angrenzende Veendam am Oosterdiep sind auffällige Beispiele dafür. Entsprechendes kann in einstigen Marsch- und Moorhufensiedlungen im Westen der Niederlande beobachtet werden. Für den ersten Typ kann Langedijk im Polder Geesterambacht nordöstlich von Alkmaar als Beispiel genommen werden, für den zweiten die Gemeinde De Ronde Venen in Noord-Holland. Gelegentlich treten in ehemaligen Niedermoorbereichen im Westen der Niederlande Linearsiedlungen auf, deren lang gestreckte Schmalstreifenparzellen in einem offenen Gewässer enden, wobei einzelne Reste der Flurstücke, die den Wasserspiegel überragen, die alte Hufenflur noch erkennen lassen. Vinkeveen östlich von Uithoorn ist ein Beispiel dafür. Gelegent-

lich kommen in ehemaligen Moorgebieten auch Radialhufenfluren vor, z. B. im Polder de Rondhoep bei Amstelveen. Kennzeichnend für die *droogmakereien* (Trockenlegungen) des 17. und des 19. Jh. im Bereich ehemaliger Binnenseen ist die Regelmäßigkeit der Fluraufteilung. In dem im 19. Jh. entstandenen Haarlemmermeerpolder bestimmt sie das Grundrissbild des heutigen Stadtkernes von Hoofddorp.

Bei der Gestaltung der ländlichen Siedlungen in den IJsselmeerpoldern wurden unterschiedliche Konzepte zugrunde gelegt. Die Anlage der Siedlungen des Wieringermeerpolders in den 1930er-Jahren spiegelt die antiurbane Einstellung des beratenden Architekten Ganpré Molière wider (Bosch & van der Ham 1998, S. 195; van Schendelen 1997, S. 181–187). Es wurden zum einen dörfliche Siedlungen als Wohnorte für Landarbeiter und als Grundzentren angelegt und zum anderen die von der Polder-Entwicklungsbehörde einheitlich geplanten, teils von Wallgrachten umgebenen Einzelhöfe, deren Bauformen sich äußerlich an traditionelle Muster der angrenzenden Regionen anlehnen, wenn auch einzelne moderne Bautechniken, z. B. bei windsicheren Dachkonstruktionen, angewandt wurden. Für die Bewohner des Noordoostpolders und der unmittelbar angrenzenden Regionen wurde ein Mittelzentrum errichtet, nämlich Emmeloord, mit dessen Bau 1943 begonnen wurde. Weiterhin wurden zwischen 1948

|Abb. 83| *Einzelhof in den friesländischen Marschen nördlich von Harlingen – ein Beispiel für die vielen stattlichen Anwesen der Region, die als „kop-hals-romp"-Höfe (Kopf-Hals-Rumpf-Höfe) bezeichnet werden.*

Quellen: Zonneveld 1991; Atlas van Nederland, 16, 1987; leicht modifiziert

Unregelmäßige Haufensiedlungen in den Dünen

Lineare „Deichdörfer" in den alten Poldern

Einzelhofsiedlungen in jüngeren Poldern

Wurtendörfer (enge Haufensiedlungen) und große Einzelhöfe

Dörfer in den großen Flussniederungsgebieten

Linearsiedlungen in ehemaligen Niedermoorgebieten

Linearsiedlungen in ehemaligen Hochmoorgebieten

Linearsiedlungen in leicht reliefiertem Gelände

Unregelmäßige Haufensiedlungen („esdorpen") Dreiteilung der Flur in Grünland, Heide und einen Ackerbaukomplex („es")

Spinnennetzförmige „esdorpen" des Brabanter Typs (unregelmäßige Haufensiedlungen mit linearen Ausweitungen)

Unregelmäßige Haufensiedlungen seeländischer Inseln

Dichte Linearsiedlungen Südlimburgs

0   20   40   60   80   100 km

|**Abb. 84**| *Ländliche Siedlungsformen in den Niederlanden (Ende des 19. Jh.)*

und 1957 – beeinflusst durch die Christaller'sche Theorie der zentralen Orte – zehn Dörfer darum herumgruppiert. Sie sollten eine Doppelfunktion als Landarbeiter-Wohnort und als Grundzentren wahrnehmen. Mit der Anlehnung an das Christaller'sche Modell war man nicht gut beraten. Die Planungskonzepte für die Dörfer erwiesen sich aufgrund der Änderungen der Einkaufsgewohnheiten und durch die zunehmende Motorisierung rasch als überholt. Außerhalb der Dörfer wird die Siedlungsstruktur durch Einzelhöfe (aus vorgefertigten Bauteilen) bestimmt, deren Baustil sich an herkömmlichen Formen der Nachbarregionen orientiert.

Bei der Aufsiedlung von Oostelijk Flevoland (Ostflevoland) hat man (außerhalb der Städte Lelystad und Dronten) nur zwei dörfliche Siedlungen gebaut, nämlich Biddinghuizen und Swifterband. In Zuidelijk Flevoland (Südflevoland) wurde außerhalb von Almere als geschlossene Siedlung nur Zeewolde angelegt, ursprünglich ein Dorf, heute ein Mittelzentrum. Die bäuerlichen Betriebe sind in Süd- und Ostflevoland in modern gestalteten Einzelhöfen, deren Wohnhäuser ein städtisches Aussehen haben, untergebracht. Wurden in den älteren Poldern und in Ostflevoland uniform gestaltete staatliche Pachthöfe unter der Regie staatlicher Institutionen errichtet, so überließ man in Südflevoland nach dem Vordringen des Erbpachtsystems und auch des Privatbesitzes die Entscheidung über die Ausführung der Bauprojekte bei den Wohnhäusern seit 1982 und bei den Wirtschaftsgebäuden seit 1987 den einzelnen Landwirten (Haar & Keijzer 1996).

Ländliche Siedlungen in Belgien und Luxemburg

Bis zum Ende des 19. Jh. gab es in Belgien und Luxemburg eine deutliche Trennung zwischen städtischen und ländlichen Siedlungen. Die ländlichen Siedlungen zeichneten sich beim Grundriss, bei den Hausformen und lokaler Baumaterialien sowie den zugehörigen Flurformen durch regionale Individualität aus. Die Siedlungs- und Flurformen spiegelten die Entstehung in unterschiedlichen Erschließungsphasen wider und brachten hierbei Kontraste zwischen ausgedehnten Altsiedellandschaften und erst in der hochmittelalterlichen Rodungsperiode in größerem Umfang erschlossenen Regionen zum Ausdruck sowie die Sonderstellung der Polder, deren Inwertsetzung vom Hochmittelalter bis in die frühe Neuzeit hinein erfolgte. Zur ersten Kategorie gehören die Umgebung von Gent, das Land von Dendermonde und Aalst, die Umgebung von Diksmuide, Teile des Brabanter und Hennegauer Lösslehmplateaus, der Haspengau, das Condroz und das Entre-Sambre-et-Meuse, die Kalkfamenne, Belgisch-Lothringen und das luxemburgische Gutland (Brulard 1962; Sivéry 1977; Verhulst 1982). Die Altsiedellandschaften wiesen, anders als die Regionen der nördlichen Niederlande, in römischer Zeit eine vergleichsweise dichte Besiedlung des ländlichen Raumes auf (van Doorselaer 1981; Gysseling 1960).

Dussart (1957, 1961) und Lefèvre (1926, 1964) haben das traditionelle Siedlungsgefüge, wie es vor der starken urbanen Überprägung des ländlichen Raumes existiert hat, in ihrer regionalen Differenziertheit gekennzeichnet und gedeutet (Abb. 85). Danach sind dichte bis mäßig dichte Haufensiedlungen typisch für die Hesbaye und südlich von Maas und Sambre für das Condroz, das Entre-Sambre-et-Meuse, die Famenne, die Fagne, die Ardennen (mit Ausnahme des Ostteiles), das Ösling und das Gutland (vgl. Abb. 2). In diesen Gebieten haben bis zum Ende des *ancien régime* und gelegentlich darüber hinaus ein Flurzwang und kollektive Viehhaltungspraktiken geherrscht, Systeme, die in Haufendörfern besser zu organisieren waren als in anderen Siedlungen. Durch Haufensiedlungen sind auch die Orte des luxemburgischen Moseltales gekennzeichnet. Wo dem Individualismus und der Spontanität mehr Raum gegeben war und der Flurzwang nicht existierte oder seine Bedeutung in der frühen Neuzeit verloren hatte, wie im Inneren Flanderns, im Kempenland und in anderen Teilbereichen von Brabant, im nördlichen Hennegau (vgl. Abb. 2), in der Westecke der Ardennenfußzone, im Hohen Venn sowie östlich von Lüttich im Herver Land, wird das Siedlungsbild durch mannigfache Formen bestimmt. Zwar gibt es auch hier geschlossene Siedlungen – oft sind es die ältesten –, aber vielfach ist man dem Prinzip gefolgt, die Hausstätten regellos über die Gemarkung zu verstreuen. Im Land van Waas (südwestlich von Antwerpen) hingegen mit seinen regelmäßigen Linearsiedlungen und in den Einzelhofbereichen der mittleren und jüngeren Polder weisen die Siedlungsformen auf eine übergeordnete Planung hin. Dies gilt auch für die trockengelegten Bereiche ehemaliger Binnenseen in Flandern, die durch den Torfabbau entstanden waren. Die Kultivierungsarbeiten im 3500 ha großen Bereich De Moeren zwischen Veurne und Dünkirchen beiderseits der französisch-belgischen Grenze wurden im 17. Jh. begonnen, durch strategische Überflutungen 1646 unterbrochen, zwischen 1746 und 1779 wieder aufgegriffen und 1827 vollendet (Bruneel 1983; Ostyn 1982). Regelmäßige Blockparzellen bestimmen dort das Flurformenbild.

Einzelhofgebiete sind im Herver Land, in der Westecke der Fagne, im Westteil von Thiérache belge et Rièzes, in den Poldern und im Westen Flanderns, dem größten Verbreitungsgebiet dieser Siedlungsform, zu finden. Im Herver Land existieren (neben Haufen- und Linearsiedlungen) mittelgroße Einzelhöfe in einer Heckenlandschaft. Die Ferraris-Karte des 18. Jh. zeigt für die Region bereits eine fast ausschließliche Grünlandnutzung, die auch heute diesen Agrarraum kennzeichnet. Die Vergrünlandungsvorgänge im Herver Land haben spätestens im 16. Jh. begonnen, als die Spanier versuchten, die Getreideausfuhr in die nördlichen Niederlande zu unterbinden (Ruwet 1943; Antrop et al. 2006). Die Hecken sind zur Einfriedung der Weideparzellen angelegt worden, in einer Zeit, in der die Praxis des Zäunesetzens in der Flur noch nicht entwickelt war. Heute sind in der Region die dichten bis mäßig dichten Haufensiedlungen im Zuge von Urbanisie-

rungsprozessen stark erweitert worden sowie entlang von Ausfallstraßen zusätzlich neue Linearsiedlungen entstanden. Auch in den Einzelhofgebieten der westlichen Fagne und der Thiérache hatten frühzeitig Vergrünlandungsvorgänge eingesetzt, und zwar schon gegen Ende des 15. Jh. (Sivéry 1977, 1980).

Die westflandrische Einzelhofregion ist durch unregelmäßig in der Landschaft verstreute agrarische Klein- und Kleinstbetriebe (oft mit zusätzlicher gewerblicher Funktion) gekennzeichnet gewesen. Die bäuerliche Nutzung der Gebäude wurde größtenteils aufgegeben, aber auch das heutige Siedlungsbild dieser Region wird (wie auch das des in Frankreich gelegenen Teiles von Flandern) durch eine Unzahl von Einzelhäusern in der Agrarlandschaft bestimmt. Im Gegensatz zum Herver Land verloren die Hecken nach 1600 in Flandern vielerorts ihre Funktion, da man dort zum Zwecke der Gewinnung größerer Düngermengen dazu überging, die Rinder ganzjährig aufzustallen – eine heute nicht mehr gängige Praxis. Sie hatte aber zur Folge, dass nach und nach die Hecken durch Reihen von Bäumen – zumeist Pappeln – ersetzt wurden, die noch heute das Landschaftsbild kennzeichnen (van Houtte 1977; Schmook 1980).

Die Polder waren und sind durch große Höfe bestimmt. Dazu gehören in den älteren Poldern unregelmäßige, in den frühneuzeitlichen regelmäßige Blockparzellen. Ergänzt wird das Gefügemuster in den Poldern durch Linearsiedlungen, die sich an alten Deichen orientieren. Der Gegensatz zwischen den kleinen, teils block-, teils streifenförmigen Parzellen der flandrischen Sandgebiete mit Acker- und Grünland sowie winzigen Waldflächen und den großen, stark vom Ackerbau bestimmten und weitgehend waldfreien Flurstücken in den Poldern tritt augenfällig in Erscheinung. Bei Zelzate stimmt die Trennlinie beider Bezirke zufällig mit der belgisch-niederländischen Grenze überein.

Mäßig dichte bis lockere Haufensiedlungen sind in den Lösslehmgebieten Brabants und des Hennegaus sowie unter ganz anderen naturräumlichen Voraussetzungen im nordöstlichen Teil der Ardennen verbreitet. In den dichten Haufensiedlungen der Hesbaye ist die heute vollkommen geschlossene Bauweise in den Dorfkernen im 19. Jh. entstanden. Lockere bis mäßig dichte, unregelmäßige und mehrteilige Linearsiedlungen bestimmen ausgedehnte Teile von Belgien. Sie sind im Hennegau, im Süden Flanderns sowie im Kempenland anzutreffen. Sie finden ihre Fortsetzung in den sog. Spinnennetzsiedlungen im niederländischen Nordbrabant. Im Meetjesland, im Het Lokerse und im Land van Waas kommen auch regelmäßige Linearsiedlungen vor. Die Entstehung von Platzdörfern (*driesdorpen* oder *villages de trieu*), die in Alt- und Jungsiedellandschaften auftreten, geht auf das Mittelalter zurück, ist aber keiner spezifischen Epoche zuzuordnen. Besonders häufig hat man sich für diese Siedlungsform nördlich von Gent sowie zwischen Schelde und Dender entschieden (Claude & Dussart 1975). Sie ähneln den *esdorpen* der heutigen Niederlande. Das lockere, unregelmäßige Gefüge der Siedlungen in weiten Gebieten des ehemals ländlichen Raumes im flämischen Landesteil hat (neben fehlender Planung) mit die Basis für die diffuse Siedlungsstruktur, die im Zuge von Rurbanisierungsvorgängen des 20. Jh. bestehen geblieben ist, gelegt. Im Kempenland treten in den topographischen Karten die Signaturen für die Häuser wie ein mehr oder minder dichtes Punktraster in Erscheinung, das über die freien Flächen gelegt wurde. Auch in den Sandgebieten Flanderns macht das kartographisch dargestellte Siedlungsmuster oft den Eindruck, als sei ein Pointillist am Werke gewesen.

Nördlich von Maas und Sambre spiegeln Gebäude im ländlichen Raum nur noch selten regionale Eigenheiten wider. Zu den Ausnahmen gehören die stattlichen Vierseit- und Vierkanthöfe der mittelbelgischen Lösslehmgebiete. Wallgrachtenhöfe, wie sie in den Poldern von Groningen und Friesland zu finden sind, gibt es hin und wieder auch in den belgischen Poldern. Der landwirtschaftliche Kleinbetrieb des 19. und frühen 20. Jh. war zumeist im Quereinhaus untergebracht. Als ebenerdiges Haus mit lang ausgezogener Traufseite wurde es im Kempenland und im angrenzenden Teil des Hagelandes gebaut. Sporadisch kam dieses Langhaus auch in den Poldern, in Brabant und im Entre-Sambre-et-Meuse vor. Ebenerdig waren ursprünglich auch die Quereinhäuser der Ardennen angelegt, doch sind sie im Laufe des 19. Jh. oftmals aufgestockt worden. Auch im Ösling dominiert das Quereinhaus. Typisch für Belgisch-Lothringen und das Gutland sind die Mauer an Mauer errichteten, im Laufe des 19. Jh. meist zweistöckig gewordenen Quereinhäuser. In Regionen mit stark variierenden Hofgrößen treten sie zusätzlich zu den anderen Haustypen auf, z. B. im Condroz, der Famenne, der Fagne und dem Herver Land. Große Höfe mit einzeln stehenden Gebäuden kommen in den Poldern – bis zu acht separate, regellos gruppierte Gebäude sind hier keine Seltenheit –, im Inneren Flanderns und im Land van Waas vor, sind aber auch in Mittelbelgien und im Herver Land verbreitet. Bei der *hofstede* des inneren Flandern stehen die Gebäude unverbunden an drei Seiten eines Rechtecks. Nach außen hin abgeschlossene Hofformen kamen v. a. seit dem 17. Jh. in Gebrauch. Dreiseit- oder Vierseit- bzw. Dreikant- oder Vierkanthöfe sind im Condroz, im Entre-Sambre-et-Meuse und in der Famenne verbreitet (Abb. 86), weiterhin in den mittelbelgischen Lösslehmgebieten, stellenweise auch noch in den nördlich anschließenden sandiglehmigen Bereichen. Die stattlichen, überwiegend aus Stein bestehenden Bauten gehörten häufig Adligen oder kirchlichen Institutionen. Tor- und Ecktürme verleihen vielfach der *cense wallone*, dem großen Hof dieser Art, ein repräsentatives Aussehen. Häufig vertreten ist in Mittelbelgien eine Übergangs-

form zwischen diesen und den Haufenhöfen (Trefois 1978; Centre d'Histoire 1983–87).

Es gibt nur noch wenige Agrarlandschaften in den Beneluxländern, in denen sich das herkömmliche Siedlungsgefüge und die traditionelle Agrarsozialstruktur heute noch widerspiegeln. Zu den Ausnahmen gehören die zwischen Ardennen und Maas gelegenen Regionen Condroz und Famenne sowie ihre Fortsetzungen westlich der Maas, Entre-Sambre-et-Meuse und Fagne. Sie haben außerhalb der Landwirtschaft eine geringe ökonomische Dynamik entfaltet und sind, abgesehen von Nahbereichen der Städte des Maastales, nicht besonders stark urbani-

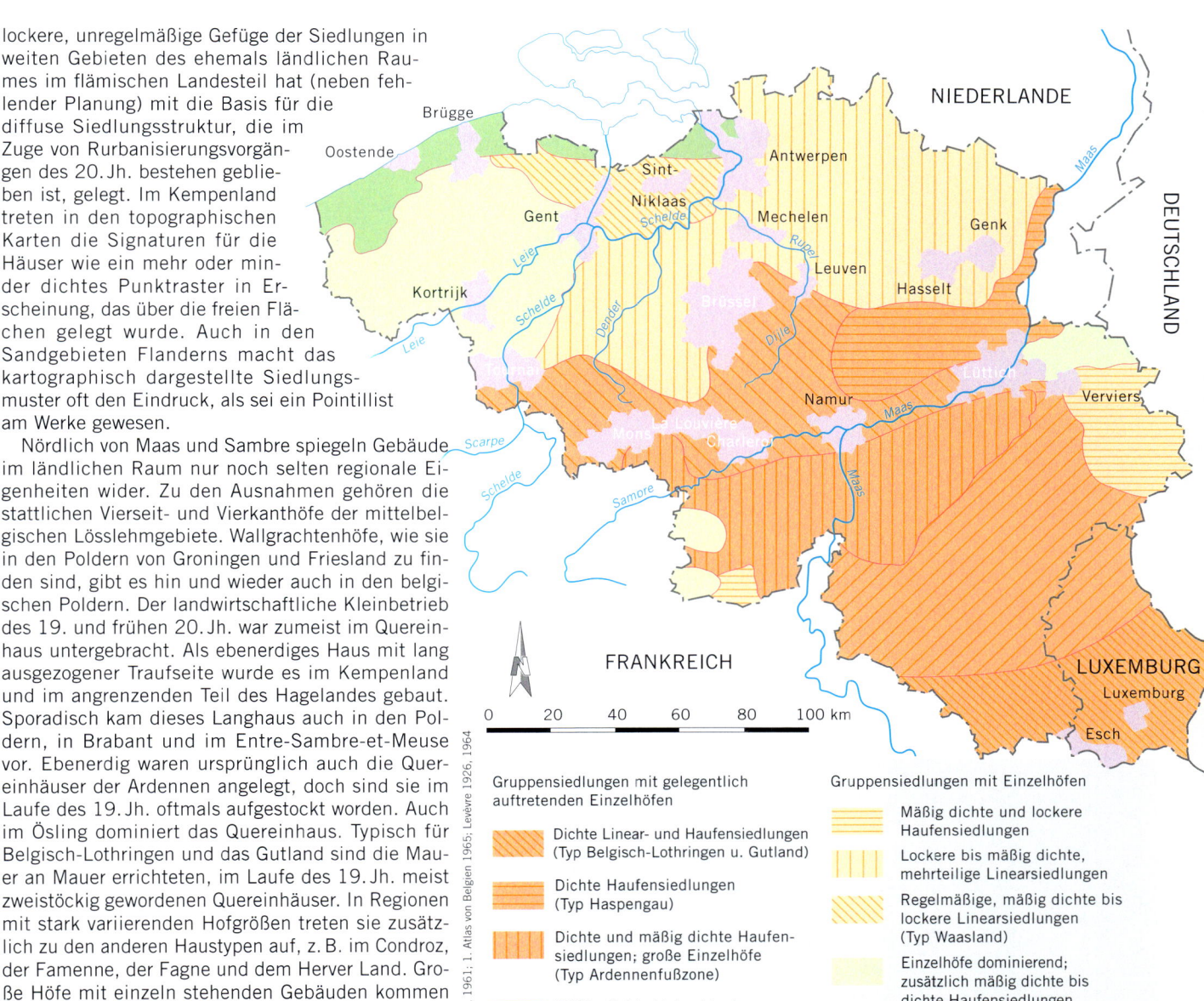

Quellen: Dussart 1957, 1961; 1. Atlas von Belgien 1965; Levèvre 1926, 1964

Gruppensiedlungen mit gelegentlich auftretenden Einzelhöfen

Dichte Linear- und Haufensiedlungen (Typ Belgisch-Lothringen u. Gutland)

Dichte Haufensiedlungen (Typ Haspengau)

Dichte und mäßig dichte Haufensiedlungen; große Einzelhöfe (Typ Ardennenfußzone)

Mäßig dichte kleine Haufensiedlungen (Typ Ardennen)

Lockere Haufensiedlungen (villages-nébuleuses)

Gruppensiedlungen mit Einzelhöfen

Mäßig dichte und lockere Haufensiedlungen

Lockere bis mäßig dichte, mehrteilige Linearsiedlungen

Regelmäßige, mäßig dichte bis lockere Linearsiedlungen (Typ Waasland)

Einzelhöfe dominierend; zusätzlich mäßig dichte bis dichte Haufensiedlungen

Große Einzelhöfe der Polder und Deichrandsiedlungen

Größere urbane Agglomerationen

|Abb. 85| *Die Formentypen der traditionellen ländlichen Siedlungen in Belgien und Luxemburg*

|Abb. 86| *Großer Vierseit-hof im Condroz. Typisch ist die Verwendung des lokalen Dolomits als Baustein. Wie viele andere Höfe im Condroz auch war dieser Hof zeitweilig im Besitz von adligen Funktionsträgern in den maasländischen Städten.*

siert. Hier hat es ausgedehnten adligen Landbesitz gegeben, und es gibt ihn auch heute noch. Zahlreiche Schlösser sind in der Region zu finden, vielfach in Verbindung mit einem großen Pachthof. Etliche stattliche alte Höfe in den Haufendörfern hatten eine administrative Funktion als *seigneurie* oder als Vogtei (vgl. Abb. 87). Hinzu kamen Besitzungen von Adligen, die in den Städten des Maastales eine Verwaltungsfunktion ausübten und sich eine Sommerresidenz und einen Pachthof zugelegt hatten. Auch reiche Bürger erwarben große Höfe, insbesondere als nach dem Ende des *ancien régime* der kirchliche Grundbesitz enteignet und privatisiert wurde. Hier ist eine Struktur entstanden, wie sie auch in französischen Agrarregionen zu finden ist und die Pletsch (2003, S. 178) als „ausgesprochen aristokratische Komponente" bezeichnet hat; sie gibt es in den nördlichen Niederlanden in dieser Form nicht. Neben den großen Höfen, die meist das beste Land in der Gemarkung bewirtschafteten, hat es etliche kleinbäuerliche Betriebe gegeben, deren Nutzungsparzellen in den weniger günstigen Eignungsbezirken zu finden sind. In Katasterkarten wird die frühere agrarsoziale Struktur im Gefüge der Besitzparzellen deutlich: Große Blockparzellen stehen kleinen Streifenparzellen gegenüber (Wieger 1976). Zurückgehend auf Verhältnisse des *ancien régime* sind die großen Höfe oder zumindest die zugehörigen Wirtschaftsflächen bis heute von den bäuerlichen Nutzern zu einem beträchtlichen Teil gepachtet.

Seit dem 19. Jh. war der ländliche Raum verschiedenen, teils gegenläufigen Wandlungsprozessen ausgesetzt. Die für kontinentaleuropäische Verhältnisse frühe Industrialisierung, namentlich in

Wallonien und in Brüssel, vereinzelt auch in flämischen Städten wie in Gent, übte eine große Sogwirkung auf die Bevölkerung ländlicher Distrikte aus. Gewerbezweige, die im ländlichen Raum bestanden hatten, verlagerten sich im Laufe des 19. Jh. in die großen Industriezentren. Die Möglichkeiten der Heimarbeit, v.a. in der Woll- und Leinenindustrie, wurden immer mehr eingeschränkt. Vor der Entstehung von Pendlerwohngemeinden (ab ca. 1870) war eine Entwicklung bei der Beschäftigtenstruktur des ländlichen Raumes zu beobachten, die man als *ruralisation* bezeichnen kann (Christians et al. 1992).

Parallel zum Städtewachstum des 19. Jh. erfuhren ausgedehnte ländliche Bezirke einen Bedeutungsrückgang. Durch den ökonomischen Aufschwung der Städte eröffneten sich Alternativen zur Kleinbauern- und Tagelöhnerexistenz. In einem Fünftel der Gemeinden von Ostflandern nimmt zwischen 1846 und 1910 die Zahl der Hausstätten um 10–30 % ab. Auffallend viele liegen in Bereichen mit einem hohen Anteil von landlosen Heimarbeitern in der Leinenindustrie. Auch im Herver Land werden Hausstätten aufgelassen, bedingt durch die schwindenden Möglichkeiten, Wollwaren und Waffen in Heimarbeit herzustellen (Lefèvre 1926). Das größte zusammenhängende Gebiet mit ländlichen Gemeinden, deren Bevölkerung zwischen 1846 und 1880 abnimmt, liegt im nordwestlichen Hainaut und den daran anschließenden, nach Norden bis über die Leie hinüberreichenden Regionen von Ost- und Westflandern. Nach der großen europäischen Agrarkrise der 1880er-Jahre stieg die Zahl der ländlichen Gemeinden mit Bevölkerungsverlusten beträchtlich an. Ortschaften mit einem Rückgang der Bevölke-

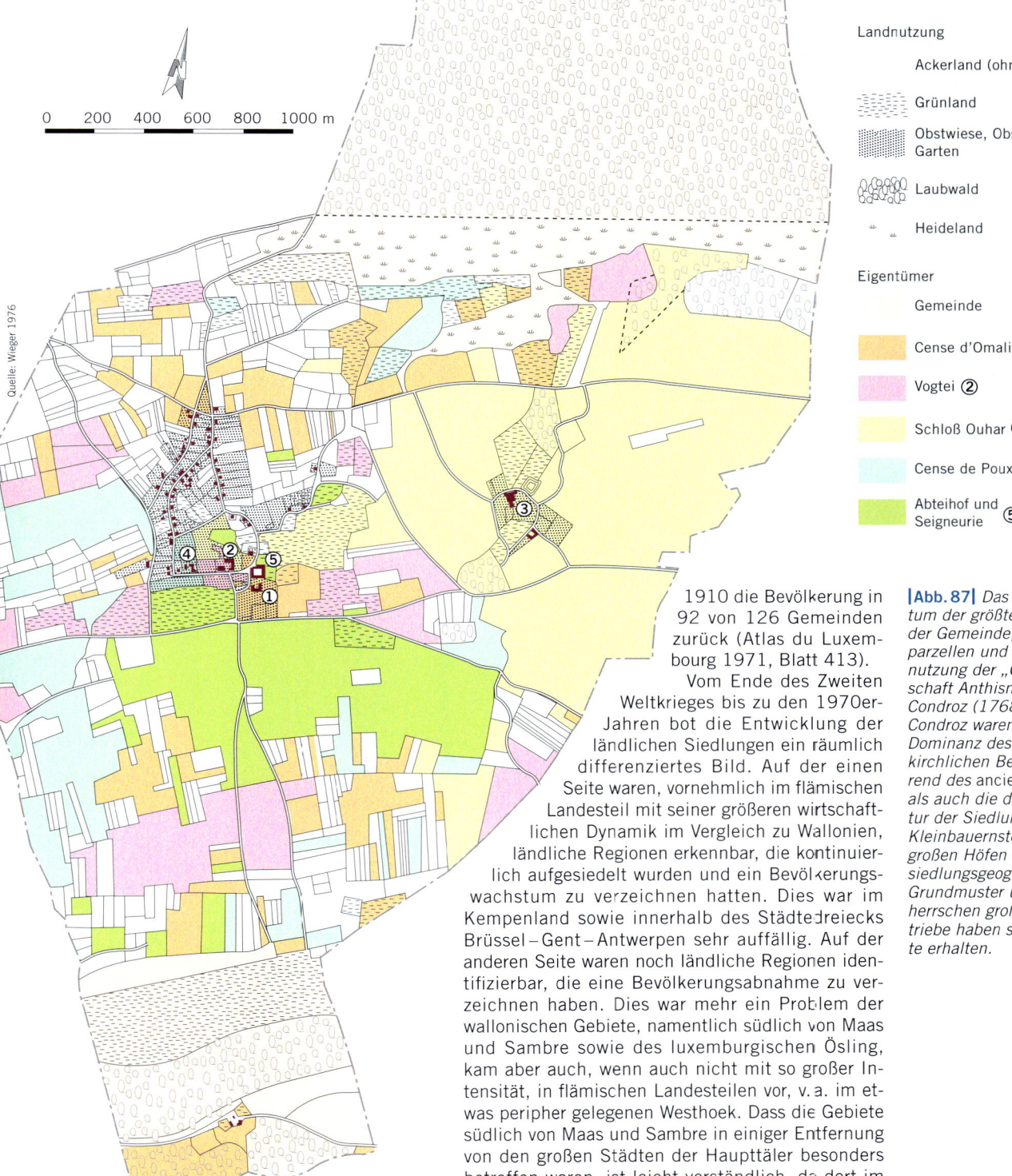

Quelle: Wieger 1976

Landnutzung

Ackerland (ohne Sign.)

Grünland

Obstwiese, Obstgarten, Garten

Laubwald

Heideland

Eigentümer

Gemeinde

Cense d'Omalius ①

Vogtei ②

Schloß Ouhar ③

Cense de Pouxhon ④

Abteihof und Seigneurie ⑤

1910 die Bevölkerung in 92 von 126 Gemeinden zurück (Atlas du Luxembourg 1971, Blatt 413).

Vom Ende des Zweiten Weltkrieges bis zu den 1970er-Jahren bot die Entwicklung der ländlichen Siedlungen ein räumlich differenziertes Bild. Auf der einen Seite waren, vornehmlich im flämischen Landesteil mit seiner größeren wirtschaftlichen Dynamik im Vergleich zu Wallonien, ländliche Regionen erkennbar, die kontinuierlich aufgesiedelt wurden und ein Bevölkerungswachstum zu verzeichnen hatten. Dies war im Kempenland sowie innerhalb des Städtedreiecks Brüssel–Gent–Antwerpen sehr auffällig. Auf der anderen Seite waren noch ländliche Regionen identifizierbar, die eine Bevölkerungsabnahme zu verzeichnen haben. Dies war mehr ein Problem der wallonischen Gebiete, namentlich südlich von Maas und Sambre sowie des luxemburgischen Ösling, kam aber auch, wenn auch nicht mit so großer Intensität, in flämischen Landesteilen vor, v. a. im etwas peripher gelegenen Westhoek. Dass die Gebiete südlich von Maas und Sambre in einiger Entfernung von den großen Städten der Haupttäler besonders betroffen waren, ist leicht verständlich, da dort im Gegensatz zu Flandern nur ein weitmaschiges Netz von ökonomisch eher stagnierenden Kleinstädten existierte und die nächstgelegenen großen Zentren von Krisenerscheinungen der alten wallonischen Industriegebiete erfasst wurden.

Seit den 1970er-Jahren reduzierte sich die Zahl der Gemeinden im ländlichen Raum, die von Abwan-

|Abb. 87| *Das Grundeigentum der größten Höfe und der Gemeinde, die Besitzparzellen und die Landnutzung der „Grundherrschaft Anthisnes" im Condroz (1768). Für das Condroz waren sowohl die Dominanz des adligen und kirchlichen Besitzes während des ancien régime als auch die duale Struktur der Siedlungen mit Kleinbauernstellen und großen Höfen typisch. Das siedlungsgeographische Grundmuster und das Vorherrschen großer Pachtbetriebe haben sich bis heute erhalten.*

rung zwischen 1880 und 1910 wurden außer in den schon genannten Regionen zusätzlich in der Ardennenfußzone südlich von Maas und Sambre, in Belgisch-Lothringen und im westlichen Haspengau häufig angetroffen (Atlas de Belgique 1950–72, Bl. 24). In Luxemburg ging zwischen 1870 und

derungen betroffen waren, in auffälligem Maße (Atlas de Belgique 1988, Bl. VI). Diese Entwicklung ist seit 1990 verstärkt wahrnehmbar, wobei nun auch in Wallonien in vielen ländlichen Gemeinden eine regelrechte Revitalisierung stattfindet. Thomsin (2000) bezeichnet diesen bemerkenswerten Vorgang als *reprise démographique* sowie als *retournement* und weist darauf hin, dass man zwischen der Ansiedlung in einer suburbanen Zone (*péri-urbanisation*) im Anschluss an städtische Zentren noch innerhalb einer mehr oder minder geschlossenen urbanen Agglomeration und der *rurbanisation*, die sich in solchen ländlichen Siedlungsräumen vollzieht, die eine auffallende Distanz zu den Städten aufweisen, unterscheiden sollte. Die Revitalisierung ländlicher Gemeinden hat in Luxemburg im Gutland sehr früh begonnen, und zwar bereits zwischen 1961 und 1971, im Ösling hingegen vornehmlich zwischen 1981 und 1991 (Thomsin 2000). Die Gründe für das *retournement* können sehr unterschiedlich sein. Qualitative Interviews, die L. Thomsin (2000) zu diesem Fragenkomplex geführt hat, deuten darauf hin, wo man die Ursachen suchen könnte. Einige Zuwanderer ziehen den dörflichen Lebensstil gegenüber dem städtischen vor, andere sehen eine Möglichkeit, freiberuflich in einer ländlichen Umgebung tätig werden zu können, oder sie üben eine Berufstätigkeit mit ständig wechselnden Einsatzorten aus; wieder andere wählen nach dem Erreichen des Rentenalters den früheren Zweitwohnsitz zum permanenten Domizil; berufstätige Eheleute, die in zwei verschiedenen Städten dauerhaft beschäftigt sind,

entscheiden sich für einen Wohnstandort zwischen den beiden Orten. In beschränktem Umfang wird auch die Möglichkeit der Telearbeit bei der Erklärung von Rurbanisierungsvorgängen zu berücksichtigen sein. Hinzu kommen oft zu hohe Grundstückspreise in den suburbanen Zonen. Auch Anstrengungen einzelner ländlicher Gemeinden, die Bevölkerung zu halten und Zuwanderern attraktive Grundstücke anzubieten, spielen eine Rolle.

Jüngere Statistiken zeigen deutlich, wie gering das Problem der Abwanderung in den weniger dicht besiedelten Gemeinden Belgiens geworden ist. Von den 518 Gemeinden mit einer Bevölkerungsdichte von weniger als 1000 Einwohnern/km^2 erreichten zwischen 1995 und 2001 insgesamt 377 eine Bevölkerungszunahme von 1% oder mehr, 60 wiesen Quoten zwischen 0 und 1% auf und nur 46 eine Abnahme, davon lediglich 35 von mehr als 1%. Unter diesen 35 Bezirken befinden sich die dünn besiedelten städtischen Gemeinden Tournai, Sambreville, Mons, Kortrijk und Flémalle. Von den verbleibenden 30 sind 8 Industrievororte der Schwerindustrieriere des Hennegaus (INS; Statbel). Das Problem des im Zuge der industriellen Entwicklung des 19. Jh. entstandenen starken regionalen Ungleichgewichtes zwischen ländlichen Abwanderungs- und städtischen Wachstumsräumen ist minimiert worden. Thomsin (1998, S. 63) bezeichnet die siedlungsgeographischen Verhältnisse in Belgien als *„le cas européen le plus clair d'urbanisation quasi généralisé"* (den deutlichsten europäischen Fall quasi verallgemeinerter Urbanisierung).

Landwirtschaft

|Abb. 88| *Agrarregion im Wieringermeerpolder (Provinz Nordholland) – dort begann die landwirtschaftliche Nutzung 1935 – mit Gehöften aus den 1930er-Jahren. Die fruchtbaren Böden der jungen Marsch und die günstige Betriebsgrößenstruktur bedingen den ausgedehnten Ackerbau von hoher Produktivität.*

Überblick

■ Die agrarräumlichen Gefügemuster der Beneluxstaaten weisen große Kontraste auf. Naturräumlichen Ungunstregionen mit Kleinbetrieben, die versuchen, die Benachteiligung durch die Veredlungswirtschaft und die Ausrichtung auf Sonderkulturen zu kompensieren, stehen Gebiete mit fruchtbaren Böden und großen Höfen gegenüber, die den Getreide- und sonstigen Ackerbau betonen. Kennzeichnend für Teile der flämischen und niederländischen Sandgebiete ist die umweltbelastende Intensivtierhaltung.

■ Die große Leistungsfähigkeit der Agrarwirtschaft der Niederlande und Belgiens zeigt sich u. a. an den im Weltmaßstab ausgesprochen hohen Hektarerträgen bei den Ackerpflanzen. Die luxemburgische Landwirtschaft weist bei einseitiger Ausrichtung auf den Futterbau und die Rinderhaltung eine geringere Produktivität auf. Eine ergänzende Komponente bildet der Weinbau im luxemburgischen Moseltal.

■ Die Landwirtschaftssysteme im flämischen und im wallonischen Landesteil unterscheiden sich aufgrund der naturräumlichen Voraussetzungen, der Betriebsgrößenstruktur und der Traditionen der Bewirtschaftung beträchtlich. Die Sonderkulturwirtschaft ist in Flandern hoch entwickelt, während in Wallonien entweder die *„grande culture"* mit großen Ackerbauflächen oder der Futterbau für die Rinderhaltung dominieren.

■ In Flandern und v. a. in den Niederlanden haben Glashauskulturen eine große Bedeutung erlangt. Das Westland in Südholland bildet die größte „Glashausstadt" der Welt. Wie andere Zweige der Landwirtschaft auch ist die dortige Produktion in ein System des Agribusiness eingepasst, das vielfach genossenschaftlich orientiert und stark auf transnationale Märkte hin ausgerichtet ist.

Eine hoch entwickelte, außenorientierte Landwirtschaft in den Niederlanden

Allgemeine Kennzeichen

Die niederländische Agrarwirtschaft ist durch eine hohe Flächen- und Arbeitsproduktivität, die starke Abhängigkeit vom Außenhandel, den großen Einsatz an Dünge- und Pflanzenschutzmitteln pro Flächeneinheit, die regional ausgesprochen hohe Viehdichte, die Betonung von Sonderkulturen, das einflussreiche und weitverzweigte Genossenschaftswesen, die ausgeprägte Konzentration bei der Zulieferungsindustrie und der verarbeitenden Industrie sowie den

Eine kontrastreiche Betriebsstruktur

Die Landwirtschaft der Niederlande ist durch eine geringe durchschnittliche Betriebsgröße gekennzeichnet. Sie lag 2005 mit 23,8 ha (vgl. Tab. 15) nur etwas über dem Mittel der EU (16,1 ha). Die Tabelle zeigt jedoch die beträchtlichen Differenzen bei der Betriebsgröße und bei den Produktionsschwerpunkten in den einzelnen Provinzen. In der niederländischen Agrarstatistik erfolgt die Zuordnung eines Betriebes zu einer bestimmten Katego-

Provinz	Durch-schnittliche Betriebs-größe	Ackerbau-betriebe (%)	Stallhaltungs-betriebe (%)	Betriebe mit Weidetier-haltung (%)	Gartenbau- und Dauerkultur-betriebe (%)	Misch-betriebe (%)
Groningen	44,7	34,0	2,5	52,3	4,4	6,8
Friesland	37,0	7,4	2,2	85,7	2,1	2,6
Drenthe	35,9	24,1	3,8	57,9	5,6	8,6
Overijssel	21,4	5,7	9,2	72,3	3,0	9,8
Flevoland	42,6	58,9	1,2	14,0	14,7	11,2
Gelderland	17,2	6,3	10,1	59,0	13,4	11,2
Utrecht	21,5	2,0	4,5	75,2	11,5	6,8
Noord-Holland	22,9	12,2	0,5	43,0	38,3	6,0
Zuid-Holland	15,3	9,1	0,8	32,7	53,0	4,4
Zeeland	33,2	58,6	1,4	13,9	14,5	11,6
Noord-Brabant	17,8	14,9	16,1	39,9	17,1	12,0
Limburg	18,1	19,2	12,7	27,0	25,5	15,6
Niederlande	**23,8**	**15,1**	**7,4**	**50,2**	**12,5**	**14,8**

|Tab. 15| *Landwirtschaftliche Betriebsstruktur in den niederländischen Provinzen (2005)*

Quelle: www.cbs.nl

weit verbreiteten Kontraktanbau gekennzeichnet. Der wissenschaftliche Landbau besitzt in den Niederlanden einen hohen Stellenwert. Die *Wageningen Universiteit* (die frühere *Landbouwuniversiteit*) spielt dabei als zentrale Forschungseinrichtung eine führende Rolle.

Die Zahl der landwirtschaftlichen Betriebe ist seit 1950 stark zurückgegangen, aber auch die landwirtschaftliche Nutzfläche hat trotz der Anlage neuer Polder insgesamt abgenommen: 1950 bewirtschafteten 410 000 Betriebe eine Fläche von 2 337 000 ha, 2005 nur noch 79 454 Höfe ein Areal von 1 950 868 ha. 2005 waren 3,2 % der niederländischen Beschäftigten in der Landwirtschaft tätig. Die niederländischen Bauern verfügten 2006 über 1,2 % der landwirtschaftlichen Nutzfläche in der EU und stellten 1,9 % der Landwirte, brachten aber die 6,3 % des Wertes an landwirtschaftlichen Gütern in der Gemeinschaft hervor. Beim Einsatz von Handelsdünger nimmt die niederländische Wirtschaft mit 253 kg/ha die erste Stelle in der EU ein (Statistiken, auch im Folgenden: CBS; Landbouw Economisch Instituut Wageningen: www.le wur.nl; epp.eurostat. ec.europa.eu).

rie, wenn zwei Drittel des Nettoeinkommens aus einer von vier Aktivitäten, und zwar Ackerbau, Gartenbau- und Dauerkulturen, Weidetierhaltung und Stalltierhaltung, bezogen wird; ansonsten wird er zu den Mischbetrieben gerechnet. Hierbei ist die Weidetierhaltung mit einem Anteil von 50 % die mit Abstand häufigste Betriebsform. Lediglich 1,6 % aller Betriebe widmeten sich 2005 dem ökologischen Landbau.

Flevoland und Zeeland weisen sich als Provinzen mit einem Überwiegen der Ackerbaubetriebe aus; auch in Groningen sind sie stark vertreten. Der prozentuale Anteil der Ackerbaubetriebe und die durchschnittliche Betriebsgröße auf der Ebene der Provinzen weisen einen Produktmoment-Korrelationskoeffizienten von 0,66 auf. Garten- und Dauerkulturbetriebe kommen zwar in allen Provinzen vor, aber es ist auffallend, dass sie in Noord-Holland mit 38,3 %, in Zuid-Holland sogar mit 53,0 % vertreten sind. Stallhaltungsbetriebe sind am stärksten sind in Noord-Brabant, Limburg, Gelderland und Overijssel vertreten, in Bereichen, die von der naturräumlichen Einordnung her zum südlichen, zum mittelniederländischen und zum östlichen Sandgebiet zu

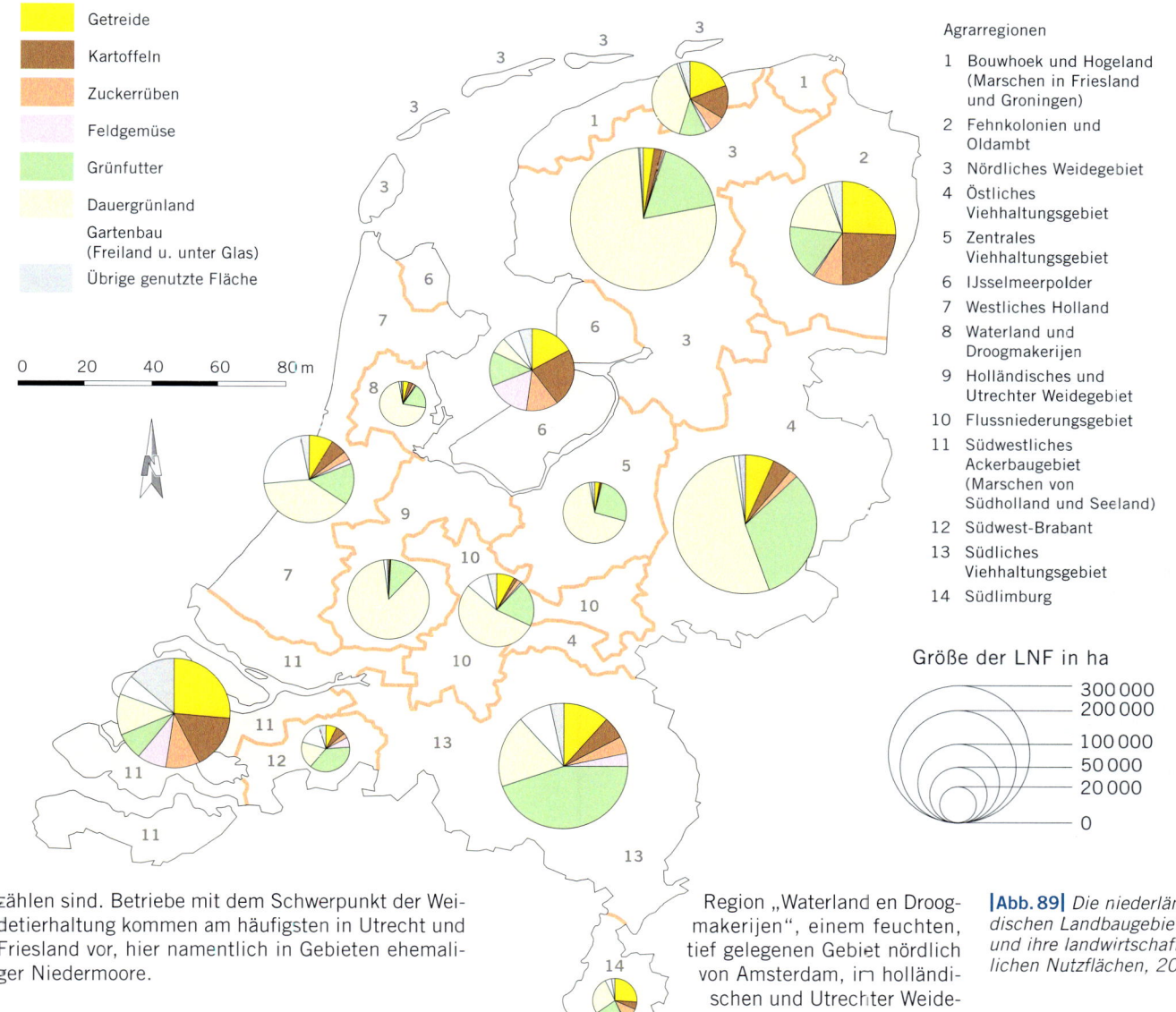

Legende:
- Getreide
- Kartoffeln
- Zuckerrüben
- Feldgemüse
- Grünfutter
- Dauergrünland
- Gartenbau (Freiland u. unter Glas)
- Übrige genutzte Fläche

Agrarregionen

1 Bouwhoek und Hogeland (Marschen in Friesland und Groningen)
2 Fehnkolonien und Oldambt
3 Nördliches Weidegebiet
4 Östliches Viehhaltungsgebiet
5 Zentrales Viehhaltungsgebiet
6 IJsselmeerpolder
7 Westliches Holland
8 Waterland und Droogmakerijen
9 Holländisches und Utrechter Weidegebiet
10 Flussniederungsgebiet
11 Südwestliches Ackerbaugebiet (Marschen von Südholland und Seeland)
12 Südwest-Brabant
13 Südliches Viehhaltungsgebiet
14 Südlimburg

Größe der LNF in ha

300 000
200 000
100 000
50 000
20 000
0

Datengrundlage: CBS

zählen sind. Betriebe mit dem Schwerpunkt der Weidetierhaltung kommen am häufigsten in Utrecht und Friesland vor, hier namentlich in Gebieten ehemaliger Niedermoore.

Hochleistungs-Ackerbau unter limitierenden Voraussetzungen

Der Anteil des Ackerlandes an der landwirtschaftlichen Nutzfläche der Niederlande betrug im Jahr 2006 53 %, der des Dauergrünlandes 43 %. Hierbei ist die regionale Streuung auffallend hoch. In der niederländischen Statistik werden Landbaugebiete ausgewiesen, die eine gewisse Homogenität aufweisen. Wie es die diesbezügliche Karte zeigt (Abb. 89), ist der Ackerbau v. a. in den Marschen von Groningen, Friesland, Flevoland, Zeeland und Zuid-Holland bedeutsam, daneben in Südlimburg (hier insbesondere in der lössbedeckten Limburger Börde) sowie in der Landbauregion „Fehnkolonien und Oldambt" (im Bereich des ehemaligen Bourtanger Moores sowie in Grundmoränengebieten). Die Grünlandwirtschaft ist hingegen v. a. im nördlichen Weidegebiet (vornehmlich in ehemaligen Niedermoorbereichen, z. T. auch in Marschlandgebieten) in der

Region „Waterland en Droogmakerijen", einem feuchten, tief gelegenen Gebiet nördlich von Amsterdam, im holländischen und Utrechter Weidegebiet (ehemals ein Niedermoordistrikt) sowie im zentralen Viehhaltungsgebiet (v. a. im Gelderse Vallei) ausgeprägt.

Das mit Abstand wichtigste Getreide stellt in den Niederlanden mit einem Areal von 120 733 ha der Winterweizen dar (Daten von 2006 – wie die folgenden auch). Hierbei bildet die große Bedeutung der Futterweizenproduktion ein wesentliches Kennzeichen. Sie macht (ohne Berücksichtigung des Saatgutes) 65 % der Weizenerzeugung der Niederlande aus. Aufgrund des zu geringen Wärmeangebotes in der klimatischen Vegetationszeit bleiben die Möglichkeiten der Körnermaiserzeugung beschränkt; das Gesamtareal für diese Kulturpflanze, deren polare Anbaugrenze durch die mittleren Niederlande verläuft, beträgt nur 13 700 ha. Somit weicht man in einem Land mit sehr großer Bedeutung der Viehhaltung auf Futterweizen oder andere Futtergetrei-

|Abb. 89| *Die niederländischen Landbaugebiete und ihre landwirtschaftlichen Nutzflächen, 2006*

Produkt	Selbstversorgungsgrad in %
Getreide	24
Schweinefleisch	227
Käse	208
Kartoffeln	134
Geflügel	161
Kondensmilch	231

|**Tab. 16**| *Selbstversorgungsgrad der Niederlande bei ausgewählten Agrarprodukten in % (2004/2005)*

Quelle: LEI

dearten aus. Beim Winterweizen lagen seit 1990 die Erträge bei geringer Variabilität meist bei über 8000 kg/ha. Im Jahre 2006 wurden 8800 kg/ha erzielt. Die niederländischen Weizenerträge gehören zu den höchsten der Welt.

Bei der Verbreitung von Getreide und Silomais ergibt sich mit Ausnahme von Südlimburg, wo beide Produktionsrichtungen sich einigermaßen die Waage halten, ein komplementäres Bild: Dort, wo das Getreide stark vertreten ist, wird der Silomaisanbau nicht so stark betont, während in seinen Hauptverbreitungsgebieten, d. h. in den sandigen Regionen, Getreidekulturen nicht so häufig vorkommen. Die außerordentlich starke Ausbreitung von Silomais, der vornehmlich an Milchkühe verfüttert wird, stellt den bedeutendsten Wandel der Bodennutzung in den Niederlanden seit den 1970er-Jahren dar. Vor 1970 war die Fläche mit Silomais belanglos. Heute werden 218044 ha damit bestellt. 63 % des Areals für Silomais sind in den vier Provinzen Gelderland, Overijssel, Noord-Brabant und Limburg zu finden, wobei die Kulturpflanze in den letzten Jahren im Norden der Niederlande, namentlich in Friesland, beträchtlich an Boden gewonnen hat. Die Fläche für den Silomais übertrifft das gesamte Getreideareal in den Niederlanden und beläuft sich auf 24 % der Ackerfläche. In den Sandgebieten bildet der Mais für das Silo inzwischen die Charakter-Kulturpflanze. In etlichen Betrieben findet ein mehrjähriger Anbau hintereinander statt.

Der Saatkartoffelanbau, der stark exportorientiert ist, findet vornehmlich in einzelnen Poldern statt. Der Speisekartoffelanbau ist regional weiter gestreut, doch bevorzugt er die Polder und die ehemaligen Hochmoorbezirke und nicht die Sandgebiete. Bei der Verarbeitung spielen der in New Brunswick (Kanada) beheimatete Nahrungsmittelkonzern *McCain* (mit dem niederländischen Hauptsitz in Hoofddorp bei Amsterdam), der 1972 in den Niederlanden Fuß fasste, und das 1962 gegründete genossenschaftliche Unternehmen *Aviko* (mit dem Hauptsitz in Steenderen südlich von Zutphen) eine führende Rolle. *Aviko* wurde 2002 vom genossenschaftlichen Unternehmen *Koninklijk Coöperatie Cosun* (*Royal Cosun*), das zusätzlich führend in der niederländischen Zuckerwirtschaft ist, übernommen (www.mccain.nl; www.aviko.com; www.cosun.com). Eine Spezialität der Fehnkolonien von Groningen und Drenthe bildet

der Anbau von Kartoffeln für die Weiterverarbeitung zu Stärke. Dieser Industriezweig ist, ausgehend vom Innovationszentrum Veendam, in den 1870er- und 1880er-Jahren entstanden (Keuning 1955, 1998). Heute erfolgt die Verarbeitung vornehmlich durch die in diesem Ort ansässige, 1919 gegründete, international orientierte Kooperative *AVEBE* (*Aardappelmeel Verkoop Bureau*), die Stärke für die Verwendung in Nahrungs- und Futtermitteln, als Zusatzstoff für Zement und Gips, für die Textil- und Papierindustrie und für Klebstoffe herstellt (www.avebe.name).

Der Zuckerrübenanbau – die Niederlande erbrachten 2005 immerhin 8 % der Erzeugung der EU – kommt nicht nur in den fruchtbaren Poldern, in der Limburger Börde, in Lösslehmdistrikten des Limburger Hügellandes, in Flussauen und in den ehemaligen Hochmoorgebieten mit ihren anthropogen stark verbesserten Böden vor, sondern greift auch auf die Sandgebiete über. Letzteres ist in Drenthe zu beobachten, aber auch in Noord-Limburg und Noord-Brabant. Branchentypisch bei der Verarbeitung ist die starke Konzentration bei den Industriebetrieben. Führend sind in den Niederlanden zwei Unternehmen, die auch in anderen Zweigen der Nahrungs- sowie in der Futtermittelindustrie tätig sind: die *CSM Suiker* mit dem Verwaltungssitz in Diemen bei Amsterdam und Fabriken in Hoogkerk und Breda und die *Suiker Unie* mit dem Hauptsitz in Breda und Fabriken in Dinteloord und Groningen. Die *Suiker Unie*, die in den Niederlanden den Zucker unter der Marke *Van Gilse* in den Einzelhandel bringt, ist eine Branche des genossenschaftlichen Unternehmens *Koninklijk Coöperatie Cosun* (*Royal Cosun*). Im Zuge noch stärkerer Konzentration ist eine Fusion der *Suiker Unie* mit *CSM* beschlossen worden. Als Unternehmenszentrale ist Dinteloord vorgesehen (www.csmsuiker.nl; www.suikerunie.nl). Wegen der Reform des Zuckermarktes in der EU von 2006 werden voraussichtlich in Zukunft Flächen aus der Produktion von Rüben herausgenommen, und vielleicht werden sich auch nicht alle Zuckerfabriken halten können.

Die spezifischen Schwerpunkte der niederländischen Landwirtschaft lassen sich gut durch Indizes des Selbstversorgungsgrades kennzeichnen (vgl. Tab. 16). Hierbei ist innerhalb des großen EU-Agrarraumes eine Arbeitsteilung sinnvoll, indem die Niederlande Getreide aus betriebsstrukturell und naturräumlich besser für diesen Produktionszweig ausgestatteten Gebieten beziehen. Andererseits haben sich etliche, z. T. aus der Intensivlandwirtschaft stammende niederländische Erzeugnisse auf Märkten des Auslandes durchsetzen können. Agrarprodukte machen immerhin 17 % der Gesamtexporte der Niederlande aus. 82 % der ausgeführten niederländischen Agrarerzeugnisse werden in EU-Staaten abgesetzt, wobei Deutschland mit Abstand an der Spitze steht. Bei den hohen Ausfuhrüberschüssen tierischer Erzeugnisse sollte berücksichtigt werden, dass ein beträchtlicher Teil der Futtermittel nicht im Lande selbst erzeugt wird. Von den 4,7 Mio. t Futtergetreide, die in den Niederlanden verbraucht werden, stammen nur 1,1 Mio. aus der einheimischen Produktion. 89 % des insgesamt in der Tierhaltung der Niederlande eingesetzten Kraftfutters werden importiert.

Intensive Tierhaltung und Umweltbelastung

Ein wesentliches agrargeographisches Kennzeichen der Niederlande bildet die außerordentlich hohe Viehdichte bei Rindern und Schweinen (Tab. 17).

Die Zahl der Rinder pro 100 ha landwirtschaftlicher Nutzfläche beläuft sich in der EU auf 60, in den Niederlanden hingegen auf 196, die der Schweine auf 86 bzw. auf 595. Innerhalb der Niederlande sind in den Provinzen die Abweichungen der Viehdichte vom Mittelwert sehr groß. Bei der Rinderhaltung reicht die Spannweite von 41 Tieren pro 100 ha LNF in Zeeland bis zu 356 Tieren in Gelderland. Durch hohe Dichtewerte fallen weiterhin Friesland, Overijssel, Utrecht und Noord-Brabant auf. Die Molkereiwirtschaft der Niederlande produziert bis heute große Überschüsse, die im Ausland abgesetzt werden (vgl. Tab. 16).

Noch stärker als bei der Rinderhaltung sind die regionalen Abweichungen der Viehdichte bei der Schweinehaltung ausgeprägt. Einem Wert von 19 pro 100 ha LNF in Noord-Holland stehen Viehzahlen von 729 in Overijssel, 879 in Gelderland, 1922 in Noord-Brabant und 1578 in Limburg gegenüber. In diesen vier Provinzen, die über 44 % der LNF der Niederlande verfügen, werden 90 % des Bestandes des Landes gehalten. Zusätzlich bildet die Haltung von Hühnern und Masthähnchen einen Schwerpunkt dieser Region; 71 % des Bestandes der Niederlande findet man dort. Parallel zu dieser Konzentration sind in dieser Region die meisten genossenschaftlichen und privaten Mischfutterproduzenten der Niederlande vertreten, weiterhin die meisten der großen Exportschlachtereien des Landes, die bis zu 90 % ihres Fleisches ausführen. Die Schwerpunktbildung bei der intensiven Tier-, insbesondere der Schweine- und Geflügelhaltung, erklärt sich durch folgende Faktoren: Die sandigen Böden schränken die Nutzungsmöglichkeiten für anspruchsvolle Kulturpflanzen ein. Die Betriebsgrößen sind im Durchschnitt gering, sodass versucht wird, dieses Defizit durch die Ausrichtung auf die Veredlungswirtschaft zu kompensieren. Der Einstieg in die Veredlungswirtschaft geht auf die 1880er-Jahre zurück, als während der Agrarkrise die Getreidepreise verfielen und der niederländische Staat (im Gegensatz zu Deutschland) keine spezifischen Schutzmaßnahmen für die Ackerbauern ergriff (Nienhaus 1993; Strijker 1993). Weiterhin liegt das genannte Schwerpunktgebiet nicht allzu weit von den Seehäfen entfernt, über die in großem Umfang Futtermittel importiert werden, wobei es zusätzlich von den Vorteilen des Weitertransportes eines Teiles der Güter über Binnenwasserstraßen profitiert. Wenn auch aufgrund stark verbesserter und kostengünstig arbeitender Transportsysteme die Nähe zu großen städtischen Absatzmärkten nicht mehr für den Erfolg zwingend erfor-

Provinz	Rinder/ 100 ha LNF	Schweine/ 100 ha LNF
Groningen	108	89
Friesland	216	43
Drenthe	138	189
Overijssel	274	729
Flevoland	65	56
Gelderland	356	879
Utrecht	283	423
Noord-Holland	114	19
Zuid-Holland	139	105
Zeeland	41	60
Noord-Brabant	246	1922
Limburg	136	1578
Niederlande	**196**	**595**

Quelle: CBS

|Tab. 17| *Viehdichte in den niederländischen Provinzen (2006)*

derlich ist, so ist es zumindest kein Nachteil, dass urbane Agglomerationen sowohl in den Niederlanden als auch in Deutschland – als wichtigstem Exportmarkt – nicht allzu weit entfernt liegen.

Die hohe Viehdichte, v. a. in den Provinzen Overijssel, Gelderland, Noord-Brabant und Limburg, bringt beträchtliche Probleme mit sich. Sie resultieren letztlich aus der hohen Nachfrage nach Fleisch, nicht nur im Binnenland, sondern auch im Ausland, insbesondere in Deutschland, auf die sich die Produzenten eingestellt haben. Innerhalb der Region werden *concentratiegebieden* ausgewiesen, in denen die Belastungen besonders groß sind und die das Gelderse Vallei, Oost-Gelderland, Oost-Overijssel, den Osten von Noord-Brabant und Noord-Limburg umfassen. Hierfür trat am 1.1.2000 das *Reconstructiewet concentratiegebieden* in Kraft. Es sieht vor, zur Verminderung des hohen Risikos von Tierseuchen *„varkensvrije zones"* (schweinefreie Zonen) von einer Breite von mindestens 1000 m zu schaffen. Das Konzept ist unter dem Eindruck der Schweinepest von 1997 entwickelt worden, die die Problematik einer überhohen Tierdichte verdeutlichte und die Niederlande und die EU ein Vermögen gekostet hat. Das *Wet Herstructurering Varkenshouderij* (Gesetz zur Neustrukturierung der Schweinehaltung) sieht mit dem Ziel einer zahlenmäßigen Limitierung sog. *varkensrechten* für die Betriebe vor. Weiterhin wird wegen der starken regionalen Konzentration eine Verlagerung und Aufgabe von Betrieben angestrebt. Allgemeine Zielvorstellungen umfassen eine Reduzierung der Ammoniakemissionen und eine Verminderung der Phosphat- und Nitratbelastung des Grundwassers. Schließlich ist die Gülleproblematik ins Visier des Gesetzgebers geraten. Mit der Verabschiedung des *Wet Bodenbescherming* (1986; Bodenschutzgesetz), des *Meststoffenwet* (1986; Güllegesetz), des *Registratiebesluit dierlijke meststoffen* (1987) und des *Besluit mestbank en mestboekhouding* (1987) wurde die Problematik

|Abb. 90| *Weinanbau in den Niederlanden, hier in einer Gunstregion am Hang des Jekertales im Limburger Kreidemergel-Hügelland. Im Hintergrund ist Maastricht zu sehen.*

erstmals ernsthaft angegangen. Seitdem ist die Expansion der Tierhaltung in einem Betrieb an die Auflage gebunden, dass eine bestimmte Düngermenge pro Hektar nicht überschritten wird. Wird bei der bestehenden Tierhaltung mehr Dünger pro Hektar produziert als es zulässig ist, muss eine Überschussabgabe gezahlt werden, es sei denn der Landwirt erbringt den Nachweis, dass er (z. B. im Rahmen eines Abnahmevertrages mit einem Ackerbauern) die Gülle anderswo unterbringen kann. Weiterhin wurde die Einrichtung einer nationalen Güllebank beschlossen (*Stichting Landelijke Mestbank*) und die Güllebuchhaltung zur Pflicht gemacht. Bemühungen des Staates, die Intensivtierhaltung zu limitieren, haben in den letzten Jahren des Öfteren zu Konflikten mit Landwirten und Bauernverbänden geführt.

Agribusiness, Genossenschaften und Kontraktanbau

In den letzten Jahrzehnten hat die horizontale Konzentration beim Agribusiness in den Niederlanden stark zugenommen. Den Bereich der vor- und nachgelagerten Leistungen und Produktionsstufen beherrschen einige wenige große Kooperativen und private Unternehmen, von denen einige schon genannt wurden. Die Verarbeitung und Vermarktung über genossenschaftlich betriebene Unternehmen ist zwar in hoch entwickelten Agrarländern nichts

Ungewöhnliches, aber das Genossenschaftswesen ist gerade in den Niederlanden besonders ausgeprägt. Die erste Kooperative im Königreich, eine Bezugsgenossenschaft, wurde 1877 in Aardenberg (Zeeland) gegründet. 1990 wurden in den Niederlanden 1184 Genossenschaften mit 420 555 Mitgliedern gezählt. Charakteristisch sind Spezialgenossenschaften mit einer Zielrichtung, während Mischgenossenschaften kaum vorkommen (Nienhaus 1993). Besonders hohe Marktanteile besitzen Kooperativen heute im landwirtschaftlichen Kreditwesen – führend ist hier die *Rabobank Groep* –, im Molkereiwesen, bei der Verarbeitung von Industriekartoffeln zu Stärke sowie bei Schnittblumen. Bedeutsam sind sie auch beim Verkauf von Dünge-, Pflanzenschutz- und Futtermitteln, der Zuckerverarbeitung, der Gemüse- und Obstvermarktung, bei Topfpflanzen, Wolle, Saatkartoffeln, beim Handel und der Verarbeitung von Speisekartoffeln, Blumenzwiebeln und Champignons, bei Heutrockenanlagen, im Bereich Buchführung und Steuerberatung sowie bei Versorgungsdienstleistungen für Landwirte und ihre Familien. Besonders große genossenschaftliche Unternehmen im Bereich der Verarbeitung bildeten sich im Zuge außerordentlicher Konzentrationsprozesse in der Molkereiwirtschaft. Die 1879 gegründete Kooperative *Koninklijke Friesland Foods* (bis 2004: *Friesland Coberco Dairy Foods*) mit ihrem Hauptsitz in Meppel sowie die Kooperative *Campina* mit der Unternehmenszentrale in Zaltbommel verarbeiten den größten Teil der in den Niederlanden angelieferten Milch und haben sich zu transnationalen Unternehmen entwickelt (www.frieslandfoods.com; www.campina.com; www.mejeri.dk).

In den Niederlanden sind viele Landwirte zumindest bei einem Teil ihrer Produktion zum Kontraktanbau übergegangen. Er spielt insbesondere bei der Erzeugung von Kartoffeln, Saatgut, Freilandgemüse, Zuckerrüben und Blumenzwiebeln eine Rolle. Als Kontraktpartner der Landwirte treten teils Kooperativen (wie *Agrico*, *HZPC* und *Aviko* bei Kartoffeln), teils Privatunternehmen auf (wie *Jonker Fris* bei Obst und Gemüse oder *McCain* bei Speisekartoffeln). Die Haltung von Mastkälbern, Masthähnchen und Putern erfolgt fast ausschließlich auf einer Kontraktbasis (Maas 1994; www.agrico.nl; www.hzpc.nl; www.jonkerfris.nl).

Der hohe Stellenwert der Sonderkulturen

Große Areale sind dem Freiland-Gartenbau gewidmet, immerhin 85 809 ha, also 4,5 % der landwirtschaftlichen Nutzfläche. 12 019 Betriebe sind in diesem Spezialzweig tätig.

Beim Obstanbau ergibt sich aus klimatischen Gründen ein wenig differenziertes Bild: Steinobst ist nur in geringem Umfang vertreten; Apfel- und Birnenkulturen nehmen 88 % des Obstareals ein. Hinzu kommen Erdbeerkulturen, die zu 73 % in Noord-Brabant liegen. Der Obstanbau wird von über 2000 Spezialbetrieben durchgeführt; als Zusatzaktivität bei Höfen mit anderen Schwerpunkten ist er selten geworden. Zusätzlich nutzen einige kommerzielle Weinbaubetriebe (www.wijninfo.nl) die relative klimatische Gunst des Jekertales oberhalb von Maastricht (Abb. 90). Eine ausgeprägte Konzentration von Apfelkulturen verzeichnen das Flussniederungsgebiet der Betuwe, des Bommelerwaard und des Kromme Rijn sowie Zuid-Beveland. Recht häufig kommen sie auch in Zuid-Limburg und im Bereich der IJsselmeerpolder vor. Sie bevorzugen die fruchtbareren Böden in Südlimburg sowie in den Flussauen und Poldern gegenüber den ärmeren Sandböden. In den Poldern sind sie überwiegend durch Hecken geschützt. Insgesamt übertrifft die Ausfuhrmenge von Äpfeln aus den Niederlanden den Import.

Der Anbau von Sonderkulturen tritt gehäuft im Umfeld der Randstad auf (vgl. Tab. 18). Hier liegt in den küstennahen Gebieten im Vergleich zu den übrigen Niederlanden eine im Jahresdurchschnitt längere Sonnenscheindauer vor. Unter dem Gesichtspunkt des Transportes und der Absatzchancen ist heute zwar jeder Standort in den Niederlanden vertretbar, doch aus einer Tradition heraus wurden gleichwohl unter den Voraussetzungen des 19. Jh. gewählte Standorte im damaligen ersten Thünen'schen Intensitätsring in der Nähe großer Zentren der Randstad beibehalten. Haben sich in einer Region etliche Betriebsleiter für eine Sonderkultur entschieden, so stellen sich Kumulationseffekte ein, bei denen weitere Betriebe die Agglomerationsvorteile nutzen können. Diese wirken sich bei den vielfältigen vor- und nachgelagerten Dienstleistungen und bei den Möglichkeiten des Erfahrungsaustausches aus.

70 % der Fläche für die Blumenzwiebelzucht liegen in Noord- und Zuid-Holland mit einer sehr ausgeprägten Häufung im Land van Zijpe, im Osten von Westfriesland und im nördlichen sog. „Bollenstreek" (Blumenzwiebelgebiet) nördlich von Leiden. In Flevoland ist sie vornehmlich im Bereich des Nordostpolders zu finden und mit kleinen Flächen auch in anderen Regionen vertreten.

Ein weiteres Charakteristikum im breiten Spektrum der niederländischen Sonderkulturen stellt die Champignonzucht dar. 95 % der dafür bereitgestellten Fläche liegen in den Provinzen Gelderland, Noord-Brabant und Limburg.

Groß ist die Fläche der Unterglaskulturen. Sie ist von bereits stattlichen 7245 ha im Jahre 1970 bis 2007 auf 10 374 ha angestiegen (vgl. Tab. 18). Bei den Gewächsen hat sich eine auffallende Verschiebung vollzogen. Waren 1970 noch 74 % der Fläche mit Gemüse bestellt, so ist der Anteil bis 2005 auf 42 % zurückgegangen, während die Blumenzucht immer mehr an Bedeutung gewonnen hat. Damit wird die Fähigkeit der Betriebe dokumentiert, sich an veränderte Marktbedingungen anzupassen. Dies wurde aufgrund der zunehmenden Konkurrenz beim Handel mit Gemüse innerhalb der EU, insbesondere nach dem Beitritt Spaniens, aber auch wegen größerer Importe aus Marokko erforderlich. Dennoch nehmen Tomaten und Paprika bei den niederländischen Gemüsekulturen unter Glas mit 58 % der Fläche noch immer den ersten Rang ein. 75–80 % der niederländischen Gewächshausproduktion werden exportiert.

In der Anfangsphase der Erdgaswirtschaft besaßen die niederländischen Glashausproduzenten bei den Energiekosten gegenüber den deutschen Erzeugern einen Vorteil, doch ist der Preisunterschied im Laufe der Jahre belanglos geworden. Zu den Ener-

Provinz	Gartenbaufläche (ha)	Freilandgemüse im Gartenbau (ha)	Sonderkulturen unter Glas (ha)
Groningen	842	338	62
Friesland	1201	501	135
Drenthe	1683	227	222
Overijssel	1906	165	144
Flevoland	6127	1468	195
Gelderland	8573	368	753
Utrecht	2070	35	148
Noord-Holland	19540	5376	917
Zuid-Holland	9554	2795	5337
Zeeland	5724	764	174
Noord-Brabant	17386	7405	1371
Limburg	11203	4974	917
Niederlande	**85809**	**24416**	**10374**

|Tab. 18| *Sonderkulturen in den niederländischen Provinzen (2007)*

Quelle: www.cbs.nl

Le. Leeuwarden
Gr. Groningen
Am. Amsterdam
Al. Almere
Ar. Arnhem
Ni. Nijmegen
Ro. Rotterdam
Do. Dordrecht
Mi. Middelburg
Ti. Tilburg
Ei. Eindhoven
He. Heerlen

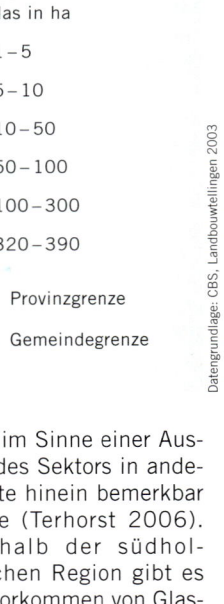

Anbauflächen
unter Glas in ha

- 1–5
- 5–10
- 10–50
- 50–100
- 100–300
- 320–390

— Provinzgrenze
— Gemeindegrenze

Datengrundlage: CBS, Landbouwtellingen 2003

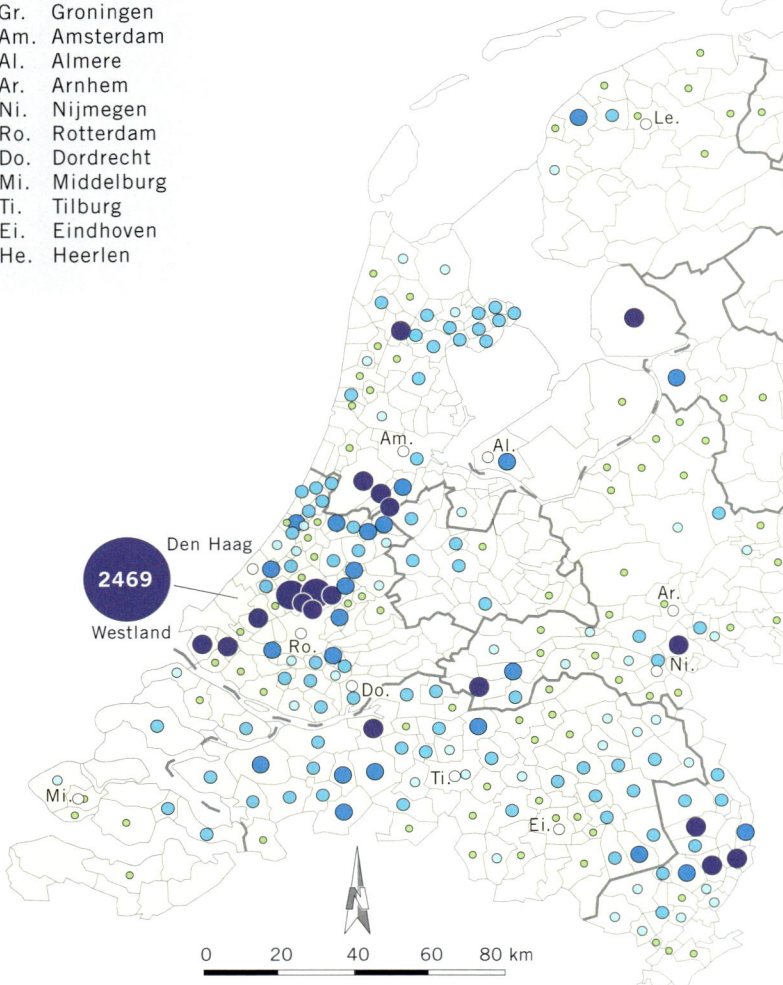

|Abb. 91| *Glashauskulturen (> 1 ha) in den niederländischen Gemeinden, 2003*

zentration im Sinne einer Ausdehnung des Sektors in andere Gebiete hinein bemerkbar machte (Terhorst 2006). Außerhalb der südholländischen Region gibt es gehäufte Vorkommen von Glashauskulturen im westfriesischen Polder het Grootslag (Provinz Noord-Holland), westlich von Utrecht, bei Aalsmeer (Noord-Holland), Zaltbommel im Bommelerwaard und Huissen in der östlichen Betuwe (Gelderland), in Emmen (Drenthe) sowie in Horst, Grubbenvorst, Arcen, Velden und Venlo (Limburg), wobei hier der Sonderkulturbereich auf deutsches Gebiet übergreift. Auch im westlichen Teil von Noord-Brabant sind Gewächshäuser häufiger anzutreffen, u. a. in Etten-Leur und Breda. Eine außerordentlich hohe Dichte von Gewächshäusern ist im Westland und den angrenzenden *Zuidhollandse Droogmakerijen* zu beobachten (Abb. 92). Hier ist eine regelrechte Glashausstadt entstanden. Sie ist von Grachten durchzogen, die Anfang der 1950er-

giekosten gehört auch der Aufwand für die inzwischen weit verbreitete Assimilationsbeleuchtung, deren Anwendung bei Dunkelheit in einzelnen Bezirken mit enger Verzahnung von Wohnbauten und Gewächshausbetrieben zu Konflikten mit Anrainern geführt hat. Der große Wasserbedarf in den Gewächshäusern wird – wenn möglich – nicht aus der Trinkwasserleitung gedeckt, sondern es wird Regenwasser aufgefangen und Grundwasser angezapft. Im letztgenannten Fall muss bei einem Standort in den Poldern das Wasser nicht selten entsalzt werden. Häufig werden die Pflanzen in Kästen mit Steinwolle (z. B. aus Basalt) gesetzt, wobei Dünge- und Pflanzenschutzmittel dann nicht mehr in den Boden gelangen.

44 % der niederländischen Gewächshäuser liegen in Zuid-Holland (vgl. Abb. 91 und Tab. 19), wobei sich namentlich in den letzten Jahren eine Dekon-

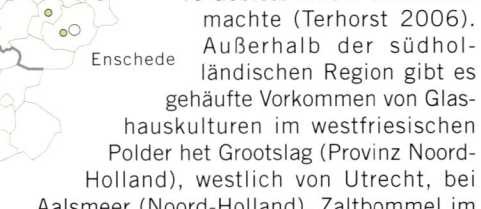

Provinz	Glashausbetriebe	Anteil in %
Groningen	82	0,98
Friesland	79	0,95
Drenthe	135	1,62
Overijssel	141	0,98
Flevoland	108	1,30
Gelderland	861	10,33
Utrecht	127	1,52
Noord-Holland	1265	15,18
Zuid-Holland	3688	44,25
Zeeland	123	1,48
Noord-Brabant	1083	12,99
Limburg	643	7,71
Niederlande	**8335**	**99,29**

|Tab. 19| *Verbreitung der Glashausbetriebe in den niederländischen Provinzen (2006)*

Quelle: www.cbs.nl

|Abb. 92| *Gewächshäuser im Westland. Sie dominieren hier ausgedehnte Flächen, wobei sich innerhalb der Region ein vorteilhaftes agrarisches Verbundsystem mit vor- und nachgelagerten Dienstleistungen herausbildete. Die Grachten wurden vor einigen Jahrzehnten noch zum Transport der Gewächshausprodukte genutzt.*

Jahre noch in ausgedehntem Maße für den Warentransport genutzt wurden (Keuning 1955, 1998). In besonderem Maße kommen hier verschiedene Agglomerationsvorteile mit einer Bündelung von Produktion, Zulieferungs-, Installations-, Wartungs- und Reparaturbetrieben, der Energie- und Wasserversorgung, von Handel und Verteilung und von gartenbautechnischem Wissen zur Geltung. Weiterhin zeigen sich die Vorzüge beim Erfahrungsaustausch in den vorbildlichen und für den Sektor typischen *studieclubs*. Die Region bildet ein Schulbeispiel eines geographischen Agribusiness-Komplexes mit vertikal verflochtenen ökonomischen Aktivitäten.

Vermarktung der Produkte der Sonderkulturwirtschaft

Eine Schlüsselstellung bei der Vermarktung nehmen exportorientierte, genossenschaftlich betriebene große Versteigerungen (*veilingen*) ein. Etwa 95 % der Schnittblumen und des Gewächshausgemüses werden auf diesem Wege vermarktet. Sie sind mit dem zugehörigen Verwaltungsapparat in weitläufigen Gebäudekomplexen untergebracht und mit einer Vielzahl von Laderampen für den Lastwagenverkehr versehen. Hoch entwickelt ist die ausgeklügelte Logistik der internen Warenverteilung in den Hallen, die einen außerordentlich schnellen Durchlauf, einen mengenmäßig riesigen Umsatz und eine starke Konzentration der Auktionen ermöglicht. Waren werden in diesen Anlagen nicht nur versteigert (im Allgemeinen im Abwärtsgebot), sondern es werden auch Vermittlungsgeschäfte getätigt, z. B. mit Supermarktketten, die Kaufverträge für Blumen teilweise Monate vor der Lieferung abschließen. In beschränktem Umfang werden die Möglichkeiten der Versteigerung am Bildschirm (*televeiling*) genutzt. Auch importierte Waren werden über die Versteigerungen veräußert, z. B. Zierpflanzen, die aus Entwicklungsländern, den USA oder Israel kommen und über Amsterdam-Schiphol eingeflogen werden. Die Großanlagen demonstrieren exemplarisch, wie im gegenwärtigen Versorgungs- und Verteilungssystem viel zusätzlicher Fernverkehr induziert wird, indem Waren, die im Nahbereich von Einzelhandelsgeschäften erzeugt werden könnten, nun über große Distanzen unter hohem Energieeinsatz transportiert werden. Die größten Umsätze bei den Versteigerungen sowohl von Blumen als auch bei Obst und Gemüse werden – bezogen auf die Provinzen – in Zuid-Holland registriert. Große genossenschaftliche Betriebe bei der Blumenversteigerung sind *FloraHolland* mit Niederlassungen in Naaldwijk, Rijnsburg, Bleiswijk, Venlo und Eelde sowie die *Bloemenveiling Aalsmeer*. Beide Unternehmen fusionierten 2008. Damit entstand unter dem Namen *FloraHolland* das größte Blumenversteigerungsunternehmen der Welt. Weiterhin ist noch die *Bloemenveiling Oost-Nederland* in Bemmel von Belang. Obst und Gemüse werden vom Unternehmen *The Greenery* mit Niederlassungen u. a. in Barendrecht, Maasland, Bleiswijk und Wervershoof sowie von *ZON* mit der Versteigerungshalle in Grubbenvorst bei Venlo vermarktet. Vermittlungen bei Geschäften mit Blumenzwiebeln und weitere Dienstleistungen bietet die *Coöperatieve Nederlandse Bloemenbollencentrale* (*CNB*) mit dem Hauptsitz in Lisse (im Blumenzwiebel-Anbaugebiet zwischen Leiden und Haarlem) und einem Kühl- und Preparationsbetrieb in Bovenkarspel (im westfriesländischen Sonderkulturgebiet) an (www.floraholland.com; www.aalsmeer.com; www.von.nl; www.thegreenery.nl; www.zon-business.com; www.cnb.nl). Bei der Ausfuhr von Saatgut für den Gartenbau, von Zierpflanzen sowie von Obst und Gemüse aus den Niederlanden steht Deutschland an erster Stelle der Abnehmer. Unter den Importeuren außerhalb der EU sind die USA führend. Bei Zierpflanzen hat man in größeren Umfang auch schweizerische und japanische Märkte erschlossen.

Das niederländische Agrarsystem gehört augenblicklich zu den leistungsfähigsten der Welt und hat sich gegenüber extern gesteuerten Veränderungen der Marktbedingungen oft als anpassungsfähig erwiesen. Der Agribusiness-Komplex gehört zu den tragenden Säulen der niederländischen Wirtschaft. Die Osterweiterung der EU mit der dadurch beding-

ten zusätzlichen Konkurrenz im Agrarsektor kann eine derart wettbewerbsfähige Landwirtschaft wie die niederländische mit Gelassenheit betrachten. Dies ändert nichts daran, dass die Versorgung der niederländischen Bevölkerung mit Agrargütern in einem beträchtlichen Maße von Einfuhren (nicht nur von Landbauprodukten, sondern auch von Betriebsmitteln) abhängig ist. Das Gesamtsystem bedingt einen hohen Energieeinsatz und strapaziert stark den Naturhaushalt, sodass es entsprechend anfällig ist. Nachhaltiger Landbau bräuchte mehr Fläche, aber bei konkurrierenden Nutzungsansprüchen unterliegt meist die Agrarwirtschaft.

Die agrargeographischen Verhältnisse Belgiens und Luxemburgs

Allgemeine Kennzeichen

Das Agrargefüge Belgiens weist hinsichtlich der Landnutzung und der Betriebsstruktur eine große regionale Diversität auf, die allein schon aufgrund der räumlich stark gegliederten Mittelgebirge noch deutlicher ausgeprägt ist als in den Niederlanden. Im Bereich des Ackerbaus und der Grünlandwirtschaft ist die Landnutzung heute stark an die naturräumlichen Verhältnisse angepasst, wenn es auch einzelne Gebiete gibt, in denen die Betriebsgrößenstruktur den stärkeren Steuerungsfaktor bildet. Bei der Verbreitung der unterschiedlichen Sonderkulturgebiete und der Bereiche mit einer Konzentration intensiver Schweine- und Geflügelhaltung ist hingegen die Standortwahl stark von individuellen Investitionsentscheidungen und der Bildung innovativer regionaler Netzwerke, z. T. auch von verkehrsgeogra-

phischen Gunstfaktoren bestimmt. Nach dem belgischen Jahreswirtschaftsbericht für 2005 sind die Sektoren Landwirtschaft, Jagd, Fischerei und Forstwirtschaft mit 0,9 % an der Bildung des Bruttoinlandsproduktes beteiligt.

Es lassen sich wesentliche Unterschiede zwischen dem Landbau in den flämischen und wallonischen Landesteilen erkennen. Wallonien besitzt nur einen unbedeutenden Anteil an den sandig-lehmigen Gebieten und keinen an den sandigen Bezirken sowie an den Poldern, Flandern (von belanglosen Ausnahmen abgesehen) keinen Anteil an den Mittelgebirgsräumen. Vom Lössgebiet Mittelbelgiens (Abb. 93) gehört – in den Provinzen Flämisch-Brabant und Limburg – nur noch ein schmaler Streifen zum flämischen Landesteil. Zum anderen haben der hohe Verstädterungsgrad und die (mit Ausnahme der Polder)

|Abb. 93| *Agrarlandschaft des Hennegaus, Teil der leicht gewellten mittelbelgischen Plateaulandschaft und ein Gebiet der „grande culture", das in den nordfranzösischen Ackerbaulandschaften seine Fortsetzung findet. Ebenso wie im Haspengau und auf dem Brabanter Plateau dehnen sich hier fruchtbare Lössböden aus.*

vielerorts kleinbetriebliche Struktur in den Kernräumen Flanderns von jeher die Intensivierung der Landwirtschaft begünstigt. Somit spielen bezeichnenderweise Sonderkulturen in Wallonien im Vergleich zu Flandern eine untergeordnete Rolle, während andererseits die „grande culture" mit ausgedehnten Ackerbauparzellen, namentlich in den wallonischen Lössgebieten und im Condroz, auf eine lange Tradition zurückblicken kann. Die Grundstückspreise für landwirtschaftliche Nutzflächen lagen 2005 in Flandern im Durchschnitt fast doppelt so hoch wie in Wallonien. Die räumlich ungleichgewichtige Verteilung der Nutzflächen in Belgien verdeutlichen die folgenden Zahlen: 45 % der belgischen landwirtschaftlichen Nutzfläche Belgiens wurden 2005 in Flandern bewirtschaftet, aber in dieser Teilregion lagen 94 % des belgischen Areals für Blumen im Freiland; beim Hopfenanbau betrug der Anteil 95 %, bei den Baumschulen 87 %, bei den Obstkulturen 91 %, bei den Glashauskulturen 97 %, beim Körnermais 95 % und bei der Ackersamenproduktion 85 %. Von den Schweine- und Geflügelbeständen befinden sich 94 % bzw. 85 % im flämischen Landesteil. Unterrepräsentiert sind in Flandern u. a. der Zuckerrübenanbau (38 %) sowie die Winter- und Sommergerste (28 bzw. 25 %). Die durchschnittliche LNF belief sich 2005 – bei beträchtlichen regionalen Differenzen (vgl. Tab. 20) – in Flandern nur auf 18 ha, die in Wallonien auf 44 ha. Es bestehen beachtliche Unterschiede bei der Arbeitsproduktivität. Das Arbeitseinkommen pro Arbeitseinheit lag 2005 in Flandern bei 28 463 €, in Wallonien bei 21 527 €. Soweit eine nationale Agrarpolitik noch unabhängig von der EU Akzente setzen kann, sind im flämischen und wallonischen Landesteil unterschiedliche Maßnahmen möglich, da es kein Landwirtschaftsministerium mehr für den Gesamtstaat gibt, sondern nur noch entsprechende Institutionen für die Regionen. Wie auch in den Niederlanden weisen die Landwirtschaft und der agroindustrielle Sektor Belgiens eine starke Außenorientierung auf. Nach der Außenhandelsstatistik der belgischen Nationalbank (www.nbb.be) bestimmten Agrarprodukte und Erzeugnisse der Nahrungsmittel- und Getränkeindustrie 2006 insgesamt 9,5 % des Exportwertes und 8,4 % des Importwertes von Belgien.

Ungeachtet ausgedehnter Gebiete mit fruchtbaren Böden, insbesondere in Mittelbelgien, aber auch in den Poldern und im Condroz, ist es ein Charakteristikum der belgischen Landwirtschaft, dass die Eigenversorgung mit Getreide nicht gewährleistet ist. Dies hängt mit dem starken Bedarf an Futtermitteln für die Veredlungswirtschaft zusammen sowie damit, dass pro Einwohner nur noch 0,13 ha (2005) an landwirtschaftlicher Nutzfläche zur Verfügung stehen. Der Eigenversorgungsanteil beim Getreide lag 2005 bei etwas über 52 %. Sehr gute Voraussetzungen sind in Belgien für die Erzeugung von Zuckerrüben gegeben, insbesondere in den Lössgebieten und in den Poldern. Der Eigenversorgungsgrad beim Zucker liegt bei über 100 %, wird

Agrarregion	Durchschnittliche LNF (ha)	Agrarregion	Durchschnittliche LNF (ha)
Polder	29	Condroz	55
Sandregion	15	Famenne	52
Kempenland	19	Fagne	40
Sandig-lehmige Region	20	Hochardennen	28
Lehmregion	39	Ardennen	43
Lütticher Grünlandregion	30	Juraregion	51

|Tab. 20| *Die durchschnittliche LNF in den belgischen Agrarregionen (2005)*

Quelle: Statbel, Recensement agricole et horticole 2005

aber durch die Neuordnung des Zuckermarktes in der EU in den nächsten Jahren wahrscheinlich zurückgehen. Weit über den einheimischen Bedarf hinaus geht die in Flandern etwas stärker als in der Wallonie vertretene Kartoffelerzeugung. Zudem führt die starke Betonung von Sonderkulturen im flämischen Landesteil zu Überschüssen bei der Frischgemüseproduktion. Bezeichnenderweise liegt angesichts der Bedeutung der Veredlungswirtschaft in Belgien von wenigen Ausnahmen abgesehen die Produktion weit über der binnenländischen Nachfrage. Dies ist beim Schweinefleisch mit Selbstversorgungswerten von 211 % (2005) besonders ausgeprägt, aber auch für die Geflügelhaltung charakteristisch.

Wie in anderen hoch entwickelten Industrieländern auch ist in Belgien seit Langem ein Rückgang der landwirtschaftlichen Nutzfläche zu beobachten. Diesem war im 19. Jh. eine Ausweitung vorangegangen, als aufgrund der stark wachsenden Bevölkerung neue Areale erschlossen werden mussten. So stieg die LNF von 1 793 000 ha im Jahre 1846 auf 1 956 000 ha im Jahre 1910 an. Bis 2005 war sie dann auf 1 385 582 ha zurückgegangen. Die Regression wurde durch Suburbanisierungsprozesse mit starkem Landschaftsverbrauch sowie durch Flurwüstungsvorgänge bestimmt. Letztere waren häufiger in den Ardennen und in Teilen der Vorarderren sowie im Kempenland zu beobachten, aber auch in den periurbanen Bereichen, in denen sich in der Nähe großer Städte eher Alternativen zur landwirtschaftlichen Tätigkeit auftaten.

Die Zahl der landwirtschaftlichen Betriebe ist von 269 069 im Jahre 1959 auf 51 540 im Jahre 2005 zurückgegangen. Der starke Rückgang bedeutete im ökonomischen Sinne kein „Gesundschrumpfen", denn es gibt einen beträchtlichen Teil von Betrieben mit einer ausgesprochen unbefriedigenden Einkommenssituation sowie starke Einkommensdisparitäten. Eine Auswertung der Buchführungsergebnisse von Haupterwerbsbetrieben ergab, dass im Jahr 2001 bei 24 % der Höfe das Arbeitseinkommen einer Vollzeitkraft unter 10 000 € lag, während das mittlere Einkommen pro Arbeitskraft im Durchschnitt aller Wirtschaftszweige in Belgien zu dieser Zeit 35 108 € betrug. Zu den Betrieben mit unbefriedigender Einkommenssituation gehören zu kleine Höfe sowie Betriebe mit jüngeren Landwirten, die beträchtliche

Investitionen vorgenommen haben und sich bis zur Amortisation mit einem geringen Einkommen abfinden müssen. Zugenommen haben Problemfälle, bei denen Betriebsleiter sich zu Investitionen gedrängt fühlten, die die Leistungskraft des Hofes überstiegen oder die in die falsche Richtung gingen, sodass der Konkurs droht (van Hecke 2001).

Vom Ende der 1950er-Jahre bis zur Gegenwart hat es wichtige Verschiebungen bei den Produktionsschwerpunkten gegeben:

- Die Schweinehaltung in Flandern hat sich stark ausgeweitet.
- Der Anbau von Sommerweizen ist unbedeutend geworden; das Schwergewicht hat sich ganz auf den ertragreicheren Winterweizen verlagert. Außerordentlich war die Steigerung der Flächenerträge bei einzelnen Kulturpflanzen. Lagen die Hektarerträge beim Winterweizen 1959 bei durchaus beachtlichen 41 dt/ha, so beliefen sie sich 2006 auf 83 dt/ha und gehörten damit zu den höchsten der Welt.
- Der Anbau von Roggen, von Sommergerste und Hafer ist sehr stark zurückgegangen.
- Die Fläche für Kartoffeln wurde erheblich reduziert.
- Neu hinzugekommen ist Triticale (eine Kreuzung aus Weizen und Roggen) als Futtergetreide.
- Die Fläche für Silomais und Raps ist angestiegen.
- Auch die Fläche für die Gemüseerzeugung und für Glashauskulturen hat zugenommen.
- Geschrumpft sind die Areale für den Obstanbau, wobei die herkömmlichen Hoch- von den Niederstammkulturen abgelöst wurden.
- Betriebe, die sich dem ökologischen Landbau widmen, sind hinzugekommen, doch deren Anteil belief sich 2004 nur auf 1,3 % der Gesamtzahl der Höfe.

Das Agribusiness in Belgien wird durch ein überragendes, horizontal gegliedertes Unternehmen repräsentiert, und zwar die *AVEVE* (*Aankoop Verkoop Vennootschap*) mit dem Hauptsitz in Leuven. Sie ist mit ihren Zweigstellen vielerorts in Flandern vertreten und über die Tochterunternehmen Lebrun, Brichart und Lottin auch in der Wallonie. Sie entstand gegen Ende des 19. Jh. in engem Kontakt zum belgischen *Boerenbond* und begann ihre Aktivitäten mit dem Betrieb von Lagerhallen und kleinen Mühlen. Eine erste große Viehfutterfabrik errichtete sie 1923 in Merksem bei Antwerpen. Sie setzt sich heute aus 60 Handels- und Industrieunternehmen zusammen und ist in vielen wichtigen vor- und nachgelagerten Sektoren der Landwirtschaft und des Gartenbaus tätig. Darin integriert ist das Geflügelmastunternehmen *NV Willem Spoormans* mit dem Hauptsitz in Arendonk (östlich von Turnhout) (http://www.aveve.be und www.spoormans.com).

Industrie- und Sonderkulturen sowie Intensivlandwirtschaft

Die belgische Agrarstatistik weist eine Rubrik mit sog. Industriekulturen aus, also Feldfrüchte, die einen höheren Grad industrieller Verarbeitung erfordern. Dazu gehören Zuckerrüben, Raps, Hopfen, Chicorée für die Fructoseherstellung, Flachs und Tabak. Die Produktion von Ackersamen, eine flämische Spezialität, wird ebenfalls dieser Rubrik zugeordnet. Mit Ausnahme des 2005 nur 5636 ha umfassenden Rapsanbaus, der traditionell schwach vertreten ist und sich weitgehend auf die wallonischen Gebiete der *„grande culture"* beschränkt, setzen diese Kulturen spezifische Akzente in der belgischen Agrarwirtschaft. Der Zuckerrübenanbau nimmt innerhalb des belgischen Ackerbaus eine bedeutende Stellung ein und beanspruchte 2005 insgesamt 66 % der für die industriellen Kulturen ausgewiesenen Fläche. 62 % der 85 527 ha umfassenden Anbaufläche liegen im wallonischen Landesteil. Das wichtigste Verbreitungsgebiet stellt die mittelbelgische Lösslehmzone dar. Der Anbau geschieht weiterhin in den ebenfalls begünstigten, inselhaft auftretenden Lössgebieten der Kalkmulden des Condroz und stellenweise, z. B. im Gerny, auch in der Kalkfamenne sowie in den Poldern, in den naturräumlich nicht so vorteilhaften sandig-lehmigen Gebieten und in geringem Umfang auch in den Sandgebieten Flanderns. Gebiete, in denen Zuckerrüben und Weizen angebaut werden, decken sich in auffälligem Maße. Nimmt man als Variablenwerte die Anbauflächen in den verschiedenen Gemeinden, so errechnet sich ein Produktmoment-Korrelationskoeffizient von 0,92. Belgien gehört zu den bedeutendsten Exporteuren von Rohzucker der Welt. Unter den Ausfuhrländern für Rohzucker nahm Belgien 2005 den siebten Rang ein, unter denen für raffinierten Zucker den vierten Rang (www.fao.org). Es ist aber anzunehmen, dass mit der Umsetzung der Reformen des Zuckermarktes in der EU die Bedeutung dieses Agrarsegmentes zurückgehen wird. Ein Indikator dafür ist die Schließung der Zuckerfabrik in Brugelette im Jahre 2008.

Die Zuckerrübenproduktion ist durch den Kontraktanbau eng mit großen, international tätigen Nahrungsmittelunternehmen verbunden, einem Sektor, in dem sich starke Konzentrationsvorgänge im Gefolge von Fusionen vollzogen haben. 67 % der belgischen Zuckererzeugung erfolgten 2006 durch die 1836 gegründete, 1989 von *Südzucker* übernommene *Raffinerie Tirlemontois / Tiense Suikerraffinaderij*, die horizontal mit anderen Nahrungsmittelunternehmen verflochten ist. Dem Unternehmen, das auch in der Bioethanol-Herstellung tätig ist, gehören Fabriken in Tienen und Wanze (www.tiensegroup.com). Durch verschiedene Fusionen ist die Gesellschaft *Finasucre/Groupe Sucrier* mit Produktionsanlagen in Moerbeke und Fontenoy zusammengefügt worden. Das Unternehmen nutzt noch Beziehungen aus der Kolonialzeit und betreibt über die Tochtergesellschaft *Compagnie Sucrière* eine Rohrzuckerfabrik in Kwilu-Ngongo im Kongogebiet (www.finasucre.com).

Eine belgische Spezialität bildet der Chicorée-Anbau. Die dafür bestimmte Fläche wurde seit dem Ende der 1980er-Jahre stark erweitert und umfasste 2005 insgesamt 15 649 ha, 83 % davon in Wallonien. Der Grund für die gestiegene Bedeutung liegt

|Abb. 94| *Obstanbaugebiet mit Niederstammkulturen im nördlichen Haspengau bei Borgloon. Der Bereich gehört zum flämischen Landesteil. Im wallonischen Teil des Haspengaus spielen Sonderkulturen kaum eine Rolle.*

darin, dass die Nahrungsmittelindustrie in zunehmendem Maße das aus der Wurzel der Chicoréepflanze gewonnene Inulin nutzt, einen Rohstoff zur Fructoseherstellung. Die Zuckerfabrik von Fontenoy sowie das *Centre Agricole Betteraves Chicorée/ Landbouwcentrum Cichorei* in Tienen fungieren bei dieser Produktionsrichtung als Innovationszentren (www.kbivb.be; http://agriculture.wallonie.be). Chicorée als Gemüse – *witlof* oder *witloof* (Weißlaub), eine Kulturform, bei der die Triebe der im Dunkeln eingemieteten Wurzel genutzt werden – ist eine exportorientierte flämische Spezialität und auch in den Niederlanden ein charakteristischer Bestandteil der Sonderkulturwirtschaft. Die in den älteren belgischen Agrarstatistiken aufgeführte Erzeugung von Wurzelzichorie als Farb- und Bitterstoff sowie Kaffeeersatz ist heute verschwunden.

Der Flachsanbau in Belgien war einst ein bedeutender Agrarwirtschaftszweig. Über Jahrhunderte hinweg war Kortrijk mit seiner Leinenindustrie das wichtigste Verarbeitungszentrum (Hasquin 1980, S. 520). Durch die Verwendung von Sisal und Kunstfasern wurde der Anbau jedoch stark zurückgedrängt. Von den 1980er-Jahren an hatte er zwar u. a. durch die Nachfrage nach Textilfasern für Isoliermaterialien vorübergehend eine kleine Renaissance erlebt, doch ist die Anbaufläche seit 2000 erneut stark zurückgegangen und umfasste 2006 nur noch 1300 ha.

Eine weitere charakteristische Komponente des Segments der Industriekulturen in Belgien bildet der Hopfenanbau, den eine starke räumliche Konzentration kennzeichnet. Er ist v. a. in der Provinz Westflandern und in der daran im Süden angrenzenden Gemeinde Komen-Waasten/Comines-Warneton (Hen-

negau) vertreten sowie in Aalst (Ostflandern) und Dilbeek (Flämisch-Brabant). Die führende Gemeinde beim Hopfenanbau ist Poperinge in Westflandern. Als wichtigster Abnehmer fungiert der weltweit führende, aus zahlreichen Fusionen hervorgegangene belgische Brauereikonzern *InBev* (www.inbev.com).

Der Tabakanbau ist am stärksten in der Provinz Westflandern vertreten und in Einzelfällen auch noch in einigen wenigen Gemeinden außerhalb dieser Provinz anzutreffen, und zwar innerhalb der Arrondissements Ath, Aalst, Tournai, Bouillon und Dinant. Das an der Grenze zu Frankreich gelegene Wervik (Westflandern) weist von allen Gemeinden die größte Anbaufläche auf. Hier geht die Tabakkultur auf das 16. Jh. zurück und soll seine beste Zeit in der ersten Hälfte des 18. Jh. erlebt haben (Statbel; Hasquin 1980, S. 1209).

Obstkulturen sind in Wallonien selten geworden. Nur im Nordsaum der Region, unweit der flämischen Anbaubezirke (z. B. in Dalhem und Oupeye [Arr. Lüttich] oder in Verlaine [Arr. Huy]) sowie vereinzelt im Arrondissement Nivelles, treten sie mit etwas größeren Anbauflächen in Erscheinung. In etlichen flämischen Gemeinden sind sie vertreten, aber es gibt auffallende Konzentrationsgebiete. Die größte zusammenhängende Region dehnt sich im Westen der Provinz Vlaams-Brabant und im Süden der Provinz Limburg aus, hier insbesondere in den Arrondissements Leuven, Hasselt und Tongeren, und verleiht den Landschaften Haspengau (soweit zu Flandern gehörig) und Hageland sowie den unmittelbar daran angrenzenden Regionen ihr besonderes Gepräge (Abb. 94). Bekannt sind die Kirschbaumkulturen von Sint-Truiden und Umgebung, wenn auch insgesamt in den belgischen Obstanbaugebieten die

Anbauflächen
unter Glas in ha

- ○ 1 – 5
- ○ 5 – 10
- ○ 10 – 50
- ● 50 – 120
- ● 120 – 175

—— Provinzgrenze

—— Gemeindegrenze

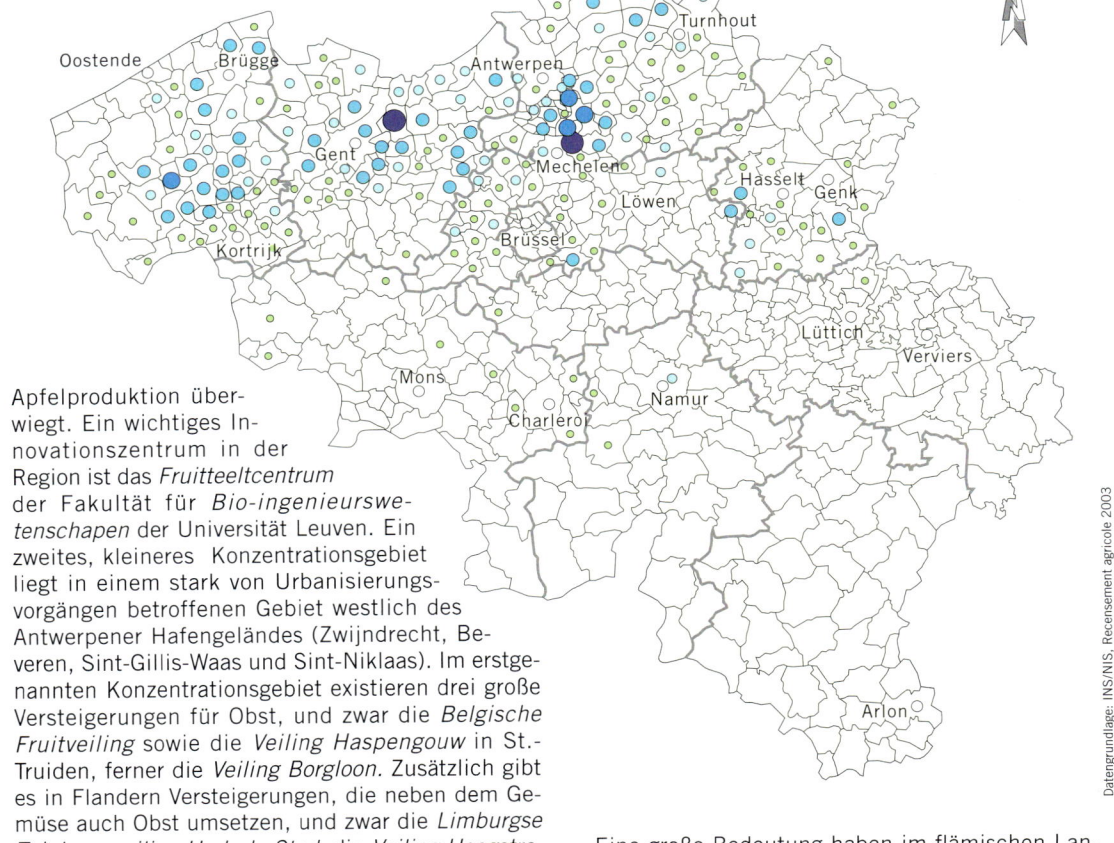

|Abb. 95| *Glashauskulturen (> 1 ha) in belgischen Gemeinden (2003)*

Datengrundlage: INS/NIS, Recensement agricole 2003

Apfelproduktion überwiegt. Ein wichtiges Innovationszentrum in der Region ist das *Fruitteeltcentrum* der Fakultät für *Bio-ingenieurswetenschapen* der Universität Leuven. Ein zweites, kleineres Konzentrationsgebiet liegt in einem stark von Urbanisierungsvorgängen betroffenen Gebiet westlich des Antwerpener Hafengeländes (Zwijndrecht, Beveren, Sint-Gillis-Waas und Sint-Niklaas). Im erstgenannten Konzentrationsgebiet existieren drei große Versteigerungen für Obst, und zwar die *Belgische Fruitveiling* sowie die *Veiling Haspengouw* in St.-Truiden, ferner die *Veiling Borgloon*. Zusätzlich gibt es in Flandern Versteigerungen, die neben dem Gemüse auch Obst umsetzen, und zwar die *Limburgse Tuinbouwveiling Herk-de-Stad*, die *Veiling Hoogstraten*, die *Brava Zellik*, die *Brava Kampenhout*, die *Profuco St.-Niklas* sowie die *Veiling REO Roeselare*. In Wallonien gibt es eine kleine Versteigerung der *Groupe Producteurs Horticoles Namurois* in Wépion, die auf die Erdbeerkulturen des Bezirkes zurückgeht (Quelle: Websites der Versteigerungen). Eine Besonderheit stellt heute der Weinanbau in Borgloon an einer geschützten Hanglage im Süden der Provinz Limburg dar.

Der Feldgemüseanbau, der in eine ackerbauliche Fruchtfolge einbezogen und meist im Kontrakt mit Konserven- oder Tiefkühlkostunternehmen durchgeführt wird, ist in den sandig-lehmigen Gebieten, den Lössgebieten Mittelbelgiens sowie im Condroz am stärksten verbreitet, kommt aber auch in den Poldern vor, während er in den Sandgebieten weniger entwickelt ist. Bedeutende Konzentrationsgebiete des Gemüseanbaus im Freiland, einschließlich des vornehmlich mit der flämischen Sonderkulturwirtschaft assoziierten Gartengemüseanbaus, liegen im sandig-lehmigen Teil von Westflandern, in Mechelen und Umgebung sowie im nördlichen Lössgebiet innerhalb des Polygons Waremme, Éghezée, Perwez, Jodoigne und Sint-Truiden. Daneben gibt es mehr singuläre Standorte mit bedeutendem Feldgemüseanbau, wie Kinrooi im nördlichen Kempenland oder Jurbise im Hennegau.

Eine große Bedeutung haben im flämischen Landesteil Glashauskulturen erlangt. Am stärksten sind sie in den Provinzen West- und Ostflandern sowie Antwerpen vertreten, kommen aber auch in den beiden anderen flämischen Provinzen, Flämisch-Brabant und Limburg, vor (vgl. Abb. 95). Eine starke Konzentration von Gewächshäusern weist das Arrondissement Mechelen auf, wobei der Gemüseanbau überwiegt. Sint-Katelijne-Waver ist die führende Gemeinde in diesem Bereich. Der Ortskern war 1914 zerstört worden, und im Zusammenhang mit dem Wiederaufbau wurden Sonderkulturbetriebe gegründet (Statbel; Hasquin 1980, S. 999). In dieser Gemeinde ist die größte Gemüseversteigerung Belgiens und zugleich größte europäische genossenschaftliche Gemüseversteigerung ansässig, und zwar der genossenschaftliche Betrieb *Mechelse Veilingen*, der fast 40 % aller belgischen Gartenbauprodukte umsetzt (www.mechelseveilingen.be). Ein zweites Konzentrationsgebiet liegt im Arrondissement Gent. Dieses besitzt einen anderen Schwerpunkt, nämlich die Zierpflanzenproduktion. Die bedeutendste Gemeinde ist in diesem Sektor Lochristi. Weitere wichtige Standorte für Glashauskulturen befinden sich im Arrondissement Roeselare in Westflandern sowie im Norden der Provinz Antwerpen. Letzterer geht in die niederländische Glashauskulturregion von Noord-Brabant über.

Insgesamt umfassen 2005 die Glashauskulturen ir Belgien 2227 ha. Von dieser Fläche dienen 50,6 % dem Gemüseanbau, 29,5 % den Zierpflanzenkulturen, 12,7 % den Obstkulturen und 7,2 % sonstigen Produktionszielen, z. B. der Herstellung von Samen. Ir den Niederlanden ist das Areal unter Glas zwar fast fünfmal so groß wie das des südlichen Nachbarn, aber trotzdem nimmt Belgien bei einzelnen Gewächshausprodukten sowie bei Freilanderzeugnissen des Gartenbaus durchaus eine beachtliche Stellung innerhalb der EU ein. Im Allgemeinen wird Belgien aber bei den Exporten und bei der Produktion in diesem Sektor weit von den Niederlanden und Spanien überragt.

Die flämische Intensivlandwirtschaft wird stark durch eine Konzentration von Schweinemastbetrieben gekennzeichnet. 2005 wurden allein in Westflandern 50 % des belgischen Bestandes von 6,3 Mio. Tieren gezählt. In den drei Provinzen Westflandern, Ostflandern und Antwerpen sind 84 % der Tiere aufgestallt. Die durchschnittliche Zahl der Schweine pro Betrieb hat dort eine beträchtliche Größenordnung angenommen und beträgt bereits 923. Weniger spezialisiert sind im Allgemeinen die Höfe der Wallonie, auf denen Schweine gehalten werden. Der Mittelwert beläuft sich hier nur auf 352. Pro Hektar landwirtschaftlicher Nutzfläche werden in Flandern 9,5, in der Wallonie 0,5 Tiere gezählt. Die Verbreitungsgebiete intensiver Schweinehaltung sind mit denen der Körnermaisproduktion assoziiert. Für die Gemeindestatistiken errechnet sich für die beiden Variablen „Schweinebestände" und „Körnermaisfläche" immerhin ein Produktmoment-Korrelationskoeffizient von 0,69. Zu einem beträchtlichen Teil stimmen die Verbreitungsgebiete intensiver Schweinezucht in Flandern mit denen der intensiven Geflügelhaltung überein (r_{xy}=0,75). Weiterhin ergibt sich erwartungsgemäß eine starke Koinzidenz mit dem Auftreten landloser Betriebe. Die Tierhaltung geschieht in der Nähe von Futtermittelfabriken, die häufig an Wasserstraßen entstanden sind, sowie nicht weit von den Seehäfen, über die Futtermittel importiert werden. Wie auch in den *concentratiegebieden* der Niederlande mit analoger Ausrichtung stellt sich die Gülleproblematik mit großer Dringlichkeit. Auch in Belgien sind mittlerweile Güllebanken eingerichtet worden. Bei der Rinderhaltung beobachtet man nicht so starke Konzentrationsvorgänge wie innerhalb der eben besprochenen Branchen.

Die Agrarregionen

Seit Jahrzehnten werden Angaben der belgischen Agrarstatistik auf „régions agricoles" bzw. „landbouwstreken" bezogen. Bei der Abgrenzung orientiert man sich u. a. an den naturräumlichen Gegebenheiten. Die Polder mit ihren fruchtbaren Böden erlauben ein breites Spektrum von Kulturpflanzen bei

der ackerbaulichen Nutzung. Der Weizen- und Zuckerrübenanbau wird zusätzlich durch die für flämische Verhältnisse noch relativ großen Betriebe begünstigt. Eingeschränkt sind die Möglichkeiten für den Ackerbau im flandrischen Sandgebiet und im Kempenland, das ebenfalls sandige Böden aufweist. Die naturräumlichen Nachteile sowie die Kleinheit der Betriebe müssen durch die Betonung von Sonderkulturen und durch die Intensivlandwirtschaft kompensiert werden. Namentlich das Kempenland fällt durch den hohen Anteil der Flächen für Futterpflanzen und Grasland zur Heugewinnung auf (vgl. Abb. 96). Trotz der nicht so günstigen klimatischen Bedingungen ist hier der Körnermaisanbau für die Schweinehaltung vertreten. Stark betont werden auch Silomaiskulturen für die Rinderhaltung. Beide Kulturarten nahmen 2005 im Kempenland 72 % der nicht für die Heugewinnung bestimmten Acker-

|Abb. 96| *Die belgischen Agrarregionen und ihre landwirtschaftlichen Nutzflächen (LNF), 2003*

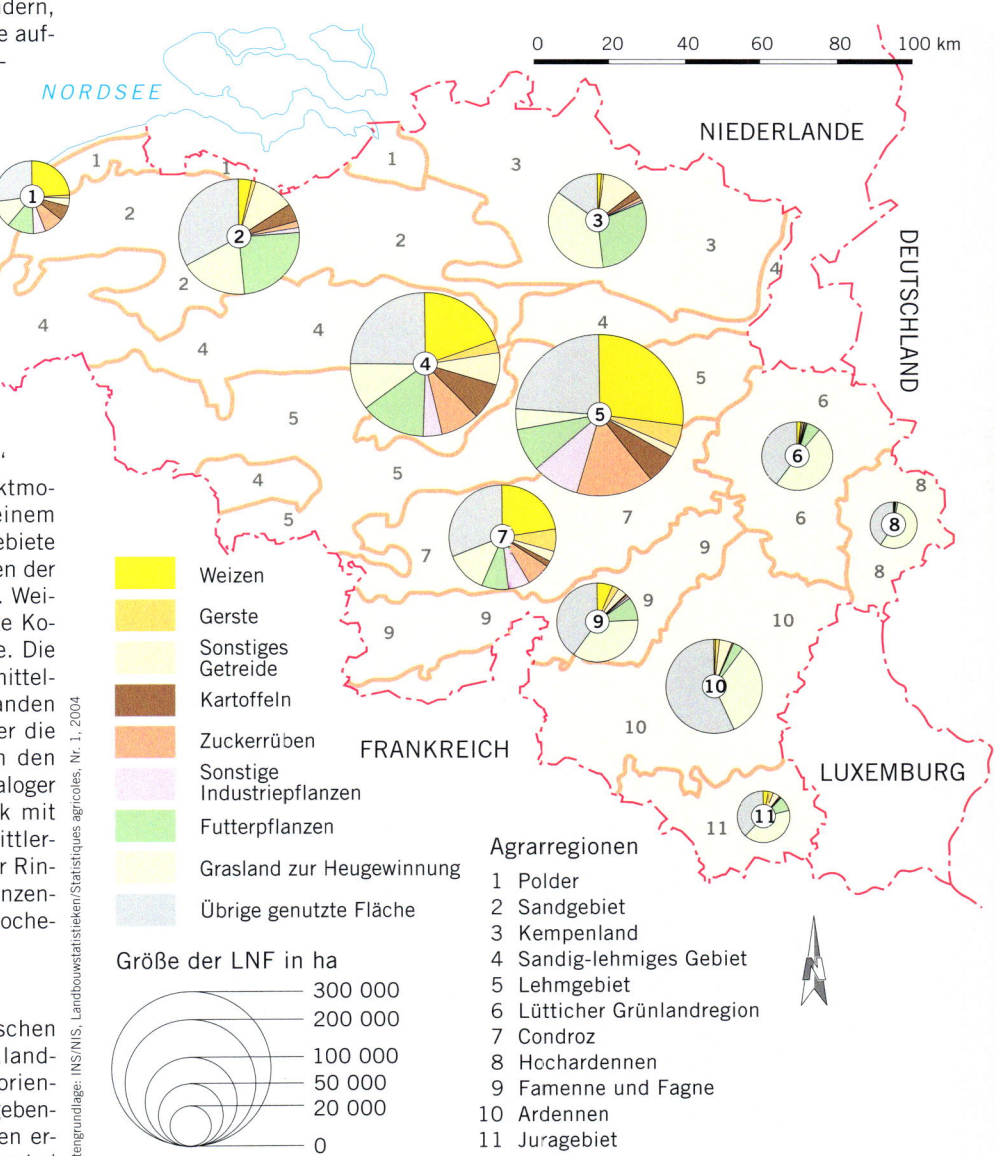

Legende:
- Weizen
- Gerste
- Sonstiges Getreide
- Kartoffeln
- Zuckerrüben
- Sonstige Industriepflanzen
- Futterpflanzen
- Grasland zur Heugewinnung
- Übrige genutzte Fläche

Größe der LNF in ha
- 300 000
- 200 000
- 100 000
- 50 000
- 20 000
- 0

Agrarregionen
1. Polder
2. Sandgebiet
3. Kempenland
4. Sandig-lehmiges Gebiet
5. Lehmgebiet
6. Lütticher Grünlandregion
7. Condroz
8. Hochardennen
9. Famenne und Fagne
10. Ardennen
11. Juragebiet

Datengrundlage: INS/NIS, Landbouwstatistieken/Statistiques agricoles, Nr. 1, 2004

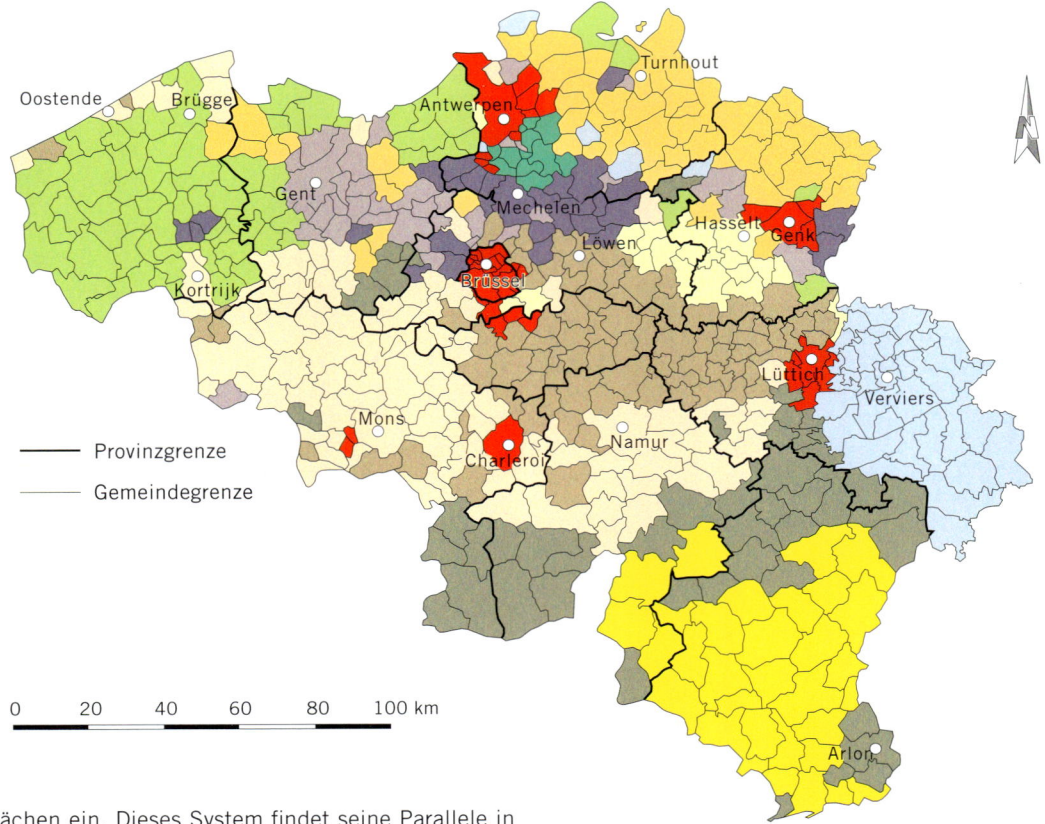

Oostende
Brügge
Antwerpen
Turnhout
Gent
Mechelen
Löwen
Hasselt
Genk
Kortrijk
Brüssel
Lüttich
Verviers
Mons
Namur
Charleroi
Arlon

— Provinzgrenze
— Gemeindegrenze

0   20   40   60   80   100 km

|Abb. 97| *Typologie der agrarischen Produktion in Belgien nach Gemeinden*

Spezialisierung auf die Milchwirtschaft

Vorherrschend Milchwirtschaft

Spezialisierung auf den Ackerbau

Dominanz des Ackerbaus und der Milchwirtschaft

Spezialisierung auf die Rinderhaltung

Dominanz der Rinder- und Schweinehaltung

Spezialisierung auf die Schweinehaltung

Spezialisierung auf den Gemüseanbau

Dominanz des Gemüseanbaus

Spezialisierung auf Zierpflanzen

Spezialisierung auf Obstkulturen

Städtische Agglomerationen

Quellen: Charlier et al.: Le grand Atlas 2004.; INS, Recensement agricole 2003

flächen ein. Dieses System findet seine Parallele in den niederländischen Sandgebieten von Noord-Brabant und Limburg.

Vielgestaltiger ist die ackerbauliche Nutzung im sandig-lehmigen Gebiet, in dem Weizen, Gerste und Zuckerrüben stärker vertreten sind. Die sog. Lehmregion mit ihren weit verbreiteten Lössen gehört zu den fruchtbarsten Agrarlandschaften in Europa. Sie findet ihre Fortsetzung in der kleinen Limburger Börde in den Niederlanden, in den deutschen Bördenlandschaften sowie in den nordfranzösischen Getreidegebieten. Die Lehmregion weist große Betriebe auf. Es ist die Region mit dem höchsten Ackerlandanteil und das bedeutendste Anbaugebiet von Weizen, Gerste und Zuckerrüben in Belgien (vgl. Abb. 97).

Eine abwechslungsreiche Mischstruktur weist die Region Condroz auf. Sie ist durch die Existenz großer Betriebe, meist Pachthöfe, gekennzeichnet. Oft gehen sie auf alte Höfe zurück, die im Besitz von Adligen waren oder noch sind, oder sie gehörten zu früherem Kirchenbesitz, der nach dem Ende des *ancien régime* in die Hände wohlhabender Städter gelangt ist. Die naturgeographischen Gegebenheiten variieren hier auf engem Raum: Grünlandnutzung auf den Sandsteinrücken, vielfältige Möglichkeiten der ackerbaulichen Nutzung in den Dolomitmulden mit fruchtbaren Verwitterungsböden und inselhaftem Vorkommen von Löss. Die Region bietet gute Bedingungen für die Rinderhaltung, bei der trotz der dortigen Bedeutung der Milchwirtschaft die Fleischtierrasse „Blanc-Bleu Belge" dominiert. Weideflächen liegen auf den Sandsteinrücken; die Erzeugung von Futtergetreide und anderen Futter-

pflanzen erfolgt in den Dolomitmulden. Nicht ohne Grund ist der Viehmarkt für Rinder in Ciney (Condroz) der größte in Belgien und einer der größten in der EU überhaupt (www.ciney.be).

Die Region Fagne-Famenne ist zweigeteilt. Sie umfasst die Schieferfamenne mit ihren außerhalb der Alluvialauen unfruchtbaren Verwitterungsböden, die vornehmlich grünlandwirtschaftlich genutzt wird, sowie die Kalkfamenne, in der inselhaft Lössböden vorkommen (z. B. im Gerny) und in der ähnliche Nutzungsformen vorherrschen wie im Condroz. Der Ostzipfel der Regionen Condroz und Famenne (nördlich der Amblève und östlich der Ourthe) wird vornehmlich aus betriebsstrukturellen Gründen (aufgrund des traditionellen Kleinbesitzes) fast ausschließlich grünlandwirtschaftlich genutzt.

Eine Sonderstellung nimmt die Lütticher Grünlandregion ein. Sie umfasst das eben genannte Gebiet des östlichen Condroz und der östlichen Famenne, einen kleinen Teil der Ardennen und die besonders charakteristische Region des Herver Landes nördlich der Weser sowie das kleine Eupener Land in der Ardennenfußzone. Mit Ausnahme des Ardennenbezirkes würden die naturräumlichen Verhältnisse einen ausgedehnten Getreideanbau gestatten, aber hier hat sich die Betriebsgrößenstruktur als entscheidender Steuerungsfaktor bei der Entstehung einer fast reinen Grünlandnutzung erwiesen. Im Herver Land spielt zusätzlich die Tradition eine Rolle. Schon die zwischen 1771 und 1778 erstellte Ferraris-Karte zeigt eine annähernd flächendeckende Grünlandnutzung, für die damalige Zeit eine ungewöhnliche Spezialisierung. In den anderen Bezirken der betrachteten Region hat sich die Grünlandwirtschaft (wie auch sonst in den Ardennen und Vorardennen) allmählich im Zuge von Vergrünlandungsvorgängen seit der großen Agrarkrise zu Ende des 19. Jh. durchgesetzt. Eine landwirtschaftliche Problemregion stellen von jeher die Ardennen dar. Unter den heutigen Konkurrenzbedingungen sind die Möglichkeiten rentabler Landnutzung stark eingeschränkt. Es bleibt nur die Grünlandwirtschaft, ergänzt durch etwas Futtergetreideanbau und die Bestellung kleiner Flächen mit Hackfrüchten. Die Böden im klimatisch günstigeren Belgisch-Lothringen sind nur von mittelmäßiger Qualität, sodass dort der Schwerpunkt heute im Bereich der Grünlandwirtschaft und der damit verbundenen Rinderhaltung liegt (Statistiken: epp.eurostat.ec.europa.eu; Statbel, hier insbesondere: Recensement agricole 2005; auf der Gemeindeebene: Recensement agricole et horticole 2003 (CD-ROM); www2.vlaanderen.be/ned/sites/landbouw; agriculture.wallonie.be; Vlaams Informatiecentrum over Land- en Tuinbouw: www.vilt.be; www.vlaanderen.be/vrind/landbouw; www.vlaanderen.be, De Vlaamse land- en tuinbouw in cijfers 2007; Statistische Jahrbücher des INS).

Ein limitiertes Potenzial für die Landwirtschaft in Luxemburg

Die luxemburgische Landwirtschaft weist einfache agrargeographische Strukturmerkmale auf. Im Ösling legen die naturräumlichen Gegebenheiten der agrarischen Nutzung die gleichen Beschränkungen auf wie in den Ardennen. Günstigere Reliefbedingungen und bodengeographische Verhältnisse weist das Gutland auf, doch gibt es auch hier beträchtliche Limitierungen in den Sandsteingebieten, während die Böden über Kalkstein und Dolomit sowie in den Mergelbereichen eine höhere Fruchtbarkeit aufweisen. Letzteres sowie ein relativ hoher Anteil gro-

ßer Betriebe haben es ermöglicht, dass Luxemburg die Versorgung mit Brotgetreide aus der eigenen Produktion decken kann, wenn auch auf dem Ackerland der Futterbau bei Weitem überwiegt. Verglichen mit Belgien und den Niederlanden ist die Produktivität der Flächen mit Weizen, dem wichtigsten Getreide Luxemburgs, auffallend niedrig: Der Mittelwert der Hektarerträge betrug in der Zeit von 1995–2006 nur 59 dt. 79 % der Weizenfläche gehörten 2006 zu Betrieben mit mehr als 70 ha.

Ackerland und Grünland stehen in einem ausgewogenen Verhältnis zueinander (vgl. Abb. 98). Die Relation beträgt 46 zu 52 % (2006). Bezeichnend für die Produktionsziele ist es, dass von den 60 000 ha umfassenden Ackerlandflächen (ohne Brachflächen) 2006 nur 29 000 für den Getreideanbau bestimmt sind. Bei dieser Nutzungsart überwiegt die Erzeugung von Futtergetreide. Unter den nicht unter der Rubrik „Getreide" aufgeführten Futterpflanzen spielt der Silomais die führende Rolle. Der Körnermaisanbau ist belanglos ebenso wie die Erzeugung von Zuckerrüben. Von den „Industriepflanzen" mit 4775 ha ist nur der Rapsanbau von Bedeutung.

|Abb. 98| *Acker- und Grünland in den Kantonen Luxemburgs (1903–2001)*

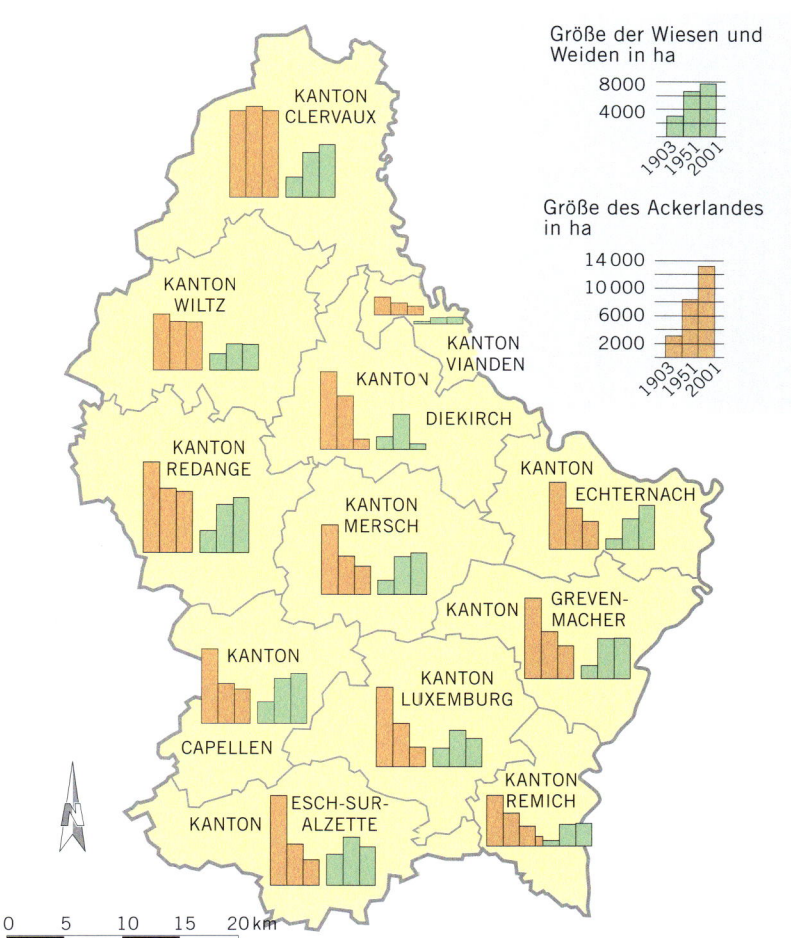

Datengrundlage: Statec, Le Recensement de l'agriculture au 15 mai 2003

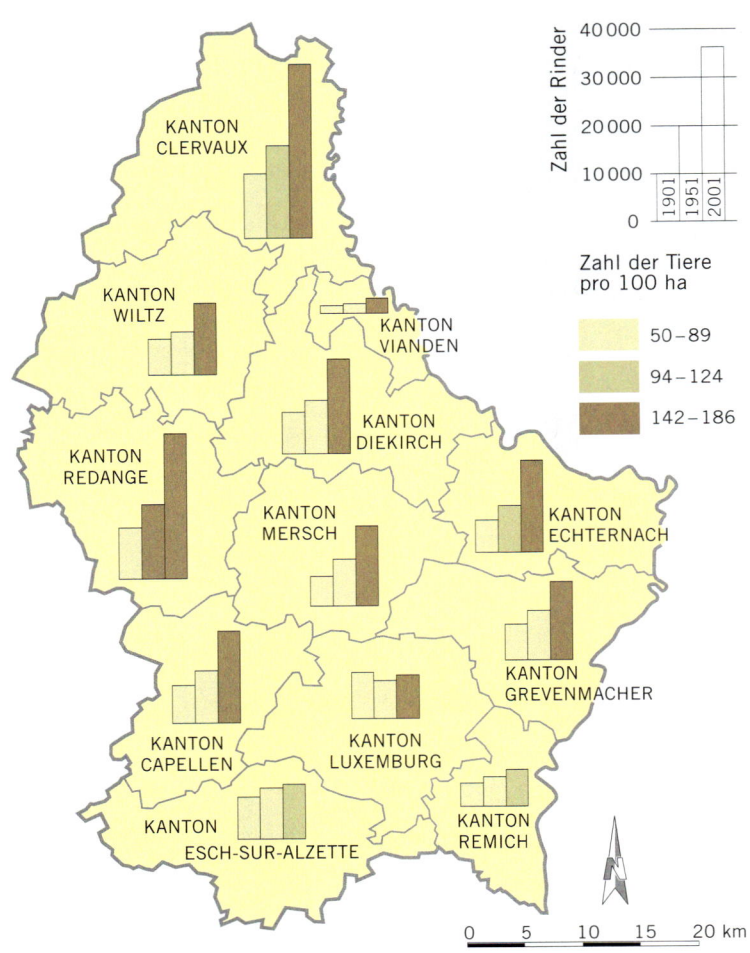

Zahl der Rinder

40 000

30 000

20 000

10 000

0

1901 1951 2001

Zahl der Tiere
pro 100 ha

50 – 89

94 – 124

142 – 186

KANTON CLERVAUX

KANTON WILTZ

KANTON VIANDEN

KANTON DIEKIRCH

KANTON REDANGE

KANTON MERSCH

KANTON ECHTERNACH

KANTON GREVENMACHER

KANTON CAPELLEN

KANTON LUXEMBURG

KANTON ESCH-SUR-ALZETTE

KANTON REMICH

0   5   10   15   20 km

Datengrundlage: Statec, Le Recensement de l'agriculture au 15 mai 2003

|Abb. 99| *Rinderbestände in den Kantonen Luxemburgs (1901–2001)*

Produktionsschwerpunkte und Betriebsstruktur haben sich im Laufe der letzten Jahrzehnte stark gewandelt. Von den 13 578 Betrieben des Jahres 1950 waren 2006 nur noch 2325 übrig. Die mittlere landwirtschaftliche Nutzfläche pro Betrieb ist von 11 ha auf 55,4 ha – ein beachtlich hoher Wert für die Verhältnisse der EU – angestiegen. Durch Urbanisierungsvorgänge, aber auch durch Wüstungsprozesse ist die landwirtschaftliche Nutzfläche im genannten Zeitraum von 144 000 ha auf 128 875 ha zurückgegangen. Ebenso wie in Südbelgien hat der herkömmliche Obstbau – Luxemburg war bis in die 1950er-Jahre ein traditionelles Obstbaugebiet mit einem hohen Anteil von „Bongerten" (Baum-/Obstgärten) – stark an Bedeutung verloren. Damit ging ein Verschwinden regionaler und lokaler Obstsorten einher. Die Fläche der kommerziellen Obstgärten betrug 2006 nur noch 109 ha.

Produktionssteigerungen beim Getreideanbau und geänderte Nachfragestrukturen führten dazu, dass die Getreidefläche stark reduziert wurde. 1950 umfasste sie noch 53 000 ha. Ähnlich wie in den Ardennen, in Teilen der Vorardennen und in Belgisch-Lothringen hat auch in Luxemburg – mit allen Risiken, die diese Einseitigkeit begleiten – die Rinderhaltung eine dominierende Stellung eingenommen. Für 71 % der Betriebe außerhalb des Sonderkulturbereiches wird sie in der amtlichen Statistik in der Rubrik „technisch-wirtschaftliche Orientierung" als Schwerpunkt angegeben. Besonders auffallend war der Zuwachs der Rinderbestände in einzelnen Kantonen des naturräumlich benachteiligten Ösling, insbesondere in Redange und Clervaux, während er im Süden des Großherzogtums mit seinen etwas größeren Möglichkeiten der agrarischen Differenzierung geringer ausfiel (Abb. 99). Bei dem auf die Rinderhaltung bezogenen Agribusiness nehmen das Molkereiunternehmen *LUXLAIT* mit Standorten in Luxemburg-Merl und Ingeldorf sowie der fleischverarbeitende Betrieb *LUXVIANDE* im Agrocenter Mersch aufgrund der in der Branche üblichen Konzentrationsvorgänge eine überragende Stellung ein (www.luxlait.lu; www.luxviande.lu).

Eine agrargeographische Spezialität Luxemburgs bildet der Weinbau, der vom Staat durch das *Institut viti-vinicole de l'État* in Remich unterstützt wird (Statec: Le recensement de l'agriculture au 15 mai 2006; www.ivv.public.lu/publikationen/weinjahr_2006.pdf; Landwirtschaftsministerium: www.ma.public.lu/ministere). Die Rebfläche mit 1276 ha (2006) ist seit 1950 in etwa konstant geblieben. Die Rebflächen liegen v. a. an den Hängen des Moseltales und im angrenzenden Hügelland, kommen vereinzelt aber auch in den Kantonen Esch-sur-Alzette, Luxembourg und Mersch vor. Vornehmlich dehnen sie sich auf Mergelböden im Bereich der Keuperschichten sowie auf Böden mit Beimengungen von Dolomit des Muschelkalks aus. Das Anbaugebiet ist Teil einer Reblandregion, die zusätzlich das Mosel-Saar-Ruwer-Gebiet sowie die kleinen Bezirke der lothringischen Côtes de Moselle umfasst. Der luxemburgische Weinbau ist sowohl von deutschen als auch von französischen Kulturpraktiken beeinflusst. Es werden Rebsorten aus beiden Ländern, z. B. Rivaner und Pinot blanc, verwandt. Die Statistik verzeichnete 2006 zwar noch 445 Weinbaubetriebe, aber allein der Großbetrieb *Les Domaines de Vinsmoselle* bewirtschaftet in verschiedenen Weinorten insgesamt eine Fläche von 800 ha und besitzt zwei Drittel der nationalen Produktionsquote (www.vinsmoselle.lu). 50 % der luxemburgischen Weinproduktion waren im Weinjahr 2006 für die Ausfuhr bestimmt, ca. 80 % des Weinexports gehen nach Belgien.

Industrie

|Abb. 100| *Cluster der chemischen Industrie am rechten Scheldeufer im Antwerpener Hafengelände. In der Selbstdarstellung des Hafens ist dies „Houston on the Scheldt". Tatsächlich handelt es sich hier um einen der bedeutendsten Chemiestandorte der Welt.*

Überblick

■ Belgien gehört zu den ältesten Industriestaaten auf dem europäischen Kontinent. Im 19. Jh. erwies sich die belgische Industrie in vielen Bereichen als ausgesprochen innovativ und erlangte ir Europa eine führende Stellung. Dahingegen nahm die niederländische Industrieentwicklung – von einigen Vorläufern abgesehen – erst von ca. 1880 an ihren Aufschwung.

■ In einer Take-off-Phase bis zum Ersten Weltkrieg und in einer zweiten von 1918 – 1929 entstand in den Niederlanden außerordentlich rasch eine vielgestaltige Industrie, deren Aufbauleistungen bis in die Gegenwart hinein fortwirken. Der Aufstieg Luxemburgs als Industriestaat begann seit 1870 mit der Entwicklung der Schwerindustrie im Süden des Landes. Hinsichtlich der Verteilung der Industriestandorte weisen die Niederlande heute ein ausgewogenes räumliches Gefüge auf.

■ In den Niederlanden und in Belgien haben die Petrochemie und andere Zweige der chemischen Industrie namentlich in den 1960er-Jahren einen gewaltigen Aufschwung erlebt, vornehmlich an hafengebundenen Standorten, aber auch im Landesinneren. Zu den herausragenden Kompetenzbereichen des stark differenzierten Branchengefüges der belgischen Industrie gehören die Herstellung von Personen- und Lastwagen sowie die entsprechenden Zulieferbetriebe. Schlüsseltechnologieindustrien und forschungsintensive Betriebe sind in Belgien und in den Niederlanden räumlich weit gestreut.

■ In den Niederlanden, Flandern und Luxemburg wurde der Strukturwandel in altindustrialisierten Gebieten vergleichsweise gut bewältigt, nicht nur aufgrund der Kompensationen durch den Dienstleistungssektor, sondern auch durch den Aufbau moderner Industriezweige. In Wallonien ist dies bislang nur zum Teil gelungen. Im Laufe des 20. Jh. und verstärkt nach dem Zweiten Weltkrieg hat sich der industrielle Schwerpunkt in Belgien mehr und mehr in den flämischen Landesteil hinein verlagert.

Die Industrie der Niederlande

Die Niederlande als industrieller Spätentwickler – traditionelle Industriezweige

Verglichen mit anderen europäischen Ländern hat sich die Industrie in den Niederlanden erst spät zu einem wichtigen Wirtschaftsfaktor entwickelt. Vor allem fehlte im 19. Jh. als damalige Schlüsselindustrie die Eisen- und Stahlindustrie auf der Basis der Steinkohle. Während im späteren Belgien schon 1823 mit dem Bau des ersten Kokshochofens begonnen wurde (Veraghert 1981a), geschah dies in den Niederlanden (in IJmuiden) erst gut ein Jahrhundert später (de Vries 1979). Sieht man von Vorläufern in Kerkrade ab, so nahm der niederländische Steinkohlenbergbau in Südlimburg erst nach 1893 seinen Anfang und erlangte erst mit der Eröffnung der staatlichen Zeche Wilhelmina im Jahre 1907 (Schreiber 1980) eine größere Bedeutung. Zudem war das Eisenbahnnetz vor 1860 sehr lückenhaft. Auch hatte der Kolonialbesitz der Niederlande in den ersten Dekaden des 19. Jh. nicht unbedingt die einheimische industrielle Innovation zu einem Hauptanliegen gemacht, da sich in der kolonialen Rohstoffwirtschaft auch ohne nennenswerte technologieorientierte Aktivitäten große Renditen für eingesetztes Kapital erzielen ließen. Darüber hinaus erhoffte man sich nicht selten größere Gewinne im traditionellen Außenhandel als im Gewerbeleben. So wurden auf der Weltausstellung in London von 1851 aus den Niederlanden vornehmlich traditionell hergestellte handwerkliche Erzeugnisse gezeigt (de Jonge 1977; Erbe 1993; Wennekes 1993).

Zu den frühen industriellen Aktivitäten gehörten solche, die an schon vorhandene ökonomische Traditionen anknüpften, wie den Kolonialwarenhandel oder die Fabrikation in Heimarbeit in ländlichen Distrikten. Die Leidener Leinenindustrie war im 15. und dann wieder im 17. Jh. ein blühender Wirtschaftszweig und sandte noch Impulse für die industrielle Verarbeitung aus, teils in Leiden selbst, teils nach der Ende des 18. Jh. erfolgten Verlagerung eines Teiles der Produktion nach Tilburg. Nach 1830 entstand die Textilindustrie in der Region Twente. Sie richtete sich schwerpunktmäßig auf die Baumwollverarbeitung aus und war – mit Ausläufern entlang der Linie Nijverdal – Groenlo – Aalten – auf Almelo, Hengelo, Enschede und Oldenzaal konzentriert (Keuning 1955, 1998). Zu einem weiteren Textilindustriegebiet entwickelten sich nach 1830 einzelne Regionen in Noord-Brabant. Tilburg wurde zum Zentrum der Schurwollverarbeitung in den Niederlanden. In Helmond erlangte die Baumwollverarbeitung eine beträchtliche Bedeutung. Weitere Standorte der Textilindustrie in Noord-Brabant waren Eindhoven, Gemert, Deurne, Geldrop, Heeze und Boxtel (Keuning 1955, 1998). Die Krise der Textilindustrie in den 1960er- und 1970er-Jahren führte zu umfangreichen Regressionserscheinungen. In der Textilindustrie in Tilburg ging die Zahl der Beschäftigten zwischen 1965 und 1977 von 10 700 auf 2010 zurück, wobei in dieser Zeit italienische Waren, insbesondere die *„Prato-importen"*, niederländische Erzeugnisse in erheblichem Umfang vom Markt verdrängten (van Gorp 1987, S. 195ff.). 1962 waren in Enschede 82 % der Industriebeschäftigten in jener Branche tätig. Die Zahl der Arbeitsplätze in der Textilindustrie ging in dieser Stadt von 19 000 im Jahre 1960 auf 2500 im Jahre 1981 zurück (Wiegman 1989). Insgesamt gab es 2006 in den Niederlanden nur noch 60 Textilbetriebe mit mehr als 50 Beschäftigten (Quelle für diese und die folgenden Statistiken: CBS).

Längst nicht alle Industriezweige, die bis zu den 1960er-Jahren Bedeutung erlangt hatten, haben bis heute bei ihrer Güterherstellung den Produktlebenszyklus schon durchlaufen. Deutlich zeigt sich dies in Maastricht. Das Industriegefüge der Stadt wird bis heute noch wesentlich von Branchen bestimmt, die zwischen 1834 und 1852 entstanden waren, und zwar aus den Bereichen Stahlbau, Glas, Papier, Sanitärwaren, Fliesen, Kacheln und Porzellan (Schreiber 1981; Vercauteren 1997; Firmenberichte). Traditionsreiche Betriebe haben sich auch in Apeldoorn erhalten, wie die 1883 gegründete *„Nederlandse Nettenfabriek"* (heute: *Anza Holland*), in der Fischereinetze hergestellt werden.

Beim Schiffsbau waren die Niederlande im 17. Jh. führend in Europa. Zu Anfang des 18. Jh. erreichte er seinen Höhepunkt. Handwerkliche Traditionen in diesem Bereich mündeten im Laufe des 19. Jh. in eine industrielle Fertigung ein. Die Region Amsterdam bildete das Zentrum des Schiffsbaus, hier insbesondere die Zaanstreek (de Vries & van der Woude 1995; Keuning 1955, 1998; North 1997). 1965 waren noch 50 000 Beschäftigte in 150 Unternehmen des niederländischen Schiffsbaus tätig (Voogd 1993, S. 13). 2005 wurden in diesem Bereich nur noch 12 000 Arbeitsplätze gezählt, vornehmlich in kleinen Reparaturbetrieben. Lediglich 20 Unternehmen der Branche arbeiteten mit mehr als 100 Beschäftigten.

Die Verarbeitung von importierten Gütern, teilweise von Kolonialwaren und oft an Hafenstandorten, bildete eine Spezialität der Niederlande und ist nicht selten aus dem 18. oder sogar schon aus dem 17. Jh. tradiert worden. Die Tabakverarbeitung, die Zuckerraffinerien – in Middelburg existierten sie seit 1627 –, die Schokoladeindustrie (u. a. in Dordrecht), die Sägemühlen (u. a. in der Zaanstreek und in Dordrecht) und die um 1600 aufkommende Papierindustrie in der Zaanstreek und in der östlichen Veluwe (u. a. in Apeldoorn) sind Beispiele dafür. Traditionsreich ist die heute noch bedeutsame Diamantenschleiferei in Amsterdam, die nach den Religionskriegen gegen Ende des 16. Jh. von Antwerpener Juden übertragen wurde. Ein beträchtlicher Teil handwerklicher Arbeit geht zwar darin ein, aber im Laufe des 19. Jh. wurde die Produktion zum Teil in größere Betriebseinheiten verlagert und fand in Werkshallen statt (Keuning 1955, 1998; de Jonge 1979a; Burger 1996; de Vries & van der Woude 1995).

Die erste und zweite industrielle Revolution in den Niederlanden – Entstehung und Entwicklung großer niederländischer Unternehmen

Nach einem eher bescheidenen industriellen Aufbau bis ca. 1870 kam in den 1870er- und 1880er-Jahren eine vielversprechende Entwicklung auf. Einen gewaltigen Aufschwung nahm die Industrie der Niederlande dann in der Zeit von ca. 1890 bis zum Beginn des Ersten Weltkrieges und noch einmal von 1918 bis zum Beginn der Weltwirtschaftskrise 1929. De Vries (1979) kennzeichnet die beiden Phasen durch die Begriffe „erste und zweite industrielle Revolution in den Niederlanden". Man betätigte sich erfolgreich bei der Produktion neuer technischer Konsumgüter, brachte rasch den Steinkohlebergbau in Gang und baute eine Investitionsgüterindustrie auf, insbesondere im Maschinen- und Motorenbau, beim Eisenschiffsbau und bei sonstigen Transportmitteln. In der Baustoffindustrie kamen neue Produkte wie Kalksandstein, Zementkalkstein und Eisenbeton auf den Markt; im agro-industriellen Sektor entwickelten sich die Düngemittelherstellung, die fabrikmäßige Milch- und Zuckerrübenverarbeitung, die Stärkeherstellung, die Konservenindustrie und die Strohkartonnageindustrie (de Jonge 1978a, b; Wennekes 1993). Der „take-off" wurde durch die liberale Wirtschafts- und Handelspolitik, den Aufschwung des Welthandels, den raschen Ausbau des Eisenbahnnetzes nach 1860, die Ausweitung des Wasserstraßensystems und die Erweiterung der Kapazität der Seehäfen begünstigt. Wie sehr sich die industrielle Entwicklung beschleunigte, kann man daran ermessen, dass die Zahl der Industriebeschäftigten zwischen 1859 und 1889 jährlich im Mittel um 5000, zwischen 1889 und 1909 jährlich um 12000 zunahm (de Jonge 1978a, b).

Schon in der ersten Phase entstanden Großunternehmen, die noch heute eine wesentliche Komponente der niederländischen Wirtschaft bilden und sich zu weltweit tätigen Unternehmen entwickelt haben. 1872 wurden die Margarinefabriken von Jurgens und Van den Bergh gegründet. 1928 fusionierten beide Unternehmen zur *Margarine Unie*. 1929 vereinigte sich das Unternehmen mit der englischen Firma *Lever Brothers*, die Waschmittel und Margarine herstellte. Dies war der Grundstein für den *Unilever*-Konzern, der 2006 insgesamt 179000 Mitarbeiter beschäftigte, davon 4316 in den Niederlanden (Wennekes 1993; Atzema & Wever 1994; Schouten et al. 1998; www.unilever.com).

Der *Shell*-Konzern ist ebenfalls aus einer Fusion eines britischen und eines niederländischen Unternehmens hervorgegangen. Der britische Zweig geht auf den Kerosinhandel im 19. Jh. vornehmlich mit Ländern in Südost- und Ostasien zurück. Der niederländische Partner war die *Koninklijke Nederlandsche Maatschappij tot Exploitatie van Petroleumbronnen in Nederlandsch-Indië*, die ihre Aktivität mit der Erschließung eines Ölfeldes in Pangkalan Brandan in Sumatra begann. Der Zusammenschluss erfolgte 1903 mit der Gründung der *Asiatic Petroleum Company*. Vier Jahre später wurde mit dem Ziel

weltweiter Tätigkeit die *Koninklijke Shell Groep/ Royal Dutch Shell Group* geschaffen. Die kolonialen Beziehungen der Niederlande eröffneten noch einmal zusätzliche Gewinnmöglichkeiten, als 1918 die Raffinerie in Curaçao auf den Niederländischen Antillen in Betrieb genommen wurde. 2006 hatte der Konzern 108000 Beschäftigte (davon ca. 10000 in den Niederlanden). Die Hauptverwaltung hat ihren Sitz in Den Haag (Wennekes 1993; www.shell.com).

Die niederländischen Wurzeln des Chemie-Großunternehmens *Akzo Nobel* reichen ebenfalls ins 19. und frühe 20. Jh. zurück. Es ist aus Fusionen niederländischer, deutscher, dänischer und schwedischer Unternehmen entstanden, die über Jahrzehnte hinweg verfolgt werden können. Bedeutende Übernahmen erfolgten 1994 mit dem Erwerb des schwedischen Unternehmens *Nobel* und 1998 mit dem der britischen Firma *Courtaulds*. Aus vier Komponenten wurde der niederländische Teil zusammengefügt: aus der Kunstfaserherstellung, der Herstellung von Chemikalien, aus der Produktion von Farben und Lacken sowie der Medikamentenherstellung. Von der ersten Sparte hat sich das Unternehmen 1999 getrennt. Die in die Fusionen eingegangenen älteren Unternehmen waren die 1899 gegründete deutsche Firma *Vereinigte Glanzstoff Fabriken*, aus der 1929 die *Algemene Kunstzijde Unie* gebildet wurde, die *Koninklijke Nederlandse Zoutindustrie*, die ab 1919 in Boekelo in Twente Salz förderte, und die fleischverarbeitende Fabrik *Zwanenberg*, die 1887 ihre Tätigkeit aufnahm. Letztere stieg 1923 mit dem Filialunternehmen *Organon* in die Medikamentenherstellung ein und produzierte bereits in den 1920er-Jahren Insulin. 1969 erfolgte nach verschiedenen Übernahmen die Bildung von *Akzo* mit dem Hauptsitz in Arnhem. 2006 beschäftigte das Unternehmen 619000 Arbeitnehmer, davon 11100 in den Niederlanden. Gegenwärtig besteht eine Aufteilung in zwei unabhängige Unternehmen, und zwar in *Akzo Nobel* (Farben und Chemikalien) und *Organon BioSciences* (Pharmazeutik) (Schouten et al. 1998; www.akzonobel.com).

1891 legte Gerard Philips, seit 1895 assistiert von seinem Bruder Anton, mit der Errichtung einer Glühlampenfabrik in Eindhoven den Grundstein eines Weltunternehmens (Abb. 101). Lange Zeit war Philips in den Niederlanden der größte industrielle Arbeitgeber. Der Höhepunkt wurde 1974 erreicht, als das Unternehmen ca. 100000 Mitarbeiter im Königreich beschäftigte. 2006 war die Zahl auf 17510 zurückgegangen. Die Gesamtzahl der Arbeitnehmer in den vielen Zweigbetrieben in aller Welt beträgt 121700. Die Hauptverwaltung ist noch immer in Eindhoven angesiedelt; das Direktorium verlegte 1998 den Sitz nach Amsterdam (Wennekes 1993; www.philips.com).

In der ersten Gründerphase wurde 1902 eine staatliche Bergbaugesellschaft, die *Dutch State Mines* (*DSM*), ins Leben gerufen. Dieser Betrieb durchlief einen bemerkenswerten Wandlungsprozess vom staatlichen Steinkohleunternehmen zum privatisierten Chemiegiganten. Ihm wurden zunächst in Südlimburg alle bislang nicht konzessionierten Kohlevorkommen zum Abbau übertragen. Von den insgesamt vier Bergwerken des Unternehmens nahm die Zeche *Wilhelmina* (südöstlich des Stadtzentrums von Heerlen) 1907 als erste die Förderung auf. Als letzte wurde 1927 die Zeche *Maurits* (westlich von Geleen) eröffnet (Schreiber 1980). Anders als im benachbarten Aachener und im Lütticher Steinkohlerevier induzierte der Bergbau in Südlimburg keine Folgeindustrie im Bereich der Eisen- und Stahlerzeugung. Allerdings entwickelte sich in den 1930er-Jahren die Kohlechemie, die in den Fünfzigerjahren einen beträchtlichen Aufschwung nahm. Nach der Fertigstellung einer Ölproduktenpipeline von Rotterdam nach Geleen im Jahre 1961 gelang die Umstellung auf petrochemische Produktionsverfahren. Im Rahmen einer Industriesukzession entstand nach der Schließung der Bergwerke Südlimburgs zwischen 1966 und 1975 in Geleen ein ausgedehnter Chemiekomplex (Breuer 1984). 2006 beschäftigte der Konzern, dessen Privatisierung 1996 abgeschlossen und der zeitweilig auch mit der niederländischen Erdgaswirtschaft verflochten war, weltweit 22 156 Mitarbeiter, davon 7061 in den Niederlanden. Der Hauptsitz des Unternehmens befindet sich in Heerlen. Seit 2000 stieg der Konzern in den pharmazeutischen Sektor ein; 2002 verkaufte er die petrochemische Sparte an die *Saudi Basic Industries Corporation*. In Geleen hat sich inzwischen im Industriepark *Chemelot* ein Industriecluster entwickelt, in dem neben *DSM* auch andere Chemieunternehmen tätig sind (Schouten et al.

1998; www.dsm.com; www.sabic.com; www.chemelot.com). Der direkte Einfluss derartiger Großbetriebe auf den Beschäftigungssektor der Niederlande ist in den letzten Jahren beträchtlich zurückgegangen, aber sie haben bei den privatwirtschaftlichen Ausgaben für Forschung und Entwicklung ein großes Gewicht. Erkennbar wird dies z. B. in dem von *Philips* eingerichteten und inzwischen auch anderen Unternehmen zugänglichen *Hightech Campus Eindhoven* (www.hightechcampus.nl).

In der zweiten Phase des „take-off" (1918–1929) erfolgten zum einen Ausweitungen in den schon genannten Betrieben – teils in quantitativer Hinsicht, teils aber auch durch die Einführung neuer Produkte. *Philips* begann mit der Herstellung von Röntgenapparaturen und Radios und experimentierte mit Fernsehgeräten. 1919 gründete Tony Fokker die *N.V. Nederlandse Vliegtuigenfabriek* (Wennekes 1993). Weiterhin wirkten sich neue Infrastrukturmaßnahmen aus, dies auch noch in den 1930er-Jahren. Der Julianakanal kam seit 1935 dem Steinkohlebergbau in Südlimburg zugute; der Bau des Twente-Rijnkanaal (1936) mit Verbindungen nach Hengelo, Enschede und Almelo induzierte dort eine hafengebundene Industrie (de Vries 1979). Einen Meilenstein bildete 1920 die Errichtung der ersten Raffinerie in den Niederlanden durch *Shell*, und zwar in Pernis, im Gelände des Rotterdamer Hafens.

In der zweiten Gründungsphase wurde in unterschiedlichen Betrieben eine Reihe von technischen Innovationen für eine Erweiterung der Produktionspalette ausgenutzt oder führte zum Aufbau neuer Industrien. Forschung und Entwicklung in der

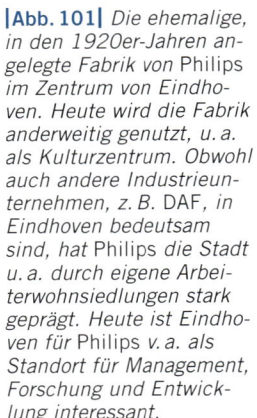

|Abb. 101| *Die ehemalige, in den 1920er-Jahren angelegte Fabrik von* Philips *im Zentrum von Eindhoven. Heute wird die Fabrik anderweitig genutzt, u. a. als Kulturzentrum. Obwohl auch andere Industrieunternehmen, z. B.* DAF, *in Eindhoven bedeutsam sind, hat* Philips *die Stadt u. a. durch eigene Arbeiterwohnsiedlungen stark geprägt. Heute ist Eindhoven für* Philips *v. a. als Standort für Management, Forschung und Entwicklung interessant.*

Industrie gewannen zunehmend an Bedeutung, dokumentiert z. B. durch die Einrichtung von Forschungslaboratorien der *Koninklijke Shell Groep* 1914 und 1929 in Amsterdam und 1928 in Delft oder durch die Ausweitung einer entsprechenden Institution von *Philips* in Eindhoven 1914. Wissenschaftliches Management im Sinne von F. W. Taylor und Produktionsabläufe nach der Methode von Henry Ford hielten in den großen Betrieben Einzug (de Vries 1979).

Zu den Neugründungen der zweiten Phase gehört der Eisenhütten- und Stahlkomplex in IJmuiden am Nordzeekanaal westlich von Amsterdam (Abb. 102). Der Erste Weltkrieg hatte die Anfälligkeit des niederländischen Versorgungssystems gezeigt, sodass der Staat die Initiative für den Aufbau einer nationalen Schwerindustrie ergriff. 1924 nahm die *Koninklijke Nederlandse Hoogovens en Staalfabrieken N.V. IJmuiden*, an der der Staat und die Stadt Amsterdam mit beteiligt waren, ihren Betrieb auf (de Vries 1979). Die Standortplanung war ökonomisch weitsichtig. Es wurde eine Produktionsstätte an der Küste errichtet, was in Europa damals noch ungewöhnlich war. Außerdem entstand ein integrierter Komplex, in dem die Hochöfen, die Kokerei, die Kaianlage, die Sauerstoffanlage, das Stahlwerk, die Gießerei, die Verzinkerei und die Walzwerke dicht beieinander liegen. Der Aufbau der Anlage zeigte so deutlich wie selten zuvor die geringen Spielräume bei der Standortwahl in einem dicht besiedelten Land: Das große Werk musste in einen ökologisch wertvollen Bereich, nämlich in die Küstendünen, hineingebaut werden. Nach dem Zweiten Weltkrieg stieg *Hoogovens* auch in die Aluminiumverhüttung ein und errichtete eine Fabrik in Delfzijl. 1999 entstand durch eine Fusion mit *British Steel* das Unternehmen *Corus*. In seinen niederländischen Produktionsstätten arbeiteten 2006 insgesamt 11 300 Beschäftigte. Es ist seit 2007 Bestandteil des indischen Konzerns *TATA Steel* (www.corusgroup.com; www.tata.com).

Die niederländische Kraftfahrzeugindustrie großen Stils geht auf eine 1928 gegründete Maschinenfabrik in Eindhoven zurück, die nebenher Anhänger herstellte und kurz nach dem Zweiten Weltkrieg mit der Produktion von Lastwagen der Marke *DAF* begann. *DAF Trucks* gehört heute dem amerikanischen Konzern *Paccar* (Bellevue, Washington). Lastwagen werden weiterhin in Zwolle gebaut, und zwar von *Scania*. Zwei kleinere Produzenten, *Ginaf* und *Terberg*, stellen Speziallastwagen in Veenendaal und Benschop her. Busse werden in den Niederlanden von *DAF* in Eindhoven sowie von den zur Gruppe *VDL Bus & Coach* gehörenden Unternehmen *Berkhof* und *BOVA* in Valkenswaard gebaut (Websites der Unternehmen; www.vdlbuscoach.nl).

Das erste Personenauto von *DAF* lief in Eindhoven 1959 vom Band (Messing 1982). Im Rahmen staatlich geförderter Strukturmaßnahmen für das Südlimburger Steinkohlerevier wurde ein großes Werk von *DAF* in Born errichtet, das 1967 die Produktion aufnahm (Breuer 1984). Noch Anfang der 1970er-

Jahre waren Personenautos dieser Firma auch auf dem deutschen Markt vertreten. Die weitere Entwicklung verlief turbulent. Die Personenwagenabteilung wurde 1975 vom Unternehmen *Volvo* übernommen. 1991 wurde sie in die Firma *NedCar* umgewandelt, an der *Volvo*, *Mitsubishi* und der niederländische Staat beteiligt waren. 1999 verkaufte der Staat seine Anteile an die beiden privaten Eigner. *Volvo* zog sich 2001 zurück. 2002 stieg *Smart* bei *NedCar* ein. Neben Mitsubishi-Modellen wurde der *Smart Forfour* gebaut, dessen Produktion 2006 eingestellt wurde (www.nedcar.nl). *NedCar* ist noch in Helmond

vertreten, wobei hier Ingenieur- und Designaufgaben bearbeitet werden. Die Sportwagenfirmen *Donkervoort* in Lelystad und *Spyker* in Zeewolde stellen teure Fahrzeuge in kleinen Stückzahlen her (www.donkervoort.nl; www.spykercars.nl).

Die niederländische Reifenindustrie ist durch das 1946 entstandene Unternehmen *Vredestein* in Enschede vertreten Nach einer Krise übernahm 1977 der Staat 51 % der Aktienanteile. Heute ist der Hersteller wieder in privatem Besitz. 2005 fusionierte er mit dem russischen Reifenproduzenten *Amtel* (www.amtel-vredestein.com; Het Financiele Dagblad, 23. 7. 2007). Die Zulieferindustrie für Motorfahrzeuge ist in den Provinzen Limburg und Nord-Brabant stark vertreten, wobei von diesen Standorten aus auch belgische und deutsche Automobilfabriken gut versorgt werden können.

Regressionserscheinungen, Wachstumsprozesse und strukturelle Merkmale der Industrie nach dem Zweiten Weltkrieg

Das Maximum an industriellen Arbeitsplätzen in den Niederlanden wurde Mitte der 1960er-Jahre erreicht. Zu dieser Zeit waren 41 % der Beschäftigten im sekundären Sektor sowie im Bergbau (absolut 1 845 000, umgerechnet auf Vollarbeitszeitäquivalente) tätig. Seitdem sind die Zahlen – bei wellenför-

|Abb. 102| *Schwerindustriekomplex in IJmuiden, der in den 1920er-Jahren als „nasse Hütte" gegründet wurde. Der integrierte Komplex mit Hochöfen, Kokerei, Stahl- und Walzwerk wurde in der Nähe des Badeortes Wijk aan Zee in den Küstendünengürtel hineingebaut und ist heute im Besitz des indischen Konzerns TATA.*

Industriesparte	Nettoumsatz in Mio. € (2004)	Arbeitsplätze (in Tausend) (1.12.2005)
Nahrungsmittel, Tabakwaren, Getränke	53 253	124,4
Textilindustrie	2177	12,9
Kleidung	482	2,9
Lederwaren, Schuhe	207	1,5
Holzprodukte (ohne Möbel)	2259	17,1
Papier und Kartonnage	6752	22,2
Verlagswesen, Druckerzeugnisse	11 068	70,2
Erdöl und chemische Industrie	77 236	71,5
Gummi und Kunststoff	6385	32,1
Glas, Keramik, Zement, Kalk	5309	27,6
Basismetalle	7676	20,9
Metallwaren	14 184	87,2
Maschinen	16 942	83,2
Büromaschinen und Computer	4303	5,2
Übrige elektrische Geräte, medizinische, optische Geräte	21 747	71,4
Fahrzeuge	14 409	46,0
Möbel u. a. Produkte	3467	136,2
Vorbereitung zum Recycling	738	2,7
Gesamte Industrie (ohne Sozialwerkstätten)	**248 595**	**835,2**

|Tab. 21| *Der Umsatz in den Sparten der niederländischen Industrie und die Arbeitsplätze für Arbeitnehmer (2004/2005)*

Quelle: CBS

migem Verlauf mit einer starken Abwärtsbewegung zwischen 1973 und 1983 und einer leichten Aufwärtsentwicklung zwischen 1985 und 1992 – erheblich zurückgegangen (Messing 1982; Atzema & Wever 1994). Für die Abnahme sind die Schließung der Steinkohlegruben in Südlimburg, der Rückgang von Branchen, die ihren Produktlebenszyklus in den Niederlanden durchlaufen haben, die Erhöhung der Arbeitsproduktivität, Fusionen sowie die Verlagerung von Produktionszweigen ins Ausland und der damit verbundene teilweise rigorose Personalabbau in den Niederlanden verantwortlich. Einen empfindlichen Schlag bedeutete – drei Jahre nach der Beteiligung der Deutschen *Aerospace* – der Konkurs der *N. V. Koninklijke Nederlandse Vliegtuigenfabriek Fokker* 1996. Die noch rentablen, auf den Bau von Flugzeugteilen ausgerichteten Produktionszweige wurden von *Stork* übernommen, einem auf Gründungen des 19. Jh. zurückgehenden niederländischen Konzern mit dem Hauptsitz in Naarden, der im Maschinen- und Anlagenbau und bei industriellen Dienstleistungen tätig ist. Die Abteilung bildet seit 1999 die *Stork Aerospace Group* (Wennekes 1993; www.stork.com). Die industriellen Regressionserscheinungen konnten durch Erweiterungen und Neugründungen in zukunftsträchtigen Wachstumsbranchen nicht kompensiert werden. Allerdings muss beim Vergleich berücksichtigt werden, dass bei ausgelagerten Dienstleistungen die damit befassten Arbeitskräfte in der Betriebszählung des sekundären

Sektors nicht mehr auftauchen. 2005 gab es in den Niederlanden 835 200 Arbeitsplätze für Arbeitnehmer in der Industrie (Tab. 21), 8600 bei der Rohstoffgewinnung, 25 200 bei der Energie- und Wasserversorgung und 371 900 in der Bauwirtschaft, in diesen Branchen zusammengenommen also 1 240 900 (= 17,8 % aller Arbeitsplätze).

Für das starke Wachstum der Petrochemie boten die Niederlande sehr gute Standortbedingungen. An erster Stelle stand hierbei der Rotterdamer Hafen. Die 2 – 3 km breite, sich von Osten nach Westen und südlich der Nieuwe Maas und des Nieuwe Waterweg über 24 km hin erstreckende Industriegasse, die – von einigen Unterbrechungen abgesehen – wesentlich durch Öltanklager, die Petrochemie und andere chemische Fabriken bestimmt wird, beginnt westlich der Ortschaft Pernis mit dem *Shell*-Gelände. Neben den Produktionsstätten von *Shell* werden im Hafengebiet Raffinerien von *Exxon*, *Kuwait Petroleum*, *Nerefco*, *Agip Benelux*, *Koch HC Partnership* sowie Chemieanlagen u. a. von *Shell Chemical*, *Exxon Mobil Chemical*, *DSM*, *Akzo Nobel*, *Kemira* und *Eastman* (Port of Rotterdam, Company Index 2007) betrieben. Insgesamt wurden um die Raffinerien 44 große chemische Fabriken platziert, die zu einem beträchtlichen Teil von den Raffinerien über ein 1500 km langes Pipelinesystem versorgt werden, teils auch eigene Kaianlagen besitzen und Produkte untereinander austauschen. Die petrochemische Industrie nimmt ungefähr 60 % des gesamten Rotterdamer Hafengeländes ein, stellte 2005 allerdings nur 9000 der 57 943 Arbeitsplätze im Hafengebiet (Port of Rotterdam, Port Statistics). Die Petrochemie hat sich in den Niederlanden aber auch an anderen Standorten entwickelt. Zum Teil wurden sie erschlossen, um Regionen mit Strukturproblemen zu fördern. Unter diesem Gesichtspunkt entstanden die schon erwähnte Großanlage in Geleen sowie in den Sechzigerjahren im Industriekomplex Scheldemond die Betriebe der Petrochemie von *Total* im Hafengelände von Vlissingen-Oost und von *Dow Benelux* im Hafenbereich westlich von Terneuzen (Verburg 1996; www.zeeland-seaports.com). Eine Entlastungsfunktion für Rotterdam nimmt das Gelände für die Petrochemie am Südufer des Wasserarms Hollands Diep zwischen Klundert und Moerdijk wahr. Insgesamt hat sich im Bereich von Rotterdam, Klundert und Moerdijk, Vlissingen, der Kanalzone von Terneuzen bis Gent und des Antwerpener Hafens eine petrochemische Entwicklungsachse ausgebildet, die in ihrer Besatzdichte mit dem Chemiekorridor in Louisiana von Baton Rouge bis zur Mündung des Mississippi vergleichbar und einmalig in Europa ist. Als Hafenstandort für die chemische Industrie fungiert weiterhin Delfzijl. Hier hat sich ein Cluster mit Fabriken von *Akzo Nobel* und verschiedenen anderen Chemie-Unternehmen ausgebildet (www.groningen-seaports.com).

Zu den bezeichnenden Merkmalen des heutigen niederländischen Industriegefüges gehört die herausragende Stellung der Nahrungsmittelindustrie, was angesichts der hoch entwickelten Veredlungslandwirtschaft in den Niederlanden naheliegend ist, sowie das Verlags- und Druckereigewerbe. Eine Besonderheit stellen Industriebetriebe auf der Basis bergbaulicher Aktivitäten dar. Sie existieren in Veendam, wo Magnesiumsalz gewonnen und zu feuerfesten Steinen weiterverarbeitet wird (www.nedmag.com), sowie in Harlingen und Hengelo bei der Kochsalzgewinnung. Die Industrie, die auf die Herstellung homogener Massengüter, z. B. von Ölprodukten oder verarbeiteten Nahrungsmitteln, ausgerichtet ist, wird in den Niederlanden als „procesindustrie" bezeichnet (Azema & Wever 1994, S. 32). Sie bildet ein wesentliches Charakteristikum des niederländischen Industriegefüges (vgl. Tab. 21). 2004 wurden 21 % des Umsatzes der niederländischen Industrie allein im Bereich Nahrungs- und Genussmittel und 31 % in der Chemie und Petrochemie erzielt.

Die niederländische Industrie ist durch eine starke Orientierung auf ausländische Märkte charakterisiert. Mehr als die Hälfte des Umsatzes mit Industrieerzeugnissen, die in den Niederlanden hergestellt werden, wird im Ausland erzielt. Hierbei ergibt sich insbesondere bei Produkten der chemischen Industrie ein auffallend hoher Exportüberschuss.

Bei der Bruttowertschöpfung der Industrie nehmen die die Randstad enthaltenden Provinzen Noord-Holland, Utrecht und Zuid-Holland zusammen betrachtet eine führende Position ein (Tab. 22). Hierbei steht Zuid-Holland mit der Industrieachse von Dordrecht bis Rotterdam an erster Stelle, aber auch die Wirtschaftsleistung der Provinz Utrecht ist in Relation zur geringen Flächenausdehnung beachtlich. Außerhalb der Randstad hat Noord-Brabant mit dem industriellen Entwicklungskorridor Moerdijk–Eindhoven–Helmond ein beträchtliches Gewicht erlangt. Die junge Provinz Flevoland, die sich nicht auf eine längere Industrietradition stützen kann, hat ungeachtet von Betriebsverlagerungen in diese Region hinein und von Neugründungen den Anschluss an die übrigen Provinzen noch nicht ganz gefunden.

Die Standorte der Industrie

Wie es schon aus einzelnen Angaben über die Unternehmensstandorte ersichtlich war, besteht in den Niederlanden bei der Verteilung der Industrie eine eher dezentrale Struktur. So war *Philips* um 1990 in den Niederlanden an 37 verschiedenen Standorten vertreten (Atzema & Wever 1994), *Akzo Nobel* hatte 2005 immerhin 17 Standorte mit mehr als 50 Mitarbeitern in den Niederlanden (Akzo Nobel, Sociaal Jaarverslag 2005), und das Unternehmen *Stork* weist sogar 30, ziemlich gleichmäßig über die Niederlande verteilte Standorte auf (*Stork Group*: Werkmaatschappijen van Stork 2007). Natürlich nimmt die Randstad bei den Industriestandorten eine bedeutende Position ein. Sie gehört zu den führenden europäischen Industriestandorten und Wachstumspolen. Dennoch sollte auch die Tatsache betont werden, die van der Velden und Wever (1995) zum Titel eines wirtschaftsgeographischen Buches gemacht haben, nämlich „Nederland is meer dan de

Provinz	Bruttowertschöpfung in Mio. €
Groningen	2423
Friesland	2113
Drenthe	1781
Overijssel	5377
Flevoland	815
Gelderland	7161
Utrecht	3453
Noord-Holland	8543
Zuid-Holland	13 114
Zeeland	2784
Noord-Brabant	15 149
Limburg	6622
Summe	69 351

Quelle: www.cbs.nl

|Tab. 22| *Bruttowertschöpfung zu Marktpreisen der Industrie in den niederländischen Provinzen (2004)*

Randstad". Das bedeutendste Industriezentrum außerhalb der Randstad stellt Eindhoven dar.

Insgesamt sind die industriegeographischen, räumlichen Disparitäten in den Niederlanden zwar klar erkennbar, aber doch nicht so ausgeprägt wie in etlichen anderen europäischen Ländern. Das *Centraal Bureau voor de Statistiek* (CBS) erfasst die Zahl sämtlicher Industriebetriebe auf der Basis der Provinzen und von 40 COROP-Gebieten (benannt nach einer *Coordinatiecommissie Regionaal Onderzoeksprogramma*). In den 15 Bezirken, die den größten Teil der Randstad (ohne Almere) umfassen, waren 2006 insgesamt 32,9 % der 51 350 industriellen Betriebe der Niederlande angesiedelt, in den die Randstad umschließenden restlichen Bezirken der Provinzen Utrecht, Noord- und Zuid-Holland 39,3 %. Überdurchschnittlich stark vertreten ist die Randstad bei der Herstellung von Erdölderivaten sowie im Bereich Druckerei- und Verlagswesen. Dieser besitzt allein in der COROP-Region Amsterdam 765 (!) Niederlassungen. Bei der Häufigkeit des Vorkommens von anderen Betrieben auf der Provinzebene wird der Maximalwert nicht selten in Noord-Brabant erreicht, wobei die Eindhoven einschließende COROP-Region die führende Stellung einnimmt. Bei der Zahl der Unternehmen, die Autozubehör herstellen, steht der COROP-Bezirk Veluwe an erster Stelle. Abbildung 103 zeigt eine beachtliche Spannweite, was den Beitrag der Industrie zur Bruttowertschöpfung in den COROP-Gebieten anbelangt. In verschiedenen Regionen hat ungeachtet der Tertiärisierung und Quartärisierung des Wirtschaftslebens die Industrie immer noch ein großes Gewicht und ist mit einem Anteil von über 40 % an der Bruttowertschöpfung vertreten. Nicht selten sind dies Regionen, in denen die absolute Zahl der Industriebeschäftigten gar nicht besonders hoch ist (vgl. Abb. 104), wie z. B. in Zeeuws-Vlaanderen, in denen der Dienstleistungssektor aber nicht so gut entwickelt ist. Auch in IJmond, wo sich u. a. der Stahl-

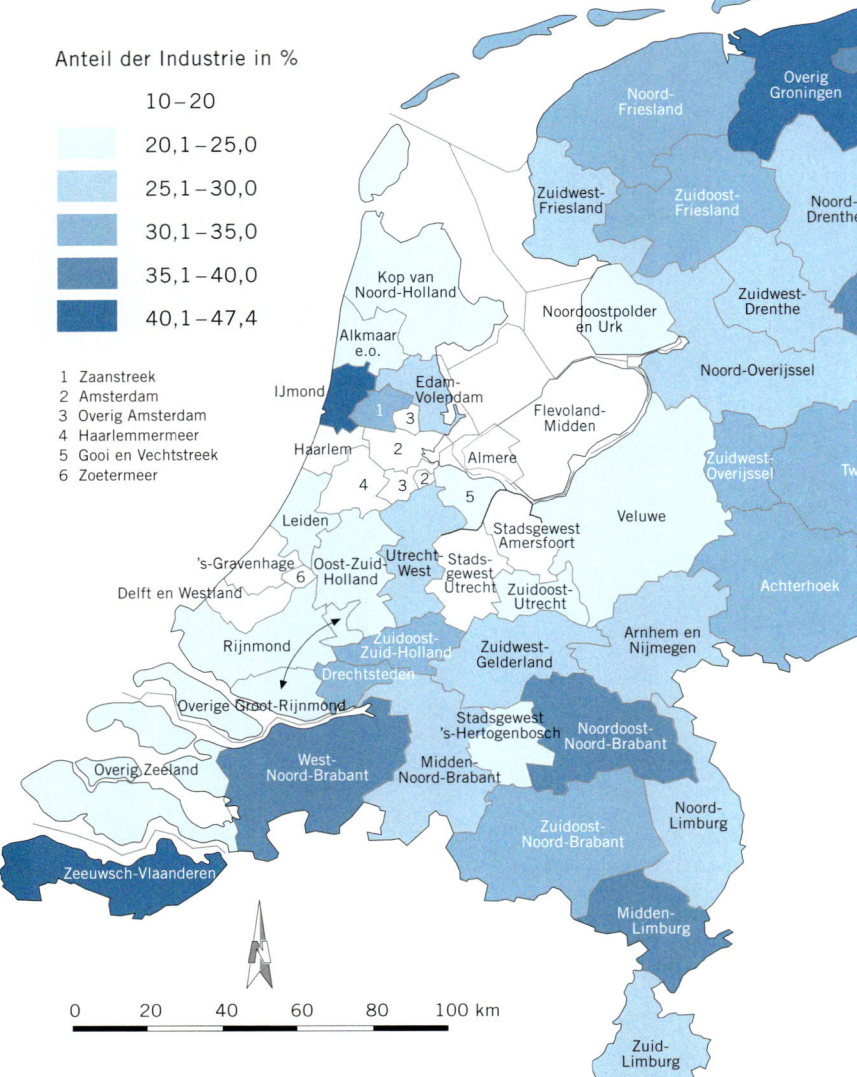

Anteil der Industrie in %

10-20

	20,1-25,0
	25,1-30,0
	30,1-35,0
	35,1-40,0
	40,1-47,4

1 Zaanstreek
2 Amsterdam
3 Overig Amsterdam
4 Haarlemmermeer
5 Gooi en Vechtstreek
6 Zoetermeer

0   20   40   60   80   100 km

|Abb. 103| *Anteil der In-dustrie an der Bruttowert-schöpfung (2001) in den niederländischen COROP-Gebieten Datengrundlage: CBS*

tensieve produktie" (wissensintensive Produktion) analysiert und kartographisch dargestellt haben (Alders & De Ruijter 1984; Kok et al. 1984; Stokman 1986; Kleinknecht & Poot 1990; Louter 1992; Lambooy 1994; Budil-Nadvornikova et al. 1995). Wenn man eine Schnittmenge der Schwerpunktregionen bei den sehr unterschiedlichen Versuchen zur räumlichen Erfassung des Potenzials bildet, so nimmt bei allen sonstigen Abweichungen Noord-Brabant (hierin am häufigsten die Teilregion Zuidoost-Noord-Brabant mit Eindhoven als „brain port") einen guten bis hervorragenden Platz ein; aber ansonsten ist eine breite regionale Streuung gegeben.

Innerhalb der Gemeinden fallen in den Niederlanden – in einer Häufung wie sonst nirgendwo in Europa – als Standorte für Industriegebiete der Kanal, der kanalisierte Fluss oder der Stichkanal dorthin sowie der Binnenhafen auf. Fünfzig Ortschaften mit mehr als 10 000 Einwohnern, die über ein Industriegebiet der beschriebenen Art verfügen, lassen sich aufzählen. Nur wenige Städte – Heerlen ist die bedeutendste davon – besitzen keinen derartigen Standort. Entlang von Wasserstraßen hat sich östlich und südöstlich von Rotterdam ein verdichteter Industriekorridor an den „werkrivieren" Noord, Beneden Merwede, Oude Maas, Nieuwe Maas und Lek gebildet mit Standorten v. a. in Papendrecht, Zwijndrecht, Ridderkerk, Alblasserdam, Krimpen a/d IJssel, Krimpen a/d Lek und Nieuw-Lekkerland. Er erlebte seine Aufbauphase zwischen 1890 und 1914 (de Pater et al. 1989) und weist ein vielgestaltiges Industriegefüge auf. Aufgrund des Rückganges der Metallindustrie und der Krise der Werftindustrie geriet sie in den 1970er-Jahren in Schwierigkeiten, doch sind einzelne Werften für Reparaturen und den Bau von Yachten, z. B. *Mercon, IHC Holland* und *Oceano* am Noord sowie metallverarbeitende Betriebe (z. B. *NedStaal*) erhalten geblieben. Eine weitere flussnahe Industriegasse stellt die Zaanstreek (Abb. 105) nördlich von Amsterdam dar, das älteste niederländische Industriegebiet, in dem bereits im 17. Jh. Kolonialwaren und andere Güter, die auf dem Stapelmarkt in Amsterdam ankamen, verarbeitet wurden. In der ersten Hälfte des 18. Jh. waren dort ca. 600 Industriemühlen in Betrieb, und nach 1870 profitierte die Region von der allgemeinen industriellen Aufschwungphase der Niederlande (de Pater et al. 1989). Das heutige Industriegefüge umfasst u. a. den Maschinenbau, aber die Tradition der Verarbeitung von Waren aus tropischen Regionen lebt fort, und zwar bei der Kakaoherstellung und in anderen Zweigen der Rohstoffverarbeitung. Große Unternehmen wie *Unilever, Amylum (Tate & Lyle)* und *Gerkens Cacao (Cargill)* sind in diesem Bereich vertreten. Ausgedehnte Industriegebiete weist der Ams-

standort IJmuiden befindet, ist der Dienstleistungssektor schwach ausgeprägt, aber auch in Overig Groningen ungeachtet des gleichnamigen Oberzentrums. Der geringe Anteil in Flevoland Midden bringt Schwächen der Industrieentwicklung zum Ausdruck, derjenige in der Region Amsterdam, nach wie vor ein bedeutender Industriestandort, die überragende Position des tertiären und quartären Sektors.

Die Karte der Industriebeschäftigten in den COROP-Gebieten (Abb. 104) zeigt insgesamt eine vergleichsweise ausgewogene regionale Struktur, wenn auch mit einigen schwächer entwickelten Zonen, nämlich in Zeeland, Friesland, Flevoland und Drenthe. Die dezentrale Industriestruktur manifestiert sich auch bei der Verteilung technologieorientierter und innovationsträchtiger Betriebe. Dies kommt seit den 1980er-Jahren in etlichen Untersuchungen zum Ausdruck, die mit stark voneinander abweichenden Methoden die Phänome der „kansrijke werkgelegenheid" (zukunftorientierte Beschäftigung), der „produktinnovaties" oder der „kennisin-

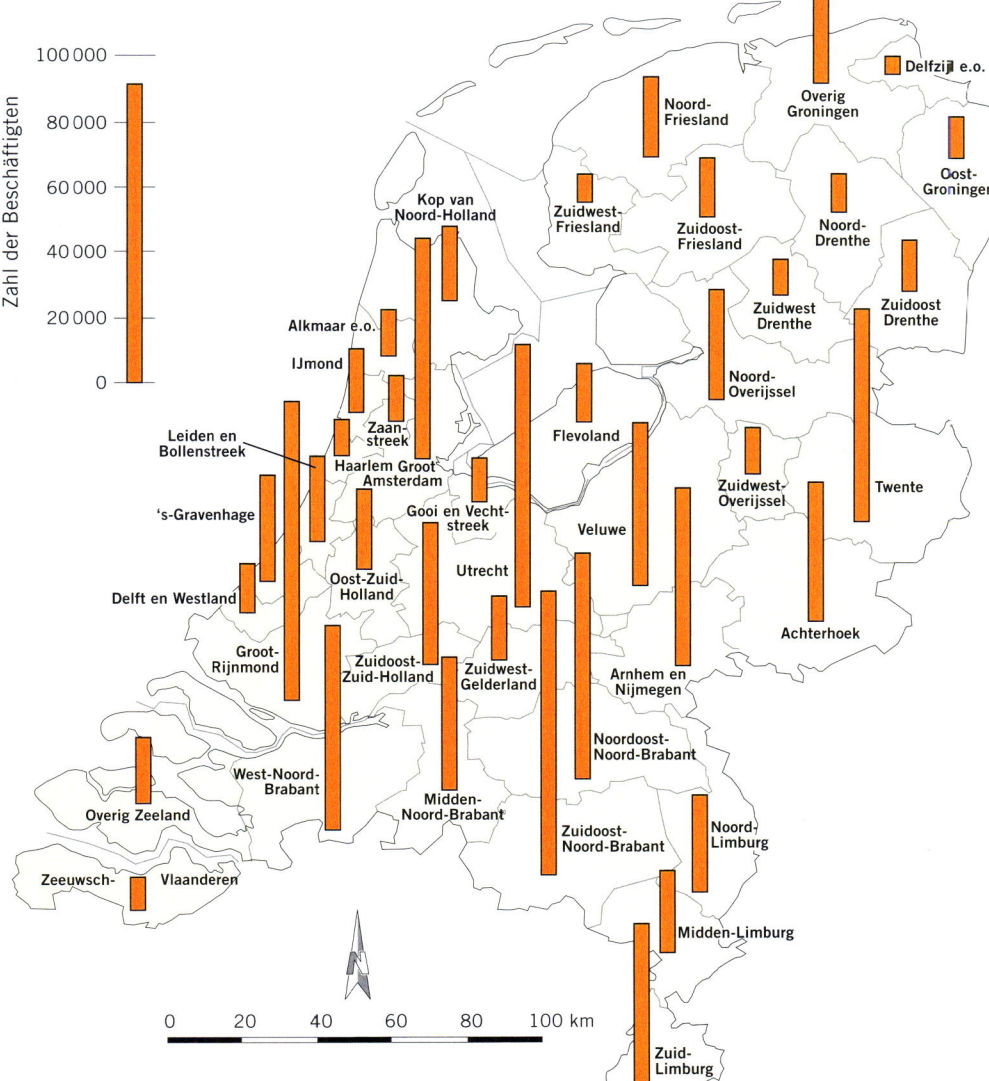

Zahl der Beschäftigten

100 000
80 000
60 000
40 000
20 000
0

|Abb. 104| *Industrie-beschäftigte (2003) in den niederländischen CO-ROP-Gebieten (Anm.: Zwischen 2001 [Abb. 103] und 2003 gab es gering-fügige Änderungen bei der Abgrenzung der COROP-Gebiete.)*

Delfzijl e.o.

Noord-Friesland

Overig Groningen

Oost-Groningen

Kop van Noord-Holland

Zuidwest-Friesland

Zuidoost-Friesland

Noord-Drenthe

Alkmaar e.o.

IJmond

Zuidwest Drenthe

Zuidoost Drenthe

Zaan-streek

Leiden en Bollenstreek

Haarlem Groot Amsterdam

Noord-Overijssel

's-Gravenhage

Flevoland

Gooi en Vecht-streek

Zuidwest-Overijssel

Twente

Delft en Westland

Oost-Zuid-Holland

Utrecht

Veluwe

Groot-Rijnmond

Zuidoost-Zuid-Holland

Zuidwest-Gelderland

Arnhem en Nijmegen

Achterhoek

West-Noord-Brabant

Noordoost-Noord-Brabant

Overig Zeeland

Midden-Noord-Brabant

Zuidoost-Noord-Brabant

Noord-Limburg

Zeeuwsch-Vlaanderen

Midden-Limburg

Zuid-Limburg

0   20   40   60   80   100 km

terdamer Seehafen auf, hier insbesondere im West-poort, aber auch im Bereich der älteren IJ-Häfen. Hier haben sich u. a. bedeutende Unternehmen wie *Sigma Coatings* (Farben und Lacke) und *Stork* nie-cergelassen (www.amsterdam-industriestad.nl).

Die Stadtplanung in den Niederlanden war so curchgreifend, dass heute Wohn- und Industrievier-tel im Sinne der Charta von Athen räumlich weitge-hend voneinander getrennt sind. Neuansiedlungen f nden größtenteils in peripher zu den Wohnberei-chen angelegten Industriegebieten oder -parks statt, selten in rezirkulierten Arealen. In den neuen Indus-triegebieten wird der Raum oft nicht effizient genug genutzt, was die Zersiedlung unnötig verstärkt (Louw & Bontekoning 2007). Ein innovatives Ansied-lungskonzept wird mit der Einrichtung von *Science Parken* verfolgt. Der erste wurde 1981 in Enschede eröffnet; mittlerweile existieren derartige Terrains in Nijmegen, Wageningen, Amsterdam, Leiden, Gro-ningen, Eindhoven, Utrecht, Maastricht und Delft. Hier können sich hochtechnologieorientierte und

forschungsintensive Industrie- und Dienstleistungs-betriebe niederlassen, die vielfach mit Universitäts-instituten zusammenarbeiten und teilweise „Spin-off-Unternehmen" von Hochschulabsolventen oder wissenschaftlichem Personal darstellen. Die Parks von Leiden, Maastricht und Wageningen wurden als „themaparken" entwickelt. Die Einrichtung in Lei-den positioniert sich als „Bio Science Park", die in Maastricht als Park für „Life Sciences" und die in Wageningen als „Agrobusiness Park". Ebenfalls den Wissenschaftsparks zuzuordnen ist der oben ge-nannte „Hightech Campus Eindhoven" (Bar-tels & Wolff 1993; Web-Präsentationen der Parks). Weiterhin gibt es in etlichen Gemeinder Gründer-zentren (*bedrijvencentra, bedrijfsverzamelgebou-wen*), in denen Jungunternehmen eine Zeitlang kos-tengünstig untergebracht sind. Ein Gewerbegebiet, in dem die Multifunktionalität in besonderer Weise betont wird und in dem fließende Übergänge zwi-schen Industrie- und Dienstleistungssektor sichtbar werden, stellt der nördlich von Eindhoven in der Ge-

|Abb. 105| *Gebäude einer früheren* Zeepziederij *(Seifensiederei) in einem Industriegebiet der Zaanstreek. Der nördlich von Amsterdam sich beiderseits der Zaan ausdehnende hoch verdichtete Distrikt ist der älteste Industriekorridor der Niederlande. Bereits im 17. Jh. hat es hier zahlreiche Gewerbebetriebe gegeben, z. T. zur Verarbeitung von Rohstoffen aus den Kolonien. Die Verarbeitung von tropischen Produkten (Palmöl, Kakao) bildet bis heute eine Komponente, wird aber durch etliche andere Branchen, u. a. der chemischen Industrie, ergänzt.*

meinde Son en Breugel gelegene „Industriepark Ekkersrijt" dar, der einen „Science Park" enthält und in dem Forschungseinrichtungen, Betriebe des tertiären und quartären Sektors sowie produzierende Betriebe, Niederlassungen großer Unternehmen wie *Stork*, mittelständische Unternehmen, Speditionen, Druckereien, der *Teleport Eindhoven*, ein „Science Center", *KPN Telekom*, der Brabanter Rundfunk und Einzelhandelsgeschäfte zu finden sind (www.ekkersrijt.nl). Hochtechnologiebetriebe haben im Raum Eindhoven eine beträchtliche Bedeutung erlangt, darunter *ASML* in der Nachbargemeinde Veldhoven, ein 1984 gegründetes Unternehmen mit dem Produktionsschwerpunkt „semiconductor lithography" (Halbleiterlithografie) und 7500 Mitarbeitern weltweit, davon 3000 in den Niederlanden (www.asml.com). „Brainport Eindhoven" ist mittlerweile für die Region zu einem gängigen Schlagwort geworden, unter anderem in der *Nota Ruimte* von 2006.

Industrie und regionale Wirtschaftsförderung

Im Rahmen der staatlichen Wirtschaftsförderung wurde lange Zeit versucht, für eine regional ausgewogene Verteilung von Industriebetrieben zu sorgen. Konzepte einer derartigen Regionalpolitik nahmen erstmals Gestalt an, als 1952 *ontwikkelingsgebieden* für eine spezifische Investitionsförderung ausgewiesen wurden. Hierbei erscheint seit 1958 immer wieder der Norden der Niederlande in den Entwicklungsplänen, insbesondere die Provinzen Drenthe, Groningen und Friesland oder Teile davon sowie Unterbezirke von Overijssel. Zeitweilig erfuhr Zeeland, das von 1958–1968 als *probleemgebied* und von 1969 bis 1972 als *stimulierungsgebied* ausgewiesen war, eine spezifische Wirtschaftsförderung. In einigen Regionen, in denen traditionelle Branchen im Niedergang begriffen waren oder ganz verschwanden, musste für Ersatzindustrien und ei-

nen Ausgleich im tertiären Sektor gesorgt werden. Dies betraf die Textil- und Lederwarenregionen im mittleren Noord-Brabant, das Baumwollindustriegebiet in Twente und die Bergbauregion *„oostelijke en westelijke mijnstreek"* in Südlimburg.

Trotz ihrer Modernität wurde die Gemeinde Lelystad 1986 als Bezirk für die seit 1967 existierende *investeringspremieregeling* ausgewiesen. Aufgrund einer gewissen Abseitslage hatten sie keine so gedeihliche Entwicklung genommen wie die Kerngemeinden der Randstad. Auch im Programm von 2000–2006 war Lelystad noch enthalten. Von 1994 bis 2005 war Flevoland sogar Ziel-1-Gebiet der EU. Die Ziel-2-Gebiete innerhalb des Königreiches sind angesichts der relativ ausgewogenen räumlichen Wirtschaftsstruktur reichlich groß bemessen (http://ec.europa.eu/regional_policy/atlas/index_en.htm).

Die Provinz Zeeland hatte bis zur Fertigstellung der Straßenverbindungen über die im Rahmen des Deltaplanes gebauten Dämme unter der verkehrsgeographischen Abseitslage zu leiden und war in den 1950er-Jahren eine stärker ländlich geprägte Region, die von 1880 bis 1966 beträchtliche Wanderungsverluste aufwies. Im Rahmen der Förderungsprogramme von 1959 bis 1972 und der vom *„Economisch Technologisch Instituut"* der Provinz seit 1952 ausgearbeiteten Entwicklungspläne wurden ausgedehnte Industriegebiete ausgewiesen, die wesentliche Ansiedlungserfolge nach sich zogen (Verburg 1996). Die schon bestehende Industriegasse am Kanal von Gent nach Terneuzen wurde weiter verdichtet. 1962 entstand am neu angelegten Braakmanhaven der bis heute größte Industriebetrieb von Zeeland, das Werk von *Dow Benelux*, das Naphta und Styren produziert. Stärker noch war die Expansion östlich von Vlissingen, insbesondere in den Sechzigerjahren und zu Anfang der Siebzigerjahre. Zur Schaffung der wirtschaftsnahen Infrastruktur gehörten der Hafenausbau mit der Anlage des Sloehaven (Vlissingen Oost) und die Energieversorgung durch den Kraftwerkskomplex von Borssele mit einem Kernkraftwerk, einem Kohle- und einem Gasturbinenkraftwerk. Es entstanden Betriebe der Chemie und Petrochemie (darunter eine Raffinerie von *Total*) und die 1971 in Betrieb genommne Aluminiumhütte des französischen Konzerns *Pechiney* (heute *Alcan*) (Verburg 1996; www.zeeland-seaports.com).

Durch die Krise der Textil- und Bekleidungsindustrie in den Sechziger- und Siebzigerjahren stand v. a. die Twente-Region vor großen Problemen. Seit 1975 ist sie als Fördergebiet ausgewiesen. Für die Bewältigung des Strukturwandels war nicht nur die Erhaltung und Erweiterung der Industrie im Hafengelände am Twentekanal wichtig, sondern auch die Schaffung stärker technologieorientierter Betriebe und der Ausbau des Dienstleistungssektors. Angelpunkt hierfür waren die 1961 gegründete und 1964 eröffnete „Technische Hogeschool Twente", die nach Erweiterungen 1986 die „Universiteit Twente" wurde, und der angrenzende „Business and Science Park". Hier haben sich Industriefirmen wie *Ericsson* angesiedelt, aber auch Ingenieurbüros und andere Unternehmen für wirtschaftsnahe Dienstleistungen. Die einseitig strukturierten südlimburgischen Bergbauregionen *„oostelijke mijnstreek"* mit den Zentren Heerlen, Kerkrade und Brunssum und *„westelijke mijnstreek"* mit den Zentren Sittard und Geleen sind innerhalb eines kurzen Zeitraumes vor große Arbeitsmarktprobleme gestellt worden. Dort dauerte die Stilllegungsphase, nach deren Beendigung sämtliche Zechen geschlossen waren, nur von 1965 bis 1974. Im Jahre 1958 waren im südlimburgischen Bergbau noch über 55 000 Arbeitskräfte tätig, Mitte 1964 waren es noch 45 000, Mitte 1971 nur 10 000 und nach 1976 niemand mehr. Die planmäßige Entwicklung von Ersatzindustrien fiel noch in eine Phase, in der in Mitteleuropa die Gründung von industriellen Großanlagen lohnender war als heutzutage. Die Ansiedlung von *DAF* (heute *NedCar*) in Born und der Ausbau der Chemie in Geleen (s. o.) sowie die Gründung etlicher kleinerer Betriebe, u. a. in Heerlen, waren sehr wichtig. Allerdings konnte für den Arbeitsmarkt keine vollständige Kompensation erreicht werden (Breuer 1984).

Kennzeichnend für das niederländische Industriegefüge ist die Attraktivität für ausländische Direktinvestitionen, womit verschiedene Qualitätsmerkmale dokumentiert werden. Dazu zählen die Verkehrsinfrastruktur, die zentrale Lage, die moderate Kapitalbesteuerung, das hohe Ausbildungsniveau, die Weltoffenheit vieler Niederländer und ihre fremdsprachlichen Fähigkeiten, v. a. im Englischen. Nach der Zahl der ausländischen Betriebe oder solchen mit ausländischer Beteiligung stehen US-amerikanische Unternehmen an erster Stelle. Die *Netherlands Foreign Investment Agency* (www.nfia.com) gibt 5000 ausländische Unternehmen aller Sparten an, was für eine vergleichsweise kleine Volkswirtschaft bemerkenswert ist und ein Gütesiegel darstellt.

Besonderheiten der niederländischen Energiewirtschaft

Einige Industriestaaten besitzen bei der Energieversorgung spezifische Präferenzen. In den Niederlanden nimmt die Erdgaswirtschaft eine überragende Stellung auf diesem Sektor ein. Beim gesamten Energieverbrauch in den Niederlanden hatte 2006 das Erdgas einen Anteil von 44 % (www.energie.nl). 1948 wurde bei Coevorden (Drenthe/Overijssel) erstmals kommerziell verwertbares Gas gefunden. 1951 war dies die erste Gemeinde in den Niederlanden, in der die Haushalte mit Erdgas versorgt wurden. Nach der Entdeckung des Groninger Erdgasfeldes im Jahre 1959 bei Slochteren, einem der größten der Welt, und dem Beginn der Förderung im Jahre 1963 hat sich bei der Aufteilung der verwendeten Energieträger ein beträchtlicher Wandel vollzogen, wobei die Kohle stark zurückgedrängt wurde. 1963 war sie unter ihnen noch mit 31 % vertreten. Die Förderung bei Slochteren erfolgte durch die 1947 von *Shell* und *Exxon* gegründete *Nederlandse Aardolie Maatschappij* (*NAM*), die noch heute eine dominierende, wenn auch nicht mehr die alleinige Stellung bei der Gewinnung einnimmt (Meijer 1994; Rondeel et al. 1996; Correljé et al. 2003). Die Übertragung von Konzessionen für Gasfelder durch den Staat an Erdölgesellschaften hatte zur Folge, dass diese den Gaspreis an den Erdölpreis koppelten, um Gas nicht als Konkurrent zum Erdöl aufkommen zu lassen.

Für die niederländischen Erdgaslagerstätten stellen Sandsteine des Rotliegenden das mit Abstand wichtigste Speichergestein dar. Gelegentlich finden sich auch in karbonischen Sandsteinen und in kalkigen Schichten des Zechsteins Lagerstätten. Wo Zechsteinsalz als Versieglungsschicht fehlt, ist Erdgas stellenweise auch in Sedimente des Buntsandsteins, gelegentlich auch in andere mesozoische Schichten eingedrungen. Die Speichergesteine sind unter mächtigen Deckschichten verborgen.

Erdgasfelder werden auf dem Festland, im Wattenmeergebiet und im Bereich des submarinen Festlandssockels genutzt. Den Niederlanden wurde 1958 im Vertrag von Genf ein Teil des Festlandsockels im Schelfgebiet zugewiesen. Dort begann die Förderung von Erdgas 1975, und zwar ca. 50 km nordwestlich von Texel.

Von geringer Bedeutung ist die einheimische Rohölgewinnung. Die seit 1982 betriebene Offshore-Förderung macht hierbei den Hauptanteil aus (Meijer 1994; Rondeel et al. 1996; Correljé et al. 2003). Im Jahre 2005 deckte die Rohölförderung 2,9 % des inländischen Bedarfs (CBS).

Ein Netz von submarinen Pipelines durchzieht den zu den Niederlanden gehörenden Schelfbereich (Abb. 106). Verschiedene Hauptstränge des Rohrtransports durchziehen die Niederlande mit getrennten Pipelines für unterschiedliche Funktionen, so für Gas aus Groningen, für Gas mit hohem und niedrigem Heizwert und für entschwefeltes Gas. Mehrere Pipelines überschreiten die Landesgrenze. So reicht die *Trans-Europe-Natural-Gas Pipeline* bis nach Italien. Zudem ist das niederländische System

|Abb. 106| *Erdgas in den Niederlanden (2005/2006)*

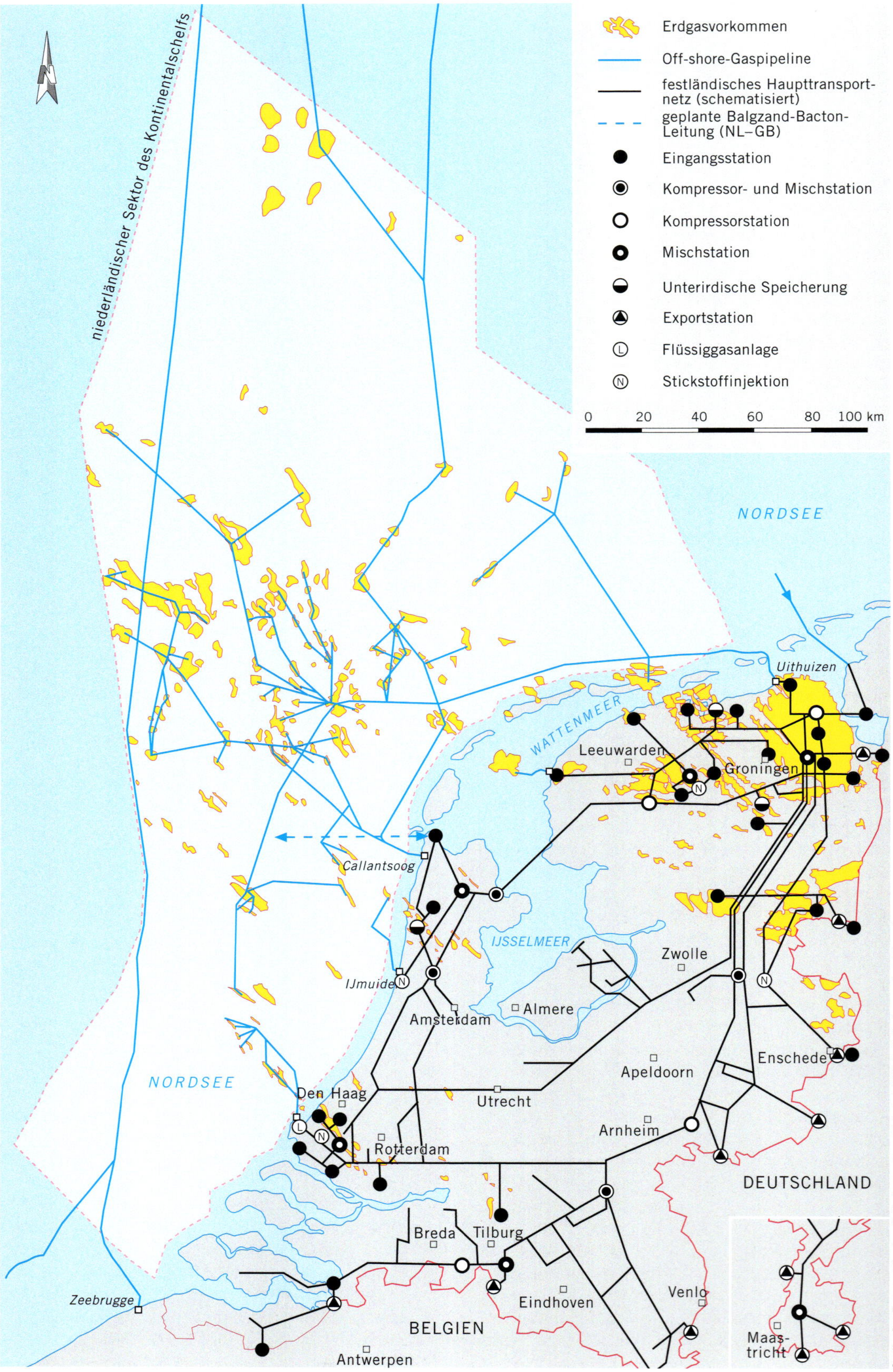

niederländischer Sektor des Kontinentalschelfs

Erdgasvorkommen

Off-shore-Gaspipeline

festländisches Haupttransport-
netz (schematisiert)

geplante Balgzand-Bacton-
Leitung (NL–GB)

Eingangsstation

Kompressor- und Mischstation

Kompressorstation

Mischstation

Unterirdische Speicherung

Exportstation

Flüssiggasanlage

Stickstoffinjektion

0   20   40   60   80   100 km

NORDSEE

Uithuizen

WATTENMEER

Leeuwarden

Groningen

Callantsoog

IJSSELMEER

Zwolle

IJmuiden

Amsterdam

Almere

Apeldoorn

Enschede

Den Haag

Utrecht

Arnheim

DEUTSCHLAND

Rotterdam

Breda   Tilburg

Eindhoven   Venlo

Maas-
tricht

Zeebrugge

NORDSEE

BELGIEN

Antwerpen

Quelle: Gas Transport Services B. V., Jaarverslaag; Unterl. d. TNO Built Environment and Geosciences

mit der Pipeline *Interconnector* von Bacton nach Zeebrugge verbunden, durch die 1998 erstmals britisches Erdgas auf den europäischen Kontinent transportiert wurde. Das Versorgungssystem wird durch Kompressorstationen, Mischstationen sowie Transferstellen, an denen Gas in die Leitungen der Energieversorgungsunternehmen oder der Großabnehmer eingespeist wird, ergänzt. Die Mischstationen sind v. a. deshalb erforderlich, weil Haushaltsgeräte der Endverbraucher auf die Zusammensetzung und den niedrigen Brennwert des Groninger Gases eingestellt sind, während das Gas anderer Felder davon abweicht. In einzelnen Stationen wird dem Erdgas Wasserstoff beigemengt. Damit die Versorgung bei Nachfragespitzen gewährleistet werden kann, sind Gasspeicher angelegt worden. Hierfür werden unterirdische Kavernen genutzt, wobei in Porenräumen erschöpfter Gasfelder und in natürlichen Hohlräumen Gas gespeichert wird. Derartige Anlagen existieren in Grijpskerk (westlich von Groningen), Langelo (südlich von Groningen) und in Alkmaar. Weiterhin wird Gas in flüssiger Form in Tanks in der Maasvlakte bei Rotterdam gespeichert (www.nlog.nl; www.gastransportservices.nl; www.nv-nederlandsegasunie.nl).

Beim inländischen Absatz besaß die *Gasunie* lange Zeit eine Monopolstellung, die inzwischen verloren gegangen ist. 1995 besorgte sie 97,6 % des inländischen Absatzes, 2006 nur noch 63,3 % (www.energie.nl). Die heute zu 100 % staatliche *Gasunie* ist für die Infrastruktur, das Unternehmen *GasTerra* – mit privaten und staatlichen Anteilen – ist hingegen für den Handel zuständig (www.gasterra.nl). Das System ist stark exportorientiert. 2006 belief sich der binnenländische Absatz auf 45,3 Mrd. m³, die Ausfuhr auf 51,8 Mrd. m³. 2006 wurden 20,9 Mrd. m³ Gas nach Deutschland, 11,1 Mrd. an Italien, 8,4 Mrd. an Frankreich und 6,8 Mrd. nach Belgien und 0,6 Mrd. in die Schweiz verkauft. Ungeachtet der umfangreichen einheimischen Förderung, die noch einen ausgedehnten Export ermöglicht, zahlt der Abnehmer in den Niederlanden inzwischen durchaus keine niedrigen Preise. Für die privaten Haushalte übertrafen sie 2007 den EU-Durchschnitt und befanden sich knapp unter dem der Eurozone (www.energie.nl; epp.eurostat.ec.europa.eu). Aufgrund der beträchtlichen Energiekosten rentiert sich beispielsweise für die Betreiber von Glashauskulturen schon seit Längerem die Doppelverglasung.

Erdgas hat in den Niederlanden einen hohen Anteil an der Stromerzeugung. 47 % der zur Elektrizitätserzeugung in den Niederlanden verbrauchten Energie stammten 2006 vom Erdgas. Im Jahre 2007 wurden von den 31 Kraftwerken mit einer Leistung von mehr als 17 MW lediglich sieben nicht mit Gas betrieben. Dazu gehören das Kernkraftwerk von Borssele, das nicht zuletzt wegen des Strombedarfs der Aluminiumhütte bei Vlissingen auf Walcheren errichtet wurde, sowie sechs Kohlekraftwerke. Bei den Gaskraftwerken sind die eingesetzten Gasturbinen teilweise zur besseren Energieausnutzung mit Abhitzekesseln verbunden. Das größte Kraftwerk der Niederlande ist die an der Küste westlich von Delfzijl gelegene mit Erdgas betriebene *Eemscentrale* mit einer Kapazität von 2400 MW (www.energie.nl).

Die übrigen beiden Beneluxstaaten setzten die Schwerpunkte anders: Luxemburg gewinnt 21 % seiner elektrischen Energie aus Wasserkraft und 66 % aus Wärmekraftwerken (2006), Belgien 55 % aus Kernkraft (2005) (www.ilr.etat.lu/elec/stat; http://mineco.fgov.be/energy). Die elektrische Energie der Niederlande wird hingegen zu 57 % aus Erdgas, 24 % aus Steinkohle, 4 % aus Öl und nur zu 4,2 % aus Kernenergie gewonnen. Windkraftanlagen nehmen zwar zu – insbesondere nahe der Küste –, doch entsprach 2005 deren Produktion nur einem Anteil von 2,1 % der niederländischen Stromerzeugung (CBS). Mittelfristig sind wesentliche Änderungen beim Energieversorgungssystem der Niederlande zu erwarten: Unter Beibehaltung der gegenwärtigen niederländischen Jahresproduktion und unter der Annahme, dass die Entdeckung neuer großer Felder unwahrscheinlich ist, kann man in ca. 20 Jahren nicht mehr auf die nationalen Erdgasreserven zurückgreifen (www.nlog.nl).

Der Wandel des Industriegefüges in Belgien

Die Grundpfeiler des industriellen Aufbaus

Früher und intensiver als in den anderen Staaten des europäischen Kontinents breiteten sich im Bereich des heutigen Belgien Industrialisierungsprozesse aus. Die Vorboten zeigten sich im 18. Jh. mit Manufakturen für die Porzellanherstellung, die Tabakverarbeitung, den Kattundruck, die Papierherstellung sowie die Tuchherstellung. Im Steinkohlerevier von Charleroi konnten dank des Einsatzes von Dampfmaschinen zum Betrieb der Wasserpumpen schon Schächte bis in eine Tiefe von über 200 m und im Lütticher Raum hatte es bereits im 13. Jh. eine ausgedehnte Steinkohleförderung gegeben und die Eisenverarbeitung hatte sich seit dem Spätmittelalter zu einer Lütticher Spezialität entwickelt. Die Wurzeln der Buntmetallverarbeitung im Maastal reichen sogar bis ins Hochmittelalter zurück. Die Glasherstellung war im Raum Charleroi im 18. Jh. ein wichtiger Wirtschaftszweig (Hasquin 1971, 1979; Hansotte 1975; Kranz 1999; Raxhon 2004).

Die Textil- und Schwerindustrie

Die industrielle Revolution setzte in den südlichen Niederlanden ungewöhnlich früh ein. Ihre Entwicklung verdankt sie herausragenden Unternehmern, die technische Inventionen rasch zu marktfähigen Innovationen umsetzen konnten. Sie bauten in kurzer Zeit Industrieimperien auf und gaben den Anstoß zur Entstehung industrieller Cluster. So führ-

te Lieven Bauwens 1801 die moderne Baumwollver- arbeitung in Gent ein. Auch der britische Industrie- unternehmer William Cockerill und seine drei Söhne William jr., John und Charles James gaben der wal- lonischen Industrie und der Industrie im Aachener Raum kräftige Impulse. William Cockerill errichtete beispielsweise 1799 in Verviers die erste mechani- sche Wollspinnerei. In der Folgezeit entwickelte sich das Gebiet um Verviers zu einem der bedeutendsten Schurwollverarbeitungszentren des europäischen Kontinents. Noch in der ersten Hälfte des 19. Jh. entstand in Verviers die Textilmaschinenherstellung als Folgeindustrie. Zwischen 1810 und 1830 baute der aus Frankreich stammende Industrielle Henri Degorge in der Gemeinde Boussu, im Steinkohlebe- cken des Borinage, westlich von Mons den großen „complexe industriel minier" (industriellen Berg- baukomplex) von Le Grand-Hornu auf (Abb. 107), verbunden mit einer über 420 Häuser umfassenden Arbeitersiedlung. Die Bergwerksmaschinen wurden in Fabriken des eigenen Unternehmens hergestellt und instandgesetzt (Robert 2002). Zwischen 1823 und 1825 ließ John Cockerill in Seraing, im Maastal oberhalb von Lüttich, einen modernen Kokshoch- ofen errichten, den ersten auf dem europäischen Kontinent außerhalb des oberschlesischen Reviers. 1829 nahm in Couillet, im Sambretal, südlich der im 17. Jh. entstandenen Planstadt Charleroi, die erste Produktionsstätte dieser Art den Betrieb auf. Damit wurde eine Epoche eingeleitet, in der im Lau- fe des 19. Jh. Wallonien zu einem der größten Ei- sen- und Stahlproduzenten Europas aufstieg. Es entstand in der Haine-Niederung, insbesondere ent- lang des Canal du Centre und des Canal Nimy-Bla-

ton-Péronnes, sowie im Sambre- und Maastal eine Schwerindustrieachse mit vier Agglomerationen, und zwar dem Borinage mit dem Hauptversorgungs- zentrum Mons, dem Centre mit dem Hauptort La Louvière, der Region um Charleroi sowie dem Schwerindustriegebiet des Raumes Lüttich mit dem monostrukturierten Industrieort Seraing oberhalb der alten Stadt im Maastal und verschiedenen in- dustriell geprägten Nachbargemeinden. Die Folgein- dustrie der Schwerindustrie drang südlich von Huy in das untere Hoyouxtal vor. Weiterhin etablierte sich die Schwerindustrie nach 1841 in Clabecq, zwischen Brüssel und Charleroi sowie im Zusam- menhang mit der Entwicklung des lothringisch-lu- xemburgischen Reviers nach 1872 in Athus, im Sü- den von Belgisch-Lothringen.

Eine führende Stellung in der Schwerindustrie nahm der *Cockerill*-Konzern ein, der sich im Laufe des 19. Jh. zu einem horizontal und vertikal integ- rierten Unternehmen mit mannigfachen Auslands- beziehungen entwickelte. Das nach den Gründern benannte, aber nicht im Familienbesitz gebliebene Unternehmen *Cockerill* besaß gegen Ende des 19. Jh. Steinkohlenbergwerke, Eisenerzgruben und Erzfrachter, des Weiteren Fabriken für den Bau von Dampfmaschinen, Lokomotiven, Brückenteilen, Feuerkesseln, Eisenbauteilen, Kanonen und Eisen- walzen sowie eine Werft in Hoboken bei Antwerpen. Auch andere bedeutende Unternehmen waren an dem gewaltigen Aufschwung der damaligen Schlüs- selindustrie beteiligt, z. B. der 1969 von Cockerill aufgekaufte Konzern *Espérance-Longdoz* (Willem 1990). Etliche Folgeindustrien der Eisen- und Stahlerzeugung wurden im 19. Jh. und zu Beginn des 20. Jh. ins Leben gerufen. Neben den schon genannten Industrien entstanden Walzwerke, Gießereien, Drahtziehereien, Röhrenwerke, Fabriken für Eisen- und Stahlkonstruktionen, für Eisenbahnschienen sowie für den Schwermaschinenbau.

Die Standortbedingungen für die industrielle Entwicklung waren in den wallonischen Revieren im 19. Jh. günstig. Die Schwerindustrie konnte auf eigene Kohlevorräte im Gebiet von Haine, Sambre und Maas zurückgreifen, ein großer Vorteil in einer Zeit, in der für die Herstellung einer Tonne Roheisen ein Mehrfaches an Kohle gebraucht wurde. In den ersten Jahrzehnten des Aufbaus der Schwerindustrie, etwa bis 1860/70, konnte das Eisenerz aus nahe gelegenen Distrikten der Vorardennen bezogen werden. Für den industriellen Aufbau stellten Brüsseler Banken, darunter insbesondere die 1822 gegründete *Société Générale*, einen großen Teil des Kapitals zur Verfügung. Vom Ende der napoleonischen Besatzung bis zum Beginn des Ersten Weltkrieges erlebte der Raum des heutigen Belgien – von den Unruhen der belgischen Revolution von 1830 abgesehen – eine lange Epoche des Friedens. Durch das starke Bevölkerungswachstum bestand ein Überfluss an Arbeitskräften. Ehemalige Landarbeiter, Kleinbauern und Kleinpächter waren in großer Zahl in die Industriestädte gezogen, nicht zuletzt aus den übervölkerten ländlichen Gebieten Flanderns (Witte 1983). Der rasche Ausbau des Verkehrssystems schuf Absatzmöglichkeiten für Kohle, Investitionsgüter und Fahrzeuge. Die Wasserstraßen und nach 1835 die Eisenbahnlinien entwickelten sich im 19. Jh. zu den entscheidenden Verkehrsträgern (Raxhon 2004; Keeris 1981; Lebrun 1981; Veraghert 1981a–c). Zu den bedeutendsten europäischen Projekten der Flusskanalisierung gehörte der Ausbau der Maas bis zur französischen Grenze in den Jahren 1853–1880 (Deichmann 1917; Breuer 1969). Ende des 19. Jh. dürfte Belgien, wenn man die seit 1884 hinzugekommenen Vizinalbahnen (Schmalspurbahnen) mitrechnet, das dichteste Eisenbahnnetz der Welt gehabt haben (Avakian 1935, 1936).

Der Bergbau, die Schwerindustrie und die Folgeindustrie boten eine Massenbeschäftigung. 1846 waren im belgischen Bergbau 46 000, im Jahre 1880 bereits 94 000 und 1910 sogar 140 000 Arbeitskräfte tätig. 1910 waren in der Eisen- und Stahl- sowie der Buntmetallerzeugung 75 000 und in der Metallverarbeitung 104 000 Beschäftigte registriert (Veraghert 1981a, S. 135). Das Produktionsvolumen war so groß, dass in zunehmendem Maße ausländische Märkte erschlossen werden konnten. Die Schwerindustrie erfuhr durch etliche Innovationen, namentlich im Bereich der Stahlerzeugung Entwicklungsschübe. 1878 wurde das Thomas-Verfahren patentiert und bereits 1880 der erste Thomas-Konverter in Wallonien in Betrieb genommen. Damit konnte man in zunehmendem Umfang phosphorhaltiges Erz aus Luxemburg und Lothringen verhütten. Als Folgeindustrie entstanden Fabriken, die Phosphatdünger (Thomasmehl) herstellten.

Andere Industriezweige

Die wallonische Industrie war nicht nur durch die Eisen- und Stahlindustrie gekennzeichnet. Die 1826 in einem ehemaligen Klostergebäude im Maastal oberhalb von Lüttich gegründete Kristallwarenfabrik *Val-Saint-Lambert* erlangte Weltgeltung. Auch andere Zweige der traditionsreichen Glasindustrie gelangten in Wallonien zu großer Bedeutung (Craeybeckx & Kurgan-van Henterijk 1978, S. 230). Mit der Gründung des Unternehmens *Vieille Montagne* 1837 erfuhr die Zinkverhüttung und -verarbeitung im Lütticher Raum einen gewaltigen Aufschwung. Das Unternehmen konnte auf die (nach 1950 eingestellte) Förderung eigener Galmeigruben im Raum Kelmis (La Calamine), in Neutral-Moresnet, zurückgreifen. Es entwickelte sich im 19. Jh. zum weltweit größten Zinkunternehmen (Becker 2002). Es existiert heute noch, ist in *VM Zinc* umbenannt worden und gehört zur international tätigen Gruppe *Umicore*, die aus der früher im Kongo tätigen *Union Minière* hervorgegangen ist (www.vmzinc.be).

Wallonien war in Europa ein sehr wichtiger Standortraum für Industriezweige der ersten und zweiten Kondratieff-Welle. Auch bei einzelnen Branchen der dritten Welle (Kulke 2004, S. 93) zeigte Wallonien eine starke Innovationskraft. Die Grundlage für die rasche Entfaltung der chemischen Industrie schuf der Erfinder, Unternehmer und Politiker Ernest Solvay. Er entwickelte 1861 ein Verfahren zur Sodagewinnung aus Kochsalz, gründete 1863 seine erste chemische Fabrik und stand 20 Jahre später an der Spitze eines Konzerns mit internationalen Verflechtungen und über 70 Produktionsstätten im In- und Ausland. Bis heute gehört *Solvay* zu den weltweit tätigen Unternehmen, die in Belgien ihren Hauptsitz haben.

Bei neuen Industriezweigen und Produkten, die für das ausgehende 19. und das beginnende 20. Jh. kennzeichnend waren, entfaltete die Wallonie eine große Dynamik. Die 1878 gegründeten *Ateliers des Constructions Électriques de Charleroi* mit etlichen Zweigwerken, u. a. in Herstal bei Lüttich, erwarben eine große Reputation. Zu einem Aushängeschild der belgischen Industrie entwickelte sich im Bereich der Herstellung von Spritzgusswaren und Wasserleitungen die *Compagnie Générale des Conduits d'Eau*, deren ausgedehnte Werksanlagen in Lüttich nahe der Mündung der Ourthe in die Maas errichtet wurden. Sehr früh wurden die Chancen der Kautschukverarbeitung genutzt. 1877 wurde das Reifenunternehmen *Englebert* in Lüttich gegründet. Es war über hundert Jahre lang ein wichtiges Standbein der Lütticher Wirtschaftsregion. An einen jahrhundertealten Lütticher Produktionszweig, die Waffenfabrikation, anknüpfend, wurde 1889 die *Fabrique Nationale d'Armes de Guerre* in Herstal eröffnet. Die großen (heute zum Teil aufgelassenen) Werkshallen des Unternehmens, das augenblicklich zu *Browning* gehört, prägten bis in die Gegenwart das Stadtbild dieser Industriegemeinde. Die *Fabrique Nationale* stieg auch in andere Sparten der Metallverarbeitung und in den Fahrzeugbau ein. Um das Jahr 1900 wurden dort Fahr- und Motorräder sowie Kraftfahrzeuge hergestellt (Craeybeckx & Kurgan-van Henterijk 1978; de Brabander 1981; Raxhon 2004).

1913 übertraf die Industrieproduktion die von 1831 um das Zwölffache (Veraghert 1977, S. 14). Das gewaltige, wenn auch hin und wieder durch Wirtschaftskrisen unterbrochene „Take-off" reihte Belgien unter die damals führenden Industrienationen ein. Die Entfaltung von Schlüsselindustrien bewirkte im 19. Jh. die ökonomische Überlegenheit der Wallonie gegenüber dem flämischen Landesteil. Zum starken Wirtschaftswachstum trug auch die Brüsseler Industrie bei. In der ersten Hälfte des 19. Jh. wurde in Brüssel und in den Randgemeinden die umfangreiche gewerbliche Produktion noch stark vom traditionellen Handwerk und von Manufakturen bestimmt. In der Folgezeit siedelten sich zahlreiche Fabriken an. Kennzeichnend wurde ungeachtet der großen Bedeutung des Maschinenbaus eine ausgesprochene Branchenvielfalt. 1900 wurde in Tubize, südwestlich von Brüssel, die erste Kunstseidefabrik in Belgien eröffnet. Um die Jahrhundertwende zählte man in Brüssel und in den Vororten 135 000 Industriebeschäftigte (Bogaert-Damin & Maréchal 1978, S. 225; Verniers 1958; Craeybeckx & Kurgan-van Henterijk 1978). Die Standortfaktoren waren aufgrund der starken Zuwanderung von Arbeitskräften, v. a. aus ländlichen flämischen Distrikten, aufgrund der Finanzkraft der ortsansässigen Banken sowie aufgrund der ausgezeichneten Verkehrslage günstig. Zur Leitlinie der Industrieansiedlungen entwickelte sich eine lang gestreckte Zone am Kanal zur Rupel (Kanal von Willebroek) sowie an seiner Fortsetzung, dem Kanal von Brüssel nach Charleroi. Angrenzend an das Brüsseler Stadtgebiet entstanden rasch wachsende Industriegemeinden wie Schaerbeek, Anderlecht, Molenbeek-Saint-Jean, Koekelberg (in seinem unteren Teil) sowie – schon in Flandern gelegen – Vilvoorde (Hasquin 1980).

Bis ca. 1880 war der flämische Landesteil nur schwach industrialisiert. Es gab aber Ausnahmeerscheinungen, die vornehmlich die Textilindustrie betrafen. Gent war im 19. Jh. ein wichtiges Zentrum der Baumwollverarbeitung, der Raum um Kortrijk ein solches der Leinenherstellung. Antwerpen besaß in den 1820er-Jahren verschiedene hafengebundene Industriebetriebe. Der Hafen konnte sich allerdings erst nach 1863 in größerem Maße entfalten, als Belgien den Niederländern die Zollrechte für die Zufahrt über die Westerschelde abgekauft hatte. Maßgeblich wurde die dortige Industrieentwicklung durch die Gründung der Werft von *Cockerill* in Hoboken (1873) gefördert. Eine Sonderstellung nahm in Antwerpen die Diamantenverarbeitung ein, die 1865 wiederbelebt wurde und 1910 insgesamt 5000 Beschäftigten Arbeit bot. Gegen Ende des 19. Jh. setzte in Flandern bei der Industrieentwicklung ein rasch fortschreitender Aufholprozess ein. 1890 gründete Lieven Gevaert in Mortsel bei Antwerpen eine Fabrik für Filme und Fotopapier. Das Unternehmen ist noch heute dort tätig. Weiterhin

etablierte sich im Antwerpener Raum gegen Ende des 19. Jh. das Automobilwerk *Minerva*. Nach 1880 verzeichnete das bis dahin sehr dünn besiedelte und durch ausgedehnte Heide- und Waldflächen gekennzeichnete Kempenland einen Industrialisierungsschub, der noch zu einem wesentlichen Teil von wallonischen Unternehmen (u. a. der *Vieille Montagne*) in die Wege geleitet wurde. Vor allem stark umweltgefährdende Betriebe wurden dort angesiedelt. Die Gründungsphase setzte sich bis in die ersten Dekaden des 20. Jh. hinein fort. Es entstanden Buntmetallfabriken in Overpelt – heute produziert dort *Umicore* Blei, Zinn und Zink –, Lommel, Balen, Olen, Reppel, Rotem und Beerse, darüber hinaus eine Produktionsstätte für Sprengstoff in Kaulille (Gemeinde Bocholt), Munitionsfabriken in Balen und Zutendaal sowie eine Asbestfabrik in Mol. In Olen wurde ab 1908 die Aufbereitung von Chrom, Radium und Kobalt mit in die Produktion aufgenommen. Außerhalb des Kempenlandes entstand 1887 ein Werkskomplex an der Schelde in Hoboken, anfangs mit einer Versilberungsfabrik und einer Bleihütte, später mit einer Kupferhütte, die heute ebenfalls zu *Umicore* gehört. Wichtige Leitlinien der Industrieentwicklung bildeten die kempenländischen Kanäle, die nördliche Trasse des Eisernen Rheines und die Bahnlinie Antwerpen–Hasselt. Eine derartige Häufung von Produktionsstätten für die Aufbereitung von Nichteisen-Mineralien ist für ein Land mit fehlenden Rohstoffen ungewöhnlich. Sie hing mit der Expansionsorientierung der Lütticher Buntmetallindustrie zusammen, der verkehrsgeographischen Gunst, der Verfügbarkeit von großen Freiflächen in einem anfangs noch nicht sehr dünn besiedelten Raum (Hoboken bildet die Ausnahme) sowie seit 1900 mit den Importen von mineralischen Rohstoffen aus Belgisch-Kongo.

Nur wenige vor dem Krieg begonnene industrielle Projekte konnten zwischen 1914 und 1918 noch fortgesetzt werden. Nach der Beseitigung der schweren Kriegsschäden blieb bis zum Beginn der Weltwirtschaftskrise nur eine kurze Zeit für weitere Industriegründungen, obwohl einige größere Vorhaben auch in den Dreißigerjahren verwirklicht werden konnten. Zu den bemerkenswerten Entwicklungen gehörte es, dass Flandern mit in den Steinkohlebergbau einbezogen wurde. Die Erfindung des Gefrierschachtverfahrens, das auch im niederländischen Kohlerevier in Südlimburg angewandt wurde, ermöglichte dies. Hierbei wurde rund um den geplanten Schacht durch Zirkulieren von Kälteträgern in Bohrlöchern ein Mantel aus Eis gelegt, sodass das mächtige tertiäre und quartäre Lockermaterial vorübergehend verfestigt wurde. Das erste Bergwerk wurde in Winterslag in der Gemeinde Genk 1917 in Betrieb genommen. Die übrigen Bergwerke (in Beringen, Eisden, Heusden-Zolder und Houthalen-Helchteren) begannen in den Zwanziger- und Dreißigerjahren mit der Förderung. Außerhalb des Kempenlandes wurden zusätzlich Kokereien in Vilvoorde (am Kanal von Willebroek) sowie am Kanal von Brügge nach Zeebrugge errichtet. Der Steinkohlebergbau im Kempenland induzierte keine Schwerindustrie mehr. Die Kohleförderung diente im Wesentlichen der Versorgung der wallonischen Eisen- und Stahlindustrie. Die Fertigstellung des Albertkanals von Lüttich nach Antwerpen kam diesen Interessen sehr entgegen. 1939 wurde in Genk der Steinkohlehafen Langerlo eröffnet, von dem aus ein schleusenfreier Verkehr bis ins Lütticher Schwerindustriegebiet möglich war.

In den ersten drei Dekaden des 20. Jh. zeichnete sich eine weitere bemerkenswerte industrieräumliche Veränderung ab: Die Glasindustrie fasste in Flandern Fuß. Der wichtigste Impuls wurde 1923 mit der Gründung der heute zur transnationalen *Glaverbel*-Gruppe gehörenden Glasfabrik in Mol gegeben. Die Fabrik nutzte die reinen Quarzsande in der Nähe (van Acker 1975; Craeybeckx & Kurgan-van Henterijk 1978; Hasquin 1980; Keeris 1981; Veraghert 1979, 1981a–c; Mérenne-Schoumaker & Vandermotten 1992; Unternehmensberichte).

In den 1920er-Jahren eröffneten erstmals ausländische Unternehmen in Belgien Produktionsstätten für Kraftfahrzeuge, und zwar 1922 *Ford*, 1924 *General Motors* und 1928 *Chrysler* in Antwerpen, 1924 *Citroën* in Forest/Vorst (in der Brüsseler Region) und 1926 *Renault* in der nahe bei Brüssel gelegenen Industriestadt Vilvoorde. Weitere Automobilwerke wurden nach dem Zweiten Weltkrieg gegründet, womit sich dieser Zweig zu einer maßgebenden Komponente des belgischen Industriegefüges entwickelte. Die herkömmlichen Produktionsverfahren der flämischen und wallonischen Kraftfahrzeugindustrie mit arbeitsintensiver Fertigung von Luxusautos wurden durch die fordistischen Methoden der Massenfabrikation abgelöst (Coppens & van Gastel 2003).

Die Entwicklung nach den Zweiten Weltkrieg

Probleme alt industrialisierter Gebiete

In den 1930er-Jahren waren im Steinkohlebergbau und in der Textilindustrie erste Krisenerscheinungen aufgetreten (Veraghert 1981c). In der Phase des Wiederaufbaus nach dem Zweiten Weltkrieg konnten die Probleme noch einige Jahre überspielt werden. Seit der zweiten Hälfte der Fünfzigerjahre begann für den Steinkohlenbergbau der sich über mehrere Dekaden hin erstreckende Niedergang (de Brabander 1981). Ihm fielen schließlich sämtliche Zechen sowie die beiden Kokereien in Vilvoorde und am Kanal Brügge – Zeebrugge zum Opfer. Die gegenwärtig auf dem Werksgelände von *Cockerill* (*Arcelor-Mittal*) betriebene Kokerei in Seraing besitzt voraussichtlich keine lange Lebenserwartung mehr. Die letzte Zeche im Lütticher Raum wurde Anfang der 1980er-Jahre geschlossen, im kempenländischen Revier 1992. In der Textilindustrie vergrößerten sich die krisenhaften Erscheinungen seit den Sechzigerjahren. Die Schurwollverarbeitung in Verviers und in den benachbarten Gemeinden kam in den folgenden Dekaden zum Erliegen. In Gent und Umgebung sind nur noch einige wenige Textilbetriebe übrig geblieben. In beiden Bezirken konnte man Ersatzin-

dustrien heranziehen, im wallonischen Gebiet v. a. in den neu eingerichteten Industrieparks von Petit-Rechain/Chaîneux und Battice, die durch die Herstellung von Kunststoffartikeln, Fiberglas und medizinischen Geräten hervortreten. In Gent konnten die Verluste im Zuge des Industriewachstums am Kanal Gent – Terneuzen und in den neuen Industriearealen im Süden der Gemeinde kompensiert werden. In Westflandern, namentlich im Raum Kortrijk–Wielsbeke–Waregem, bildet die Textilindustrie immer noch eine beachtliche Komponente des sekundären Sektors.

Mit der ersten Energiekrise von 1973 hatte Belgien einen Wendepunkt der Industrieentwicklung erreicht. Es nahmen von da an bis heute nicht oder nur unvollkommen gelöste Probleme Gestalt an, wie regional hohe Arbeitslosigkeit, immense (wenn auch in den letzten Jahren bei ausgeglichenen Haushalten etwas reduzierte) Staatsverschuldung, De-Industrialisierung und steigende Ausgaben der Sozialkassen. Hinzu kam die Ende 1974 einsetzende Stahlkrise, die – ebenso wie die fortschreitende Automatisierung der Produktionsverfahren – einen starken und bis heute nicht abgeschlossenen Abbau von Arbeitsplätzen zur Folge hatte. Im Lütticher Revier wurde im April 2004 der vorletzte Hochofen, und zwar in Seraing, geschlossen. Die Stilllegung des letzten Hochofens (in Ougrée) und evtl. noch weiterer Werksanlagen steht bevor. Etliche Unternehmen, die einmal Aushängeschilder der wallonischen Wirtschaft waren, wie die oben genannten Betriebe *Compagnie Générale des Conduits d'Eau* und *Englebert Uniroyal* (später *Continental*), schlossen in den letzten Jahren ihre Tore oder reduzierten drastisch ihre Produktion, wie etwa die *Cristalleries Val-Saint-Lambert*. Im Hennegauer Industriegebiet wurden die Probleme so groß, dass eine Teilregion von 2000 – 2005/06 als Ziel-1-Gebiet im Rahmen der EU-Förderung ausgewiesen wurde (http://ec.europa.eu/regional_policy/atlas/index_en.htm).

Regionale Wirtschaftsförderung

1959 wurde in Belgien das Gesetz zur wirtschaftlichen Expansion verabschiedet. Damit wurde eine breit angelegte staatlich unterstützte Wirtschaftsförderung im bislang sehr liberalen belgischen Staat erstmals auf eine umfassende gesetzliche Grundlage gestellt. Träger der regionalen Wirtschaftsförderung wurden interkommunale Institutionen (Wieger 1984). Nach der Bildung des Föderalstaates wurde die gesetzgeberische Kompetenz für die Wirtschaftsförderung den drei Regionen übertragen. Die Gebiete, für die die interkommunalen Gesellschaften zuständig sind, stimmen mit den Provinzgrenzen bzw. der Grenze für Brüssel-Hauptstadt überein. Lediglich die Provinz Hennegau ist in vier Areale, in denen unterschiedliche Institutionen tätig sind, aufgeteilt. In Flandern besitzt jede Provinz eine öffentlich-rechtliche Institution, die die Bezeichnung *GOM* (*Gewestelijke Ontwikkelingsmaatschappij*) trägt, die mit dem Namen der Provinz verbunden wird. In Brüssel-Hauptstadt heißt die Wirtschaftsförderungsgesellschaft *Société de Développement pour la Région de Bruxelles-Capitale* (www.sdrb.irisnet.be; www.spi.be/liens.html; Websites der GOMs). Die interkommunalen Wirtschaftsförderungsgesellschaften begannen ihre Tätigkeit damit, dass sie Areale für neue Industriezonen und -parks aussuchten und für die infrastrukturelle Ausstattung und Erschließung Sorge trugen. Gleichzeitig wurden Unternehmen im In- und Ausland für eine Ansiedlung angeworben. Heute ist in den Gewerbegebieten auch die Niederlassung von Betrieben des Dienstleistungssektors vorgesehen. Die Einrichtung neuer Industrieparks seit dem Beginn der Sechzigerjahre sowie die außerordentlich starke Ausweitung der Industriezonen in den Seehäfen haben das lokale industriegeographische Standortgefüge in Belgien im Laufe der Zeit grundlegend verändert. Industrielle Neugründungen vollzogen sich zum größten Teil in den neu geschaffenen Industrieparks und -zonen. Nur noch selten wurden hierfür innerstädtische Standorte gewählt. Zusätzlich verlagerten etliche alteingesessene Unternehmen ihren Produktionsstandort von der Kernstadt an die Peripherie. Außerhalb der Hafenareale wurden besonders ausgedehnte Flächen für Industrieparks am Rand der bestehenden Industriedistrikte des Hennegaus, des Lütticher Raumes und des Kempenlandes ausgewiesen, da man ein Fortschreiten der schon eingetretenen Regressionsprozesse der Montanindustrie vorhersah und rechtzeitig die Voraussetzungen für die Ansiedlung von Ersatzindustrie schaffen wollte. Zusätzlich entstanden zur Förderung des in den Fünfzigerjahren industriemäßig noch einseitig strukturierten, gebietsweise auch unterentwickelten Kempenlandes weitere ausgedehnte Industriezonen, insbesondere im Bereich von Turnhout, Herentals, Tessenderlo und Geel. In der Region Brüssel-Hauptstadt waren die Möglichkeiten der Ausweisung neuer Industriezonen beschränkt, doch profitierten Gewerbegebiete und Forschungsparks in Flämisch- und Wallonisch-Brabant von der Nähe der attraktiven Metropole. Für die Hauptstadtregion selbst ist die Ausweisung von kleinen Industriezonen oder die Bereitstellung von Industriegebäuden bzw. Modulen für die industrielle Nutzung durch die ortsansässige Entwicklungsgesellschaft charakteristisch geworden (www.irisnet.be).

Neugründungen in Wallonien

Die Anfangsphase der räumlichen Neustrukturierung fiel mit dem bemerkenswerten industriellen Aufschwung der in Belgien so genannten „golden sixties" zusammen (Kesteloot 2004). Genau genommen kann man die Zeitspanne schon in den Fünfzigerjahren beginnen lassen und bis zur ersten Energiekrise im Jahre 1973 ausdehnen. In dieser Epoche wurden zahlreiche Neuinvestitionen getätigt. Dieser Entwicklungsschub bestimmt das heutige belgische Industriegefüge wesentlich. Zahlreiche ausländische Direktinvestitionen erfolgten im Königreich (Mérenne-Schoumaker & Vandermotten 1992). Das Land galt namentlich für Unternehmen aus den USA als Tor zum damaligen EWG- bzw. EG-

Markt. Wenn auch das Engagement seit den 1970er-Jahren geringer geworden ist, so ist Belgien für Direktinvestitionen aus den USA trotzdem bis heute attraktiv geblieben (www.amcham.be). In Wallonien wurden auch in herkömmlichen Branchen noch Großprojekte realisiert, z. B. in den Sechzigerjahren mit dem Stahl- und Walzwerk von *Cockerill* in Chertal nördlich von Lüttich, und parallel zum traditionellen Industriekorridor im Bereich von Haine, Sambre, Maas und Vesdre entstanden in den Industrieparks an der Peripherie der städtischen Agglomerationen etliche neue Produktionsstätten. Zum Teil beruhte dies nur auf Verlagerungen, gefolgt von der Aufgabe innerstädtischer Standorte, zum Teil wurde bei Neugründungen an bestehende Industrietraditionen, z. B. die Metallverarbeitung, angeknüpft und zum Teil wurde das Industriegefüge durch neue Sparten bereichert, z. B. in der Elektronik, der Fiberglasherstellung, der Produktion von Plastikwaren, der Herstellung medizinischer Geräte, der Pharmazeutik und des Maschinenbaus. Allerdings konnten, von kleinen Sonderräumen abgesehen, dadurch die Arbeitsplatzverluste in den traditionellen Branchen, die eine Massenbeschäftigung geboten hatten, auch nicht annähernd kompensiert werden (Jahresberichte des ONSS/RSZ).

In den allgemein äußerst schwach industrialisierten Ardennen wurde 1964 ein großes Unternehmen gegründet, das sich den Holzreichtum der Region zunutze machte, nämlich *Cellulose des Ardennes* in Harnoncourt, heute nach der Übernahme durch einen italienischen Konzern *Burgo-Cellardennes*. Die bedeutende Papierindustrie in Malmédy, die heute vom italienischen Unternehmen *Cordenons* dominiert wird, ist hingegen bereits um die Mitte des 19. Jh. entstanden (Mérenne-Schoumaker & Vandermotten 1992; www.burgo.com; www.malmedy.be). In Vielsalm ist 1997 eine große Spanplattenfabrik des Unternehmens *Spanolux* eröffnet worden und 2004 eine Produktionsstätte für Laminatböden von *Balterio* (www.spanogroup.be; www.balterio.be).

Der industrielle Aufschwung Flanderns

Obwohl Wallonien einen Modernisierungsschub erlebte und auch die Region Brüssel-Hauptstadt Ansiedlungserfolge verzeichnete, z. B. 1971 durch die Eröffnung des *VW*-Werks in Forest/Vorst, profitierten v. a. Teilregionen Flanderns von der Gründungswelle der „golden sixties". Waren die relativen Anteile Flanderns und der Wallonie an der Bruttowertschöpfung der verarbeitenden Industrie 1955 mit 42,3 % bzw. 41,6 % noch in etwa gleich, so beliefen sie sich 1975 auf 62,3 % bzw. 28,8 %. Gunstfaktoren für die Investoren bildeten in Flandern die leichte Erreichbarkeit der Häfen bzw. die großen Areale in den Hafengebieten selbst und die seinerzeit geringere Einflussnahme der Gewerkschaften sowie das niedrigere Lohnniveau. Wie wichtig die flandrischen Seehäfen bis heute für den Arbeitsmarkt sind, geht aus einer Studie der Belgischen Nationalbank hervor (Lagneux 2004). Danach belief sich 2002 die Gesamtzahl der dortigen industriellen Arbeitsplätze auf 53 266. Wie auch in den Niederlanden leitete in Belgien das Aufkommen der Petrochemie und der Aufschwung anderer Branchen einer sich stark diversifizierenden chemischen Industrie die Verwirklichung etlicher Großprojekte ein. Die wichtigsten Standorte hierfür bildeten der Antwerpener Hafen, die an Antwerpen angrenzende Gemeinde Mortsel, die Zone beiderseits des seit 1968 von Hochseeschiffen befahrbaren Kanals von Gent nach Terneuzen sowie die Industriegebiete von Beerse, Westerlo und Geel in der Provinz Antwerpen, Tessenderlo in Limburg sowie südöstlich von Brüssel Rixensart in Wallonisch-Brabant. Vilvoorde in Flämisch-Brabant unweit der Region Brüssel-Hauptstadt sowie Feluy in der wallonischen Provinz Hainaut wurden ebenfalls einbezogen und erhielten Raffinerien (Vanneste 1985; Colard & Vandermotten 1995; www.top 100000.be). Antwerpen stieg zu einem der bedeutendsten Chemiestandorte der Welt auf, nach Angaben der *GOM* Antwerpen sogar zum zweitwichtigsten Gebiet nach Houston. Das 13 000 ha große Hafengelände beiderseits der Schelde enthält fünf Raffinerien und etliche weitere Produktionsstätten der Chemiebranche. Die Wertschätzung des Standortes spiegelt sich in der Präsenz von Großunternehmen wie *Bayer, BASF, Kallo, Air Liquide, Fina, Exxon, Belgian Refining Company, Solvay, Monsanto, Degussa, Total, Dow Benelux* und *Noveon* wider bzw. in Zukunft in den branchenüblichen Fusionen und Übernahmen ihrer Nachfolger. Zusätzlich stehen dort das Automobilwerk von *GM*, eine Fabrik von *New Holland Tractor* sowie von *Stork MEC* (Bau und Wartung von Industrieanlagen), Schiffsreparaturwerften, eine Zuschneideanlage des Papierherstellers *Stora Enso* und verschiedene Kraftwerke, darunter das Kernkraftwerk Doel. Auch die pharmazeutische Industrie erlebte seit den 1950er-Jahren einen großen Aufschwung. Herausragend war hierbei die Leistung eines belgischen Gründers, und zwar des Arztes und Pharmakologen Paul Janssen, der sein Unternehmen 1953 eröffnete. Der heute der US-amerikanischen Firma *Johnson & Johnson* gehörende Betrieb *Janssen Pharmaceutica* mit dem regionalen Hauptsitz in Beerse bei Antwerpen ist das größte Unternehmen dieser Art in Belgien und beschäftigte 2007 – noch – über 4000 Mitarbeiter (www.janssenpharmaceutica.be; www.top100000.be).

Die wichtigste Industrieregion in Belgien bildet heute die „Vlaamse Ruit" (Flämische Raute; vgl. Abb. 108), zu der Gent, Antwerpen und Mechelen (in flämischen Publikationen zusätzlich Brüssel) gerechnet werden. Hierin nimmt Antwerpen die führende Stellung ein. Metallverarbeitung, Buntmetallverhüttung, Petrochemie, sonstige Chemie, Automobilbau sowie die Herstellung von Photopapier und anderen Photoprodukten gehören zu den führenden Branchen. Sehr erfolgreich verlief seit den 1960er-Jahren auch die Aufsiedlung des Industriegeländes beiderseits des Kanals von Gent nach Terneuzen. Neben den Produktionsstätten der chemischen Industrie entstanden Betriebe der Nahrungsmittelverarbeitung, der Baustoffindustrie, die heute dem

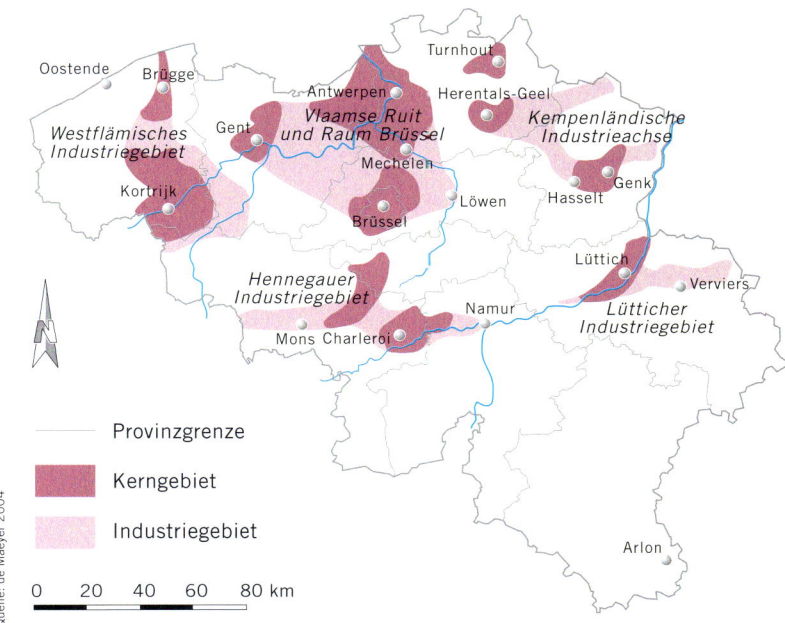

Quelle: de Maeyer 2004

|Abb. 108| *Die wichtigsten belgischen Industriegebiete in der Gegenwart*

schwedisch-finnischen Holzverarbeitungsunternehmen *Stora Enso* gehörende Papierfabrik von Langerbrugge, das Montagewerk von *Volvo* für Pkws, später zusätzlich für Lkws, sowie der in den Sechzigerjahren errichtete Eisenhütten- und Stahlkomplex von *Sidmar* (*Arcelor-Mittal*). Das Werk besitzt den Vorteil einer integrierten Anlage, in der die Schiffsanlegestelle, die Hochöfen, die Kokerei sowie das Stahl- und das Walzwerk unmittelbar nebeneinanderliegen (Lagneux 2004; www.portofantwerp.be; www.havengent.be; www.sidmar.arcelor.com).

Räumliche Verlagerungen

Die entscheidende Phase, in der Flandern bei der industriellen Wertschöpfung die Wallonie überholte, lag zwar in den Jahren vor der ersten Energiekrise, aber auch danach ist der relative Anteil Walloniens noch weiter gesunken. Die Entwicklung der Zahl der Arbeitsplätze in der verarbeitenden Industrie verlief regional sehr unterschiedlich (Tab. 23 und 24; Abb. 109). Die Tabelle 24 zeigt dies deutlich für den Zeitraum von 1970 bis 2005 ungeachtet dessen, dass die Teilzeitarbeitskräfte in der Statistik nicht gesondert ausgewiesen sind. Auffallend ist der starke Rückgang in Brüssel-Hauptstadt, wobei die

Region	1955	1975	1984	2002
Brüssel-Hauptstadt	16,1	8,9	7,0	7,7
Flandern*	42,3	62,3	67,0	70,0
Wallonie	41,6	28,8	26,0	22,3

*1955–1984 ohne Hal-Vilvoorde

|Tab. 23| *Prozentualer Anteil der belgischen Regionen an der nationalen Bruttowertschöpfung der Industrie (1955–2002)*

Quellen: 1955–1984: Merenne-Schoumaker & Vandermotten 1992, S. 360
2002: Banque Nationale de Belgique, Belgostat

Region	1970	2005	Entwicklung (%) 1970–2005
Antwerpen	216 999	130 451	–39,9
Brüssel-Hauptstadt	143 112	33 880	–76,3
Hennegau	151 173	55 264	–63,4
Limburg	55 578	56 646	+1,9
Lüttich	130 220	44 564	–65,8
Luxemburg	9 243	8 369	–9,5
Namur	27 320	12 187	–55,4
Ostflandern	164 868	88 569	–46,3
Wallonisch- und Flämisch-Brabant	107 689	56 354	–47,7
Westflandern	131 692	91 724	–30,3
Belgien	**1 137 894**	**577 495**	**–49,2**

|Tab. 24| *Arbeitnehmer in der belgischen Industrie 1970–2005 (ohne Bergbau und Gewinnung von Rohstoffen)*

gefüge mit einem breit gefächerten Branchenspektrum auf, das von der Nahrungsmittelindustrie bis zur Weltraumtechnik reicht. In Limburg verlief die Entwicklung der Industriebeschäftigung gegen den allgemeinen Trend. Dank der Ansiedlung in neu geschaffenen Industrieparks nahm die Zahl der Arbeitsplätze im sekundären Sektor zu. Trotzdem konnte der Verlust an Arbeitsplätzen im Bergbau dadurch nicht kompensiert werden.

Der Fahrzeugbau

In die Gründungsphase vom Beginn der Fünfzigerjahre bis zur ersten Energiekrise 1973 fallen der starke Ausbau der schon bestehenden Kraftfahrzeugindustrie und die Gründung neuer Werke in dieser Branche. Die Errichtung von Werken für die Endmontage beschränkte sich auf den Brüsseler Raum und auf Flandern. Zu den schon genannten Gründungen kam der Bau des *Ford*-Werkes in Genk, das 1964 den Betrieb aufnahm und später noch durch die Versuchsstrecke in Lommel ergänzt wurde. 1995 wurde ein Terminal für den Export in Zeebrugge in Betrieb genommen, zu dem eine direkte Bahnverbindung von Genk aus unterhalten wird. In Antwerpen gab *Ford* die Autoherstellung auf; allerdings betreibt das Unternehmen ein großes Importzentrum im dortigen Hafengelände. Im Zuge einer Konzentration von Produktionsstätten kam es zu Werksschließungen auch in Belgien, vornehmlich in den Siebziger- und Achtzigerjah-

alte Leitlinie der Industrieentwicklung in der Kanalzone sowie deren Fortsetzung in Vilvoorde heute von Industriewüstungen durchsetzt ist. In Wallonien verzeichneten die alten Industrieprovinzen Hennegau und Lüttich eine besonders starke Abnahme (Jahresberichte des ONSS/RSZ). Bis heute bestehen regional große Beschäftigungsprobleme, insbesondere in den Arrondissements Mons, Charleroi und Lüttich. Dennoch weisen diese Distrikte, insbesondere der Lütticher Raum, ein Industrie-

|Abb. 109| *Arbeitnehmer in der Industrie in den belgischen Arrondissements (1982 und 2002)*

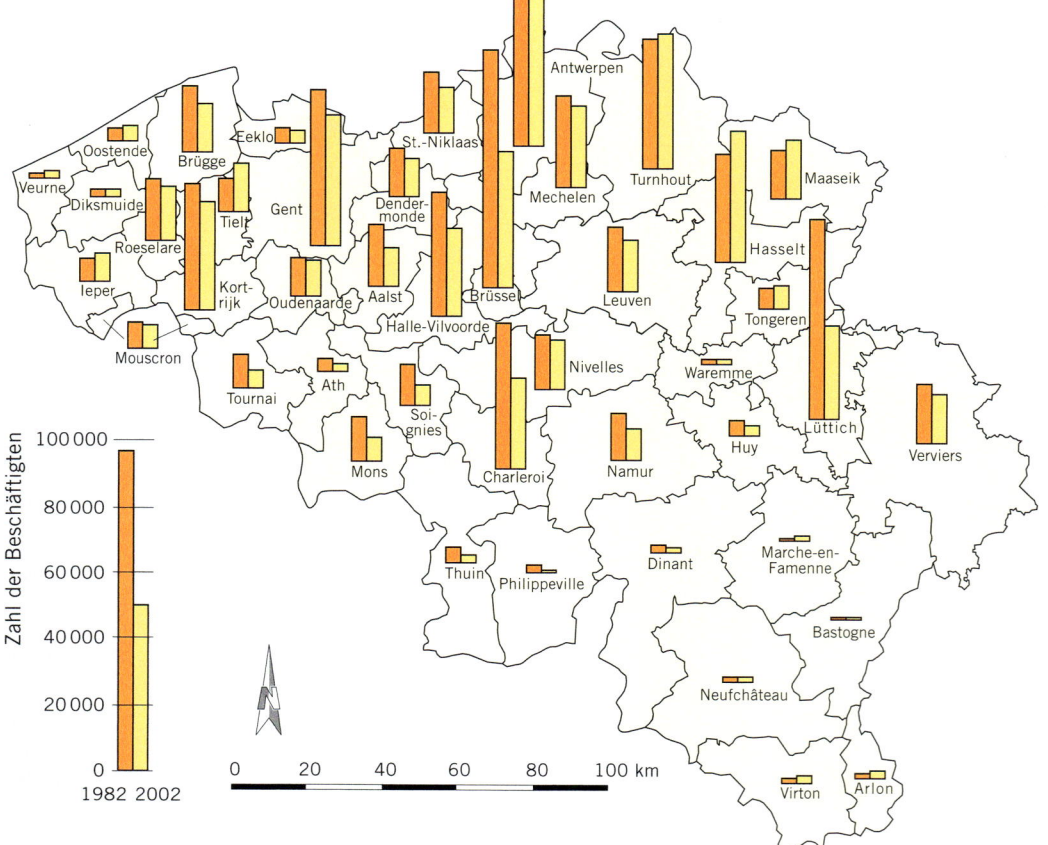

Quelle: ONSS/RSZ, Jahresberichte

Quelle: ONSS/RSZ, Jahresberichte

ren (die konkursbedingte Schließung von *Borgward* 1963 war ein Sonderfall). Die Fabriken von *Citroën*, *Peugeot*, *Mercedes*, *Standard Triumph* sowie von *BMW* wurden wieder aufgegeben. 1997 stellten die Werke von *Renault* in Vilvoorde (mit über 3000 Beschäftigten 1996) und von *Fiat* in Waterloo ihre Fertigung ein. Ungeachtet dessen ist die Produktion in den bestehenden Werken so groß, dass Brüssel-Hauptstadt und Flandern zu den bedeutendsten Standortregionen für die Herstellung von Personen- und Nutzfahrzeugen sowie die darauf bezogene Zulieferindustrie in Europa gehören. Mit einer jährlichen Produktionsquote von 8,4 Personenautos pro 100 Einwohner (2004) nahm Belgien die erste Stelle in der Welt ein (www.aiib.be/automotive_statistics.asp). Der größte Teil der belgischen Fertigung von Personenwagen ist für den Export bestimmt. Im Allgemeinen lohnt sich ein Automobiltransport von einer Werksanlage auf dem Landweg bis zu einer Entfernung von 500 km (Coppens & van Gastel 2003). Da im so bemessenen Umkreis der flämischen und Brüsseler Produktionszentren eine ausgesprochen hohe Bevölkerungsdichte vorliegt, besteht ein Standortvorteil. Hinzu kommt die Dichte der Standorte der Zulieferbetriebe in einem Korridor, der sich von Nordfrankreich über Flandern, die Region Brüssel, die südlichen Niederlande bis nach Nordrhein-Westfalen hinein erstreckt. Die belgische Personenwagenherstellung wird von *Ford*, *General Motors*, *Volkswagen* und *Volvo* getragen. In den Werksanlagen dieser Unternehmen sind heute rund 20 000 Arbeitskräfte tätig, wobei in den letzten Jahren aufgrund von Rationalisierungsmaßnahmen und wegen der Auslagerung von Produktionszweigen ein starker Stellenabbau stattfand. Hinzu kommen mehr als 300 Zulieferbetriebe mit etwa 70 000 Beschäftigten. Eine bedeutende Komponente des belgischen Fahrzeugbaus stellt die Produktion von Bussen und Lastwagen dar. In dieser Branche sind etwa 10 000 Arbeitskräfte tätig. Zum einen sind hierbei ausländische Hersteller aktiv, darunter das US-amerikanische Unternehmen *JLG* in Maasmechelen mit einer Fabrik für Spezialtransporter und *Volvo* mit der (zusätzlich zum Pkw-Werk aufgebauten) Lastwagenfabrik im Hafengelände von Gent. Zum anderen sind aber auch belgische Unternehmen zum Zuge gekommen. *Van Hool* in Lier, 1947 als kleines Familienunternehmen gegründet, expandierte in den „golden sixties" sehr stark und beschäftigt heute 4300 Mitarbeiter. Die Produktionspalette umfasst Omnibusse, Fahrgestelle für Lastwagen, Sattelauflieger, Tanksattelauflieger und Tankcontainer. Ein weiteres bedeutendes belgisches Unternehmen, *VDL Jonckheere*, stellt Omnibusse in Roeselare her. Ferner werden Lastwagen für verschiedene spezifische Transportaufgaben von *Stokota* in Lokeren und *Atcomex* in Hamme – beide Unternehmen entstanden in den „golden sixties" – sowie von *Mol* in Hooglede produziert. Ergänzt wird die Sparte der Fahrzeugherstellung durch den Waggonbau des kanadischen Unternehmens *Bombardier* in Brügge. Weiterhin produziert *DAF* in Westerlo bei Antwerpen Kabinen und Achsen für Busse und Lastwagen, die im niederländischen Eindhoven endmontiert werden. Um eine Vernetzung der Betriebe des Fahrzeugbaus zu fördern, wurde 2001 der von der flämischen Regierung unterstützte Verbund „*Flanders' Drive*" gegründet. Das wallonische Analogon dazu heißt „*Cluster auto-mobilité*". In Wallonien spielt der Fahrzeugbau eine wesentlich geringere Rolle als in Brüssel-Hauptstadt und in Flandern, wenn auch die Herstellung von Bauteilen für die Luft- und Raumfahrt bei *Techspace Aero* in Milmort bei Lüttich hervorzuheben ist. In jüngerer Zeit sind im Zusammenhang mit zunehmenden Investitionen in Niedriglohnländern Bedenken aufgekommen, ob die von ausländischen Konzernzentralen abhängige belgische Pkw-Herstellung ihr bislang hohes Produktionsvolumen halten wird (Coppens & van Gastel 2003; Debackere & de Backer 1999; www.agoria.be/automobile; www.aiib.be; www.ffio.com; www.flandersdrive.be; clusters.wallonie.be; www.top100000.be; Websites der genannten Unternehmen). Die Unsicherheit für die Arbeitnehmer der Automobilbranche wurde z. B. deutlich, als das *VW*-Werk 2006 die *Golf*-Produktion aus Brüssel abzog. Gebaut werden in dem Werk noch der *Audi A 3* und der *Polo*. Da ab Ende 2009 der neue *Audi A 1* dort hergestellt werden soll, scheint der Standort vorläufig gesichert zu sein. Die Zahl der Arbeitsplätze aber ist seit 2005 von 5400 auf 2200 zurückgegangen.

Sonstige spezifische Schwerpunkte

Die Energiekrise veranlasste Belgien dazu, sehr rasch den schon existierenden Kernenergiesektor auszubauen. Der erste Kernreaktor wurde 1974 in Betrieb genommen, und zwar innerhalb des Antwerpener Hafengebietes in Doel an der Schelde, der zweite 1975 in Tihange bei Huy im Maastal. Drei zusätzliche Reaktoren wurden in Doel in der Folgezeit errichtet und zwei weitere in Tihange (www.world-nuclear.org). 1954 begann die Nuklearforschung und 1958 der Aufbau der Nuklearindustrie im Raum Dessel–Geel–Mol (Provinz Antwerpen). Letzteres geschah unter Beteiligung der früher im uranreichen Kongogebiet aktiven *Union Minière*. Heute ist über *Framatome ANP* ein Teil der belgischen Atomindustrie mit der französischen verflochten. Eine atomare Wiederaufbereitungsanlage wird von *Belgonucleaire* in Dessel betrieben. 55 % der belgischen Elektrizitätserzeugung beruhen auf der Atomenergie (StudieCentrum voor Kernenergie/Centre d'Etude de l'Énergie Nucléaire, www.sckcen.be).

Wie auch in den Niederlanden ist heute die Nahrungsmittel- und Getränkeindustrie mit über 87 000 abhängig Beschäftigten (2002) ein wichtiger Arbeitgeber, doch wird in Fortführung einer belgischen Industrietradition diese Branche noch von der Metallurgie und der Metallverarbeitung mit mehr als 98 000 Arbeitnehmern übertroffen (Statbel). Die großen in Belgien in der Nahrungsmittel-, Getränke- und Tabakindustrie tätigen Unternehmen sind heute überwiegend ausländischen Ursprungs (www.top100000.be).

|Abb. 110| *Wissenschaftspark in Sart Tilman bei Lüttich (Liège Science Park), der die zukunftsträchtige Seite der wallonischen Wirtschaft unweit der alt industrialisierten Problemgebiete vertritt. Nahe dem Campus der Universität gelegen, erhält der Park durch die vielfach originell gestalteten Gebäude innerhalb gepflegter Grünanlagen einen äußeren Prestigewert. Die Schwerpunkte des Technologieparks liegen im Bereich der Biotechnologie, der Weltraumtechnik, der Medizintechnik und der Informatik.*

der *Katholieke Universiteit Leuven* (Flämisch-Brabant) mit 225 Unternehmen und 5000 Beschäftigten. An zweiter Stelle in Wallonien steht der von Sart Tilman im Lütticher Raum (Abb. 110). Die *UCL* ist noch an einem Zentrum für technologische Ressourcen in der Chemie in Seneffe sowie in Brüssel-Hauptstadt an dem dortigen Wissenschaftspark *Vesalius* beteiligt. Meist noch kleine Forschungsparks liegen zwischen Gembloux und Namur (*Crealys*), in Mons, Charleroi, Leuven-Arenberg, Zellik, Kortrijk und Gent (mit einem Schwerpunkt in der Biotechnologie). Hinzu kommen der *Waterfront Research Park* bei Antwerpen, zwei weitere in Brüssel-Hauptstadt sowie der *Wetenschapspark Limburg* in Diepenbeek bei Hasselt. Wissenschaftsparks in Oostende und in Leuven-Termunck befinden sich in der Planung (Informationen der regionalen Wirtschaftsförderungsgesellschaften und der Träger der Parks).

Die starke Außenorientierung bildet von jeher ein Kennzeichen der belgischen Wirtschaft. Insbesondere vom freien Handel innerhalb der EU hat Belgien stark profitiert. 2005 betrug der Anteil des Warenhandels Belgiens am Bruttoinlandsprodukt 176 % (in Deutschland 63 %, in den Niederlanden 123 %) (www.worldbank.org/data). Wie es die Tabelle 25 zeigt, sind etliche Industriebranchen in hohem Maße von der Auslandsnachfrage abhängig.

Die Biotechnologie hatte in Belgien in den letzten Jahren ein starkes Wachstum zu verzeichnen. Zwischen 1997 und 2006 ist die Zahl der Unternehmen im Durchschnitt jährlich um 17 %, die der Arbeitsplätze um 10 % angestiegen. Ungeachtet der hohen qualitativen Leistungen fällt der Sektor auf dem Arbeitsmarkt quantitativ noch nicht stark ins Gewicht. 2006 waren in 140 Unternehmen dieser Branche 10 000 Arbeitskräfte beschäftigt. Von großer Bedeutung für die Forschung in diesem Sektor ist das *Flanders Interuniversity Institute for Biotechnology*, vertreten an den Universitäten in Gent, Leuven, Antwerpen und im flämischen Teil der Freien Universität Brüssel. Werbewirksam spricht man vom *Flemish Biotech Valley*, mit Clustern insbesondere im Raum Gent, Leuven und Mechelen, weiterhin vom *Brussels Biotechnopole* und vom *Biotechnology Valley of Liège*. Weiterhin ist der Sektor in Louvain-la-Neuve sowie in Namur, Mons, Gembloux und Charleroi vertreten (www.bio.be; www.vib.be; www.biowin.org).

Die zukunftsweisende Wirtschaftsentwicklung Belgiens manifestiert sich räumlich in gebündelter Form in den innovativen Milieus der expandierenden Wissenschafts- und Forschungsparks. Wenn auch der Beitrag der dort angesiedelten Unternehmen zur Modernisierung des Wirtschaftsgefüges beachtlich sein mag, so ist die Bedeutung für den Arbeitsmarkt bislang untergeordnet geblieben. In den sechs wallonischen *parcs d'activités scientifiques* hatten sich bis 2003 insgesamt 233 Unternehmen niedergelassen, in denen 6661 Arbeitsplätze registriert wurden (http://statistiques.wallonie.be). Der bedeutendste ist mit 100 Unternehmen und über 4300 Arbeitsplätzen der von Ottignies-Louvain-la-Neuve und Mont-St.-Guibert in der Nähe der *Université Catholique de Louvain* (*UCL*) in Wallonisch-Brabant. Das Analogon dazu bildet der *Haasroode Business and Research Park* in der Nachbarschaft

Quelle: Statbel

Industriezweig	Anteil der Bestellungen im Ausland in % (2006)
Textil	79,8
Bekleidung	43,0
Papier und Kartonage	64,0
Chemie	80,7
Metallurgie	79,4
Metallverarbeitung	44,6
Maschinen und Ausrüstungen	73,2
Büromaschinen, Computer	71,1
Maschinen und elektrische Apparate	58,3
Radios, Fernseher, Telekommunikation	82,2
Medizinische Geräte, Optik, Messinstrumente	69,8
Pkws, Lkws, Busse, Anhänger	85,6
Sonstige Transportmittel	79,0

|Tab. 25| *Exportorientierung der belgischen Industrie*

Die luxemburgische Industrie

Die Industrie innerhalb der Gesamtwirtschaft Luxemburgs erlangte im Vergleich zu Belgien erst wesentlich später eine Bedeutung. Bis in die zweite Hälfte des 19. Jh. hinein war Luxemburg im Wesentlichen eine Agrarregion mit nur wenigen kleinstädtischen oder ländlichen Betrieben der gewerblichen Wirtschaft. Zu den Ausnahmeerscheinungen gehört *Villeroy & Boch*, ein renommiertes Traditionsunternehmen, das sich bis in die Gegenwart hinein gehalten hat und heute Keramik, Einrichtungen für Küchen und Bäder sowie Porzellan und Kristallwaren herstellt. Es geht auf die 1766 gegründete *Faïencerie Boch* in Septfontaines (nordwestlich von Luxemburg-Stadt) und den Ende des 18. Jh. entstandenen saarländischen Unternehmenszweig *Villeroy* zurück (Mousset 1994; www.villeroy-boch.com). Der rasche Aufstieg zum Industrieland begann in Luxemburg mit dem Aufbau der Schwerindustrie im Süden des Großherzogtums nach 1870. Zu dieser Zeit war Luxemburg, seit 1842 Mitglied des Zollvereins, besonders eng mit der deutschen Wirtschaft verflochten. Vor dem Ersten Weltkrieg stammten zwei Drittel des Kapitals der luxemburgischen Schwerindustrie aus Deutschland. Anfangs bestand eine starke Abhängigkeit dahingehend, dass die luxemburgische Schwerindustrie vornehmlich die Funktion eines Lieferanten von Roheisen wahrnahm, das in deutschen Werken weiterverarbeitet wurde. Als nationales Unternehmen entstand 1882 die luxemburgische Gesellschaft *ARBED* (*Aciéries Réunies de Burbach, Eich, Dudelange*). Einen Kostenvorteil erhielt die luxemburgische Eisen- und Stahlindustrie dadurch, dass in der Nähe der Verarbeitungsanlagen Eisenerz – die Minette – abgebaut wurde, zum Teil in Luxemburg selbst, zum größeren Teil im benachbarten Lothringen (Leboutte et al. 1998; Adam et al. 1999). Die oolithischen Minettelagerstätten, deren erzhaltige Schichten einen Eisengehalt von 27 – 30 % aufweisen und die an der Basis der jurassischen Dogger-Schichtstufe zutage treten, reichen in einem ca. 3 km breiten Streifen nach Südluxemburg hinein (Schmit & Wiese 1980). Da die Erze phosphorhaltig sind, konnte der große Aufschwung der luxemburgischen Schwerindustrie erst nach der Erfindung des Thomas-Verfahrens im Jahre 1878 beginnen. Phosphorhaltiges Eisen wurde in Luxemburg erstmals 1886 (Adam et al. 1999) nach diesem Windfrischverfahren, das stark umweltbelastend war, verblasen. Mit dem Aufbau der Schwerindustrie begann eine starke Zuwanderung von ausländischen Arbeitskräften. Die vorher dörflich und kleinstädtisch geprägte Region im Südsaum Luxemburgs wandelte sich zu einem unzusammenhängenden Industrierevier mit singulären Standorten. Zum Hauptort des Reviers entwickelte sich Esch-sur-Alzette. Die Region ist eng mit dem lothringischen Schwerindustriegebiet verflochten; bis 1978 war sie es auch mit dem Eisen- und Stahlindustriegebiet von Athus in Südbelgien.

Nach dem Ende des Ersten Weltkrieges und der Aufhebung des Zollvereins kam die enge Verknüpfung der luxemburgischen Industrie mit der deutschen Wirtschaft zum Erliegen. Erst mit der Bildung der Europäischen Gemeinschaft für Kohle und Stahl im Jahre 1951 erfolgte wieder eine stärkere Verflechtung. Nach 1918 bemühte sich Luxemburg darum, die Außenwirtschaftsbeziehungen neu zu orientieren. Nachdem 1919 aufgrund des negativen Ausganges eines Referendums in Frankreich der Versuch einer Wirtschaftsunion mit diesem Nachbarland gescheitert war, richtete sich Luxemburg auf Belgien aus, was 1921 zum Vertrag über die belgisch-luxemburgische Wirtschaftsunion führte. Die Gesellschaft *ARBED* (Abb. 111) entwickelte sich zum dominierenden Unternehmen in Luxemburg und zum Symbol der ökonomischen Leistungsfähigkeit des Großherzogtums (Trausch 1999, 2000; Meerhaege 1987). Mit der Bildung des Konzerns *Arcelor* aus *ARBED*, *Usinor* (Frankreich) und *Aceralia* (Spanien) im Jahre 2002 (www.arcelormittal.com) verlor das Unternehmen seine luxemburgische und nach der Übernahme durch den indischen Konzern *Mittal* seine europäische Identität. Einmal mehr wurde durch die Fusion die große Außenabhängigkeit der luxemburgischen Wirtschaft hervorgekehrt.

|Abb. 111| *Das Zentralverwaltungsgebäude des luxemburgischen Stahlkonzerns* ARBED. *Das palastartig gestaltete Bauwerk der* „Aciéries Réunies de Burbach, Eich, Dudelange" *wurde 1922 an der Avenue de la Liberté in Luxemburg errichtet. Heute gehört es* Arcelor-Mittal.

Sparte	Bruttowertschöpfung in Mio. €	in % der Brutto-wertschöpfung der Industrie
Nahrungs- und Genussmittel	253,7	11,0
Textil und Bekleidung	195,9	8,5
Papier, Kartonage, Druck	199,8	8,6
Chemie	107,7	4,7
Kautschuk und Plastik	282,5	12,2
Andere nicht metallische mineralische Produkte	227,8	9,9
Metallurgie	301,5	13,1
Metallverarbeitung	294,3	12,7
Maschinen und Anlagen	183,8	8,0
Elektrotechnik und Elektronik	158,4	6,9
Transportmaterial	25,3	1,1
Sonstiges	77,7	3,4
Industrie insgesamt	**2308,4**	**100,0**

|Tab. 26| *Anteil der Industriezweige Luxemburgs an der Bruttowertschöpfung (2005)*

Quelle: Statec

Sparte	Beschäftigte (in Tausend)	in % der Arbeitsplätze der Industrie
Nahrungs- und Genussmittel	4,4	13,8
Textil und Bekleidung	1,3	4,1
Papier, Kartonage, Druck	2,9	9,1
Chemie	1,3	4,1
Kautschuk und Plastik	4,0	12,5
Andere nicht metallische mineralische Produkte	2,7	8,4
Metallurgie und Metall-verarbeitung	9,6	30,0
Maschinen und Anlagen	2,7	8,4
Elektrotechnik und Elektronik	2,5	7,8
Transportmaterial	0,4	1,2
Sonstiges	0,2	0,6
Industrie insgesamt	**32,0**	**100,0**

|Tab. 27| *Beschäftigte in den Industriezweigen Luxemburgs (2005)*

Quelle: Statec

Von der Schwerindustrie gingen starke Wachstums-impulse für die Wirtschaft des Großherzogtums aus. In den Jahren von 1952–1954 wurden 91 % der Industrieinvestitionen für jenen Wirtschaftszweig getätigt (Adam et al. 1999, S. 70). 1958 stammten 83 % aller ausgeführten Waren Luxemburgs aus der Schwerindustrie (Hübsch 2004, S. 35). Anfang der Sechzigerjahre begann eine Politik der industriellen Diversifikation (Als & Schmit 1999), die sich auf die Dauer als erfolgreich erwies. Eine systematische Wirtschaftsförderung begann 1962 mit dem „Rah-mengesetz zur wirtschaftlichen Expansion" (Hübsch 2004). Die Problematik der starken Abhängigkeit von der Schwerindustrie rückte v. a. im Gefolge der Ende 1974 einsetzenden Stahlkrise ins Bewusst-sein. Der Minettebergbau erlosch 1981. Der letzte

Hochofen in Luxemburg wurde 1997 stillgelegt und die Rohstahlerzeugung ging erheblich zurück. Die Zahl der Arbeitsplätze wurde stark verringert, wobei im Rahmen des Luxemburger Modells versucht wur-de, den Abbau sozialverträglich vorzunehmen. *Arcelor-Mittal* betreibt bis heute in Luxemburg Elekt-rostahlwerke und erzeugt eine breite Palette von Stahlprodukten. Das Unternehmen ist in Bettem-bourg, Bissen, Differdange, Dommeldange, Dude-lange, Esch-sur-Alzette und Rodange vertreten (Als & Schmit 1999; Hübsch 2004; Statec; www. arcelormittal.com).

Die einst stark von der Schwerindustrie abhängige luxemburgische Volkswirtschaft hat erfolgreich ei-nen Strukturwandel vollziehen können. Dies bezieht sich auch auf die industrielle Diversifizierung. Aller-dings waren 2005 die Metallurgie und die Metall-verarbeitung unter den in Tabelle 26 und 27 aufge-führten Rubriken immer noch die bedeutendsten Wirtschaftszweige des Großherzogtums. 2005 stell-te die verarbeitende Industrie (ohne Rohstoff- und Energiegewinnung) in Luxemburg 10,4 % der Ar-beitsplätze. Im Vergleich dazu lag 1966 mit einem Beschäftigtenanteil von 45 % noch eine Überbeto-nung des sekundären Sektors vor (Statec). Unge-achtet der industriellen Neugründungen der letzten Jahrzehnte und ungeachtet der beachtlichen Moder-nisierung des Industriegefüges weist im Vergleich der 25 EU-Länder der Anteil des Sektors „Rohstoff-industrie, Herstellung von Waren, Energie und Was-ser" an der Bruttowertschöpfung in Luxemburg mit 10,6 % in den Jahren 2003 und 2004 den gerings-ten Wert auf. In der EU liegt er bei 20,4 %, in Belgi-en bei 19,6 % und in den Niederlanden bei 18,6 % (epp.eurostat.ec.europa.eu). Dies ist allerdings we-niger ein Indikator der Schwäche der Industrie als vielmehr ein Beleg für die außerordentlich erfolgrei-che Entwicklung des Dienstleistungssektors. Neben einheimischen Unternehmen wie *Villeroy & Boch* oder Betrieben der Nahrungs- und Genussmittelmit-telindustrie, darunter die große, 1847 gegründete, in Luxemburg-Stadt angesiedelte Tabakfabrik *Heintz Van Landewyck*, und des Druckereiwesens, darunter *Groupe Saint-Paul*, haben ausländische Direktinves-titionen zur heutigen Vielgestaltigkeit des Industrie-gefüges beigetragen. Ein Meilenstein war die Errich-tung der Reifenfabrik von *Goodyear* in Colmar-Berg 1949, der zu Ende der Fünfzigerjahre weitere Grün-dungen gefolgt sind. Von der Zahl der Beschäftigten her ist *Goodyear* heute (nach *Arcelor-Mitta*l) das zweitwichtigste Industrieunternehmen in Luxemburg und bildet neben verschiedenen kleineren Unter-nehmen im Großherzogtum eine wichtige Kompo-nente der Automobil- und Zuliefererindustrie des Saar-Lor-Lux-Raumes. Weitere wichtige Produkti-onsstätten ausländischer Unternehmen sind die Fa-brik von *Dupont de Nemours* in Contem (u. a. für Polyester-Filme), die Flachglasfabrik der *Guardian*-Gruppe in Dudelange, *Husky Injection Molding Systems* in Dudelange und Lintgen, *International Electronics & Engeneering* in Echternach, *ELTH* (Au-tozubhör) in Steinsel sowie im Bereich von Spei-

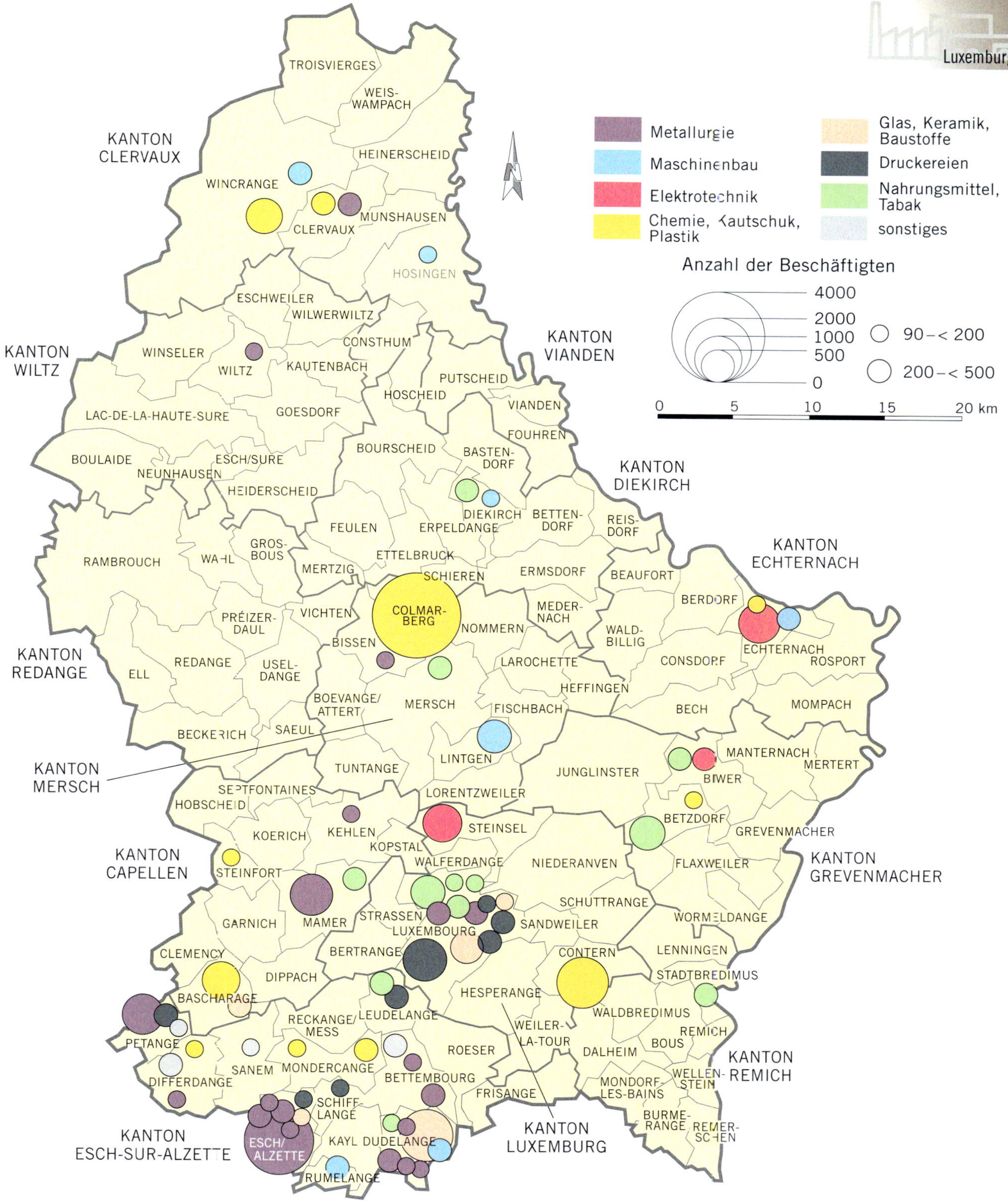

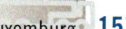

Karte

KANTON CLERVAUX

TROISVIERGES
WEIS-WAMPACH
HEINERSCHEID
WINCRANGE
CLERVAUX
MUNSHAUSEN
HOSINGEN

KANTON WILTZ

ESCHWEILER
WILWERWILTZ
CONSTHUM
WINSELER
WILTZ
KAUTENBACH
HOSCHEID
PUTSCHEID

KANTON VIANDEN

VIANDEN
FOUHREN

KANTON DIEKIRCH

LAC-DE-LA-HAUTE-SURE
GOESDORF
BOURSCHEID
BASTEN-DORF
BOULAIDE
ESCH/SURE
NEUNHAUSEN
HEIDERSCHEID
FEULEN
DIEKIRCH
BETTEN-DORF
REIS-DORF
ERPELDANGE
ETTELBRUCK
BERDORF

KANTON ECHTERNACH

RAMBROUCH
WAHL
GROS-BOUS
MERTZIG
SCHIEREN
ERMSDORF
BEAUFORT
ECHTERNACH
ROSPORT
PRÉIZER-DAUL
VICHTEN
COLMAR-BERG
NOMMERN
MEDER-NACH
WALD-BILLIG
BISSEN

KANTON REDANGE

REDANGE
ELL
USEL-DANGE
LAROCHETTE
CONSDORF
BOEVANGE/ATTERT
MERSCH
HEFFINGEN
BECH
MOMPACH
BECKERICH
SAEUL
FISCHBACH

KANTON MERSCH

TUNTANGE
LINTGEN
JUNGLINSTER
MANTERNACH
MERTERT
SEPTFONTAINES
HOBSCHEID
LORENTZWEILER
BIWER
KOERICH
KEHLEN
STEINSEL
BETZDORF
GREVENMACHER
KOPSTAL
WALFERDANGE

KANTON CAPELLEN

STEINFORT
NIEDERANVEN
FLAXWEILER

KANTON GREVENMACHER

GARNICH
MAMER
STRASSEN
LUXEMBOURG
SANDWEILER
SCHUTTRANGE
WORMELDANGE
BERTRANGE
CONTERN
LENNINGEN
CLEMENCY
DIPPACH
HESPERANGE
STADTBREDIMUS
BASCHARAGE
WALDBREDIMUS
RECKANGE/MESS
LEUDELANGE
WEILER-LA-TOUR
REMICH
PETANGE
ROESER
DALHEIM
BOUS

KANTON REMICH

SANEM
MONDERCANGE
BETTEMBOURG
FRISANGE
MONDORF-LES-BAINS
WELLEN-STEIN
DIFFERDANGE
SCHIFF-LANGE
BURME-RANGE
REMER-SCHEN

KANTON ESCH-SUR-ALZETTE

ESCH/ALZETTE
KAYL
DUDELANGE
RUMELANGE

KANTON LUXEMBURG

Legende

- Metallurgie
- Maschinenbau
- Elektrotechnik
- Chemie, Kautschuk, Plastik
- Glas, Keramik, Baustoffe
- Druckereien
- Nahrungsmittel, Tabak
- sonstiges

Anzahl der Beschäftigten

4000
2000
1000
500
0

○ 90 – < 200
○ 200 – < 500

0 5 10 15 20 km

---

chermedien das Unternehmen *TDK Recording Media Europe* in Bascharage und der Hersteller von Bodenbelägen *Rubbermaid Luxemburg* in Lentzweiler. Ursprünglich luxemburgisch war das 1931 gegründete im Bereich der Verarbeitung von Hartmetallen tätige Unternehmen *Cerametal* mit Sitz in Mamer und weiteren Produktionsstätten in Bettembourg und Niederkorn, das 2002 mit dem österreichischen Unternehmen *Plansee Tizit* fusionierte und

seitdem den Namen *Ceratizit* trägt (Statec und Unternehmensberichte).

Da ausländische Unternehmen bei ihrer Standortwahl flexibel sind und sich dem Wohlergehen des Ziellandes ihrer Investitionen meist nur bedingt verbunden fühlen, beruht die luxemburgische Industriewirtschaft auf einem fragilen System. Die heutige branchenmäßige Vielfalt der luxemburgischen Industrie bringt auch Abbildung 112 zum Ausdruck.

|Abb. 112| *Industriebetriebe mit 90 und mehr Beschäftigten in den Gemeinden Luxemburgs (2005)*

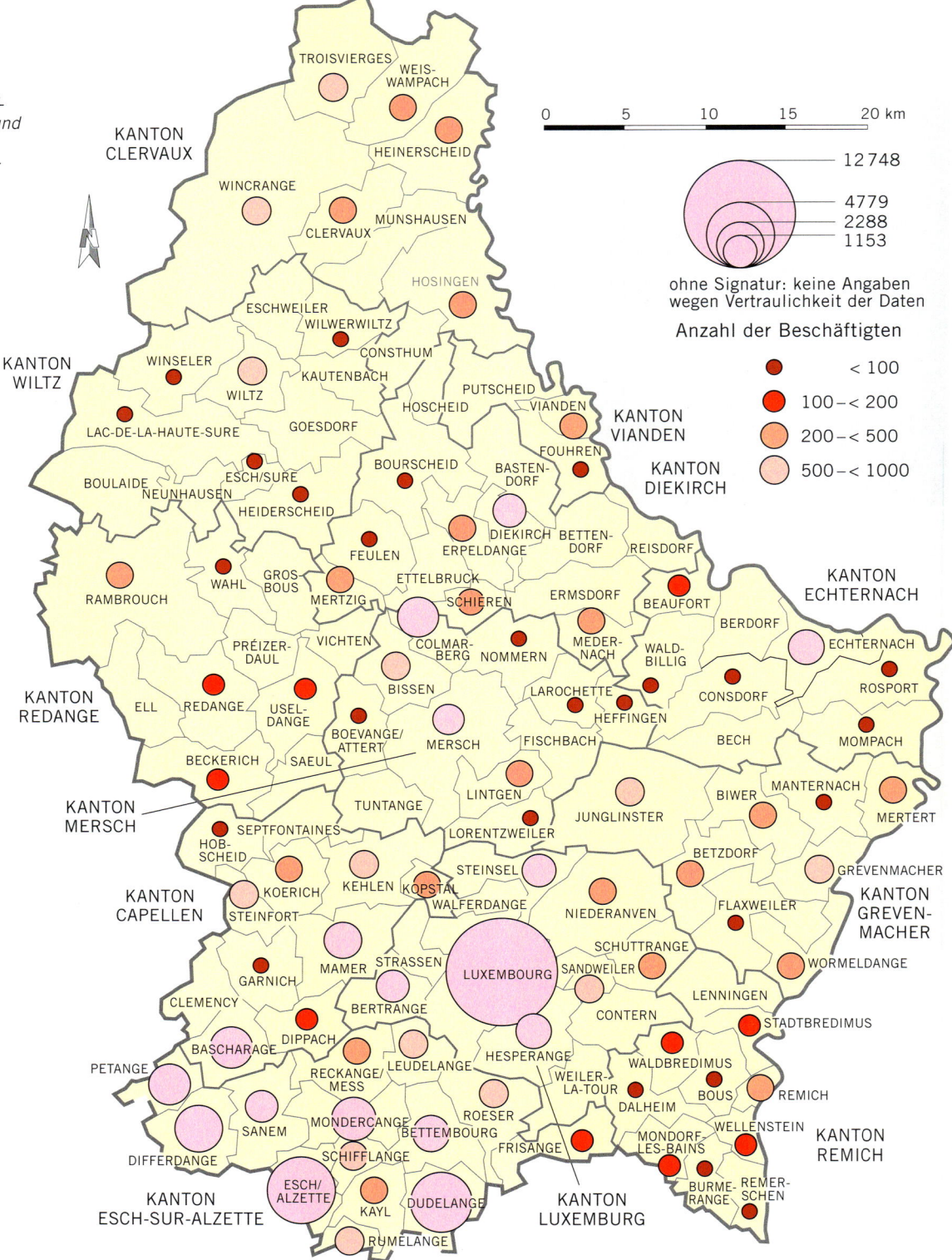

|Abb. 113| *Die Beschäftigten in der Industrie und in der Bauwirtschaft in den Gemeinden Luxemburgs (2002)*

0   5   10   15   20 km

12 748
4779
2288
1153

ohne Signatur: keine Angaben wegen Vertraulichkeit der Daten

Anzahl der Beschäftigten

● < 100
● 100–< 200
● 200–< 500
● 500–< 1000

Datengrundlage: Statec

Die Diversität ist inzwischen auch in dem früher einseitig auf die Schwerindustrie ausgerichteten Kanton Esch-sur-Alzette im Süden des Großherzogtums zu beobachten. Bei der Ausstattung mit Industriebetrieben ist in Luxemburg ein Süd-Nord-Gefälle zu erkennen (Abb. 113). Im Norden ist es zu einer punktuellen Industrieentwicklung mit singulären Standorten gekommen, während der Süden insgesamt stärker industrialisiert ist. Es ist ein auffallendes Merkmal in

Luxemburg, dass Industriebetriebe häufig in kleinen Gemeinden angesiedelt sind. Hier können Fühlungsvorteile nicht besonders ausgeprägt sein, aber die gute Verkehrsinfrastruktur und die günstige Lage in Relation zu Absatzmärkten bilden ein Gegengewicht. Die starke Außenorientierung der Industrie Luxemburgs kommt zahlenmäßig darin zum Ausdruck, dass sich der Handel von Gütern 2005 auf 112 % des Bruttoinlandsprodukts belief (www.worldbank.org/data).

Dienstleistungen

Überblick

■ Abgesehen von einfachen Versorgungsdienstleistungen ist in den Beneluxländern der tertiäre und quartäre Sektor räumlich stärker konzentriert als die Industriewirtschaft. Amsterdam und Brüssel weisen Merkmale von „*global cities*" auf. Trotz der geringen Einwohnerzahl hat die Stadt Luxemburg durch die Funktion als Finanzzentrum und als Sitz europäischer Institutionen eine überragende internationale Stellung erreicht. In den Dienstleistungsmetropolen hat der dynamische Büroimmobiliensektor in den letzten Jahrzehnten das Stadtbild erheblich verändert.

■ Die Einzelhandelsentwicklung ist in den Niederlanden seit Langem eng mit der Stadtplanung verknüpft. In den Niederlanden konnte der Einzelhandel in den Stadtzentren und in innerörtlichen Subzentren mehr von seiner Vitalität erhalten als in Belgien, wo periphere Standorte eine größere Bedeutung erlangt haben. Der Einzelhandel wird immer stärker von großen, international tätigen Ketten dominiert, wobei in Einzelfällen die übermäßige Konzentration dem Wettbewerb entgegensteht.

■ Die Beneluxländer besitzen ein großes touristisches Potenzial. In Wallonien ist es noch nicht ausgeschöpft, während an der belgischen Küste eine Überentwicklung mit exzessiver Verbauung stattgefunden hat. Im Inland bildet der hohe Anteil ausländischer Gäste in Zentren mit historischen Stadtbildern und hochrangigen Museen ein kennzeichnendes Merkmal des Fremdenverkehrs, v. a. in Luxemburg-Stadt, in Brüssel sowie in den alten flämischen und niederländischen Städten.

■ In allen Bereichen des Verkehrswesens wurden in den letzten Jahren umfangreiche Investitionen getätigt. Besonders bemerkenswert sind der Neubau von Strecken und Bahnhöfen für den internationalen Hochgeschwindigkeitsverkehr sowie die Fertigstellung der Betuweroute für Güterzüge. Hinzu kommen Kapazitätserweiterungen von Häfen, Flughäfen und Wasserstraßen sowie der Ausbau des Straßennetzes trotz starker Zerschneidung einzelner Landesteile. Belgien und v. a. die Niederlande erbringen in ausgedehntem Maße Verkehrsdienstleistungen für ihre europäischen Nachbarländer.

|Abb. 114| *Der Bürostandort Beukenhorst in der Gemeinde Haarlemmermeer nahe dem Amsterdamer Flughafen Schiphol ist eine der prestigeträchtigen neuen Anlagen im Raum Amsterdam, die in besonderer Weise die Quartärisierung der Wirtschaft in einer der bedeutendsten europäischen Metropolregionen dokumentiert. Die aufstrebende Gemeinde Haarlemmermeer zählte 2006 über 100 000 Arbeitsplätze im Dienstleistungssektor.*

Der Dienstleistungssektor in den Niederlanden

Beschäftigungsverhältnisse

Der Dienstleistungssektor hat für das Bruttoinlandsprodukt, die Beschäftigung und die Außenwirtschaft in den Niederlanden immer mehr an Bedeutung gewonnen. Das zentrale Amt für Statistik konnte für die Zeit von 1899 bis 1994 bedingt vergleichbare Daten über die Beschäftigten in einzelnen Wirtschaftssektoren zusammenstellen. Sie lassen zunächst ein kontinuierliches und über Jahrzehnte hinweg nur leichtes Anwachsen des Anteils der Beschäftigten des tertiären Sektors erkennen. Er betrug 36 % im Jahre 1899, erhöhte sich auf 41 % bis 1930 und erreichte 44 % im Jahre 1960. In den nächsten beiden Jahrzehnten erfolgte eine stürmische Entwicklung, die zu einem Anstieg auf 62 % bis 1981 und auf 72 % bis 1994 führte. 2004 verzeichnete die Statistik einen Prozentwert von 79 für die Niederlande und von 71 für die Eurozone. Der Anteil des Dienstleistungssektors an der Bruttowertschöpfung belief sich 2005 in den Niederlanden auf 74 % (Statistiken, auch im Folgenden: http://statline.cbs.nl und epp.eurostat.ec.europa.eu).

Der große Anteil von Teilzeitarbeitskräften bildet ein Merkmal des niederländischen Arbeitsmarktes. Im Durchschnitt liegt er im Dienstleistungssektor höher als in der Industrie und der Bauwirtschaft. 48 % der Arbeitnehmer aller Branchen in den Niederlanden arbeiteten 2005 in einem Teilzeitverhältnis. Die Relation zwischen Vollzeitäquivalenten und tatsächlich Beschäftigten betrug 0,78. Vergleichsweise gering ist die Bedeutung der Teilzeitbeschäftigung bei Banken, Versicherungen, Computerservicebüros und in der staatlichen Verwaltung. Hier liegt die genannte Verhältniszahl bei 0,9. Im Einzelhandel, bei Hotels und Gaststätten, Werbeagenturen und Vermittlungsbüros für zeitweilige Arbeit hingegen werden Werte zwischen 0,6 und 0,7 registriert. Zu den Merkmalen des niederländischen Dienstleistungssektors gehören weiterhin die herausragende Stellung des Handels in Bezug auf die Beschäfti-

gung sowie der starke Anstieg der Zahl der Erwerbstätigen im Gesundheitswesen und in den über 6000 Vermittlungsbüros für zeitlich befristete Arbeit (*uitzendbureaus*) (vgl. Abb. 115).

Die zunehmende Teilzeitarbeit, die effiziente Arbeitsvermittlung und Wiedereingliederung, eine zeitweilige Zurückhaltung bei Lohnforderungen, eine Senkung der Lohnnebenkosten, einige Kürzungen im Sozialbereich sowie eine aktive Wirtschaftsförderung mit einer Ermutigung in- und ausländischer Investitionen haben das sog. „holländische Wunder" (Visser & Hemerijck 1998) hervorgebracht, nämlich eine Absenkung der Arbeitslosigkeit von 10,2 % in den Jahren 1983 und 1984 auf ein Minimum von 3 % im Jahre 2000. Zwischen 1984 und 2002 stieg die Zahl der Erwerbstätigen von 4,7 Mio. auf 7 Mio. an, wobei der Zuwachs im Wesentlichen im Dienstleistungssektor (zu einem geringen Teil auch in der Bauwirtschaft) erfolgte. Das Maßnahmenbündel zur Verbesserung der Arbeitsmarktsituation ist unter der Bezeichnung „Poldermodell" bekannt geworden und so zu verstehen, dass für die Erreichung eines Zieles alle Gruppen – ähnlich wie beim Deichbau – eng zusammenwirken müssen. Allerdings ist nach 2001 die Arbeitslosenquote wieder gestiegen – zwischen Dezember 2007 und Februar 2008 lag sie bei 4,2 % –, sodass Politik und Wirtschaft weiteren Reformbedarf zu erkennen glauben.

Regionale Unterschiede im Dienstleistungssektor

Der niederländische Dienstleistungssektor und das niederländische zentralörtliche System sind insgesamt durch regionale Ausgewogenheit gekennzeichnet. Ungeachtet dessen ergeben sich zwangsläufig räumliche Unterschiede, die im kommerziellen Dienstleistungssektor stärker hervortreten als bei staatlichen und sozialen Dienstleistungen. Die Spannweite beim Anteil der kommerziellen Dienstleistungen an der Bruttowertschöpfung in den CO-ROP-Gebieten (Abb. 116, Tab. 28) reichte 2001 von 30 % in Overig Groningen bis zu 78 % in Haarlemmermeer, der Nachbargemeinde von Amsterdam mit dem Flughafen Schiphol. Im Dienstleistungssektor nehmen Rotterdam, Den Haag, Amsterdam und Utrecht allein schon aufgrund geographischer Gunstfaktoren eine herausragende Stellung ein. Dazu gehören die ausgezeichnete Verkehrsinfrastruktur und die zentrale Lage im Schnittstellenbereich des ökonomisch hoch entwickelten Agglomerationsbandes von London bis zum Dreieck Turin – Mailand – Genua, der „blauen Banane", und des quer dazu verlaufenden europäischen Entwicklungskorridors zwischen Paris, Hamburg und Berlin, der „gelben Banane" (Brunotte et al. 2001/2002). Weiterhin sind die Agglomerationsvorteile für die vielen kontaktintensiven Dienstleistungsbetriebe, der hohe Prestigewert der Städte, ein differenziertes und reichhaltiges Angebot auf dem Büroimmobilienmarkt und die große Zahl der qualifizierten Arbeitskräfte in Betracht zu ziehen. Bemerkenswert ist die Konzentration von

|Abb. 115| Beschäftigte im Dienstleistungssektor der Niederlande (1995 und 2005)

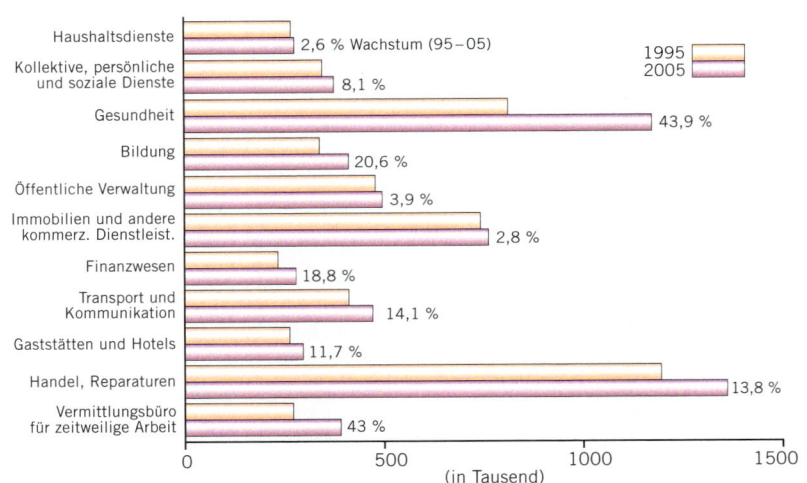

Datengrundlage: CBS, Arbeidsrekeningen

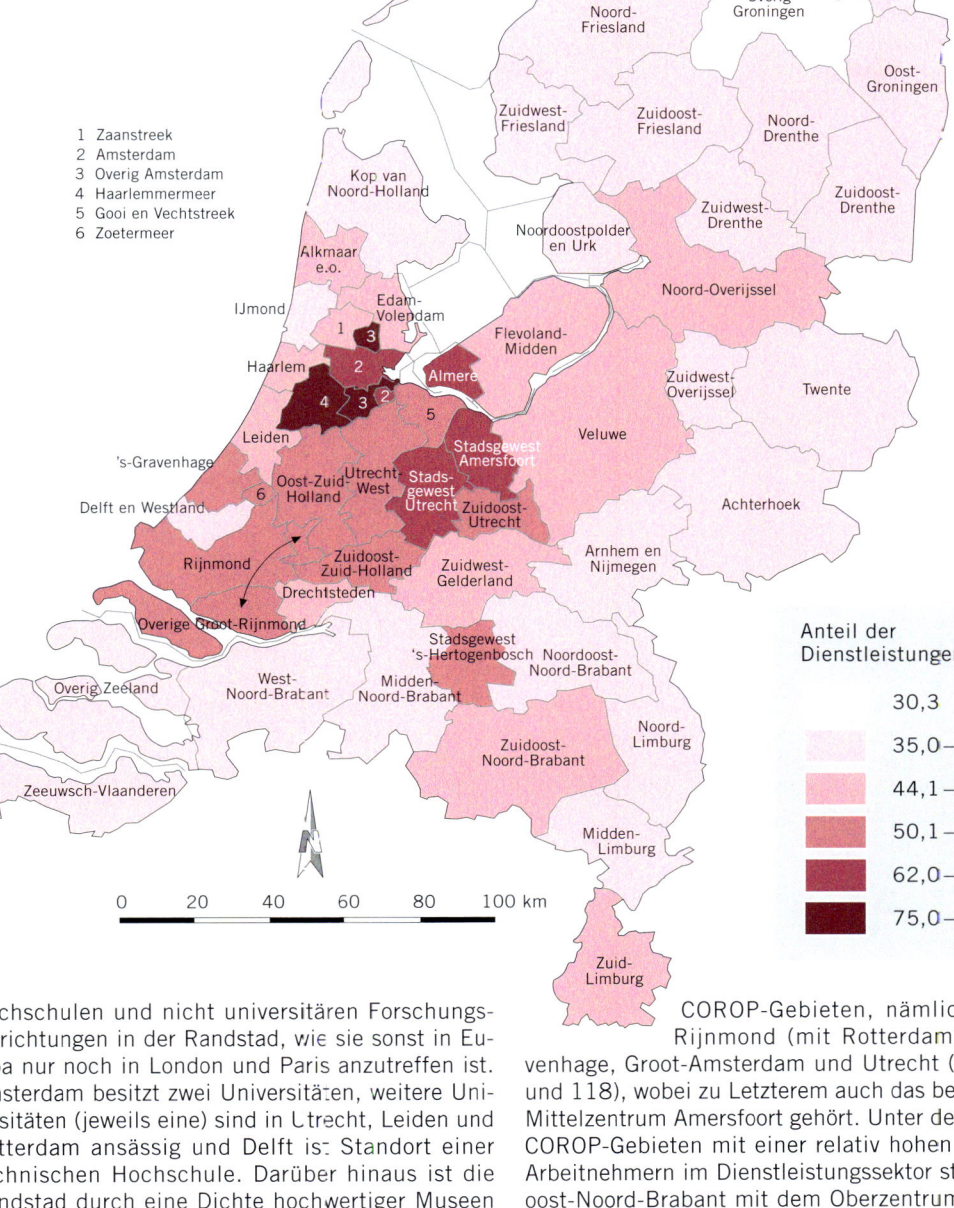

Datengrundlage: CBS

|Abb. 116| *Anteil der kommerziellen Dienstleistungen an der Bruttowertschöpfung (2001) in den niederländischen COROP-Gebieten*

1 Zaanstreek
2 Amsterdam
3 Overig Amsterdam
4 Haarlemmermeer
5 Gooi en Vechtsreek
6 Zoetermeer

Anteil der
Dienstleistungen in %

30,3
35,0–44,0
44,1–50,0
50,1–57,0
62,0–66,0
75,0–78,0

0   20   40   60   80   100 km

Hochschulen und nicht universitären Forschungseinrichtungen in der Randstad, wie sie sonst in Europa nur noch in London und Paris anzutreffen ist. Amsterdam besitzt zwei Universitäten, weitere Universitäten (jeweils eine) sind in Utrecht, Leiden und Rotterdam ansässig und Delft ist Standort einer Technischen Hochschule. Darüber hinaus ist die Randstad durch eine Dichte hochwertiger Museen gekennzeichnet. Der Kunsthandel in Amsterdam erfreut sich internationaler Wertschätzung. Auch bei Theateraufführungen nimmt die Randstad eine herausragende Position innerhalb der Niederlande ein, und Konzerte in den Musikzentren *De Doelen* (Rotterdam), *Vredenburg* (Utrecht) und v.a. im *Concertgebouw* (Amsterdam) sowie das gleichnamige Orchester finden immer wieder internationale Anerkennung. Amsterdam gehört seit Jahrhunderten zu den bedeutendsten Zentren des Verlagswesens in Europa (wenn man auch andere niederländische Standorte wie Deventer, Groningen und Assen nicht übersehen sollte). Von den 3,2 Millionen Arbeitnehmern im kommerziellen Dienstleistungssektor der Niederlande arbeiteten 2003 insgesamt 38 % in vier

COROP-Gebieten, nämlich Groot-Rijnmond (mit Rotterdam), 's-Gravenhage, Groot-Amsterdam und Utrecht (Abb. 117 und 118), wobei zu Letzterem auch das bedeutende Mittelzentrum Amersfoort gehört. Unter den übrigen COROP-Gebieten mit einer relativ hohen Zahl von Arbeitnehmern im Dienstleistungssektor steht Zuidoost-Noord-Brabant mit dem Oberzentrum Eindhoven an erster Stelle. Eindhoven ist Sitz einer Technischen Hochschule und hat in den letzten Jahren erfolgreich einen Strukturwandel von einer früher stark industriebezogenen Stadt zu einem Zentrum für hochwertige Dienstleistungen vollzogen. In den – für niederländische Verhältnisse – peripheren Gebieten des Nordens und des Südens haben sich die Universitätsstädte Groningen und Maastricht als Oberzentren positionieren können, wobei die Stadt an der Maas enge Verflechtungen zu den belgischen und deutschen Nachbarregionen innerhalb der Euregio Maas-Rhein aufweist. Zusätzlich hat sich Maastricht als IT-Standort profilieren können, weiterhin dadurch, dass es dank des *Maastrichts Expositie- en Congres Centrum* (*MECC*) nach Utrecht und

Amsterdam zu den bedeutendsten Messe- und Kongresszentren der Niederlande gehört. Im einzigen Oberzentrum des Nordens, in Groningen, ist der Dienstleistungssektor noch nicht so stark entwickelt. Ein Anteil des kommerziellen Sektors von 30 % an der Bruttowertschöpfung (vgl. Abb. 116) ist als niedrig einzustufen. Die periphere Lage zu den Wachstumszentren des Landes spielt nach wie vor eine Rolle. Dies kann nur bedingt durch intensivere Verflechtungen mit grenznahen Städten in Deutschland (z. B. mit Emden oder Leer) kompensiert werden, da diese wirtschaftsschwach sind. Einige Nachteile wurden aber durch staatliche Lenkungsmaßnahmen ausgeglichen. Die Hauptverwaltung der niederländischen Post (früher *PTT* für *„Posterijen, Telegrafie en Telefonie"*, heute *Koninklijke TNT Post*, benannt nach dem augenblicklich niederländischen Unternehmen *Thomas Nationwide Transport*) wurde im Zentrum von Groningen angesiedelt, als der Betrieb noch staatlich war. Unweit davon steht ein großes Verwaltungsgebäude der heute selbstständigen und privaten, aus der *PTT* hervorgegangenen niederländischen Telekommunikationsgesellschaft *KPN*

(*Koninklijke PTT Nederland*). Weiterhin ist Groningen als Standort für den Hauptsitz der *Gasunie* ausgewählt worden. Eine Sonderstellung nimmt die Region Gooi en Vechtstreek ein mit Hilversum als wichtigstem Zentrum. Hilversum, das schon zum Einflussbereich von Amsterdam gehört, hat sich zum bedeutendsten Multimediastandort der Niederlande entwickelt. Dies nahm mit der Gründung des ersten Radiosenders in den Niederlanden (*Hilversumsche Draadlooze Omroep*) im Jahre 1923 seinen Anfang (www.hilversum.nl). Namentlich in den 1950er- und 1960er-Jahren war „Radio Hilversum" für deutsche Hörer der Inbegriff des niederländischen Rundfunks. Die Medienaktivitäten sind heute an der Peripherie der Stadt im weitläufigen und ansprechend gestalteten *Media Park* (Abb. 119) räumlich gebündelt. Dieser umfasst zahlreiche Rundfunk-, Film- und Fernsehstudios sowie die *Media Academie*, ein Weiterbildungszentrum vornehmlich für Mitarbeiter von TV-Sendern und Werbeagenturen mit Angeboten u. a. aus den Bereichen Produktion (TV, Radio), Kameraführung, Regie sowie Interview-, Schreib- und Präsenta-   tionstechniken. Im

|Abb. 117| *Arbeitnehmer des Dienstleistungssektors (2003) in den niederländischen COROP-Gebieten*

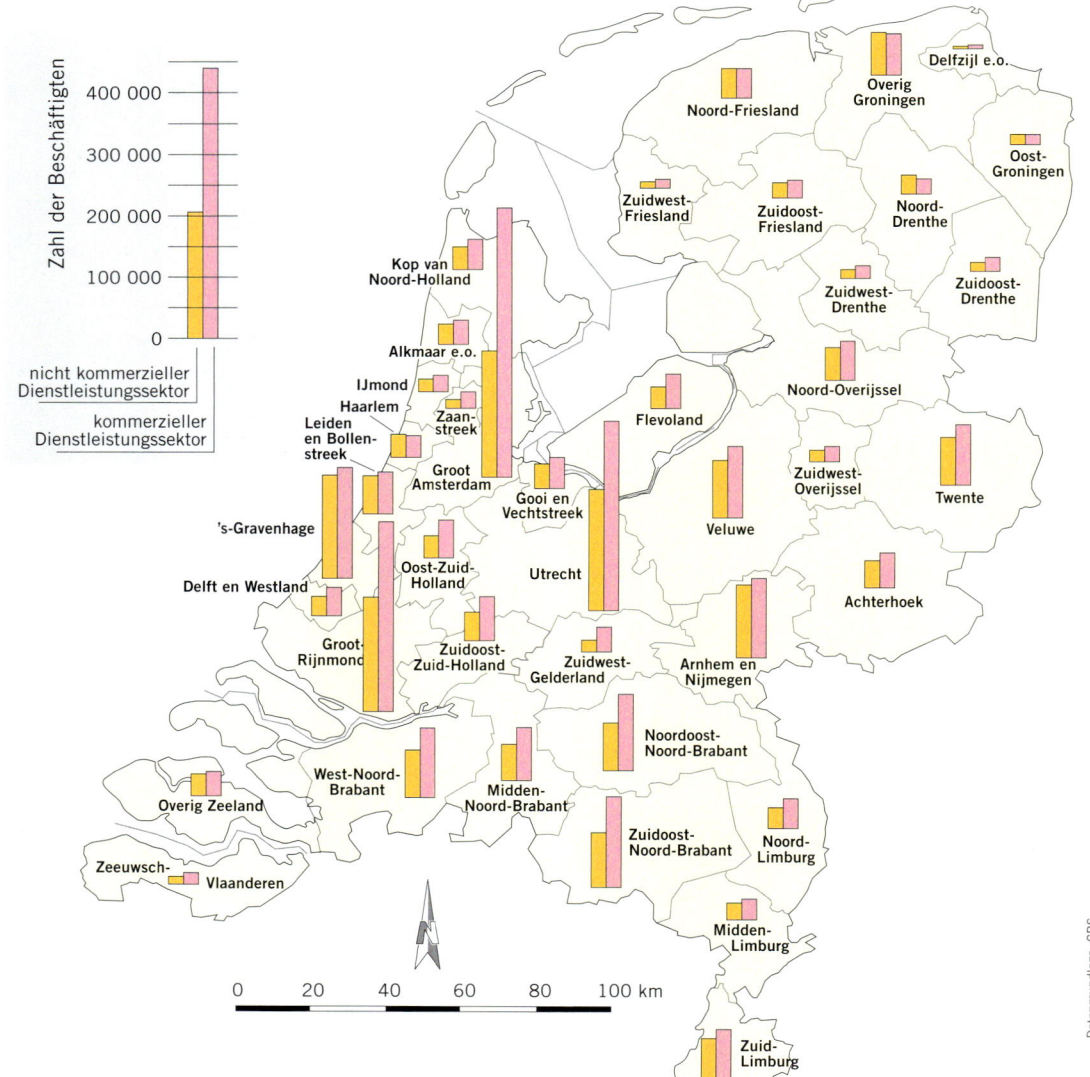

Datengrundlage: CBS

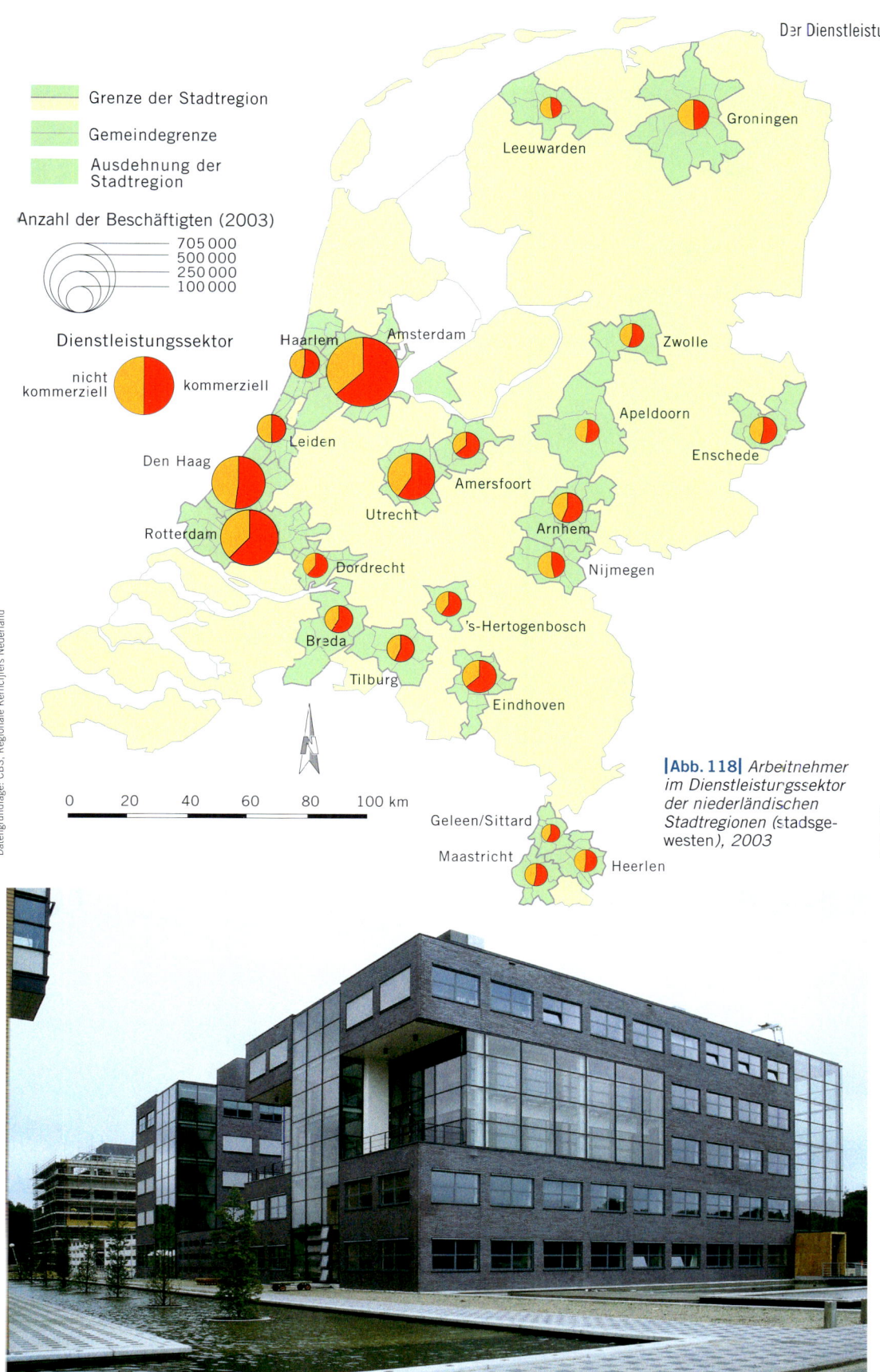

Grenze der Stadtregion

Gemeindegrenze

Ausdehnung der
Stadtregion

Anzahl der Beschäftigten (2003)

705 000
500 000
250 000
100 000

Dienstleistungssektor

nicht
kommerziell   kommerziell

Leeuwarden   Groningen

Haarlem   Amsterdam

Zwolle

Leiden   Apeldoorn

Den Haag   Amersfoort   Enschede

Utrecht

Rotterdam   Arnhem

Dordrecht   Nijmegen

Breda   's-Hertogenbosch

Tilburg

Eindhoven

0   20   40   60   80   100 km

Geleen/Sittard

Maastricht   Heerlen

|Abb. 118| *Arbeitnehmer im Dienstleistungssektor der niederländischen Stadtregionen (stadsgewesten), 2003*

Datengrundlage: CBS, Regionale Kerncijfers Nederland

Stadt	Zahl der Beschäftigten
Amsterdam	705,9
Rotterdam	452,3
Den Haag	390,3
Utrecht	303,0
Eindhoven	160,0
Groningen	134,0
Arnhem	127,3
Haarlem	118,9
Leiden	111,9
Breda	108,5
Tilburg	103,4
Enschede	102,3
Amersfoort	99,3
Nijmegen	97,1
's-Hertogenbosch	89,6
Dordrecht	86,0
Zwolle	83,0
Apeldoorn	80,6
Heerlen	71,9
Maastricht	71,1
Leeuwarden	64,3
Geleen/Sittard	46,4

|Tab. 28| *Rangordnung der niederländischen Städteregionen (stadsgewesten) nach der Zahl der Beschäftigten im Dienstleistungssektor (2003) (Angaben in Tausend)*

Quelle: CBS

|Abb. 119| *Gebäudekomplex* Gateway A–D *an der Nordseite des* Media Park *in Hilversum, unter anderem Sitz von* Technicolor, *das umfangreiche technische Dienstleistungen für die Film- und Videobranche anbietet, sowie von* inVision *(Herstellung von Untertiteln). Das Gebäude wurde vom Architekturbüro Klunder in Rotterdam entworfen, das auch das dortige Weenahuis gestaltet hat (vgl. Abb. 120).*

|Abb. 120| *Teil des Büro-gebäudes* Weenahuis *von der Weena aus gesehen in Rotterdam (entworfen vom Architekturbüro Klunder in Rotterdam). Rechts dane-ben (teils in der Glasfassa-de gespiegelt) das Wohn-gebäude* Weenaflat.

plexiteit en kommunicatie", was sich durchaus an den wirtschaftsgeographischen Realitäten orientiert.

Rotterdam

Für den Dienstleistungssektor von Rotterdam spielt die Funktion als Welthafen und eines europäischen Verteilungszentrums ersten Ranges eine große Rol-le. Der vom *World Port Center* in Kop van Zuid aus verwaltete *Havenbedrijf Rotterdam* allein beschäf-tigt schon 1300 Menschen (www.portofrotterdam. com). Zusätzlich sind zahlreiche andere Dienstleis-ter damit verbunden. Darüber hinaus nimmt Rotter-dam wesentliche weitere Dienstleistungsfunktionen wahr. Städtebaulich kommt dies durch Prestige hei-schende postmoderne Wolkenkratzer –darunter „Ka-thedralen des Geldes" von Banken und Versicherun-gen–im Stadtzentrum zum Ausdruck, insbesondere an der Weena (Abb. 120) sowie am Coolsingel und neuerdings auch im Sanierungsgebiet Kop van Zuid. Weiterhin sind etliche Immobilien in einstigen stadt-nahen Villenvierteln, soweit sie die schweren Kriegs-zerstörungen überstanden haben, für den quartären Sektor hergerichtet worden. Als Zukunftsvision wird der *Maastoren* in Kop van Zuid angepriesen. Darüber hinaus hat sich Rotterdam als Kongress- und Kultur-zentrum, als Museumsstandort sowie als Universi-tätsstadt einen Namen gemacht. Im 10 Gemeinden umfassenden Stadsgewest Rotterdam wurden 2003 insgesamt 281 000 Arbeitsplätze im kommerziellen und 171 300 im übrigen Dienstleistungssektor regis-triert.

Amsterdam

Das mit Abstand wichtigste Dienstleistungszentrum der Niederlande stellt Amsterdam dar (vgl. Abb. 118). 2003 waren in dem 15 Gemeinden umfas-senden Stadsgewest Amsterdam 475 700 Arbeit-nehmer im kommerziellen und 230 200 im sonsti-gen Dienstleistungsbereich tätig. Ungeachtet der immer noch bedeutenden Industriefunktion ist der Anteil der kommerziellen Dienstleistungen an der Bruttowertschöpfung im Raum Amsterdam der höchste unter den niederländischen COROP-Gebie-ten. Das COROP-Gebiet Overig Agglomeratie Amster-dam erreichte bereits 2001 einen Prozentwert von 75,2, das benachbarte Haarlemmermeer von 77,5 (vgl. Abb. 116). Hierbei ist der historische Altstadt-kern Amsterdams größtenteils von Bürohochhaus-bauten verschont geblieben. Er stellt aber durchaus einen prestigeträchtigen Standort für kleinere Büros dar, und zwar v.a. im Bereich der Herengracht und einigen benachbarten Straßen, wo sich –oft in statt-lichen Bauten des 17. Jh. – Niederlassungen von in- und ausländischen Banken, Maklerbüros, Versi-cherungen, Rechtsanwalts- und Notariatspraxen, Verlagshäuser, wissenschaftliche Institute, Wirt-schaftsprüfer, Architekturbüros und Unternehmens-berater befinden. Das wichtigste Gebäude für pri-vate Dienstleistungsunternehmen innerhalb des Grachtengürtels ist (abgesehen vom Verwaltungs-zentrum der Nederlandse Bank) die Börse. Aus ei-ner Fusion der Amsterdamer mit der Brüsseler und

Jahre 2006 waren in Hilversum 23 Radio- und Fern-sehstationen registriert (http://hilversum.digicity.nl).

Innerhalb der Randstad wird im Allgemeinen zwi-schen dem im Dienstleistungssektor etwas besser entwickelten Nordflügel (*Noordvleugel*) mit Amster-dam als herausragender Metropole und dem nicht ganz so optimal in Erscheinung tretenden Südflügel (*Zuidvleugel*) mit dem Großraum Rotterdam unter-schieden. Der Bereich Leiden–Amsterdam–Utrecht wird gelegentlich als „Goldenes Dreieck" (*gouden driehoek*) eingestuft (Musterd & de Pater 1994). Der Nordflügel der Randstad präsentiert sich gern als „k-region" mit den Attributen „*kennis, kreativiteit, kom-*

Pariser Börse war 2000 das Unternehmen *Euronext*, hervorgegangen, das später durch die Börse von Lissabon und die *London International Financial Futures and Options Exchange* erweitert wurde (www.euronext.com). Seit der Übernahme durch die *New York Stock Exchange* im Juni 2006 trägt sie den Namen *NYSE Euronext*, wobei Amsterdam für den europäischen Part weiterhin eine Lenkungsfunktion wahrnimmt (Het Financieele Dagblad 22.9.06). Außerhalb des Grachtengürtels, aber noch innenstadtnah, ist 1995 als Bürogebäude der 115 m hohe Rembrandtoren fertiggestellt worden, der ein Wahrzeichen für das Wachstum der Dienstleistungsmetropole darstellen soll. An der Peripherie der Agglomeration verfügen Amsterdam und einige Nachbargemeinden, darunter insbesondere Haarlemmermeer, über attraktive, verkehrsmäßig vorzüglich angebundene Gewerbegebiete für den Dienstleistungssektor. Eine herausragende Stellung nimmt hierbei das weitläufige, unweit des Flughafens Schiphol gelegene Terrain von *Amsterdam-Zuidoost* ein. Ebenso wie einige benachbarte Bürostandorte symbolisiert es den Wandel zu einer international verflochtenen Dienstleistungsökonomie und erinnert, wenn auch in etwas kleineren Dimensionen angelegt, an *La Défense* in Paris. Neben den niederländischen haben sich hier auch zahlreiche ausländische Unternehmen als Dienstleister oder mit ihren Unternehmenszentralen niedergelassen. In unmittelbarer Nähe des Flughafens Schiphol sind weitere Gewerbegebiete entstanden, in denen sich Niederlassungen von Unternehmen finden, die entweder direkt mit dem Flughafenbetrieb befasst sind oder für die die Lage am Flughafen besonders vorteilhaft ist. Dieser Zielgruppe hat sich die *Schiphol Area Development Company* (*SADC*) angenommen, die für verschiedene Gewerbegebiete, u.a. für Schiphol Rijk, verantwortlich ist. Letzteres beherbergt über 200 international tätige Betriebe, von denen 57 % durch ausländische Investitionen entstanden sind. 40 % aller Betriebe beziehen sich auf den IT-Sektor (www.sadc.nl). Sehr rasch entwickelt hat sich in den letzten Jahren das ansprechend gestaltete flughafennahe Gewerbegebiet Hoofddorp-Zuid (Gemeinde Haarlemmermeer). Die dortigen Niederlassungen sind ebenfalls durch hohe Anteile des IT-Sektors und von ausländischen Unternehmen gekennzeichnet. Stadtnäher liegt ein weiterer Entwicklungspol für den Dienstleistungssektor, und zwar im Bereich der Zuidas. Eine Schlüsselfunktion üben hier das große Messe- und Kongresszentrum *RAI* (mit einer Ausstellungsfläche von ca. 100 000 m²) und das *World Trade Center* aus. *RAI* bedeutet *Rijwiel-* (Fahrrad) *en Automobiel-Industrie*. Das Kongresszentrum hatte 1893 mit einer Fahrradmesse begonnen, nahm später Automobilausstellungen hinzu und wurde schließlich zu einem multifunktionalen Komplex ausgeweitet (www.rai.nl). Von der Ausstellungsfläche her ist es in etwa gleichrangig mit der *Jaarbeurs* in Utrecht (www.jaarbeursutrecht.nl). Dem Betreiberunternehmen gehört auch das genannte *MECC* mit einer Ausstellungsfläche von 33 000 m².

Obwohl der Metropolraum Amsterdam nur 1,3 Mio. Einwohner aufweist, taucht er in den meisten Ranglisten der *„global cities"* auf. Beaverstock et al. (1999, S. 448) erwähnen, dass in zehn von 15 wissenschaftlichen Standardwerken über *world cities* Amsterdam mit einbezogen wird. Bronger (2004, S. 191) ordnet Amsterdam in die Gruppe der Städte mit teilweise globalen Kommandofunktionen ein und weist der Agglomeration den Rang 15 unter allen *„global cities"* zu. Etliche andere Studien kommen zu ähnlichen Schlussfolgerungen, wobei teilweise der Rang noch höher angesetzt wird. Vereinzelt wird auch die Randstad als Ganzes in die vergleichende Bewertung der globalen Steuerungsfunktion einbezogen (Hall 1966; Musterd & de Pater 1994). Allerdings sollte man hierbei die Heterogenität der Randstad nicht übersehen. Mit aufwändigen Verfahren hat Taylor (2002, 2003) die Stellung Amsterdams in einem weltweiten Städtenetzwerk bestimmt. Hierbei versuchte er, die weltweiten Verbindungen führender großer Dienstleistungsunternehmen der vier Kategorien Rechnungswesen, Werbung, Finanzwesen und Recht, die Niederlassungen in den Weltstädten besitzen, quantitativ zu erfassen. Beim Vergleich daraus errechneter Indizes der *global network connectivities* kommt Amsterdam unter den europäischen Städten auf Platz 5 (nach London, Paris, Mailand und Madrid) und weltweit auf Rang 12. Bemerkenswerterweise hatten von den 100 größten Unternehmen der genannten Ausrichtung, die vom Institut *Globalization and World Cities Study Group and Network* der *Loughborough University* in Leicestershire (England) erfasst werden, 70 eine Niederlassung in Amsterdam. Auffallend ist im weltweiten Vergleich die hervorragende Position Amsterdams mit Rang 7 im Bereich *media network connectivity*, v.a. wegen der Bedeutung der Werbebranche in der niederländischen Metropole. Bei der *bank network connectivity* billigt Taylor Amsterdam den Rang 24 zu. Vor dem Zweiten Weltkrieg hatte die Stadt im globalen Wettbewerb der Finanzzentren eine wesentlich größere Bedeutung. Insgesamt hat die von Musterd & Deurloo (2006) vorgenommene Kennzeichnung Amsterdams als *„creative knowledge city"* auf jeden Fall ihre Berechtigung.

Den Haag

Wie es bereits im stadtgeographischen Kapitel ausgeführt wurde, hat sich das Zentrum von Den Haag seit dem Beginn der 1990er-Jahre stark verändert, indem prestigeträchtige Hochhausbauten errichtet wurden, die die Funktion als Dienstleistungsmetropole zum Ausdruck bringen. In den Bürohochhäusern des *Nieuw Centrum* sind nicht nur Einrichtungen von Privatunternehmen, darunter der Hauptsitz von *Shell* und von *KPN*, untergebracht, sondern zu einem beträchtlichen Teil Ministerien. Bei der Zahl der Arbeitsplätze im kommerziellen Dienstleistungssektor wird Den Haag von Rotterdam und Amsterdam weit übertroffen. Im neun Gemeinden umfassenden Stadtgewest 's-Gravenhage (einschließlich Delft und Zoetermeer) waren 2003 insgesamt

203 000 Arbeitnehmer im kommerziellen und 187 300 im übrigen Dienstleistungssektor tätig.

Die Stadt taucht noch nicht an führender Stelle in den Ranglisten der *„global cities"* auf, ungeachtet dessen, dass sie den Internationalen Gerichtshof, die „Organization for the Prohibition of Chemical Weapons", den Internationalen Strafgerichtshof sowie den Strafgerichtshof für Verbrechen im ehemaligen Jugoslawien und andere internationale Einrichtungen des Rechtswesens beherbergt. Van der Wusten (2006) charakterisiert Den Haag als „legal capital of the world".

Der Dienstleistungssektor in Belgien

Wie in anderen hoch entwickelten Staaten auch, hat in Belgien der Dienstleistungssektor für das Bruttoinlandsprodukt, die Beschäftigung und die Außenwirtschaft in den letzten Jahrzehnten immer mehr an Bedeutung gewonnen. 2002 arbeiteten 73 % der Erwerbstätigen im Dienstleistungssektor. 1947, als der belgische Arbeitsmarkt noch stark von der Industrie geprägt wurde, lag der Wert bei 38 %. Im Jahre 2004 belief sich der Anteil des Dienstleistungssektors an der Bruttowertschöpfung auf 74 %. Damit liegt Belgien etwas über dem Wert der Eurozone und ist darin den Niederlanden vergleichbar. Bei der Beschäftigung und bei der Bruttowertschöpfung haben einzelne Branchen seit 1995 eine sehr unterschiedliche Entwicklung genommen. Einen ausgesprochen starken Zuwachs an Arbeitsplätzen, und zwar um 44 % zwischen 1995 und 2004, erfuhr der Bereich, der in der amtlichen Statistik unter „Immobilienwirtschaft und Dienstleistungen für Unternehmen" aufgeführt wird (vgl. Abb. 121). Bedeutsam ist hierbei v. a. die letztgenannte Sparte. Aber auch das Gesundheitswesen verbuchte in dem gleichen Zeitraum eine starke Zunahme, und zwar von knapp 29 %. Bei der Bruttowertschöpfung zu Faktorkosten ergab sich insbesondere in den Branchen „Finanzdienstleistungen" sowie „Immobilienwirtschaft und Dienstleistungen für Unternehmen" ein kräftiges Wachstum, und zwar (bezogen auf das Preisniveau von 2000) um 28 bzw. 25 %. Insgesamt wuchs der Dienstleistungssektor bei der Bruttowertschöpfung im genannten Zeitraum um 17 %, bei den Arbeitsplätzen um 14 % (INS/Statbel; www.nbb.be; epp.eurostat.ec.europa.eu).

Die Verbreitung einzelner Dienstleistungsbereiche hängt sehr stark mit der Bevölkerungsverteilung im Lande zusammen. Zum Beispiel korrelieren die Beschäftigtenzahlen in Kfz-Reparaturstätten und die Einwohnerzahlen auf der Ebene der Gemeinden mit einem Produktmoment-Korrelationskoeffizienten von 0,99 (Colard & Vandermotten 1995, S. 86). Bei spezifischen Sparten folgt die Verteilung aber anderen geographischen Strukturen. Dies gilt für den Fremdenverkehr und in besonderem Maße für den Finanzsektor. 75 % der insgesamt 134 000 Arbeitnehmer im letztgenannten Bereich waren 2002 in der Region Brüssel-Hauptstadt sowie in den Arrondissements Antwerpen, Leuven, Gent und Lüttich tätig. In diesen Bezirken wohnen 34 % der belgischen Bevölkerung. In dem an Brüssel grenzenden Bezirk Leuven mit dem gleichnamigen Mittelzentrum sorgen v. a. die Hauptverwaltungen der *KBC Bank* und der *KBC Verzekeringen* für hohe Beschäftigtenzahlen. In der Region Brüssel-Hauptstadt, in der 10 % der belgischen Bevölkerung leben, arbeiten 52 % der Beschäftigten des Finanzsektors des Königreiches. Eine ausgeprägte räumliche Schwerpunktbildung ist im Bereich der Telekommunikation zu beobachten. Von 371 Betrieben in diesem Segment hatten im Jahre 2006 insgesamt 170 ihren Hauptsitz in Brüssel-Hauptstadt und den benachbarten Gemeinden, einschließlich der führenden Unternehmen *Belgacom*, *Proximus Belgacom Mobile* und *Mobistar*. Auch in der Sparte „Immobilien und unternehmensbezogene Dienstleistungen" ergibt sich eine auffallende regionale Konzentration. 57 % der Arbeitsplätze für abhängig Beschäftigte dieses Segments sind in Brüssel-Hauptstadt, dem benachbarten Arrondissement Halle-Vilvoorde sowie in den Arrondissements Antwerpen, Gent und Lüttich zu finden, d. h. in Bezirken mit einem Anteil von 35 % der Bevölkerung Belgiens. Auch bei den Arbeitsplätzen in der öffentlichen Verwaltung existiert erwartungsgemäß eine räumliche Schwerpunktbildung: 45 % davon sind allein in Brüssel-Hauptstadt und in den Arrondissements von Antwerpen, Gent und Lüttich registriert, während in diesen Regionen lediglich 29 % der Wohnbevölkerung Belgiens ansässig sind. Brüssel-Hauptstadt stellt 27 % der Arbeitsplätze in der öffentlichen Verwaltung des Königreichs. Das Arrondissement Namur mit dem gleichnamigen Mittelzentrum und dem Sitz der wallonischen Regierung weist mit 22 % an der Gesamt-

|Abb. 121| *Beschäftigte im Dienstleistungssektor Belgiens (1995 und 2004)*

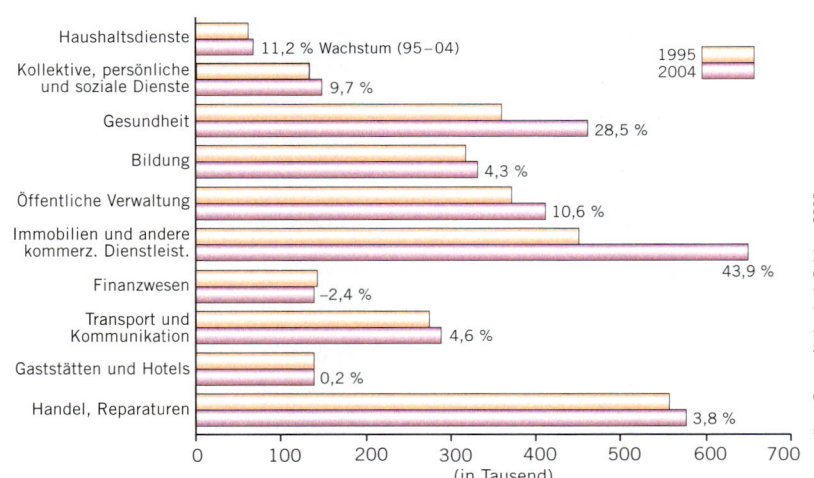

Datengrundlage: Banque Nationale de Belgique 2005

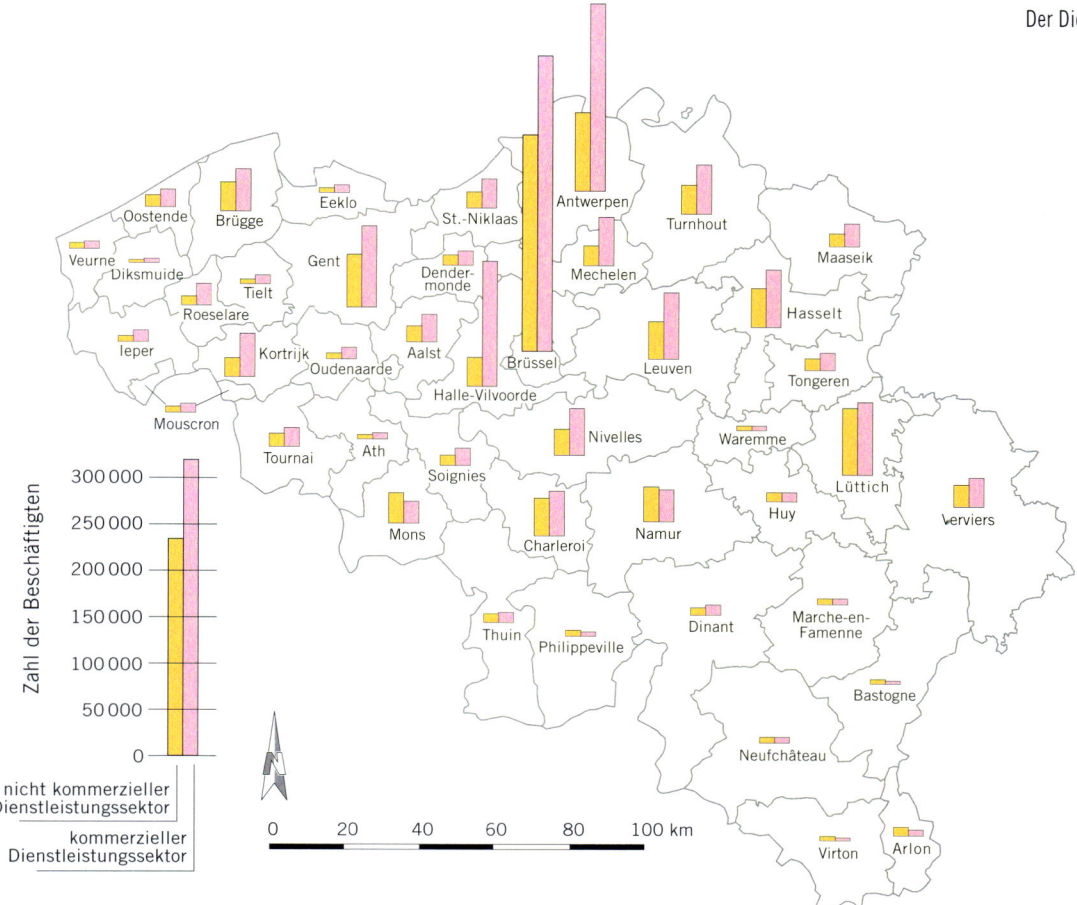

Datengrundlage: ONSS/RSZ

|Abb. 122| *Arbeitnehmer des Dienstleistungssektors in den belgischen Arrondissements (2004)*

heit der abhängig Beschäftigten im Dienstleistungssektor einen auffallend hohen Anteil von Arbeitnehmern in dieser Sparte auf. Der Durchschnitt für Belgien liegt bei 14 % (www.onssrszlss.fgov.be; Statbel; www.top100000.be; www.kbc.be).

In der zentralörtlichen Hierarchie der belgischen Städte bildet die *„grote stad"* bzw. die *„grande ville"* die oberste Kategorie, was nach deutschen Vorstellungen dem Oberzentrum entspricht. Dies sind Brüssel, Antwerpen, Lüttich und Gent. Einzelne Autoren nehmen auch Charleroi mit in diese Gruppe auf (de Maeyer 2004), andere weisen der Agglomeration, ungeachtet dessen, dass sie 1994 zu einem Universitätsstandort avanciert ist, lediglich den Rang einer gut ausgestatteten Regionalstadt zu (Charlier et al. 2004), da in dieser, lange Zeit von der Montanindustrie dominierten Gemeinde der Dienstleistungssektor in Relation zur Einwohnerzahl und im

Vergleich zu anderen Zentren immer noch zurückgeblieben ist. Für die zu den Orten gehörigen Arrondissements spiegelt sich die Rangordnung der Zentren in der Zahl der Arbeitnehmer im Dienstleistungssektor wider (Abb. 122). Eine überragende Stellung besitzt Brüssel-Hauptstadt (mit 543 Arbeitnehmern im Dienstleistungssektor pro 1000 Einwohnern im Jahre 2005; vgl. Tab. 29), wobei die Arbeitsplätze der internationalen Organisationen in der amtlichen Sozialversicherungsstatistik nicht einmal mitgezählt werden. Mit beträchtlichen Abständen folgen die Arrondissements Antwerpen, Lüttich, Gent und Charleroi. Die fünf Bezirke stellen 45 % der Arbeitsplätze für sozialversicherungspflichtig Beschäftigte des Dienstleistungssektorsektors in Belgien.

2006 wurden in der Region Brüssel-Hauptstadt mit ihrer ausgesprochen hohen Arbeitsmarktzentralität 667 495 Beschäftigte registriert, von denen

Quellen: ONSS/RSZ; Statbel

Region/ Arrondissement	a) Arbeitnehmer im Dienstleistungssektor (2005)	b) Bevölkerung (2005)	(a/b) (= 1000)
Brüssel-Hauptstadt	549 323	1 012 258	543
Antwerpen	293 441	952 061	308
Lüttich	194 332	589 203	330
Gent	148 915	506 596	294
Charleroi	90 584	421 586	215

|Tab. 29| *Arbeitnehmer im Dienstleistungssektor und Bevölkerung in den Bezirken mit den belgischen Oberzentren*

|Abb. 123| *Abb. 123: Gebäude des Europäischen Parlaments in Brüssel, vom Parc Léopold aus gesehen.*

nal von großem Einfluss. Die Präsenz der EU-Institutionen (Abb. 123), der zugehörigen Lobbyisten, der europäischen Dachverbände und etlicher internationaler nicht staatlicher Organisationen kommt nicht nur in dem von Bürobauten vielerorts geprägten Stadtbild zum Ausdruck (vgl. Abb. 76 u. 77), sondern bedeutet auch einen beachtlichen Wirtschaftsfaktor. Der hochrangige private Dienstleistungssektor der Agglomeration ist stark in internationale Netzwerke eingebunden, insbesondere in den Bereichen Finanzwesen, internationales Recht, Werbung, Wirtschaftsprüfung und Anlageberatung. Derudder und Taylor haben versucht, die „globale Kapazität" von Brüssel und Antwerpen hinsichtlich weltumspannender Dienstleistungen zu ermitteln und mit anderen Weltstädten zu vergleichen. Ungeachtet der statistischen Schwierigkeiten sind die Aussagen der errechneten Indexwerte für *relative global network connectivity* plausibel. London z. B. erhält den Wert von 1, Paris von 0,7, Amsterdam von 0,59 und Brüssel von 0,56. Die Agglomeration von Brüssel nimmt nach dieser Kalkulation im weltweiten Vergleich den Rang 15 ein. Das nächstgrößte Oberzentrum Belgiens, Antwerpen, kommt mit einem Indexwert von 0,24 auf den Platz 96 (Derudder & Taylor 2003). Brüssel wird von zahlreichen multinationalen Unternehmen häufig als einziger Ankerpunkt in Belgien gewählt, Antwerpen gelegentlich. Bei den internationalen Verflechtungen hochrangiger Dienstleistungsbetriebe nimmt Gent (bei weitem Abstand zu Brüssel und Antwerpen) den dritten Rang ein; Lüttich wird von Hasselt-Genk übertroffen (Aujean et al. 2007). Die Hierarchie der belgischen Städte bei der Bürofläche ist stark ausgeprägt. Nach der Immobilienagentur *Cushman & Wakefield* betrug sie in der Summe in Brüssel 11,74, in Antwerpen 1,75, in Leuven 0,5, in Lüttich 0,45, in Gent 0,33 und in Namur 0,3 Mio. m² (Brück et al. 2005, S. 85).

356 000 nicht dort wohnten (www.bruxelles.irisnet. be). Da 90 % der Arbeitnehmer in Brüssel-Hauptstadt im Dienstleistungssektor tätig sind, dürfte die sehr hohe Einpendlerzahl v. a. diesem Segment zuzuordnen sein. Die Position Brüssels im Dienstleistungssektor hat sich auch auf die Zahl der Arbeitsplätze in Nachbarbezirken ausgewirkt, insbesondere auf das Arrondissement Halle-Vilvoorde. Brüssel nimmt nicht nur eine herausragende oberzentrale Stellung in Belgien ein, sondern ist auch internatio-

Der Dienstleistungssektor in Luxemburg

Bis in die 1970er-Jahre hinein war die relative Bedeutung des Dienstleistungssektors in Luxemburg deutlich geringer als im Mittel der Europäischen Gemeinschaft. 1970 betrug dessen Anteil an der Bruttowertschöpfung 41,4 %, der Durchschnitt der anderen Staaten der damaligen EG 51,6 %. Das Ungleichgewicht wurde bis 1985 ausgeglichen (Hübsch 2004, S. 48). Innerhalb der Eurozone ist das relative Gewicht des Dienstleistungsbereiches in Luxemburg inzwischen überdurchschnittlich, und es übertrifft auch das der Niederlande und Belgiens. Im dritten Quartal 2006 belief sich sein Anteil an der Bruttowertschöpfung auf 84,8 %, in der Eurozone auf 71,4 % an. Nirgendwo in der EU (und auch nicht in der Schweiz) wird auch nur ein annähernd so hoher Anteil der unternehmensbezogenen Dienstleistungen und der Finanzdienstleistungen an den Gesamtdienstleistungen erreicht wie in Luxemburg. Der Prozentwert beträgt hier 45,1, während er in der Eurozone bei 27,4 liegt. Die herausragende Stellung der Immobilienwirtschaft und der unternehmensbezogenen Dienstleistungen kommt auch in den über 50 000 Arbeitsplätzen zum Ausdruck; der Beschäftigungszuwachs zwischen 1995 und 2005 betrug 143 % (Abb. 124).

Das Wachstum des tertiären und quartären Sektors ist (ungeachtet der Regression der Eisen- und Stahlindustrie) in der Gesamtbilanz nicht mit ausgedehnten Entindustrialisierungsprozessen einhergegangen. Die Zahl der Beschäftigten im sekundären Sektor hat sich seit dem Beginn der 1980er-Jahre, als man in diesem Sektor 31 524 Arbeitsplätze zählte (Hübsch 2004, S. 49), nur unwesentlich verändert. Im ersten Quartal 1995 waren 34 400, im dritten Quartal 2006 insgesamt 34 300 Menschen in der Industrie tätig. Doch das Beschäftigungswachstum im Dienstleistungsbereich war außerordentlich: Die Zahl der Beschäftigten stieg zwischen 1996 und 2006 von 150 300 auf 250 100 an. Der Anteil an der Gesamtzahl der Erwerbstätigen ist mit 73,1 % in etwa mit dem der Niederlande zu vergleichen und liegt geringfügig über dem Belgiens (Statistiken, auch im Folgenden: Statec und epp.euro stat.ec.europa.eu).

Wenn auch das Land einen modernen Industriesektor besitzt, so hat v. a. die Konzentration hochwertiger Dienstleistungen bewirkt, dass das Großherzogtum gegenwärtig das höchste Bruttoinlandsprodukt pro Kopf aller Staaten der Welt aufweist. In den 268 *NUTS-2-Regionen* der EU-27 wurde 2004 nur im Bezirk Inner London ein höheres Bruttoinlandsprodukt pro Kopf (berechnet nach Kaufkraftstandards) als in Luxemburg erzielt. In Inner London lag es 203 % über dem Durchschnitt und im Großherzogtum 151 % darüber. Der Kontrast zu den ausländischen Nachbarregionen mit teilweise erheblichen Strukturproblemen ist stark ausgeprägt. Das Saarland liegt nur 8 % über dem EU-Durchschnitt, die NUTS-2-Regionen Trier, Lothringen und die belgische Provinz Luxemburg bleiben sogar darunter (www.abbl.lu). Es ist vornehmlich der Dienstleistungssektor, der für die hohe Arbeitsmarktzentralität Luxemburgs verantwortlich ist, allerdings mit einem umfangreichen grenzüberschreitenden Pendlertum. Letzteres wird durch die hohen Miet- und Immobilienpreise sowie die hohen Lebenshaltungskosten in der Stadt Luxemburg verstärkt. Ein Rekordniveau wurde 2006 mit 126 800 Grenzgängern bei insgesamt 330 375 Arbeitsplätzen im Großherzogtum erreicht, wobei die Rangfolge Lothringen, Wallonien, Rheinland-Pfalz und Saarland bei den Herkunftsgebieten besteht. Als Pull-Faktor wirkt der im Vergleich zu den genannten Gebieten wesentlich höhere Bruttomonatslohn der Arbeitnehmer (www.bcl.lu; www.grande-région.lu).

In Relation zur Einwohnerzahl von 76 600 (2006) nimmt die Stadt Luxemburg eine auffallend starke internationale Steuerungsfunktion wahr. Lange Zeit wies der Dienstleistungssektor trotz der großen Wachstumskomponenten einen Schwachpunkt auf: Vor 2003 gab es in Luxemburg keine voll ausgebaute Universität, sondern ein universitäres Zentrum, an dem lediglich ein Studienjahr absolviert werden konnte. Danach musste das Studium an einer ausländischen Hochschule fortgesetzt werden. Dies verschaffte den luxemburgischen Akademikern zwar frühzeitig Auslandserfahrung, aber auf der anderen Seite bestanden v. a. bei Themen, die das eigene Land betrafen, Forschungsdefizite. Zudem fehlten die für hoch entwickelte Wirtschaftssektoren wichtigen Kooperationsmöglichen mit inländischen universitären Forschungseinrichtungen. Heute sind an der Luxemburger Universität außer der Medizin alle wichtigen Fächer vertreten. Ein Universitätscampus befindet sich jeweils auf dem Kirchbergplateau, in Limpertsberg, in Walferdange und demnächst auch in Esch-sur-Alzette, im Stadtbezirk Belval-Ouest, an einem ehemaligen Hochofenstand (www.uni.lu;

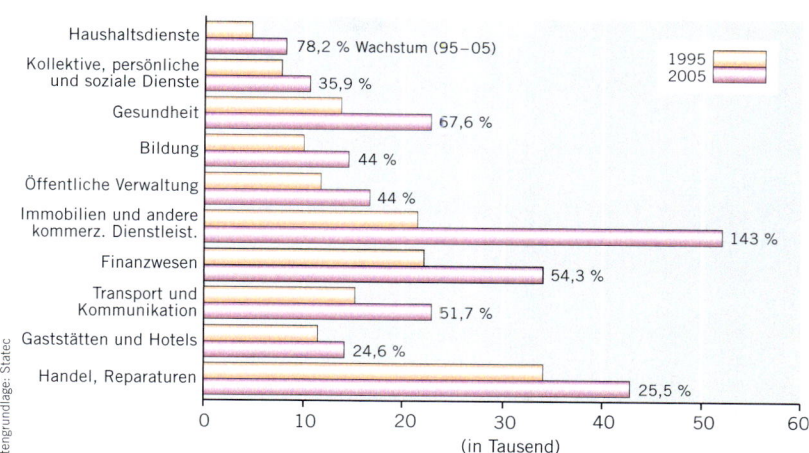

Datengrundlage: Statec

|Abb. 124| *Beschäftigte im Dienstleistungssektor Luxemburgs (1995 und 2005)*

www.esch.lu). Die Hochschule ist als Forschungsuniversität konzipiert und trägt – ebenso wie die angegliederte *Luxembourg School of Finance* – der Nachbarschaft der Banken und der europäischen Institutionen Rechnung (www.lsf.lu). Seit Januar 2000 ist Luxemburg in das grenzüberschreitende Städtenetz *Quattropole* eingebunden, dem zusätzlich Metz, Saarbrücken und Trier angehören. Als erstes Großprojekt wurde *Quattronet* realisiert, ein Hochgeschwindigkeits-Datennetz, bei dem Telekommunikationsanbieter aus der Region zusammenarbeiten und das grenzüberschreitende Verbindungen zum regionalen Tarif ermöglicht (www.quattropole. deepweb.de).

Für Luxemburg war es ein Glücksfall, dass es im Wettbewerb etlicher anderer geeigneter Städte als Standort für die Ansiedlung europäischer Institutionen neben Straßburg und Brüssel ausgewählt wurde. Was zunächst als Provisorium und Testfall gedacht war, ist schließlich durch die Schaffung einer adäquaten Infrastruktur dauerhaft befestigt worden. Die Entwicklung nahm ihren Anfang, als Luxemburg 1952 als vorläufiger Arbeitsort der Europäischen Gemeinschaft für Kohle und Stahl, der Montanunion, ausgewählt wurde (Nottrot 1985). Im Fusionsvertrag von 1965 ist Luxemburg der Status eines provisorischen Standorts für europäische Institutionen zugebilligt worden und 1992 und 1993 wurden endgültige Entscheidungen im Sinne Luxemburgs getroffen (Entringer 1997). Die verschiedenen Niederlassungen europäischer Institutionen, die nach und nach auf dem Kirchbergplateau in Luxemburg (vgl. Abb. 79) entstanden, sind im Kapitel „Das Städtewesen in Belgien und Luxemburg" beschrieben. 2002 waren in Luxemburg beim Europäischen Parlament (d. h. beim Generalsekretariat und seinen Dienststellen), bei den Dienststellen der Europäischen Kommission, beim Europäischen Gerichtshof, beim Europäischen Rechnungshof, bei der Europäischen Investitionsbank und im Übersetzungszentrum 8076 Dauerplanstellen und Planstellen auf Zeit registriert (Hübsch 2004, S. 215). Dadurch dass der Rat der Europäischen Union (bis 1993 der Mi-

nisterrat) innerhalb einer Periode von drei Monaten Sitzungen in Luxemburg abhält – für den Rest des Jahres finden sie in Brüssel statt –, erhält Luxemburg eine weitere politische Steuerungsfunktion. Wenn auch ein Teil der Arbeitskräfte der europäischen Institutionen nicht im Großherzogtum wohnt, so sind doch die ökonomischen Folgewirkungen der Ansiedlung beträchtlich. Es fließt viel Kaufkraft ins Land, die begleitenden Infrastrukturmaßnahmen kommen auch anderen Wirtschaftszweigen zugute, zahlreiche Dienstleistungen werden für die Institutionen erbracht, und der Prestigewert der Stadt wird durch das Europaviertel gehoben.

Der außerordentliche Aufschwung des Finanzsektors in Luxemburg erfolgte seit dem Ende der 1960er-Jahre. Er war kaum das Resultat eines zielgerichteten politischen Willens, sondern ergab sich durch ein Zusammentreffen günstiger Umstände. Anders als z. B. Frankfurt oder Amsterdam besaß die Stadt Luxemburg keine ausgeprägte Tradition als Finanzplatz. Vor dem Ende der Sechzigerjahre bewegte sich der Finanzsektor im üblichen Rahmen einer fortgeschrittenen Volkswirtschaft. Er war bis zum Austritt aus dem Deutschen Zollverein (1919) stark mit dem deutschen Bankwesen verbunden, danach mit dem belgischen. 1927 wurde die Börse in Luxemburg gegründet, deren tatsächlicher Aufschwung seit dem Ende der Sechzigerjahre begann (Thiel 1999). Eine Zunahme der ausländischen Banken in Luxemburg erfolgte im Allgemeinen dann, wenn in Drittländern belastende Maßnahmen und Regelungen für das Finanzwesen in Kraft traten. Luxemburg profitierte davon, dass 1963 die USA

den Erwerb von US-Dollars durch ausländische Darlehensnehmer limitierten, die sich das Geld dann außerhalb des US-Marktes beschafften. So entstand der Markt für Eurodollars, in dem Luxemburg zu einer wichtigen Drehscheibe wurde. Die frühere Sowjetunion transferierte in den Sechzigerjahren US-Dollars von Manhattan nach Europa, wovon Luxemburg ebenfalls profitierte. Weiterhin wurden dort Petrodollars angelegt. Auf dem Euromarkt wurden nicht nur amerikanische Devisen, sondern auch andere Währungen gehandelt, z. B. die Deutsche Mark (Thiel 1999). Die 1968 erfolgte Ansiedlung der Europäischen Investitionsbank in Luxemburg (Hübsch 2004, S. 52) förderte ebenfalls das Bankwesen an diesem Standort. Die Mehrsprachigkeit der Luxemburger und die meist sehr rasche Umsetzung europäischer Richtlinien für das Finanzwesen in nationales Recht bilden weitere Gunstfaktoren. Ein Liberalisierungsgefälle im Vergleich zu anderen europäischen Ländern, über dessen Verantwortbarkeit man geteilter Meinung sein kann, trugen ebenfalls zum Aufschwung des Bankwesens bei. So war die Verpflichtung zur Mindestreserve nicht gegeben, da Luxemburg bis 1998 keine eigene Zentralbank besaß (Thiel 1999; www.portrait.public.lu). Um Anreize für Geldanlagen wohlhabender Bürger, vorwiegend aus dem Ausland, zu schaffen, war und ist man nach dem Vorbild der Schweiz auf Verschwiegenheit und Auskunftsverweigerung bedacht und hat sich bislang dem Druck der EU im Hinblick auf eine Lockerung des Bankgeheimnisses entzogen. Lange Zeit profitierte Luxemburg von seiner Funktion als Steueroase; erst durch die Einführung einer stufenweise anzuhebenden Quellensteuer ab 2005, die pauschal und anonym an ausländische Finanzämter abgeführt wird, ist dies nicht mehr so stark ausgeprägt. Allerdings ist mit einer Gesetzesänderung von 2007 bei Investmentfonds erneut ein Steuerschlupfloch für begüterte ausländische Anleger geschaffen worden.

Anderen Ländern voraus war Luxemburg in den 1980er-Jahren bei der Schaffung der Rahmenbedingungen für Investmentfonds. Der Wettbewerbsvorsprung hatte zur Folge, dass Luxemburg hierbei nach Informationen der Luxemburger Bankenvereinigung (*ABBL*) nach den USA und vor Frankreich weltweit den zweiten Rang einnahm. Gab es 1960 in Luxemburg 17 Banken mit 1321 Beschäftigten (Thiel 1999, S. 388), so erreichte 1996 die Zahl mit 221 ihr Maximum. Bis Anfang 2007 war die Zahl der Banken, von denen viele ausländischer Herkunft sind, bei steigenden Aktiva im Zuge einer Fusions- und Übernahmewelle auf 156 zurückgegangen (Tab. 30). Die Zahl der Beschäftigten ist zwischen 1996 und 2007 von 18 582 auf 24 752 angestiegen (www.abbl.lu). Charakteristisch ist der hohe Anteil von Ausländern, die im Bankwesen Luxemburgs tätig sind. Er beläuft sich auf 72 %, im Finanzsektor insgesamt sogar auf 76 %. Die Zahl der Beschäftigten im Finanzsektor gibt das luxemburgische Statistische Amt mit 37 000, die luxemburgische Zentralbank mit 35 121 an. Letzteres entspricht einem Anteil von fast 11 % der inländischen Beschäftigten. Der Finanzsektor in Luxemburg ist weiterhin durch eine rege Gründungstätigkeit von Finanzbeteiligungsgesellschaften seit dem Ende der Sechzigerjahre sowie von Organismen für gemeinsame Anlagen seit 1983 gekennzeichnet (www.portrait.public.lu). Nach Angaben der Luxemburger Bankenvereinigung (*ABBL*) ist Luxemburg heute der achtgrößte Finanzplatz der Welt (www.abbl.lu). Internationale Investmentgesellschaften haben die Vorteile des damit zusammenhängenden Immobilienmarktes genutzt, der seit Jahren stabil ist und sich durch geringe Leerstandsraten auszeichnet (www.propertypartners.lu).

Einen bedeutenden Rang nimmt Luxemburg im Versicherungswesen ein. Gab es vor 1921 nur ausländische Versicherungen im Großherzogtum, so entstanden danach Versicherungen nach luxemburgischem Recht. Bezeichnend dabei ist die starke Verflechtung mit dem Ausland: Ende der 1990er-Jahre kamen 86 % der Einzahlungen für die Versicherungen aus Ländern außerhalb des Großherzogtums, vornehmlich aus Belgien, Frankreich und Großbritannien, bei den Lebensversicherungen sogar 94 %. Im Laufe der Neunzigerjahre ist es Luxemburg gelungen, sich als ein wichtiger internationaler Standort für das Versicherungswesen zu etablieren. 2005 waren von den 95 Versicherungen im Großherzogtum 79 luxemburgischer Herkunft. Seit 1984 etablierten sich Rückversicherungen in Luxemburg, ein Zweig, der heute eine bedeutende Komponente dieser Branche darstellt und 2005 durch 262 Niederlassungen repräsentiert wurde. Durch Pensionsfonds, die in Zukunft wahrscheinlich an Bedeutung gewinnen werden, eröffnet sich ein weiteres Geschäftsfeld (Wirion 1999; Statec).

Einen starken Aufschwung nahmen in den 1980er-Jahren unternehmensbezogene Dienstleistungen (Molling 1999), wobei sich das Wachstum dieser Branche bis in die Gegenwart hinein fortsetzt. Die Präsenz global tätiger Beratungs- und Wirtschaftsprüfungsunternehmen, wie *PriceWaterhouseCoopers*, *Ernst & Young* und *KPMG* unterstreicht die Bedeutung des Standortes Luxemburg ebenso wie die Tätigkeit des Unternehmens *Clearstream Banking*, das ein weltweites Netz für Wertpapiertransaktionen unterhält und mehr als 1100 Arbeitnehmer im Großherzogtum beschäftigt (Statec; www.portrait.public.lu).

Der Finanzplatz Luxemburg kann als Cluster im Sinne von Porter (1999) angesehen werden. Es handelt sich um eine räumliche Konzentration von Unternehmen, deren Tätigkeiten zum Teil miteinander verknüpft sind. Zu einer Unternehmenskonzentration, die sich um die Kernaktivitäten des Bankwesens und zusätzlich der Versicherungen und der Wirtschaftsprüfung herum gebildet hat, gehören weiterhin Nachrichten- und Kommunikationsdienste, Anwaltskanzleien, Immobiliendienste und Bildungseinrichtungen. Allerdings hängt bis heute die Innovationsfähigkeit der in Luxemburg angesiedelten Finanzinstitute nur in vergleichsweise geringem Maße vom lokalen Faktorengefüge ab, wenn sich auch Änderungen in dieser Richtung in den letzten Jahren – nicht zuletzt auch durch Anstrengungen im Bildungswesen – abzeichnen. Der Finanzplatz Luxemburg wurde vielfach als Zulassungs- und Vertriebsplattform genutzt, während wissensintensivere Bestandteile der Wertschöpfungskette an anderen Standorten höherer Wertigkeit lokalisiert waren. Die externe Clusterdimension des Finanzplatzes Luxemburg ist deutlich ausgeprägt. Der kontinuierliche Zufluss von ausländischen Folgeunternehmen sowie die Ansiedlung von Pionierunternehmen haben immer wieder zur Verjüngung und Diversifizierung dieser Wirtschaftsformation beigetragen (Hübsch 2004, S. 65, 66).

Luxemburg ist seit Jahrzehnten ein bedeutender Standort der Medienwirtschaft und des Kommunikationswesens. Meilensteine der Entwicklung waren die 1931 erfolgte Gründung der *Compagnie Luxembourgeoise de Radiodiffusion* (*CLR*), 1954 die Errichtung der *Compagnie Luxembourgeoise de Télédiffusion*, später *CLT-UFA*, heute *RTL Group*, die Entstehung der *Société Européenne des Satellites* (*SES/ASTRA*) im Jahre 1986 und der Start des Fernsehsatelliten *ASTRA* (1988), dessen Kontrollstation sich in Betzdorf (nordöstlich von Luxemburg-Stadt) befindet, sowie die Gründung des ersten Filmstudios im Jahre 1986. Ein Privatrundfunk, der durch Werbeeinnahmen finanziert wurde, wurde in Luxemburg bereits 1933 in Betrieb genommen, für die damalige Zeit etwas Ungewöhnliches. Auch bei der grenzüberschreitenden Ausstrahlung von Rundfunk- und Fernsehsendungen nahm das Land eine Vorreiterrolle ein. In den 1950er-Jahren wurden ein

Herkunfts- land	Anzahl der Banken
Deutschland	45
Frankreich	15
Italien	15
Schweiz	13
Belgien	12
Groß- britannien	7
Schweden	6
Luxemburg	5
USA	5
Japan	5
Niederlande	4
China	4
Israel	3
Portugal	3
Brasilien	3
Dänemark	2
Sonstige	9
Gesamtzahl	**156**

Quelle: Luxemburgische Zentralbank

|Tab. 30| *Verteilung der Banken in Luxemburg nach Herkunftsländern (Januar 2007)*

Fernsehsender und ein Fernsehstudio in Dudelange, im Süden des Großherzogtums, gebaut. 1955 erfolgte die erste Ausstrahlung von *Télé-Luxembourg* in französischer Sprache für einen Empfang in Nordost-Frankreich, Luxemburg und Südbelgien. 1957 begann man mit einem Radioprogramm in deutscher Sprache für einen Empfang im Großherzogtum und in Deutschland. *Radio Luxemburg* (heute *RTL Radio*) erfreute sich in der Folgezeit einiger Beliebtheit im Bereich anspruchsloser Unterhaltungsprogramme. 1969 wurde erstmals ein Fernsehprogramm in Lëtzebuergisch ausgestrahlt, wobei sich diese identitätsstiftende Praxis bis heute gehalten hat. Auch Rundfunksendungen sind in dieser Sprache zu empfangen. Als in den 1980er-Jahren die Liberalisierung der Rundfunk- und Fernsehbranche in Europa an Boden gewann, blieb *CLT* kein rein luxemburgisches Unternehmen mehr. In rascher Abfolge wurden Käufe, Verkäufe, Umbenennungen, Fusionen, Stilllegungen, Erweiterungen, Entlassungen und Neueinstellungen abgewickelt. Mittlerweile ist die börsennotierte *RTL Group* ein in etlichen Ländern vertretener Gigant der Medienwirtschaft mit mehr als 30 Fernsehkanälen, vornehmlich für den Unterhaltungssektor. Mit dem Nachrichtensender *n-tv* (Köln) übt die Gruppe zusätzlich politischen Einfluss aus. Obwohl gegenwärtig Bertelsmann hohe Anteile an der *RTL Group* besitzt, ist Luxemburg Standort des Hauptsitzes geblieben. Bei einer zukünftigen Angleichung der Mehrwertsteuer in der EU entfiele allerdings ein Standortvorteil Luxemburgs. 2005 arbeiteten in Luxemburg 590 Beschäftigte bei der *RTL Group* (Weides 1999; www.rtl-group.com; www.internationalreview.com/lux/180.htm; www.mediaport.lu; Statec).

Luxemburg konnte sich auch als Messestandort profilieren. *Luxexpo Luxembourg*, eine Aktiengesellschaft, die von Banken, Kammern, der Stadt Luxemburg und *Arcelor-Mittal* getragen wird, hatte sich 1974, damals unter der Bezeichnung *Foires Internationales de Luxembourg*, auf dem Kirchbergplateau niedergelassen. Den Messehallen wurde 1991 ein Kongress- und Konferenzzentrum hinzugefügt. Mit einer Ausstellungsfläche von 33 000 m² ist der Messestandort mit dem *MECC* in Maastricht vergleichbar. Er eröffnet Ausstellungsmöglichkeiten auch für Regionen des benachbarten Auslandes, z. B. im Rahmen der von der Handwerkskammer Trier organisierten internationalen Luxemburger Herbstmesse (www.luxexpo.lu; www.hwk-trier.de).

Der Abstand der übrigen elf Gemeinden, die in Luxemburg außer der Landeshauptstadt den Status einer Stadt besitzen (Esch-sur-Alzette, Dudelange, Ettelbrück, Diekirch, Differdange, Echternach, Wiltz, Rumelange, Grevenmacher, Remich und Vianden), ist bei der Dienstleistungszentralität groß. Somit werden allenfalls Funktionen von Mittelzentren bei oft gut entwickeltem touristischen Sektor wahrgenommen. Das größte Mittelzentrum, Esch-sur-Alzette, konnte Nutzen daraus ziehen, dass es im staatlichen Dienstleistungssektor Dezentralisierungsbestrebungen gab und gibt, dass es im nationalen Rahmen zu den Förderbezirken gehört und dass es bis 2006 in einem Ziel-2-Gebiet der EU lag.

Der Einzelhandel in den Beneluxstaaten

Niederlande

Der Einzelhandel stellte 2002 in den Niederlanden insgesamt 476 600 Arbeitsplätze (berechnet für Vollzeitäquivalente). Dies waren 11 % der Arbeitsplätze der privaten Unternehmen der Industrie, der Bauwirtschaft und der kommerziellen Dienstleistungen, wobei in diesem Segment nur 8,5 % ihres Umsatzes erwirtschaftet wurden. Circa 5 % des Einzelhandelsumsatzes werden durch Käufer aus dem benachbarten Ausland, die grenznah gelegene Geschäfte in den Niederlanden aufsuchen, erzielt (van der Velden 2003, S. 16). Im Vergleich zu Belgien und Luxemburg ist der Anteil der Teilzeitbeschäftigten im Einzelhandel sehr hoch. Er betrug im Jahre 2004 65,1 % und lag damit an der Spitze aller EU-Länder (http://epp.eurostat.ec.europa.eu). Wie auch in den Nachbarländern ist das Einzelhandelsangebot in den letzten Jahrzehnten bei gleichzeitiger Reduzierung der Zahl der Geschäfte und starker Unternehmenskonzentration beträchtlich ausgeweitet worden. Die Verkaufsfläche hat sich seit 1970 in etwa verdoppelt, während die Zahl der Läden um 25 % zurückgegangen ist. Großbetriebe mit mehr als 100 Beschäftigten hatten 1980 im niederländischen Einzelhandel einen Marktanteil von 27 %, 2002 einen von 45 % (MDW-Werkgroep PDV/GDV 2000, S. 32; van der Velden 2003, S. 13).

Der Lebensmitteleinzelhandel wird von großen Supermarktketten bestimmt. Eine dominierende Stellung nehmen die unter den Namen *Albert Heijn* und *C 1000* firmierenden Läden des *Ahold*-Konzerns ein. Dieser ist aus dem 1887 entstandenen Unternehmen *Albert Heijn* hervorgegangen, besitzt sein Hauptkontor in Amsterdam und hat umfangreiche Investitionen im Ausland, v. a. in den USA getätigt. Er beschäftigt über 200 000 Mitarbeiter. Als weitere niederländische Kette der Lebensmittelbranche betreibt das bis heute im Familienbesitz gebliebene, nach dem Zweiten Weltkrieg aufgebaute Unternehmen *Dirk van den Broek* Filialen in Nordholland, Utrecht, Flevoland, Gelderland, Overijssel, Nordbrabant und Zeeland, ergänzt durch Läden der angegliederten kleinen Ketten *Bas van der Heijden* und *Digros* in Südholland. Die Supermarktkette *Vomar* ist in Nord- und Südholland sowie in Flevoland vertreten. Auch in anderen Branchen sind Läden von großen Ketten präsent, z. B. bei Haushaltswaren und beim Fotoservice häufig Filialen der *Blokker Holding* oder bei Textilien von *Zeeman textielSuper* (van der Velden 2003; Websites der Unternehmen).

Bei einer Einzelhandelsuntersuchung in Amsterdam stellte sich heraus, dass im Zentrum 74 % der Käufer zur Deckung des täglichen Bedarfs am häufigsten einen Supermarkt der *Ahold*-Kette aufsuchten. Ausgedehnte Versorgungsgebiete der Stadt besitzen nur die Läden *Albert Heijn* oder *C 1000* als nächstgelegenen Supermarkt (Lukey et al. 2004). Auch in vielen anderen Orten und Stadtvierteln der Niederlande sind mit vertretbarerem Zeitaufwand keine anderen Lebensmittelgeschäfte als die der *Ahold*-Kette erreichbar. Mindestens 85 % aller Lebensmittel-Supermärkte in den Niederlanden sind entweder Filialen einer Kette (mit mehr als sechs Läden) oder an Großunternehmen im Franchisesystem angegliedert bzw. gehören bei Einkauf und Vermarktung einem Verbund an.

Erheblich zugenommen haben in den letzten Jahren sog. *allochtonenwinkels* und *etno-supermarkten*. Ihre Zahl wird mit 2600 angegeben. Sehr schnell gewachsen ist die Supermarktorganisation *F&S* (*Fresh & Snackstore*). Etliche ihrer Filialen werden von allochtonen Unternehmern im Franchiseverfahren betrieben. Zum Teil liegen sie in Problemvierteln, in denen die bekannten Supermarktketten keine Filialen mehr gründen oder unterhalten wollen (van der Velden 2003, S. 24, 25).

Eine Vorreiterrolle in Europa nehmen die Niederlande mit dem neuen Einzelhandelskonzept der *woonmall* oder des *woonwinkelcentrum* ein. Hierbei sind 50 bis 80 Geschäfte unter einem Dach in einem Einkaufszentrum untergebracht, die Angebote für die Wohnungsausstattung (Möbel, Fliesen, Bäder usw.) bereithalten. Bislang gibt es drei Malls dieser Art, und zwar im Sanierungsgebiet Nieuw-Laakhaven in Den Haag (*Haaglanden Mega Stores*), in der Nähe der Großarena von Amsterdam-Zuidoost (*Villa Arena*) sowie im Nordosten von Rotterdam (*Alexandrium III*) (Websites der Betreiber).

Viel stärker als in Belgien und Luxemburg war in den Niederlanden die Entwicklung des Einzelhandels mit Konzepten der Raumordnung und Stadtplanung verknüpft. In den 1950er-Jahren wurde in Verbindung mit dem *buurten*- und *wijken*-Gedanken der Stadtplanung ein fünfstufiges hierarchisches Ordnungsschema (gelegentlich „Christallografie" genannt) bei der Ausweisung von Zentren und Subzentren vorgegeben (Kok 1995). Für die Gründung von Einkaufszentren war bis 1985 eine *DPO* (*distributie-planologisch onderzoek*) vorgeschrieben (van de Wiel 1996, 23), denn seit den Fünfzigerjahren befürchteten viele niederländische Planer bei der Ausbildung der Siedlungs- und Sozialstrukturen US-amerikanische Verhältnisse und versuchten, durch die Aufwertung der Innenstädte und Beschränkungen in Peripherbereichen gegenzusteuern. 1973 wurden erste Richtlinien für *perifere detailhandelsvestigingen* (*PDV's*) in die Wege geleitet. Geschäfte „auf der grünen Wiese" (*witte schuren* oder *weidewinkels*) waren nicht erwünscht. Im Laufe der Zeit mussten Ausnahmen zugelassen werden, zunächst bei Geschäften für *ABC*-Artikel („*auto's, boten, caravans*"), nach 1984 zusätzlich für Möbelgeschäfte, Baumärkte und Gartencenter. Auf diese Weise entstanden u. a. die *meubelpleinen* oder *meubelboulevards*. 1993 erfolgte in Anpassung an Innovationen im Einzelhandel eine weitere Liberalisierung: Es wurde das Konzept der *geconcentreerde grootschalige detailhandelsvestigingen* (*GDV's*) durchgesetzt und somit für die Oberzentren die Genehmigung großer Einkaufszentren außerhalb der Innenstädte ermöglicht. Im Zuge dieser Lockerung entstand als Erstes der große Einzelhandelskomplex *Potterdam-Alexandrium*. Es folgten *Den Haag-Laakhaven* und *Amsterdam-Arena boulevard*. In jüngerer Zeit ist es auf der Basis einer im Jahre 2000 erschienenen Studie der *Initiative Marktwerking, Deregulering en Wetgewingskwaliteit* zu einer weiteren Liberalisierung im Hinblick auf peripher gelegene Einzelhandelskomplexe gekommen, die auch in der fünften „*Nota*" zur Raumordnung vertreten wird (Borchert 1995; Boekema et al.1996; Evers 2002; Gorter et al. 2003). Die Ideologie der Deregulierung kommt den Interessen großer Einzelhandelsunternehmen und Entwicklungsgesellschaften entgegen und bedeutet eine Abkehr vom herkömmlichen Planungsprinzip, sparsam mit dem Freiraum umzugehen. Wegen des herkömmlichen o. g. *PDV/GDV-beleid* ist in den Innenstädten der Einzelhandel noch bemerkenswert vital, aber die Liberalisierungswelle würde auf die Dauer dem Einzelhandel der Stadtzentren schaden. So wird in jüngster Zeit wieder eine stärkere staatliche Lenkung ins Auge gefasst (Spierings 2006). Im Zuge der Etablierung neuer Einzelhandelsformen sind u. a. auch die *factory outlet centers* (*designer outlet centers*) von Roermond, Lelystad und Roosendaal entstanden, die viel zusätzlichen Individualverkehr hervorbringen. Die bisher noch zu beobachtende Vitalität des innerstädtischen Einzelhandels hängt auch mit dem Planungsprinzip zusammen, Wohnungen in den Innenstädten zu erhalten, zu sanieren und neu zu erstellen. Gleichzeitig sind einzelne innerstädtische, zentrumsnahe Viertel mit hochwertigem Wohnraum ausgestattet, sodass insgesamt ein beträchtliches Kaufkraftpotenzial vorhanden ist. Damit hängt wahrscheinlich auch zusammen, dass die herkömmlichen großen Kaufhäuser wie *Bijenkorf*, *V&D* (*Vroom & Dreesmann*) – sie gehen auf die Jahre 1870 bzw. 1887 zurück – und *Hema* (1926 als *Hollandsche Eenheidsprijzen Maatschappij Amsterdam* gegründet) sich ungeachtet einiger Schwierigkeiten und Schließungen in den letzten Jahren besser in den Innenstädten behaupten konnten als vergleichbare Einrichtungen in Belgien. Sie sind nach wie vor ein integraler Bestandteil der Einzelhandelslandschaft in den niederländischen Städten. Bijenkorf ist in zwölf Städten (sowie zusätzlich mit *outlet stores* in Lelystad und Venlo) präsent, während die beiden anderen regional weit gestreut und mit Niederlassungen auch in etlichen kleineren Ortschaften und zentrumsfernen *wijken* vertreten sind. Vereinzelt hat sich auch noch die auf Konzepte des 19. Jh. zurückgehende Einkaufspassage erhalten (Abb. 126).

Die Einrichtung von Geschäftszentren und -straßen in der Innenstadt wurde des Öfteren gezielt als

|Abb. 126| *Eine große Einkaufspassage in Den Haag – ein selten gewordenes Beispiel dieses Typs überdachter Geschäftsstraßen, die in Europa und Nordamerika in der zweiten Hälfte des 19. Jh. in Mode kamen. Der hier abgebildete Flügel der dreiteiligen Passage wurde 1928–29 gebaut.*

Planungsmaßnahme zur Aufwertung von Vierteln eingesetzt. Beispiele dafür sind das schon in den 1950er-Jahren als Sanierungsgebiet ausgewiesene *Stokstraatkwartier* in Maastricht (Schreiber 1981), das Vorhaben *Arnhemse stegen*, das Projekt *Beursplein* im Zentrum von Rotterdam mit einer 1996 eröffneten, teilweise überdachten und eingetieften Geschäftsstraße, die 1992 eröffnete *Heuvel Galerie* in Eindhoven, die wesentlich zur Attraktivitätssteigerung der Innenstadt beigetragen hat, das Geschäftszentrum *Magna Plaza* im Jugendstilgebäude der Amsterdamer Hauptpost oder das schon in den 1960er-Jahren konzipierte, viel beachtete Einkaufszentrum *Hoog Catharijne* im Zentrum von Utrecht. Es besaß seinerzeit eine Vorreiterrolle in Europa. Heute beherbergt es 160 Geschäfte und schließt

unmittelbar an das Gebäude des Utrechter Hauptbahnhofs an. Betrieben wird es von der Immobiliengesellschaft *Corio*, die verschiedene Geschäftszentren in den Niederlanden besitzt. Im Zusammenhang mit dem umfangreichen Sanierungsvorhaben „*Stationsgebied*" wird in Kürze mit der Ausweitung und der Renovierung des Einkaufszentrums begonnen (Buiter 1993; van de Wiel 1996; www.corio-eu.com; www.hoogcatharijne.nl; www.utrecht.nl). Ebenso wie in Belgien ist das Netz der Einzelhandelsgeschäfte in den Niederlanden feinmaschiger als in Deutschland (MDW-Werkgroep PDV/GDV 2000). Im Gegensatz zu Belgien fallen Einzelhandelsprojekte außerhalb der geschlossenen Siedlungsbereiche in den Niederlanden noch nicht ins Gewicht. Dagegen sind für die Niederlande periphere Einzelhandelsniederlassungen, die Cluster bilden, sowie themenbezogene Einzelhandelskomplexe ein charakteristisches Unterscheidungsmerkmal.

Belgien

Nach den Statistiken des Föderalen Wirtschaftsministeriums waren in Belgien 2002 insgesamt 208 267 Arbeitnehmer und 81 911 Selbstständige, d. h. 9,1 % aller Beschäftigten des tertiären Sektors im Einzelhandel tätig (http://mineco.fgov.be). Räumliche Veränderungen bei den Standorten des Einzelhandels wurden durch unterschiedlich starke Regressionsprozesse in den Stadtzentren, in den älteren Subzentren und in kleinen ländlichen Siedlungen sowie durch Neugründungen von *parcs (centres) commerciaux/grootschalige winkelcomplexen* meist außerhalb von Stadtkernen hervorgerufen. Spezifische raumprägende Merkmale des städtischen Einzelhandels fallen in *high streets* mit einer Konzentration von Geschäften für hochwertige Güter in Läden mit hohen Mieten (wie z. B. in der Rue Neuve/Nieuwstraat in Brüssel; Grimmeau 2004), in traditionellen Hauptgeschäftsstraßen (wie der Meir in Antwerpen oder der Veldstraat in Gent), im Zentrum von Brügge mit einer Vielzahl von Läden, deren Angebote sich vornehmlich an Touristen richten, und v. a. – in dieser Form wohl einmalig in Europa – im Diamantenviertel in der Nähe des Antwerpener Hauptbahnhofs auf (Abb. 127). Hier liegen unweit der Diamantenbörse, z. T. in Containern entlang des Bahndammes aufgereiht, zahlreiche Juwelierläden, die von Juden osteuropäischer Herkunft (Reisz 1991) und mittlerweile auch von indischen Geschäftsleuten betrieben werden. Die starke Konzentration von Ausländern in einzelnen Großstadtvierteln hat die Entstehung von Läden begünstigt, die auf bestimmte ethnische Gruppen, z. B. die chinesischen Zuwanderer in Antwerpen, zugeschnitten sind.

Südlich von Maas, Sambre und Vesdre gibt es etliche kleine Siedlungen, in denen der Einzelhandel nicht mehr oder nur mit einem sehr beschränkten Angebot vertreten ist, während viele Geschäfte in den nächstgelegenen Zentralorten adäquat ausgestattet sind: In der Provinz Luxemburg gibt es mehr Verkaufsfläche pro Einwohner als in Brüssel (http://mineco.fgov.be).

Eine beträchtliche Bedeutung haben in der Einzelhandelslandschaft außerhalb der Stadtzentren *parcs* (*centres*) *commerciaux/grootschalige winkelcomplexen* erlangt. Sie bestehen aus einer Gruppierung von Geschäften mittlerer oder großer Fläche und enthalten Spezialgeschäfte, teilweise zusätzlich auch Super- oder Hypermärkte, für den Vertrieb von Lebensmitteln. In einer Untersuchung über die 17 größten Städte Belgiens, in denen 56 % der Bevölkerung wohnen, hat Grimmeau (2004) insgesamt 125 Einzelhandelskomplexe dieser Art mit einer Verkaufsfläche von mehr als 3000 m² gezählt. Der größte unter ihnen mit einem Verkaufsareal von 54 000 m² liegt in Zaventem bei Brüssel. Große Ladenkomplexe mit einer Fläche von mehr als 29 000 m² sind weiterhin in Froyennes (bei Tournai), Gosselies (bei Charleroi), Bredabaan (bei Antwerpen), Rocourt (bei Lüttich) und in La Louvière entstanden. *Factory outlet centers* wurden in Gent, Maasmechelen, Messancy (bei Athus) und Verviers eröffnet. Maaseik ist als weiterer Standort in der Diskussion. Messancy und Verviers liegen in altindustrialisierten Problemgebieten; eine Belebung des Einzelhandels sowie einen überregionalen Kaufkraftzufluss können diese Regionen gut gebrauchen.

Beim belgischen Einzelhandel hat sich eine starke Konzentration vollzogen. 2002 beschäftigten 246 große Unternehmen des Einzelhandels in Belgien bereits 47 % der Arbeitnehmer dieser Branche in Belgien. Die übrigen 53 % verteilen sich auf insgesamt 30 000 kleine und mittlere Betriebe. Von den 2223 Super- und den 87 Hypermärkten, die überwiegend auf den Lebensmitteleinzelhandel ausgerichtet sind, gehörten im Jahre 2004 fast 60 % den Handelsketten *Aldi*, *Lidl*, *Delhaize*, *Colruyt*, *Spar* und *Carrefour*. Auch von den 1291 *supérettes/superetten*, kleine Läden mit einer Fläche von <400 m², gehören inzwischen etliche zu Ketten (SPF Economie 2004). Zwei der genannten Großunternehmen, nämlich *Colruyt* und *Delhaize*, die im Lebensmittelgeschäft, aber auch in anderen Sparten des Einzelhandels tätig sind, haben belgische Wurzeln. *Colruyt* ist aus einem 1925 gegründeten Familienbetrieb hervorgegangen und unterhält fast 200 Läden in ganz Belgien, daneben noch Spezialgeschäfte unter anderen Namen. Das Großunternehmen *Delhaize* „le Lion" hat sich aus einem 1867 entstandenen Betrieb heraus entwickelt. Der Lebensmitteleinzelhandel macht 95 % des Umsatzes der Handelskette aus. 2006 besaß *Delhaize* in Belgien 747 und im Ausland (u. a. in den USA) 1818 Geschäfte. Nicht zu verwechseln damit ist das Konkurrenzunternehmen *Louis Delhaize*, das Super- und Hypermärkte sowie verschiedene *centres commerciaux* auch in Nordfrankreich und Luxemburg, u. a. unter dem Firmenschild *Cora* betreibt. Einen großen Einfluss besitzt in Belgien die französische Kette *Carrefour*. Sie betreibt dort 320 Hyper- und Supermärkte und 206 kleinere *magasins de proximité* (Nachbarschaftsgeschäfte). Etliche Läden fungieren noch unter dem Firmenschild des von *Carrefour* aufgekauften Unternehmens *GB* (*Grand Bazar*) (www.colruyt.be; www.

|Abb. 127| *Antwerpener Diamantenviertel, hier Geschäfte entlang des Antwerpener Hauptbahnhofs. Das Viertel ist durch (im Rückgang begriffene) Diamantenschleifereien, die Diamantenbörse und den Diamantenhandel geprägt. Das Bild zeigt nur einen kleinen Teil der vielen Geschäfte, die trotz der dort angebotenen wertvollen Güter von außen her oftmals unansehnlich wirken. Zwar gibt es auch in anderen europäischen Städten Standorte mit einer Konzentration von Juwelierläden, wie z. B. am Ponte Vecchio in Florenz oder an der Place Vendôme in Paris, aber eine solche Spezialisierung und Häufung wie in Antwerpen dürfte in Europa einmalig sein.*

cora.be; www.delhaize.be; www.carrefourbelgium.be). Die übermäßige Konzentration im Lebensmitteleinzelhandel hat – ebenso wie in den Niederlanden – zu einem vergleichsweise hohen Preisniveau geführt.

Die Regressionsprozesse des Einzelhandels in den Stadtzentren und in den älteren Subzentren zeigen beträchtliche lokale Unterschiede. Hierzu gehört

|Abb. 128| *Einkaufszentrum auf dem Kirchbergplateau in Luxemburg. Das Zentrum wird augenblicklich von der französischen Kette* Auchan *betrieben.*

auch der seit dem Ende der 1960er- und dem Beginn der 1970er-Jahre zu beobachtende Niedergang der traditionellen Kaufhäuser in den großen Städten. Bei den Einzelhandelsgeschäften wies im Jahre 2000 das Stadtzentrum von Brüssel mit 19 % einen hohen Anteil von Leerständen auf, das von Charleroi sogar mit 20 %. Brügge, Leuven und Hasselt-Genk kommen auf 6, 9 und 11 % (Grimmeau 2004). In Lüttich betrug 2001 die Quote 16,3 % (Jehin 2002, S. 50). Leerstände sind in *shopping centers* und *parcs commerciaux* kaum anzutreffen, während sie in den überdachten Passagen (*galeries commerçantes/verkoopsgalerijen*), die oft nicht groß genug sind, um professionell geleitet zu werden, besonders häufig auftreten. Die Daten für die Leerstände in den betrachteten Stadtbezirken korrelieren signifikant mit der Entwicklung der Bevölkerung, des Durchschnittseinkommens und v. a. mit dem Gesamteinkommen sowie mit dem Konkurrenzdruck von nahe gelegenen *shopping centers*. Derselbe Zusammenhang wurde bei der Entwicklung der Beschäftigtenzahl im Einzelhandel zwischen 1995 und 2000 beobachtet (Grimmeau 2004).

Luxemburg

In Luxemburg waren im Jahre 2002 insgesamt 18 623 Arbeitskräfte (8,5 % aller Beschäftigten des Dienstleistungssektors), davon 16 096 Arbeitnehmer, im Einzelhandel und bei der (zahlenmäßig un-

bedeutenden) Reparatur von Haushaltsartikeln tätig. Hierbei war 2004 der Anteil der teilzeitbeschäftigten Arbeitnehmer mit 22 % geringer als in Belgien, wo der Wert bei 31 % lag. Wie auch in den Nachbarländern hat in Luxemburg die Zahl der Arbeitsplätze in dieser Branche erheblich zugenommen (seit 1985 um 4900) bei gleichzeitiger Unternehmenskonzentration und einer – in Luxemburg statistisch nur lückenhaft erfassten – Vergrößerung der durchschnittlichen Verkaufsfläche. In der Branche „Lebensmitteleinzelhandel in spezialisierten Geschäften" ging die Zahl zwischen 1985 und 2002 von 497 auf 290 zurück, in der Sparte „Einzelhandel im nicht spezialisierten Geschäft" von 497 auf 237 (Statec; epp.eurostat.ec.europa.eu). Die früheren *épiceries* des Lebensmitteleinzelhandels sind größtenteils verschwunden; allerdings betreiben einige Ketten sog. *magasins de proximité*. Wie auch in Belgien und den Niederlanden wurden in einzelnen Zeitabschnitten unterschiedliche Konzepte bei den Genehmigungsverfahren für großflächige Einzelhandelsprojekte verfolgt: Von 1962 bis 1975 war man hierbei eher liberal eingestellt; danach verfuhr man weniger großzügig (Thelen 1999) und von 1997 bis 2005 eher restriktiv; seit 2006 ist wieder eine Lockerung zu beobachten.

Bei der regionalen Verteilung des Einzelhandels des Großherzogtums sind die Kantone Luxemburg und Esch-sur-Alzette in Relation zu ihrem Bevölke-

rungsanteil (59 %) v. a. bei Bekleidungsgeschäften (mit einem Anteil von 69 %), Buchläden (80 %) und Haushaltswarengeschäften (76 %) überrepräsentiert (Statec). Im Zentrum von Luxemburg-Stadt beobachtet man beim Einzelhandel eine Segregation: Die Oberstadt hat sich zu einer Einkaufszone für hochwertige Artikel entwickelt, in der viele gefragte internationale Marken vertreten sind – darin ist sie Brüssel vergleichbar –, während das Geschäftsviertel im Bahnhofsbereich auf billigere Angebote hin ausgerichtet ist. Eine neue Komponente erhielt die Einzelhandelslandschaft der Hauptstadt durch das 1996 von dem französischen Unternehmen *Auchan* gegründete Einkaufszentrum im Europa- und Bankenviertel des Kirchbergplateaus (Abb. 128). Es enthält mehr als 50 Geschäfte, deren Arbeitskräfte zu 80 % Grenzgänger sind und die auf eine multinationale Kundschaft hin orientiert sind.

Der luxemburgische Einzelhandel wird stark durch Filialen belgischer, französischer und deutscher Ketten, in geringerem Umfange auch von niederländischen, spanischen, schwedischen, italienischen und US-amerikanischen Unternehmen geprägt. Die belgische Kette *Louis Delhaize* betreibt in Luxemburg die Supermärkte *Cora* und *Match* sowie die „supérettes" *Smatch*. Das Konkurrenzunternehmen *Delhaize „le Lion"* arbeitet bislang in Luxemburg vornehmlich im Franchisesystem. Unabhängige Einzelhändler in Luxemburg sind oft auf belgische

Großhändler angewiesen. Die französischen Ketten *Auchan*, *Casino* (in Luxemburg mit den Supermärkten *Leader Price*) und *Yves Rocher* (Parfümerien) sind ebenfalls in Luxemburg präsent. Deutsche Ketten sind mit Baumärkten, z. B. der Unternehmen *Metro* (*Bâtiself*), *Hela Baupark* und *Hornbach*, mit Modegeschäften (z. B. *Wolfskin*) sowie durch die Kette für Heimtierbedarf *Fressnapf* (*Toeller*), *Kind* Hörgeräte, *Schlecker*, *Lidl* und *Aldi* vertreten. Von den niederländischen Modehäusern sind *C&A*, *WE* sowie *M&S* in Luxemburg zu finden. Allerdings gibt es auch luxemburgische Ketten im Einzelhandel. An erster Stelle steht das 1900 gegründete Unternehmen *Cactus* (mit dem Werbeslogan „e Stéck Lëtzebuerg"). Es ist in den Bereichen Nahrungsmittel, Textilien, Hauseinrichtungen und Gastronomie tätig. Zu den größeren luxemburgischen Unternehmen gehört die Bäckereikette *Panelux* mit über 60 Läden und 25 mobilen Bäckereien. Luxemburgischen Ursprungs sind auch die seit 1989 entstandenen, mit der *Bio-Bauere-Genossenschaft Lëtzebuerg* verbundenen *Naturata Bio-Supermärkte*, die heute zum einheimischen Unternehmen *Oikopolis* gehören. Kennzeichnend für die luxemburgische Einzelhandelslandschaft sind die eigenen Läden des traditionsreichen Porzellanherstellers *Villeroy & Boch* (Unterlagen der Handelskammer, Unternehmenshandbuch von Statec und Webpräsenz einzelner Unternehmen).

Der Fremdenverkehr in den Beneluxstaaten

Tourismus in den Niederlanden

Die für den Tourismus attraktiven Gebiete der Niederlande weisen eine kleinteilige Struktur auf. Die regionalen Unterschiede erkennt man bereits bei der Betrachtung der vom *Centraal Bureau van de Statistiek* (*CBS*) abgegrenzten Touristengebiete (Abb. 129), zu denen Gemeinden mit gleichartigem oder ähnlichem touristischen Angebot zusammengefasst werden. Die meisten der Touristengebiete enthalten einen oder mehrere Nationalparks. Abgesehen von dem auf private Initiative schon 1930 eingerichteten Nationalpark Veluwezoom und der 1935 gegründeten Stiftung *Het Nationale Park De Hoge Veluwe* geht das niederländische Nationalparksystem auf die *Rijksnota Nationale Parken* von 1975 zurück. Der erste nach diesem Konzept entwickelte Nationalpark war der von Schiermonnikoog, der 1989 den entsprechenden Status erhielt. In rascher Folge wurden 19 weitere Nationalparks ausgewiesen (Buissink 2004; www.minlnv.nl). Die geschützten Gebiete sind im Allgemeinen anthropogen überprägt. Wenn auch bei der Ausweisung der Parks der Natur- und Landschaftsschutz das Hauptanliegen war, so stellen sie doch Anziehungspunkte für den naturbezogenen Fremdenverkehr in den jeweiligen Touristengebieten dar.

Touristisch erschlossene Gebiete gibt es in den Niederlanden in vielen Regionen:

- Das schmale, lang gestreckte Touristengebiet Noordzeebadplaatsen (vgl. Abb. 129) ist durch den Dünengürtel und Sandstrände gekennzeichnet. Die Ansprüche für den Tourismus, die Wassergewinnung, die städtische Bebauung, die Industrie und den Naturschutz konkurrieren im Dünengürtel miteinander. Besonders stark ausgeprägt ist dies beim Badeort Wijk aan Zee, der von Werksanlagen des Stahlkomplexes von IJmuiden umgeben ist. Immerhin hat man wesentlich größere Teile dieser wertvollen Landschaft unter Schutz gestellt als im benachbarten Belgien. Zwischen IJmuiden und Zandvoort konnte im Dünenbereich sogar der 3800 ha umfassende Nationalpark Zuid-Kennemerland eingerichtet werden.
- Der Dünengürtel findet seine Fortsetzung auf den Wattenmeerinseln (*Waddeneilanden*) mit den beiden Nationalparks Duinen van Texel und – als letztes weitgehend unberührt gebliebenes Naturrefugium der Niederlande – Schiermonnikoog.
- Weniger attraktiv im Vergleich zum Dünengebiet ist die Wattenmeerküste von Friesland und Groningen mit Ausnahme des an einer 1969 abgedämmten ehemaligen Meeresbucht gelegenen Nationalparks Lauwersmeer.
- Für den Wassersport besonders geeignet sind die Touristenregionen rund um das IJsselmeer und an den Ost- und Südflevoland hufeisenförmig um-

|Abb. 129| *Übernach-tungen in den niederlän-dischen Tourismusgebie-ten (2004)*

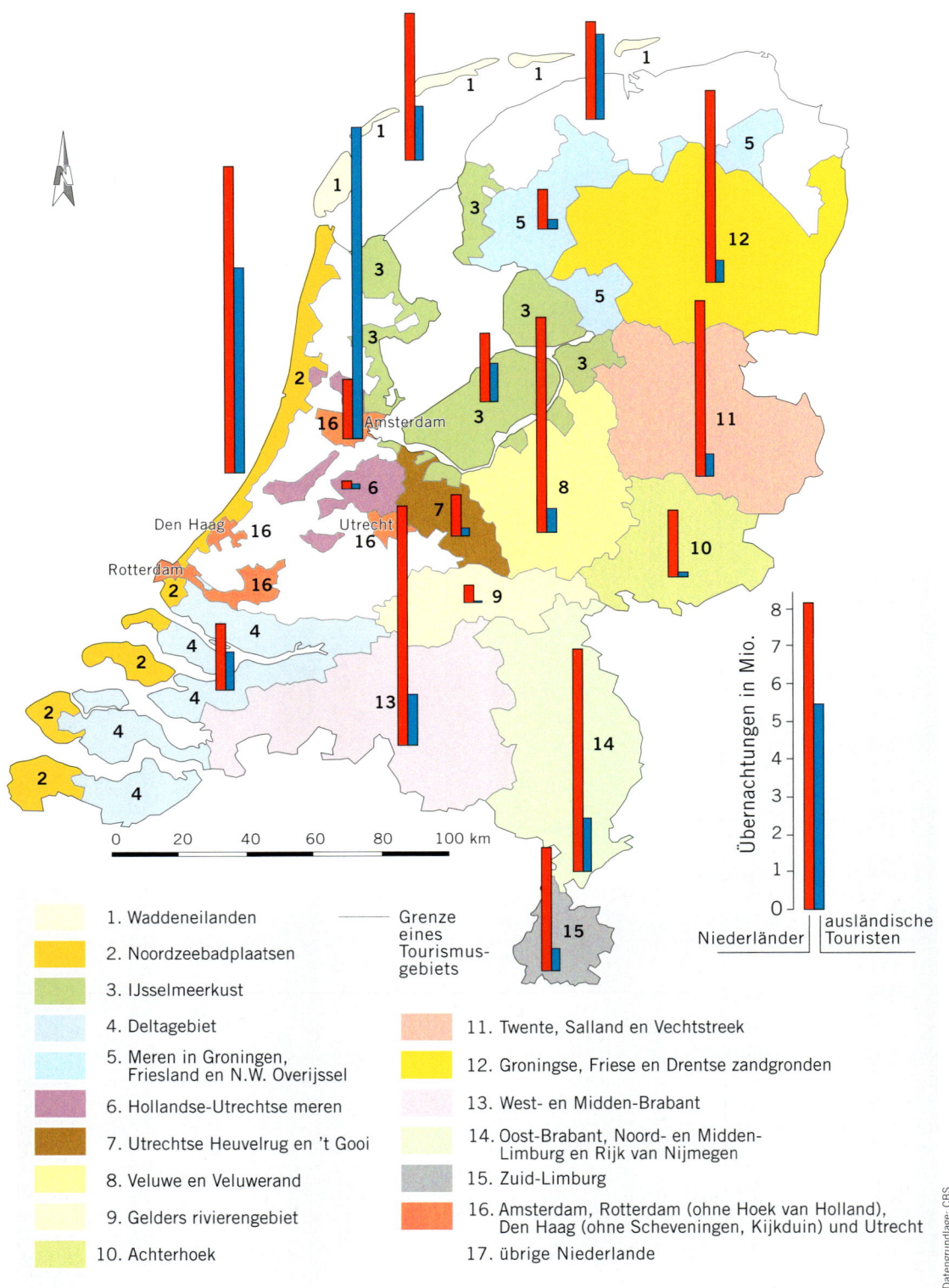

Legende:

1. Waddeneilanden
2. Noordzeebadplaatsen
3. IJsselmeerkust
4. Deltagebiet
5. Meren in Groningen, Friesland en N.W. Overijssel
6. Hollandse-Utrechtse meren
7. Utrechtse Heuvelrug en 't Gooi
8. Veluwe en Veluwerand
9. Gelders rivierengebied
10. Achterhoek
11. Twente, Salland en Vechtstreek
12. Groningse, Friese en Drentse zandgronden
13. West- en Midden-Brabant
14. Oost-Brabant, Noord- en Midden-Limburg en Rijk van Nijmegen
15. Zuid-Limburg
16. Amsterdam, Rotterdam (ohne Hoek van Holland), Den Haag (ohne Scheveningen, Kijkduin) und Utrecht
17. übrige Niederlande

Grenze eines Tourismus-gebiets

Übernachtungen in Mio. — Niederländer | ausländische Touristen

schließenden Randseen sowie das die National-parks Oosterschelde und De Biesbosch enthalten-de Deltagebiet von Maas und Schelde.
■ Für entsprechende Aktivitäten bieten sich auch das *Gelders rivierengebied* und die zahlreichen Binnenseen in den Gebieten *Meren in Groningen, Friesland en Noordwest-Overijssel* sowie *Hollands-Utrechtse meren* an. Meist handelt es sich um Seen in Gebieten ehemaliger Niedermoorkultivie-rung, von denen das Wasser Besitz ergriffen hat. Dieser Vorgang wird in den beiden Nationalparks De Alde Feanen und De Weerribben dokumentiert. Zusätzlich bestimmen Kanäle und Moorhufen-siedlungen das Landschaftsbild, wobei das an Worpswede erinnernde Giethorn eine besondere Anziehungskraft für Urlauber besitzt.

■ Die niederländischen Sandgebiete werden in mehrere Touristengebiete unterteilt. Die größte Attraktivität besitzen die Regionen, in denen das Relief durch Stauchendmoränen belebt wird und die zusätzlich die größten zusammenhängenden Waldgebiete der Niederlande aufweisen. Diese werden stellenweise durch ausgedehnte atlantische Heiden unterbrochen. Binnendünen und Flugsanddecken bilden weitere Landschaftsmerkmale. Diese Regionen stellen Bestandteile der Touristengebiete *Utrechtse Heuvelrug en 't Gooi, Veluwe en Veluwerand* und (innerhalb der Gebiete 11 und 14 in der Karte) *Rijk van Nijmegen* und *Salland* dar. Vier Nationalparks bringen den Wert dieser Region zur Geltung: Utrechtse Heuvelrug, De Hoge Veluwe, Veluwezoom und De Sallandse Heuvelrug. De Hoge Veluwe ist aus dem Jagdgebiet eines Unternehmers hervorgegangen und ein von einer gemeinnützigen Stiftung betriebener, eingezäunter und gebührenpflichtiger Nationalpark. Das im Park gelegene hochrangige Kröller-Müller-Museum mit seiner Gemäldegalerie und der zugehörige Skulpturenpark ziehen zahlreiche auswärtige Besucher an. Veluwezoom wird nicht staatlich, sondern von der *Vereniging Natuurmonumenten* unterhalten.

■ Die übrigen Touristengebiete der Sandregionen besitzen (von kleineren Regionen wie dem Hondsrug abgesehen) keinen so großen landschaftlichen Reiz, verfügen an etlichen Standorten aber trotzdem über eine gut entwickelte touristische Infrastruktur in Form von Feriendörfern und Hotels sowie Wander- und Fahrradwegen. Im Maastal kommt der Wassersport hinzu, häufig im Bereich ehemaliger Kiesgruben, z. B. die Maasplassen bei Roermond. Mehrere Nationalparks in den letztgenannten Gebieten enthalten Wald- sowie Heide- und Dünengebiete. Der Grenspark De Zoom-Kalmthoutse Heide ist mithilfe der Benelux-Wirtschaftsunion zu einem grenzüberschreitenden Naturgebiet ausgestaltet worden, in Belgien aber kein Nationalpark. Beim Nationalpark Nationaal beek- en esdorpenlandschap Drentsche Aa wird zusätzlich zum Naturschutz noch die Bewahrung einer ländlich-dörflichen Kulturlandschaft mit charakteristischen Brink- und Eschdörfern angestrebt. Eine Besonderheit bildet der viel besuchte Nationalpark De Groote Peel, in dem ein Hochmoorgebiet erhalten werden konnte.

■ Eine Sonderstellung nimmt innerhalb der Niederlande auch das Touristengebiet *Zuid-Limburg* ein. Es enthält mit dem aus Kreidekalken und -mergeln aufgebauten Limburger Hügelland die einzige Mittelgebirgsregion der Niederlande. Diese abwechslungsreiche Landschaft mit gebietsweise wertvollen Laubwaldbeständen ist nicht zuletzt dank der effizienten Kooperation der dortigen Gemeinden touristisch gut erschlossen und weist eine hohe Dichte von Hotels auf. Der naturbezogene Fremdenverkehr bildet einen Schwerpunkt in der Region; lediglich in Valkenburg kommt in größerem Umfang ein profilloser Angebotstourismus mit kommerziellen Freizeiteinrichtungen hinzu.

Der Industrietourismus besitzt nur ein beschränktes Entwicklungspotenzial, da die Niederlande als industrieller Spätentwickler nur wenige altindustrialisierte Räume aufweisen. Dieser Touristikzweig hat sich u. a. in den ehemaligen Textilgebieten von Noord-Brabant und der Twente (mit den Textilmuseen von Tilburg und Enschede) entfalten können.

Neben dem Tourismus, der auf regionale Besonderheiten ausgerichtet ist, stellt das Fremdenverkehrssegment, das auf ein diffuses Angebot der Unterhaltungsindustrie zurückgreift, angesichts der hohen Zahlen und Ausgaben der Besucher einen beachtlichen Wirtschaftsfaktor dar. Es richtet sich an eine konsumorientierte Freizeitgesellschaft und schafft vielfach künstliche Erlebniswelten. Die entsprechenden Projekte sind über das ganze Land verstreut und induzieren viel Verkehr. Sie umfassen z. B. Spielbanken von *Holland Casino* und v. a. diverse Vergnügungsparks, die erheblich zum Landschaftsverbrauch beitragen. Allein die sechs größten Freizeit- und Erlebnisparks in den Niederlanden – führend ist *De Efteling* bei Tilburg – wiesen 2003 insgesamt 7,4 Mio. Besucher auf (CBS).

Der Städtetourismus ist besonders im Touristengebiet Amsterdam, Rotterdam, 's-Gravenhage, Utrecht ausgeprägt. Amsterdam nimmt hierbei eine herausragende Stellung ein. Mehr als 99 Museen befinden sich in den vier Städten (http://museumserver.nl). Der neu gestaltete, in seiner veränderten Form 1999 eröffnete *Museumplein* in Amsterdam ist ein prestigeträchtiger kultureller Mittelpunkt der Stadt, verbunden mit einer weitläufigen, zentralen Parkanlage, um die sich Museen und das *Concertgebouw* gruppieren. Vielerorts wird die Anziehungskraft für den Städtetourismus durch ausgedehnte innerörtliche Uferpromenaden an Flüssen, Kanälen und im Bereich revitalisierter ehemaliger Hafengebiete (Letzteres v. a. in Amsterdam und Rotterdam) gesteigert. Nicht zuletzt dank des hohen Stellenwertes von Stadtplanung und -sanierung sind auch kleinere Städte mit gut erhaltener historischer Bausubstanz und ausgedehnten historischen Stadtkernen für den Fremdenverkehr von Bedeutung, wie in oder in der Nähe der Randstad u. a. Haarlem, Delft, Dordrecht, Gouda, Leiden, Amersfoort und Alkmaar, weiterhin die früheren Hansestädte an der IJssel sowie kleine alte Festungsstädte, ferner in Noord-Brabant Breda und 's-Hertogenbosch, in Zeeland – neben kleineren Städten – Middelburg, in Limburg Maastricht sowie im Norden Groningen und Leeuwarden. Friesland vermarktet die „elf steden" für den Tourismus, außer dem Mittelzentrum Leeuwarden heute kleine Orte, die aber im Mittelalter und z. T. auch noch im „*Gouden Eeuw*" (wie die einstige Universitätsstadt Franeker und die Hafenstadt Harlingen) bedeutend gewesen sind und heute eine wertvolle historische Bausubstanz aufweisen. Zu den touristischen Angeboten gehört z. B. die Elfstedentocht (Elf-Städte-Fahrt), die als Eislauf-, Fahrrad- oder Inlineskates-Tour organisiert wird.

Die amtliche Fremdenverkehrsstatistik zeigt beträchtliche Unterschiede zwischen den einzelnen

Touristengebieten auf (vgl. Abb. 129). Wenn nicht anders vermerkt, beziehen sich die folgenden Zahlen auf die (in der Statistik vielfach nicht gesondert aufgeführten) Urlaubsreisen und Reisen zu anderen Zwecken. Die vier großen Städte stehen bei Besuchern aus Spanien (mit 77 % der Übernachtungen der Touristen aus diesem Land im Jahre 2004), Italien (72 %), Kanada und den USA, (68 %), Großbritannien (58 %) und Frankreich (52 %) mit Abstand an der ersten Stelle der Präferenzen – bei den Besuchern aus Deutschland sind es hingegen die Nordseebadeorte, die Wattenmeerinseln, die IJsselmeerküste und das Deltagebiet mit insgesamt 64 %. Die 5 Mio. Übernachtungsgäste in den vier großen Städten waren 2004 zu 81 % Ausländer. 39 % der 3,4 Mio. Übernachtungsgäste in den Nordseebadeorten kamen 2004 aus dem Ausland. Bei den Übernachtungen der Niederländer nehmen die vier großen Städte nur einen Anteil von 2,8 % ein. Allerdings wird nicht selten die Möglichkeit wahrgenommen, preisgünstigere und familienfreundlichere Unterkünfte an der Küste oder am IJsselmeer in der Nähe der großen Städte aufzusuchen und den Stadttourismus mit anderen Urlaubsaktivitäten zu verbinden. Insgesamt stehen bei den ausländischen Übernachtungen Gäste aus Deutschland an erster und aus Großbritannien an zweiter Stelle; es folgen die Herkunftsgebiete Belgien, Nordamerika und Frankreich.

Niederländische, deutsche und belgische Touristen nehmen (berechnet nach der Zahl der Übernachtungen) ihr Quartier am häufigsten in *huisjescomplexen*, d. h. in Sommerhäusern, Ferienbungalows und Ferienappartments, die vermietet werden. Bei den übrigen ausländischen Besuchern liegt der Schwerpunkt – bezogen auf den Durchschnitt des Königreiches – in der Gruppe der Hotels, Pensionen und Jugendherbergen. In Südlimburg (mit einem relativ hohen Anteil an Hotelübernachtungen) und auf den Watteninseln sind bei den niederländischen Langzeiturlaubern, die vier oder mehr Tage außer Haus verbringen, Besucher mit höherem Einkommen überrepräsentiert.

Wie groß die Bedeutung des Fremdenverkehrs als Wirtschaftsfaktor ist, zeigen die folgenden Zahlen: Die im weitesten Sinne gefassten touristischen Ausgaben in den Niederlanden von In- und Ausländern unter Einschluss des Tagestourismus (mit allein 13,8 Mrd. €) und der Tagesfahrten von Geschäftsreisenden (mit 8,3 Mrd. €) wurde für 2002 mit 35,8 Mrd. € beziffert, was einem Anteil von 8 % am damaligen Bruttoinlandsprodukt entsprach. Nimmt man nur die auf Freizeitaktivitäten bezogenen touristischen Ausgaben, so kommt man auf die beachtlich hohe Summe von 23,2 Mrd. € (Auswertung von Tourismusdaten des CBS).

Fremdenverkehr in Belgien

Innerhalb des belgischen Dienstleistungssektors stellt der Tourismus (einschließlich der Aktivitäten, die mit dem Ausgehen verknüpft sind) ebenfalls einen gewichtigen Wirtschaftsfaktor dar. Die Sozialversicherungsstatistik weist für 2005 im Bereich der Tätigkeiten in Hotels und Restaurants 114 543 Beschäftigte (4,6 % der Gesamtzahl unselbstständiger Arbeitnehmer) auf mit bemerkenswert hohen Zahlen in Brüssel-Hauptstadt (24 501), in der Provinz Antwerpen (19 358) und in der Provinz Westflandern (15 907). Wallonien stellt nur 21,4 % der Arbeitnehmer des Sektors (www.onss.be). Hinzu kommen noch 35 757 Selbstständige in diesem Bereich (www.rsvz-inasti.fgov.be). An der Bruttowertschöpfung zu Faktorkosten in Belgien war der *Horeca*-Sektor (Hotels, Restaurants, Cafés) im Jahre 2006 mit 4,4 Mrd. € bzw. zu 1,6 % beteiligt (www.nbb.be)

Hinsichtlich der Attraktivität der Fremdenverkehrsgebiete und der Art der touristischen Aktivitäten bestehen beträchtliche regionale Unterschiede. Die belgische Küstenregion gleicht von der naturräumlichen Ausstattung her den in den Niederlanden viel besuchten Dünengebieten. Die belgischen Küstengemeinden weisen eine außerordentlich hohe Konzentration touristischer Einrichtungen und Aktivitäten auf. 2004 verzeichneten sie (ohne das bis zur Küste reichende Gemeindegebiet von Brügge) 6,3 Mio. Übernachtungen, dies in einem Küstenabschnitt von lediglich 65 km und einer Fläche der Gemeinden von 340 km². Hierin ist nicht einmal der Verbleib in den zahlreichen Zweitwohnsitzen an der Küste einbegriffen. Wie auch in den niederländischen Nordseebadeorten spielen insgesamt die Übernachtungen von Inländern eine größere Rolle als die von Gästen aus dem Ausland (vgl. Abb. 130). Das flämische Tourismusministerium fördert jährlich im Rahmen des *kustactieplan* verschiedene Projekte, die die Anziehungskraft der Region noch erhöhen sollen, z. B. Großveranstaltungen (wie „Oostende voor Anker"), den Ausbau von Rad- und Wanderwegen sowie die Einrichtung von Besucherzentren. An der belgischen Küste ist – von kleinen Ausnahmen abgesehen – eine plan- und gedankenlose Verbauung, nicht selten mit Hochhäusern, vorgenommen worden. Nur einige kleinflächige Schutzzonen sowie das 3,5 km² große Naturreservat Westhoek an der französischen Grenze und das nach der *Ramsar*-Konvention geschützte Feuchtgebiet der ehemaligen Meeresbucht des Zwin an der niederländischen Grenze sind noch nicht dem Landschaftsverbrauch zum Opfer gefallen.

Ähnlich wie in den Niederlanden spielt in einigen Zentren der internationale Städtetourismus eine große Rolle, wobei in der amtlichen Statistik keine Unterscheidung zwischen Geschäfts- und Urlaubsreiseverkehr getroffen wird. Bei den Übernachtungen ausländischer Besucher nimmt Brüssel-Hauptstadt eine herausragende Stellung ein. 27 % aller ausländischen Übernachtungen Belgiens fanden 2004 in Brüssel statt (Statistiken, auch im Folgenden: http://statbel.fgov.be). Bei den Übernachtungen von Gästen aus dem Ausland kommt Brüssel-Hauptstadt erwartungsgemäß nicht auf die Zahl der vier großen Städte der Randstad. 2004 betrugen die Zahlen 4,2 bzw. 8,4 Mio. Das niederländische Volumen wird auch dann nicht erreicht, wenn die beträchtliche Zahl der ausländischen Übernachtungsgäste von Brügge, Gent und Antwerpen, die sich auf 2 7 Mio. beläuft, hinzugenommen wird. Bei den Urlaubsreisenden tragen ähnliche Faktoren zum Städtetourismus bei wie in den Niederlanden. Die vier genannten belgischen Städte verfügen über hochrangige Museen (in den nationalen Fremdenverkehrsstatistiken wurden sie in die Rubrik „Kunststädte" eingeordnet) und wertvolle historische Bauwerke. Bei Brüssel allerdings besteht das im stadtgeographischen Kapitel beschriebene Problem städtebaulicher Mängel im Kernbereich. In Gent und Brügge hingegen (weniger in Antwerpen) hat man dank geschickter Stadtsanierungsprojekte weitgehend geschlossene innerstädtische Ensembles mit einer außergewöhnlich hohen Zahl architektonisch wertvoller historischer Bauwerke erhalten können. Auffallend viele Hotels der gehobenen Kategorien sind in den Kernbereichen der beiden Städte vertreten. Eine Reihe sehenswerter Mittelzentren mit teilweise gut erhaltener historischer Bausubstanz ergänzt das Angebot der Stadttouristik, darunter Leuven, Mechelen, Tournai, Tongeren, Hasselt, Namur und Lier. Lüttich weist für ein Oberzentrum mit 327 146 Übernachtungen (davon 237 291 von Ausländern) eine vergleichsweise geringe Frequentierung auf. Zu den Dämpfungsfaktoren gehören der Ruf als Industriestadt (obwohl es im Gemeindegebiet längst keine Schwerindustrie mehr gibt), das Fehlen hochrangiger Museen, die es mit denen der großen Kunststädte aufnehmen könnten, ein relativ schwach entwickeltes Kongress- und Messewesen sowie – von einigen gelungenen Sanierungsprojekten abgesehen – ein allgemein nicht sehr pfleglicher Umgang mit dem historischen Bauerbe.

Geringe Übernachtungszahlen werden verständlicherweise in den Gemeinden der waldarmen, ausgedehnten mittelbelgischen Agrargebiete registriert. Allerdings besitzt in Teilregionen der Tagestourismus eine beträchtliche Bedeutung. Einzelne landschaftlich ansprechende, hügelige Gebiete wie der nördliche Haspengau und das Hageland werden namentlich während der Obstbaumblüte stark frequentiert. Auffallend hohe Übernachtungszahlen werden in einzelnen Gemeinden des Kempenlandes beobachtet, insbesondere in Lommel, Peer und Houthalen-Helchteren bei einem Überwiegen ausländischer (im Allgemeinen niederländischer) Besucher. Die Region weist zwar Wald,- Heide- und Wasserflächen auf, aber keine landschaftlichen Höhepunkte und ist zudem von Industrieanlagen durchsetzt. Aber es spielt hier die Einrichtung geschlossener, mit Freizeiteinrichtungen ausgestatteter Ferienanlagen (*Erperheide* in Peer, *De Vossemeren* in Lommel, *Familiepark Molenheide*, *Recreatiepark Hengelhof*, beide in Houthalen-Helchteren), die teilweise nach dem niederländischen *Center-Parc*-Konzept gestaltet wurden, eine beträchtliche Rolle.

|Abb. 130| *Übernachtungen in den belgischen Gemeinden (2004)*

Datengrundlage: Statbel

Prädestiniert für den Industrietourismus sind die alten wallonischen Industrierreviere. Vor allem in den Provinzen Lüttich und Hennegau, in beschränktem Umfang auch in der Provinz Luxemburg, bestehen derartige Angebote. Im erstgenannten Bezirk werden der frühere Bergbau (in Blégny-Mine), die Metallurgie (in Lüttich und Amay), die Textilverarbeitung (in Verviers) und die einst berühmte Kristallwarenherstellung (in Seraing) im Bereich einer Museumsachse, der „Straße des Feuers" („*route du feu*"), dokumentiert. Südlich davon nehmen zwei Museen (in Sprimont und Comblain-au-Pont) auf die einst bedeutende Steinbruchindustrie des Condroz Bezug. Die Eisenindustrie der Ardennen aus der Zeit vor der Industriellen Revolution wird in einem Museum bei Saint-Hubert in der Provinz Luxemburg vorgestellt. Der Industrie- und Wohnkomplex von Grand-Hornu im Hennegau wird heute als weitläufiges Industriemuseum sowie in einem Trakt auch als Kunstmuseum genutzt. In Marcinelle und Frameries, im Haine-Sambre-Becken, sind zwei ehemalige Zechen für den Tourismus hergerichtet worden. Das *Écomusée régional du Centre* (in Houdeng-Aimeries, Gemeinde La Louvière) zeigt vom Konzept her Parallelen zu den häufiger in Frankreich anzutreffenden Wirtschaftsmuseen. Das Glasmuseum in Charleroi nimmt auf einen traditionsreichen Wirtschaftszweig der Region Bezug. Viel besucht werden die zu Ende des 19. und zu Anfang des 20. Jh. gebauten, seit 1998 zum UNESCO-Weltkulturerbe gehörenden vier Schiffshebewerke am alten Canal du Centre. Unweit davon werden das 2002 eröffnete Schiffshebewerk von Strépy-Thieu an einem neu gebauten Teilstück des Kanals sowie die 1968 fertiggestellte „Schiefe Ebene" von Ronquières am Kanal von Charleroi nach Brüssel in die touristischen Angebote einbezogen.

Südlich des Städtebandes Mons–Charleroi–Namur–Lüttich–Verviers–Eupen erstreckt sich in der Wallonie eine ausgedehnte ländlich bis kleinstädtisch geprägte Region, die ein großes, bislang nur teilweise genutztes Potenzial für einen naturbezogenen Tourismus aufweist. Dazu gehören die Ardennen sowie die Regionen Condroz, Fagne und Famenne und die Schichtstufenlandschaft in Belgisch-Lothringen. Hierbei weisen die Ardennen, die in den höheren Lagen auch für den Wintersport geeignet sind, die günstigsten Bedingungen auf, während in den übrigen Gebieten der Tourismus v. a. in einzelnen Abschnitten der Täler von Maas (oberhalb von Namur), Ourthe, Semois und Lesse sowie einiger Nebentäler zur Entfaltung gekommen ist. In der Kalkfamenne gehören zusätzlich einzelne Tropfsteinhöhlen zu den touristischen Attraktionen. Auch in den Ardennen bilden die Talregionen die wichtigsten Leitlinien für die Tourismusentwicklung. Außerhalb dieses großen Gebietes spielt der landschaftsorientierte Fremdenverkehr im Kreidemergelhügelland des nördlichen Pays de Herve (namentlich in Voeren/Fourons, Aubel und Plombières) eine Rolle, wobei hier die touristische Ausstattung dem des nördlich anschließenden niederländischen Heuvelland ähnelt. In peripheren Teilgebieten der Ardennen und des Gutlandes sind entlang der Grenze zu Deutschland, Luxemburg und Frankreich Naturparks (*parcs naturels*) eingerichtet worden. Hin und wieder wird in der Fremdenverkehrswerbung die grenzüberschreitende Struktur der Parks betont. Gelegentlich wurden dort, u. a. im Rahmen von Interreg-Programmen, kleine grenzüberschreitende Projekte durchgeführt. Nach dem Dekret der wallonischen Regierung von 1985 und auch entsprechend späterer Willensbekundungen spielt der Naturschutz in den *parcs naturels* eine untergeordnete Rolle. Es ist mehr ein Verbund von Gemeinden mit dem Ziel der Regionalentwicklung und des gemeinsamen Marketings der Region zur Förderung des Fremdenverkehrs. Die Übernachtungszahlen in den Orten innerhalb der Naturparks sind im Durchschnitt nicht größer als die in den naturräumlich ähnlich beschaffenen Gebieten außerhalb davon.

Die touristische Infrastruktur der Ardennen und ihrer Randgebiete ist durch ein großes, seit 1990 stark angestiegenes Angebot von *gîtes ruraux*, also von Unterkünften auf Bauernhöfen und in anderen Privathäusern in ländlichen Siedlungen, gekennzeichnet. Ihre Zahl erreichte in Wallonien 2004 den beachtlichen Wert von 3185. Charakteristisch ist weiterhin eine starke Betonung des Campingtourismus, der namentlich in den Talauen ausgedehnte Flächen beansprucht. In einigen Orten, wie in Alle, Bouillon, Dinant, Han-sur-Lesse, Houffalize und Mariembourg bestehen *centres récréatifs*, d. h. Feriendörfer mit zusätzlichen Freizeiteinrichtungen. Die beiden letztgenannten Unterkunftsmöglichkeiten sind bei den Niederländern, die den mit Abstand größten Anteil der ausländischen Mehrtagestouristen in der hier betrachteten Region bilden, sehr beliebt. In der Wallonie kommen 78 % der niederländischen Übernachtungstouristen auf Campingplätzen oder in Feriendörfern unter. Nicht zuletzt wegen eines sehr liberalen Baurechts sind Zweitwohnsitze (*secondes résidences*) weit verbreitet. 2004 gab es in der Wallonie 108 000 Übernachtungsplätze in Zweitwohnsitzen; dies ist mehr als das gesamte Angebot aller anderen Übernachtungseinrichtungen zusammen (observatoire.tourisme.wallonie.be).

Wie es die Karte mit den Übernachtungszahlen (ohne Einbeziehung der *secondes résidences*) zeigt (Abb. 130), sind die Werte für die Gemeinden Südbelgiens, verglichen mit anderen Zielgebieten des Königreichs, nicht übermäßig groß. Die Zuständigkeit der staatlichen Tourismusförderung wurde 1994 der wallonischen Region übertragen, die sich seither um die Belebung dieses Sektors bemüht. Einige Hemmnisfaktoren sind aber bestehen geblieben, wie eine Zurückhaltung bei Neu- und Modernisierungsinvestitionen, fehlende oder nur schleppend durchgeführte Ortssanierungsmaßnahmen, eine nicht immer optimal kundenorientierte Mentalität, ein allzu häufig versperrter Zugang zu Waldgebieten in Privatbesitz und anderen wertvollen Landschaftsbestandteilen sowie (damit zusammenhängend) ein regional unterentwickeltes Netz von Wanderwegen. Etwas höhere Übernachtungszahlen weisen einzelne Gemeinden mit kleinen alten Städten in den Tälern auf, wobei hier auch Einrichtungen des *tourisme social* (Jugendherbergen, Erholungsheime u. ä.) eine Rolle spielen. Die Orte blicken auf eine längere Tradition des Fremdenverkehrs zurück, der meist mit dem Anschluss an das Bahnnetz begann, in Einzelfällen auch noch weiter zurückreicht. Jährliche Übernachtungszahlen von über 200 000 verzeichnen lediglich Vielsalm (das auch über Skigebiete verfügt), La-Roche-en-Ardenne, Spa und Houffalize in den Ardennen sowie Durby und Hastière in der Famenne. Über 150 000 Übernachtungen werden in Bouillon (im Semoistal) sowie in Malmédy und Stavelot erreicht. Wie auch in anderen alten Thermalbadeorten in Mitteleuropa hat man in Chaudfontaine (mit heute geringfügigem Mehrtagestourismus) und in Spa, bis zum Beginn des Ersten Weltkrieges ein mondäner Badeort, später ein Kurort für Kassenpatienten, Investitionen im Wellnessbereich (*bien-être*) getätigt, um den Rückgang bei den Kuraufenthalten zu kompensieren. Weiterhin ist der auf die dortigen Spielkasinos bezogene Tourismus wirtschaftlich von Belang.

Insgesamt ist im Königreich die Zahl der Übernachtungen von Ausländern größer als die von Belgern. An der Spitze stehen bei den ausländischen Gästen die Niederländer, wobei 34 % von ihnen ihre Unterkunft 2002 in der Wallonie, vermutlich vornehmlich in den Ardennen, wählten. An zweiter Stelle bei den ausländischen Übernachtungsgästen standen die Briten, von denen sich nur 8 % die Wallonie aussuchten. Den dritten Rang nahmen die Deutschen ein, die zu fast 90 % ihr Quartier in Brüssel-Hauptstadt oder in Flandern wählten. Touristen aus den USA übernachteten nur zu 9 % in der Wallonie, Gäste aus Japan zu 5 %. Diese beiden Gruppen sind stark auf die Region Brüssel-Hauptstadt fixiert. 46 % der Touristen aus den USA und 50 % der Besucher aus Japan übernachteten dort (Statbel; www.observatoire.tourisme.wallonie.be; www.bruxelles.irisnet.be).

Tourismus in Luxemburg

In Luxemburg weisen außerhalb kleinerer Bezirke im Schwerindustriegebiet des Südens fast alle Regionen ein Potenzial für den Fremdenverkehr auf. Ausgedehnte Freilandflächen in einem Mittelgebirgsraum mit relativ hohem Waldanteil (34 % des Areals des Großherzogtums) sind durch zahllose markierte Wanderwege gut erschlossen. Etliche Gemeinden können mit einem reichen kulturhistorischen Angebot und einem attraktiven Gesamtbild aufwarten. Viele gepflegte Ortschaften spiegeln den Reichtum des Landes wider.

Der Tourismus in Luxemburg begann um die Mitte des 19. Jh. Vor dem Ersten Weltkrieg konzentrierte er sich auf vier Zentren: die Landeshauptstadt, die nach dem Schleifen der Festungen zwischen 1867 und 1883 und durch die Tätigkeit des *architecte-paysagiste* Edouard André an Attraktivität gewann, Diekirch mit dem damals sehr bekannten, nach dem Zweiten Weltkrieg aufgegebenen Hôtel des Ardennes, Echternach als Abteistadt und als Tor zur Region „Kleine Schweiz" mit ihren malerischen Sandsteinfelsen sowie das 1847 eröffnete Thermalbad Mondorf-les-Bains, bis heute der einzige Kurort im Großherzogtum. 1908 besaß das verkehrsmäßig gut erschlossene Land bereits 133 Hotels. Um 1900 begann die staatliche Tourismusförderung, die nach dem Ersten Weltkrieg ausgeweitet und in den 1920er- und 1930er-Jahren auf eine Zusammenarbeit mit Belgien und Frankreich ausgerichtet wurde. Die in Luxemburg 1933 publizierte Studie von Jérôme Andres „Le tourisme. Industrie nationale" zeigte für das Großherzogtum das Entwicklungspotenzial des Fremdenverkehrs auf. In den 1950er-Jahren wurde die Förderung des internationalen Tourismus stark betont, unter anderem durch die Gründung von Informationsagenturen in Brüssel, Den Haag, Paris, London, Saarbrücken, Düsseldorf und New York.

Gleichzeitig zeichnete sich bei den Unterkünften eine stärkere Diversifizierung ab. Waren Campingplätze und Jugendherbergen schon in den 1930er-Jahren aufgekommen, so sorgte die 1953 gegründete *Association Luxembourgeoise du Tourisme Social* für Unterbringungsmöglichkeiten in *gîtes d'étapes* (Etappenquartieren) sowie in Ferienhäusern und -wohnungen (Pinnel 1989; Philippart 1999). Mit dem Aufstieg von Luxemburg-Stadt zum internationalen Bankenzentrum, der Niederlassung von EU-Institutionen sowie der Etablierung der Gemeinde als Kongresszentrum hat sich der berufliche Reiseverkehr sehr belebt. In jüngerer Zeit ist der Fremdenverkehr hinzugekommen, der auf künstliche Erlebniswelten in Freizeitparks bezogen ist, z. B. im Parc Merveilleux in Bettembourg, sowie – im Süden des Landes – in bislang bescheidenem Umfang der Industrietourismus.

Der Mehrtagestourismus in Luxemburg hängt seit Langem zum überwiegenden Teil von Besuchern aus dem Ausland ab. Ihr Anteil belief sich 1952 auf 92 % (Pinnel 1989, S. 56) und 2004 auf 90 %. Die Niederlande, Belgien, Frankreich und Deutschland stellen 79 % der Übernachtungen ausländischer Gäste. Die mit Abstand größte Gruppe bilden die Niederländer. Sie zeigen ähnliche Präferenzen wie die niederländischen Gäste in den belgischen Ardennen. Von den über 1 Mio. Übernachtungen der Touristen aus den Niederlanden fanden 2004 nur 184 000 in Hotels, Herbergen und Pensionen, aber 795 000 auf Campingplätzen statt. Niederländer und Belgier haben eine Präferenz für das Ösling entwickelt, Gäste aus Deutschland und Frankreich für die Landeshauptstadt und ihre Umgebung (Statec).

In der luxemburgischen Fremdenverkehrsstatistik werden fünf Tourismusregionen unterschieden, und zwar (geordnet nach zunehmenden Übernachtungszahlen) der Süden, das Moselgebiet, die Region Müllertal, die Ardennen und das Zentrum (vgl. Abb. 131).

■ Das Potenzial im Süden ist wegen der punktuell noch vorhandenen Schwerindustrie begrenzt. 40 % der Übernachtungen der Region finden in Esch-sur-Alzette statt, einem Mittelzentrum, das ungeachtet der Zugehörigkeit zu einem Industrierevier ein ansprechendes Stadtbild aufweist und darum bemüht ist, den Kulturtourismus zu entwickeln. Das Angebot im Süden umfasst kleinere Museen, kulturelle Veranstaltungen, den Industrietourismus, naturnahe Erholungsgebiete im Schichtstufenland sowie den *Parc Merveilleux* in Bettembourg, die am häufigsten in der Region besuchte Touristenattraktion.

■ Im luxemburgischen Moselgebiet ziehen die Weinbaulandschaft, Weinorte, kleine Museen und der Garten der Schmetterlinge in Grevenmacher die Touristen an. Weiterhin liegt Mondorf-les-Bains mit einem breitgefächerten Angebot von Kur-, Wellness- und Sporteinrichtungen im Kurbezirk *Mondorf–Le Domaine Thermal* in diesem Touristengebiet. Das 1984 eröffnete *Casino 2000* ist die am meisten besuchte Touristenattraktion des Großherzogtums.

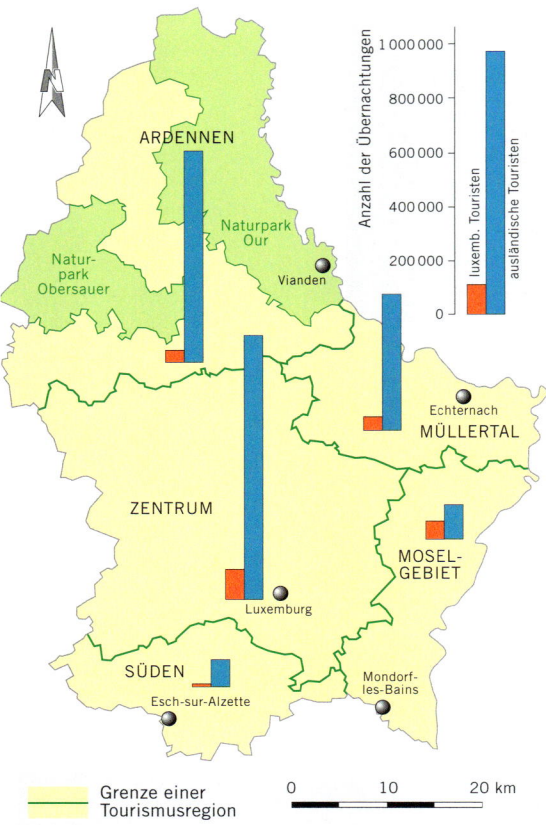

tungen (davon 83 % in 60 Hotels), auffallend viel für eine Gemeinde mit nicht einmal 80 000 Einwohnern. Der berufliche Reiseverkehr aufgrund der hochrangigen Dienstleistungsfunktion spielt eine bedeutende Rolle, wird in der amtlichen Statistik aber nicht separat aufgeführt. Stark vertreten sind Unterkünfte der gehobenen Kategorie. Die Besucherstruktur weicht vom Landesdurchschnitt ab. Bei den Ankünften in Hotels in Luxemburg-Stadt stehen deutsche Gäste an erster Stelle, gefolgt von Belgiern und Niederländern. Hohe Besucherzahlen verzeichnen die Kasematten, die zusammen mit der Altstadt 1994 in die Liste des UNESCO-Weltkulturerbes aufgenommen wurden, das Stadttheater, das Schloss Ansembourg mit seinen Gärten und die Museen (ONT 2005). Als Kulturmetropole ist Luxemburg bis vor wenigen Jahren kaum wahrgenommen worden. Eine Chance, sich als solche zu präsentieren, bot die Nominierung als Kulturhauptstadt 1995 und 2007. Zum Prestige trägt heute nicht zuletzt das 2006 eingeweihte Museum für moderne Kunst (*Musée d'Art moderne Grand-Duc Jean*) bei. Auch die 2005 eröffnete Philharmonie zieht viele ausländische Besucher an, zumal die Räumlichkeiten nicht nur für Konzerte, sondern auch für Empfänge oder private Veranstaltungen genutzt werden können. Der Teil der Oberstadt, der durch einen Parkgürtel und das Alzettetal umschlossen wird, besitzt seit Jahrzehnten ein gepflegtes Aussehen mit gut restaurierten, kulturhistorisch wertvollen Gebäuden. Seit einigen Jahren ist durch gelungene Sanierungsmaßnahmen auch die Unterstadt mit ihren Ortsteilen Clausen, Pfaffenthal und Grund attraktiv geworden. Stadtnah erstrecken sich ausgedehnte Grünzonen in den Tälern von Pétrusse und Alzette. Der Tagestourismus in Luxemburg-Stadt spielt eine beträchtliche Rolle. Bei einer Befragung durch Fremdenverkehrsgeographen der Universität Trier konnte die Bedeutung des sekundären Ausflugsverkehrs nachgewiesen werden: 47 % der konsultierten Tagesgäste kamen von einem anderen Übernachtungsort in die Landeshauptstadt. 72 % der Tagesgäste nannten den historischen Stadtkern als Grund für den Besuch (Schröder 2004, S. 268–273).

Der Beitrag des Tourismus zur Bruttowertschöpfung des Großherzogtums beläuft sich auf 2,4 % (Statec), eine Quote, die mit der Belgiens und der Niederlande vergleichbar ist. Die Zahl der Berufstätigen im *Horeca*-Sektor ist zwischen 1990 und 2003 von 8600 auf 13 600 (4,6 % aller Beschäftigen) gestiegen (ONT 2005). Luxemburg ist ein Beispiel dafür, wie man durch zielgerichtete Investitionen und staatliche Wirtschaftsförderungsmaßnahmen diesen Sektor gut entwickeln kann, auch wenn man im internationalen Vergleich nicht über grandiose Naturmonumente oder Sehenswürdigkeiten der Spitzengruppe verfügt. Die Dichte des Angebotes in Luxemburg kommt bei den Übernachtungszahlen dadurch zum Ausdruck, dass (außer Malta) kein anderes Land der EU einen so hohen Wert pro Flächeneinheit und in Relation zur Bevölkerung aufweist (epp.eurostat.ec.europa.eu).

- Die Touristenregion Müllertal mit dem Hauptort Echternach liegt im Bereich des stark zertalten Luxemburger Sandsteins. Schloss und Burg Beaufort werden von allen Attraktionen der Region am häufigsten besucht.
- Die luxemburgische Tourismusregion der Ardennen ähnelt der entsprechenden Landschaft in Belgien, besitzt aber teilweise eine bessere touristische Infrastruktur. Die Burg von Vianden ist im luxemburgischen Teil der am meisten frequentierte touristische Anziehungspunkt (ONT 2005, www.ont.lu). Das Gebiet schließt den 1999 offiziell anerkannten Naturpark Obersauer sowie den im Süden noch ins Gutland hineinreichenden, 2005 ausgewiesenen Naturpark Our mit den Touristenzentren Clervaux und Vianden ein. Dieser ist in den deutsch-luxemburgischen Naturpark integriert, der 1964 Gegenstand eines Staatsvertrages war und in Deutschland den Naturpark Südeifel enthält (www.environnement.public.lu; www.naturpark-our; www.naturpark-sure.lu).

Wie in Belgien steht der Naturschutz in den Naturparks auch in Luxemburg nicht an erster Stelle. Sie werden eher als Plattform für die ökonomische Regionalentwicklung verstanden.

Die höchsten Übernachtungszahlen erzielt im Großherzogtum die Tourismusregion „Zentrum" mit der Landeshauptstadt Luxemburg. 70 % der Übernachtungen dieses Gebietes erfolgen in Luxemburg-Stadt. Der Ort kam 2004 auf 751 800 Übernach-

Die Verkehrsdienstleistungen

Verkehr in den Niederlanden

Die niederländische Binnenschifffahrt

Wasserstraßen und Häfen bilden seit Jahrhunderten bestimmende Strukturmerkmale des niederländischen Verkehrssystems. Ebenso wie in Belgien kann man die Zeit von 1815 bis zum Beginn des Zweiten Weltkrieges als Intensivphase des Kanalbaus bezeichnen. Es wurde ein Kanalnetz von einer Dichte erstellt, die unter den Industrienationen einmalig ist (Abb. 132). Nach dem Zweiten Weltkrieg wurden noch der Van Harinxmakanaal (Vollendung: 1951),

der Prinses Margrietkanaal (1951), das Anschlussstück vom Amsteram-Rijnkanaal zur Waal (1952) und der Schelde-Rijnkanaal (1975) gebaut (Bosch & van der Ham 1998; van de Ven 2003). Die Binnenwasserstraßen besaßen 2006 eine Länge von 6211 km. Davon sind immerhin 3225 km für Schiffe mit 1250 t oder mehr befahrbar. Die Bedeutung des Wasserstraßenverkehrs kann kaum besser demonstriert werden als durch die Tatsache, dass es in den Niederlanden 220 Gemeinden gibt, in denen im Rahmen der Binnenschifffahrt zwischen niederländischen Herkunfts- und Zielgebieten Güter im

|Abb. 132| *Die Wasserstraßen in den Niederlanden und im nördlichen Belgien*

Geeignet für

Schubschiffe bis 9000 t (z. T. für Seeschiffe)

Großes Rheinschiff (2000 t)

Rhein-Herne-Kanal-Schiff (1350 t)

Dortmund-Ems-Kanal-Schiff (1000 t)

„Kempenaar" (600 t)

„Spits" (300 t)

Gemeinde	Umschlag in Mio. t
Rotterdam	38 439
Amsterdam	23 033
Velsen	8 366
Terneuzen	6 837
Vlissingen	6 294
Cuijk	4 543
Utrecht	3 237
Moerdijk	2 963
Maasbracht	2 916
Delfzijl	2 822
's-Hertogenbosch	2 757
Geertruidenberg	2 227

Tab. 31 *Umschlag in den zwölf größten Binnen-schifffahrtshäfen der Niederlande beim binnen-ländischen Warenverkehr (2005)*

Quelle: CBS

Umfang von mehr als 20 000 t umgeschlagen wurden. Wie es Tabelle 31 zeigt, ist der Umschlag beim inländischen Warenverkehr in einzelnen Häfen außerordentlich groß. Hinzu kommt noch das Be- und Entladen für den internationalen Verkehr auf den Binnenwasserstraßen. Hierbei nahmen 2005 Rotterdam (mit 107,524 Mio. t) und Amsterdam (mit 18,205 Mio. t) eine herausragende Position ein (Statistiken, auch im Folgenden: CBS).

Die Wasserstraßen sind zum Teil internationale Gütertransportwege, die bei der Funktion der Niederlande als Distributionsland innerhalb von Europa einen wichtigen Platz einnehmen. Sie haben aufgrund des Einsatzes großer Containerschiffe inzwischen auch für den Stückgutverkehr Bedeutung erlangt. Als besonderes Merkmal ist bis heute die kleinbetriebliche Struktur bei den Schiffseignern geblieben: 2005 gab es 3380 Binnenschifffahrtsunternehmen in den Niederlanden; die meisten davon besaßen nur ein Schiff. Bei Planungsüberlegungen für den Ausbau des Systems verdient das Waalprojekt besondere Beachtung. Hier wird eine Fahrwasservertiefung vorgenommen, es werden weitere Übernachtungshäfen angelegt (in Weurt und Lobith zusätzlich zu den bestehenden in Haaften und IJzendoorn), und es wird die Radarüberwachung des Schiffsverkehrs an kritischen Streckenabschnitten ausgeweitet, u. a. in den Mäanderbögen zwischen Pannerdense Kop und Nijmegen (www.rijn-on-line.nl). Beim Projekt *Maaswerken/Maasroute* wird angestrebt, bis 2019 durch Verbreiterung, Vertiefung, Brückenerhöhung und Schleusenneubau im Bereich von Julianakanal und Maas den Einsatz größerer Schub- und Containerschiffe zu ermöglichen (www.demaaswerken.nl).

Beim inländischen Gütertransport übertrifft die bewegte Menge auf den Wasserstraßen bei Weitem die der Eisenbahn. 2005 betrug die Relation 95 Mio. zu 5,5 Mio. t. Es ist charakteristisch für die Dienstleistungsfunktion, die die Niederlande beim grenzüberschreitenden Gütertransport einnehmen, dass der nationale Binnenschifffahrtsverkehr vom internationalen weit übertroffen wird. Dieser setzte sich 2003 aus folgenden Komponenten zusammen:

- Waren aus dem Ausland, die in den Niederlanden gelöscht werden: 47,844 Mio. t. Hierbei stehen als Herkunftsländer Deutschland, Belgien und Frankreich an erster Stelle, aber auch Luxemburg, Österreich, die Schweiz und Ungarn sind mit einbezogen.
- Waren für das Ausland, die in den Niederlanden geladen werden: 112,622 Mio. t. Darunter sind die oben genannten Länder wiederum vertreten, wobei sich für die ersten drei dieselbe Rangordnung ergibt.
- Waren des Transitverkehrs durch die Niederlande: 40,162 Mio. t. Betrachtet man die Waren, die im Transit durch die Niederlande gehen, so ist der Warenaustausch zwischen Deutschland und Belgien der bedeutendste. Außerordentlich rege ist der grenzüberschreitende Verkehr in Lobith am Boven-Rijn (der mit dem Bijlandsch Kanaal und dann in der Waal seine Fortsetzung findet). Hier wurden 2005 insgesamt 153 802 Fahrten von Binnenschiffen mit mehr als 20 t Ladevermögen gezählt, die 148 Mio. t an Gütern beförderten. Auch der Verkehr über die belgisch-niederländische Grenze hinweg ist lebhaft.

Zu den am stärksten befahrenen Routen des gesamten niederländischen Binnenschifffahrtsverkehrs gehören die Waal, der Lek, der Amsterdam-Rhein-Kanal, die Schelde-Rhein-Verbindung, die von Belgien ausgehende Strecke über den Kanal von Gent nach Terneuzen, die Westerschelde und der Kanal durch Zuid-Beveland Richtung Rotterdam sowie die Maas unterhalb von Venlo mit der Fortsetzung der Strecke durch den Maas-Waal-Kanal (www.minvenw.nl).

Die niederländischen Seehäfen

Innerhalb der am stärksten mit großen Häfen bestückten Region der Welt, der Hamburg-Le-Havre-Range, nehmen die Niederlande eine herausragende Position ein. Der Hafen von Rotterdam, ein Universalhafen, der im Massengut-, Stückgut-, Roll-on/Roll-off- und Containerverkehr eine Verteilungsfunktion für weite Teile Europas einschließlich Großbritanniens wahrnimmt, liegt mit einem Umschlag von 378,2 Mio. t unter den Welthäfen auf dem dritten Platz nach Shanghai und Singapur mit angeblich 537 Mio. t bzw. 448,7 Mio. t. Rotterdam fertigte 2006 insgesamt 9,7 Mio. Container (berechnet nach Twenty Feet-Equivalent-Units, kurz TEU) ab, fungierte damit nach Singapur, Hongkong, Shanghai, Shenzhen, Busan und Kaohsiung als siebtgrößter Containerhafen der Welt. Aber auch Amsterdam Seaports (Beverwijk, IJmuiden, Zaanstad und Amsterdam) mit einem Umschlag von 84,3 Mio. t im Jahre 2006, Vlissingen mit 17,5 Mio. t sowie Terneuzen mit 11,9 Mio. t sind bedeutende Häfen. Ergänzt werden sie durch die Groninger Häfen Delfzijl und Eemshaven (7,21 Mio. t), den Hafen Moerdijk (7,9 Mio. t), den eigentlich zur Hafenregion Rotter-

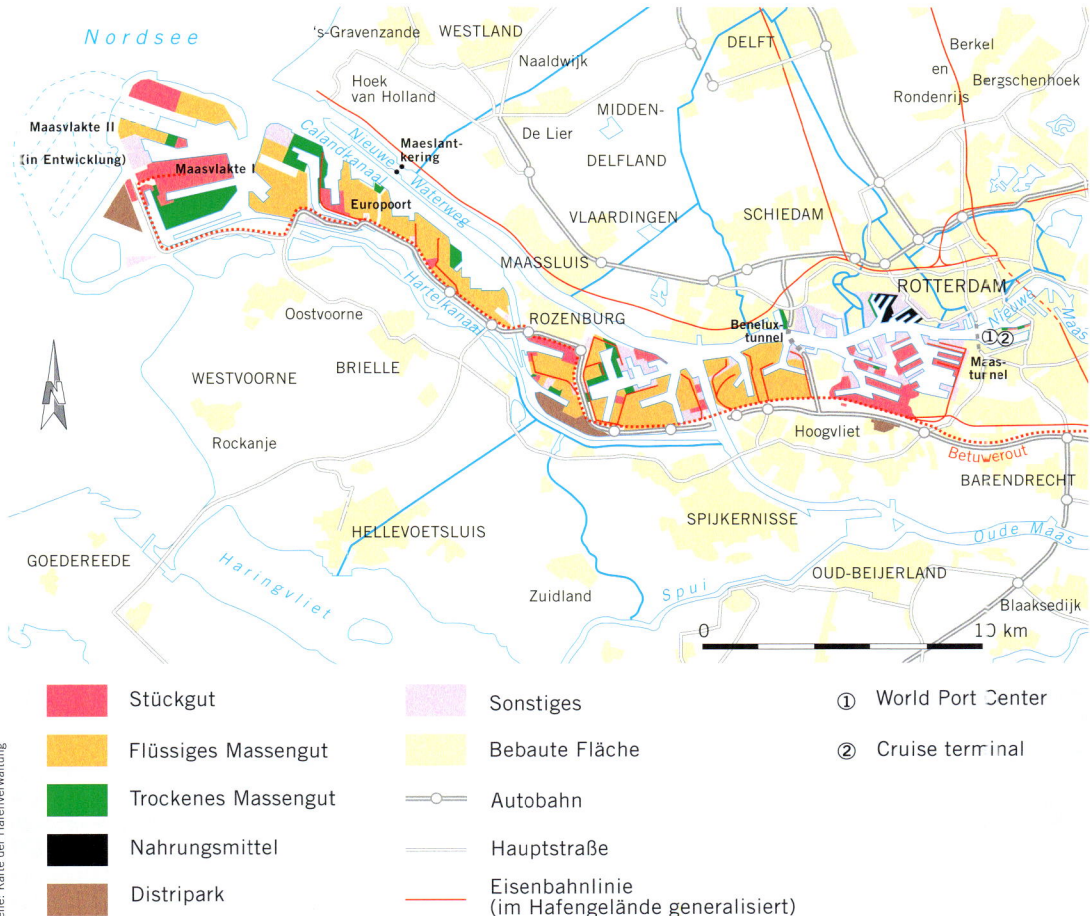

Quelle: Karte der Hafenverwaltung

|Abb. 133| *Der Hafen von Rotterdam*

Stückgut

Flüssiges Massengut

Trockenes Massengut

Nahrungsmittel

Distripark

Sonstiges

Bebaute Fläche

Autobahn

Hauptstraße

Eisenbahnlinie
(im Hafengelände generalisiert)

① World Port Center

② Cruise terminal

dam gehörenden, statistisch aber getrennt aufge-
führten Hafen Vlaardingen mit 7,5 Mio. t und verschiedene kleinere, teils an der Küste, teils durch
Seeschiffe mit geringem Ladevermögen über Kanäle
erreichbare Häfen, darunter Harlingen und Dordrecht
sowie der Fischereihafen Scheveningen. Hinzu kommen der Marinehafen Den Helder und Fährhäfen
wie Hoek van Holland. Amsterdam Seaports besitzt
eine breit gefächerte Umschlagsstruktur. Hierbei
treten raffinierte Ölprodukte, Futtermittel, Kohle,
Erze und Stückgüter besonders hervor. Bei den übrigen Häfen spielt der Massengutverkehr die Haupt-
rolle, häufig für die Versorgung der ortsansässigen
Industrie (z. B. der chemischen Industrie in den seeländischen Häfen, in Moerdijk und Delfzijl und der
Aluminiumhütten in Vlissingen und Delfzijl), während der Containerverkehr von untergeordneter Bedeutung ist (Websites der Häfen; Links über http://
haven.startpagina.nl).

Bei der Funktion der Niederlande als *distributieland* nimmt Rotterdam eine Schlüsselstellung ein.
Das große Hafenareal von Rotterdam umfasst rund
10 500 ha und erstreckt sich von den Hafenbecken
an der Nieuwe Maas bis zur künstlich aufgeschütteten Maasvlakte (Abb. 133). Der Schwerpunkt der
Hafenaktivitäten hat sich im Laufe der letzten Jahr-

zehnte beständig nach Westen hin verlagert und
sich vom Kernstadtgebiet entfernt. Frühneuzeitliche
stadtnahe Hafenbecken wie Haringvliet (1529),
Leuvehaven (1598), Wijnhaven und Scheepmakers-
haven (1613) sowie Boompjes (1641) sind zwar erhalten geblieben, haben aber ihre Funktion im Güterverkehr verloren. In ihrer Nähe, u. a. im Viertel
Waterstad, sind Wohnanlagen oder touristische Einrichtungen entstanden. Auch in Delfshaven sind
alte Hafenviertel umgestaltet worden. Weiterhin
werden Hafenanlagen des 19. Jh. inzwischen umgenutzt. Dies gilt insbesondere für das Gebiet des Kop
van Zuid, das in ein großes urbanes Sanierungs- und
Neubauprojekt einbezogen ist (Lentjes et al. 1995;
www.portofrotterdam.com).

Von großer Bedeutung war der 1865 begonnene
und 1872 vollendete Bau des Nieuwe Waterweg,
der dem Hafen einen schleusenfreien Zugang verschaffte und die Voraussetzung dafür schuf, dass
das aufstrebende Ruhrgebiet über ihn versorgt werden konnte. Amsterdam erhielt zwar auch eine gut
ausgebaute Seeverbindung, den zwischen 1865 und
1876 gebauten Noordzeekanaal, aber der Anschluss
zur Waal wurde nur zögerlich erstellt; das letzte Teilstück des Amsterdam-Rijnkanaal wurde erst 1952
eröffnet (van de Ven 2003). Die Zeit zwischen 1870

bis 1940 bildete eine wichtige Entwicklungs- und Wachstumsphase. Im Hafengebiet Rotterdam-Zuid entstanden Anlagen für den Umschlag von Massengütern, in Rotterdam-Noord solche für Stückgüter. Der 1931 fertiggestellte Waalhaven diente ursprünglich dem Umschlag von Erz, Kohle und Getreide, doch wurde diese Aktivität im Laufe der Zeit in die weiter westlich gelegenen Hafenteile verlagert und durch den Stückgut- und Containerverkehr ersetzt. Der Süden des ehemaligen Gebietes des Waalhaven wurde umgenutzt und bekam eine städtische Bebauung. Der 1923 fertiggestellte Merwehaven im Hafengebiet Rotterdam-Noord (Lentjes et al. 1995) hat seine Funktion im Bereich des Nahrungsmittelumschlags bis heute erhalten und weiter ausgebaut, wobei der „Fruitport" eine Rotterdamer Spezialität bildet. In die genannte Epoche fällt der Bau der ersten Ölhäfen; die Arbeiten am „1e Petroleumhaven" begannen 1929, die am „2e Petroleumhaven" 1938 (www.portofrotterdam.com). In der Nachkriegszeit wurde nach der Beseitigung schwerer Kriegsschäden die Funktion als Öl- und Industriehafen in großem Umfang und sehr rasch ausgebaut. Rotterdam profitierte in außerordentlichem Maße von der Schlüsselfunktion der Erdölproduktion für die europäische Wirtschaftsentwicklung und stieg zum größten Erdölumschlagplatz Europas auf. Das erste Projekt der Nachkriegszeit bildete der 1960 vollendete Botlek-Komplex mit dem „3e Petroleumhaven". Der 15 km lange Europoort wurde zwischen 1957 und 1965 angelegt und enthält die „Petroleumhavens" 4 bis 7. Die Verbindung des Europoort zum Meer wird durch den Calandkanaal hergestellt. Schließlich wurde der Hafen noch weiter nach Westen hin, zum Teil im Bereich des ehemaligen Naturgebietes De Beer ausgedehnt, indem nach 1965 mit der Aufschüttung der 3000 ha großen Maasvlakte I begonnen wurde. Die Errichtung der Maasvlakte II steht

bevor. Hier wurde der „8e Petroleumhaven" sowie das „Maasvlakte Olie Terminal" angelegt; ansonsten ist der Bereich durch eine multifunktionale Nutzung gekennzeichnet. Die Projekte waren mit dem Bau großer petrochemischer Anlagen verbunden sowie mit der Anlage ausgedehnter Pipelines für Rohöl, u. a. nach Amsterdam, Vlissingen, Antwerpen, Feluy, Frankfurt, Wesseling, Gelsenkirchen und Godorf, sowie für Halbfabrikate, die u. a. nach Terneuzen, Moerdijk, Geleen und Köln gebracht werden. Heute gehört Rotterdam zu den wenigen europäischen Häfen, in denen Supertanker abgefertigt werden können (Abb. 134). Hierzu wurde die Eurogeul ausgebaut, eine Fahrwasserrinne, die 60 km vor der Küste beginnt und in den Häfen der Maasvlakte und des Europoort endet. Damit können Öltanker mit einem Gesamtgewicht von 365 000 Tdw (tons deadweight; Bruttotragfähigkeit in t) die Häfen des Europoort und der Maasvlakte anlaufen, weiterhin die größten Getreide-, Kohle-, Erz- und Containerschiffe der Welt. Heute ist der Hafen an die Grenzen des quantitativen Wachstums gestoßen. Entwicklungsmöglichkeiten sind eher im qualitativen Bereich oder auf dem Sektor höherwertiger Dienstleistungen zu suchen. Die Distriparks weisen in diese Richtung. Der Hafen von Amsterdam hingegen hat in den letzten Jahren mehr Möglichkeiten einer flächenmäßigen Ausdehnung wahrnehmen und im Westpoort neue Hafenbecken und Gewerbegebiete anlegen können.

Eine entscheidende Entwicklung für den Rotterdamer Hafen begann dann 1966, als dort der erste Container ausgeladen wurde. In der Folgezeit stieg Rotterdam zum größten Containerhafen Europas und einem der bedeutendsten der Welt auf. Eine zentrale Rolle beim Containerumschlag in den Niederlanden spielt das Unternehmen *Europe Container Terminals* (*ECT*), einer der größten Container-

Umschlagbetriebe der Erde. In Rotterdam betreibt es das *ECT Delta Terminal* auf der Maasvlakte sowie das *Home Terminal* und das *Hanno Terminal* (www.ect.nl). Unweit der deutschen Grenze wurde das *ECT Venlo Terminal* errichtet, ein wichtiges Bindeglied des Containerverkehrs zwischen Rotterdam und Deutschland. Im Rotterdamer Hafen können heute im Containerverkehr die Post-Panamax-Schiffe abgefertigt werden, die im Extremfall mehr als 13 000 TEU geladen haben. Die großen, weltweit cominierenden Containerreedereien haben für den interkontinentalen Verkehr nur wenige Zielhäfen besonders hoher Leistungsfähigkeit ausgewählt. Rotterdam genießt hierbei eine hohe Priorität. Bedeutend ist der von Rotterdam ausgehende *Feeder*-Verkehr, d. h. die Belieferung kleinerer Häfen, die im interkontinentalen Containerverkehr nicht mehr angelaufen werden, wobei die Verbindungen mit Großbritannien und mit Skandinavien von besonderem Belang sind. Eine Besonderheit des Rotterdamer Hafens bildet seit 1969 die Beteiligung an dem als „Lash" („ligther aboard ship") bezeichneten Transportverfahren, bei dem ein Schiff in einer Art Huckepackverkehr Binnenleichter über See befördert, die als Schwimmcontainer im vorangehenden oder anschließenden Verkehr auf Binnenwasserstraßen im Schubverband fahren. Zukunftsweisend sind beim Containerverkehr die Distriparks Eemhaven, Botlek und Maasvlakte. Hier haben sich Unternehmen angesiedelt, die sich auf den Umschlag, die Neuverpackung, die Montage und die Verteilung spezialisiert haben.

Die Bedeutung des Rotterdamer Hafens und der hafengebundenen Industrie für den Arbeitsmarkt und die Gesamtwirtschaft ist beträchtlich. Die Zahl der direkt Beschäftigten wurde 2005 mit 71 293 angegeben. Hinsichtlich der dort umgeschlagenen Güter zeigt Tabelle 32 die Bedeutung des Erdöls und der anderer Massengüter für den Rotterdamer Hafen sowie die Asymmetrie zwischen Ein- und Ausfuhren außerhalb des Containerverkehrs (Lentjes et al. 1995; www.portofrotterdam.com).

Straßenverkehr in den Niederlanden

Der Straßenverkehr in den Niederlanden hat in den letzten Jahren weiter zugenommen. Zum Teil hängt dies damit zusammen, dass es den Niederlanden gelungen ist, seit den 1980er-Jahren mehr Menschen in Arbeit zu bringen, was das Pendleraufkommen erhöht hat. Der wachsende Lastwagenverkehr hingegen zeigt die Kehrseite des Prinzips *„Nederland distributieland"*. Der Index der Verkehrsintensität auf den Hauptverkehrswegen (bezogen auf Werte an Zählstellen außerhalb geschlossener Ortschaften) stieg zwischen den Jahren 2000 und 2004 von 100 auf 109. Begreiflicherweise nehmen in den letzten Jahren trotz eines dichten Autobahnnetzes, mit dessen Aufbau man schon vor dem Zweiten Weltkrieg begonnen hatte, Staus erheblich zu. Da in dem von breiten Wasserläufen durchzogenen Land die Zahl großer Brücken und Tunnels beschränkt ist, bestehen nur in geringem Umfang Ausweichmöglichkei-

Güter	Einfuhr (in 1000 t)	Ausfuhr (in 1000 t)
Agrargüter	6779	2457
Erze und Schrott	35 993	2531
Kohle	27 137	467
Andere trockene Massengüter	9511	2931
Rohöl	98 597	494
Mineralölprodukte	29 798	16 121
Andere flüssige Massengüter	21 154	10 314
Roll on/Roll off	4576	5318
Container	45 729	49 089
Andere Stückgüter/ Lash-Verkehr	6268	2921
Summe	**285 542**	**92 643**

Quelle: Port of Rotterdam (Port Statistics 2006)

|Tab. 32| *In Rotterdam umgeschlagene Güter nach Warengruppen (2006)*

ten bei der Benutzung der großen Verkehrskorridore. Bei einem Zusammentreffen von extremen Wetterlagen und Unfällen an kritischen Punkten kann ein großer Teil des Fernverkehrs des Landes durch Rückstau zum Stillstand gebracht werden. Zeitverluste durch Staus sind nach Angaben des *Nationale Mobiliteismonitor 2007* zwischen 2000 und 2006 um 43 % gestiegen. Von den 50 besonders stauanfälligen Stellen im Autobahnnetz liegen 42 in der Randstad. Innerhalb der Niederlande sind die Autobahnen im Bereich Rotterdam, Den Haag, Utrecht und Amsterdam besonders stark frequentiert (http://213 156 8.71/NotaMobiliteit).

Der CO_2-Ausstoß war in den Niederlanden 2005 zu 16,5 % auf den Verkehr zurückzuführen und ist zwischen 1990 und 2005 bei den Personenwagen um 20,1 % und bei Lastwagen um 63,8 % gestiegen. Trotz dichter Besiedlung und starker Zerschneidung durch Fernverkehrswege in den meisten Landesteilen hat man in den letzten Jahren (zusätzlich zu Spurverbreiterungen) den Neubau verschiedener Strecken für erforderlich gehalten, darunter die durch das Flughafengelände von Schiphol geführte A 5, das nördliche Teilstück der A 27 nach Almere, die Ortsumgehung von Heerenveen, die Verbindung Eindhoven–Oss und der 2008 eröffnete Rijksweg 73-Zuid, eine 42 km lange Autobahn in Limburg von Echt-Susteren bis Venlo. Eine wichtige Errungenschaft bildet der 2003 eröffnete Scheldetunnel, der die Westerschelde unterquert und nun den Süden von Zeeland mit der übrigen Provinz auf dem Landweg verbindet.

In mustergültiger Weise ist in den Niederlanden der Ausbau des Radwegenetzes erfolgt. Viele Fahrstrecken von Wohnvierteln zu zentralen Einrichtungen können zurückgelegt werden, ohne dass eine Autostraße benutzt werden muss. Der gebrochene Verkehr mit einer Kombination von Fahrrad- und

|Abb. 135| *Der schienengebundene Hochgeschwindigkeitsverkehr im Bahnnetz der Beneluxländer*

Bahnbenutzung wird durch große Abstellplätze für die Räder an den Stationen oder sogar durch die Aufstellung verschließbarer Boxen unterstützt. Die niederländische Statistik gab im Jahr 2005 für das Land 16,3 Mio. Einwohner und 13,3 Mio. Fahrräder an. Maßnahmen zur Verkehrsberuhigung in Wohnvierteln wurden im ganzen Land nach einem weitgehend ähnlichen Prinzip mit teilweise beträchtlichen, geschwindigkeitsdämpfenden Eingriffen durchgeführt.

Frühzeitig wurden in den Innenstädten Fußgängerzonen eingerichtet. Ein Vorbild war die bereits 1953 angelegte Lijnbaan in Rotterdam. Sie besitzt einen nüchtern-funktionalen Charakter, wie etliche Fußgängerzonen in Hauptgeschäftsstraßen anderer Städte auch. Andere Fußgängerzonen erhöhen die Ensemblewirkung von Innenstädten mit wertvoller alter Bausubstanz und sind in die von den Fremdenverkehrsämtern oftmals ausgearbeiteten Stadtwanderwege mit einbezogen.

Schienenverkehr in den Niederlanden

Die Probleme auf den Autostraßen und -bahnen wären noch erheblich größer, wenn nicht ein so gutes Angebot der niederländischen Eisenbahn, der

Quelle: Informationen der Bahnunternehmen

Nederlandse Spoorwegen, bestünde. Sie ist in drei Teilunternehmen gegliedert, nämlich *Knooppuntontwikkeling en -exploitatie* (für die Bahnhöfe), *Reizigersvervoer* sowie *Railinfra&bouw*. Auf vielen Strecken, die in große Zentren hineinführen, gibt es in den Stoßzeiten mindestens einen Viertelstundentakt.

Die Zahl der im Personenverkehr innerhalb der Niederlande zurückgelegten Reisekilometer mit der Bahn hat beträchtlich zugenommen, nämlich zwischen 1986 und 2006 von 8919 Mio. auf 15414 Mio. (www.ns.nl). In Rotterdam und Amsterdam wird das Angebot des ÖPNV durch U-Bahnen ergänzt. Den Haag hat sein – teils unterirdisch angelegtes – Straßenbahnsystem mit großem Aufwand ausgebaut. Verschiedene Light-Rail-Projekte wurden realisiert und weitere sind in der Planung. Dazu gehören die *RandstadRail* mit den Verbindungen Den Haag–Zoetermeer und demnächst Den Haag/Zoetermeer–Rotterdam (www.randstadrail.nl) und die *Randstadspoor Utrecht* (www.randstadspoor.nl). Die *RijnGouwelijn* (Gouda–Leiden–Noordwijk) soll bis 2013 fertiggestellt werden (www.rijngouwelijn.nl).

Die Niederlande haben große Anstrengungen unternommen, die Einbindung in das europäische Hochgeschwindigkeitsnetz durch eine Neubaustrecke zu verbessern. Südlich von Amsterdam beginnt die neue Trasse der Hogesnelheidslijn-Zuid. Die Querung der Wasserläufe im Deltagebiet gestaltete sich sehr aufwändig. Zusätzlich unterquert die Trasse einen Teil des „Groene Hart", das man nicht noch weiter zerschneiden wollte, in einem 7 km langen, 30 m unter der Erdoberfläche gelegenen Tunnel; er ist mit einem Durchmesser von fast 15 m der größte gebohrte Tunnel der Welt. Die Strecke wird dem niederländischen Verkehr mit nationalen Hochgeschwindigkeitszügen dienen sowie dem internationalen mit dem Thalys, der von Paris-Nord über Brüssel, Antwerpen, Rotterdam und Schiphol nach Amsterdam fährt (Abb. 135). Einzelne Züge halten auch im Zentrum von Den Haag, das über eine Stichbahn erreicht wird, und in Breda. Die Neubaustrecke wird 2008 in Betrieb genommen. Die Fahrzeit zwischen Brüssel und Amsterdam wird dann 1 Std. 46 Min. betragen. Gleichzeitig werden in den genannten niederländischen Städten Großprojekte zur Erneuerung der Bahnhöfe und ihres Umfeldes durchgeführt.

Der frühere Plan einer Hogesnelheidslijn-Oost von Amsterdam über Utrecht und Arnhem bis zur deutschen Grenze ist aufgegeben worden. Es verkehren wohl ICE-Züge zwischen Frankfurt und Amsterdam, allerdings zwischen Köln und der Hauptstadt auf einer herkömmlichen Strecke. Die in der *Nota Mobiliteit 2007* noch eingetragene geplante Verbindung von Lelystad nach Groningen, die *Zuiderzeelijn*, wird nach einem Kabinettsbeschluss vom November des gleichen Jahres aus Rentabilitätsgründen nun doch nicht gebaut. Stattdessen wird eine Neubaustrecke von Lelystad nach Zwolle, die *Hanzelijn*, in Angriff genommen (www.prorail.nl), die in einigen Jahren eine immer noch vergleichsweise günstige Verbindung zu dem – für niederländische Verhältnisse – peripher gelegenen Raum Groningen herstellt.

Der binnenländische Lastwagentransport in den Niederlanden stieg zwischen 1986 und 2003 von 364,2 auf 517,3 Mio. t, der internationale von 91,5 auf 157,5 Mio. t. Angesichts derartiger Zahlen wird es eine wichtige verkehrspolitische Zukunftsaufgabe sein, die Verlagerung eines Teiles des Güterverkehrs auf die Schiene voranzutreiben. Eine wichtige Maßnahme stellt in diesem Zusammenhang das Großprojekt der 160 km langen Betuweroute dar (Abb. 136). Sie gliedert sich in die „Havenspoorlijn" zwischen der Maasvlakte und dem südöstlich von Rotterdam gelegenen Rangierbahnhof Kijfhoek und die anschließende Strecke bis Zevenaar. Diese Schienenstrecke verläuft, um die Trennwirkung möglichst gering zu halten, zu 80 % parallel zur Autobahn A 15. Die Betuweroute ist den Güterzügen vorbehalten und wurde im Juni 2007 eröffnet (www.betuweroute.nl; www.prorail.nl). Auf deutscher Seite wird es (falls überhaupt) erst Jahre später eine Fortsetzung zum Ruhrgebiet in Form einer ähnlich leistungsfähigen Strecke bzw. eines dritten Gleises zwischen Oberhausen und Emmerich geben.

Luftverkehr in den Niederlanden

Bezogen auf ihre Fläche besitzen die Niederlande ein dichtes Netz von Flughäfen. Neben dem „Amsterdam Airport Schiphol" existieren noch die Regionalflughäfen von Rotterdam, Maastricht, Eindhoven, Groningen und Enschede, die eine Entlastungs- und Zubringerfunktion übernehmen. Zusätzlich werden noch etliche Kleinflughäfen, u. a. in Lelystad, betrieben. Unter diesen nimmt der Flughafen von Den Helder eine Sonderstellung ein, da er im Zuge der Off-Shore-Aktivitäten bei der Erdöl- und Erdgasgewinnung angelegt wurde.

|Abb. 136| *Die „Betuwe-Route"*

Der Flughafen von Rotterdam bot im Jahre 2007 Verbindungen mit 19 europäischen Flughäfen an, darunter Flüge nach London, Paris und Rom, und trotz der geringen Distanzen auch nach Groningen und Eindhoven. Der auch für den grenznahen deutschen und belgischen Raum wichtige Airport Maastricht Aachen wird für Linienverbindungen nach Amsterdam und Barcelona (Girona) genutzt, ist Ausgangspunkt für etliche Charterflüge und behauptet sich ungeachtet der Konkurrenz des nahe gelegenen Flughafens Liège-Bierset auch im Luftfrachtverkehr. Bemerkenswert ist die grenzüberschreitende Kooperation, denn die belgische Stadt Tongeren ist seit 1992, die Stadt Aachen seit 1994 an dem Flughafen beteiligt. Von Eindhoven Airport aus bestehen Linienverbindungen zu etlichen europäischen Städten; daneben werden Charterflüge angeboten. Groningen Airport Eelde bietet Liniendienste nach Rotterdam, Amsterdam, London und Aberdeen sowie Charterflüge an. Der Enschede Airport Twente ist nicht in den Linienverkehr eingebunden und sehr selten Ausgangspunkt von Charterflügen (Quellen: Websites der Flughäfen).

Amsterdam Airport Schiphol gehört zu den großen europäischen Verkehrsflughäfen. Vom Passagier- und Luftfrachtaufkommen her steht er im europäischen Vergleich nach London, dem Aéroport de Roissy-Charles-de-Gaulle bei Paris und dem Flughafen Frankfurt an vierter Stelle. 2007 wurden 47,8 Mio. Fluggäste in Schiphol abgefertigt, das Frachtaufkommen erreichte dort im gleichen Jahr 1,5 Mio. t. Mit diesem Flughafen erbringen die Niederlande in erheblichem Umfang Dienstleistungen für die Nachbarländer. Beim Personenverkehr spielt die Transitfunktion eine große Rolle. Von den 435 973 Flugbewegungen im Jahre 2007 entfielen 81 % auf Europa, aber nur 4,5 % des gesamten Frachtaufkommens beziehen sich darauf. Asien bringt es dabei auf mittlerweile 44,1 % (www.schipholgroup.nl). Das 2787 ha große Flughafengelände mit seinen sechs Start- und Landebahnen – die sechste Bahn (Polderbaan) wurde 2003 eröffnet – liegt im nordöstlichen Bereich des Haarlemmermeerpolders. Das Gelände schließt im Osten Werksanlagen des 1919 gegründeten ehemaligen Flugzeugbauunternehmens Fokker mit ein. 1920 begann mit dem ersten Flug der *Koninklijke Luchtvaartmaatschappij* (KLM) für Schiphol die Zivilluftfahrt. Der Flughafen wird von der zu 75,8 % staatlichen *Schiphol Group* getragen (Lentjes et al. 1995; www.schipholgroup.nl). Für den Passagierverkehr erweist sich das Ein-Terminal-Konzept als praktisch. Zusätzlich gewinnt der Flughafen durch einen bereits 1981 eröffneten Bahnhof (Kramer 1990) unterhalb des Terminals an Attraktivität, von dem aus in dichter Folge Züge zu den größeren niederländischen Städten und zu etlichen Zielen im Ausland verkehren. In Verbindung mit dem stark angewachsenen Verkehrsaufkommen – die Zahl der beförderten Passagiere stieg zwischen 1990 und 2006 von 16,4 Mio. auf 46,1 Mio. an, die Frachtmenge von 604 000 t auf 1,5 Mio. t – hat die Zahl der Arbeitsplätze zugenommen. 1990 wurden auf dem Flughafengelände nur 35 904 Arbeitsplätze registriert, 2006 insgesamt 61 691. Die Arbeitsplätze umfassen den Transportsektor, den Versorgungsbereich und die staatlichen Dienstleistungen am Flughafen. Eine Einkaufsmeile (*Schiphol Plaza*) innerhalb des Flughafengebäudes hat mit zur Erhöhung der Zahl der Arbeitsplätze beigetragen. Die zahlenmäßig schwer abschätzbaren, aber sicher beachtlichen indirekten Folgewirkungen beziehen sich auf Zulieferer außerhalb von Schiphol, lufthafengebundene Firmenzentralen, Produktionsstätten und Verteilungszentren, darunter auch von etlichen nordamerikanischen und japanischen Unternehmen, das Börsen- und Kongresswesen und den internationalen Tourismus. Einige internationale Unternehmen begannen mit einem kleinen Verteilungszentrum im Flughafengelände und haben später größere Zentralen dieser Art (z. T. auch Montageanlagen) außerhalb des Flughafengeländes im Nahbereich von Schiphol errichtet. Beispiele dafür sind *IBM, Honeywell, Sony, Hewlett Packard, Ricoh* und *Canon* (Quellen: Websites der Unternehmen).

Die baulichen Ausweitungsmöglichkeiten für den Flughafen sind als beschränkt anzusehen, da der Flughafen in einer dicht besiedelten Region in unmittelbarer Nähe der städtischen Gemeinden Amsterdam und Amstelveen sowie kleinerer Ortschaften wie Hoofddorp, Oosteinde, Badhoevedorp und Aalsmeer liegt. Angesichts der Raumnot sind sogar – aus klimatologischer Sicht unsinnige – Pläne für eine Neuanlage auf einer künstlich zu schaffenden Insel vor der Nordseeküste entworfen worden. Da das Projekt der Landgewinnung im Markerwaardmeer abgelehnt wurde, bestehen auch in dieser Richtung keine Möglichkeiten für eine Verlagerung. Die Belastungen und Risiken, die die Anwohner für das „*trekpaard*" (Zugpferd) Schiphol zu tragen haben, sind nicht gering. Tausende von Haushalten der Umgebung werden als erheblich lärmbetroffen eingestuft, zumal auf einer der Start- und Landebahnen auch Nachtflüge stattfinden.

Verkehr in Belgien

Das belgische Wasserstraßennetz und die Binnenschifffahrtshäfen

Belgien besitzt nach den Niederlanden das dichteste Wasserstraßennetz Europas (Abb. 137). Ebenso wie in den Niederlanden wird eine wesentlich größere Gütermenge auf Flüssen und Kanälen transportiert als über Schienenstrecken. Von den 696 Mio. t Gütern, die 2005 (außerhalb von Pipelines) in Belgien bewegt wurden, entfielen 24,1 % auf das Binnenschiff, 8,8 % auf die Bahn und 67,1 % auf den Lastwagen. Bei den Tonnenkilometern sind Bahn und Schiff in etwa gleichrangig, während 76 % dem Straßenverkehr zuzuordnen sind (Statbel).

Der Bau von Kanälen für den Güterverkehr besitzt im Gebiet des heutigen Belgien eine jahrhundertelange Tradition. Der erste Kanal dieser Art, der Lievekanal von Gent nach Damme, wurde zwischen 1251 und 1269 gebaut (Vanneste 1985). Nach der Erfindung der Kammerschleuse im 16. Jh (Deichmann

Quelle: Karte 1:1250000 des Min. f. Verkehr und Infrastruktur 1993, aktualisiert mit www.binnenvaart.be

Geeignet

━ für Schubschiffe bis 9000 t (z. T. für Seeschiffe)

━ für Schiffe bis zu 2000 t

━ für Schiffe bis zu 1350 t

━ für Schiffe bis zu 600 t

━ für Schiffe bis zu 300 t

0 20 40 60 80 100 km

|Abb.137| *Die Wasserstraßen in Belgien und den angrenzenden Gebieten*

1917) wurden in den folgenden Jahrhunderten etliche Projekte durchgeführt. Die eigentlich große Epoche des Kanalbaus und der Flusskanalisierung war die Zeit zwischen 1815 und dem Beginn des Ersten Weltkrieges, aber auch danach sind noch bedeutende Projekte mit dem oben genannten Bau des Albertkanals und dem 1975 eröffneten Schelde-Rhein-Kanal realisiert worden. Die wallonischen Schwerindustriegebiete erhielten noch in der ersten Hälfte des 19. Jh. Wasserstraßenverbindungen zur Oise und damit zum Pariser Raum, 1880 über die Maas und den Ostkanal zur lothringischen Industrieregion, zur belgischen Hauptstadt über den 1827 –

1832 gegrabenen Kanal Charleroi – Brüssel, nach Antwerpen über den Kanal Lüttich – Maastricht (1850), die Südwilhelmsfahrt (1823 – 26) und den 1859 vollendeten Maas-Schelde-Kanal und nach Rotterdam ebenfalls über die Südwilhelmsfahrt (Deichmann 1917; Breuer 1969). Der Kanalbau war von jeher mit großen Ingenieurleistungen verknüpft. Besondere Beachtung erlangten die zwischen Thieu und Houdeng-Gœgnies in der Zeit von 1888 und 1917 fertiggestellten vier Schiffshebewerke am Canal du Centre, das an einer Abzweigung dieses Kanals gelegene, 2002 eröffnete Schiffshebewerk von Strépy-Thieu (Abb. 138) sowie die 1968 in Betrieb genom-

|Abb. 138| *Das Schiffshebewerk von Strépy-Thieu. Die an einer Abzweigung des Canal du Centre zwischen Mons und La Louvière gelegene, 2002 eröffnete Anlage überwindet einen Höhenunterschied von 73 m.*

mene „Schiefe Ebene von Ronquières" („*Plan incliné de Ronquières*") mit einem hangauf- und hangabwärts bewegbaren wassergefüllten Trog für die Lastkähne des Kanals von Brüssel nach Charleroi.

Belgien verfügt über etliche inländische Häfen für den Binnenschifffahrtsverkehr, namentlich im Bereich der alten wallonischen Industrieachse sowie im Brüsseler Raum. Ungeachtet der Entindustrialisierungsprozesse in der Hauptstadtregion verzeichnete der Hafen von Brüssel im Jahre 2005 einen Umschlag von 4,2 Mio. t, von dem ein Anteil von 2 % auf Seeschiffe entfiel (www.portofbrussels.irisnet.be).

Der Autonome Hafen von Lüttich (Port Autonome de Liège) ist nach Duisburg und Paris der drittgrößte Binnenhafen in Europa. Er umfasst entlang der Maas und des Albertkanals an einem ca. 50 km langen Abschnitt 29 Einzelhäfen zwischen Lanaye nahe der niederländischen Grenze und Huy. Der bedeutendste Teilhafen liegt im Bereich der Île Monsin zwischen dem Albertkanal und der Maas. Der zwischen 1930 und 1939 gebaute Albertkanal (Costes 2000) zweigt in der Lütticher Agglomeration von der Maas ab und endet im Antwerpener Hafen. Er kann in Kürze von Schubschiffen mit einem Ladevermögen bis zu 9000 t befahren werden. Dem früheren nationalen Denken entsprechend entschied man sich trotz widriger Reliefverhältnisse für eine Trassenführung ganz auf belgischem Gebiet und musste demzufolge mit großem Aufwand eine Querung durch die Kreidekalke des Plateaus von Caster nordwestlich von Lanaye schaffen. Trotz des Rückganges der Schwerindustrie erzielte der Lütticher Hafen 2005 einen Umschlag von 14,2 Mio. t, wobei es von Vorteil ist, dass er auch von Rotterdam aus gut über Wasserstraßen zu erreichen ist. Neben dem Umschlag von Agrargütern, Düngemitteln, Baustoffen, Bauschutt, Müll, Chemikalien, Erzen, Brennstoffen und schweren Halbfertigprodukten, z. B. Coils, spielt auch der Umschlag von Containern, vornehmlich im trimodalen Terminal von Renory, eine Rolle. Für den Containerverkehr gibt es ehrgeizige Zukunftspläne, indem der Autonome Hafen ein großes Güterverkehrszentrum am Albertkanal nördlich der Lütticher Agglomeration errichten möchte (www.liege.port-autonome.be).

Die belgischen Seehäfen

Der Hafen von Antwerpen

Eine herausragende Stellung nimmt der Hafen von Antwerpen ein, vom Gesamtumschlag her nach Rotterdam der zweitgrößte in Europa, vom Containerumschlag her nach Rotterdam und Hamburg der drittgrößte. Nach der Rangliste der *American Association of Port Authorities* nimmt Antwerpen 2004 im weltweiten Vergleich beim Gesamtumschlag die 17., beim Containerverkehr die 11. Stelle ein (www.aapa-ports.org). Da Hafenverwaltungen in einzelnen asiatischen Ländern anders rechnen als die in Europa, mag der Platz sogar noch höher liegen. Antwerpen selbst sieht sich beim Gesamtumschlag weltweit auf dem vierten Platz (www.portofantwerp.be).

Um die Hafenbecken zu erreichen, benötigen die Schiffe eine 68 bis 89 km lange Revierfahrt im Bereich des Scheldeästuars. Die Fahrwasserrinne ist künstlich vertieft und gestattet innerhalb einer Tide einen Tiefgang von 15 m, während in Rotterdam über 20 m möglich sind. Die maximal mögliche Schiffsgröße liegt in Antwerpen bei 130 000 Tdw (*tons deadweight*/Bruttotragfähigkeit in t), ein Nachteil gegenüber dem Hafen von Rotterdam, den Frachter von über 360 000 Tdw anlaufen können. Die Hafenbecken am rechten Scheldeufer schließen sich unmittelbar an die Altstadt an (Abb. 139) und erstrecken sich in einer Länge von 18 km nach Norden bis hin zur niederländischen Grenze. Sie sind über sechs Schleusen zugänglich; die größte ist die 1989 in Betrieb genommene Berendrechtsluis. Zwei wichtige Binnenwasserstraßen münden in den Hafenbereich am rechten Scheldeufer ein: im Norden die Schelde-Rijnverbindung und im Südosten der Albertkanal. Auf dem linken Scheldeufer erfolgt der Zugang zu den Hafenbecken über die 10 km flussabwärts vom Stadtzentrum gelegene Kallosluis. Hier hatte man noch Flächen für jüngere Hafenerweiterungen zur Verfügung. Mit dem 2005 eröffneten Deurganckdok (www.deurganckdok.be) wurde ein schleusenfreier Gezeitenhafen für den stark angestiegenen Containerumschlag geschaffen. Der Bau des noch nicht ganz fertiggestellten Verebroekdok wurde 1996 in Angriff genommen. Von der Kernstadt scheldeaufwärts gelangt man zu den tideabhängigen Liegeplätzen an den Petroleumeinrichtungen-Zuid. An der Schelde in der Nähe der Altstadt findet man Anlegestellen für den in den letzten Jahren umfangreicher gewordenen Kreuzschifffahrtsverkehr.

Antwerpen weist die Merkmale eines Universalhafens mit einem sehr breiten Spektrum von Massen- und Stückgütern sowie mit einem kontinuierlichen und außerordentlichen Anstieg des Containerverkehrs auf. Der Gesamtumschlag belief sich 2006 auf 167 Mio. t. 1983 wurde ein Containerumschlag von 1 Mio. TEU, 2005 von 6,5 Mio. TEU registriert (www.portofantwerp.be). Im Hafen sind Überspannkräne installiert, die auch die neuen Post-Panamax-Schiffe be- und entladen können. Darum haben sich auch etliche Serviceunternehmen für Container im Antwerpener Raum niedergelassen. Neben dem Umschlag von Rohöl und Produkten der chemischen Industrie hat Antwerpen eine führende Stellung beim Handel mit Kohle, Erzen, Granit, Düngemitteln, Getreide, Mehl, Zucker, Eisen, Stahl, Obst, Holz, Zellulose und Papier sowie Kraftfahrzeugen und Gefahrgut erlangt. Bedeutsam sind weiterhin der *RoRo*-Verkehr, das *shortsea shipping* und der *sea-to-sea transit*.

Lediglich die Hälfte des Güterumschlags in Antwerpen ist auf Belgien und Luxemburg bezogen. Der Hafen erfüllt wichtige Versorgungsfunktionen insbesondere für Deutschland, Frankreich, die Niederlande, die Schweiz, Österreich und Italien. Bedeutend ist nach Angaben des Bundesamtes für Güterverkehr der Umschlag von Waren in deutschen Binnenhäfen aus oder für Seehäfen in Belgien. 2003 ergab

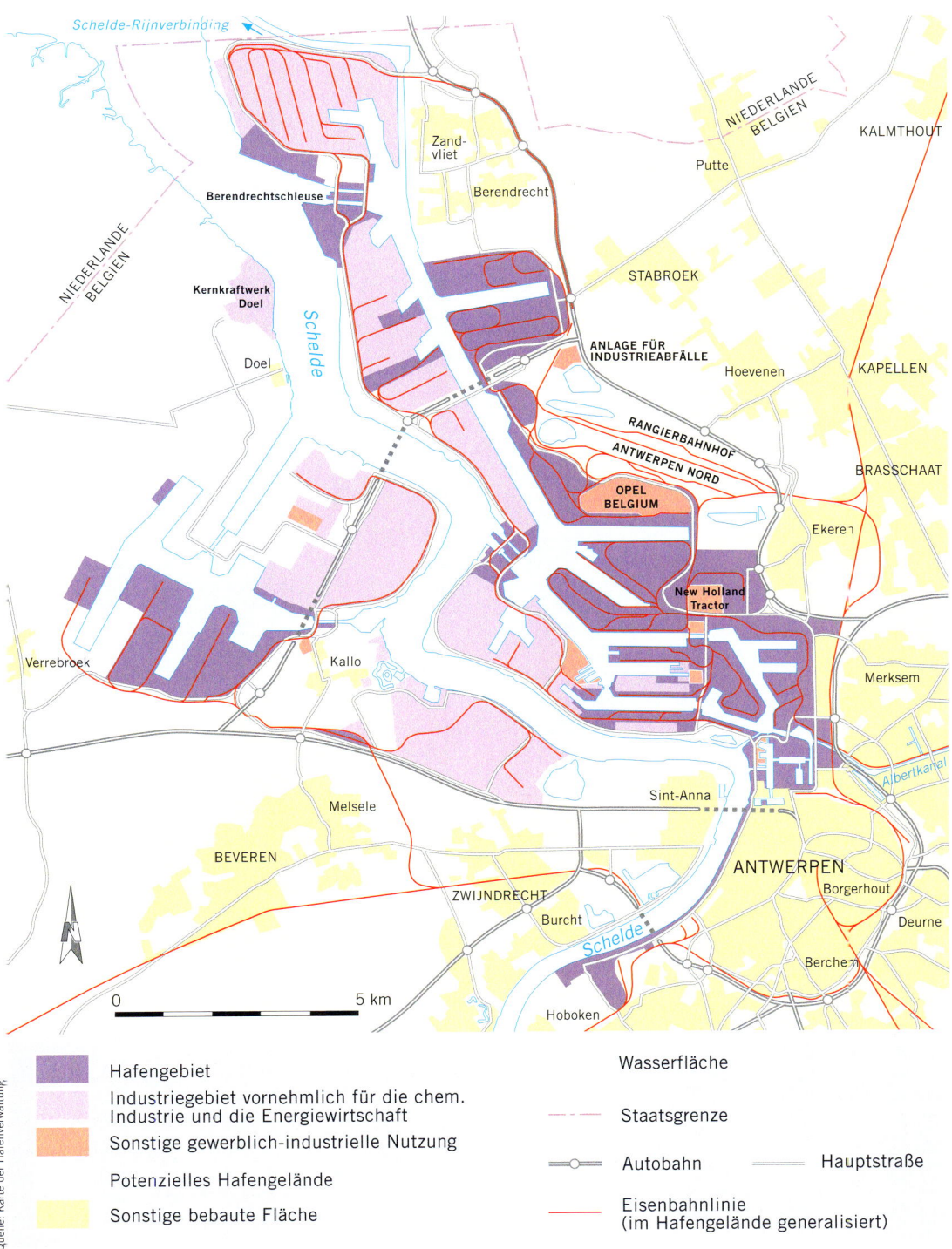

|Abb. 139| *Der Hafen von Antwerpen*

Legende:

- Hafengebiet
- Industriegebiet vornehmlich für die chem. Industrie und die Energiewirtschaft
- Sonstige gewerblich-industrielle Nutzung
- Potenzielles Hafengelände
- Sonstige bebaute Fläche
- Wasserfläche
- Staatsgrenze
- Autobahn
- Hauptstraße
- Eisenbahnlinie (im Hafengelände generalisiert)

Quelle: Karte der Hafenverwaltung

sich für den Verkehr mit Antwerpen ein Wert von 18,6 Mio. t und für alle belgischen Häfen von 25,4 Mio. t. Bei den Wechselverkehren mit Lastwagen zwischen Antwerpen und dem deutschen Hinterland wurde ein Wert von 3,1 Mio. t ermittelt. Beim kombinierten Ladungsverkehr reichen die Verbindungen bis Norditalien (www.bag.bund.de). Beim *Modal Split* des Hinterlandverkehrs von Antwerpen

entfallen 21 % auf Pipelines, 4 % auf Seeschiffe, 31 % auf die Straße, 32 % auf das Binnenschiff und 12 % auf die Bahn. Da im Umkreis von 300 km, in dem die Bahn noch keinen Konkurrenzvorteil gegenüber dem Lastwagen hat, bedeutende Wirtschaftsräume liegen, spielt auch der Straßenverkehr eine bedeutende Rolle. In zunehmendem Maße wird das Binnenschiff auch beim Containertransport im Hinterland von Antwerpen eingesetzt. Es hat hierbei einen Anteil von 32 % mit Relationen zu Binnenhäfen in Belgien, Deutschland, Frankreich, den Niederlanden, Nordfrankreich und Österreich.

Der Hafen von Gent

Die Hafenanlagen von Gent und das zugehörige Industriegebiet erstrecken sich in einer Länge von 18 km vom Nordrand der Stadt bis zur niederländischen Grenze. Sie liegen am 31 km langen Zeekanaal Gent–Terneuzen, der an der Westerschelde beginnt und durch drei Schleusen zugänglich ist. Die Hafen- und Industrieanlagen finden ihre Fortsetzung auf niederländischem Gebiet in Sas van Gent, Sluiskil und Terneuzen. Die um Gent bogenförmig herumführende, 1969 fertiggestellte Ringvaart verbindet den Seehafen mit der Schelde, der Leie und dem Kanal Gent–Brügge. Eine Wasserstraßenverbindung zwischen Gent und Terneuzen wurde in den 1820er-Jahren hergestellt, aber erst der Bau einer für Schiffe mit 80 000 Tdw brauchbaren Schleuse in Terneuzen zwischen 1960 und 1968 und die zeitgleiche Verbreiterung und Vertiefung des Kanals schufen die Voraussetzungen für den Aufstieg des Seehafens (Vanneste 1985, S. 57–59). Ein beträchtlicher Teil des Umschlags bezieht sich auf die in der Hafenzone ansässigen Industriebetriebe und Kraftwerke. Dies gilt für die Baustoffindustrie, die chemische Industrie, die Nahrungsmittelverarbeitung und die Getränkeherstellung (Weiterverarbeitung von Zitrussaftkonzentrat), die Papierfabrik von Langerbrugge, das Eisenhütten- und Stahlwerk sowie die Kokerei von *Sidmar* und das Automobilwerk sowie die Lkw-Fabrik von *Volvo*. Die Produktionsstätten in Gent erhalten Autoteile im *RoRo*-Verkehr überwiegend aus Schweden. Daneben spielt der Holzhandel sowie die Anlieferung von Automobilen und Fahrzeugteilen aus Japan, Großbritannien und den USA zum Verteilungszentrum und Ersatzteillager von *Honda* eine große Rolle. Weiterhin sind der Kohleimport für ein weites Hinterland sowie der Getreidehandel bedeutsam. Der Umschlag stagniert seit Jahren (nicht zuletzt, weil der Hafen bislang nicht im Containerverkehr Fuß fassen konnte) und belief sich 2006 auf 24,1 Mio. t. Aufgrund der großen Bedeutung der Industrie gibt es in der Hafenzone insgesamt 28 000 Arbeitsplätze (www.havengent.be).

Die Häfen von Zeebrugge und Oostende

Die Gründung des 1907 eröffneten, unmittelbar an der Küste gelegenen Hafens von Zeebrugge geht auf das Bemühen zurück, die Wirtschaft im seinerzeit verarmten Brügge zu fördern (Hasquin 1980). Verbunden damit waren der Ende des 19. Jh. in Angriff genommene Bau des Kanals von Brügge nach Zeebrugge (Boudewijnkanaal), die Schaffung eines Hafens in Brügge selbst und die Förderung der Industrieansiedlung in der Hafen- und Kanalzone. Zeebrugge fungierte zunächst als Vorhafen von Brügge sowie als Fischerei- und Fährhafen. Der Schwerpunkt der Hafenaktivitäten verlagerte sich zwischen den Weltkriegen von Brügge zur Küste hin. Jahr-

zehntelang spielte Zeebrugge nur eine bescheidene Rolle. Noch 1961 wurden lediglich 1,1 Mio. t umgeschlagen. Neue Chancen eröffneten sich durch das Aufkommen des Container- und *RoRo*-Verkehrs sowie die starke Zunahme der Ölimporte. In nur zehn Jahren kam Zeebrugge auf einen Umschlag von 10 Mio. t. Die zwischen 1972 und 1985 vorgenommene Hafenausweitung mit der Schaffung eines schleusenfreien äußeren Hafenbeckens führte in der Folgezeit zu einem weiteren starken Anstieg des Umschlages. 2006 lag er bei beachtlichen 39,4 Mio. t. Mit einem Containerumschlag von 1,6 Mio. t gehörte er 2006 schon zu den vergleichsweise großen Häfen dieser Sparte. Containerschiffe mit einer Ladung von bis zu 8000 TEU können dort anlegen. Zeebrugge hat sich zu einem multifunktionalen Hafen mit verschiedenen Kompetenzbereichen entwickelt. Dazu gehören der Container- und *RoRo*-Verkehr, der Umschlag von Kraftfahrzeugen (u. a. von *Toyota*), von Fisch, Agrargütern, Papier und Zellulose, von verflüssigtem Erdgas sowie der Fähr- und Kreuzfahrtverkehr. 2006 waren in der Hafenzone 7310 Arbeitskräfte tätig. Bei den Hinterlandverbindungen wird der Lastwagenverkehr mit einem Anteil von 73 % am Transportaufkommen übermäßig stark betont (www.portofzeebrugge.be).

Der Hafen von Oostende hat teilweise ähnliche Schwerpunkte, und zwar im *RoRo*-Verkehr, als Fischereihafen und als Hafen für Autofähren und Kreuzfahrtschiffe. Der geringfügige Containerumschlag beschränkt sich auf *Short-Sea*-Verbindungen und Feederverkehr. 7,8 Mio. t wurden 2006 in Oostende umgeschlagen (www.portofoostende.be). Im angrenzenden Gewerbegebiet Plassendale bildet die Chemieindustrie einen Schwerpunkt.

Die See- und Binnenschifffahrtshäfen leisten einen bedeutenden Beitrag zur belgischen Volkswirtschaft. Nach den Berechnungen der Nationalbank erbrachten die Seehäfen von Gent, Oostende, Zeebrugge und Antwerpen sowie der Lütticher Binnenhafen 2004 einen Anteil von 6 % der Bruttowertschöpfung des Landes. Die Zahl der Arbeitsplätze, berechnet für Vollzeitäquivalente, belief sich in diesen Häfen und den dort angesiedelten Betrieben auf 117 519 (www.nnb.be).

Straßenverkehr in Belgien

Nach dem Bau kleiner Abschnitte, die 1951 insgesamt 28 km umfassten, wurde in Belgien 1958 die erste Autobahn, und zwar die Strecke Brüssel–Oostende, eröffnet. Während des Wirtschaftsaufschwunges der *„golden sixties"*, aber auch noch in den 1970er-Jahren, erfolgte ein aufwendiger Aufbau des Netzes. 1981 betrug das Streckennetz 1251 km. Bis 1991 wurde es noch auf 1666 und bis 2005 auf 1747 km erweitert (Unterlagen des Federale Overheidsdienst Mobiliteit en Vervoer). Damit ergeben sich für 100 km² Landfläche in Belgien 5,7 Autobahnkilometer. In Luxemburg ist der Wert genauso hoch, in den Niederlanden beträgt er sogar 6,9 km (Statec; CBS). Eine weitere Verlängerung des Netzes ist – von ganz wenigen kritischen Stellen abgese-

fen – sicherlich nicht erstrebenswert. Beim Perso-
renverkehr (de Maeyer 2004) sind die Autobahnen,
die auf Brüssel zulaufen, besonders stark belastet,
insbesondere mit zunehmender Annäherung an die
Metropole, ferner die Autobahnen in und um Lüttich
sowie die Achse Gent – Antwerpen. Im *Modal Split*
für Tonnenkilometer (tkm) erreicht die Straße einen
Anteil von 75,7 %. Das Anwachsen der mit Lastwagen transportierten Gütermenge bei gleichzeitig zunehmendem Transitverkehr ist besorgniserregend.
Allein von 1999 bis 2005 wurde ein Anstieg von
422 Mio. auf 467 Mio. t und von 42 auf 52 Mrd. tkm
registriert (Statbel).

Spezifische Verkehrsprobleme resultieren aus der
ausgesprochen hohen Arbeitsmarktzentralität von
Brüssel. 2006 gab es 356 092 Beschäftigte mit einer Stelle in Brüssel-Hauptstadt und einem Wohnsitz außerhalb dieser Region. Dies waren 53 % der
in Brüssel-Hauptstadt gezählten Erwerbstätigen.
Von diesen Einpendlern kamen 229 705 aus der flämischen Region, davon 124 612 aus Flämisch-Brabant und 126 387 aus der wallonischen Region,
davon 48 558 aus Wallonisch-Brabant. Die hohen
absoluten Zahlen der beiden genannten Nachbar-
provinzen von Brüssel-Hauptstadt sind durch Suburbanisierungsprozesse bedingt, aber der relative
Anteil an der Gesamtzahl der Einpendler beträgt nur
49 %. Tabelle 33 listet die Herkunft der Einpendler
für alle Provinzen auf. Bemerkenswert ist u. a., dass
selbst für die im Süden Belgiens gelegene Provinz
Luxemburg noch 1353 Pendler nach Brüssel registriert wurden. Es gibt kaum eine Gemeinde in Belgi-
en, von der aus kein Tagespendler nach Brüssel
fährt. Etliche Bahnlinien laufen sternförmig auf die
Hauptstadt zu, aber viele Pendler aus Landesteilen,
die weniger gut mit öffentlichen Verkehrsmitteln
versorgt sind, bevorzugen das Auto (www.bruxelles.
irisnet.be; www.fgov.statbel.be).

Schienenverkehr in Belgien

In Belgien gingen die frühe und stürmische Entwicklung der Schwerindustrie und der rasche Aufbau des Eisenbahnnetzes Hand in Hand. Zu Beginn
des Ersten Weltkrieges betrug die Gesamtlänge der
Schienenstrecken 4700 km. Das engmaschige Netz
wurde seit 1884 durch (heute verschwundene)
Schmalspurbahnen ergänzt, die 1913 eine Strecken-
länge von 4100 km erreicht hatten (Avakian 1935,
1936). Heute beläuft sich die gesamte Streckenlän-
ge in Belgien auf 3521 km (Statbel), was bezogen
auf die Fläche immerhin einen Wert von 0,12 km/km²
ergibt. Die Relation entspricht in etwa dem Wert für
Deutschland und liegt etwas höher als in den Niederlanden (mit 0,08 km/km²) und in Japan (mit
0,07 km/km²) (Brockhaus Enzyklopädie 2005/06).

Beim Verkehrsaufkommen im Personenverkehr
fällt v. a. die starke Frequentierung der Strecken
auf, die aus verschiedenen Landesteilen auf Brüssel
zulaufen. Nach dem Vorbild des Pariser Großraumes
will man beim Bahnverkehr ein *Réseau express régional* für Orte im Umkreis von 30 km um Brüssel
herum schaffen. Wegen der Abstimmungsprobleme

Wohnsitz (Provinzen in Flandern)	Einpendler in die Region Brüssel-Hauptstadt	Wohnsitz (Provinzen in Wallonien)	Einpendler in die Region Brüssel-Hauptstadt
Antwerpen	26 915	Hennegau	46 952
Ostflandern	13 325	Lüttich	16 604
Westflandern	56 497	Luxemburg	1353
Limburg	8356	Namur	12 920
Flämisch-Brabant	124 612	Wallonisch-Brabant	48 558
Summe	**229 705**		**126 387**

Quelle: Statbel

|Tab. 33| *Herkunft der Einpendler in die Region Brüssel-Hauptstadt (2006)*

zwischen der föderalen Regierung und den drei Regionen sowie zwischen unterschiedlichen Verkehrs-
verbünden ist es zu erheblichen Verzögerungen gekommen, sodass mit den Arbeiten erst 2005 begonnen wurde (www.b-rail.be). Beim Güterverkehr mit
der Bahn sind insbesondere die Verbindungen zu
den Hafenstädten Gent, Zeebrugge und Antwerpen
sowie innerhalb der wallonischen Schwerindustrieachse und in Richtung Luxemburg und Lothringen
von Bedeutung (de Maeyer 2004; www.b-rail.be).

Aus dem neuen System des Hochgeschwindig-
keitsverkehrs (vgl. Abb. 135) hat Belgien in besonderer Weise Nutzen gezogen. Abgesehen von Paris
gibt es in Europa keine Stadt, die so gut in das Netz
eingebunden ist wie Brüssel. Der Brüsseler Südbahnhof bildet die Drehscheibe dieses Verkehrs. Von
hier aus ist Paris in 1 Std. 22 Min. und London in 1
Std. 51 Min. zu erreichen. Es besteht ferner eine
Hochgeschwindigkeitsverbindung nach Amsterdam – die Eröffnung der Neubaustrecke ist für 2008
vorgesehen – sowie über Lüttich, Aachen und Köln
nach Frankfurt. Weiterhin verkehren von Brüssel aus
TGV-Züge, die an Paris vorbeifahren und direkte
Verbindungen nach Lyon und nach Südfrankreich
herstellen. Brüssel wird von drei Zugtypen des Hoch-
geschwindigkeitsverkehrs bedient: von dem Eurostar,
dem Thalys (mit den Verbindungen Amsterdam – Paris und Köln – Paris) und dem TGV (mit Verbindungen
nach Paris und Südfrankreich). Zur Verbindung Paris – Frankfurt über Brüssel entsteht eine konkurrie-
rende Strecke, nämlich die Fortführung der Lothringen querenden *LGV Est Européenne* in Richtung auf
die Mainmetropole. Es war dies ein Grund dafür, dass
auf belgischer Seite die Neubaustrecke von Lüttich
zur deutschen Grenze so rasch vorangetrieben wurde.
Dieser Abschnitt soll 2008 eröffnet werden.

In Lüttich ist in der Nachbarschaft des alten
Hauptbahnhofs Guillemins ein aufwändiger und
prestigeträchtiger Neubau einer Bahnhofshalle für
den Thalys-Verkehr errichtet worden. In Antwerpen
fährt der Thalys in und aus Richtung Amsterdam
nicht mehr in den alten Kopfbahnhof hinein, sondern in eine unterirdische Station für den durchgehenden Verkehr. Von Antwerpen aus führt teils eine
Neu-, teils eine Ausbaustrecke zur belgisch-niederländischen Grenze und geht über in die neue *Hogesnelheidslijn-Zuid* in Richtung Randstad.

NIEDERLANDE

Turnhout

Lommel

Hamont

Haelen

Weert

ANTWERPEN

Herentals Geel Mol

„Eiserner Rhein"

Overpelt

Roermond

Mgb.

Nijlen

Lier Berlaar

BELGIEN

DEUTSCHLAND

Heist-op-den Berg

Heusden-

Mechelen

Zolder Genk

Sittard-

Aarschot

„Montzen-Route"

Diest

Geleen

Hasselt

Heerlen

Diepenbeek

Tienen St.-Truiden

Hoeselt

MAASTRICHT

Glons

Tongeren

AACHEN

Visé

Herstal

Montzen Kelmis

Zweigleisige Strecke (elektrifiziert)
Zweigleisige Strecke (nicht elektrifiziert)
Eingleisige Strecke (nicht elektrifiziert)
mögliche Neubaustrecke
Anschlussstrecke
Staatsgrenze

0   25 km

Quellen: Barthels et al., 2005; Barthels et al. 2006; www.der-eiserne-rhein.de

|**Abb. 140**| *Die „Montzen-Route" und der „Eiserne Rhein"*

Das belgische Staatsgebiet passt in ein Rechteck von 226 × 273 km. Von daher ergeben sich beim Güterverkehr innerhalb der Landesgrenzen so kleine Strecken, dass der Bahntransport hierfür vielfach nicht rentabel ist. So erklärt sich der geringe Anteil der Bahn von 12,6 % (Statbel) beim *Modal Split* für den Gütertransport (berechnet in Tonnenkilometern) auf belgischen Verkehrswegen. Bei längeren grenzüberschreitenden Transportwegen kann die Bahn hingegen ihre Vorteile zur Geltung bringen. Hierbei verdienen die Bahnverbindungen von und zu den großen Seehäfen ein besonderes Augenmerk. Zur Verbesserung des Schienenverkehrs zwischen Antwerpen und dem Rhein-Ruhr-Raum ist seit Längerem die Reaktivierung des „Eisernen Rheins" in der Diskussion. Das Vorhaben wird v. a. von der flämischen Regionalregierung befürwortet. Der „Eiserne Rhein" war zwischen 1879 und 1914 eine wichtige europäische Verbindung zwischen der Hafenstadt und Mönchengladbach (Abb. 140) und wurde für den internationalen Güter- und Schnellzugverkehr genutzt. Zwischen den beiden Weltkriegen wurde sie mit geringerem Verkehrsaufkommen noch beibehalten. Nach dem Zweiten Weltkrieg wurde die Strecke auf Teilstücken und nur zwischen 1970 und 1973 sowie zwischen 1977 und 1991 noch einmal in ganzer Länge befahren (Barthels et al. 2005). Auf niederländischer Seite gibt es Widerstände gegen den Ausbau, u. a. weil die Trasse östlich von Roermond den Nationalpark Meinweg durchschneidet. Seit Kurzem bemüht sich das Land Nordrhein-Westfalen verstärkt darum, das Projekt voranzutreiben. Seit 2007 werden Pläne für eine Trassenvariante der Strecke von Roermond nach Viersen diskutiert, die den Nationalpark meiden und auf deutscher Seite eine geringere Belastung von Wohngebieten bedeuten würde. Als Alternative bliebe die mit dem Bau einer Umgehungsstrecke im Aachener Raum verbundene Verbesserung der „Montzen-Route", von den grenzüberschreitenden Güterzugstrecken Belgiens gegenwärtig diejenige mit dem höchsten Transportaufkommen (de Maeyer 2004).

Luftverkehr in Belgien
Belgien besitzt einen Großflughafen in der Nähe der Region Brüssel-Hauptstadt sowie in nur geringer Entfernung davon, in einem Umkreis von 112 km, die Regionalflughäfen von Lüttich, Charleroi, Antwerpen und Brügge-Oostende. Es handelt sich um eine Region mit einem sehr dichten Flughafennetz, denn innerhalb dieses Kreises liegen auch noch die Flughäfen von Maastricht, Eindhoven und Lille-Lesquin. So wichtig der Großflughafen für die nationale Wirtschaft und insbesondere für die Brüsseler Region ist, er hat nicht annähernd die Bedeutung Schiphols erreichen können und – ungewöhnlich für die Branche – seit 2000 sogar einen beträchtlichen Rückgang der Passagierzahlen, namentlich beim Verkehr mit europäischen Flughäfen, verzeichnet. 16,2 Mio. Passagiere wurden 2005 in Brüssel abgefertigt; 2000 waren es noch 21,6 Mio. gewesen (www.brusselsairport.be). Zu den Plänen für eine qualitative Aufwertung gehört die sog. Diabolo-Lösung, bei der zwei neue Bahnstrecken bogenförmig um das Flughafengelände herumgeführt werden sollen (www.b-rail.be). Der Flugverkehr des Brussels Airport (bis vor Kurzem Brüssel-Zaventem) sieht sich starker Konkurrenz ausgesetzt: im eigenen Land durch den Aufstieg von Charleroi und Lüttich, und zudem aufgrund der Hochgeschwindigkeitsver-

bindungen nach London, Paris und in die Randstad und wegen der Möglichkeit, in kurzer Zeit mit dem TGV oder dem Thalys die größeren Flughäfen Roissy-Charles-de-Gaulle und Schiphol erreichen zu können. Nachteilig hatte sich der 2001 erfolgte Konkurs der nationalen Fluggesellschaft Sabena ausgewirkt, deren Heimatflughafen Zaventem war. Spezifika des Flughafens sind die große Auswahl von Destinationen, der geringe Anteil von Transfer-Passagieren (im Gegensatz zu Schiphol), die Flugverbindung nach Kinshasa sowie die beträchtliche Bedeutung nordafrikanischer Touristenziele. Eine bessere Position unter den europäischen Flughäfen besitzt Brüssel im Frachtverkehr. Hier nahm der Flughafen 2005 mit einem Umschlag von 700000 t den sechsten Rang ein, aber Amsterdam kam auf mehr als das Doppelte. Luxemburg weist einen geringfügig höheren Umschlag als Brüssel auf. Die Bedeutung von Brussels Airport für den Arbeitsmarkt ist beachtlich. 2005 waren 19891 Menschen dort beschäftigt. Weiterhin haben etliche neuere Gewerbeparks, namentlich im Nordosten der Brüsseler Agglomeration, beträchtlich von der Flughafennähe profitiert.

Der in der Gemeinde Gosselies gelegene Flughafen Charleroi (mit dem irreführenden Zusatz Bruxelles-Sud) verdankt seinen großen Aufschwung in den letzten Jahren dem Billigflugsegment, hat allerdings auch die Turbulenzen dieser Branche mit dem Entstehen und Verschwinden unsolider Gesellschaften erfahren. 2006 fertigte er 2,2 Mio. Passagiere ab (www.charleroi-airport.com). Das Billigflugwesen in Charleroi wurde von der wallonischen Region stark subventioniert, eine ordnungspolitisch fragwürdige Maßnahme in einem Sektor, der den schrankenlosen freien Wettbewerb besonders betont.

Ebenfalls mit hohen Subventionen, nicht zuletzt der EU, ist der am Südrand der Hesbaye gelegene Lütticher Flughafen Bierset (Liège Airport) zu einem bedeutenden Umschlagplatz für Luftfracht entwickelt worden. Aus bescheidenen Anfängen heraus mit einem Umschlag von 7879 t im Jahre 1996 ist er in wenigen Jahren zum elftgrößten Frachtflughafen Europas aufgestiegen. Er liegt in derselben Kategorie wie die Flughäfen von Mailand, Madrid und Zürich und schlägt inzwischen über 300000 t um (www.liegeairport.com). Entscheidend für den Aufstieg war die 1998 erfolgte Ansiedlung des augenblicklich niederländischen Luftfrachtunternehmens *TNT*, das damals seinen Sitz in Köln aufgegeben hatte. Für etliche neu gegründete Unternehmen in den von den *Services Promotion Initiatives en province de Liège* (*SPI⁺*) betreuten Gewerbeparks am Südrand der Hesbaye bietet der leistungsfähige Flughafen einen Standortvorteil (www.spi.be). Er zählt 2000 direkte Arbeitsplätze. Bislang eher eine Nebenlinie stellt der Passagierverkehr dar.

Der kleine Flughafen von Antwerpen hat sich im Passagierverkehr auf Geschäftsreisen, vornehmlich von und nach Großbritannien (einschließlich des Offshore-Bankenplatzes Isle of Man) spezialisiert (www.antwerpairport.be). Flüge zwischen London

und Antwerpen hängen nicht zuletzt mit dem Diamantenhandel zusammen.

Der Flughafen in Oostende (mit der Bezeichnung Ooostende-Brugge) hat sich auf den Frachtverkehr spezialisiert (u.a. mit Verbindungen nach Ägypten, Saudi-Arabien und Libyen) und bietet Charterflüge an (www.ost.aero).

Verkehr in Luxemburg

Frachtschifffahrt auf der luxemburgischen Mosel

Luxemburg hat aus der 1964 im ersten Abschnitt fertiggestellten und 1979 endgültig vollendeten Moselkanalisierung (www.moselkommission.org), die im Wesentlichen den lothringischen Wirtschaftsinteressen geschuldet war, Nutzen gezogen. 1966 wurde auf luxemburgischem Gebiet der Moselhafen Mertert eröffnet. Heute wird für die Herstellung von Elektrostahl im Süden des Großherzogtums Schrott über den Hafen importiert, während Produkte der Stahlindustrie ausgeführt werden. Hierbei ist ein zusätzlicher Transport zwischen dem Hafen und den Stahlstandorten über Land erforderlich. Weiterhin spielen die Einfuhr von Ölprodukten sowie das Verladen und Löschen von Baustoffen und Agrargütern eine Rolle. 2006 belief sich der Umschlag auf insgesamt 1,3 Mio. t, ein vergleichsweise bescheidener Wert in Relation zu den mit dem Binnenschiff transportierten Gütern, die an der Schleuse von Grevenmacher an der luxemburgischen Mosel oberhalb von Mertert erfasst wurden. 2006 waren es für den Verkehr moselaufwärts 5,7 Mio. t, vornehmlich Schrott, Erze und feste Brennstoffe für die lothringische Schwerindustrie, moselabwärts 4,3 Mio t, überwiegend Agrarprodukte und Futtermittel. Niederländische Frachtschiffe waren am stärksten vertreten, aber auch luxemburgische beteiligten sich an diesem Transport (www.portmertert.lu; Statec).

Schienen- und Straßenverkehr

Trotz einer Phase der Streckenstilllegungen zwischen 1960 und 1970, als das Schienennetz von 393 auf 271 km verkürzt wurde, ergibt sich für die heutige Länge (von 275 km) eine Relation zur Fläche von 0,11 km/km², ein hoher Wert, der dem schon genannten belgischen nahekommt. Luxemburg besitzt ein auffallend dichtes Netz von Personenverkehrsstrecken im Gutland mit einem bis heute hohen Erschließungsgrad in der Schwerindustrieregion. Das Ösling wird durch die wichtige Bahnlinie von Luxemburg nach Lüttich bedient, von der Stichbahnen nach Diekirch und Wiltz abzweigen.

Luxemburg-Stadt ist ein bedeutender Eisenbahnknotenpunkt für internationale Strecken, wobei einige Defizite beim Verkehr nach Deutschland bestehen. Die Bahnfahrt von Luxemburg-Stadt nach Saarbrücken dauert 2,5 Stunden, sodass man sich genötigt sah, einen Schnellbus einzusetzen, der die Strecke in 1,25 Stunden bewältigt. Paris, Metz, Nancy, Basel, Straßburg, Zürich, Chur, Namur, Lüttich, Brüssel und Köln können von Luxemburg-Stadt aus mit durchgehenden Zügen – ohne umsteigen zu müssen – erreicht werden. Allerdings dauert die Fahrt bis Brüssel drei, die nach Köln sogar 3,5 Stunden. Nach Paris-Est hingegen braucht man mit dem TGV im günstigsten Fall nur 2 Stunden 9 Minuten. Die Stadt Luxemburg konnte ihre verkehrsgeographische Situation durch die 2007 erfolgte Fertigstellung der Trasse *LGV Est Européenne* von Vaires-sur-Marne bei Paris nach Baudrecourt (südöstlich von Metz) – und demnächst folgt die Verbindung nach Straßburg – deutlich verbessern (vgl. Abb. 135).

Die luxemburgische Bahn konnte in den letzten Jahren die Zahl der Fahrgäste zwar nicht nennenswert erhöhen, aber wenigstens halten. 1970 lag sie bei 12,53 Mio., 2006 bei 14,79 Mio.; in den Jahren dazwischen schwankte sie innerhalb dieses Intervalls. Nach der Vollendung der genannten LGV-Trasse und dem Einsatz des von Luxemburg ausgehenden TGV, der sie von der Abzweigung in Lothringen an benutzt, mag sich die Zahl nach oben entwickelt haben. Wie es die letzte Volkszählung (2001) zeigte, benutzten von den inländischen Pendlern – für die Grenzpendler existieren keine diesbezüglichen Zahlen – nur 4,3 % die Bahn und 13,5 % insgesamt öffentliche Verkehrsmittel, was nachvollziehbar ist angesichts dessen, dass in Luxemburg keine spezifischen Probleme hoch verdichteter Ballungsräume bestehen und dass der ländliche Raum in Luxemburg in den letzten Jahren bei der Wohnortwahl an Bedeutung gewonnen hat.

Verschlechtert hat sich die Position der Bahn in Luxemburg beim Gütertransport. Wurden 1990 noch 709,2 Mio. tkm registriert, so waren es 2005 nur noch 420,1 Mio. tkm. Hierbei spielt es sicher auch eine Rolle, dass Transporte für die Schwerindustrie zwar noch durchgeführt werden, aber insgesamt zurückgegangen sind.

Beim Lastwagenverkehr war zwischen 1991 und 2005 ein Anstieg von 3173 Mio. tkm auf 8627 Mio. tkm zu beobachten, ein höchst bedenklicher Vorgang, wobei in die letztgenannte Zahl der internationale Verkehr mit 94 % eingeht. Erfahrungsgemäß wird durch neue Autobahnen mehr Verkehr induziert. Das luxemburgische Autobahnnetz ist zwischen 1990 und 2006 von 78 auf 147 km (d. h. von 30 auf 56 m/km² Landesfläche) ausgeweitet worden. Sechs Autobahnen laufen auf die Landeshauptstadt zu. Im Grunde ist dies schon ein überentwickeltes System, wenn es auch den Grenzpendlern entgegenkommt.

Das Statistische Amt von Luxemburg registrierte für 2006 im Mittel die ausgesprochen hohe Zahl von 126 800 Grenzpendlern, ein Indikator für das starke ökonomische Gefälle zwischen Luxemburg und den Nachbarregionen. Es ist anzunehmen, dass der weitaus größte Teil der Grenzpendler die Landeshauptstadt aufsuchte. Aus der Großregion SaarLorLux kamen 113 400 Grenzpendler, die sich folgendermaßen auf die Herkunftsregionen aufteilten:

- Saarland: 5300
- Rheinland-Pfalz: 20 800
- Wallonie: 24 800
- Lothringen: 62 500

Das grenzüberschreitende Pendeln aus Luxemburg heraus ist hingegen unbedeutend; die Zahl der Pendler, bezogen auf die Großregion, belief sich 2006 nur auf 550 (Statec; www.grande-région.lu).

Der Luxemburger Flughafen

In der Nähe des Bezirks für hochwertige Dienstleistungen auf dem Kirchbergplateau liegt der Flughafen Findel (*Aéroport de Luxembourg*). Das Passagieraufkommen ist mit einer Zahl von 1 605 540 eher bescheiden, wobei sicher auch die Konkurrenz von nahe gelegenen Flughäfen in den Nachbarländern, wie Zweibrücken, Saarbrücken, Hahn und Metz-Nancy-Lorraine, eine Rolle spielt. Von den genannten Passagieren wurden 72 % von der Gesellschaft *Luxair* transportiert. Zum einen werden europäische Städte angeflogen, wie Kopenhagen, München, Berlin, Hamburg, Frankfurt, London, Zürich, Rom, Amsterdam, Brüssel, Nizza, Paris, Wien, Dublin, Lissabon und Mailand, zum anderen einige touristische Ziele, wie Teneriffa, Las Palmas, Monastir oder Palma de Mallorca. Eine große Bedeutung hat der Flughafen im Frachtflugverkehr erlangen können. Der *Aéroport de Luxembourg* ist der Hub für den weltweiten Frachttransport des 1970 gegründeten Unternehmens *Cargolux*, an dem luxemburgische Finanzinstitutionen zu 31,1 % beteiligt sind, nach eigenen Angaben (auf der Basis der Tonnage berechnet) das zehntgrößte Frachtflugunternehmen der Welt und das größte Europas. Das Aufkommen stieg zwischen 1990 und 2006 von 142 956 auf 752 326 t. Davon wurden 82 bzw. 87 % von *Cargolux* verfrachtet. Wie bedeutend die Menge ist, kann man daran ermessen, dass sie schon fast der Hälfte des Umschlags von Schiphol entspricht. Im europaweiten Vergleich erreichte der Luftfrachtverkehr Luxemburgs 2006 den fünften, im weltweiten Vergleich den 27. Rang. Sowohl bei den Importen als auch bei den Exporten Luxemburgs, die per Luftfracht abgewickelt werden, stehen vom Wert und von der Tonnage her Maschinen, Apparate und Instrumente an erster Stelle. Bei den Importen nimmt als Herkunftsgebiet Hongkong – berechnet nach dem Gewicht der Luftfracht – die Spitzenposition ein, beim Wert der Luftfracht Japan. Bei den Exporten stehen wertmäßig die USA an erster Stelle, China führt bei einer Kalkulation nach dem Gewicht. Die Bedeutung des Flughafens für den Arbeitsmarkt ist beträchtlich: 2005 betrug die Zahl der direkten Arbeitsplätze am Flughafen und im Bereich des unmittelbaren Flughafenumfeldes 3800. Allein *Cargolux* beschäftigt in Luxemburg über 1000 Mitarbeiter. Die direkten und indirekten Effekte des Flughafens werden hinsichtlich des Beitrages zum luxemburgischen Bruttoinlandsprodukt auf 1,9 % geschätzt. Allerdings ist die ortsansässige Bevölkerung in der Umgebung des Flughafens einer erheblichen Lärmbelästigung ausgesetzt, da die Zahl der Nachtflüge in den letzten Jahren zugenommen hat und 2006 schon 1179 betrug (Statec; www.cargolux.com; www.luxair.lu; www.aeroport.public.lu).

Sprachgrenzen und Sprachenprobleme

Regionalisierung und Schaffung eines Föderalstaates

Einblicke

Sprachgrenzen und Sprachenprobleme

Durch Belgien verläuft die germanisch-romanische Sprachgrenze, die heute als französisch-flämische (bzw. niederländische) und französisch-deutsche Sprachgrenze ausgeprägt ist. Die germanisch-romanische Sprachgrenze ist bereits im Frühmittelalter, also vor 900 entstanden. Sie lehnt sich weder an naturgeographische noch an territoriale Trennlinien an. Sie bildete sich aus, als sich in einem ursprünglich sprachlich gemischten Gebiet eine Germanisierung und Romanisierung vollzog, über deren Antriebskräfte wir nichts wissen. Für das 8. Jh. muss man für den Bereich des heutigen Mittelbelgien nördlich von Maas und Sambre noch ein breites Band mit Zweisprachigkeit annehmen, während sich einerseits westlich davon und andererseits zum heute deutschen Sprachraum hin schon eine lineare Abgrenzung erkennen lässt. Bis zum Beginn des Hochmittelalters war die Sprachgrenze ungefähr festgelegt. Danach erfolgten nur noch einige Modifikationen: Die romanische Sprachinsel im Bereich Aachen – Laurensberg – Simpelveld – Vaals wurde im 10. Jh. germanisiert, die Romanisierung des nördlichen Hennegaus im Laufe des 11. Jh. abgeschlossen. Im Pas-de-Calais und im Boulonnais verschob sich die Sprachgrenze durch einen im 12. Jh. beendeten Romanisierungsvorgang beträchtlich nach Norden (Gysseling 1962, 1981).

Die bedeutenden mittelalterlichen Territorien der südlichen Niederlande haben sich mit ihren Grenzen nicht an den Sprachverhältnissen orientiert. Flandern reichte in frankophones Gebiet hinein, Brabant, Lüttich und Luxemburg waren ebenfalls zweisprachig. Der burgundische Staat und die Vereinigten Niederlande unter Karl V. reichten gleichermaßen über Sprachgrenzen hinaus. Mit der Abtrennung der Nördlichen Niederlande im Verlauf des Achtzigjährigen Krieges (1568–1648) wurde dort die Pflege der niederländischen Landessprache zu einem nationalen Anliegen, während es in den spanischen und österreichischen Niederlanden französische, niederländische bzw. flämische und deutsche Sprachregionen gab.

Das Niederländische, das heutzutage als Schriftsprache mit dem Flämischen identisch ist, entwickelte sich aus dem Niederdeutschen. Seit dem 13. Jh. hat sich eine eigenständige niederländische Verkehrs- und Literatursprache vornehmlich auf der Grundlage der blühenden flandrischen, dann der brabantischen Stadtkultur gebildet. Bekannt geworden ist in Flandern im 13. Jh. das vielseitige, auf Mittelniederländisch verfasste Werk des Jakob van Maerlant. In der Endphase des Hochmittelalters ist das Niederländische nicht mehr zur deutschen Sprache zu rechnen und scheidet als eigenständige Nationalsprache aus der deutschen Sprachgeschichte aus. Nach der Abtrennung der Nördlichen Niederlande wirkt Holland prägend auf die niederländische Literatur- und Nationalsprache ein, obwohl der Einfluss der Südlichen Niederlande nicht zu vernachlässigen ist, nicht zuletzt wegen der großen Zahl von Flüchtlingen aus der Zeit der Religionskriege, die sich im Norden niederließen. Das Niederdeutsche geht im Laufe der Neuzeit als Schriftsprache unter (von Polenz 1991, 1994; Besch et al. 1984; Vekeman & Ecke 1992). Der Humanismus des 16. Jh. schenkte der Pflege des Niederländischen beträchtliche Aufmerksamkeit. Der Terminus „nederlandsch" trat in dieser Zeit neben die Bezeichnung „nederduytsch". 1550 erschien in Gent eine „Nederlandsche spelling" (Niederländische Orthographie; Lademacher 1993). Die literarische Form des Niederländischen wurde stark von der Bibelübersetzung beeinflusst. Dies gilt insbesondere für die 1635 erschienene „Statenbijbel". Sie hat zur Einheit der niederländischen Sprache beigetragen, weil die Übersetzer in unterschiedlichen Regionen und sowohl in den nördlichen als auch in den südlichen Niederlanden beheimatet waren (Vekeman & Ecke 1992).

Bedingt durch die Abtrennung der Nördlichen Niederlande kam es beim Sprachgebrauch und der Rechtschreibung des Niederländischen und des Flämischen seit dem 17. Jh. zu einigen unterschiedlichen Entwicklungen. Erst in jüngerer Zeit bemühte man sich um eine Vereinheitlichung. 1946/47 beschlossen die niederländische und belgische Regierung, die niederländische Orthographie nur nach gemeinsamer Abstimmung zu ändern. 1951 wurde eine Wörterliste der niederländischen Sprache in Flandern und in den Niederlanden für die Rechtschreibung verbindlich. 1980 einigte man sich auf einen offiziellen Sprachbund, die „Nederlandse Taalunie". In der Umgangssprache sind leichte Unterschiede bestehen geblieben. In Flandern ist der Bevölkerungsanteil, der noch eine Mundart spricht (Westvlaams, Oostvlaams, Zuidbrabants, Noordwestbrabants, Noordoostbrabants, Westlimburgs, Oostlimburgs), größer als in den Niederlanden, was mit der lange Zeit beherrschenden Rolle des Französischen in der Verwaltung und im Bildungswesen zusammenhängt (van der Haegen 1986; Schilling & Täubrich 1989; Dussart-Debèfve 1992). Das Flämische wird auch noch in Französisch-Flandern, insbesondere im Arrondissement Dünkirchen (mit Ausnahme eines schmalen Küstenstreifens) gesprochen und ist dort bei der jüngeren Generation im Rückgang begriffen. 1992 verfügten noch schätzungsweise 30 000 Menschen in Französisch-Flandern über aktive Kenntnisse des Flämischen und ca. 70 000 über schwache bis gute passive Kenntnisse (Camerlynck 1993).

Die niederländisch-hochdeutsche Sprachgrenze stimmt heute mit der deutsch-niederländischen Staatsgrenze überein, wobei die jeweilige nationale Sprachen- und Schulpolitik die

Angleichung herbeigeführt hat. Das Niederländische war früher auch in einzelnen Bezirken in Deutschland vertreten. In der Grafschaft Bentheim, im Raum Emden, Lingen, Kleve, Geldern, Emmerich und Wesel hatten sich zahlreiche reformierte Gemeinden im 17. Jh. für den Gebrauch des Niederländischen entschieden, doch ist diese Sprache dort im Laufe des 18. und 19. Jh. durch die lutherische Kirche sowie durch den Einfluss des preußischen und des hannoveranischen Staates verdrängt worden. Vom Mittelalter bis zum Ende des 18. Jh. wurde im Bereich der Herzogtümer Kleve und Geldern Niederländisch in einer lokalen Variante geschrieben. Seit der Mitte des 17. Jh. hatte sich das Niederländische im Südwesten Ostfrieslands als Sprache von Kirche, Schule, Buchdruck und Verwaltung durchgesetzt, wurde aber durch Maßnahmen der hannoveranischen Regierung seit 1845 nach und nach durch das Hochdeutsche ersetzt (Stellmacher 1990; von Polenz 1994; Besch et al. 1984; Vekeman & Ecke 1992). Weiterhin war die Grenze zwischen dem niederländischen und frankophoren Sprachraum im 19. Jh. nicht so trennscharf wie heute: Die Zahl der Frankophonen im Raum Maastricht war groß genug, dass sich bis zum Ende des Jahrhunderts dort eine französischsprachige Zeitung halten konnte.

Die Verbreitungsgebiete von Dialekten orientieren sich weit weniger an Staatsgrenzen als die Hochsprachen. Das Moselfränkische in der Südwesteifel, insbesondere im Raum Bitburg, ähnelt sehr dem Letzeburgischen. Im niederländischen Kerkrade und im deutschen Herzogenrath können sich Alteingesessene, die noch die lokale Mundart, das Ostlimburgische, beherrschen, problemlos verständigen. Im Krefelder Dialekt (Bister-Broosen 1993) gibt es eine Anzahl von Wörtern und Redewendungen, die auch im Niederländischen bzw. in niederländischen Dialekten, aber nicht im Hochdeutschen vorkommen. Im niederländisch-norddeutschen Grenzraum beobachtet man besonders auffällige Affinitäten. Der emsländische Wortschatz ist mit dem drenthischen nahe verwandt. Das Bentheimische innerhalb des Emsländischen hat zahlreiche Wörter und Formen aus dem Niederländischen übernommen. Das Ostfriesische weist insbesondere im südwestlichen Verbreitungsgebiet eine enge Verwandtschaft mit dem Groningischen auf (Foerste 1957). Die limburgischen und brabantischen Mundarten trifft man beiderseits der niederländisch-belgischen Staatsgrenze an. Einzelne in Wallonien gesprochene Dialekte und das Westvlaams reichen ebenfalls über Staatsgrenzen hinweg. Angesichts eines schnell fortschreitenden Dialektverlustes gehen auch die grenzübergreifenden sprachlichen Gemeinsamkeiten zurück.

Eine bemerkenswerte Besonderheit und einen Beleg für die Sprachtoleranz in den Niederlanden stellt die Erhaltung des Friesischen in der Provinz Friesland (Fryslân) dar (vgl. Abb. 141). Dort verwenden noch etwa 350 000 Menschen das Friesische als Muttersprache. Es gibt dort im Friesischen eine mittelalterliche Schrifttradition und eine Literatur im eigentlichen Sinn seit dem 17. Jh. In der Romantik wurde dem friesischen nationalen Gedanken u. a. durch Harmen Systra (1817 – 1862) Gestalt gegeben und die Sprache verstärkt gefördert. Auch die 1915 ins Leben gerufene jungfriesische Bewegung bemühte sich darum. Die provinzialen Behörden sprechen und schreiben heute in zunehmendem Maße Friesisch. In einigen Mustergemeinden wird im Behördenverkehr möglichst viel auf Friesisch erledigt. Seit 1981 sind die Grundschulen in der Provinz Friesland verpflichtet, Friesisch als Fach mit wenigstens einer Wochenstunde zu unterrichten. An einigen weiterführenden Schulen können Abiturienten Friesisch als Examensfach wählen, und an den Universitäten in Leiden, Groningen und Amsterdam gibt es Studienprogramme für die friesische Sprache und Literatur. In Leeuwarden kann man eine Lehrbefugnis für den Schulunterricht in Friesisch erwerben. Weiterhin wurde dort 1938 die Fryske Akademy als Zentrum für Forschungen, die Friesland und die friesische Sprache betreffen, eingerichtet (Feitsma et al. 1987; www.fryske-akademy.nl).

Luxemburg besitzt das Privileg, drei Amtssprachen zu besitzen: das Französische, das Deutsche und das 1984 als offizielle Nationalsprache anerkannte „Lëtzebuergesch" (Hoffmann 1992). Die 1839 erfolgte Grenzziehung zwischen dem Großherzogtum und der belgischen Provinz Luxemburg deckte sich nicht mit der Sprachgrenze. Fast im gesamten Arrondissement Arlon und in einem Teil des Arrondissements Bastogne wurden deutsche Mundarten gesprochen (van Wettere-Verhasselt 1966). Im Zuge von Romanisierungsprozessen sind sie in diesem Gebiet sehr stark zurückgedrängt worden. Als die belgische Provinz Luxemburg 1839 abgetrennt wurde, verlor das verbleibende Großherzogtum sein romanisches Sprachgebiet. Als Umgangssprache im neu zugeschnittenen Land verblieb das Letzeburgische; als Amtssprachen wurden Deutsch und Französisch eingeführt. Nach der völkerrechtswidrigen Besetzung im Ersten Weltkrieg durch deutsche Truppen verstärkte sich die Sympathie für das Französische, was sich durch einen Rückgang des Gebrauchs des Deutschen im amtlichen und öffentlichen Sektor ausdrückte. Nach dem Naziterror in Luxemburg von 1940 – 1944 ging das Hochdeutsche im offiziellen und auch privaten Schriftverkehr erneut zurück. Kurz nach dem Zweiten Weltkrieg wurde in der Deputiertenkammer das Hochdeutsche durch das

Quellen: Feitsma et al. 1987, Dussart Debèfve 1992, Charlier et al. 2004

|Abb. 141| *Sprachge-biete der Beneluxlän-der*

Großraum Brüssel

Flämische Region

Wemmel
Kraainem
Wezenbeek-Oppern
Drogenbos
Linkebeek
Sint-Genesius-Rode

Wallonien

Schiermonnikoog
Terschelling
Leeuwarden
Groningen
Den Helder
Assen
Haarlem
Zwolle
AMSTERDAM
Enschede
Leiden
Hilversum
Apeldoorn
DEN HAAG
Utrecht
Arnhem
NIEDERLANDE
ROTTERDAM
Nijmegen
Breda
Tilburg
Middelburg
Eindhoven
Nordsee
Brügge
Gent
ANTWERPEN
R e g i o n
DEUTSCHLAND
Flämische
Maastricht
BRÜSSEL-HAUPTSTADT
BELGIEN
Comines
Helkijn
Ronse
Bever
Voeren
Mouscron
Flobecq
Enghien
Nivelles
Lüttich
FRANKREICH
Mons
Charleroi
Namur
W a l l o n i e n

0 20 40 60 80 100 km
Entwurf: A. Wieger

Arlon
LUX.
LUXEMBURG

— Staatsgrenze

— Grenze der Regionen

Niederländisches Sprachgebiet

Gebiet mit niederländischer Mundart in Frankreich

Französisches Sprachgebiet

Deutsch-französisch-letzeburgisches Sprachgebiet

Region mit franz. Sprache und sporadischem Vorkommen deutscher Mundart

Brüsseler Region (zweisprachig: Französisch-Niederländisch)

Niederländisches Sprachgebiet mit Spracherleichterungen für Französisch

Französisches Sprachgebiet mit Spracherleichterungen für Niederländisch

Franz. Sprachgebiet mit möglichen Spracherleichterungen für Deutsch u. Niederl. (Raum Welkenraedt)

Französisches Sprachgebiet mit Spracherleichterungen für Deutsch (Raum Malmédy)

Deutsches Sprachgebiet mit Spracherleichterungen für Französisch (Raum Eupen-Sankt Vith)

Friesisches und niederländisches Sprachgebiet

Letzeburgische ersetzt (Hoffmann 1992). In der Justiz und in der Verwaltung dominiert heute das Französische. Das Letzeburgische stellt ein wesentliches nationales Identifikationsmerkmal dar und bestimmt die Umgangssprache im Lande. Einzelne Zeitungen, wie *Luxemburger Wort* und *Tageblatt* spiegeln in besonderer Weise Europäisches wider, indem ein Teil der Artikel in deutscher und ein anderer Teil in französischer Sprache in ein- und derselben Ausgabe erscheinen; zusätzlich werden kleine Lokalberichte und Familienanzeigen in Letzeburgisch gedruckt.

In Belgien gibt es zwei einsprachige Regionen, in denen ausschließlich das Französische oder das Niederländische als Amtssprache gelten, zudem die zweisprachige Region Brüssel-Hauptstadt sowie 27 Gemeinden mit einer dominierenden Sprache und Spracherleichterungen für Minderheiten (vgl. Abb. 133). Diese Spracherleichterungen umfassen das Recht der anderssprachigen Bürger, von den Gemeindeverwaltungen den Gebrauch einer anderen Sprache als diejenige des einsprachigen Sprachgebietes, in dem die Gemeinde sich befindet, zu verlangen. Diese 27 Gemeinden sind in vier Kategorien unterteilt: die sechs Brüsseler Randgemeinden im niederländischen Sprachgebiet mit Erleichterungen für die Französischsprachigen, die neun Gemeinden des deutschsprachigen Gebietes mit Erleichterungen für die Französischsprachigen, die zwei Gemeinden des Raumes Malmédy im französischen Sprachgebiet mit Erleichterungen für die Deutschsprachigen sowie die zehn Sprachgrenzgemeinden im niederländischen oder französischen Sprachgebiet mit Erleichterungen für die Französischsprachigen oder die Niederländischsprachigen. Unter diesen sind Comines und Mouscron (Provinz Hainaut), frankophone Gemeinden mit niederländischen Minderheiten, und insbesondere Voeren (Fourons) in der Provinz Limburg, ein Bezirk mit niederländischer Mehrheit und französischer Minorität, wegen sprachlich-politischer Konflikte des Öfteren in die Schlagzeilen geraten.

Als offizielle Sprache in der Wallonie wird das Französische gebraucht. Im zweisprachigen Brüssel tritt sie gleichberechtigt neben das Niederländische. Im Vergleich zur Sprachpraxis in Frankreich treten bei der Wortwahl gelegentlich einige Belgizismen auf. Daneben haben sich noch wallonische Dialekte erhalten, die als Schriftsprache (ungeachtet einiger publizierter Gedichte und Theaterstücke) nur eine geringe Bedeutung erlangt haben. Die wallonischen Mundarten konnten sich zu den selbstständigsten französischen Dialekten entwickeln, da sie nicht den in Frankreich lange Zeit vorherrschenden Bestrebungen sprachlicher Zentralisierung und Vereinheitlichung ausgesetzt waren. Heute gibt es jedoch immer weniger Lebensbereiche und Orte, in denen sie noch gesprochen werden (Dussart-Debèfve 1992; Wolf 1992; Andrianne 1992; Baum 2007).

Das Gebiet Brüssel-Hauptstadt mit seinen 19 Gemeinden ist offiziell zweisprachig, aber der Anteil der Bewohner, deren Muttersprache das Niederländische ist, bildet eine Minderheit. Es können keine genauen statistischen Angaben über die gegenwärtigen Verhältnisse gemacht werden, denn letztmals wurde 1947 in der Volkszählung nach der Sprachzugehörigkeit gefragt. Danach wurde auf Verlangen der flämischen Seite die Sprachzählung abgeschafft. 1780 betrug der Anteil der Französischsprachigen an der Brüsseler Bevölkerung schätzungsweise nicht mehr als 15 %. Seit dem 19. Jh. aber haben sich tiefgreifende Romanisierungsprozesse vollzogen. Dies geschah trotz einer überwiegend flämischen Zuwanderung, da ein sozialer Aufstieg in Brüssel den Gebrauch der französischen Sprache erforderte. Im Sprachgebrauch dominiert heute in Brüssel-Hauptstadt das Französische, wenn auch das Niederländische in letzter Zeit wieder etwas an Boden gewonnen hat. Die vorherrschende Stellung des Französischen lässt sich aus der Aufteilung des Rates der Region Brüssel-Hauptstadt erschließen, da die Parteien an Sprachgruppen gebunden sind. Demnach dürfte sich der Anteil der Frankophonen auf ca. 80 % belaufen. Viele zweisprachige Brüsseler verwenden im häuslichen Bereich einen Dialekt, z. B. Zuidbrabants, im Beruf und in der Öffentlichkeit aber Französisch. Ausländer, die eine Landessprache erlernen wollen, bevorzugen im Allgemeinen das Französische. Rein niederländisch- oder französischsprachige Viertel gibt es in Brüssel nicht.

Sprachpolitische Meinungsverschiedenheiten sind durch Suburbanisierungsvorgänge in Bezirken außerhalb der Region Brüssel-Hauptstadt, in den Randgemeinden Drogenbos, Kraainem, Linkebeek, Sint-Genesius-Rode, Wemmel und Wezembeek-Oppem entstanden. Die frankophone Minorität in den überwiegend niederländischsprachigen Gemeinden sähe es gern, wenn der zweisprachige Status von Brüssel-Hauptstadt auf diese Bezirke ausgedehnt würde, was die Flamen aber ablehnen. Einen politisch-psychologisch sensiblen Bereich stellt hierbei die Gemeinde Sint-Genesius-Rode dar. Sie liegt in der Flämischen Region, besitzt eine frankophone Minderheit und grenzt im Norden an Brüssel-Hauptstadt und im Süden an die Wallonische Region.

Eine Minderheit in der Provinz Lüttich bilden die deutschsprachigen Bewohner der Ostkantone. Diese umfassen die Gemeinden Malmédy und Waimes, die überwiegend frankophon sind und in denen es Spracherleichterungen für die germanophone Bevölkerung gibt, sowie die 73 000 Einwohner zählenden neun deutschsprachigen Gemeinden Kelmis, Raeren, Lontzen, Eupen, Bütgenbach, Büllingen, Amel, Sankt Vith und Burg-Reuland (van der Haegen 1986; Dussart-Debèfve 1992; Vekeman & Ecke 1992; Andrianne 1992; Panowitsch 1994; van der Horst 2007; Statbel).

Im 19. Jh. und in den ersten Dekaden des 20. Jh. mussten sich die Flamen die Anerkennung ihrer Sprache erkämpfen. 1831 war als Reaktion gegen das „holländische Regime" die französische Sprache zunächst zur einzigen offiziellen Sprache der Verwaltung, der Justiz, der Armee und des Unterrichts erklärt worden. Der Wechsel zur französischen Amtssprache wurde so schnell wie nur irgend möglich vollzogen. Als Reaktion darauf entstand die „Vlaamse Beweging", die in ihrem Manifest von 1847 die Gleichberechtigung der niederländischen Sprache forderte. Das Niederländische gewann zwar etwas an Boden – v. a. durch das Sprachgesetz von 1873 über den Gebrauch des Niederländischen in den flämischen Strafgerichten, das von 1878 über den Gebrauch des Niederländischen in Verwaltungsangelegenheiten und das von 1883 über den Gebrauch des Niederländischen im offiziellen Mittelschulunterricht –, aber noch kurz vor dem Ersten Weltkrieg hatte es sich noch längst nicht an allen Schulen des Flamlandes durchgesetzt. Erst 1930 wurde definitiv die Einsprachigkeit an flämischen und wallonischen Schulen vorgeschrieben und der Gebrauch des Niederländischen an der Universität Gent zur Pflicht gemacht. Das Gesetz vom 8. 11. 1962 legte die Sprachgrenze in Belgien fest. Die Provinzgrenzen sind der französisch-niederländischen Sprachgrenze weitgehend angepasst worden. Der letzte Schritt wurde hierbei 1995 mit der Teilung der Provinz Brabant in Flämisch- und Wallonisch-Brabant vollzogen (Dussart-Debèfve 1992; Vekeman & Ecke 1992; Willemyns 2007).

Regionalisierung und Schaffung eines Föderalstaates

„Belgien ist ein Föderalstaat, der sich aus den Gemeinschaften und den Regionen zusammensetzt", so heißt es in Artikel 1 der belgischen Verfassung (Text v. Oktober 2007: www.dekamer.be). Hierin kommt das Ergebnis eines langjährigen, geduldig und zäh verfolgten Umwandlungsprozesses zum Ausdruck, bei dem der 1830/31 als zentralistisch konzipierte Staat in einen Föderalstaat umgewandelt wurde. Dies ist nicht nur ein verfassungsrechtlich höchst bemerkenswerter Vorgang, sondern auch ein Paradigma politischer Geographie. Die Verfassungsänderungen geschahen vor dem Hintergrund der Auseinandersetzungen zwischen Wallonen und Flamen, die im belgischen Staat wenige Jahre nach seiner Gründung begannen und bis in die Gegenwart hinein im innenpolitischen Leben des Landes eine beherrschende Rolle spielen. Konflikte zwischen sprachlich und ethnisch verschiedenartigen Bevölkerungsgruppen in einem Staat gehören überall auf der Welt zu den am schwersten zu lösenden internen Problemen. Im Laufe der belgischen Geschichte hat es unterschiedliche Anlässe für die jeweiligen Konflikte gegeben, wobei sich auch die Gründe, derentwegen die eine Bevölkerungsgruppe sich gegenüber der anderen benachteiligt fühlte, teilweise gewandelt haben.

Als der belgische Staat gegründet wurde, hatte man das Französische zur alleinigen Amtssprache erhoben. Dies war aus dem Blickwinkel einer wallonischen, flämischen und Brüsseler Elite heraus geschehen (Willemyns 2007), die Frankreich zugewandt war und sich der französischen Sprache bediente. Es entstand zwar 1847 die *Vlaamse Beweging*, die sich für die Anerkennung der niederländischen Sprache einsetzte, aber solange das Zensuswahlrecht bestand, konnte sie keinen großen politischen Druck ausüben. Immerhin wurden auf der Grundlage eines Berichtes der 1856 eingesetzten *Commissie der Vlaamse Grieven* (Flämischer Beschwerdeausschuss) die Sprachgesetze von 1873, 1878 und 1883 verabschiedet, aber noch bis zum Ersten Weltkrieg gab es Mittelschulen und höhere Schulen in Flandern, deren Direktor kein Wort Niederländisch sprach (Dussart-Debèfve 1992). Im 19. Jh. war Wallonien Flandern ökonomisch überlegen. Es stand eine stärker urbanisierte und industrialisierte Region, in der die sozialistische und antiklerikale Bewegung immer mehr Zulauf bekam, einem vielerorts noch ländlich geprägten Gebiet mit weit verbreiteter konservativ-katholischer Einstellung gegenüber. Erst gegen Ende des 19. Jh. begann Flandern auf dem industriellen Sektor aufzuholen. Zu dieser Zeit trat flämisches Nationalbewusstsein stark hervor (Craeybeckx & Kurgan-van Hentenrijk 1978). In den letzten beiden Jahrzehnten des 19. Jh. wurden etliche nationale Symbole zweisprachig, wie die Währung 1886 und 1888, die Briefmarken 1889, das Staatsblatt 1895 und die Bekanntmachung der Gesetze 1898. Mit der Einführung des allgemeinen Mehrheitswahlrechtes 1893 und des allgemeinen einfachen Wahlrechtes 1918 konnte das demographische Übergewicht des flämischen Landesteiles politisch stärker in die Waagschale geworfen werden. Im 19. Jh. gab es eine Art „social engineering", das der Majorität im Lande die Gleichberechtigung ihrer Sprache verweigerte. Mit der Einführung demokratischer Verhältnisse im heutigen Sinne ging die sprachpolitische Unterdrückung in einen offenen sprachpolitischen Konflikt über. Gestiegenes flämisches Selbstbewusstsein seit dem Ende des 19. Jh. rief Gegenbewegungen der Wallonen und der frankophonen Brüsseler hervor. Auf dem Wallonischen Kongress von 1912 wehrte man sich gegen die Verpflichtung zur Zweisprachigkeit für frankophone Beamte. Im gleichen Jahr erregte das Manifest des wallonischen Sozialisten J. Destrée, *„Lettre au Roi sur la séparation de la Wallonie de la Flandre"* (Brief an den König über die Trennung Walloniens von Flandern) großes Aufsehen.

Die Sprachgesetze von 1932 und 1935 schrieben (mit Ausnahme von Brüssel) das Territorialprinzip fest. Dies bedeutet, dass die Sprache des jeweiligen Gebietes als Verwaltungs-, Unterrichts- und Gerichtssprache gilt. Seither bilden, von kleinen Ausnahmen abgesehen (s.o.), Flandern und Wallonien offiziell einsprachige Gebiete. Das Prinzip der Zweisprachigkeit der Beamten der Zentralverwaltung wurde größtenteils aufgegeben und nur in einigen Dienststellen beibehalten (Alen 1995).

Während des Zweiten Weltkrieges hatten die Besatzer versucht, einen Keil zwischen Wallonen und Flamen zu treiben, indem z.B. flämische Kriegsgefangene in ihre Heimat zurückkehren durften, während die wallonischen festgehalten wurden (Dussart-Debèfve, 1992). Nach dem Krieg setzten sich die Konflikte fort. Wie stark die mentale Spaltung schon fortgeschritten war, mag man daraus ersehen, dass sich auf dem wallonischen Nationalkongress vom 20.1.1945 391 Teilnehmer für einen Föderalstaat, 154 für ein unabhängiges Wallonien, 486 für den politischen Anschluss an Frankreich und 17 für die Beibehaltung des belgischen Einheitsstaates aussprachen (Alen 1995). Trotz der Gesetze der Dreißigerjahre waren die Sprachprobleme nicht beseitigt. Was sollte z.B. geschehen, wenn sich in einer bislang einsprachigen Gemeinde Zuwanderer aus der anderen Sprachregion niederließen und Rechte für ihre Gruppe einforderten? In dieser Hinsicht hegten v.a. die Flamen Befürchtungen vor einem territorialen Verlust und setzten die Abschaffung der Sprachzählung durch. Weiterhin wurde durch das Gesetz vom 8.11.1962 die Sprachgrenze festgelegt. 1970 wurde in der belgischen Verfassung festgeschrieben, dass diese Grenze nur durch ein Gesetz, dem die Niederländischsprachigen und die Frankophonen zugestimmt haben, geändert werden darf (Alen 1995). Einen Höhepunkt erreichten die sprachpolitischen Auseinandersetzungen Ende der Sechzigerjahre, als die frankophonen Professoren, Mitarbeiter und Studenten von der 1425 gegründeten Katholischen Universität Leuven verwiesen wurden (Abb. 142). 1968 hatten sich die flämischen

|Abb. 142| *„Universitätshalle" in Leuven, Verwaltungszentrum der 1425 gegründeten „Katholieke Universiteit" mit einem gotischen Unterbau (1317) und einem barocken oberen Stockwerk (1680). Es war jahrhundertelang Sitz verschiedener Fakultäten. In den 1960er-Jahren eskalierte an dieser Universität der Sprachenstreit zwischen Wallonen und Flamen. Die Wallonen mussten die Hochschule verlassen und gründeten eine eigene Universität in Louvain-la-Neuve. Die Bibliotheksbestände wurden geteilt.*

Bischöfe, die die Mehrheit im Verwaltungsrat der Universität besaßen, dafür ausgesprochen (Demoulin & Kupper 2004). Die Wallonen transferierten daraufhin die medizinische Fakultät in die Brüsseler Region und gründeten für die übrigen Fakultäten eine neue Universität in Louvain-la-Neuve.

Wirtschaftliche Wandlungsprozesse trugen dazu bei, die Gegensätze zu verstärken. Das ökonomische Schwergewicht Belgiens verlagerte sich seit den Fünfzigerjahren immer stärker in den flämischen Landesteil. Wie stark auch die sozialen Gegensätze die Auseinandersetzungen bestimmten, zeigte sich mit besonderer Deutlichkeit, als 1960/61 gegen das sog. „Einheitsgesetz" gestreikt wurde, das Steuern erhöhte und staatliche Ausgaben kürzte. Die christlichen flämischen Gewerkschaften hatten sich nach kurzer Zeit vom Streik zurückgezogen, während ihn die wallonischen sozialistischen Gewerkschaften im Dezember 1960 und im Januar 1961 erbittert weiterführten. Der Lütticher Gewerkschaftsführer André Renard verlangte eine föderale Umstrukturierung Belgiens und setzte sich nach dem Scheitern des Streiks verstärkt dafür ein (Genicot 1973b; Demoulin & Kupper 2004). In den Sechziger- und Siebzigerjahren spalteten sich die traditionellen belgischen Parteien auf, die bis dahin noch eine integrierende Kraft dargestellt hatten (Matthijs & Draguet 1992; zur gegenwärtigen Parteienstruktur: www.bpb.de). Dies machte in der Folgezeit die Regierungsbildung für den Gesamtstaat ungemein schwierig, was sich nicht zum ersten Mal, aber mit besonderer Schärfe nach der Wahl von 2007 zeigte.

Im Laufe der Sechzigerjahre setzte sich die Einsicht durch, dass der herkömmliche Einheitsstaat durch die Ereignisse überholt worden war. Es erfolgten Verfassungsänderungen in den Jahren 1970, 1980, 1988 und 1993, die stufenweise den zentralistischen Staat in einen föderalen Staat umwandelten. Einen Schlussstein bildeten die parlamentarische Billigung von Verfassungsänderungen am 14. Juli 1993 und die Veröffentlichung der „Koordinierten Verfassung" vom 17. Februar 1994 im belgischen Staatsblatt. Es handelt sich in Belgien um einen „inkongruenten Föderalismus" (Alen 1995), bei dem die Bevölkerung der Teilstaaten homogener ist als diejenige des Bundes. Im Juni 2001 wurde erneut eine Staatsreform vorgenommen. Auf der Basis des „Saint Polycarpe/Lambermont"-Abkommens wurden weitere Befugnisse des Zentralstaates an die Regionen übertragen, darunter insbesondere die Bereiche Außenhandel und Landwirtschaft. Weiterhin wurden die Regionen in ihrem Verhältnis zu den Provinzen und Gemeinden ihres Territoriums gestärkt. Die gesamte Provinz -und Gemeindegesetzgebung fällt jetzt in ihren Aufgabenbereich (Berge & Grasse 2003). Bis in die jüngste Zeit hinein hat es immer wieder kleinere Verfassungsänderungen gegeben.

In der Verfassung heißt es:
- „Belgien umfasst drei Gemeinschaften: die Deutschsprachige Gemeinschaft, die Flämische Gemeinschaft und die Französische Gemeinschaft.
- Belgien umfasst drei Regionen: die Wallonische Region, die Flämische Region und die Brüsseler Region. (Abweichend davon heißt es in Artikel 166 „Region Brüssel-Hauptstadt".)
- Belgien umfasst vier Sprachgebiete: das deutsche Sprachgebiet, das französische Sprachgebiet, das niederländische Sprachgebiet und das zweisprachige Gebiet Brüssel-Hauptstadt. Jede Gemeinde des Königreichs gehört einem dieser Sprachgebiete an. Die Wallonische Region umfasst die Provinzen Hennegau, Lüttich, Luxemburg, Namur und Wallonisch-Brabant. Die Flämische Region umfasst die Provinzen Antwerpen, Flämisch-Brabant, Limburg, Ostflandern und Westflandern…" (Art. 2–5).

Die genannten Gemeinschaften besitzen eigene Parlamente mit vom Volke gewählten Vertretern, die „Räte". Es gibt also einen Rat der Flämischen Gemeinschaft, den Flämischen Rat, einen Rat der Französischen Gemeinschaft und einen Rat der Deutschsprachigen Gemeinschaft (Art. 115, § 1). Der Rat wählt die Regierung der jeweiligen Gemeinschaft (Art. 121, 122). Die Räte verabschieden Dekrete, die Gesetzeskraft für das jeweilige Sprachgebiet haben. Die Gemeinschaftsbefugnisse beziehen sich auf die kulturellen Angelegenheiten, das Unterrichtswesen (mit Ausnahme der Festlegung von Beginn und Ende der Schulpflicht, der Mindestbedingungen für Diplome und der Pensionsregelungen) und personenbezogene Angelegenheiten (Gesundheitspolitik, Sozialfürsorge, Jugendschutz, Familienpolitik). Die Gemeinschaften können in jenen Bereichen auch international tätig werden (Art. 127– 130). Die Französische Gemeinschaft hat Brüssel, die Flämische ebenfalls und die Deutsche Eupen als Regierungssitz gewählt. Die Flamen haben Gemeinschaft und Region vereinigt. Die Deutschsprachige Gemeinschaft ist der kleinste Gliedstaat in der Europäischen Union.

Die Regionen besitzen ebenfalls ihre eigenen „Räte" und Regierungen und verabschieden Dekrete mit Gesetzeskraft. Die Regierung der wallonischen Region ist in Namur, die der flämischen in Brüssel ansässig (Abb. 143). Die Abgrenzung der Regionen richtet sich nach den Sprachgebieten. Die wallonische Region umschließt das deutsch- und französischsprachige, die Region Brüssel-Hauptstadt das zweisprachige und die flämische das niederländischsprachige Gebiet. Die Regionen sind zuständig für gebietsbezogene Sachbereiche wie die Raumordnung, die Umweltpolitik, die Flurbereinigung, den Naturschutz, den Wohnungsbau, die Agrarpolitik, die Wirtschafts- und Energiepolitik, die Beschäftigungspolitik, für öffentliche Bauaufträge, den Denkmalsschutz und den Verkehr.

Die Gemeinschaften und Regionen verfügen über eigene Finanzmittel, wobei sie zwar eine Ausgaben-, aber nur eine sehr begrenzte Einnahmenautonomie besitzen. Der Anteil ihres

Haushalts beläuft sich auf etwa 41 % des gesamten Staatsbudgets (Lagasse 2007, S. 87).

Einer möglichen Majorisierung einer Sprachgruppe versucht man entgegenzutreten. So legt Artikel 99 der Verfassung für die „Föderalregierung" fest: „Den Premierminister eventuell ausgenommen, zählt der Ministerrat ebenso viele niederländischsprachige wie französischsprachige Minister." Die gesetzgebenden Kammern setzen sich zwar entsprechend der Bevölkerungszahl zusammen, aber Sprachgruppen können mit einer Dreiviertelmehrheit in einer „Motion" erklären, dass ihrer Ansicht nach ein Gesetzesentwurf oder ein Gesetzesvorschlag „die Beziehungen zwischen den Gemeinschaften ernstlich gefährden können", wobei dann der Ministerrat tätig werden muss (Art. 54).

So leistet sich Belgien sieben Parlamente: zwei Kammern auf nationaler Ebene (die Abgeordnetenkammer und den Senat) sowie fünf von den Bürgern gewählte „Räte" von Regionen und Gemeinschaften. Dazu gehö-

ren dann sechs Regierungen, die Föderalregierung und die Gemeinschafts- und Regionalregierungen. Hinzu kommen noch die Provinzial- und Gemeinderäte mit unmittelbar von den Bürgern gewählten Mitgliedern.

Nationale Gemeinsamkeiten schwinden. Weder die Parteien noch die Gewerkschaften oder die Massenmedien erbringen heute in Belgien einen wesentlichen Beitrag zur Integration. Im Zuge der europäischen Einigung müssen Aufgaben der Föderalregierung an europäische Instanzen abgegeben werden, sodass die einigenden Bande auf nationaler Ebene noch lockerer werden. Die administrative Trennung ist weit gediehen. Die Bereitschaft der Flamen, einen Solidarbeitrag für Wallonien zu erbringen, schwächt sich auffallend ab. Anfang der 1990er-Jahre stand sogar die gemeinsame Sozialversicherung zur Diskussion. Natürlich gibt es auch gemeinsame Interessen, etwa durch wirtschaftliche, finanzielle und verkehrsgeographische Verflechtungen. Aber selbst in der Außenpolitik gab es in der Vergangenheit Divergenzen. Integrierend wirken das angesehene Königshaus und nationale Mannschaften im Sport. Die attraktive Metropole Brüssel, ein Aushängeschild für den Staat, verklammert die flämischen und frankophonen Gruppen. Nach wie vor gibt es gemeinsam getragene wissenschaftliche Projekte. Ein Außenstehender fragt sich vielleicht, warum sich die Wallonie nicht einfach Frankreich und Flandern den Niederlanden angliedert oder warum die Regionen nicht selbstständige Staaten werden. Dagegen spricht manches. Vor allem ergäbe es nicht viel Sinn, im Zuge der europäischen Integration neben den neuen nationalstaatlichen Grenzen in Osteuropa noch zusätzliche im Westen zu ziehen. Weiterhin ließe sich für Brüssel, das von beiden Sprachgruppen reklamiert wird, keine befriedigende Lösung finden. Allerdings bleibt es den Regionen und Gemeinschaften mit ihrem nun hohen Grad an Autonomie unbenommen, politische, wirtschaftliche oder raumordnerische Entwicklungskonzepte denen der Nachbarstaaten anzupassen, die ihnen mentalitätsmäßig am nächsten stehen.

Belgien hat es bislang bei aller Gegensätzlichkeit zwischen Flamen und Wallonen immer wieder verstanden, pragmatisch begründete Lösungen und tragfähige Kompromisse auf friedlichem Wege zu finden. Dies verdient Anerkennung, nicht zuletzt vor dem Hintergrund, dass dies in vielen Staaten der Erde mit sprachlich-ethnischen Konflikten nicht gelungen ist.

Literaturverzeichnis

Abkürzung:

AGN: Algemene Geschiedenis der Nederlanden

Acker, J. van (1975): Antwerpen. Van Romeins veer tot wereldhaven. Antwerpen.

Adam, F., Pieretti, P., Weides, R. & Zahlen, P.: (1999): La croissance de l'économie luxembourgeoise. Mésure, résultats, facteurs de croissance. S. 36–89; in: Weides, R. (Hrsg.): L'économie luxembourgeoise au 20e siècle. Luxemburg.

Alders, B. C. M. & Ruijter, P. A. de (1984): De ruimtelijke spreiding van kansrijke ekonomische aktiviteiten in Nederland. Apeldoorn, Delft.

Alen, A. (1995): Der Föderalstaat Belgien. Nationalismus–Föderalismus–Demokratie. Baden-Baden. (= Schriftenreihe des Europäischen Zentrums für Föderalismus-Forschung 4)

Alexandre, J., Erpicum, M. & Vernemmen, C. (1992): Le climat. S. 88–128; in: Denis, J. (Hrsg.): Géographie de la Belgique, Brüssel.

Algemene Geschiedenis der Nederlanden (AGN; hrsg. v. Blok, D. P., Prevenier, W., Roorda, D. J., Woude, A. M. van der, Houtte, J. A. van, Eerenbeemt, H. F. J. M. van den, Tijn, T. van & Balthazar, H.). Bussum, Haarlem 1977–1983. 15 Bände.

Allegrezza, S. (Hrsg.) (2006): L'économie luxembourgeoise. Un kaléidoscope 2006. Service central de la statistique et des études économiques. Luxemburg.

Als, G. & Schmit, G. (1999): Industrie. S. 307–347; in: Weides, R. (Hrsg.): L'économie luxembourgeoise au 20e siècle. Luxemburg.

Andrianne, R. (1992): Das Französische und der Dialekt in Belgien: Spannungen und Interdependenz. S. 116–135; in: Dahmen, W. et al. (Hrsg.): Germanisch und Romanisch in Belgien und Luxemburg. Tübingen. (= Tübinger Beiträge zur Linguistik 363)

Antonisse, R. (1986): De kroon op het Deltaplan–stormvloedkering Oosterschelde. 2. Aufl., Amsterdam, Brüssel.

Antrop, M., de Maeyer, P., Vandermotten, Ch., Billen, C., Decroly, J.-M., Neuray, C., Ongena, T., Queriat, S., Steen, I. van den & Wayens, B. (2006): La Belgique en cartes. L'évolution du paysage à travers trois siècles de cartographie. Tielt.

Arner, E. et al. (Hrsg.) (1997): Großer Atlas zur Weltgeschichte. Braunschweig.

Atlas de Belgique/Atlas van België (hrsg. v. Comité National de Géographie/Nationaal Comité voor Geografie). Brüssel. 1. Aufl., 1950–1972; 2. Aufl. 1976–1999.

Atlas du Luxembourg (hrsg. v. Ministère de l'Education Nationale). Luxemburg 1971ff.

Atlas van Nederland (hrsg. von der Stichting Wetenschappelijke Atlas van Nederland). 's-Gravenhage. 1. Aufl. 1963–77, 2. Aufl. 1984–91, ab 2001 als aktualisierte Internetversion verfügbar unter http://avn.geog.uu.nl.

Atzema, O. & Dijk, J. van (Hrsg.) (1996): Technologie en de regionale arbeidsmarkt. Assen.

Atzema, O. & Spit, T. (1997): Zoetermeer: minder nieuwbouw, meer herontwikkeling. Geografie 6, 1, 1997, S. 8–11.

Atzema, O. & Wever, E. (1994): De Nederlandse Industrie: ontwikkeling, spreiding en uitdaging. Assen.

Aujean, L., Castiau, E., Roelandts, M. & Vandermotten, C. (2007): Le positionnement des villes belges dans le réseau global des services avancés. Belgeo, 1, 2007, S. 15–29.

Avakian, L. (1935/36): Le rythme de développement des voies ferrées en Belgique de 1835 à 1935. Bull. de l'Institut des sciences économiques 7, 1935–36, S. 449–482.

Baillien, H. (1979): Tongeren. Van Romeinse civitas tot middeleeuwse stad. Assen.

Barends, S., Baas, H. G., Harde, M. J. de, Renes, J., Stol, T., Triest, J. C. van, Vries, R. J. de & Woudenberg, F. J. van (Hrsg.) (2005): Het Nederlandse landschap. Een historisch-geografische benadering. 9. Aufl., Utrecht.

Bartels, C. P. A. & Wolff, J. W. A. (1993): Science parken in Nederland. Economisch statistische berichten 78, 1993, S. 1038–1041.

Barthels, T., Möller, A. & Barthels, K. (2005): Der Eiserne Rhein. Geschichte, Betrieb und Topographie einer transeuropäischen Eisenbahnverbindung. Mönchengladbach.

Barthels, T., Möller, A. & Barthels, K. (2006): Die Montzenroute. Eisenbahnen zwischen Antwerpen, Lüttich, Aachen und Köln. Mönchengladbach.

Baudet, M. J. & Wijers, G. J. (1976): De economische betekenis van Nederlands-Indië voor Nederland. Oude en nieuwe berekeningen. Economisch Statistische Berichten 61, 1976, S. 885–888.

Baudhuin, F. (1961): Belgique 1900–1960. Explication économique de notre temps. Löwen.

Baum, R. (2007): Belgien und der Mythos der Sprache. S. 157–183; in: Begenat-Neuschäfer, A. (Hrsg.): Belgien im Blick: Interkulturelle Bestandsaufnahmen. Frankfurt a. M. (= Belgien im Fokus. Geschichte–Sprachen–Kulturen 1)

Beaverstock, J. V., Smith, R. G. & Taylor, P. J. (1999): A roster of world cities. Cities 16, 1999, S. 445–458.

Becker, S. (2002): Multinationalität hat viele Gesichter. Formen internationaler Unternehmenstätigkeit der Vieille Montagne und der Metallgesellschaft vor 1914. Stuttgart.

Beenakker, J. (1994): Geschiedenis van het Nederlandse veenlandschap. Geografie, 3, 6, 1994, S. 6–11.

Bekaert, G. & Strauven, F. (1971): La construction en Belgique 1945–1970. Brüssel.

Berendsen, H. J. A. (1997): Landschappelijk Nederland. Assen.

Berge, F. & Grasse, A. (2003): Belgien–Zerfall oder föderales Zukunftsmodell? Der flämisch-wallonische Konflikt und die Deutschsprachige Gemeinschaft. Wiesbaden.

Bergh, S. van den (2004): Verdeelt land. De geschiedenis van de ruilverkaveling in Nederland vanuit een lokaal perspectief, 1890–1985. Dissertation, Wageningen Universiteit. Wageningen.

Besch, W., Reichmann, O. & Sonderegger, S. (Hrsg.) (1984): Sprachgeschichte. Ein Handbuch zur Geschichte der deutschen Sprache und ihrer Erforschung. Berlin, New York.

Bister-Broosen, H. (1993): Aspekte von Dialektverlust und Dialektresistenz: Erosion des niederländischen Sprachguts im Dialekt von Krefeld. S. 319–329; in: Waumans, W. (Hrsg.): Mit fremden Augen. Niederländisch: eine Sprache, verschiedene Kulturgemeinschaften. Duisburg. (= Duisburger Arbeiten zur Sprach- und Kulturwissenschaft 15)

Blockmans, W. P., Pieters, G., Prevenier, W. & van Schalk, R. W. M. (1980): Tussen crisis en welvaart: sociale veranderingen 1300–1500. S. 42–86; in: AGN, 4, 1980.

Blok, D. P., Linssen, C. A. A. & Koch, A. C. F. (1981): Politieke ontwikkeling tot het eine van de 11de eeuw. S. 287–383; in: AGN, 1, 1981.

Blom, J. C. H. & Lamberts, E. (Hrsg.) (2001): Geschiedenis van de Nederlanden. Baarn.

Boekema, F. (Hrsg.) (1994): Benelux, quo vadis? Institutioneel-economische beschouwingen over de plaats en toekomst van de Benelux naar aanleiding van haar vijftig-jarig jubileum. Groningen.

Boekema, F., Buursink, J. & Wiel, J. van de (Hrsg.) (1996): Het behoud van de binnenstad als winkelhart. Assen.

Bogaert-Damin, A. M. & Maréchal, L. (1978): Bruxelles. Développement de l'ensemble urbain 1846–1961. Namur.

Bonenfant, P. (1962): La fondation de „villes neuves" en Brabant au moyen âge. Vierteljahrschrift für Sozial- und Wirtschaftsgeschichte 49, 1962, S. 145–170.

Borchert, J. (1986): Urbanisierungstendenzen in Benelux. Geographische Rundschau 38, 7–8, 1986, S. 354–360.

Borchert, J. (1995): Detailhandel op een tweesprong. Binnenstad of periferie, „fun" of „run"? Geografie, 4, 1, 1995, S. 4–8.

Borger, G. J. (1996): Nederland en zijn rivierdijken. Laag land, hoog water. Geografie, 5, 1, 1996, S. 4–7.

Bosch, A. & Ham, W. van der (1998): Twee eeuwen Rijkswaterstaat 1798–1998. Zaltbommel.

Bossenbroek, P., Hermans, J., Smits, J., Vorstermans, S. & Westreenen, F. van (1996): Het land van Peel en Maas. Natuurgebieden in Zuidoost-Nederland. Roermond.

Boyer, J.-C. (1994): Pays-Bas, Belgique, Luxembourg. Paris.

Boyer, J.-C. (1999): Amsterdam. La plus petite des grandes métropoles. Paris.

Brabander, G. L. de (Hrsg.) (1981): La création d'un état d'abondance, S. 207–242; in: Brabander, G. L. de, Gadisseur, J., Gobyn, R. & Liébin, J. (Hrsg.): L'industrie en Belgique. Deux siècles d'évolution. 1780–1980. Crédit Communal de Belgique und Société Nationale de Crédit à l'Industrie. Brüssel.

Breuer, H. (1969): Die Maas als Schiffahrtsweg. Aachen. (= Aachener Geographische Arbeiten 1)

Breuer, H. (1984): Freie und geplante Entwicklungen von Ersatzindustrien, Untersuchungen zum industriellen Strukturwandel mit besonderer Berücksichtigung der südlichen Neuengland-Staaten der USA und von Niederländisch Südlimburg. Aachen. (= Informationen und Materialien zur Geographie der Euregio Maas-Rhein, Beiheft Nr.1)

Breuer, H., Gramm, M., Lorenz, A., Mahnke, L., Marquart, Th., Ortmanns, A., Quarten F., Schacht, S. & Schreiber, Th. (1989): Die Wirtschaftsregion Aachen. Ein Grenzraum im Wandel. Hrsg. v. d. Industrie- und Handelskammer zu Aachen. Aachen.

Brockhaus Enzyklopädie in 30 Bänden. 21. Aufl., Leipzig, Mannheim 2005–2006.

Bronger, D. (2004): Metropolen, Megastädte, Global Cities. Die Metropolisierung der Erde. Darmstadt.

Brück, L., Halleux, J.-M., Mairy, N. & Mérenne-Schoumaker, B. (2005): L'immobilier de bureau en Belgique, un révélateur des mutations économiques et urbaines. Bull. de la Société géographique de Liège 46, 2005, S. 81–98.

Brulard, T. (1962): La Hesbaye. Etude géographique d'économie rurale. Löwen.

Brulard, T. & Wilmet, J. (1985): Louvain-la-Neuve, een origineele nieuwe stad, drie eeuwen na Charleroi. S. 63–78; in: Preudhomme, C. & Viane-Awouters, L. (Hrsg.): De belgische stad van vandaag: waarheen? Driemaandelijks tijdschrift van het Gemeentekrediet van België–speciaal nummer, 39, 154. Brüssel.

Bruneel, D. (1983): De Moeren: een historisch-geografische schets (1616–1827). De Franse Nederlanden, 1983, S. 94–115.

Brunotte, E., Gebhardt, H., Meurer, M, Meursburger, P. & Nipper, J. (2001/2002): Lexikon der Geographie in vier Bänden. Heidelberg, Berlin.

Bruxelles Environnement – Institut Bruxelloise pour la gestion de l'environnement (IBGE) (2002): La forêt de Soignes. Brüssel. www. ibgebim.be.

Buddingh, H. (1999): Geschiedenis van Suriname. 2. Aufl., Utrecht.

Budil-Nadvornika, H., Brouwer, E. & Kleinknecht, A. H. (1995): De regionale spreiding van produkt-innovaties in Nederland. S. 129–139; in: Velden, W. van der & Wever, E. (Hrsg.): Nederland is meer dan de Randstad. De economische emancipatie van overig Nederland. Assen.

Buhlmann, I. (1975): Die Landgewinnung im IJsselmeer. Wiesbaden.

Buhlmann, I. (1981): Der Deltaplan. Die Veränderung der Umwelt im Mündungsgebiet von Rhein, Maas und Schelde. Paderborn.

Buissink, F. (2004): Nationale Parken Nederland. Den Haag.

Buiter, H. (1993): Hoog Catharijne. De wording van het winkelhart van Nederland. Utrecht.

Buntinx, W. (1968): Waterdunen, een vergeten stad in Zeeuws-Vlaanderen. Handelingen der Maatschappij voor Geschiedenis en Oudheidkunde te Gent. Nieuwe reeks –XXII, 1968, S. 145–174.

Burger, J. E. (1996): Langs het industrieel erfgoed van Nederland. Amsterdam.

Burniat, P. (1992): Die Erosion eines Stadtteils. Das Leopold-Viertel in Brüssel. Werk, Bauen und Wohnen, 5, 1992, S. 10–19.

Camerlynck, L. (1993): Französisch-Flandern oder Flandern in Frankreich. S. 287–318; in: Waumans, W. (Hrsg.): Mit fremden Augen. Niederländisch: eine Sprache, verschiedenen Kulturgemeinschaften. Duisburg. (= Duisburger Arbeiten zur Sprach- und Kulturwissenschaft 15)

Cammen, H. van der & Klerk, L. de (1999): Ruimtelijke ordening. Van plannen komen plannen. De ontwikkelingsgang van de ruimtelijke ordening in Nederland. 4. Aufl., Utrecht.

Cammen, H. van der & Klerk, L. de (2006): Ruimtelijke ordening. Van grachtengordel tot Vinex-wijk. 2. Aufl., Utrecht.

Cappeliez, V. & Charlier, J. (1996): Wavre-Ottignies-Louvain-la-Neuve – tripôle de croissance wallifornien. De Aardrijkskunde 20, 1996/4, S. 23–28.

Centre d'histoire de l'architecture et du bâtiment de l'Université Catholique de Louvain à Louvain-la-Neuve (Hrsg.): Architecture Rurale de Wallonie. Lüttich 1983, 1984, 1986, 1987.

Charlier, J., Charlier-Vanderschraege, D., Koninck, R. de & Dorval, G. (2004): Le grand Atlas. Groningen, Brüssel.

Christians, C., Daels, L. & Verhoeve, A. (1992): Les campagnes. S. 484–536; in: Denis, J. (Hrsg.): Géographie de la Belgique, Brüssel.

Claude, J. & Dussart, F. (1975): Les villages des „dries" en Basse et Moyenne Belgique. Bull. de la Société Belge d'Etudes Géographiques XLIV, 2, 1975, S. 239–294.

Colard, A. & Vandermotten, C. (1995): Atlas Economique de la Belgique–Economische Atlas van België–Economic Atlas of Belgium. Brüssel.

Coppens, F. & Gastel, G. van (2003): L'industrie de l'automobile en Belgique: importance de la sous-traitance dans l'assemblage de véhicules automobiles. National Bank of Belgium. Working Paper No. 38. Brüssel. http://www.nbb.be.

Corrélié, A., van der Linde, C. & Westerwoudt, Th. (2003): Natural Gas in the Netherlands. From Cooperation to Competition? Amsterdam.

Costes, G. (2000): Le Canal Albert, Chronique d'une modernisation. Tournai.

Craeybeckx, J. & Kurgan-van Henterijk, G. (1978): Het economische leven in België 1873–1895. S. 11–28. 1895–1914. S. 225–242; in: AGN 13, 1978.

Dagevos, J., Gijsberts, M. & Praag, C. van (Hrsg.) (2003): Rapportage minderheden 2003. Onderwijs, arbeid en sociaal-culturele integratie. Sociaal en Cultureel Planbureau. Den Haag. http://www.scp.nl.

Debackere, K. & Backer, K. de (1999): Clusterbeleid: Een innovatie instrument voor Vlaanderen? Reflecties op basis van een analyse van de automobielsector. Vlaams Instituut voor de Bevordering van het Wetenschappelijk-Technologisch Onderzoek in de Industrie. Brüssel. http://www.iwt.be.

De Bosatlas van Nederland (2007). Groningen.

Debuisson, M., Eggerickx, T., Hermia, J.-P. & Poulain, M. (2000): L'Evolution de la population, l'age et le sexe. Monographie no 1 du recensement générale de la population et des logements au 1er mars 1991. Brüssel.

De Grote Bosatlas van Nederland (2003, 2007). Groningen.

Deichmann, A. (1917): Die Binnen-Wasserstraßen Belgiens. Brüssel. (= Dissertation RWTH Aachen)

Demoulin, B. & Kupper, J.-L. (Hrsg.) (2004): Histoire de la Wallonie. De la préhistoire au XXIe siècle. Toulouse.

Dénis, J. (Hrsg.) (1992): Géographie de la Belgique. Brüssel.

Derudder, B. & Taylor, P. J. (2003): The global capacity of Belgium's major cities: Antwerp and Brussels compared. Belgeo, 4, 2003, S. 459–476.

Dessouroux, Chr. (Hrsg.) (2008): Espaces partagés – Espaces disputés. Bruxelles, une capitale et ses habitants. Ministère de la Région Bruxelles-Capitale, Direction Études et Planification, Administration de l'Aménagement du Territoire et du Logement. Brüssel.

Deth, J. W. van & Vis, J. C. P. M. (1995): Regeren in Nederland. Het politieke en bestuurlijke bestel in vergelijkend perspectief. Assen.

Dieleman, F. M. & Musterd, S. (Hrsg.) (1999): Voorbij de compacte stad? Assen.

Dieleman, F. M. & Priemus, H. (Hrsg.) (1996): De inrichting van stedelijke regio's. Randstad, Brabantse stedenrij, Ruhrgebiet. Assen.

Dietz, T., Hoekstra, P. & Thissen, F. (Hrsg.) (2004): The Netherlands and the North Sea. Dutch Geography 2000–2004. Utrecht. (= Nederlandse Geografische Studies 325)

Dijkmans, J. W. A. (1995): Natuurlijke achtergrond-waarden in Amsterdam bijna overal overschreden. Geografie, 4, 5, 1995, S. 5–10.

Dijkstra, O. A. (2006): Inleiding Ruimtelijke Ordening en Volkshuisvesting. Alphen aan der Rijn/'s-Gravenhage.

Dijkstra, O. A. & Weijer, W. A. de (1998): Ruimtelijke Ordening en Volkshuisvesting. 6. Aufl., Alphen aan den Rijn/'s-Gravenhage.

Doorselaer, A. van (1981): De Romeinen in de Nederlanden. S. 21–98; in: AGN 1, 1981.

Doutrelepont, R. (1977): Le logement dans la province de Liège vu à travers les statistiques. Revue belge d'histoire contemporaine VIII, 3–4, 1977, S. 519–538.

Drooglever, P. J. (1982): Dekolonisatie van Oost- en West-Indië. S. 421–445 in: AGN 15, 1982.

Duin, R. H. A. van & Kaste, G. de (1997): The pocket guide to the Zuyder Zee project. 3. Aufl. Lelystad.

Dumont, G.-H. (2000): Histoire de la Belgique. Brüssel.

Duren, A. J. van (1995): De dynamiek van het constante. Over de flexibiliteit van de Amsterdamse binnenstad als economische plaats. Utrecht.

Dussart, F. (1957): Geographie der ländlichen Siedlungsformen in Belgien und Luxemburg. Geographische Rundschau 9, 1, 1957, S. 2–18.

Dussart, F. (1961): Les types de dessin parcellaire et leur répartition en Belgique. Bull. de la Société Belge d'Etudes Géographiques XXX, 1, 1961, S. 21–65.

Dussart-Debèfve, S. (1992): Minorités et plurilinguisme en Belgique. S. 1–11; in: San-guin, A.-L. (Hrsg.): Les minorités ethniques en Europe, Paris.

Eggerickx, T., Poulain, M. & Schoumaker, B. (2000): La mobilité spatiale de la popula-tion. Institut National de Statistique. Mono-graphie no 2 du recensement générale de la population et des logements au 1er mars 1991. Brüssel.

Elerie, J. N. H. & Pellenbarg, P. H. (Hrsg.) (1998): De welvarende periferie. Beschou-wingen over infrastructuur, economie en het mozaïek van functies in Noord- en Oost-Nederland. Groningen.

Ennen, E. (1972): Stadt und Wallfahrt in Frankreich, Belgien, den Niederlanden und Deutschland. S. 1057–1075; in: Ennen, E. & Wiegelmann, G. (Hrsg.): Festschrift für Matthias Zender, 2, Bonn.

Entringer, H. (1997): La Présence Européenne à Luxembourg. Historique, conséquences et perspectives de l'implantation des institu-tions communautaires. Luxemburg.

Erbe, M. (1993): Belgien, Niederlande, Luxemburg: Geschichte des niederländi-schen Raumes. Stuttgart, Berlin, Köln.

Esser, R. (1991): Het platteland: De speeltuin van de stad? S. 61–80; in: Rijn, C. J. (Hrsg.): De Verbeelding van het Platteland. Deventer.

Evers, D. (2002): The Rise (and Fall?) of Na-tional Retail Planning. Tijdschrift voor Eco-nomische en Sociale Geografie 93, 1, 2002, S. 107–113.

Farasyn, D. (1965): Ostende. In: Plans en Re-lief de Villes Belges Levés par des Ingénieurs Militaires Français XVIIe–XIXe siècle. Brüs-sel.

Feitsma, A., Jappe Alberts, W. & Sjöli, B. (1987): Die Friesen und ihre Sprache. Bonn.

Foerste, W. (1957): Geschichte der nieder-deutschen Mundarten. S. 1730–1898; in: Krogmann, W. (Hrsg.): Deutsche Philologie im Aufriß 1, Berlin.

Froessler, R. (1995): Die integrierte Erneue-rung benachteiligter Stadtquartiere in den Niederlanden. Dortmund. (= Institut für Landes- und Stadtentwicklungsforschung des Landes Nordrhein-Westfalen, ILS-Schriften Nr. 87a [Stadtviertel in der Krise, Materialband 1: Niederlande]).

Froment, A., Tanghe, M. & Vanheckel, L. (1992): Les écotopes. S. 262–291; in: Denis, J. (Hrsg.): Géographie de la Belgique. Brüssel.

Gaastra, F. (1980): De VOC in Azië tot 1680. S. 174–219; in: AGN, 7, 1980.

Gans, W. de (1981): Fysisch-Geografische Streekbeschrijving Nr. 2. Het Gebied van de Drentsche Aa. Geografisch Tijdschrift XV, 3, 1981, S. 243–252.

Genicot, L. (1973a): Les grandes villes de l'occident en 1300. S. 199–219; in: Mé-langes E. Perroy, Paris.

Genicot, L. (Hrsg.) (1973b): Histoire de la Wallonie. Toulouse.

Genicot, L., Lefèvre, J. & Ruwet, J. (1962): Histoire de Belgique. 2. Aufl., Tournai.

Genicot, L. F. (1976): Châteaux de Plaisance, Manoirs, Demeures Classiques et Résidences d'Été. Brüssel.

Görtzen, C. (2007): Lokale Zuständigkeiten und grenzüberschreitende Regionalisierung – untersucht an Gemeinden des belgisch-deutsch-niederländischen Dreiländerecks. Aachen. (= Informationen und Materialien zur Geographie der Euregio Maas-Rhein, Beiheft 11)

Gorp, P. J. M. van (1987): Tilburg, eens de wolstad van Nederland. Bloie en ondergang van de Tilburgse wollenstoffenindustrie. Eindhoven.

Gorter, C., Nijkamp, P. & Klamer, P. (2003): The attraction force of out-of-town shopping malls: A case study on run-fun shopping in the Netherlands. Tijdschrift voor Econo-mische en Sociale Geografie 94, 2, 2003, S. 219–229.

Goslinga, C. C. (1979): De Nederlandse Antil-len en Suriname 1914–1941. S. 400–406; in: AGN 14, 1979.

Gottschalk, M. K. E. (1955, 1958): Histo-rische geografie van Westelijk Zeeuws-Vlaan-deren, 2 Bde., Assen (Neuaufl.).

Gottschalk, M. K. E. (1983): Historische geo-grafie van westelijk Zeeuws-Vlaanderen, 2 Bde., Assen 1955, 1958 (Neuaufl. 1983).

Gottschalk, M. K. E. (1984): De Vier Am-bachten en het Land van Saaftingen in de Middeleeuwen. Een historisch-geografisch onderzoek betreffende Oost Zeeuws-Vlaande-ren. Assen.

Grimmeau, J. P. (2004): Le commerce dans les grandes villes belges et leur périphérie. De handel in de grote Belgische Steden en hun stadsrand. Brüssel.

Groenendijk, P. & Vollaard, P. (1996a): Gids voor moderne architektuur in Amsterdam. Rotterdam.

Groenendijk, P. & Vollaard, P. (1996b): Gids voor moderne architektuur in Rotterdam. Rotterdam.

Groß, B., Wille, C., Gengler, C. & Thull, P. (2006): SaarLorLux von A–Z. Handbuch für die grenzüberschreitende Zusammenarbeit in der Großregion. Baden-Baden.

Guns, P. (1973): Historische evolutie van het polderlandschap langs de linker Schelde-Oever. Antwerpen.

Gysseling, M. (1960): Toponymisch Woorden-boek van België, Nederland, Luxemburg, Noord-Frankrijk en West-Duitsland (vóór 1226). Tongeren.

Gysseling, M. (1962): La genèse de la fron-tière linguistique dans le Nord de la Gaule. Revue du Nord, XLIV, 1962, S. 5–37.

Gysseling, M. (1981): Germanisering en taal-grens. S. 100–115; in: AGN 1, 1981.

Haar, H. & Keijzer, A. de (1996): Woning-bouw, infrastructuur en boerderijenbouw. S. 60–69; in: Rijkswaterstad, Directie IJssel-meergebied (Hrsg.): Nieuwe ruimte. Sociaal-economische en stedebouwkundige ontwikke-ling van Zuidelijk Flevoland. Lelystad.

Hadewych, G., Lierde, D. van & Verspecht, A. (2003): De Vlaamse glastuinbouw en zijn concurrenten. Brüssel. (= Centrum voor Landbouweconomie publicatie 109)

Haegen, H. van der (1986): Belgien, ein Land im Umbruch. Geographische Rundschau 38, 7–8, 1986, S. 369–376.

Haegen, H. van der, Brulard, T., Kesteloot, C. & Vanneste, D. (1992): Les villes. S. 428–482; in: Denis, J. (Hrsg.): Géographie de la Belgique. Brüssel.

Hall, P. (1966; 1987): The World Cities. London.

Hambloch, H. (1977): Die Beneluxstaaten. Eine geographische Landeskunde. Darm-stadt. (= Wissenschaftliche Länderkunden, 13; hrsg. v. W. Storkebaum)

Hansotte, G. (1952): Histoire de la révolution dans la principauté de Stavelot-Malmédy. Bull. de l'Institut archéologique liégeoise, LXIX, 1952, S. 5–131.

Hansotte, G. (1975): Pays de fer et de houille. S. 269–294; in: Hasquin, H. (Hrsg.): La Wallonie: Le Pays et les Hommes 1. Brüssel.

Hasquin, H. (1971): Une mutation. Le pays de Charleroi aux XVIIe et XVIIIe siècles. Brüssel.

Hasquin, H. (1979): Nijverheid in de Zuide-lijke Nederlanden 1650–1795. S. 124–159; in: AGN 8, 1979.

Hasquin, H. (Hrsg.) (1980/1981): Gemeenten van België. Geschiedkundig en administra-tief-geografisch woordenboek. Bd. 1, Vlaan-deren, Bd. 2, Vlaanderen-Brussel. Brüssel 1980. Bd. 3, Wallonië, Bd. 4, Wallonië. Brüssel 1981 (erschienen auch unter „Communes de Belgique").

Hayt, F., Grommen, J., Janssen, R. & Manet, A. (2001): Atlas van de algemene en Bel-gische geschiedenis. 5. Aufl. Lier.

Hecke, E. van (1986): Landwirtschaft der Be-nelux-Staaten. Geographische Rundschau 38, 7–8, 1986, S. 361–376.

Hecke, E. van (1992): L'agriculture. S. 332–355; in: Denis, J. (Hrsg.): Géogra-phie de la Belgique. Brüssel.

Hecke, E. van (2001): Measuring poverty among farmers in Belgium. Belgeo 3, 2001, S. 247–262.

Hecke, E. van & Meert, H. (2000): Belgian agriculture and rural environments. The spa-tial dimension of contemporary problems and challenges. Belgeo 2000, Spezialaus-gabe, 2000, S. 201–217.

Heijboer, D. & Nellestijn, J. (2002) (Hrsg.): Klimaatlas van Nederland. De Normaalperio-de 1971–2000. Rijswijk, De Bilt.

Hélin, E. (1963): Le paysage urbain de Liège avant la révolution industrielle. Lüttich.

Hendrikx, S. (1998): De ontginning van Ne-derland. Het ontstaan van de agrarische cul-tuurlandschappen in Nederland. Utrecht.

Hessels, M. (1992): Locational dynamics of business services, an intrametropolitan study on the Randstad Holland. Utrecht/Amster-dam. (= Netherlands Geographical Studies 147)

Hoefte, R. A. L. (1990): Suriname. Oxford.

Hoffmann, F. (1992): 1839–1989. Fast 150 Jahre amtlicher Zwei- und privater Einspra-chigkeit in Luxemburg. Mit einem national-sozialistischen Zwischenspiel. S. 149–164; in: Dahmen, W. et al. (Hrsg.): Germanisch und Romanisch in Belgien und Luxemburg. Tübin-gen. (= Tübinger Beiträge zur Linguistik 363)

Hofstee, E. W. (1981): Demografische ontwikkeling van de Noordelijke Nederlanden circa 1800–circa 1975. S. 63–93; in: AGN 10, 1981.

Horst, J. van (2007): Het Nederlands in België. S. 233–242; in: Begenat-Neuschäfer, A. (Hrsg.): Belgien im Blick: Interkulturelle Bestandsaufnahmen. Frankfurt a. M. (= Belgien im Fokus. Geschichte–Sprachen–Kulturen 1)

Houtte, J. A. van (1977): An Economic History of the Low Countries, 800–1800. London.

Houtte, J. A. van (1982): De geschiedenis van Brugge. Tielt, Bussum.

Houtte, K. van, De Corte, S. & Corijn, E. (2005): Ruimtelijke studie van sociale uitsluiting in Brusselse wooncomplexen. Een onderzoek naar armoede in sociale naoorlogse hoogbouw. De Aardrijkskunde, 29, 1–2, 2005, S. 75–83.

Houtum, H. van & Gielis, R. (2006): Elastic migration: the case of Dutch short-distance transmigrants in Belgian and German borderlands. Tijdschrift voor Economische en Sociale Geografie, 97, 2, 2006, S. 195–203.

Hoyois, G. (1949–1953): L'Ardenne et l'Ardennais. 2 Bde. Brüssel, Paris.

Hübsch, M. (2004): Wirtschaftsräumliche Möglichkeiten und Grenzen einer wirtschaftsfördernden Politik für das Großherzogtum Luxemburg (vor dem Hintergrund der Erweiterung der Europäischen Union um Staaten aus Mittel- und Osteuropa). Aachen. (= Aachener Geographische Arbeiten 39)

Huijsman-Visser, K. (1993): Deventer. Een Europese Hanzestad. Deventer.

Ibelings, H. (1995): Niederländische Architektur des 20. Jh. München, New York.

Institut National de Statistique (INS): Evolution du chiffre de la population des communes belges au cours de la période 1831–1961. Brüssel o. J.

Israel, J. (1995): The Dutch Republic. Its Rise, Greatness, and Fall, 1477–1806. Oxford.

Janse, H. (1994): Building Amsterdam. Amsterdam.

Jansen, H. P. H. (1982): Handel en nijverheid, 1000–1300. S. 148–186; in: AGN 2, 1982.

Jansen, H. P. H., Kuys, J. A. E., Ehbrecht, W., Hemptinne, Th. de, Vandermaesen, M., Avonds, P. & Baerten, J. (1982): Politieke ontwikkeling circa 1100–1400. S. 281–502; in: AGN 2, 1982.

Jehin, J.-B. (2002): Influence des politiques des pouvoirs publics en matière d'implantation commerciale sur l'activité en centre-ville. Comparaison: Liège, Maastricht et Aix-la-Chapelle. Bull. de la Société géographique de Liège 42, 2002, S. 39–51.

Jonge, J. A. de (1977): Het economische leven in Nederland 1844–1873. S. 53–76; in: AGN 12, 1977.

Jonge, J. A. de (1978a): Het economische leven in Nederland 1873–1895. S. 35–56; in: AGN 13, 1978.

Jonge, J. A. de (1978b): Het economische leven in Nederland 1895–1914. S. 249–284; in: AGN 13, 1978.

Jonge, J. A. de (1979a): Het economische leven in Nederland 1873–1895. S. 35–56; in: AGN 13, 1979.

Jonge, J. A. de (1979b): Het economische leven in Nederland 1895–1914. S. 249–284; in: AGN 13, 1979.

Jongkees, A. G., Blockmans, W. P., Uyttebrouck, A., Lejeune, J., Jansen, H. P. H., Berents, M. D. A. & Sivéry, G. (1980): Politieke ontwikkeling 1384–1482. S. 183–314; in: AGN 4, 1980.

Joris, A. (1972): Les villes de la Meuse et leur commerce au Moyen Age. Studia Historiae Oeconomicae, 1972, S. 3–20.

Keeris, H. (1981): Geografie van de Zuidelijke Nederlanden, 1770–heden. S. 47–62; in: AGN 10, 1981.

Kemme, G. (1996): Amsterdam Architecture. 4. Aufl., Bussum.

Kempen, R. van (1995): The urban poor in the Netherlands and the residential mix in the cities. Espace–Population–Sociétés, 3, 1995, S. 305–322.

Kempen, R. van & Priemus, H. (Hrsg.) (1999): Stadswijken en herstructurering. Assen.

Kesteloot, C. (2000): Brussels: Post-Fordist Polarization in a Fordist Spatial Canvas. S. 186–210; in: Marcuse, P. & Kempen, R. van (Hrsg.): Globalizing Cities. A New Spatial Order? Oxford, Malden.

Kesteloot, C. (2004): La Wallonie de la „Question Royale" à nos jours (1950–2004), S. 311–343; in: Demoulin, B. & Kupper, J.-L. (Hrsg.): Histoire de la Wallonie. De la préhistoire au XXIe siècle. Toulouse.

Keuning, H. J. (1955, 1998): Mozaïek der functies. Den Haag. (Neudruck: Groningen 1998)

Kistemaker, R. (1993): Amsterdam 1300–1700: van „geringhe visschers" naar een „kleyne wereldt". S. 76–92; in: Taverne, E. & Visser, I. (Hrsg.): Stedebouw. De geschiedenis van de stad in de Nederlanden van 1500 tot heden. Nijmegen.

Kleinknecht, A. H. & Poot, A. P. (1990): De regionale dimensie van innovatie in de Nederlandse industrie en dienstverlening. Amsterdam. (= SEO rapport nr. 260)

Klep, P. M. M. (1976): Urbanization in a Pre-Industrial Economy. The Case of Brabant. Belgisch Tijdschrift voor Nieuwste Geschiedenis, VII, 1–2, 1976, S. 153–168.

Knippenberg, H. (1992): De Religieuze Kaart van Nederland. Assen, Maastricht.

Knippenberg, H. & Pater, B. de (1997): De eenwording van Nederland. Schaalvergroting en integratie sinds 1800. 4. Aufl., Nijmegen.

Kok, J. A. M. M., Offerman, G. J. D. & Pellenberg, P. H. (1984): Innovatieve bedrijven in Nederland. Een onderzoek naar de aard en regionale spreiding van innovaties in het Nederlandse midden- en kleinbedrijf. Groningen. (= Geografisch Instituut Groningen, Sociaal-Geografische Reeks nr. 32)

Kok, R. (1995): De opmars van de perifere detailhandelsvestiging. Geografie, 4, 1, 1995, S. 9–13.

Koll, J. (Hrsg.) (2007): Belgien. Geschichte, Politik, Kultur, Wirtschaft. Münster.

Koning, J. C. de, Keijzer, A. de, Davelaar, P., Scheer, F. J. van der, Schrijver, J. A. A. &

van der Zijp, H. W. (Hrsg.) (1996): Nieuwe ruimte. Sociaal-economische en stedebouwkundige ontwikkeling van Zuidelijk Flevoland. Ministerie van Verkeer en Waterstaat, Directoraat-Generaal Rijkswaterstaat, Directie Jsselmeergebied, Lelystad.

Koppe, B. (1999): Der letzte Baustein des Deltaplans: Maeslant-Sperrwerk. Zeitschrift für Binnenschiffahrt, 3, S. 74–76.

Kramer, J. H. T. (1990): Luchthavens en hun uitstraling. Een onderzoek naar de economische en ruimtelijke uitstralingseffecten van luchthavens. Amsterdam, Nijmegen. (= Nederlandse Geografische Studies 116)

Kranenburg, R. (2007): Compact Geography of The Netherlands. Koninklijk Nederlands Aardrijkskundig Genootschap. Royal Dutch Geographical Society. Utrecht.

Kranz, H. (1999): Lütticher Steinkohlenbergbau im Mittelalter. Aufstieg–Bergrecht–Unternehmer–Umwelt–Technik. Aachen. (= Aachener Studien zur älteren Energiegeschichte 6)

Kreukels, A. M. J. (1999): Herstructurering als jongste actualisierung van stadsvernieuwing. S. 21–28; in: Kempen, R. van & Priemus, H. (Hrsg.): Stadswijken en herstructurering. Assen.

Kreukels, T. & Wever, E. (Hrsg.) (1998): North Sea Ports in Transition: Changing Tides. Assen.

Krings, W. (1984): Innenstädte in Belgien. Gestalt, Veränderung, Erhaltung (1860–1978). Bonn. (= Bonner Geographische Abhandlungen 68)

Kulke, E. (2004): Wirtschaftsgeographie. Paderborn.

Lademacher, H. (1993): Die Niederlande. Politische Kultur zwischen Individualität und Anpassung. Berlin.

Lagasse, C.-E. (2007): L'Histoire et les Institutions de la Communauté française–Wallonie–Bruxelles. S. 75–88; in: Begenat-Neuschäfer, A. (Hrsg.): Belgien im Blick: Interkulturelle Bestandsaufnahmen. Frankfurt a. M. (= Belgien im Fokus. Geschichte–Sprachen–Kulturen 1)

Lagneux, F. (2004): Importance économique des ports maritimes flamandes: rapport 2002. Brüssel. (= National Bank of Belgium, Working Paper No. 56)

Lambooy, J. G. (1994): Technologie en regionale economie. S. 84–100; in: Atzema, O. A. L. C. & Wever, E. (Hrsg.): De Nederlandse Industrie: ontwikkeling, spreiding en uitdaging. Assen.

Leboutte, R., Puissant, J. & Scuto, D. (1998): Un siècle d'histoire industrielle (1873–1973). Belgique, Luxembourg, Pays-Bas. Industrialisation et sociétés. Paris.

Lebrun, P. (1981): La révolution industrielle. S. 25–47; in: Brabander, G. L. de et al. (Hrsg.): L'industrie en Belgique. Deux siècles d'évolution. 1780–1980. Crédit Communal de Belgique und Société Nationale de Crédit à l'Industrie. Brüssel.

Lefèvre, M. A. (1926): L'habitat rural en Belgique. Lüttich.

Lefèvre, M. A. (1964): Modes du Peuplement rural. Kommentar zu Blatt 27 des Atlas de Belgique. Brüssel.

Lentjes, W., Savelkouls, T. & Weidema, B. (1995): Mainports. Nederland distributieland. Malmberg.

Lippmann, P. (2006) (Hrsg.): Atlas hydro-climatologique du Grand-Duché de Luxembourg 2005. Luxembourg.

Louter, P. J. (1992): Economische structuurverandering en regionale specialisatie. Rotterdam. (= EGI-Onderzoekspublikaties 4, Erasmus Universiteit Rotterdam)

Louw, E. & Bontekoning, Y. (2007): Planning of industrial land in the Netherlands: Its rationales and consequences. Tijdschrift voor Economische en Sociale Geografie, 98, 1, 2007, S. 121–129.

Lukey, R., Fedorova, T., Hermans, C. & Slot, J. (2004): Winkelen in Amsterdam. Gemeente Amsterdam, Dienst Onderzoek en Statistiek. Amsterdam.

Lupi, T. (2007): „Place making" IJburg: buiten wonen in de stad. S. 145–159; in: Kempen, R. van & Musterd, S.: De stadsbuurt: ontwikkeling en betekenis. Assen.

Maarel, E. van der & Dauvellier, P. L. (1978): Naar een globaal ecologisch model voor de ruimtelijke ontwikkeling van Nederland (twee delen). Den Haag: Ministerie van Volkshuisvesting en Ruimtelijke Ordening.

Maarleveld, G. C., ten Cate, J. A. M. & Lange, G. W. de (1974): Geomorfologie, Atlas van Nederland, Blad III-1, Delft.

Maas, J. H. M. (1994): De Nederlandse agrosector. Geografie en dynamiek. Assen.

Maas, J. H. M. (1996): Toekomstperspectieven voor de Nederlandse agrosector. Geografie, 1, 1996, S. 32–37.

Maeyer, P. de (Hrsg.) (2004): De Boeck Atlas. Mens en aarde. Antwerpen.

Maréchal, R. (1988): Bodemgeschiktheid. Aptitude des sols. Atlas de Belgique/Atlas van België, 2. Aufl., Brüssel.

Maréchal, R. (1992a): La structure géologique. S. 37–86; in: Denis, J. (Hrsg.): Géographie de la Belgique. Brüssel.

Maréchal, R. (1992b): Géologie du Quaternaire–Kwartairgeologie. Atlas de Belgique/Atlas van België. 2. Aufl., Brüssel.

Maréchal, R. & Ameryckx, J. (1992): Les sols. S. 241–260; in: Denis, J. (Hrsg.): Géographie de la Belgique. Brüssel.

Martens, M. (Hrsg.) (1976): Histoire de Bruxelles. Toulouse.

Matthijs, K. & Draguet, M. (1992): Die Belgier. Eupen.

MDW (Marketing, Deregulering en Wetgevingskwaliteit) Werkgroep PDV-GDV (2000): Meer met minder. Naar een nieuw ruimtelijk beleid voor de detailhandel. Den Haag. http://appz.ez.nl/publicaties/pdfs/11B94.pdf.

Meerhaege, M. A. G. (1987): The Belgium-Luxemburg Economic Union. SUERF Series, 54A.

Meester, W. & Pellenberg, P. (2006): The spatial preference map of Dutch entrepreneurs: Subjective ratings of locations, 1983, 1993 and 2003. Tijdschrift voor Economische en Sociale Geografie, 97, 4, 2006, S. 364–376.

Meijer, H. (1994): Kleine Geographie der Niederlande. Informations- und Dokumentationszentrum für die Geographie der Niederlande. Utrecht, Den Haag.

Meijer, H. (1996): Die Niederlande und das Wasser. Informations- und Dokumentationszentrum für die Geographie der Niederlande. Utrecht, Den Haag.

Mérenne-Schoumaker, B. & Vandermotten, C. (1992): L'industrie. S. 358–397; in: Dénis, J. (Hrsg.): Géographie de la Belgique. Brüssel.

Mérenne-Schoumaker, B., Haegen, H. van der & Hecke, E. van (Hrsg.) (1997): België ruimtelijk doorgelicht. Brüssel. (= Het Tijdschrift van het Gemeentekrediet 51)

Mérenne-Schoumaker, B. & Devillet, G. (2001): La distribution des industries dans une région: des images multiples. Le cas de la Wallonie. Bull. de la Société géographique de Liège 40, 2001/1, S. 95–116.

Mertens, J. (Hrsg.) (1980): Bronnen voor de historische geografie van België. Handelingen van het colloquium te Brussel. Brüssel.

Mertens, J. (1982): Landschap en geografie in het Zuiden, 1300–1480. S. 40–47; in: AGN 2, 1982.

Messing, F. (1982): Het economische leven in Nederland 1945–1980. S. 159–201; in: AGN 15, 1982.

Ministère des Travaux Publics, Service Géologique (1974): Carte géologique générale du Grand Duché de Luxembourg. Luxemburg.

Ministerie van Volkshuisvesting, Ruimtelijke Ordening en Milieubeheer (2000): Nota „Mensen, Wensen, Wonen". Den Haag.

Ministerie van Volkshuisvesting, Ruimtelijke Ordening en Milieubeheer (2001): Vijfde Nota ruimtelijke ordening. Den Haag.

Ministerie van Volkshuisvesting, Ruimtelijke Ordening en Milieubeheer et al. Ministerien (2006): Nota Ruimte. Ruimte voor ontwikkeling. Den Haag. www2.minvrom.nl/notaruimte.

Mollin, G. (1996): Die USA und der Kolonialismus. Amerika als Partner und Nachfolger der belgischen Macht in Afrika 1939–1965. Berlin. (= Studien zur Internationalen Geschichte 1)

Molling, V. (1999): Un nouveau pôle de croissance: les services aux entreprises. S. 402–404; in: Weides, R. (Hrsg.): L'économie luxembourgeoise au 20e siècle. Luxemburg.

Mols, R. (1954–56): Introduction à la démographie historique des villes d'Europe du XIVe au XVIIIe siècle. 3 Bde., Löwen.

Moor, G. de & Pissart, A. (1992): Les formes du relief. S. 129–216; in: Denis, J. (Hrsg.): Géographie de la Belgique. Brüssel.

Moureaux, P. (1971): Les préoccupations statistiques du gouvernement des Pays-Bas autrichiens. Brüssel.

Mousset, J.-L. (1994): L'industrialisation du Luxembourg de 1800 à 1914. Musée National d'Histoire et d'Art. Luxemburg.

Mulder, G. J. A. (Hrsg.) (1949–1959): Handboek der Geografie van Nederland. 6 Bde. Zwolle.

Muntendam, J. & Wever, E. (Hrsg.) (1994): Industriepolitiek in Nederland en Europa. Assen.

Musterd, S. & Pater, B. de (1994): Randstad Holland. Internationaal, regionaal, lokaal. Assen.

Musterd, S. & Deurloo, R. (2006): Amsterdam and the preconditions for a creative knowledge city. Tijdschrift voor Economische en Sociale Geografie, 97, 1, 2006, S. 80–94.

Nationaal Geografisch Instituut/Institut Géographique National (1992): Topografische Atlas Belgie/Belgique, Atlas Topographique. Brüssel.

Nederlands Interdisciplinair Demografisch Instituut (2003): Bevolkingsatlas van Nederland. Demografische Ontwikkelingen van 1850 tot heden. Den Haag.

Nienhaus, J. (1993): Qualitätsorientierte Produktion in Agrar-Verbund-Systemen. Dargestellt anhand von Fallbeispielen aus der deutschen und niederländischen Speisekartoffel- und Schweinefleischerzeugung. Vechta. (= Vechtaer Studien zur Angewandten Geographie und Regionalwissenschaft 7)

Niessen, J. (1950): Geschichtlicher Handatlas der deutschen Länder am Rhein, Teil: Mittel- und Niederrhein. Hrsg. v. Institut für geschichtl. Landeskunde der Rheinlande Bonn. Köln–Lörrach.

Nilson, E. (2006): Räumlich-strukturelle und zeitlich-dynamische Aspekte des Landnutzungswandels im Dreiländereck Belgien-Niederlande-Deutschland. Dissertation Aachen. Aachen. http://darwin.bth.rwth-aachen.de/opus3/volltexte/2006/1612/

North, M. (1997): Geschichte der Niederlande. München.

Nottrot, I. (1998): Von der grünen Wiese zur Stadt. Fonds d'Urbanisation et d'Aménagement du Plateau de Kirchberg. Luxemburg.

Nottrot, J. (1985): Luxemburg. Beiträge zur Stadtgeographie einer europäischen Hauptstadt und eines internationalen Finanzplatzes. Innsbruck. (= Innsbrucker Geographische Studien 12)

Observatoire du Wallon (2003): Le tourisme en Région wallone. Édition 2003. Jambes. www.observatoire.tourisme.wallonie.be

Office National du Tourisme (ONT) (2005/2006): Compendium de l'année 2004 (2005). Luxemburg 2005/2006. www.ont.lu

ONT → siehe Office National du Tourisme

Ostendorf, W. & Musterd, S. (1996): Groei-kernen en compacte steden. Nieuwe grenzen voor de ruimtelijke ordening. Planologisch Nieuws, 16, 2, 1996, S. 91–101.

Ostyn, G. (1982): De Frans-Belgische Moeren. Monumenten en landschappen 1, 1982, S. 39–44.

Ouwehand, A. (2001): De woningwet en de woningcorporaties. „Uitsluitend in het belang van de volkshuisvesting werkzaam". Geografie 9, 4, 2001, S. 18–21.

Panhuysen, T. A. S. M. (1996): Romeins Maastricht en zijn beelden. Assen.

Panne, G. & Dolfsma, W. (2003): The odd role of proximity in knowledge relations: hightech in the Netherlands. Tijdschrift voor Economische en Sociale Geografie, 94, 4, S. 453–462.

Panowitsch, D. (1994): Französisch und Niederländisch in Brüssel. Frankfurt.

Pater, B. de (1996): The Hague has awakened. Geografie 5, 4, 1996, S. 4–11.

Pater, B. de, Hoekveld, G. A. & Ginkel, J. A. van (1989): Nederland in delen. Een regionale geografie. Houten.

Philippart, R. L. (1999): De 1900 à 1999: la clientèle touristique, une question de choix? S. 360–369; in: Weides. R. (Hrsg.): L'économie luxembourgeoise au 20e siècle. Luxemburg.

Piket, J. J. C., Teune, P. & Bouwer, K. (1989): Milieu. In: Atlas van Nederland in 20 delen, deel 17. 's-Gravenhage.

Pinnel, R. (1989): Histoire sommaire du tourisme luxembourgeois. Luxemburg.

Plans en relief de villes belges, levés par des ingénieurs militaires français, XVIIe–XIXe siècle. Brüssel (1965)

Pletsch, A. (2003): Frankreich. 2. Aufl., Darmstadt.

Polano, M. (1997): Een lange weg. De totstandkoming van de Monumentenwet. S. 92–111; in: Rijksdienst voor de Monumentenzorg (Hrsg.): In dienst van het erfgoed. Zwolle.

Polenz, P. von (1991, 1994): Deutsche Sprachgeschichte vom Spätmittelalter bis zur Gegenwart. 1 u. 2. Berlin.

Porter, M. (1999): Wettbewerb und Strategie. Boston, München.

Preudhomme, C. & Viaene-Awouters, L. (Hrsg.) (1985): De belgische stad van vandaag: waarheen? Driemaandelijks tijdschrift van het Gemeentekrediet van België – speciaal nummer, 39, 154. Brüssel.

Prevenier, W. (1983): La démographie des villes du comté de Flandre aux XIVe et XVe siècles. Revue du Nord LXV, 257, 1983, S. 255–276.

Priemus, H. (1998): The Randstad and the Central Netherlands Urban Ring: Planners Waver Between Two Concepts. European Planning Studies, 6, 4, 1998, S. 443–455.

Priemus, H. (2001): Honderd jaar Woningwet: zegen of vloek? Geografie, 9, 4, 2001, S. 5–9.

Puttemans, P. (1974): L'architecture moderne en Belgique. Brüssel.

Raxhon, P. (2004): Le siècle des forges ou la Wallonie dans le creuset belge (1794–1914). S. 233–276; in: Demoulin, B. & Kupper, J.-L. (Hrsg.): Histoire de la Wallonie. De la préhistoire au XXIe siècle. Toulouse.

Recollecte, D. (1995): Dernières évolutions de la localisation des bureaux en région bruxelloise. Revue Belge de Géographie, 119, 3–4/59, 1995, S. 345–355.

Région de Bruxelles-Capitale (2001): Projet de plan régional de développement. Brüssel.

Reichert, A. & Eberle, I. (2005): Luxemburg: das Gibraltar des Nordens. Festungsbauliche Relikte eines UNESCO-Weltkulturerbes. S. 185–205; in: Becker, C. (Hrsg.): Grenz-Touren. Exkursionen zwischen Maas, Mosel, Saar und Rhein. Trier. (= Trierer Geographische Studien 28)

Reisz, M. (1991): Europe's Jewish Quarters. London.

Rijks Geologische Dienst (1985): Geologie. In: Atlas van Nederland in 20 delen, deel 13. 's-Gravenhage.

Robert, Y. (2002): Le complexe industriel du Grand-Hornu. Paris.

Rondeel, H. E., Batjes, D. A. J. & Nieuwenhuijs, W. H. (Hrsg.) (1996): Geology of gas and oil under the Netherlands. Geologie en Mijnbouw. Dordrecht.

Röttinger, M. & Weyringer, C. (1996): Handbuch der europäischen Integration. 2. Aufl., Wien.

Ruwet, J. (1943): L'agriculture et les classes rurales au Pays de Herve sous l'Ancien Régime. Lüttich.

Saint Moulin, L. de (1969): La construction et la propriété des maisons, expressions des structures sociales. Seraing depuis le début du XIXe siècle. Brüssel.

Schendelen, M. van (1997): Natuur en Ruimtelijke Ordening in Nederland. Een symbiotische relatie. Amsterdam.

Schermers, H. G. (1961): Benelux Economische Unie. Zwolle.

Schilling, J. & Täubrich, R. (1989): Belgien. Beck'sche Reihe, Aktuelle Länderkunden, München.

Schmit, G. (2001): Luxemburg. Ein globales Finanzzentrum. Praxis Geographie 9, 2001, S. 29–33.

Schmit, G. & Wiese, B. (1980): Luxemburg in Karte und Luftbild. Le Luxembourg en cartes et photos aériennes. Luxemburg.

Schmit, G. & Wiese, B. (1984): Luxemburg in Karte und Luftbild. Le Luxembourg en cartes et photos aériennes. Editions Guy Schmit + Bernd Wiese. Luxemburg o. J. (1984).

Schmithüsen, J. (1940): Das Luxemburger Land. Leipzig. (= Forschungen zur Deutschen Landeskunde 34)

Schmook jr., G. (1980): Geografie van het Zuiden, 1480–1780. S. 78–101; in: AGN 5, 1980.

Schouten, N., Loon, K. G. van, Kox, T. & Ridder, P. de (1998): Atlas van de Macht. Rotterdam.

Schreiber, T. (1980): Die Entwicklung des Steinkohlebergbaus in der Euregio Maas-Rhein (Teil 1). S. 21–38; in: Informationen und Materialien zur Geographie der Euregio Maas-Rhein 6. Aachen.

Schreiber, T. (1981): Maastricht. S. 1–20; in: Informationen und Materialien zur Geographie der Euregio Maas-Rhein 8. Aachen.

Schröder, A. (2004): Städtetourismus in den Städten Luxemburg und Trier – ein Vergleich. S. 263–279; in: Brittner-Widmann, A., Quack, H.-D. & Wachowiak, H.: Von Erholungsräumen zu Tourismusdestinationen: Facetten der Fremdenverkehrsgeographie. Trier. (= Trierer Geographische Studien 27)

Schroor, H. (1993): De wereld van het Friese landschap. Groningen.

Schulz, Ch. (1996): L'Agglomération Transfrontalière du Pôle Européen de Développement (PED) Longwy-Rodange-Athus. Expériences et perspectives d'un programme trinational de restructuration économique. Revue Géographique de l'Est 2, 1996, S. 133–150.

Schulz, Ch. (1998): Interkommunale Zusammenarbeit im Saar-Lor-Lux-Raum. Lokale grenzüberschreitende Integrationsprozesse. Saarbrücken. (= Saarbrücker Geographische Arbeiten 45)

Service central de la statistique et des études economiques (Statec) (1973): Annuaire Statistique Retrospectif du Luxembourg. Luxemburg.

Service central de la statistique et des études éccnomiques (Statec) (2007): Annuaire statistique du Luxembourg. Luxemburg.

Sivéry, G. (1977, 1980): Structures agrariares et vie rurale dans le Hainaut à la fin du Moyen Age. 2 Bde., Lille.

Smedt, P. de (1992): L'hydrologie. S. 217–240; in: Denis, J. (Hrsg): Géographie de la Belgique. Brüssel.

Smet, L. de & Vlassenbroeck, W. (1992): La population. S. 293–330; in: Denis, J. (Hrsg): Géographie de la Belgique. Brüssel.

Smets, M. (1977): L'avènement de la cité-jardin en Belgique. Histoire de l'habitat social en Belgique de 1830 à 1930. Brüssel, Lüttich.

SPF Economie, P. M. E., Classes moyennes & Energie (2004): Analyse du commerce de détail en Belgique sur la période 1998–2002. Carrefours de l'Economie. 2004/7–8A. http://mineco.fgov.be.

Spierings, B. (2006): The return of regulation in the shopping landscape? Reflecting on the persistent power of city centre preservation within shifting retail planning ideologies. Tijdschrift voor Economische en Sociale Geografie, 97, 5, S. 602–609.

Sporck, J. A. (1983): L'évolution urbanistique des centres industriels wallons (principalement le cas de Liège). Travaux Géographiques de Liège 171, 1983, S. 427–451.

Sporck, J. A. & Goossens, M. (1985): Het stedennet. Invloedssferen en hierarchië der steder. S. 191–204; in: Preudhomme, C. & Viane-Awouters, L. (Hrsg.): De belgische stad van vandaag: waarheen? Driemaandelijks tijdschrift van het Gemeentekrediet van België – speciaal nummer, 39, 154. Brüssel.

Steensels, W. (1977): De tussenkomst van de overheid in de arbeidershuisvesting: Gent 1850–1940. Belgisch Tijdschrift voor Nieuwste Geschiedenis, 3–4, 1977, S. 447–500.

Stellmacher, D. (1990): Niederdeutsche Sprache. Bern.

Stichting voor Bodemkartering/Wageningen (1987): Bodem. In: Atlas van Nederland, deel 14, 's-Gravenhage.

Stokman, C. T. M. (1986): Opkomst van de Halfwegzone: een kansrijke regio. Economisch-Geografisch Instituut Amsterdam. Amsterdam.

Stol, T. (1992): The creation of peat-colonies in the Netherlands. Bull. de la Société Belge d'Études Géographiques, 61, 1, 1992, S. 92–98.

Stol, W. (1993): Wassend water, dalend land, geschiedenis van Nederland en het water. Utrecht, Antwerpen.

Strijker, D. (1993): Dutch agriculture in a European context. Sociologia Ruralis, XXXIII, 2, 1993, S. 137–146.

Suykens, F. (1994): De havens en de Benelux. S. 241–251; in: Boekma, F., Houtum, H. van & Veraghert, K. (Hrsg.): Benelux, Quo Vadis? Groningen.

Taylor, P. J. (2002): Amsterdam in a world city network. Loughborough. http://www.lboro.ac.uk/gawc/rb/rm1.pdf

Taylor, P. J. (2003): European Cities in the World City Network. In: Dijk, H. van (Hrsg.): The European Metropolis 1920–2000. Proceedings of a Conference at The Centre of Comparative European History Berlin 2002. Erasmus Universität Rotterdam. Rotterdam. Online im Internet unter http://ep.eur.nl/handle/1765/1021

Terhorst, P. (2006): The scaling of the dutch vegetables-under-glass cluster: Sweet peppers, tomatoes and cucumbers. Tijdschrift voor Economische en Sociale Geografie, 97, 4, 2006, S. 434–442.

Thelen, C. (1999): L'évolution du commerce: reflet de la croissance économique. S. 348–359; in: Weides, R. (Hrsg.): L'économie luxembourgeoise au 20e siècle. Luxemburg.

Thiel, L. (1999): Le bon créneau au bon moment: l'évolution du secteur bancaire luxembourgeoise vers une place financière internationale. S. 386–394; in: Weides, R. (Hrsg.): L'économie luxembourgeoise au 20e siècle. Luxemburg.

Thomsin, L. (1998): L'apport du concept de contre-urbanisation au cas de la Belgique. Bull. de la Société géographique de Liège 35, 1998, S. 57–66.

Thomsin, L. (2000): La reprise démographique rurale en Wallonie et en Europe du Nord-Ouest. Espace, Population, Sociétés, 1, 2000, S. 83–99.

Trausch, G. (1975): Le Luxembourg à l'époque contemporaine. Luxemburg.

Trausch, G. (1999): Un siècle tout en contraste. S. 24–33; in: Weides, R. (Hrsg.): L'économie luxembourgeoise au 20e siècle. Luxemburg.

Trausch, G. (2000): L'Arbed dans la société luxembourgeoise. Luxemburg.

Trausch, G. (Hrsg.) (2003): Histoire du Luxembourg. Le destin européen d'un „petit pays". Toulouse.

Trefois, C. V. (1978): Ontwikkelingsgeschiedenis van onze landelijke architectuur. Antwerpen 1950. Neuaufl.: St.-Niklaas.

Tulipe, O. (1959): Forêts (Kommentar zu Planche 29 des Atlas de Belgique). Brüssel.

Uhlig, H. (1988): Südostasien. Fischer Länderkunde. Frankfurt a. M.

Université Catholique de Louvain (UCL) (1991): Louvain-la-Neuve, une ville nouvelle. Louvain-la-Neuve.

Uytven, R. van (1982): Het stedelijk leven 11de–14de eeuw. S. 187–253; in: AGN 2, 1982.

Vandermotten, C. (1995): Brüssel: von der belgischen Hauptstadt zur Europastadt. Informationen zur Raumentwicklung 2/3, 1995, S. 177–193.

Vandermotten, C. (Hrsg.) (2002): Le developpement durable des territoires. Brüssel.

Vandermotten, C. & Marissal, P. (2004): La production des espaces économiques, Bd. 1, Brüssel.

Vandermotten, C. & Vandewattyne, P. (1985): Groie en vorming van het stadstramien in België. S. 41–62; in: Preudhomme, C. & Viane-Awouters, L. (Hrsg.): De belgische stad van vandaag: waarheen? Driemaandelijks

tijdschrift van het Gemeentekrediet van België –speciaal nummer, 39, 154. Brüssel.

Vandermotten, C., Vermoesen, F., Lannoy, W. de & Corte, S. de (Hrsg.) (1999): Villes d'Europe, Cartographie Comparative. Bulletin du Crédit Communal, 53, 207–208/1–2, Brüssel.

Vandewalle, G. (1982): De economische ontwikkeling in België. S. 116–158; in: AGN 15, 1982.

Vanhamme, M. (1978): Bruxelles. De bourg rural à cité mondiale. Antwerpen, Brüssel.

Vanhecke, L., Charlier, G. & Verselst, L. (1981): Landschappen in Vlaanderen, vroeger en nu. Brüssel.

Vanneste, D. (1985): Gent, een geografische gids. Leuven.

Vekeman, H. & Ecke, A. (1992): Geschichte der niederländischen Sprache. Bern.

Velden, A. J. van der (2003): Ondernemen in de Detailhandel 2004. Zoetermeer.

Velden, W. van der & Wever, E. (Hrsg.) (1995): Nederland is meer dan de Randstad. De economische emancipatie van overig Nederland. Assen.

Vellut, J. L. (1979): De Kongo 1910–1940. S. 367–378; in: AGN 14, 1979.

Vellut, J. L. (1982): Dekolonisatie van Kongo 1945–1965. S. 401–420; in: AGN 15, 1982.

Ven, G. P. van de (Hrsg.) (1993, 2003): Leefbaar laagland. Geschiedenis van de waterbeheersing en landaanwinning in Nederland. 1. Aufl. 1993, Utrecht, 5. Aufl. 2003.

Ven, G. P. van de & Driessen, A. M. A. J. (1995): Niets is bestendig … De geschiedenis van de rivieroverstromingen in Nederland. Utrecht.

Veraghert, K. (1977): Conjunctuurbewegingen. S. 12–19; in: AGN 12, Haarlem.

Veraghert, K. (1979): Het economische leven in België 1918–1940. S. 53–101; in: AGN 14, 1979.

Veraghert, K. (1981a): De economie in de Zuidelijke Nederlanden, 1790–1970. S. 127–139; in: AGN 10, 1981.

Veraghert, K. (1981b): Ambacht en nijverheid in de Zuidelijke Nederlanden, 1790–1844, S. 253–288; in: AGN 10, 1981.

Veraghert, K. (1981c): Le développement industriel. La période 1914–1947. S. 145–188; in: Brabander de, G. L. et al. (Hrsg.): L'industrie en Belgique. Deux siècles d'évolution. 1780–1980. Crédit Communal de Belgique und Société National de Crédit à l'industrie. Brüssel.

Verburg, M. C. (1996): Zeeland 1940–1990. Economische ontwikkeling in het licht van de ruimtelijke economie en de economische geografie. Vlissingen.

Vercauteren, J. B. M. (1997): Maastricht – van nederzetting tot industriestad. S. 35–48; in: Informationen und Materialien zur Geographie der Euregio Maas-Rhein 40. Aachen.

Verhulst, A. (1966): Histoire du paysage rural en Flandre de l'époque romaine au XVIIIe siècle. Brüssel.

Verhulst, A. (1982): Occupatiegeschiedenis en landbouweconomie in het Zuiden, circa 1000–1300. S. 83–104; in: AGN 2, 1982.

Verhulst, A. (1983): Geschiedenis van de Nederlanden. 2. Aufl., Malle.

Verhulst, A. (1996): Anfänge des Städtewesens an Schelde, Maas und Rhein bis zum Jahre 1000. Köln, Weimar, Wien.

Verniers, L. (1958): Bruxelles et son agglomération de 1830 à nos jours. Brüssel.

Verniers, L. (1965): Un millénaire d'histoire de Bruxelles depuis les origines jusqu'en 1830. Brüssel.

Visser, J. & Hemerijck, A. (1988): Ein holländisches Wunder? Reform des Sozialstaates und Beschäftigungswachstum in den Niederlanden. Frankfurt, New York. (= Schriften des Max-Planck-Instituts für Gesellschaftsforschung Köln 34)

Vlaams Informatiecentrum over Land- en Tuinbouw (o. J.): Landbouwreport 2005. Brüssel. www.vilt.be

Vlassenbroeck, W. (1992): Le secteur tertiaire. S. 400–425; in: Denis, J. (Hrsg.): Géographie de la Belgique, Brüssel.

Voet, L. (1973): Antwerp. The Golden Age. The Rise and Glory of the Metropolis in the Sixteenth Century. Antwerpen.

Voogd, C. de (1993): De neergang van de scheepsbouw en andere industriele bedrijfstakken. Vlissingen.

Vries, J. de (1979): Het economische leven in Nederland 1918–1940. S. 102–145; in: AGN 14, 1979.

Vries, J. de & Woude, Ad van der (1995): Nederland 1500–1815. De eerste ronde van moderne economische groei. 2. Aufl., Amsterdam.

Wal, S. L. van der (1979): Nederland en Nederlandsch-Indië 1914–1942. S. 379–399; in: AGN 14, 1979.

Wallagh, G. J. (1994): Oog voor het onzichtbare. 50 jaar structuurplanning in Amsterdam 1955–2005. Amsterdam.

Wayens, B. & Grimmeau, J.-P. (2006): Types de commerces concentrés et dispersés à Bruxelles: complémentarité ou concurrence? Belgeo, 1–2, 2006, S. 67–80.

Wee, H. van der (1972): Historische aspecten van de economische groei. Antwerpen, Utrecht.

Weeda, E. J., Schaminée, J. H. J. & Duuren, L. van (2005): Atlas van Plantengemeenschappen in Nederland; deel 4: bossen, struwelen en ruigten. Zeist.

Weidenfeld, W. & Wessels, W. (Hrsg.) (2007): Europa von A–Z. Taschenbuch der europäischen Integration. 10. Aufl., Baden-Baden.

Weides, F. (1999): Emergence d'un secteur tourné vers l'avenir: les médias et les communications. S. 405–423; in: Weides, R. (Hrsg.): L'économie luxembourgeoise au 20e siècle. Luxemburg.

Weides, R. (Hrsg.) (1999): L'économie luxembourgeoise au 20e siècle. Luxemburg.

Wennekes, W. (1993): De aartvaders: grondleggers van het Nederlandse bedrijfsleven. Amsterdam, Antwerpen.

Wettere-Verhasselt, Y. van (1966): Les frontières du nord et de l'est de la Belgique. Société Royale Belge de Géographie. Brüssel.

Never, E. & Vilsteren, G. van (Hrsg.) (2005): Borders and economic behaviour in Europe. A geographical approach. Assen.

Nieger, A. (1976): Das Siedlungs- und Agrargefüge des Condroz und der Famenne in seiner historischen Entwicklung und in der Gegenwart. Aachen. (= Aachener Geographische Arbeiten 9)

Nieger, A. (1984): Probleme alter industrieller Kernräume als Aufgabe für die regionale Wirtschaftsförderungspolitik – erläutert am Beispiel der Provinz Lüttich. S. 1–16; in: Informationen und Materialien zur Geographie der Euregio Maas-Rhein 14. Aachen.

Nieger, A. (1992a): Die naturgeographischen Voraussetzungen in der Euregio Maas-Rhein. S. 1–22; in: Landschaftsverband Rhein (Hrsg.): Spurensicherung. Archäologische Denkmalspflege in der Euregio Maas-Rhein. Mainz.

Wieger, A. (1992b): Industrieller Wandel und Beschäftigungskrise in der Provinz Lüttich. S. 41–58; in: Informationen und Materialien zur Geographie der Euregio Maas-Rhein 31. Aachen.

Wieger, A. (1994): Hochtechnologieindustrie und regionale Wirtschaftsförderung: Das Beispiel des Wissenschaftsparks von Sart Tilman (Provinz Lüttich). S. 3–20; in: Informationen und Materialien zur Geographie der Euregio Maas-Rhein 35. Aachen.

Wieger, A. (1997): Grenzüberschreitende Raumordnung und Regionalplanung in der Euregio Maas-Rhein. S. 45–64; in: Informationen und Materialien zur Geographie der Euregio Maas-Rhein 41. Aachen.

Wieger, A. (2007): Das Städtewesen in Belgien. S. 111–141; in: Begenat-Neuschäfer, A. (Hrsg.): Belgien im Blick: Interkulturelle Bestandsaufnahmen. Frankfurt a. M. (= Belgien im Fokus. Geschichte – Sprachen – Kulturen 1)

Wiegman, T. (1989): Kleine historie van Enschede. Hengelo.

Wiel, J. van de (1996): De winkelfunctie van de binnenstad: ontwikkeling sinds de Tweede Wereldoorlog. S. 8–21; in: Boekema, F., Buursink, J. & Weil, J. van de (Hrsg.): Het behoud van de binnenstad als winkelhart. Assen.

Wielenga, F. (2008): Die Benelux aus niederländischer Perspektive. Aus Politik und Zeitgeschichte (Beilage zur Wochenzeitung „Das Parlament") 8/18.2.2008, S. 13–38. www.bpb.de/publikationen

Wielenga, F. & Wilp, M. (Hrsg.) (2007): Nachbar Niederlande. Eine landeskundliche Einführung. Münster.

Wiese, B. (Hrsg.) (1995): Unsere Nachbarn: Belgien und Luxemburg. Braunschweig.

Wiese, B. (2001): Brüssel: Belgische Hauptstadt, „Hauptstadt Europas" – auch Weltstadt? Praxis Geographie, 10, 2001, S. 12–16.

Willem, L. (1990): 450 ans d'espérance. La S. A. Métallurgique d'Espérance – Longdoz de 1519 à 1969. Alleur.

Willemyns, R. (2007): 175 Jahre Sprachplanung und Sprachpolitik in Belgien. S. 209–230; in: Begenat-Neuschäfer, A. (Hrsg.): Belgien im Blick: Interkulturelle Bestandsaufnahmen. Frankfurt a. M. (= Belgien im Fokus. Geschichte – Sprachen – Kulturen 1)

Wils, L. (1978): De politieke ontwikkeling in België 1870–1894. S. 165–206; in: AGN 13, 1978.

Wirion, C. (1999): Les assurances: une vocation internationale. S. 395–401; in: Weides, R. (Hrsg.): L'économie luxembourgeoise au 20e siècle. Luxemburg.

Witte, E. (Hrsg.) (1983): Geschiedenis van Vlaanderen van de oorsprong tot heden. Brüssel.

Witte, E. & Velthoven, H. van (1999): Sprache und Politik. Der Fall Belgien in einer historischen Perspektive. Brüssel.

Wolf, H.J. (1992): Das Französische in Belgien. S. 101–115; in: Dahmen, W. et al. (Hrsg.): Germanisch und Romanisch in Belgien und Luxemburg. Tübingen. (= Tübinger Beiträge zur Linguistik 363)

Woudstra-Hannink, A. (1998): Landinrichting: gebiedsgericht maatwerk. Geografie, 7, 10, 1998, S. 4–9.

Wusten, H. van der (2006): ‚Legal capital of the world': Political centre-formation in The Hague. Tijdschrift voor Economische en Sociale Geografie, 97, 3, S. 253–266.

Zagwijn, W. H. (1991): Nederland in het Holoceen. Rijks Geologische Dienst Haarlem, 2. Aufl., Haarlem.

Zeiler, F. D. (1997): Sporen van de hanze. Glorie van een gouden eeuw. Zwolle.

Zonneveld, J. I. S. (1991, 1993): Levend land. De geografie van het Nederlandse landschap. 3. Aufl., Houten/Antwerpen 1991. 4. Aufl.: Houten/Zeventem 1993.

Statistische Ämter/Informationsquellen für Statistiken

Europäische Kommission, Eurostat:
http://epp.eurostat.ec.europa.eu

Belgien:
Banque Nationale de Belgique: Publications statistiques. www.bnb.be

L'Institut wallon de l'évaluation, de la prospective et de la statistique (IWEPS): http://statistiques.wallonie.be

Ministère de la Région de Bruxelles-Capitale, Institut Bruxellois de Statistique et d'Analyse. www.bruxelles.irisnet.be

Office National de Sécurité Sociale (ONSS)/ Rijksdienst voor Sociale Zekerheid (RSZ): Effectifs des employeurs et des travailleurs assujettis à la sécurité sociale au 30 juin, jährlich seit 1970; seit 1996: http://www.onssrszlss.fgov.be

Statbel = Service public fédéral (SPF) Économie, PME, Classes moyennes et Energie, Division Statistiques/Federale Overheidsdienst (FOD): Economie, KMO, Middenstand en Energie, Afdeling Statistiek, seit 2003 Nachfolgeorganisation des Institut national de Statistique/Nationaal Instituut voor de Statistiek (INS/NIS). http://statbel.fgov.be Weiterhin: Ecodata. http://ecodata.mineco.fgov.be

Studiedienst van de Vlaamse Regering: Vlaamse statistieken. http://aps.vlaanderen.be

Niederlande:
Centraal Bureau voor de Statistiek: www.cbs.nl. Sonderpräsentation: www.volkstellingen.nl

De Nederlandsche Bank: Statistieken. www.statistics. www.dnb.nl

Landbouw Economisch Instituut Wageningen. www.lei.wur.nl

Luxemburg:
Banque Centrale du Luxemburg: Communiques Statistiques. www.bcl.lu

Statec = Service central de la statistique et des études économiques (Statec): Luxemburg. www.statec.lu

Nützliche Internet-Adressen

Belgien:
www.belgium.be Föderalregierung Belgiens
www.benelux.be Benelux-Wirtschaftsunion
www.bruxelles.irisnet.be Region Brüssel-Hauptstadt
www.cfwp.be Französische Gemeinschaft Belgiens
www.dglive.be Deutschsprachige Gemeinschaft Belgiens
www.geo.ulg.ac.be/edusat Weltraumbilder von Belgien
www.kbr.be Nationalbibliothek von Belgien
www.plan.be Föderales Planungsbüro Belgiens
www.vlaanderen.be Flämische Regierung
www.wallonie.be Wallonische Region

Niederlande:
www.hollandtrade.com Niederländische Außenhandelsagentur
www.kb.nl Nationalbibliothek der Niederlande
www.knag.nl Königliche Niederländische Gesellschaft für Erdkunde
http://lcw.demis.nl Digitale Landnutzungs- und Bodenkarten
www.niederlandenet.de Haus der Niederlande, Münster
www.overheidslinks.nl/ministeries.htm Niederländische Ministerien
www.rijkswaterstaat.nl Wasserbau und Verkehrswege

Luxemburg:
www.bnl.lu Nationalbibliothek von Luxemburg
www.etat.lu Portalseiten luxemburgischer Dienststellen
www.gouvernement.lu Regierung Luxemburgs

Abbildungsverzeichnis

Tabellenverzeichnis

Ortsregister

Sachregister